Hortense

Andere titels van Thera Coppens

Antonius Mor hofschilder van Karel v
Dageraad van Oranje-Nassau
waarin opgenomen:
De vrouwen van Willem van Oranje
Maurits zoon van de Zwijger
Frederik Hendrik en Amalia van Solms
Voet op vrome bodem
Baarnse lusthoven en hun bewoners
Het gouden zoutvat
Petite Histoire
Kloosterkeukens en recepten
Buren, Egmond en Oranje
Maurits, Lodewijk en Willem Adriaan van Nassau
Marie Cornélie. Dagboek van haar reis naar het hof van Sint-Petersburg

Poëzie:
Woordenboekje
De glazen kist

www.historisch-toerisme-bureau.nl

Thera Coppens

Hortense

De vergeten koningin van Holland

J.M. MEULENHOFF

Voor Mignon

Dit boek is mede tot stand gekomen dankzij een reisbeurs en een werkbeurs van de Stichting Fonds voor de Letteren.

Veel mensen zijn behulpzaam geweest bij research op locaties, het oplossen van vertaalproblemen, deskundige informatie op het gebied van kostuums, juwelen, schilderkunst, muziek, fotografie etc. In het bijzonder wil ik bedanken: Tjarda Boekhoff, Aafke Brunt, Odette Franssen, Hans Meijer en Hanneke Adriaans.

Liefde, stimulans, geduld en adviezen ontving ik in overvloed van Wim Hazeu.

Eerste druk 2006, zesde druk 2010

Vormgeving omslag en binnenwerk Brigitte Slangen
Afbeelding voorzijde omslag *La Reine Hortense* door Girodet, Musée Château de Malmaison, Rueil
Afbeeldingen binnenwerk B.N. Estampes (p. 7), RMN (p. 231), François Joseph Bosio, Musée National du Château de Malmaison (p. 325), Felix Cottreau, Bibliothèque Thiers, Parijs (p. 491)
Foto achterzijde omslag Marja van Hest

www.meulenhoff.nl
ISBN 978 90 290 7787 3 / NUR 320, 681

DEEL 1

Kinderjaren

7

DEEL 2

Huwelijk en moederschap

115

DEEL 3

De rouw

231

DEEL 4

Geheime liefde

325

DEEL 5

In ballingschap

491

NOTEN

563

PERSONENREGISTER

573

STAMBOMEN

580

DEEL 1

Kinderjaren

1

De zwangere creoolse[1] dame die begin 1783 begeleid door een mulattin over de boulevards van Parijs wandelde, was in 1763 op Martinique geboren als eerste kind van Joseph Gaspard Tascher de la Pagerie en Rose Claire des Vergers de Sannois. Bij haar doop kreeg ze de namen Marie Joseph Rose maar ze werd kortweg Rose genoemd. Het was Napoleon Bonaparte die haar Joséphine zou gaan noemen.

Rose had het elke dag koud in de stad aan de Seine, waar hoge daken en torens glansden van een eeuwenoud patina. Het weinige groen in de parken herinnerde niet aan de weelderige mangroven langs de kusten van haar tropische eiland. Toch lagen de wortels van haar familie in dit koele, geciviliseerde land.

De overgrootvader van Rose moest in 1726 uit Frankrijk voor zijn schuldeisers vluchten. De rest van zijn leven sleet hij op het koloniale eiland in luie vergetelheid. Hij bezat in zijn beste tijd ruim tweehonderd negerslaven die op de plantages werkten en de suikermolens lieten draaien en knarsen. Ondanks zijn dure naam was hij vergeleken bij de andere Franse families weinig gefortuneerd. De heerlijkheid de la Pagerie in het vaderland had de familie al in de zeventiende eeuw wegens hoog opgelopen schulden moeten verkopen, maar de titel bleven de nazaten behouden.

De ouders van Rose baden om de geboorte van een zoon en opvolger opdat hun naam niet verloren zou gaan. Maar Rose kreeg alleen nog twee zusjes: Cathérine Désirée, die in 1764 werd geboren, twee jaar later gevolgd door Marie Françoise. De oudste dochter bleef met haar beminnelijke karakter en mooie, donkere ogen de lieveling van het gezin. Haar min Marion verwende haar buitensporig.

Toen Rose drie jaar oud was, werd hun houten planterswoning door het geweld van een cycloon weggevaagd. Joseph had geen geld om hem te herbouwen en hij nam met zijn vrouw, dochters en huisslaven zijn intrek in de leegstaande bovenverdieping van een *sucerie*. Deze oude suikerfabriek stond op Les Trois-Îlets en had een schaduwrijke veranda met hangmatten en schommelstoelen, waarin de familie het grootste deel van de dag in ledigheid doorbracht. Van de schare negerslaven

– het statussymbool bij uitstek – waren er toen nog maar twintig over. Ze woonden in hutjes op de suikerplantage.

Rose genoot de zorgeloze jeugd van een tropenkind dat geen honger of kou kent. Het rijpe fruit viel voor haar blote voeten uit de bomen en ze werd dag en nacht gekoesterd door de warmte, die het leven loom maakt. Ze leerde lezen en schrijven op de kloosterschool van Les Dames de la Providence in de nabije stad Fort Royal, ze kreeg muzieklessen en leerde borduren. Niemand maakte zich druk om haar kennis of manieren; met haar kastanjebruine krullen, haar mollige lichaam en aanhankelijkheid charmeerde ze iedereen. In een dun geweven katoenen jurk speelde het blanke kind met haar zusjes op het zilverwitte zandstrand aan de Caribische Zee. Aanbeden door de zwarte slaven. Opgezweept door het ritme van hun trommels en gezang.

Vader Joseph gaf onbekommerd geld uit. Hij rekende erop dat hij van zijn vooraanstaande schoonvader een fortuin zou erven. Maar toen deze stierf liet hij een teleurstellend bedrag na. Gelukkig kon Joseph de hulp inroepen van zijn bevallige en handige zuster Marie. Ze had het hart weten te veroveren van de machtigste man van de Franse koloniale eilanden: François markies de Beauharnais, de gouverneur-generaal van een hele reeks Franse koloniale eilanden zoals Martinique en Guadaeloupe. De gouverneur was tweeëntwintig jaar ouder dan zijn minnares en gehuwd. Om haar aanwezigheid in het koloniale paleis de schijn van fatsoen te geven, sloot Marie op bevel van de gouverneur een formeel huwelijk met een brave officier die Alexis Renaudin heette. Hij wist van het begin af aan dat Mme Renaudin hem niet toebehoorde. De vrouw van de gouverneur werd van haar plaats gedrongen door Mme Renaudin, die algauw zoveel invloed op de gouverneur-generaal uitoefende, dat ze alles van hem gedaan kon krijgen. In 1760 werd hij echter wegens zijn slecht bewind en immoreel gedrag door het Franse hof ontslagen en naar Frankrijk teruggeroepen. Hij voerde zijn minnares mee, maar Mme de Beauharnais moest nog een tijd op het eiland blijven omdat ze pas was bevallen van haar tweede zoon, Alexandre. De vader stond erop dat zijn minnares diens peetmoeder werd. Hij wenste dat zijn wettige vrouw zich bij hem in Parijs voegde zodra ze hersteld was. De lange zeereis was echter te gevaarlijk voor zijn pasgeboren zoon. Tot groot verdriet van Mme de Beauharnais moest ze Alexandre achterlaten in het huis van de moeder van Marie, haar rivale. Een vrouw was gehoorzaamheid verplicht aan haar echtgenoot en daarom kuste ze haar zoon en ging aan boord van het zeilschip dat haar naar Frankrijk bracht. Ze zou haar kind nooit terugzien.

Het is niet onwaarschijnlijk dat Alexandre de Beauharnais en Rose

Tascher de la Pagerie – de toekomstige ouders van Hortense – als kleuters in alle onschuld met elkaar hebben gespeeld. Alexandre verliet het eiland pas toen hij acht jaar was om in Parijs goede scholen te bezoeken. Zijn moeder was daar eenzaam gestorven. François de Beauharnais markies de la Ferté-Beauharnais leefde nu openlijk samen met Mme Renaudin. Zij ontfermde zich liefdevol over de beide half verweesde zonen François en Alexandre. Maar ze vergat de belangen van haar familie Tascher op Martinique niet.

Marie wist wel dat haar broer niet met geld kon omgaan en altijd schulden had. Hoe zou hij zijn drie dochters ooit aan zonen uit voorname families kunnen uithuwelijken als hij geen bruidsschatten voor hen had? Ze bedacht een plan om de status van haar familie te verhogen. Toen Alexandre de Beauharnais de huwbare leeftijd naderde, stelde ze de markies voor de jongen uit te huwelijken aan een van haar drie nichten op Martinique. Haar minnaar stemde in alles toe wat zij bedacht en zijn zoon Alexandre bemoeide zich nauwelijks met de keuze van zijn bruid. Hij was na zijn zorgeloze kinderjaren op het tropische eiland in het strenge Collège du Plessis te Parijs beland, waar zijn oudere broer François al een tijdje les kreeg. Hij studeerde twee jaar aan de Universiteit van Heidelberg en volgde daarna een militaire opleiding. Als zeventienjarige werd hij benoemd tot luitenant van het regiment van de hertog van Rochefoucauld, die hem de titel vicomte verleende. Mme Renaudin legde hem sluw uit dat hij pas over het erfdeel van zijn overleden moeder zou mogen beschikken als hij de volwassen leeftijd bereikt had. Door echter een huwelijk te sluiten zou hij vanzelf als volwassen worden beschouwd en zijn erfdeel meteen kunnen opeisen. De jonge vicomte, die veel speelschulden maakte, vond dit financiële vooruitzicht gunstig genoeg om er zijn vrijgezellenbestaan aan op te offeren. Met toestemming van de markies schreef Mme Renaudin een brief aan haar broer op Martinique waarin ze hem verzocht zijn tweede dochter – die wat leeftijd betreft het beste bij Alexandre paste – naar Parijs te sturen. Joseph was opgetogen. Een van zijn dochters kreeg dankzij haar slimme tante Marie in Parijs de kans te trouwen met een Franse vicomte! De Taschers waren vergeleken bij de adellijke de Beauharnais van bescheiden afkomst. Dat hij zijn dochter onmogelijk een passende bruidsschat kon meegeven vond de rijke markies blijkbaar niet bezwaarlijk.

Vlak voor haar vertrek viel het beoogde bruidje, de dertienjarige Cathérine Désirée, echter ten prooi aan koortsen. Nog voor ze met haar uitzet aan de zeereis kon beginnen overleed ze. Joseph treurde om het verlies van zijn dochtertje. Moest nu een mooie kans op een goed huwelijk voor de familie verloren gaan? In dezelfde brief waarin hij het overlijden van de aanstaande bruid bekendmaakte, stelde de vader voor de vijftienjarige Rose als plaatsvervangster te sturen. 'Ze is welgevormd, men zou haar achttien jaar schatten,' schreef hij naar Parijs. 'Ze heeft een lief karakter, ze tokkelt een beetje op de gitaar en heeft een aardige stem. Ze heeft een mooie huid, mooie ogen en mooie armen.' Of wilde de markies liever de hand van zijn jongste dochter, de elfjarige Marie Françoise?[2]

Het kon François de Beauharnais weinig schelen wie van de twee overgebleven dochters met Alexandre trouwde, als Marie maar tevreden was en zijn zoon een eigen gezin kreeg. Dan zou er hopelijk een einde komen aan het losbandige leven dat hij leidde. Om de zaak te bespoedigen stuurde hij alvast een blanco volmacht naar het eiland waarop vader Tascher naar believen de naam van de bruid mocht invullen.

Doordat de oorlog tussen Engeland en Frankrijk dreigde uit te breken en de schepen van beide naties elkaar op de oceaan al bevochten, duurde het echter nog tot 1779 voor Rose met haar vader aan de reis durfde te beginnen. Het vroegrijpe kind was zacht en zinnelijk van aard. Ze beleefde op het eiland al enkele kalverliefdes en ging met een hoofd vol romantische dromen aan boord van het zeilschip Île de France.

Mme Tascher vond het verschrikkelijk om afscheid te moeten nemen van haar geliefde dochter. Met haar aangeboren waardigheid begeleidde ze Rose met haar vader naar de haven en wuifde hen na. Haar gezicht was nat van de tranen. Ze vertrouwde haar kind toe aan de zorgen van Mimi, een jonge en moederlijke mulattin met een zuiver hart. Aan boord vertroetelde Mimi het meisje en troostte haar als de najaarsstormen de zeilen scheurden en het schip over de woeste golven rolde. Moe en ziek van de vele ontberingen aan boord ging het gezelschap ruim zes weken later in Brest aan wal, waar het garnizoen van Alexandre de Beauharnais gelegen zou zijn. Tot teleurstelling van Rose was haar aanstaande echter naar Parijs vertrokken. Vader, dochter en Mimi moesten tien dagen wachten tot hij hen in gezelschap van Mme Renaudin kwam ophalen.

Rose zag een groot, trots militair in een prachtig blauw uniform vol blinkende onderscheidingen. Hij trok zijn wenkbrauwen op, zijn oogleden daalden en hij nam haar met arrogante blik op. De kleine creoolse lachte vriendelijk. Alexandre deed zijn best haar positief te beoordelen. Hij schreef zijn vader: 'U zult Mlle de la Pagerie minder aantrekkelijk vinden dan u verwachtte maar ik meen u te kunnen verzekeren dat haar eerbaarheid en de zachtheid van haar aard alles overtreffen wat men u over haar heeft medegedeeld.'

Het gezelschap klom in een rijtuig. Terwijl de regen op het dak kletterde, zwoegden de zwarte paarden over modderige wegen in de richting van de Franse hoofdstad. Onderweg moesten ze tweemaal in Bretonse herbergen overnachten. Alexandre kreeg zo de kans wat met zijn aanstaande bruid te praten. Ze praatte zelfs veel en bemerkte niet dat zijn antwoorden steeds korter werden. In het Hôtel de Beauharnais te Parijs gekomen werd Rose voorgesteld aan haar aanstaande schoonvader markies de Beauharnais, die haar met een kennersblik observeerde. Hij verwelkomde haar hartelijk en begreep niet waarom zijn zoon zoveel op haar had aan te merken. Ze moest nog wat wennen aan het klimaat; de modieuze kleding van de Parijse dames beschermde haar nauwelijks tegen de snijdende wind. Huiverend herinnerde ze zich de passaatwinden op het eiland, waarin de palmen bogen, de bloemen sidderden. Deze stad stond met zijn torens en bruggen roerloos onder de grauwe hemel.

Volgens aanwijzingen van haar tante Marie waren naaisters al aan haar bruidsjapon van zilverbrokaat begonnen. Op haar trouwdag werd ze in een lijfje met baleinen geregen. Over een brede *panier* schikte men haar rokken versierd met strikjes, rozetten en kant. Tante Marie trok een witte pruik over de kastanjebruine krullen van haar nichtje en liet haar in puntige schoenen stappen. Stijf uitgedost als een pop vertoonde Rose zich aan Alexandre, die zijn afkeuring niet kon verbergen. Hij vond Rose te klein en te dik, Franse omgangsvormen waren haar vreemd, ze bewoog zich onhandig en traag. Over literatuur, filosofie of natuurkunde wist ze hoegenaamd niets. Hij probeerde een gesprek te voeren maar haar conversatie bestond uit vriendelijke, weinig belangwekkende woorden en lachjes. Moest dit schepsel zijn vrouw worden? Hij zou zich met haar in geen enkele beschaafde salon kunnen vertonen. Op 10 december werd in het Hôtel de Beauharnais niettemin hun huwelijkscontract ondertekend en drie dagen later sloten ze een kerkelijk huwelijk in de Saint-Sulpice te Noisy-le-Grand. De vader van de bruid had 15.000 pond voor een bescheiden bruidsschat bijeen geschraapt. In een schuldbekentenis beloofde hij er in de komende jaren nog 120.000 pond aan toe te voegen, maar daar is het nooit van gekomen.

Mme Renaudin schonk het jonge paar meubelen, zilverwerk en linnengoed ter waarde van 30.000 pond en 121.000 pond in contanten. Na zijn huwelijk werd vicomte Alexandre de Beauharnais eigenaar van zijn moeders erfdeel, dat voornamelijk bestond uit landerijen op de Franse Antillen. Hij was inmiddels bevorderd tot kapitein in het koninklijk leger. Zijn minachting voor Rose nam met de dag toe en hij keerde zonder spijt terug naar zijn regiment in Bretagne. De zomer was nat en koel. De jonge creoolse miste haar moeder en de oude min Marion. Haar vader moest terugkeren naar Martinique. Om haar man te behagen verdiepte Rose zich in de wetenschappelijke boeken van de bibliotheek van haar schoonvader, waaruit hij de titels koos. Ze verbaasde zich over Voltaire, was gecharmeerd van Rousseau en bladerde de encyclopedie van Diderot door. Maar bij terugkeer bleek Alexandre niet onder de indruk van haar verworven kennis. Hij bleef haar als een schoolmeester terechtwijzen en liet geen kans voorbijgaan haar in gezelschap te vernederen.

Op 3 september 1781 bracht Rose hun eerste kind ter wereld. Het was tot vreugde van de familie een zoon, die Eugène Rose werd genoemd. Het gezinsleven bracht geen verandering in het gedrag van de vader. Toen hij in opspraak kwam, vond tante Marie het beter hem een jaar naar Italië te sturen. Daar zou hij in het leger wel discipline leren, meende ze.

Rose sleet met de kleine Eugène haar dagen in het grote Hôtel de Beauharnais bij haar schoonvader en tante. Begeleid door haar zwarte Mimi waagde de jonge vicomtesse de Beauharnais zich op de drukke boulevards van Parijs. Hoge gebouwen, luidruchtig verkeer van koetsen en karren, de Seine met zijn brede bruggen en de reusachtige torens van de Notre Dame; alles was vreemd en overweldigend voor haar. Voorzichtig wende ze aan het leven in de metropool en waagde zich in de koffiehuizen van het Palais Royal. Om haar heen werden verhitte debatten gevoerd. Aanvankelijk begreep ze weinig van de politieke spanningen. Het ging over de Amerikaanse Vrijheidsoorlog, over nieuwe idealen en de Engelse oorlogsvloot die het op de Franse koloniën had gemunt. Aristocraten mengden zich onder de goed geklede burgers. Er werd luid gelachen om obscene verhalen, waarin de jonge koningin Marie Antoinette een hoofdrol speelde.

Rose zag de vorstin een enkele keer in het openbaar: een verre, feeërieke verschijning die schitterde van de diamanten. Als ze op haar tenen ging staan kon ze over de hoofden van de menigte de zilverwitte pruik zien en het roze gepoederde gelaat. Van tijd tot tijd wierp de vorstin een tedere blik op de beide koningskinderen; de pasgeboren dauphin lag in de armen van zijn verzorgster en prinses Marie Thérèse zette haar eerste stapjes aan de hand van een hofdame. Naast hen schuifelde de koning als een slaapwandelaar voort. Hij knikte soms goedig als men hem toejuichte: *Vive le roi!* Kon het waar zijn dat deze waardige koningin en moeder in haar paleizen en tuinen wilde orgieën aanrichtte met veel verschillende mannen?

's Avonds bezocht Rose soms het theater en bekeek de extravagante toiletten van de dames aan wie ze werd voorgesteld. Tot haar teleurstelling openden weinig vooraanstaande families de deuren van hun salon voor haar. Creolen werden over het algemeen als provinciaals beschouwd en Rose was, met Mimi in haar kielzog, ook nog een nichtje van Mme Renaudin, die zonder discretie in acht te nemen met de markies de Beauharnais in zonde samenleefde.

Op Martinique was ze als meisje geliefd en werd door haar familie en vriendinnen met bewonderende blikken gevolgd. Hier zag men haar over het hoofd. In Parijs verloor Rose bij elke pas in de salons meer van haar zelfvertrouwen. Ze begon wrok te koesteren, wat botste met haar vriendelijke natuur. Toen Alexandre na een jaar eindelijk uit Italië terugkeerde, wachtte ze hem verlangend op. Maar bij het weerzien behandelde hij haar op dezelfde wrede, neerbuigende wijze. Slechts zes weken leefden ze onder één dak in het Hôtel de Beauharnais. Daar moet Alexandre op een augustusnacht in een liefdeloze omhelzing Hortense hebben verwekt.

Kort daarna – op 6 september 1782 – verliet hij zijn jonge vrouw plotseling om naar Martinique te varen. Rose verlangde er hartstochtelijk naar om met hem mee te gaan en haar moeder te bezoeken. Maar hij sprak over hoge, politieke idealen en maakte haar wijs dat hij aan de Amerikaanse Vrijheidsoorlog wilde deelnemen. In het geheim nam hij zijn minnares Mme de la Touche de Longpré[3] mee aan boord en beleefde met haar op de tropische eilanden een mooie tijd. Hij inspecteerde er de uitgestrekte landerijen die hij van zijn moeder had geërfd. Alexandre legde ook een beleefdheidsbezoek af aan zijn schoonfamilie. Mme Tascher de la Pagerie ontving de man van Rose in de bescheiden vertrekken boven de sucerie in Les Trois-Îlets. Ze zat trots op het versleten kussen van haar stoel en haar blik trof hem tot in zijn ziel. Ze had hem als kleuter goed gekend, maar wat was Alexandre in Frankrijk veranderd. De vicomte de Beauharnais zette zijn tien vingertoppen tegen elkaar en wierp een misprijzende blik op het sobere interieur met de gevlochten matten op de vloer. Dit alles vergrootte de afkeer jegens de domme Rose die in Parijs op hem zat te wachten. Alexandres minnares had er belang bij die gevoelens aan te wakkeren en ze verzamelde op het eiland allerlei roddels over Mlle Tascher en haar prille liefdes.

In Parijs wist de zwangere vicomtesse de Beauharnais van niets. Ze zag verlangend uit naar de bevalling. Op 10 april 1783 bracht ze onverwachts en snel een frêle dochter met blauwe ogen en een waas van lichtblonde krulletjes ter wereld. Ze gaf haar de naam van een tropische bloem: Hortense.

Met haar beide kinderen in haar armen vergat Rose haar eenzaamheid en baadde zich in een gevoel van rijkdom. Het meisje had dezelfde fluwelige zachtheid, dezelfde zilveren flits in haar ogen als zij en opvallende lange, slanke vingertjes. Eugène bewonderde zijn zusje en hechtte zich innig aan haar. Hun moeder – zelf nog bijna een kind – werd het voorwerp van al hun liefde en verering.

Rose schreef haar man blij dat hij vader was geworden van een gezonde dochter, die ze de naam Hortense had gegeven. Deze brief bereikte Alexandre ruim zes weken later op Martinique en bracht niet de verwachte blijdschap teweeg. De reactie van de vader op de geboorte van Hortense was verschrikkelijk: 'Als ik u bij de eerste aanval van woede had geschreven, zou mijn pen het papier hebben verschroeid en u zou uit alle scheldwoorden hebben kunnen concluderen, dat ik een ogenblik van razernij en jaloezie had gekozen om u te schrijven. Al meer dan drie weken weet ik, althans ten dele, wat ik u nu ga zeggen. Ondanks de wanhoop in mijn hart, ondanks de woede waarin ik verstik, zal ik me weten te beheersen; ik kan u koudweg zeggen dat u in mijn ogen het laagste schepsel bent dat ik ken; dat mijn verblijf in dit land me heeft leren inzien hoe schandelijk u zich hier hebt gedragen.'

Alexandre somde alle lichtzinnigheden op die Rose op het eiland voor haar huwelijk met diverse mannen zou hebben bedreven. Hij kwam met 'bewijzen' van haar onbeschaamdheid en beklaagde zich jammerlijk omdat hij zich zo had laten misleiden. 'Wat te denken van dit laatste kind, acht maanden en enkele dagen na mijn terugkeer uit Italië plotseling ter wereld gekomen?' tierde hij op papier. 'Ik ben gedwongen het te accepteren, maar ik zweer bij de hemel die boven mij is: het is van een ander, het is vreemd bloed dat in haar aderen vloeit. Het zal nooit van mijn schande weten en ik voeg er nog de eed bij: het zal nooit merken, noch in de zorgen voor haar opvoeding, noch in haar erfdeel, dat zij het levenslicht dankt aan overspel.'

Rose zat met de brief geschokt naast de wieg waarin Hortense sliep. Heeft haar dochter ooit geweten wat zich kort na haar geboorte tussen haar ouders afspeelde? In haar memoires beschrijft ze haar vader vol respect en wijdt geen woord aan zijn ontkenning van het vaderschap.

Omdat Alexandre eiste dat zijn vrouw zich terstond zou terugtrekken in een klooster, moest Rose haar schoonvader en tante Marie wel deelgenoten maken van de beschuldiging. Markies de Beauharnais en diens minnares waren met stomheid geslagen. De beschuldiging was belachelijk; Rose leidde een tamelijk geïsoleerd bestaan in Parijs. Van omgang met andere mannen kon geen sprake zijn geweest. Aan de tengere baby konden ze trouwens zien dat ze minstens drie weken te vroeg ter wereld was gekomen. Uit voorzorg hadden ze de kleine Hortense-Eugénie al op 11 april in de Madeleine de la Ville-Evêque[4] laten dopen.

De hele zomer wachtte Rose met haar kinderen angstig op de terugkeer van haar man. Haar tante begaf zich alvast naar het klooster Penthemont te Parijs om inlichtingen in te winnen over de mogelijke opname van haar nicht in de religieuze vrouwengemeenschap. Maar Rose verzette zich tegen het vooruitzicht haar huis en kinderen te moeten verlaten. In september hoorde ze dat Alexandre in Frankrijk was gesignaleerd en in oktober ontving ze van hem een tweede brief vol beschuldigingen en dreigementen. Bij aankomst in Parijs weigerde hij thuis te komen zo lang zijn ongehoorzame en overspelige vrouw daar nog verbleef. Het duurde tot eind november voor Rose zich met schande overladen naar het klooster begaf. Hoe kon ze ooit nog met deze bruut samenleven? Ze vond het beter om echtscheiding aan te vragen. Dat was precies wat haar man nastreefde; zo kwam hij mooi van zijn ongewenste creoolse af. Voor het gerecht bleef hij volharden dat Hortense zijn dochter niet kon zijn. Juridisch werd bepaald dat Rose de kinderen bij zich mocht houden, maar Eugène zou vanaf zijn zesde jaar bij zijn vader worden opgevoed.

Gelaten keerde ze van de rechtbank terug naar het oude klooster Penthemont, waar ze met warmte en begrip werd ontvangen. Vijftien maanden verbleef Rose tussen de erudiete kloosterzusters, adellijke weduwen en gescheiden vrouwen. Ze leerde er converseren en nam de elegante omgangsvormen van hen over. De zusters hadden medelijden met het beminnelijke moedertje, dat nooit een kwaad woord over haar echtgenoot liet vallen en zelden een somber gezicht toonde. Haar dochter was in de kost gedaan bij *la mère* Rousseau, een vriendelijke voedster in Chelles, wier zoon Vincent even oud was als Mlle Hortense.[5]

Terwijl de agressie van Alexandre zich op de creoolse botvierde, namen de politieke spanningen in Parijs gevaarlijke vormen aan. De oude markies voelde zich niet langer veilig in de stad, waar de aristocraten werden nagejouwd en bedreigd. Zelfs adellijke vrienden – onder wie zijn bloedeigen zoon Alexandre – lieten zich meeslepen in de roep om gelijke behandeling van alle burgers. Hij vertrok met Mme Renaudin naar Fontainebleau waar hij in de rustige Rue de Montmorin een groot woonhuis vond. Rose mocht haar schoonfamilie en haar kinderen daar in september bezoeken. Haar vertrekken in het klooster bleef ze echter behouden om in de sfeer van gebed en sereniteit van tijd tot tijd tot zichzelf te komen.

In december bevestigde de notaris de echtscheiding. Alexandre bekoelde nu de knellende huwelijksbanden waren doorgesneden. Op 5 maart 1785 biechtte hij zijn vergissing plotseling op en erkende Hortense officieel als zijn wettige dochter. Rose werd tot haar opluchting niet langer met verwijten achtervolgd. Ze mocht Penthemont verlaten en ontving een vaste, maandelijkse alimentatie, wat haar een nieuw gevoel van vrijheid gaf.

Eugène groeide op tot een verstandige kleuter met grijsblauwe ogen, opvallend beleefde manieren en een kalme aard. Zijn rokjes werden vervangen door een driekwart broek waarin hij trots voor zijn zusje paradeerde. Rose zag met zorg zijn zesde verjaardag dichterbij komen en bereidde zich in haar hart voor op het onvermijdelijke afscheid.

Op zijn verjaardag verliet Eugène aan de hand van zijn vader het huis, Hortense alleen achterlatend met haar speelgoedwagentjes en houten poppen. Nu Rose hem niet meer zelf kon bemoederen gaf ze hem de liefste verzorgster mee die ze had: de mulattin Mimi. Spoedig vernam ze dat Eugène naar het Collège d'Harcourt gestuurd was, waar jonge aristocraten werden opgeleid. Als hij uitging werd hij beschermd door zijn gouverneur.

Zonder over de echtscheiding van haar ouders te reppen schreef Hortense later in haar memoires: 'Hoewel mijn moeder in een briljante positie verkeerde, kon ze haar land en familie niet vergeten. Ze had er een bejaarde moeder achtergelaten, die ze graag nog een keer wilde zien. Misschien voelde ze ook de noodzaak om zich los te maken van bepaalde gevoelens, die ze moeilijk kon beteugelen en die toch heel natuurlijk waren. Mijn vader was een charmante verschijning, scherp van geest, boordevol talenten. Hij was een gevierd man in de hoogste kringen van de stad en aan het hof. Zijn vrouw, die een overgevoelige aard had, was daardoor misschien te achterdochtig. Zij hoopte een oplossing te vinden door te vertrekken.'

Heeft Hortense zich gerealiseerd dat deze 'bejaarde' moeder pas tweeënveertig jaar was toen Rose haar op Martinique ging bezoeken? Heimwee kan een rol hebben gespeeld bij de vlucht naar de tropen, maar jaloezie niet. Alexandre de Beauharnais was sinds de scheiding een vrij man en kon zoveel minnaressen nemen als hij wenste. Maar Rose was eveneens vrij. Misschien ligt er achter de plotselinge reis een geheim, dat Rose zelfs nooit aan haar dochter onthulde. Ze had haar minderwaardigheidsgevoel overwonnen en ontdekte dat ook Parijse heren in hogere kringen gevoelig waren voor haar charmes. Het is mogelijk dat ze in een liefdesnacht opnieuw zwanger was geraakt. Als dat aan het licht kwam zou haar ex-man al zijn beschuldigingen gerechtvaardigd zien, haar genadeloos vernederen, haar misschien zelfs van haar kinderen en alimentatie beroven.

Was het schaamte die Rose deed besluiten zich plotseling in te schepen voor de verre reis naar haar geboorte-eiland? Eugène moest ze wel achterlaten maar de vierjarige Hortense nam ze mee. Hoewel Hortense nog klein was toen ze voor het eerst de Atlantische Oceaan overzeilde, heeft ze levendige herinneringen bewaard aan haar verblijf op Martinique. Ze werd door haar grootmoeder Tascher in de armen gesloten en zat vaak met haar op de houten veranda van het koloniale huis. Mme Tascher had door haar huwelijk met de spilzieke Joseph wel haar kapitaal, het merendeel van haar landerijen en vele slaven verloren, maar haar waardigheid wist ze tot het eind van haar leven te behouden. Ze droeg als alle blanke dames wijdvallende japonnen van met bloemen bedrukte mousseline en hanteerde haar waaier met gratie. In het door het gebladerte gefilterde licht zongen ontelbare vogels die Hortense leerde onderscheiden van het getsjirp van insecten en de fluitende stemmen van reusachtige kikkers in de avond. Soms wandelden ze samen over de plantages waar de hutten van de negerslaven stonden en ze regelde haar passen naar het stampen van de cassave in de houten trog.

De slaven werden door de meeste planters als dieren behandeld; ze moesten de meesters dienen op het veld, bij de suikermolens en in hete, stoffige schuren waar de suikervaten donderend naar de ezelwagens rolden. Wie niet hard genoeg werkte werd door de opzichters afgeranseld.

's Zondags als Hortense in de kerkbank zat, dicht bij het vergulde altaar met zijn schitterende madonna, dwaalde haar blik af naar de witgekalkte ruimte achterin, waar de negers dicht opeengepakt urenlang moesten staan. Haar moeder was echter altijd vriendelijk tegen de zwarten. De negerinnen maakten Rose deelgenoot van hun Afrikaanse liefdesdranken, schoonheidsmiddeltjes en medicijnen. Ze wisten veel meer dan de blanke dokters uit Frankrijk. Heeft vicomtesse de Beauharnais bij hen verlossing gevonden van de geheime last, die haar gedwongen had Frankrijk te verlaten?

Het eiland bevrijdde Rose van zorgen. Vaak ging ze met Hortense bezoeken afleggen in de stad. Dan zette ze haar dochtertje een strooien hoedje op en deed haar een witkatoenen jurk met een blauw lint aan. Ze verlieten de plantage in een open calèche en maakten een plezierrit door de straten van Fort Royal. Mlle de Beauharnais trok veel aandacht met haar blonde krulletjes en blauwe ogen. Vicomtesse de Beauharnais was kastanjebruin en ze had – als veel blanke vrouwen die in de tropen werden geboren – een olijfkleurige huid. In het warme klimaat waarin haar wezen was gerijpt, bloeide Rose op. Ze had de gestes van de adellijke Parijse dames overgenomen en voerde aangename conversaties zoals ze in het klooster Penthemont geleerd had. Haar creoolse vriendinnen luisterden geboeid als ze over het leven in de Franse hoofdstad vertelde; over het koninklijk paar met hun schitterend gevolg, over vuurwerk boven de Seine, de enorme gasballon die in de tuin van de Tuilerieën bemand was opgestegen, de muzikanten in Palais Royal en de verrukkingen van de theaters. Hier rees ze met haar bescheiden kennis van de filosofische werken van Montesquieu en Rousseau boven de anderen uit.

Voor Hortense waren de kinderjaren op Martinique samen met haar aanbeden moeder misschien wel de mooiste van haar leven. Ze schreef: 'Ik was vijf jaar; ik had nog geen tranen vergoten; iedereen verwende me; niemand had me ooit een standje gegeven of me verhinderd te doen wat er in mijn hoofd opkwam.'

Hortense hield van iedereen en iedereen hield van haar. Dat ze heel ver ging in haar liefde voor haar medemensen bewijst een voorval dat haar diep geraakt heeft: 'Op een dag zat ik bij een tafel te spelen waarop mijn grootmoeder geld zat te tellen. Ik hield haar goed in de gaten en als ze een munt uit haar handen liet vallen, rende ik er naartoe om hem op te rapen en haar terug te geven. Ik zag hoe ze van de grote munten een dozijn torentjes vormde die ze vervolgens op een stoel liet liggen toen ze het vertrek verliet met de rest van het geld. Ik weet nog niet hoe ik op het idee kwam dat ik met het achtergebleven geld mocht doen wat ik wilde. Maar ik was er zo van overtuigd, dat ik mijn rok opnam, er een buidel van vormde en alle munten erin liet glijden. Zonder enig schuldgevoel liep ik met mijn schat naar buiten, zeker van mijn goede zaak. Ik zocht onze zwarte huisslaaf op en zei: "Kijk eens Jean, ik heb een heleboel geld van grandmère gekregen om aan de arme zwarten uit te delen. Breng je me naar hun hutten?" De zon stond op zijn hoogste punt en er heerste een verschrikkelijke hitte. Maar ik was zo verrukt van mijn plan dat ik het geen moment wilde uitstellen. Ik overlegde met Jean hoe ik de ongelukkigste slaven blij kon maken. Ik omklemde de munten in mijn rok en opende mijn vuistje alleen om zoveel munten uit te delen als Jean goeddunkte. De voedster van mijn moeder kreeg een dubbele portie.[6] Toen mijn schatten waren uitgedeeld zag ik me omringd door al die zwarten. Ze kusten mijn voeten en mijn handen. Trots en triomfantelijk keerde ik terug naar huis, blij over alle verrichte weldaden. Thuis heerste grote opschudding. Grandmère liep overal naar haar geld te zoeken. Ze wist niemand anders te verdenken dan de bedienden en de arme stakkers stonden te trillen uit angst voor beschuldiging. In een flits drong de waarheid tot me door en wanhopig besefte ik dat ik schuldig was. Ik moest alles wel aan grandmère opbiechten. Maar wat me dat gekost heeft! Ik had gelogen, ik had gestolen (...) De vernedering die ik moest ondergaan staat me nog levendig voor de geest en heeft me zo diep geraakt dat het wel invloed moet hebben gehad op mijn karakter.'

Dit kleine kinderverdriet dat zich onder het dak van haar grandmère afspeelde, lijkt een weerspiegeling van de grote dramatische gebeurtenissen in haar latere leven. Hoe Hortense zich ook inspande om goed en lief voor anderen te zijn, telkens werd ze veroordeeld en afgestraft. Het was een wreed fatum, dat haar van haar wieg tot haar tombe achtervolgde.

Tijdens hun verblijf op Martinique speelden zich in het verre Europa taferelen af die een sombere voorbode vormden van de Franse Revolutie. In de Republiek der Verenigde Nederlanden waren de spanningen tussen de aanhangers van prins Willem v van Oranje – de orangisten – en de patriotten zo hoog opgelopen, dat de stadhouder met zijn gezin het Paleis in Den Haag was ontvlucht en zich in Nijmegen vestigde. Op het oude Valkhof aan de Waal, de plaats waar ooit keizer Karel de Grote hof had gehouden, voelden ze zich veiliger en omringd door Oranjegezinde burgers. De patriotten trokken in hun pamfletten en kranten fel van leer tegen de Oranjeprins, die werd afgeschilderd als een meedogenloos usurpator, een misleider van het volk. De corruptie, de hoge belastingen, de privileges van vorst en adel en vooral diens familiebanden met het vijandige Engeland deden zijn positie als stadhouder wankelen. Willem v had Engelse soldaten in dienst genomen om de orangisten te steunen, waarop de patriotten in allerlei steden en dorpen vrijkorpsen vormden om zichzelf en het land tegen vreemde soldaten te beschermen. In blauw-witte uniformen exerceerden ze trots op de pleinen, aangevuurd door democraten uit alle lagen van de bevolking.

In Frankrijk toonden patriotten bewondering voor de moed van hun geestverwanten in het noorden. Generaal La Fayette besloot hen zelfs militair te steunen en trok van Parijs naar de grens van de Republiek. Toen hij daar arriveerde vernam hij dat de Staten van Holland op 7 juni 1787 prins Frederik III Rijngraaf van Salm-Kyrbourg officieel hadden aangesteld tot generaal en bevelhebber van de vrijkorpsen. La Fayette keerde verontwaardigd naar zijn vaderland terug. Hoe kon men een man als de opschepperige Salm zo'n hoge functie geven? De Rijngraaf had in korte tijd de gunst van de Franse regering verworven en een hoge militaire rang gekregen. Toen hij niets presteerde, bleek hij alleen tegen uitbetaling van een aanzienlijke som bereid daarvan afstand te doen om vervolgens zijn geluk in Holland te beproeven. Hij inspecteerde zijn korps, een gemengde eenheid van ruiterij en lichte infanterie, dat in donkergroene uniformen over de Neude in Utrecht marcheerde. Hoewel Salm zelf uit een voornaam adellijk geslacht stamde dat door de keizer *gefürstet* was, koos hij als modern denkend man de kant der patriotten. Hij dweepte met de idealen van de Amerikaanse vrijheidsstrijders en verfoeide de Hollandse prins uit het Huis van Oranje evenzeer als het absolutisme van de Franse koningen uit het Huis van Bourbon. De constitutionele monarchie was Salms ideaal.

In tegenstelling tot haar gemaal beschikte prinses Wilhelmina van Pruisen over moed en doorzettingsvermogen. Toen Willem V op veilige afstand van Den Haag zorgelijk zuchtend vernam hoe de patriotten zijn gezag ondermijnden deed hij weinig om het tegen te gaan. Zijn echtgenote besloot daarom in juni 1787 zelf het heft in handen te nemen. Ze liet haar koets inspannen, zette een zwierige hoed versierd met pluimen op haar gepoederde pruik en gaf de koetsier opdracht naar het hol van de leeuw te rijden: Den Haag. Ze was ervan overtuigd dat ze de orangisten kon oproepen tot een krachtig verzet tegen de patriotten. Tijdens haar tocht vernamen de vrijkorpsen dat de Oranjeprinses op weg naar de hofstad was. Bij het plaatsje Goejanverwellesluis gekomen, werd ze aangehouden door de patriotten. De soldaten dwongen haar de koets te verlaten. In een wachtlokaal moest ze onder protest met haar hofdames plaatsnemen en wachten op berichten van de commandant die zich in Den Haag bevond.

Niemand had het ooit gewaagd in aanwezigheid van de prinses van Oranje-Nassau – een zuster van koning Frederik Willem III van Pruisen – te gaan zitten. Maar de geüniformeerde patriotten stonden zelfs niet op toen ze met haar gevolg binnenkwam; ze rookten een pijp en dronken rustig hun pul bier leeg om haar openlijk te beledigen. Toen er eindelijk antwoord uit Den Haag kwam, bleek dat de prinses verboden werd haar tocht naar haar paleis in de hofstad voort te zetten. Wilhelmina's koets werd gekeerd en ze kon niets anders doen dan terugrijden naar het oosten des lands. Deze gebeurtenis havende haar trots maar er volgden nog meer beproevingen.

In Utrecht bedacht prins Frederik III Rijngraaf van Salm-Kyrbourg[7] plannen om de rijke stadhouder van de Republiek der Verenigde Gewesten te vernederen en het aanzien van de fiere, oprechte patriotten te vergroten. Niet ver van de stad Utrecht lag Soestdijk, een buitenplaats die in 1674 was aangekocht door prins Willem III van Oranje-Nassau. Diens architect Maurits Post had het huis verbouwd tot een luisterrijk jachtslot. De zalen werden verfraaid met plafond- en wandschilderingen en in de antichambres van zijn gemalin Mary Stuart stond het Chinese porselein en zilverwerk uitgestald. 's Zomers spoten er fonteinen in de baroktuinen die waren opgeluisterd met tuinornamenten. Zou het niet rechtvaardig zijn om dit paleis, waarin Willem III, Willem IV en diens zoon Willem V van Oranje zich zo lang in weelde hadden gewenteld, te veroveren? Alle luxe was immers betaald van het belastinggeld, dat de vorsten eeuwenlang uit de arbeidende klasse hadden geperst?

In de avond van 29 juli marcheerde een patriottenleger van ruim driehonderd man onder aanvoering van de Rijngraaf van Salm-Kyrbourg van Utrecht naar Soestdijk. De oranjegezinde dichter Willem Bilderdijk spotte: '...die Scheele Rijngraaf zag er in zijn huzarenuniform recht ijsbaarlijk uit en al de hoop der partij was op hem gevestigd'.

Willem V, die zelf niet meer op Soestdijk durfde te komen, had daar ter bescherming van zijn bezittingen een klein detachement van het regiment Hessen-Darmstadt gelegerd. In *De Opregte Haarlemmer Courant* deden de patriotten verslag van de toen volgende gebeurtenissen bij Soestdijk. Men kon lezen hoe de eerste wachter in de schemering was overmeesterd en zijn wapens afgaf. Maar de tweede weigerde dapper en loste snel enkele waarschuwingsschoten. De paleiswacht kwam op zijn teken in actie en de soldaten stormden naar buiten: 'De vijand posteerde zich toen achter het ijzeren hek en palissaden, vervolgens zeer voordelig achter een muur van 't Prinsen Jagthuis te Soestdijk en er werd van weerskanten een hevig vuur gemaakt.' De duisternis viel, hetgeen 'enige verwarring onder ons volk teweegbracht', en de patriotten besloten tot de aftocht. Op de platte karren die ze hadden meegevoerd om de buit op te laden lagen de lichamen van gewonde kameraden. Over Hilversum, Vreeland en Nieuwersluis bliezen ze met de Rijngraaf de aftocht.

De prins van Oranje was ontzet toen hij van de aanslag hoorde. De volgende morgen begaf hij zich meteen naar Soestdijk, waar hij links en rechts medailles opspeldde en zijn soldaten prees om hun moedig gedrag. De goedige prins, die uiterlijk en innerlijk grote overeenkomst vertoonde met Lodewijk XVI van Frankrijk, wist niet wat hij verder nog moest doen. Mismoedig keerde Willem V terug bij zijn gemalin. Prinses Wilhelmina achtte na de strijd bij Soestdijk de tijd gekomen om haar broer, de koning van Pruisen, dringend om hulp te vragen. In de nazomer van 1787 marcheerde het goed gedrilde Pruisische leger – achttienduizend man sterk – onder aanvoering van hertog Karel Willem van Brunswijk-Wolfenbüttel de grens over. Er werd nauwelijks gevochten: toen de Rijngraaf van Salm vernam dat de vijand naderde, raakte hij in paniek en ontvluchtte Utrecht. Hij meldde zich in het holst van de nacht bij de leden van het Defensiewezen, die rustig lagen te slapen. Hoewel Utrecht sterke vestingen had en over ruim voldoende munitie en manschappen beschikte om de stad te verdedigen, maakte de Rijngraaf hen wijs dat ze geen schijn van kans hadden tegen de oppermachtige troepen van de hertog van Brunswijk. Hij smeekte de Heren om toestemming tot ontruiming van de stad. Ze lieten zich door hem ompraten en stemden slaperig toe.

Tot verbazing van de Pruisische soldaten konden ze ongehinderd door de geopende stadspoort Utrecht binnen marcheren, terwijl aan de andere kant van de stad hele regimenten patriotten en burgers op de vlucht sloegen. Er werd geen druppel bloed vergoten. De ene na de andere stad kon door de Pruisen aan het gezag van de prins van Oranje worden onderworpen. Ook onder de poorten van Amsterdam trokken de Pruisische troepen triomfantelijk binnen. De vroedschappen maakten zichzelf verwijten dat ze naar de Duitse windbuil Van Salm hadden geluisterd. Alles scheen verloren.

Opgelucht stapten Willem v en Wilhelmina van Pruisen in de koets en reden met hun kinderen en hun gevolg naar Den Haag. De orangisten waren uitzinnig van vreugde toen ze de stadhouder zagen terugkeren. Overal wapperden oranje wimpels en onder luid gejuich spanden de mannen de paarden uit en trokken de koets van de prins zelf naar het Binnenhof.

Verbitterd namen veel teleurgestelde patriotten het besluit in Franse ballingschap te gaan. Daar bezwoeren Hollandse en Franse patriotten elkaar dat dit het einde niet was: de macht van de absolute vorsten zou gebroken worden. Ze waren bereid hun leven te offeren voor een maatschappij waarin vrijheid, gelijkheid en broederschap heerste. De revolutie was onafwendbaar.

Vicomtesse Rose de Beauharnais kon er niet toe komen met de kleine Hortense naar Frankrijk terug te keren. Enerzijds verlangde ze naar haar zoon Eugène, anderzijds kon ze geen afscheid nemen van haar familie op Martinique. Ze stelde de beslissing steeds uit totdat ze na een verblijf van ruim twee jaar door een plotselinge uitbarsting van geweld werd opgeschrikt.

Hortense schreef in haar memoires: 'De revolutie begon in de koloniën. (...) We logeerden in het Petit Gouvernement. Op een avond kwamen ze mijn moeder waarschuwen dat men van plan was de volgende morgen Fort Royal aan te vallen. Ze vertrok onmiddellijk naar een fregat waarvan ze de kapitein kende, om met hem te vluchten. Toen we een grasland overstaken dat Savane heet kwam vlak naast ons een kanonskogel neer. De volgende morgen maakten de rebellen zich meester van de stad.[8] Ze gaven de Franse schepen het bevel om terug te keren in de haven, waarbij al het geschut op het fort op ons gericht werd. Onze passagiers begonnen te schreeuwen dat ze terug wilden naar Frankrijk. Het fregat verwijderde zich terstond van de kust en de rebellen voerden hun dreigement uit: ze vuurden hun kanonnen af en de kogels vlogen ons om de oren. Het lot heeft ons gespaard; we werden niet geraakt. En zo waren we op reis gegaan zonder van iemand afscheid te hebben genomen.'

Hortense stond dicht tegen haar moeder aan op de achtersteven en zag de grillige mangrovebossen op het strand van Martinique in de snel vallende tropennacht verdonkeren. De reis was onherroepelijk. Ze zeilden naar Frankrijk. Het paradijs in de rug. De hel tegemoet.

2

September 1790; het slanke fregat Sensible voer over de golven van de Atlantische Oceaan. In de schaduw van zijn hoge zeilen speelde een kind. Hortense was de beschietingen van het fort al vergeten en toen ze op het dek de tamtam van de negers hoorde, danste ze net zo soepel en ritmisch als de slavinnen op de plantage. De passagiers amuseerden zich met de voorstellingen van de kleine Mlle de Beauharnais, die geen verlegenheid kende en zich graag liet bewonderen. Rose had in de vlucht geen bagage mee kunnen nemen en zag wanhopig hoe Hortense het enige paar schoenen dat ze bezat op de ruwe planken versleet. Ze wilde op blote, bloedende voeten verder dansen, wat haar moeder wel moest verbieden. Ruim twintig jaar later schreef ze als keizerin van Frankrijk aan een vriendin, hoe de kapitein van het schip medelijden had gekregen met de huilende Hortense. Hij ging naar zijn hut en kwam tot haar vreugde terug met een paar oude schoenen, die ze voor haar dochtertje kleiner had gemaakt. 'Wees niet jaloers op mijn luxe,' schreef de keizerin weemoedig. 'Misschien verbaast het u als ik u zeg dat ik gelukkiger was met een paar oude schoenen dan met alle diamanten van de wereld.'[1]

Het schip verliet de tropenzone en verzeilde enige weken later in de herfstnevelen voor de Franse kust. Hortense herinnerde zich in haar memoires: 'De Sensible zette koers naar zijn bestemming: Toulon. De overtocht leek voorspoedig te gaan totdat onze stuurman zich ter hoogte van Gibraltar vergiste en richting Afrika zeilde. We raakten de kust en vijf minuten later strandde het schip. Matrozen, passagiers, kinderen, iedereen trok aan de touwen en we ontsnapten op het nippertje aan een gevaar.'

Begin november gleed het fregat veilig de Franse haven binnen. Even later stond vicomtesse de Beauharnais met haar dochtertje op de kade van Toulon. De ijzige wind speelde met de dunne kleren waarin ze Martinique hadden verlaten. Als altijd wist Rose met een paar vriendelijke woorden hulp te krijgen. Ze bemachtigde twee plaatsen in de postkoets en reisde over natte, zwarte wegen naar het noorden. Hortense verbaasde zich onderweg over de kale bomen, de velden zonder bloemen en de mensen met hun witte gezichten. In de herbergen waarin ze moesten overnachten sprak men haar moeder nadrukkelijk met *burgeres* aan. De markiezin de Beauharnais wist nog maar weinig van de grote gebeurtenissen van de afgelopen jaren. Maar onderweg werd het haar duidelijk welke ingrijpende maatschappelijke veranderingen er hadden plaatsgevonden. In Fontainebleau – niet ver van het immense, lege paleis van het Franse koningspaar – stapte ze uit en liep met Hortense aan haar hand naar het huis van haar schoonvader en tante Marie.

Zodra Eugène hoorde dat zijn moeder en zusje in het land waren, ging hij onmiddellijk naar het huis van zijn grootvader in de rue Neuve-des-Mathurins en vloog zijn moeder in de armen. Rose had haar zoon ruim twee jaar niet gezien. De negenjarige jongen begroette Hortense verheugd; de lange scheiding had niets aan de innige band tussen broer en zuster veranderd. Hortense beschreef later hoe ze elkaar opgewonden hun avonturen vertelden en moeilijk konden beslissen wie van de twee de spannendste dingen beleefde. Hortense, die ternauwernood ontsnapt was aan de slavenopstand en aan de Afrikaanse kust bijna schipbreuk had geleden, of Eugène, die op 14 juli bij het Feest van de Federatie op het Marsveld zijn gouverneur – een geestelijke in eerbiedwaardig habijt – met een paraplu als wapen had moeten verdedigen tegen een groep agressieve viswijven.

De kinderen konden de ernst van de situatie nog niet ten volle begrijpen. Maar Rose vernam ontzet hoe in de zomer van 1789 de Bastille door een razende volksmassa was bestormd, waarbij de gevangenen waren bevrijd en veel doden en gewonden vielen. De koning en koningin hielden zich toen nog schuil in Versailles en deden niets om het lot van de arme burgers te verbeteren. Omdat de winter naderde en de honger in de stad voortduurde, was in oktober een menigte volksvrouwen begeleid door soldaten naar het paleis getrokken. Ze eisten luidkeels brood voor hun uitgehongerde gezinnen, ze wilden dat de koning en koningin naar Parijs zouden komen. De meute drong van alle kanten het paleis binnen, stormde de trappen op en wist de koninklijke vertrekken te bereiken. Lijfwachten en lakeien waren op de glanzende parketvloeren neergestoken. Marie Antoinette, Lodewijk XVI en hun kinderen werden gedwongen in de gereedstaande koets te stappen. Voorafgegaan door karossen met vertegenwoordigers van de Nationale Vergadering schommelden karren, hoog opgetast met meelzakken uit de koninklijke voorraadschuren, in de richting van de hoofdstad. Markies de La Fayette, commandant van de Nationale Garde, had zijn soldaten bevel gegeven een dichte carré te vormen om de koets van de koninklijke familie. Zo bereikten ze na uren Parijs waar tal van burgers zich schreeuwend bij hen aansloten.

De schrijver Chateaubriand gaf in zijn memoires een ooggetuigenverslag van de gebeurtenissen: 'Ik haastte me naar de Champs-Elysées: eerst verschenen de kanonnen waarop schrijlings allerhande harpijen, sloeries en lichte vrouwen zaten die de meest obscene taal uitsloegen en de meest weerzinwekkende gebaren maakten. Hierop volgden, te voet, te midden van een horde van alle leeftijden en beiderlei kunne de lijfwachten die van hoed, degen en draagband hadden geruild met de nationale gardisten; op elk van hun paarden zaten een paar viswijven, een stelletje smerige, dronken, liederlijke bacchanten. Daarna kwam de afvaardiging van de Nationale Vergadering; dan volgden de rijtuigen van de koning, rijdend in de stoffige schaduw van een woud van pieken en bajonetten. Voddenrapers in lompen, slagers, hun bloedige schort om de dijen, het ontblote mes aan de riem, de mouwen opgestroopt, liepen mee aan de portieren; een paar groezelige duivels waren op het imperiaal geklauterd, anderen klampten zich vast aan de treeplank voor de lakeien, aan de koetsiersbok. Men schoot geweren en pistolen af; men schreeuwde: "Hier komen de bakker, de bakkersvrouw en het bakkersknechtje!" Als oriflamme voor de telg van Lodewijk de Heilige dienden een paar Zwitserse hellebaarden waarop twee hoofden van lijfwachten waren gespietst, gefriseerd en gepoederd door een pruikenmaker uit Sèvres.'[2]

Toen de duisternis viel werd de stad verlicht en vierde het volk tot diep in de nacht een sinister feest. De koning en de koningin hadden de Tuilerieën bereikt waar ze trachtten te slapen. De volgende morgen verscheen Lodewijk XVI bleek in de Nationale Vergadering. Met doffe stem verklaarde hij dat de koning de beginselen van de Revolutie zou respecteren en keerde met hangende schouders terug naar zijn vrouw. Het leek even of de crisis daarmee voorbij was.

Rose de Beauharnais hoorde ook dat haar ex-man zich als vurig patriot had opgewerkt tot voorzitter van de Nationale Vergadering. Hij arbeidde met zijn aanhangers aan het ontwerp van een nieuwe grondwet, die de macht van de absolute vorst beperkte. De Derde Stand verkreeg de begeerde burgerrechten. Rose vroeg zich af wat haar moeder op Martinique zou zeggen als ze dit alles hoorde. Mme Tascher was een royalist in hart en nieren; in blinde verering keek ze naar de portretten van Lodewijk XVI en Marie Antoinette die naast de beeltenis van de Heilige Maagd Maria de wand van haar vertrek boven de *sucerie* sierden. Ze moest niets hebben van de nieuwe ideeën van Amerikanen en Europeanen. Toen haar man Joseph in november overleed, liet de weduwe zich niet overhalen naar Frankrijk te komen. Ze verkoos met haar zieke, jongste dochter de eenzaamheid in het huis op de plantage boven het rumoerige Parijs, waar iedereen de mond vol had over vrijheid, gelijkheid en broederschap.

Alle adellijke titels waren daar afgeschaft. Vicomtesse de Beauharnais ging voortaan – zoals haar kokkin en kamermeid – als burgeres door het leven. Hortense, die in Fontainebleau haar nieuwe poppen koesterde, kon het allemaal weinig schelen. Ze voelde zich veilig bij haar moeder, grootvader en tante. Maar op een dag werd ze weggerukt uit het beschermde milieu. Haar vader, die ze nauwelijks had gezien, besloot dat Hortense naar een kostschool moest. Op Martinique had ze tot diens ergernis niets anders geleerd dan zingen en dansen. Het werd tijd voor een degelijke opleiding. Rose bracht Hortense zelf naar de abdis van l'Abbaye-aux-Bois, vlak naast het pensionaat waarin Eugène verbleef. De kinderen waren blij dat hun moeder daarop besloot van Fontainebleau naar Parijs te verhuizen. Ze vond een woning in de rue Saint-Dominique en kon hen zo vaak bezoeken als ze wilde. Mme de Beauharnais leerde in Parijs de politieke vrienden van haar ex-man kennen, onder wie La Fayette, hun held die in de Amerikaanse vrijheidsoorlog had gestreden, de jurist Barnave, de afgevaardigde d'Aiguillon en de magistraat Hérault de Séchelles en andere liberalen.

Prinses Amalia van Hohenzollern-Sigmaringen, die bij haar broer, Frederik III Rijngraaf van Salm-Kyrbourg, in diens paleis aan de Seine woonde, werd een goede vriendin van Rose. De Rijngraaf had na zijn verraad van de Hollandse patriotten zijn troepen in de steek gelaten en was slechts vergezeld door één officier halsoverkop naar zijn broer in Grumbach gevlucht. Vandaar reisde Salm naar Parijs en schaarde zich onder de Franse liberalen. De vermaarde Pierre Rousseau was de ontwerper van zijn pompeuze Palais de Salm.[3] Met zijn groene koepel gedragen door Korinthische zuilen zag het uit over de Seine. Dakranden en medaillons waren getooid met beelden van grote gestalten uit de Oudheid. Gebeeldhouwde sfinxen bewaakten de balustrade langs de rivier. Rose bewoog zich graag in de sfeer van luxe bij de Van Salms. Omdat ze van nature iedereen vertrouwde, luisterde ze met ontzag naar de heldenverhalen van Rijngraaf van Salm. Ze was vaak bij hem en prinses Amalia te vinden. Zo zat ze bij de brandhaard van de revolutie en werd meegevoerd in de stroom van gebeurtenissen. Ze leefde intens mee met de koninklijke familie die in de zomer van 1791 een wanhopige poging ondernam om uit de Tuilerieën te ontsnappen. Vermomd als burgers reden ze in het holst van de nacht in een berliner in de richting van de reddende grens. Ze hadden hun hoop gevestigd op de trouwe Staatse troepen die bij Metz op hen wachtten. Maar alles mislukte. Toen La Fayette, die de koning en koningin in de Tuilerieën moest bewaken, de volgende morgen de ontsnapping ontdekte, sloeg hij groot alarm. Zijn soldaten zetten de achtervolging in. Marie Antoinette en Lodewijk XVI waren met hun kinderen inmiddels al tot Varennes gekomen en waanden zich veilig. Daar verschenen echter plotseling soldaten op hun pad die hen dwongen terug te keren naar Parijs. Vier dagen duurde de vernederende en angstige tocht. Bij aankomst wachtte hun een woedende volksmassa; de koning had verraad gepleegd en zijn onderdanen in de steek gelaten!

Lodewijk XVI besefte treurig dat het laatste restje gezag hem was ontglipt. De stemming werd grimmiger. Vele honderden edelen – onder wie de broer van de koning, comte de Provence[4] – pakten hun bezittingen en vluchtten naar het buitenland.

Alexandre de Beauharnais, die zich als president van de Wetgevende Vergadering met moeite staande hield in de toenemende politieke chaos, bleef op zijn post. Hij trachtte nog orde te scheppen tussen jakobijnen, girondijnen en velerlei ontembare sansculotten. Maar niemand was opgewassen tegen de burgers die niet zelden dronken het spreekgestoelte beklommen. Hun haveloze vrouwen op de houten tribunes zwaaiden met hun kousen en ze krijsten bij het horen van aristocratische namen: 'Aan de lantaren!'

Hortense leidde op het pensionaat een eenzaam bestaan. Op Martinique waren haar moeder en grootmoeder altijd bij haar geweest. 'Ik was pas zeven jaar; de jongste van het pensionaat,' schreef ze er later over. 'Mijn moeder, die haar kinderen nooit kon zien huilen en die vreesde om me ook maar een moment van teleurstelling te bezorgen, behandelde me altijd met de grootste tederheid. Ik verwachtte in het klooster dezelfde verwennerij. Ik trad het leven dus binnen, gelovend dat men er geliefd moest zijn. Een onvrijwillige fout van mijn kant gaf het gezicht van de abdis een strenge uitdrukking, ik deed er alles aan om een goedgunstige glimlach terug te brengen. Ik beloofde beter te worden, ik werkte er oprecht aan. Mijn enige angst was het goede te verliezen waarvan de vreugde al onontbeerlijk voor me was geworden.'

Terwijl Hortense met haar kleine levensproblemen worstelde, speelden zich buiten de kloostermuren grote gebeurtenissen af die de geschiedenis van Frankrijk bepaalden. Koningin Marie Antoinette besefte dat ze alleen nog redding kon verwachten van buitenlandse mogendheden. In geheimschrift smokkelde ze vanuit de Tuilerieën brieven naar haar familie in Wenen waarin ze smeekte haar met haar man en kinderen uit hun benarde positie te komen verlossen. Oostenrijk en Pruisen sloten daarop een verbond en verklaarden Frankrijk de oorlog. Hertog Karel Willem van Brunswijk-Wolfenbüttel voerde de troepen aan die half juli het oosten van het land binnenvielen. Zijn goed gedrilde Duitse soldaten waren in de meerderheid; hij verwachtte dat hij spoedig hetzelfde succes zou boeken als vijf jaar eerder in Holland.

In heel Frankrijk werden door de patriotten nu vrijwilligerskorpsen gevormd. Ondanks het geringe aantal Franse soldaten en hun slechte wapenuitrusting behaalden ze de overwinning. Ze hadden het meer te danken aan het uitbreken van besmettelijke ziektes in het Pruisische en Oostenrijkse leger dan aan hun militair optreden, maar vierden desondanks trots en overmoedig hun triomf. Omdat Oostenrijk had gedreigd heel Parijs te verwoesten als men de koninklijke familie ook maar een haar krenkte, werden Marie Antoinette en Lodewijk XVI beschuldigd van samenzwering tegen het vaderland. Op dit verraad stond voor elke Franse burger de doodstraf.

Op een morgen in augustus verscheen Rose nerveus bij de poort van het klooster om haar dochter op te halen. Hortense was blij dat ze de abdis onverwachts vaarwel mocht zeggen en huppelde aan de hand van haar moeder naar het pensionaat van Eugène, die ook mee moest naar de Rue Saint-Dominique. De stemming jegens voorname kerkdienaren was zo kritiek geworden, dat de kinderen niet langer veilig waren onder het dak van religieuzen.

De pas negenjarige Hortense ving thuis flarden op van angstaanjagende verhalen. Er hing een geur van kruit en vuur in de lucht, in de verte klonken schoten en geschreeuw. Het volk van Parijs had na de overwinning alle doorstane angst gekoeld op hun koning en koningin. Ze waren door soldaten uit de Tuilerieën gehaald en met de dauphin en dauphine opgesloten in de Temple, een middeleeuwse gevangenis met dikke muren en getraliede vensters. De zalen van het koninklijk paleis werden door het gepeupel geplunderd en verwoest. Met bloed besmeurde gordijnen sleepten door de scherven van kostbare spiegels. Kroonluchters verloren hun kristallen pegels te midden van neerstortend stucwerk. De wraakzucht sloeg over op de gevangen vijanden van de revolutie; in september brak in Parijs een ware hel los. Meer dan vijftienduizend mannen en vrouwen, trouwe of vermeende royalisten, werden in blinde razernij in de gevangenissen afgeslacht, de verminkte lichamen door de straten gesleurd. Onder de slachtoffers waren hovelingen als de prinses van Lamballe, hofdame van Marie Antoinette, die bekend had gestaan om haar liefdadigheid.

Mme de Beauharnais durfde niet meer op de boulevards te flaneren. Ze vermeed de witte gezichten van het moordend gepeupel, mensen die generatie na generatie honger en onderdrukking hadden geleden. Gezichten die nooit hadden gelachen en nu gloeiden van haat jegens allen die het beter hadden dan zij. Het was geen tijd voor geleidelijke veranderingen, het was een tijd van snelle verschrikkingen.

Over de pleinen marcheerden wanordelijke bendes soldaten, de rode vrijheidsmuts schuin op het hoofd. Ze brulden het lied dat de vrijkorpsen uit Marseille op weg naar het slagveld hadden gezongen: *Allons enfants de la patrie, le jour de gloire est arrivé!*

Op 21 september 1792 werd de Wetgevende Vergadering ontbonden en vervangen door de Conventie, die de monarchie afschafte. Frankrijk was nu een republiek. Lodewijk XVI zat als burger Lodewijk Capet achter de tralies en Hortenses vader kreeg zijn ontslag. Maar Alexandre bleef geloven in zijn politieke idealen. Nu de vijandigheid om hem heen groeide, vergat hij de vijandschap jegens zijn ex-vrouw. Rose kende geen wrok. Met haar aangeboren vriendelijkheid ontving ze hem thuis en sprak niet meer over de pijn die hij haar had bezorgd. Ze groeiden als vrienden naar elkaar toe.

Heel de winter hielden Rose en Alexandre hun zoon en dochter zo veel mogelijk buiten de onrustige wijken. Met hun verfijnde manieren en nette kleding vormden de kinderen van aristocraten het mikpunt van spot en agressie. In een gesloten koets reden ze vaak naar het nabije paleis aan de Seine om Amalia prinses van Hohenzollern Sigmaringen te bezoeken. Behalve de Rijngraaf van Salm ontmoetten ze er ook hun jonge Poolse vriendin Rosalie prinses Loebomirska, die uit haar vaderland was gevlucht toen Russische en Pruisische troepen de opstand der Poolse patriotten bloedig hadden neergeslagen.

Hortense speelde met het vierjarig dochtertje van prinses Rosalie tussen de zuilen op de veilige *cour* van het paleis terwijl haar moeder in de weelderige salon thee dronk. Daar werd even vurig over literatuur, muziek en filosofie gepraat als over politieke kwesties. De Rijngraaf van Salm bleek zo bevlogen door zijn politieke idealen, dat hij het gevaar van de anarchie niet zag. De revolutie was zijn doel voorbijgeschoten. Er waren machten ontketend die niemand kon beteugelen. Toch geloofde Van Salm nog in de Conventie, die hij een hoogdravende brief had geschreven over zijn laatste bezoek aan Kyrn, de hoofdstad van zijn prinsdom aan de Rijn: 'Ik begaf mij onder de mensen die ik ooit mijn onderdanen noemde en die ik nu mijn medeburgers noem. Mijn vrienden, mijn kinderen, om aldus het slavendom te verbannen (...) en alle sporen van het feodalisme voorgoed uit te wissen.'

Rose durfde niet aan de zuiverheid van zijn daden en inzichten te twijfelen. Ze volgde met een bedroefd hart de verslagen van de gebeurtenissen in de Temple, waar de koning van zijn vrouw en kinderen was gescheiden. In doodsangst wachtte hij daar tot men hem voor het gerecht zou brengen. Tijdens een langdurige, dramatische zitting werd Lodewijk Capet met meerderheid der stemmen schuldig verklaard aan landverraad en ter dood veroordeeld. Het verweer van de kansloze vorst klonk even zwak als zijn bewind was geweest.

Op een grijze, koude dag in januari 1793 werden de bewoners van het Paleis van Salm opgeschrikt door een kanonschot, dat van de Place de la République over de Seine daverde. Ze keken elkaar doodsbleek aan en beseften wat het betekende: het hoofd van de koning was onder de guillotine gevallen.

Alexandre de Beauharnais was evenals zijn liberale vrienden altijd voorstander van een constitutionele monarchie geweest. In stilte bleven zij het eeuwenoude koningshuis van Bourbon trouw. De Beauharnais beschouwde Marie Antoinette nu als regentes van de kleine dauphin, die tussen de sombere muren van de Temple leefde. Andere liberalen gunden de macht aan 's konings broer – de uitgeweken comte de Provence. Weinigen durfden hun mening nog hardop uit te spreken. De politieke tweedracht woekerde als een ziekte door onder de bevolking. Families werden verscheurd, vriendschappen sloegen om in vijandschap. Rosalie Loebomirska keerde na een hooglopend politiek conflict met de prins Van Salm diens paleis de rug toe. Met haar dochtertje vertrok ze, vastbesloten te strijden voor de rechten van het onderdrukte Poolse volk en het regentschap van de comte de Provence.

Sinds Hortenses vader geen politieke rol meer speelde had hij zijn militaire loopbaan weer opgepakt en een benoeming aanvaard als bevelhebber van het Rijnleger. Hij verbleef met zijn troepen in Straatsburg toen zijn ex-vrouw vernam dat de Rijngraaf van Salm-Kyrbourg en diens zuster Amalia van plan waren heimelijk naar het buitenland te vertrekken. Sedert de terechtstelling van de koning zag Van Salm de ernst van de situatie pas goed in. De Franse rechtbank maakte geen verschil meer tussen buitenlanders of Fransen. Wie van adel was kon aangewezen worden als vijand van de revolutie en in de gevangenis belanden. De angstige Rijngraaf besloot zo snel mogelijk naar de kust te reizen. Vandaar was het maar een paar uur varen naar Engeland. Honderden emigrés waren hem voorgegaan. Vlak voor hun vertrek bood hij Rose aan om Hortense en Eugène mee te nemen. Hij en zijn zuster konden als hun ouders onder een valse naam reizen. Van Salm bezwoer de huilende Rose dat hij haar kinderen zou beschermen. Ze kreeg geen bedenktijd; hij had haast.

Bij het afscheid klampte Hortense zich wanhopig aan haar moeder vast. Nu vond ze alleen nog troost en bescherming bij haar broer. Eugène had zelf moeite om zijn tranen terug te dringen toen de koets zich steeds verder van de kleine, wuivende gestalte in de Rue Saint-Dominique verwijderde.

Generaal Alexandre de Beauharnias hoorde pas van de vlucht toen zijn zoon en dochter al een paar dagen onderweg waren. Woedend gaf hij bevel hen meteen op te sporen. Moesten zijn kinderen soms emigrés worden? Het was al erg genoeg dat zijn eigen broer François royalist was. Dit vergrijp van Eugène en Hortense zou zijn reputatie voor altijd schaden en een politieke carrière onmogelijk maken. Zijn koerier vertrok en vond het gezelschap van Van Salm op diens buiten in Saint-Pol in Artois. Ze waren nog maar twee dagreizen verwijderd van de kust waar een schip voor hen klaar lag. In een brief eiste de Beauharnais op hoge toon dat Van Salm de kinderen terstond terug zou brengen naar Parijs. De prins overlegde met zijn zuster; ze waren het erover eens dat ze Hortense en Eugène nu niet alleen mochten laten. Dat hadden ze Rose immers bezworen? Vertwijfeld dacht Frederik aan het beschaafde hof van koning George III van Engeland, waar ze veilig zouden zijn. Desondanks gaf hij toe aan de dwingende oproep van de Beauharnais. Met de moed der wanhoop stapten de passagiers weer in de reiskoets. Hortense juichte innerlijk toen ze de torens van de Notre Dame aan de horizon zag opdoemen en de wielen over de keien van de rue Saint-Dominique ratelden. Rose wachtte hen op. Haar dochter zou later schrijven: 'Ondanks haar vrees was onze moeder dolblij ons terug te zien.'

Gelaten lieten prinses Amalia en haar broer de kinderen bij haar achter en reden naar het Palais de Salm. De Rijngraaf sloot zich eenzaam op in zijn privé-kabinet. Hij las de vele kranten die politieke groeperingen onder hun aanhang verspreidden. De toon was schokkend gewelddadig. Door de kinderen de Beauharnais terug te brengen had hij – misschien wel voor het eerst van zijn leven – zijn belofte gehouden. En juist deze daad van oprechtheid zou hem fataal worden.

Hortense en Eugène de Beauharnais moesten de wetten van de Franse republiek eerbiedigen en een ambacht leren, precies als de kinderen van arme burgers. Het meisje kwam in de leer bij een naaister en haar broer moest leren zagen en timmeren. Mlle de Beauharnais plooide en knipte met plezier de stoffen; ze had altijd van borduren gehouden en voelde zich thuis bij haar lerares. Verbaasd hoorde ze dat er een andere klok met tien uren was ingesteld. En een republikeinse kalender, met andere namen: Pluviôse, Ventôse, Germinal, Floréal. Ze probeerde eraan te wennen dat ze in het jaar II leefde. Het volk werd ingeprent dat het geboortejaar van Christus van geen belang was vergeleken bij de geboorte van de Franse Republiek. Men sprak niet meer over God maar over een Opperwezen, die op vreemde altaren in de stad met groen en linten werd geëerd. Hortense dacht aan de liefelijke beeltenis van de Heilige Maagd, waar ze in het witte kerkje op Martinique met haar moeder voor knielde. Ze zou nooit aan het Opperwezen kunnen wennen. Er kwamen ontstellende berichten over de verwoesting en plundering van de kloosters en abdijen, waarbij monniken en zusters waren vermoord.

'Mijn moeder leidde een teruggetrokken bestaan. Ze kende geen van de mannen die nu Frankrijk bestuurden,' noteerde Hortense. 'Gedreven door innerlijke goedheid zou ze toch spoedig naar buiten moeten treden.'

Een vriendin vertelde Rose onder tranen dat haar onschuldige nicht was gearresteerd en in de gevangenis zat. Hoewel het meisje pas zestien jaar oud was liep ze als emigrante groot gevaar om door de rechtbank ter dood veroordeeld te worden. Mme de Beauharnais trok zich het verdriet van haar vriendin zo aan, dat ze met loden schoenen naar de vreemde kantoren in het hart van de stad ging. Daar ontmoette ze voor het eerst de afgevaardigde Tallien. Ze liet zich niet afschrikken door diens barse gezicht en afwijzende woorden. Gebruikmakend van haar charmes opende ze de deuren van de bureaus der hoogste functionarissen en ze wist het ongelukkige nichtje tot ieders vreugde vrij te praten. Tallien zou de kleine, moedige creoolse niet vergeten.

De zomer van 1793 bracht Hortense door in een huurwoning in Croissy aan de Seine. Haar moeder verzorgde de bloemen in de tuin, ze hing kooien met kleurige zangvogeltjes aan de muur en nam een wit hondje dat Fortuné werd genoemd. In het dorp legde ze contact met aristocratische dames, die Parijs waren ontvlucht. Velen bewaarden goede herinneringen aan de vriendelijke Mme de Beauharnais die hen met haar dochtertje in de salon ontving. Toen Eugène zich in september bij hen voegde scheen haar geluk compleet. Hoewel Hortenses broer pas twaalf jaar oud was, had hij de leeftijd bereikt waarop hij als militair zijn vaderland moest dienen en hij werd in Croissy ingeschreven als 'jong soldaat met geweer en sabel'.

Als Rose naar haar kinderen keek gingen haar gedachten vaak naar de koningin-weduwe, die in de gevangenis door ruwe bewakers gescheiden was van de kleine dauphin en dauphine. Marie Antoinette sleet haar dagen in een cel van de Conciergerie, waar men niet naliet haar diep te vernederen.

Het najaar kwam. De dorpsomroeper van Croissy sloeg de trom en beklom een verhoging om het toegestroomde volk het laatste nieuws uit Parijs te verkondigen. De Revolutionaire Rechtbank had Marie Antoinette aan een verhoor onderworpen en haar daarop met meerderheid van stemmen ter dood veroordeeld. Op 16 oktober 1793 was haar hoofd op het schavot gevallen. De vurigste patriotten overschreeuwden met vreugdekreten de stem van hun geweten. Maar de meesten keerden met neergeslagen ogen en bedroefd hart terug naar hun huizen. De koningin dood. Rose dacht met diep medelijden aan de verweesde koningskinderen. In flarden kwamen de verhalen over de laatste uren van de vorstin. Over de kalmte waarmee ze met gebonden handen rechtop gezeten in een open kar, de rit door de overvolle straten van Parijs had gemaakt. De kortgeknipte haren onder de katoenen muts van de pas achtendertigjarige vorstin waren wit van verdriet. Geen moment had ze haar trots verloren. Toen ze de trap naar het schavot besteeg en haar hoofd onder de guillotine legde, deed ze dat met waardigheid.

Er vielen honderden doden onder de machine van de revolutie. Het waren aristocraten en arme drommels. Priesters en nonnen. Bejaarde mannen, kinderen van nog geen tien jaar oud. De beschuldigingen werden steeds vager. Men was verdacht. Men werd verdacht van verdacht zijn. Processen werden overbodig verklaard. Parijs was in de kille greep van de Terreur. Men leefde teruggetrokken uit vrees aangegeven te worden. Met een kort kapsel *à la guillotine*, een bloedrode band om de hals, dansten de jonge republikeinen op straat. De sansculotten werden niet moe hun *ça ira!* te schreeuwen. Nooit was humor zo zwart geweest. Alexandre de Beauharnais deinsde terug voor de burgers wier rechten hij had verdedigd. Sinds hij als zoveel standgenoten uit het leger ontslagen was, leidde hij een teruggetrokken bestaan op zijn voorvaderlijk kasteel in Ferté-de Beauharnais. Daar bonsden op 12 Ventôse de vertegenwoordigers van het Comité van Algehele Veiligheid op de poort. Ze toonden hem een arrestatiebevel en hij moest mee naar Parijs. Alexandre werd met gebonden handen op een open wagen naar de Luxembourg-gevangenis gebracht. De bewaarder die hem naar zijn cel bracht, toonde nog enige beleefdheid. Een anonieme gevangene schreef, niet beseffend hoe ernstig zijn situatie was: 'Het was vermakelijk om te zien hoe in een of ander krakkemikkige wagen twee markiezen, een hertogin, een markiezin, een graaf, een abt en twee gravinnen werden aangevoerd.'

In Croissy hoorden Rose en haar kinderen met ontzetting wat er was gebeurd. Ze pakten in paniek wat spullen en vertrokken onmiddellijk naar hun huis in de rue Saint-Dominique in Parijs. Omdat ze de namen en adressen kende van de bureaucraten die de vrijlating van het nichtje hadden bewerkstelligd, begon Rose brieven te schrijven om te bewijzen dat haar ex-man onschuldig was en een overtuigd republikein. Ze begaf zich hoopvol naar het bekende bureau van Tallien, die haar echter verstrooid de deur wees.

Hortense en Eugène wachtten in angstige spanning op de terugkeer van hun moeder. Ze waren onder de hoede geplaatst van Mlle Marie de Lannoye, een gouvernante die uit een geslacht van oude Vlaamse adel stamde. Ze maakte zich zorgen over Mme de Beauharnais, die zich in allerlei kantoren waagde in haar pogingen om haar ex-man vrij te krijgen. Als ze onverrichter zake terugkeerde bedacht ze alweer plannen voor de volgende dag. Iemand moest toch naar haar luisteren?

Op 14 maart werd Hortenses vader met een groep politieke gevangenen van de Luxembourg- naar de nabije Karmelietengevangenis in de rue Vaugirard overgebracht. Het was een oud kloostercomplex met lange, donkere gangen en kleine cellen die om een binnentuin lagen. De doordringende stank van de latrines verspreidde zich tot in de voormalige refter waar de mannen en de vrouwen om beurten aan een ruwhouten tafel een maaltijd voorgeschoteld kregen. Het klooster was van de kerk van St. Joseph des Carmes gescheiden door een cour, waar tijdens de septembermoorden meer dan honderd vrome monniken werden afgeslacht.

Rose bleef pleiten voor de vrijlating van Alexandre; ze klopte op alle deuren van gevreesde instanties. Haar gedrag berustte nauwelijks op moed. Ze zag geen gevaar; Alexandre had zich immers met overgave ingezet voor gelijke rechten van alle burgers? Ze droeg haar kokarde opvallend op haar japon en bond rood-wit-blauwe linten om haar muts. Ze toonde dat ze een van hen was en bleef hopen op een misverstand van de instanties. Ook toen ze in een bureau door grimmige soldaten bij de ellebogen naar buiten werd gedreven.

Op de ochtend van 22 april bemerkte Hortense bij het ontwaken dat haar moeder was verdwenen. Ze liep roepend door de lege kamers. Marie de Lannoye omarmde haar en vertelde dat haar moeder 's nachts door de mannen van het Comité van Algemene Veiligheid was gearresteerd en weggevoerd. Voor ze naar de gevangenis vertrok had Rose haar kinderen omhelsd en tegen hun gouvernante gezegd: 'Laat ze maar slapen, als ze wakker worden zullen hun tranen me ervan weerhouden van hen te scheiden.'[5]

Nu ook hun moeder in de Karmelietengevangenis zat, voelden Eugène en zijn zusje zich alleen op de wereld. 'Het was het eerste, grote verdriet in mijn leven,' schreef Hortense bij de herinnering aan het intense gevoel van verlatenheid, dat voor een kind het ergste is dat hem kan overkomen. Eugène legde zich er niet bij neer: 'Mijn broer voelde ondanks zijn jeugdige leeftijd al de energie van een nobel hart. Hij was zo bezeten van de gedachte onze ouders te redden, dat hij ervan overtuigd was dat hij het ook kon. Hij snelde in zijn eentje naar Tallien en vertelde hem over ons ongeluk.'

Helaas verkeerde de klerk Tallien zelf in doodsangst. Zijn geliefde, om haar schoonheid geroemde maîtresse Thérèse Cabarrus markiezin de Fontenay was gearresteerd en wachtte in de gevangenis op een vreselijk vonnis.

Hortense vervolgde in haar memoires: 'Ik wachtte vol ongeduld op hem (...) maar helaas! Hij die ons had willen redden was er al niet meer toe in staat. De vrees had alle harten verkild. Ze leken gesloten voor het goede en rechtvaardige. De onschuld was gedoemd ten onder te gaan.' Terugziend op de bittere ervaringen uit haar kindertijd schreef Hortense: 'Het is waar dat de vroegste indrukken nooit vervagen. (...) Hoe stelde ik me het geluk voor, dat het welslagen van zijn onderneming ons zou brengen! Deze herinnering heeft zonder twijfel mijn behoefte versterkt om alles wat ongelukkig is op te zoeken, te beschermen en lief te hebben. Deze behoefte zou voor mensen in een hoge positie de enige beloning moeten zijn.'

Elke dag liepen Hortense en Eugène nu naar de poort van de Karmelietengevangenis. De toegang werd hun verboden maar ze mochten schone kleren, levensmiddelen en brieven met tekeningen voor hun ouders afgeven. Totdat de cipier de briefwisseling op een dag verbood. Om toch iets te laten horen schreef de gouvernante onder het boodschappenlijstje: 'Uw kinderen maken het goed'. Maar toen de cipier dit ontdekte verscheurde hij het papier en stuurde de kinderen naar huis.

Toch vonden broer en zuster er iets op om hun ouders te laten weten dat het goed met hen ging. Ze schreven om beurten in hun kinderhandschrift een woord op de boodschappenlijst. Op een keer slaagde Hortense erin het hondje Fortuné bij de ingang van de gevangenis los te laten. Hij glipte tussen de benen van de bewakers door en wist zijn bazin te vinden. Tot haar vreugde ontdekte Rose in zijn halsband een briefje van haar kinderen, dat ze beantwoordde en met het hondje mee gaf.

Na het gevangenisbezoek ging Hortense naar de naaister en Eugène liep naar de timmerman, een vurig jakobijn. Hij toonde zijn leerling triomfantelijk een hamer, die aan Lodewijk XVI had toebehoord en die hij bij de bestorming van de Tuilerieën zelf had buitgemaakt. De zusters van de timmerman, twee voormalige nonnen wier klooster door de staat was geconfisqueerd, hadden medelijden met de jongen. Ze stopten hem in het geheim beeldjes toe van de madonna en andere heiligen.

Op de zondagmiddagen liepen Hortense en Eugène naar prinses Amalia, die hun verdriet deelde. Ook prinses Rosalie was gearresteerd en Van Salm zat bij de Beauharnais in de Karmelietengevangenis zonder te weten waarvan men hem beschuldigde. De kinderen speelden in de zalen van het paleis met Frederik Ernst van Salm, het vierjarig zoontje van de Rijngraaf, dat als enige van diens vier kinderen de kleutertijd had overleefd. Frederiks moeder was een jaar na zijn geboorte overleden. Ook de vijfjarige Alexandrine, dochtertje van Rosalie Loebomirska, woonde bij prinses Amalia. Geen van de kinderen besefte dat zij zelf in gevaar verkeerden. Want minderjarigen werden eveneens als verdachten opgesloten en ter dood veroordeeld. Tragisch was het lot van zwangere vrouwen. Zelfs de meest geharde beul waagde het niet een aanstaande moeder onder de valbijl te leggen. Ze werden naar een aparte afdeling van de gevangenis overgebracht. Zodra hun kind ter wereld was gekomen stopte het ratelen van de dodenwagen ook voor hen en moesten ze alleen de droevige rit naar het schavot maken. De baby's gingen naar een weeshuis. Om haar leven te rekken had de Poolse prinses de cipiers nog wijsgemaakt dat ze een kind verwachtte. In de vrouwenvleugel leefde ze van dag tot dag in angst, totdat haar bedrog ontdekt werd en Rosalie in april op het schavot de dood vond.

Boven de chaotische Comités torende nu de kille gestalte van Maximilien Robespierre, president van de Conventie. Wie nog in staat was om na te denken, vestigde zijn hoop op de erudiete advocaat met verzorgde staartpruik en afgemeten woorden. Men keek hoopvol naar hem op, maar wat men zag was het gelaat van de dood. Honderden handtekeningen van de gesoigneerde advocaat hadden mannen, vrouwen en kinderen naar de guillotine gestuurd. Elke dag schoof Hortense bij haar huisleraar aan tafel om haar lessen te leren. Als overtuigd royalist vertelde hij haar dat Robespierre uiteindelijk wel de kleine koning als Lodewijk XVII zou erkennen en dat alle gevangenen dan werden vrijlaten. Robespierre zou de religie in ere herstellen en daarmee begon een betere toekomst.

Aanvankelijk geloofde Hortense hem. Maar de lente ging voorbij en haar moeder keerde niet terug. Haar vader evenmin. De guillotine zette in gruwelijke ijver zijn bloedige werk voort. In mei werd prinses Elisabeth, de jongste zuster van de koning, naar het schavot gevoerd. Hortense hoorde dat er altijd mannen en vrouwen zaten toe te kijken die juichten als er een hoofd in de mand viel.

Om de aangename kant van de revolutie te tonen verordende de staat een groot patriottenbanket. Alle burgers moesten buiten op straat een eettafel dekken en daar gezamenlijk eten en drinken in een schijnbaar feestelijke sfeer. Wie weigerde met zijn portier, kamermeid en lijfknecht aan te schuiven, werd gearresteerd. Hortense en Eugène ondergingen met hun mopperende gouvernante in stilte de gebeurtenissen. Mlle de Lannoye, die volgens Hortense uitgesproken lelijk was, werd op straat door een dronken burger op de mond gekust. Ze vond de vernedering ondragelijk en riep telkens dat zoiets onder het *ancien régime* onmogelijk was geweest. Ondanks hun treurige toestand moesten de kinderen er stiekem om lachen. Ze kwamen onder de bekoring van de feestverlichting en de mensen, die tijdens de mooie zomeravond buiten zaten te eten, drinken of nieuwsgierig rondwandelden.

Wat de meeste indruk op Hortense maakte was echter La fête de l'Être Suprême: 'Die dag liet men me een witte, linnen jurk zien met een brede, blauwe ceintuur die ik op het feest mocht dragen. Mijn haar viel in krullen los op mijn schouders. De kamervrouw van mijn moeder zei toen ze me kleedde: "Je moet er vandaag heel mooi uitzien want misschien komen je vader en moeder wel uit de gevangenis en kun je ze omhelzen." Bij die gedachte sprong ik op en neer van blijdschap. Toen we bij de Tuilerieën aankwamen, zagen we alle afgevaardigden van de Conventie van een hoge, houten trap afdalen die vanuit de grote zaal naar het midden van de tuin leidde. Ze droegen allemaal de voorgeschreven kleding met een driekleurige ceintuur, zwarte ronde hoed getooid met rood-wit-blauwe pluimen. Een van hen liep voorop en onderscheidde zich van de anderen door zijn gepoederde coiffure: "Daar heb je Robespierre!" werd er van alle kanten geroepen. "Hij is de enige die zich poedert. Luister, luister wat hij gaat zeggen!" We konden niets verstaan. De afgevaardigden naderden een groot bassin van een fontein die droog stond. Daarin waren houten, allegorische beelden opgesteld van het atheïsme en andere begrippen. Er was vuurwerk omheen gelegd dat Robespierre met een fakkel ontstak. Even later ging alles in een zee van rook en vlammen op. Een brandend stukje viel omlaag en kwam op mijn borst terecht. Mijn linnen jurk vatte vlam. Ik kon op het nippertje worden gered en ze brachten me gauw naar huis.'

Tot ieders teleurstelling kreeg niet een van de gevangenen die dag gratie. Hortense, die zich zo op de terugkeer van haar vader en moeder had verheugd, lag die avond eenzaam en gewond in haar bed.

Op een dag kwam er een onbekende vrouw langs, die Hortense en haar broer wilde meenemen. Hun gouvernante weigerde dit. Maar de dame haalde een briefje tevoorschijn in het handschrift van Mme de Beauharnais. Met een zucht gaf Mlle Lannoye haar toestemming. De vreemde dame maakte zich met beide kinderen snel uit de voeten. Ze liepen door straten die langs de achterkant van de Karmelietengevangenis leidden en bereikten een tuin. Met de vinger op haar lippen gaf de vrouw hen te kennen dat ze stilletjes de tuinmanswoning binnen moesten gaan. Door het venster keken ze uit op een groot gebouw, waarin zich rijen vensters bevonden, waarvan de onderste getralied waren. Een raampje werd geopend. Daar verschenen onverwachts hun vader en moeder. Hortense kon een kreet van vreugde niet onderdrukken en haar kinderstem schalde over de binnenplaats: 'Mama! Papa!' Ze strekte haar armen uit naar haar ouders, die haar gebaarden stil te zijn. Een cipier die onder de muur op wacht stond had al ontdekt wat er gaande was en sloeg alarm. De onbekende vrouw trok de kinderen snel achteruit, het raam werd met een klap gesloten en ze moesten zo hard ze konden weghollen. Die dag gaf het regime van Robespierre bevel de vensters van de Karmelietengevangenis voor driekwart dicht te metselen zodat de gevangenen geen contact meer met de buitenwereld konden hebben.

Korte tijd later werd Alexandre de Beauharnais voor het Revolutionair Tribunaal geleid. Samen met vierenveertig andere gevangenen – onder wie Rijngraaf van Salm – werd hij schuldig bevonden aan samenzwering en ter dood veroordeeld. In de weinige uren die hem nog scheidden van het schavot, rijpte in Alexandre een man die op waardige wijze afscheid nam van het leven. Zijn laatste brief was gericht aan Rose: 'Vaarwel mijn vriendin, troost je met mijn kinderen. (...) Wees hun troosteres en zorg dat ik voortleef in aller harten. Vaarwel, voor de laatste keer in mijn leven druk ik jou en mijn lieve kinderen tegen mijn borst. Alexandre de Beauharnais.'

Op 22 juli opende de deur van zijn cel en kwamen de soldaten hem halen. De veroordeelden werden op open wagens door de overvolle straten naar de Place de la Nation gereden waar het silhouet van de guillotine zich scherp aftekende tegen de hemel. Zo stierf Hortenses vader, slechts zevenendertig jaar oud. Dankzij zijn gruwelijke dood konden Hortense en Eugène voorgoed een held en martelaar in hem zien.

Rose de Beauharnais toonde geen moed en kalmte toen ze besefte dat ook haar dood nabij was. De andere vrouwen in haar cel legden gelaten hun mooiste japon klaar, die ze op hun laatste gang naar het schavot wilden dragen. Ze prevelden een gebed en bereidden zich voor op het onherroepelijke einde. Maar Rose slaakte kreten van ontzetting. Ze was te levenslustig van aard, ze hield te veel van haar kinderen. Alles in haar kwam in opstand tegen het einde. Ze bracht de korte zomernachten slapeloos door, huilend van woede en radeloze angst. Wanneer zou de dodenkar voor haar stoppen?

Onverwacht kwam er een einde aan het schrikbewind. Op 6 augustus werd Robespierre ten val gebracht. De man die had gedroomd van een volmaakte samenleving, had alleen al tussen 10 juni en 27 juli eenentwintighonderd doodvonnissen ondertekend. Men was de slachtpartijen van de revolutie eindelijk moe. Tijdens een rumoerige vergadering vond hij zijn vroegere medestanders plotseling tegenover zich: ze stelden hem – de onschendbare – in staat van beschuldiging en veroordeelden hem tot het schavot. Onder zijn verraders was Jean Lambert Tallien, die de laatste kans moest grijpen om het leven van zijn geliefde Thérèse Cabarrus te redden.

Robespierre zou nooit meer een doodvonnis ondertekenen. Met

tweeëntwintig andere arrestanten vond hij spoedig zelf de dood. Thérèse Cabarrus kon haar cel verlaten. Ook Mme de Beauharnais zag de deuren van de Karmelietengevangenis open gaan. Vermagerd stond ze met knipperende ogen in het morgenlicht in de rue Vaugirard, een bundeltje kleren onder haar arm. Ze kon nauwelijks beseffen dat ze vrij was. Ze keek om naar de gevangenis waarin ze honderdacht dagen had doorgebracht. Naar de gesloten hekken van de kerk waarachter de monniken waren afgeslacht. Haar kinderen omarmden haar, het hondje sprong tegen haar rok. Ze leefde. De Terreur was voorbij, de revolutie verdronken in bloed. Getekend door de verschrikkingen liep ze over straat. In de donkere cel had ze Rose achter zich gelaten. Ze was een andere vrouw geworden met lange lichte dagen voor zich, bevrijd van de Terreur en de schaduw van Alexandre de Beauharnais.

3

Traag kropen de berichten over de massale executies van Parijs naar Den Haag, waar ze met afgrijzen of met leedvermaak werden ontvangen. De prins en prinses van Oranje verbleven niet graag in de onrustige hofstad. Uit vrees voor de komst van Franse legers ontruimden voorname families hun statige huizen aan het Voorhout of de Hofvijver om zich onder de emigranten in Engeland of Duitsland te scharen. De prins van Oranje wachtte als verlamd de gebeurtenissen af. Hij vestigde zijn hoop op de Engelse troepen die hem als kleinzoon van de Engelse koning wel zouden beschermen tegen de patriotten.

In augustus kwam vanuit de Noordzee over het duinlandschap een dichte mist opzetten, die een vroeg einde aan de zomer van 1794 maakte. Prins Willem v verliet zijn Haagse paleis Huis ten Bosch en trok met zijn gemalin oostwaarts over de bos- en heidevelden naar het jachtslot Soestdijk, dat maar een dagrit van de hofstad verwijderd lag. Daar hoorde hij bijna een week na de onthoofding van de veroordeelden uit de Karmelietengevangenis dat ook Rijngraaf van Salm onder de guillotine zijn einde had gevonden. De prins was verbaasd; dit bericht bevestigde zijn overtuiging dat het terreurbewind van Robespierre zelfs de vurigste aanhangers van de revolutie niet spaarde. Waarom verlangden de Hollandse patriotten toch naar de komst van deze moordlustige Franse bondgenoten? Moest de vreedzame Republiek der Verenigde Gewesten dan ook besmeurd worden met het bloed van onschuldige edelen en patriciërs? Wat hem het meest bedroefde en verwarde was het feit dat zelfs zijn landadel en stedelijke gezaghebbers achter de banieren van de patriotten aanliepen. Eeuwenoude feodale rechten werden met de voeten getreden. Nu wilden de grootgrondbezitters het jachtrecht afschaffen. Als Willem v uitzag over zijn wildbanen waar de kleurige jachtstoet der Oranjes generaties lang hun herten, reeën, konijnen en zwijnen najoegen, maakte hij zich boos. Natuurlijk moest deze edele vorm van vermaak zich beperken tot de hogere kringen. Waarom zou hij lompe boeren het recht geven zijn wild af te schieten? Boeren die nog nooit een jachtvalk op hun hand hadden gehouden en de wetten van de hoge vlucht tussen vogel en heer niet kenden. Maar de woede van Willem zakte altijd snel en hij vervolgde zijn wandeling over de modieuze slingerpaden van de tuinen bij Soestdijk. Als het niet zo'n regenachtig weer was, zou hij in de verte de grijze Domtoren van Utrecht kunnen zien oprijzen.

Utrecht was nog altijd een broeinest van patriottisme, ook al had men zich in schijn onderworpen aan het Oranjegezag. Een bericht dat op 15 augustus in de *Utrechtsche Courant* verscheen werd daar met verbijstering gelezen. Het Parijse Revolutionair Tribunaal had in de zittingen van 25, 26 en 27 juli honderdvijfendertig personen ter dood veroordeeld. Boven aan de lijst stond de naam van Maximilien Robespierre, die door zijn eigen aanhang was verraden en ten val gebracht. De krant meldde hoe de advocaat zijn lot in eigen handen wilde nemen en '...dat even voor de Executie dezer Gearresteerden Robespierre zichzelven voor den kop geschoten en een ander zich geponjaardeerd heeft'. De zelfdoding was mislukt en de zwaargewonde Robespierre werd in afwachting van de executie streng bewaakt. 'Nooit zag men zulk een grote toeloop, van volk als bij deze Executie: vrouwen, kinderen, oude lieden, gans Parijs was er tegenwoordig,' las men huiverend. De tocht van de Conciergerie naar het schavot duurde anderhalf uur. 'Wie zou de blijdschap en vreugde die op alle aangezichten blonken kunnen beschrijven? In alle straten al waar de samenzweerders passeerden, in de ganse uitgestrektheid van het Revolutie-Plein, was er maar een roep: *Ah! Les Scelerots! Vive la Republique! Vive la Convention!* Alle hoeden zwaaiden in de lucht. De ogen waren voornamelijk geslagen op Max Robespierre, Couthon en Hanriot, wier hoofden bebloed waren door kwetsuren bij hun arrestatie gekregen.' Na een levendige beschrijving van de executie noteerde schrijver nuchter: 'De Koppen van Robespierre, Hanriot en enige andere zijn aan het Volk vertoond.'

In de Republiek der Verenigde Gewesten was de spanning voelbaar. Er vonden geheime samenkomsten plaats. Heethoofdige patriotten bespraken in een Haarlems etablissement het plan om ook in Holland een guillotine op te richten. Ze hadden al een paar regenten op het oog die ze onder de valbijl wilden leggen. Hun leiders negeerden echter de onbesuisde voorstellen van hun bondgenoten in het Franse leger. De Gelderse patriot Herman Willem Daendels, die als aanvoerder der Franse troepen gereed was om het land binnen te vallen, wond zich op. Waarom kwam het volk niet in opstand tegen de Oranjetiran die hen zo lang had laten lijden onder corruptie en ongelijkheid? Waarom wachtten ze tot de Fransen over de grens marcheerden? Dan zou het lijken of Frankrijk de Republiek der Verenigde Gewesten wilde veroveren en die schijn moest volgens Daendels vermeden worden, wilden ze hun onafhankelijkheid bewaren.

Zijn generaal Charles de Pichegru dacht er anders over. Hij wilde Holland na het verjagen van de prins van Oranje als *pays conquis* aan Frankrijk uitleveren. Net als de Oostenrijkse Nederlanden in het zuiden, die door de Fransen waren overwonnen. Brussel had de patriotten al in juli van dat jaar binnen zijn poorten moeten laten. Begin september was er tot ergernis van Daendels in Holland nog steeds geen revolutie uitgebroken, ook al staken de sansculotten hun bondgenoten vanuit het zuiden de helpende hand toe.

De stadhouder liep somber rondjes over het parket van zijn fraaie, beschilderde Oranjesael van Huis ten Bosch. Soms liet hij zich ontvallen dat hij maar beter naar zijn Duitse erflanden kon vertrekken. Daar zou hij als soeverein over een klein maar rustig gebied regeren en hoefde hij geen inval van bloeddorstige Franse bendes te vrezen. De koude en vijandige blik die zijn gemalin hem toewierp, legde de prins het zwijgen op. Prinses Wilhelmina stond aan de zijde van haar beide volwassen zonen, Willem en Frederik. De prinsen verweten hun vader dat hij geen daadkracht toonde en ze popelden om de wapens op te nemen als de eerste sansculotte een voet over de grens van het vaderland zette. Maar Willem v had nog altijd het gezag en hij gelastte hen af te wachten.

De schim van de onthoofde koningin van Frankrijk leek de Oranjeprinses door alle vertrekken van haar paleizen na te jagen. Zou zo'n misdadig bloedvergieten ook in Den Haag kunnen plaatsvinden? Ze was bang voor het lot van haar kinderen en haar arme kleinkind, de kleine Willem die al een beetje kon praten en zichzelf *Guillot* noemde. De patriotten verspreidden steeds agressievere spotprenten waarop de Oranjes werden belasterd en beledigd. Op de ene prent stond Willem v afgebeeld als een halfnaakte, beschonken Bacchus. Op een ander had hij het lichaam van een zwijn, dat volgens het opschrift de rechten van de burgers vertrapte. Dit hadden de makers van de Franse koningsmoordenaars afgekeken! De grappen van de Hollandse patriotten, die zich Kezen noemden, werden steeds vulgairder.[1] Wilhelmina hoorde dat de patriotten elkaar toedronken uit kristallen glazen waarop een keeshond was gegraveerd, die zijn poot tegen een oranjeboom hief. *Honi soit qui mal y p...* stond eronder.

De orangisten reageerden niet minder fel op de beledigingen van hun tegenstanders en verspreidden pamfletten met domme, keffende keeshonden erop. De mentaliteit verruwde alom maar Willem v scheen alles koud te laten. Hij begon zich wel zorgen te maken over zijn dierbaarste bezittingen, die hij bij een mogelijke vlucht moest achterlaten.

Aan de overzijde van de Hofvijver bevond zich zijn galerij met meer dan tweehonderd schilderijen die hij in zijn jonge jaren had verzameld.[2] Twee zelfportretten van Rembrandt, een portret door de hofschilder Anton Mor, een Holbein, drie schilderijen van Jan Steen, werken van Rubens en Van Dijck. De meesterlijke, levensgrote Hollandse stier door Paulus Potter was nog door zijn vader Willem IV aangekocht en behoorde tot zijn favorieten. Zijn grootste liefde ging echter uit naar zijn naturaliënkabinet, dat in een huis op de hoek van het Buitenhof was ondergebracht. Daar bevond zich zijn zeldzame, opgezette nijlpaard, het vijftien voet hoge geraamte van een giraffe en dat van een orang-oetang. Dat alles zou hij wel moeten achterlaten. Maar een deel van zijn mineralen-, schelpen- en koraalverzameling besloot hij vast te laten inpakken. Als de gedachten van de prins naar de menagerie op Het Loo gingen zuchtte hij zwaar; het was onmogelijk om zijn apen en casuaries, zijn secretarisvogel en papegaaien mee te nemen. Om maar niet te spreken van de twee olifanten. Hij zou afscheid van Hans en diens wijfje Parkie moeten nemen, voor het laatst zijn hand over hun grijze slurf laten glijden. Maar wat deerde hem het verlies van dieren? Als God hem het lot van Lodewijk XVI maar wilde besparen.

Op 10 oktober werd 's-Hertogenbosch na een korte belegering door de Franse troepen onder commando van generaal Pichegru ingenomen. De revolutie was een feit. Er verscheen een proclamatie gericht aan de Gelderse en Overijsselse boerenstand ondertekend door generaal-majoor Daendels van het Franse Armée waarvan de inhoud de prins en alle orangisten het koude zweet bezorgde: 'Ontwaakt mijn waarde landgenoten! De tijd is gekomen, dat wij ons zelf moeten verlossen van de slavernij, waaronder het Land en vooral de Boerenstand zo lang gezucht heeft. Schroom niet de wapenen op te vatten en u te ontdoen van uwe Drosten, Hoofdschouten, Richters, Ambtsjonkers, Schouten, Collecteurs, Pachters en andere beulen en bloedzuigers. Ik en andere Gelderse en Overijsselse jongens, die onder de Fransen het kunstje van de Oorlog geleerd hebben, staan gereed zich aan het hoofd te stellen, en gij zult de hovaardige en mooi gepoederde Officiertjes en soldaten zien lopen voor Boerenjongens in hun linnen kielen. (...) O, mijn vrienden! Hoe gelukkig zullen wij zijn, als ons Land eens gezuiverd is van al dat Adellijk en Aristocratisch Ongedierte.'

Willem V huiverde toen hij het las. Het geschrift was gedateerd de 30 Vendémiaire in het derde jaar der Franse Republiek. In wat voor een tijd leefde hij? Zijn Nassau-stad Breda was ook al door de Fransen ingenomen, Geertruidenberg en de vesting Klundert volgden. Maar Holland werd nog door brede rivieren van de zuidelijke gewesten gescheiden. Het water zou de Fransen toch wel verhinderen over te steken?

Op het Haagse Binnenhof klonken hamerslagen; werklieden legden de laatste hand aan de zuidvleugel van het stadhouderlijk paleis. Daarin bevond zich zijn mooie, nieuwe balzaal, die in gebruik was genomen bij de bruiloft van zijn Louise met de oudste zoon van de hertog van Brunswijk-Wolfenbüttel. Op deze wijze wilde hij de Pruisische bevelhebber zijn dankbaarheid tonen voor het verjagen van de patriotten. Het militaire succes der Pruisen had maar kort geduurd en het huwelijk bleek ook al ongelukkig.

De winter naderde en een andere vorst werkte de prins fel tegen: de rivieren vroren dicht. Strijdlustig marcheerden de Fransen naar het noorden. Ze sleten hun zolen op bevroren aardkluiten. Ze waren mager maar vol vuur. Gekleed in lompen, met de heldere tricolor in hun vaandels trokken ze met hun kanonnen over de gladde, maar sterke ijsvlakte naar de overkant.

Willem v had een boot klaar laten leggen in de haven van Den Helder, waarop hij met zijn gezin naar Duitsland kon vluchten. Tot zijn ontzetting vernam hij dat het onmogelijk was; zelfs het zilte water in het noorden van het land was bevroren. De schepen konden niet uitvaren. Toen het nieuwe jaar ijzig koud aanbrak, trokken de sansculotten noordwaarts en veroverden op 17 januari de stad Utrecht. Zingende patriotten rukten met hun haveloze broeders op naar Holland. Prinses Wilhelmina had haar reismanden al laten inpakken en ze ontbood de adellijke hofdames en kamerheren die haar zouden vergezellen. De zee bij Scheveningen was nu nog open. Vandaar kon ze naar Engeland varen. Ze maande iedereen tot haast: Scheveningen mocht geen Varennes worden. Ze hielp haar schoondochter met het kleden van de kleine Guillot. Het grauw zou niet over haar lot beslissen. Ze was een koningsdochter, de trotse zuster van de koning van Pruisen. In de ochtend van de achttiende januari 1795 ging ze met haar gevolg aan boord van een eenvoudige schuit en voer zonder omkijken westwaarts. Ze zou terugkomen. Dat stond voor haar vast.

Haar man bereidde zich inmiddels in Den Haag dodelijk nerveus voor op het afscheid van zijn onderdanen. In zijn vertrek op het Binnenhof zette hij een toespraak op papier, die hij telkens verbeterde. Het kostte hem veel moeite zijn tedere gevoelens voor het land en zijn volk te verwoorden. Hij moest zich haasten, de vijand was nabij. Hij stak het Binnenhof over naar de grote, nieuwe balzaal in de zuidvleugel. Alle leden van de regering zaten zwijgend op banken en op de balkons tussen de rijk geplooide gordijnen op hem te wachten. Hij stapte op het spreekgestoelte en haalde met bevende handen het papier uit zijn binnenzak. Na enkele woorden stokte zijn stem en zijn ogen schoten vol tranen. Een kamerheer moest het van hem overnemen. Toen hij een laatste vaarwel had gestameld zette hij een hoed op zijn pruik, snoot zijn neus en stapte in zijn koets die langs de bevroren Hofvijver in de richting van Scheveningen reed. Drommen mensen keken hun stadhouder na. Sommigen droegen nog de verplichte oranje kokarde op hun hoed. Maar de punten daarvan waren omhooggevouwen in de vorm van het geheime v-teken dat Vrijheid betekende. Ze stonden roerloos zonder iets te zeggen. Op het strand gekomen was het schemerig geworden. De zee speelde hoorbaar met het ijs op het zand, het ruiste en tinkelde bij het aanrollen en wegtrekken van de lage golven. Met rode ogen keek de stadhouder in de verte over het loodgrijze water waarin een visserspink dobberde die hem naar Engeland moest brengen. Een schipper tilde de prins op, droeg hem in zijn armen door de branding en zette hem aan boord. Met droge voeten belandde Willem v op het dek. Op het strand lichtten lantaarns op, een menigte stond de prins na te staren. Slechts weinigen volgden hem; zijn twee verbolgen zonen Willem en Frederik balden hun vuisten op de rug. Het schip hees de zeilen en voer weg.

Stadhouder Willem v van Oranje-Nassau keek lang naar de duinenrij van het land dat in de nevelen verdween. Hij zou er nooit terugkeren. Hij was de vijfde en laatste Oranjestadhouder die het bewind over de Republiek der Verenigde Gewesten had gevoerd. Er brak een nieuw tijdperk aan, dat met feestgedruis werd verwelkomd.

Op 20 januari 1795 marcheerden de Franse huzaren over het IJ naar Amsterdam, waar ze met vreugde werden ingehaald. De orangistische burgemeesters die bevreesd in het machtige Stadhuis op de Dam bijeen zaten, kregen van de afgevaardigden van het Comité Revolutionair hun ontslag. Ze verlieten rustig maar treurig het gebouw aan de achterzijde, waar hun koetsen gereed stonden om hen naar hun voorname huizen aan de grachten te brengen. Er viel geen druppel bloed, er werd niet geschoten en zelfs niet gescholden. De Dam kreeg een andere naam: *Place de la Révolution*. Daar verrees een met linten en groen versierde vrijheidsboom. Hij kon niet in de bevroren grond worden geplant, touwen hielden het wankele vrijheidssymbool overeind. De Bataafse Republiek werd uitgroepen, gevolgd door een oorverdovend gejuich. Patriotten en Fransen dansten uitgelaten om de boom, ze deelden hun bier en tabak met elkaar. Ze waren allen broeders, die in vrijheid en gelijkheid samen wilden leven. Van de Engelse troepen hadden ze geen last; die waren plunderend naar het oosten gevlucht.

Het land dat door zijn Oranjeprins was verlaten schikte zich naar de nieuwe wetten. De Amsterdammers stelden een bestuur van Provisioneele Representanten samen onder voorzitterschap van Rutger Jan Schimmelpenninck. Hij was een nuchtere, gematigde advocaat die uit

Deventer kwam en zijn zelfbeheersing onder alle omstandigheden wist te bewaren. Er werd geen guillotine opgericht. In alle rust en redelijkheid voltrok zich de omwenteling. Later zou men spreken over de Fluwelen Revolutie. *Une révolution de velours*, herhaalde men in Parijs met spot en verbazing.

Nu de Bataafse Republiek was opgericht werden alle roerende en onroerende goederen van de Oranjeprins als staatsvijandig bezit in beslag genomen. De Franse regering had daarvoor speciaal een botanicus, een architect, een geoloog en een bibliothecaris achter het leger aan gestuurd. Ze inventariseerden de schatten die ze in de galerij van Willem v aantroffen. De meesterwerken uit de Hollandse Gouden Eeuw werden het eerst in beslag genomen en zonder overleg per schuit naar Parijs verzonden. Opgewonden bekeken de Franse geleerden het naturaliënkabinet op het Buitenhof; alles moest zorgvuldig worden ingepakt en naar de Franse hoofdstad verzonden. In Huis ten Bosch legde men de hand op meubilair, porselein, zilverwerk. Het werd in met hooi gevulde kisten vervoerd. De Franse soldaten gingen tijdens het plunderen minder zorgvuldig te werk. Ze trokken de loden pijpen van de waterwerken van de stijltuinen op Het Loo uit de grond. Omdat ze altijd honger hadden, braadden ze zeldzame exotische vogels boven hun kampvuur. In de zalen vermaakten ze zich met het uitsnijden van ogen en monden der Oranjeportretten. En terwijl men in Den Haag toezag hoe Charles de Pichegru, de opperbevelhebber van het Armée du Nord, met zijn staf zijn intrek nam in de prinselijke vertrekken van Paleis Noordeinde, werden er voorbereidingen getroffen voor een grote veiling waarbij het onroerend goed van de Oranjes werd verkocht.

Toen de Franse geleerden in het park van Paleis Het Loo arriveerden, waren ze onder de indruk van de restanten van de verzameling uitheemse dieren in de menagerie. Al deze dieren zouden een welkome aanvulling vormen voor het prille Musée d'Histoire Naturelle in de Jardin des Plantes te Parijs.[3] Vooral de twee Indische olifanten brachten de Fransen door hun extreme omvang en kracht in vervoering. En terwijl in de Bataafse Republiek de eerste protesten tegen het inhalig optreden van de Franse bondgenoten klonken, timmerde men op Het Loo twee kolossale wagens waarin de olifanten Hans en Parkie naar Frankrijk moesten worden vervoerd. Het zou nog lang duren voor ze daar angstig en uitgeput aankwamen. Ze vormden een nieuw en onschuldig amusement voor de burgers van Parijs. De vrouwen gooiden appels en zoete koek in het hok met de ijzeren staven. Er speelde een draaiorgeltje, de kinderen gilden als er een grijze slurf omhoogging. De nachtmerrie van de Terreur schoof naar het verleden. Ze waren eindelijk het moorden beu geworden, ze walgden van bloed en tranen. De burgers, die allen een of meerdere slachtoffers betreurden, trachtten de onschuld van het gewone leven te hervatten.

Sinds haar moeder uit de Karmelietengevangenis was bevrijd, week Hortense de Beauharnais niet meer van haar zijde. Het kind dat haar vader onder de guillotine had verloren, kon niet geloven dat de verschrikkingen voorbij waren, dat haar moeder buiten gevaar was, dat er geen hoofden meer in de mand zouden rollen en dat het gekrijs van de *tricoteuses* voorgoed was verstomd. Het gezin moest een kleinere woning huren, want hun huis in de rue Saint-Dominique bleef lange tijd verzegeld. Het bewind nam alle bezittingen van de veroordeelden in beslag. Ook het buitenverblijf La Ferté de Beauharnais was geconfisqueerd. Maar Madame de Beauharnais, die zich in de rol van ontroostbare weduwe goed inleefde, wist na een paar maanden al haar juwelen en wat linnengoed terug te krijgen. Ze bestookte het bewind met brieven waarin ze het eerherstel van haar man eiste. Ze richtte emotionele woorden aan haar moeder op Martinique: 'U hebt gehoord welk verdriet me heeft getroffen. Ik ben sinds vier maanden weduwe! Niets rest mij dan mijn kinderen en u, mijn lieve moeder, als troost. Mijn diepste wens is dat we op een dag weer bij elkaar zullen zijn. Mijn kinderen hebben niets anders op de wereld dan mij en ik leef slechts, om hen gelukkig te maken.'

Hortenses grandmère woonde achtduizend kilometer van hen verwijderd op een tropisch eiland; ze kon weinig doen om haar dochter en kleinkinderen in Frankrijk te troosten. Gelukkig had ze steeds zuinig haar munten geteld en was ze in staat via Vlaamse en Duitse bankiers maandelijks wat geld naar Parijs over te maken. Nu Mme de Beauharnais er met een dochter van elf en een zoon van dertien jaar alleen voor stond, was die hulp onontbeerlijk. De weduwe de Beauharnais werd een bekende verschijning in de kantoren van Tallien, Barras en Merlin. Zij waren het die Robespierre ten val hadden gebracht. Doordat markies Alexandre de Beauharnais tot een van de laatste slachtoffers van Robespierre behoorde, kreeg hij algauw het aureool van de martelaar van de Revolutie. Zijn weduwe hield dit beeld zorgvuldig in stand; haar kinderen waren nog te jong om de ware aard van hun vader te doorgronden. Ze geloofden graag in het gepolijste beeld van de liefdevolle held, die voor de rechten van de burgers had gestreden en moedig onder de valbijl zijn einde vond.

Er waren in de hogere kringen genoeg mannen die de tranen van de mooie weduwe wilden drogen. Ze wendde zich bewust af van donkere jaren vol verschrikkingen en stortte zich met haar nieuwe vrienden en vriendinnen in een roes van vergetelheid. Thérèse Cabarrus markiezin de Fontenay werd haar beste vriendin. Ze trouwde met de man die haar redde toen ze al bijna met een voet op de trap naar de guillotine stond: Jean Lambert Tallien. Iedereen verheugde zich over dit romantische huwelijk en men gaf de bruid de bijnaam *Notre Dame Thermidor*. Mme Tallien met haar korte, blauwzwarte krullen werd geroemd om haar schoonheid. Ze was net zo lichtzinnig als haar man en flirtte met alle bezoekers van haar salon. Thérèse flaneerde met Mme de Beauharnais over de boulevards en in de parken, ze bezochten theaters en dansten op elk bal. Ze schreven elkaar brieven waarin ze vooral bespraken met welke gedurfde japonnen, accessoires en kapsels ze de gasten zouden verrassen. Hortense besefte niet dat haar moeder overal schulden maakte en voortdurend leningen moest afsluiten. Zelfs haar gouvernante Marie de Lannoye opende haar beursje en leende Mme de Beauharnais van haar spaargeld.

In september 1795 werden de vijf leden van de nieuwe uitvoerende macht het Directoire geïnstalleerd. Burger Paul Nicolas Barras was een van hen. Deze directeur vertoonde zich in het openbaar omhuld door een wijde, rode mantel die over een spierwit uniform viel. Op zijn zwarte hoed wuifden pluimen in rood, wit en blauw. De politieke gebeurtenissen hadden hem hard en cynisch gemaakt, een karaktertrek die in de mode begon te komen. Hij was even trouweloos en corrupt als zijn vrienden. Met de mooiste, intelligente vrouwen aan zijn arm betrad hij de salons. Bijna iedereen had een of meerdere familieleden onder de guillotine verloren. Maar men wist zijn gevoelens te verbergen. De spil van het gezelschap vormde de elegante Julie Récamier. Men luisterde geboeid naar haar briljante conversaties. Als ze uitgesproken was klaterde van alle kanten het gelach op. Mme de Beauharnais was gefascineerd door de schoonheid en de modieuze toiletten van de pas achttienjarige. Ze liet ook dunne, soepel vallende japonnen naaien, die ze nooit zou kunnen afbetalen.

Het belangrijkste was dat de machtige Paul Barras, wiens echtgenote in de verre Provence vertoefde, zich voor haar interesseerde. Hij verwende haar met bloemen en juwelen. Toen ze voor zijn cadeaus en charmes was bezweken, huurde hij een huis voor haar in Croissy. Een keer per week organiseerde Mme de Beauharnais daar spraakmakende ontvangsten voor haar minnaar en diens gezelschap van politici en hoge militairen. Hortense zag haar moeder steeds minder. 's Avonds ging ze uit in een wolk van parfum om 's nachts niet terug te keren. In tegenstelling tot Mme de Beauharnais kon haar dochter zich niet ontdoen van de doorstane angst en verschrikkingen. Hortense schreef in haar memoires: 'Ik zal niet spreken over mijn verdriet noch over mijn tranen bij het verlies van mijn beminde vader. Die herinnering is eeuwig; alleen de tijd heeft de indruk die zijn afgrijselijke dood op me maakte enigszins kunnen afzwakken.'

Gelukkig heeft Hortense nooit geweten dat dezelfde man na haar geboorte het vaderschap ontkende, noch hoe hij haar moeder het klooster in had getreiterd. Ze rouwde om hem en haar broer deelde die gevoelens. Mme de Beauharnais besloot haar kinderen in voorname pensionaten onder te brengen zodat ze eindelijk goed en regelmatig onderwijs zouden krijgen. De meeste instituten waren echter veel te duur. Toch waagde ze zich met Hortense over de drempel van een nieuwe instelling die was opgezet door Mme Campan.

Jeanne-Louise Henriette Genèt Mme Campan was in oktober 1752 in Parijs geboren. Ruim twintig jaar later maakte ze haar entree aan het hof in dienst van Marie Antoinette en bracht het tot haar eerste kamervrouw. Zoals zoveel dames van haar stand was de familie van de drieënveertigjarige door de revolutie volkomen geruïneerd. Ze had haar leven gered door in de provincie onder te duiken. Om in het onderhoud van haar invalide man en enige zoon te voorzien, besloot ze in 1794 een meisjespensionaat op te richten. In haar mooie handschrift had ze naar voormalige adellijke families brieven geschreven waarin ze haar plannen uiteenzette. Ze beloofde een veelzijdige opleiding waarbij veel aandacht zou worden besteed aan vreemde talen, geschiedenis, wiskunde en literatuur. Maar ook voor creatieve vakken als tekenen, musiceren en declameren werden uren ingedeeld. Mme Campan toonde moderne inzichten door er huishoudkunde en lichamelijke opvoeding aan toe te voegen. Spoedig genoot ze zo'n goede reputatie, dat haar pension te klein werd en ze met wel honderd leerlingen naar het voormalige Hôtel de Rohan in Saint-Germain-en-Laye moest verhuizen. Het mooie gebouw grensde met zijn tuinen aan een nieuw jongenspensionaat: het Collège Irlandais waar de zoon van Mme Campan onderwijs genoot.

Toen de weduwe de Beauharnais haar over haar financiële problemen vertelde, kreeg Mme Campan medelijden. Ze was direct gecharmeerd door Hortense, die een spontane en leergierige, maar ook nerveuze indruk maakte. Natuurlijk verdiende dit meisje van stand een goede scholing in een veilige omgeving. Dan zou ze zich van geestelijke beschadigingen kunnen herstellen. Hortense werd tegen geringe betaling als leerlinge aangenomen en kreeg zelfs een oud schooluniform te leen.

Deze missie was geslaagd. Nu klopte Mme de Beauharnais aan bij het naburige Collège Irlandais onder leiding van een Ierse pater en vertelde hem over haar enige zoon. Eugène had een paar maanden militaire ervaring opgedaan in het leger van generaal Lazare Hoche, een van haar medegevangenen. Hoche en zij hadden een korte liaison gehad maar waren na de bevrijding als vrienden uiteengegaan. Eugène had zijn schoolopleiding niet voltooid. In het Collège Irlandais speelde zich hetzelfde tafereel af: ook de zoon van markies de Beauharnais maakte een uitstekende indruk en werd ondanks het gebrek aan voldoende leergeld ingeschreven. Opgelucht keerde zijn moeder terug naar Parijs om feesten voor Barras te organiseren.

Hortense zag haar moeder hoogst zelden in Saint-Germain-en-Laye. Twintig kilometer scheidde hen. Ze stuurde haar veel brieven, die lang onbeantwoord bleven. Gelukkig wist ze dat Eugène zich altijd in haar nabijheid bevond. Elke zondagmiddag kwam hij bij haar op bezoek. Mme Campan was op het juiste moment in haar leven verschenen: 'Ik had het geluk door zulke handen te worden opgenomen,' schreef Hortense. 'Ik vond bij Mme Campan alle goedheid en tederheid van een moeder. Ze vond de vorming van onze harten nog belangrijker dan de ontwikkeling van onze talenten.'

De bittere levenservaringen hadden Hortense zo diep gekwetst, dat ze zich voortdurend bedreigd voelde. Met alle kracht verzette ze zich tegen haar angsten. Onder de leerlingen bevond zich een nichtje van Mme Campan dat even oud was als Hortense. Ze heette Adèle Auguié. Niemand kon Hortense beter begrijpen dan zij want ook Adèle had de verschrikkingen van de Terreur aan den lijve ondervonden. Toen Adèles adellijke moeder vernam dat haar koningin Marie Antoinette gevangen was, beroofde ze zich – uit vrees voor de guillotine – door verdrinking van het leven. Ze liet drie dochtertjes achter over wie hun tante Mme Campan zich ontfermde.

'Adèle was engelachtig zacht, ze werd mijn allerbeste vriendin, de bewaarster van mijn diepste gedachten,' schreef Hortense. Het dubbelportret dat Adèles zusje Eglé van hen beiden tekende, toont een reflectie van die gevoelens. De meisjes zijn toonbeelden van dromerige onschuld, alsof er nooit een schaduw over hun levenspad is gevallen. Ze troostten en sterkten elkaar. In haar memoires weidt Hortense uit over haar nieuwe vriendin met wie ze zich vaak afzonderde, om geheimen uit te wisselen. Als alle meisjes fantaseerden ze samen over hun aanstaande man. Zou hij knap zijn? Teder? Hortense was vastbesloten zich in alle deugden te oefenen: 'Ik wil dat de echtgenoot die voor mij bestemd is, mij bemint. Ik wil zijn karakter zo vormen dat ik alle fouten die een man kan hebben zal verdragen. Is hij lichtzinnig, dan zal ik hem het pad naar serieuze zaken wijzen. Is hij jaloers, dan zal ik al mijn genoegens voor hem opofferen en hem van zijn jaloezie genezen.'

Ze leerden elkaar spelenderwijs de toekomst onbevangen tegemoet te zien. Toen Hortense al een lang leven achter zich had, schreef ze over de jaren op het meisjespensionaat: 'Ik denk graag terug aan die kindertijd, het waren de enige gelukkige jaren van mijn leven.'

Hortense was algauw het idool van het meisjespensionaat. Ze blonk in alles uit: ze won elke hardloopwedstrijd, kon het beste tekenen van de klas, liet op muziekgebied alle leerlingen ver achter zich en verbaasde iedereen met haar fantasievolle dansen. In het Institution Nationale van Saint-Germain werd ze als een vorstin naar de ogen gekeken. Ze verbaasde zich erover want: 'Niets en niemand ter wereld kon nog voorspellen dat mijn familie een verheven positie te wachten stond.' Haar bescheiden aard reageerde heftig als iemand haar macht toekende: 'Nee, ik wilde niet boven de anderen uitsteken. Ik wilde alleen maar bemind worden. Daarom deed ik zo mijn best. (...) Ik verafschuwde jaloezie, die elk gevoel van affectie buitensluit. Ik deed alles om de jaloezie van mijn medeleerlingen te voorkomen.' Als voorbeeld krabbelde Hortense in de kantlijn van haar memoires dat ze op school nooit haar mooiste kanten sjaal had durven dragen. Ze verstopte hem uit vrees dat hij jaloezie kon opwekken bij haar medeleerlingen.

Mme de Beauharnais was zonder het te beseffen het moment genaderd waarop zij en haar kinderen voorgoed boven de anonieme massa verheven zouden worden.

Mme de Beauharnais ontbood Hortense en Eugène steeds vaker in Parijs. Tegen de zin van hun leraren en leraressen onderbraken ze hun studie en reisden per koets van Saint-Germain-en-Laye naar haar toe. In de rue Chantereine had ze een klein, elegant huis gehuurd, dat de reputatie genoot van een *maison galante*. Het was eigendom van de frivole ex-vrouw van de vermaarde acteur Talma, die er haar minnaars had ontvangen. Mme de Beauharnais richtte de bescheiden vertrekken smaakvol in. Haar vriendinnen waren gecharmeerd door de luxe, maar Barras begon zich te ergeren aan de extreme uitgaven en schulden waarmee ze hem confronteerde. Moest hij nu ook nog voor haar kinderen betalen? Hij verzon een middel om van haar af te komen zonder haar vriendschap te verliezen. Toen hij merkte dat een van zijn generaals het oog op haar had laten vallen, moedigde hij hem aan het hart van Mme de Beauharnais te veroveren.

Deze generaal was uit heel ander hout gesneden dan de leden van het Directoire. Hij vreesde en minachtte vrouwen die hem in hun netten wilden verstrikken. Hij hield niet van avontuurtjes. Zijn afwijzende houding prikkelde Mme de Beauharnais, die hem na enkele ontmoetingen onomwonden schreef: 'Waarom komt u een vriendin die van u houdt nooit meer bezoeken? U verwaarloost uw vriendin – wat jammer, want zij is zeer op u gesteld. Kom morgen – donderdag – bij mij dejeuneren. Ik verlang ernaar u te zien en met u te praten over alles dat u interesseert. Goedenacht, lieve vriend. Ik omhels u.'

De jonge generaal was niet opgewassen tegen deze verleidelijke invitatie. Hij dronk thee in haar salon en ontdooide in haar aanwezigheid. Hij maakte haar deelgenoot van zijn politieke ideeën en grootse plannen. Ze was een en al belangstelling en distinctie. Deze markiezin met haar volmaakte omgangsvormen vertegenwoordigde voor hem het *ancien régime*. Haar allure benevelde hem. Voor het eerst van zijn leven werd hij hartstochtelijk verliefd. Na enkele weken bekende hij de dame, die op een elleboog leunend op haar chaise longue geamuseerd naar hem luisterde, dat hij haar beminde en haar helemaal voor zichzelf wilde hebben. Ze realiseerde zich verrast dat het een aanzoek was en vroeg bedenktijd. Omdat iedereen in Parijs zijn naam kende, hield Mme de Beauharnais hun verhouding zoveel mogelijk verborgen. Als hij bij haar kwam was ze hevig verliefd. Maar het bed dat ze samen besliepen was nog niet koud of ze aarzelde. Wat moest die felle Corsicaan met zijn vreemde accent in haar verfijnde bestaan? Hoopte hij via haar connecties door te dringen in de kringen van politici en bankiers? Het leven had Mme de Beauharnais geleerd haar lijfsbehoud voorop te stellen. Voorzichtig wilde ze haar dochter met haar minnaar kennis laten maken. In januari 1796 leek daarvoor het geschikte moment gekomen.

Bij aankomst in Parijs omhelsde ze Hortense en Eugène, en haar witte hondje Fortuné sprong blaffend om hen heen. Ze miste haar kinderen voortdurend, maar had niettemin weinig aandacht voor verhalen over hun scholen, hun vrienden en vriendinnen. Hortense bewonderde de meubels, gordijnen en snuisterijen die het huis status verleenden. De kleding van haar moeder was van een kostbare eenvoud, in navolging van de Griekse en Romeinse fresco's die tijdens opgravingen in Herculaneum en Pompeji aan het licht kwamen. Ze droeg een klassiek kapsel dat ze tooide met op de Oudheid geïnspireerde juwelen. Bij elk bezoek straalde ze, alsof ze op het punt stond naar een groot feest te gaan. Hortense, die als twaalfjarige niet vrij was van dweepzucht, adoreerde haar moeder alsof het een godin betrof.

Op 21 januari 1796 werd in het Palais de Luxembourg een groot banket gegeven. Het was precies twee jaar geleden dat koning Lodewijk XVI onder de guillotine stierf. Voor Hortense, die zelfs op jeugdige leeftijd uitgesproken koningsgezind was, gaf deze datum geen aanleiding voor feestelijkheden. Mme de Beauharnais sprong luchtig met haar politieke overtuiging om. Haar dochter hield haar verontwaardiging echter niet verborgen. Ze schreef: 'Tijdens een van onze bezoeken kondigde mijn moeder aan dat ze was uitgenodigd voor een diner bij directeur Barras en dat ze van plan was ons er mee naartoe te nemen. "Maar waarom, *ma mère?"* viel ik tegen haar uit. Denk eens aan de mensen die je daar zult ontmoeten. Ben je dan alle zorgen en ellende van ons gezin vergeten? *Ma fille*, antwoordde mijn moeder op die onnavolgbaar zoete toon die ze nooit zou verliezen: Je denkt er blijkbaar niet aan dat ik sedert de dood van je vader aan een stuk bezig ben geweest de rest van zijn fortuin terug te krijgen, dat voor jullie al verloren scheen? Moet ik dan geen eer bewijzen aan de mensen die me hulp en bescherming hebben geboden? Ik zag mijn fout in. Ik bood mijn verontschuldiging aan en volgde mijn moeder naar het Directoire, dat gevestigd was in het Palais de Luxembourg.'

Mme Campan vertelde haar leerlingen veelvuldig over Marie Antoinette en noemde met eerbied en verdriet in haar stem Lodewijk XVI. Nu bevond Hortense zich tussen personen die allen voor de onthoofding van hun koning en koningin hadden gestemd. Ze liet zich niet imponeren door de zalen met hun enorme kroonluchters vol brandende kaarsen noch door de heren met hun elegante dames in rijk hoftenue: 'Het gezelschap dat Barras omringde was talrijk. Tallien en zijn vrouw waren de enigen die ik kende. Ik kreeg een plaats aan tafel tussen mijn moeder en een generaal in die aanhoudend op vurige toon tegen haar sprak. Om het woord tot haar te richten boog hij zich zo heftig naar voren, dat ik steeds achteruit moest leunen. Ik werd er doodmoe van. Ondanks alles nam ik hem zorgvuldig op. Hij had een goed figuur en een zeer expressief maar opvallend bleek gelaat. Hij sprak vol passie en leek niets anders te zien dan mijn moeder. Het was generaal Bonaparte.'

Hortense bemerkte dat haar moeder niet helemaal eerlijk tegen haar was geweest; ze ontving deze man al minstens drie maanden in haar huis en had hem opzettelijk aan haar voorgesteld. Eugène bleek hem zelfs nog langer te kennen. Toen er op 22 Vendémiaire van het jaar IV een decreet was uitgevaardigd dat de burgers van Parijs verbood wapens in huis te hebben, was Eugène woedend geworden. Hij had de sabel van zijn vader geërfd en kon er onmogelijk afstand van doen. Toch moest hij het wapen gaan inleveren; wie ongehoorzaam was wachtte de doodstraf. Hoewel hij nog maar net veertien jaar oud was vroeg Eugène audiëntie aan bij de commandant van Parijs, generaal Bonaparte. Hij verklaarde vrijuit dat hij zich nog liever liet doden, dan het wapen af te geven dat aan zijn heldhaftige vader had toebehoord. Bonaparte was gevoelig voor moed. Hij vroeg de jongen naar zijn naam en gaf hem toestemming de sabel weer mee naar huis te nemen. De volgende morgen was Mme de Beauharnais naar de generaal gegaan om hem te danken voor zijn welwillendheid. Sindsdien had ze hem vaker gezien in de salon van Barras.

In de stijlvolle vertrekken vormde Napoleon Bonaparte een merkwaardige verschijning; tamelijk klein, met een mager, intens bleek gezicht en fonkelende ogen die alles en iedereen snel opnamen. Zijn haar hing sluik op zijn schouders. Hij besteedde geen aandacht aan zijn kleding. Hij scheen voortdurend ideeën te ontwikkelen. De leden van het Directoire zagen in hem een veelbelovend militair, die tijdens een gevaarlijke volksoploop van ruim dertigduizend man blijk had gegeven van ongekende doortastendheid. Zodra men hem op zijn verzoek de macht had gegeven ordonneerde hij dat alle kanonnen uit Parijs en omgeving naar een strategische plek gebracht moesten worden. Toen de horde burgers naderde richtten ze met daverende vuurmonden een bloedbad aan, dat terstond een einde had gemaakt aan de opstand. De orde was hersteld en Bonaparte was de held van Parijs. Zijn portret stond achter de vensters van alle winkels. Niettemin werd hij door de vriendinnen van Barras achter zijn rug zachtjes uitgelachen. Alleen Mme de Beauharnais toonde op beminnelijke wijze respect voor hem. Bonaparte was een man die geen vage gevoelens kende; hij leefde fel en intens. Hij werd alleen aangetrokken door grootse dingen. Hij zou niet rusten voor hij haar totaal bezat. Als echtgenote, niet als minnares.

Hortenses moeder had de bezeten verliefdheid van haar aanbidder nooit zelf ervaren. Na haar huwelijk met een ontrouwe echtgenoot beleefde ze vele liaisons, die zelden langer dan enkele maanden duurden. Inmiddels was ze tweeëndertig jaar, ze had geen vast inkomen en hoge schulden. Ze begon te rekenen en keek met andere ogen naar de zesentwintigjarige Corsicaan die haar een huwelijk en een veilig onderkomen kon bieden. Met haar vriendin Thérèse lachte ze vaak om 'die malle Bonaparte' die haar met vurige blikken achtervolgde. Maar nu nam ze hem serieus.

Barras zag dat zijn plan slaagde en kon zich onder vrienden minachtend over haar uitlaten. Hij bespotte zijn voormalige minnares om haar slechte gebit waarvan hij de voortanden met kruidnageltjes vergeleek. Met ironische blik zag hij toe hoe ze zich aanleerde allerliefst te glimlachen zonder haar lippen te openen. Bonaparte stond voor haar in vuur en vlam.

Voor de man die alle gekroonde hoofden van Europa zijn wil zou opleggen, was de markiezin een makkelijke prooi. Hortense zag het, voelde het. Ze had bij de eerste ontmoeting een afkeer van hem. 'Als onze moeder met hem trouwt zal ze niet meer zoveel van ons houden,' klaagde ze bij Eugène. Haar broer zag de toekomst niet zo somber in. Bonaparte had hem geprezen, beloofde hem een militaire carrière en bovenal sprak deze generaal met respect en verering over hun vader.

Hortense verborg haar boosheid niet. Ze toonde openlijke vijandigheid jegens Bonaparte. Toch zorgde haar moeder ervoor dat ze hem van tijd tot tijd ontmoette. Het viel Hortense op dat hij zich denigrerend over vrouwen en meisjes uitliet. De generaal plaagde haar graag en noemde haar een 'kleine dweepster'. Ze diende hem zonder een spoor van verlegenheid van repliek. Haar strijd was bij voorbaat verloren.

Barras had Napoleon Bonaparte op 2 maart het opperbevel aangeboden over de Franse troepen in Italië. Dat maakte van hem een machtig man met een goed inkomen. Dit argument verleidde Mme de Beauharnais volkomen. Ze leunde behaagziek tegen hem aan en plooide zich naar al zijn wensen. Haar voornaam beviel hem niet. Hoe kon hij Rose Joseph Marie Tascher de la Pagerie anders noemen? Hij koos de tweede naam; die van haar vader. Voortaan heette ze Joséphine. Hortense zag een andere moeder die haar niet langer volledig toebehoorde. Ze was wanhopig.

Zonder haar kinderen op de hoogte te stellen trouwde Joséphine de Beauharnais op 9 maart 1796 's avonds om tien uur met de harde Corsicaan. Het was een sobere gebeurtenis in de *mairie* van het elfde arrondissement. Haar bruidsboeket bestond uit een tuiltje viooltjes. De commissaris van het Directoire verbond hen in de echt. Barras was de cynische getuige. Joséphine trok zonder blikken of blozen vier jaar van haar leeftijd af en verklaarde dat ze achtentwintig was. Ook haar bruidegom loog. Hij telde twee jaar bij zijn leeftijd op en zo waren ze beiden achtentwintig jaar oud. Na een eenvoudig diner beleefden Joséphine en Napoleon in de rue Chantereine hun officiële huwelijksnacht. Twee dagen later moesten ze afscheid nemen en vertrok Bonaparte aan het hoofd van zijn soldaten op veldtocht naar Italië.

Joséphine vroeg zich nerveus af hoe ze haar kinderen het nieuws moest vertellen. Uiteindelijk besloot ze dat Mme Campan maar met Hortense en Eugène moest praten.

Het was geen gemakkelijke opdracht voor de directrice van het meisjespensionaat. Maar ze had genoeg levenservaring om het bericht mooi te presenteren. Ze begon Hortense uit te leggen wie Napoleon Bonaparte was. Dat hij uit een voorname Corsicaanse familie stamde en een belofte voor een grote, militaire toekomst in zich droeg. Ze legde er de nadruk op dat hij – in tegenstelling tot Barras of Tallien – niets te maken had met de moord op Lodewijk XVI noch op die van Marie Antoinette en zeker niet schuldig was aan de dood van haar vader. Ze vertelde over de tedere liefde die hij voor haar moeder koesterde, dat hij haar gelukkig wilde maken. En ten slotte vertelde ze dat het huwelijk al een feit was.

Hortense was eerst woedend. Mme Campan liet haar uitrazen en wist haar met enkele goed gekozen opmerkingen te kalmeren. Ze prentte het kind in dat ze uit liefde voor haar moeder verplicht was haar stiefvader te accepteren. Of hield ze soms niet genoeg van haar? Ze luisterde bleek en gespannen. Haar moeder had altijd het centrum van haar gedachten gevormd. Haar glimlach maakte elke dag mooi. Haar tranen dompelden haar onder in verdriet. Ze wilde haar gelukkig maken, haar dankbaarheid voelen en zich dicht tegen haar geparfumeerde lichaam warmen. Die zoete, melodieuze stem moest haar prijzen. Die stralende blik moest haar strelen. Alleen haar. En Eugène. Ze hadden samen alle vormen van geluk en verschrikkingen doorstaan. Het had een unieke band tussen hen geschapen, die brutaal door de Corsicaan was verbroken. Hij hoorde er niet bij. Na enkele dagen begreep Hortense echter dat ze geen keuze had. Ze aanvaardde Napoleon Bonaparte met haar verstand, niet met haar hart.

Dit besluit zou meer waard blijken dan alle verering en aanhankelijkheidsbetuigingen die Napoleon ten deel vielen. Hortense was niet in de eerste plaats trouw aan haar stiefvader. Ze was trouw aan zichzelf.

4

Terwijl Hortense te Saint-Germain-en-Laye in het meisjespensionaat met haar sterk wisselende stemmingen worstelde, rukte Napoleon Bonaparte op naar Italië om het commando op zich te nemen over de daar gelegerde Franse troepen. Hij werd verscheurd door verlangen naar Joséphine en schreef naar Parijs: 'Elk ogenblik voert mij verder bij je vandaan liefste, en elk ogenblik voel ik me minder in staat om deze verwijdering te dragen. Je bent voortdurend in mijn gedachten.'[1]

Voor Joséphine was zijn verklaring dat ze een volmacht kreeg om verschillende bedragen van de rekening van Napoleon Bonaparte op te nemen, van meer belang dan zijn gepassioneerde woorden. Sinds haar huwelijk leek er niet zoveel in haar leven veranderd; ze ging met haar vriendinnen naar bals, ze bezocht salons, theaters en amuseerde zich met haar nieuwe *amant*; een jonge en luchthartige luitenant die Hippolyte Charles heette. Zonder discretie in acht te nemen ontving ze hem in de rue Chantereine. Als er een vurige liefdesbrief uit Italië bezorgd werd, legde ze deze verstrooid terzijde op een van haar marmeren piëdestallen en vergat hem.

Napoleon was in Italië aangekomen en zag de deerniswekkende situatie waarin de Franse soldaten verkeerden: ze waren ondervoed, liepen vaak op blote voeten en in haveloze uniformen. Hun uitrusting was in erbarmelijke staat. De meesten hadden alle hoop verloren; hun leven moest op een ver slagveld een roemloos einde vinden. De goed uitgeruste Oostenrijkse troepen waren vele malen sterker. Napoleon stapte op een verhoging en overzag het kamp: 'Soldaten, jullie zijn slecht gevoed en bijna zonder kleren.' Ze keken zwijgend naar de jonge Bonaparte met zijn magere, scherp gesneden profiel. Gepassioneerd vervolgde hij: 'Ik zal u de vruchtbaarste vlakten van de wereld binnenvoeren, u zult er grote steden en rijke gewesten vinden, u zult er eer, roem en rijkdommen vinden.'

Dat was een taal die de vermoeide soldaten nieuwe moed schonk. Deze aanvoerder sprak geen vage woorden over plicht of liefde voor het vaderland. Hij beloofde brood, kleding, artillerie, paarden en soldij. Hun begeerte wekte kracht op. Bonaparte ging hun met geheven sabel voor in de hitte van de strijd. Hij dreef hen tot ongelofelijke prestaties, was als een vriend en vader. Er volgde een reeks overwinningen die in zo'n hoog tempo werden uitgevoerd dat de vijand geen tijd had om zich van de verrassingsaanvallen te herstellen. Zijn faam werd tot ver over de grenzen verspreid. Welke aanvoerder had ooit zulke prestaties geleverd? En Bonaparte maakte zijn beloften waar: bij Lodi, Arcole en Rivoli vierde hij met zijn soldaten bij overvloedige maaltijden de overwinningen. Ze adoreerden hun nieuwe leider en volgden blindelings zijn bevelen. De eer van Frankrijk was gered. De heren van het Directoire zagen toe hoe een kostbare oorlogsbuit in triomf Parijs werd binnengevoerd.

In de euforie leed de generaal echter onder de hartstochtelijke liefde voor Joséphine, die nauwelijks van zich liet horen. Op 24 mei schreef de triomfator uit Milaan: 'Joséphine, geen brief van jou sinds de 28ste! Ik ontvang een koerier die de 27ste uit Parijs is vertrokken en hij heeft geen antwoord, geen bericht van mijn liefste bij zich! Is ze mij vergeten of weet zij niet dat er geen grotere kwelling is dan geen brief te krijgen van *mio dolce amor*?'

Nu Joséphine niet onderworpen werd aan zijn passionele woorden en dwingende blik, vervaagde haar verliefdheid voor de man die ze haastig had gehuwd. Haar dochter had onbewust de grootheid en mateloze zelfzucht van haar stiefvader doorgrond en ze vreesde zijn dominante rol in hun bestaan. Eugène werd aangestoken door alle opwinding over de militaire successen van Bonaparte en droomde van een rol als *aide de camp* van zijn stiefvader.

Mme Campan las Hortense met stijgende opwinding de kranten voor waarin verslag werd gedaan van de overwinningen die de Franse generaal op de Oostenrijkers had behaald. Heel Piemont was al veroverd. De directrice was zichtbaar trots omdat ze een stiefdochter van de held Bonaparte op haar pensionaat had. Haar pupil verklaarde echter trots: 'Madame, ik gun hem al zijn overwinningen maar ik zal hem nooit vergeven dat hij het hart van mijn moeder heeft veroverd.'

Mme Campan vond dit zo'n spitse en grappige opmerking, dat ze hem overal rondvertelde waardoor Hortense tegen haar zin in het middelpunt van de belangstelling kwam te staan. Men begon haar mening te vragen over politieke zaken waarmee ze zich totaal niet bemoeide. Een lente lang wachtte Hortense tevergeefs op een bezoek van haar moeder. Ze werd evenmin uitgenodigd om bij haar in Parijs te komen. Bitter schreef ze haar: 'Ik denk dat het de overwinningen van de generaal zijn, waardoor u bent weggebleven. Als dat het is, wat mij berooft van de vreugde mijn lieve moeder te zien, dan hoop ik dat er niet veel overwinningen meer zullen volgen.'

De directrice van het instituut maakte zich boos over de koppige houding van het meisje en spoorde haar aan nu eindelijk eens een brief aan Bonaparte te schrijven. Met tegenzin zette ze zich aan haar schrijftafel en nam de pen op: 'Ik heb uw huwelijk met mijn moeder vernomen,' schreef ze koel en bijna beledigend. 'Wat me het meest heeft verbaasd is dat u, die ik zoveel kwaads over vrouwen heb horen zeggen, nu besloten hebt er zelf een te nemen.'

Hortense besefte nog niet dat ze een stiefvader had, die ook op psychologisch gebied geniaal was. Hij wist precies hoe hij zijn kattige stiefdochter moest veroveren. In de omgang met lastige meisjes vormden zijn eigen zusjes een goede leerschool. Hortense was zeker geen type dat zich door suikerzoete taal zou laten ompraten. De toon van de brief die hij haar uit zijn hoofdkwartier in Milaan schreef had een ondertoon van oprechtheid en warmte: 'Ik heb je vriendelijke briefje ontvangen,' begon hij schertsend, 'maar je bent een ondeugend, een erg ondeugend meisje! Je wilt mij mezelf laten tegenspreken. Je moet weten, lieve Hortense, dat als we kwaad spreken over mannen, we een uitzondering maken voor onszelf. En als we kwaad spreken over vrouwen, wij die éne uitzondering maken voor degene wier bekoorlijkheid en zachtheid ons hart heeft veroverd en wie al onze liefde geldt. En dan, dat weet je heel goed, jouw moeder is met geen andere vrouw ter wereld te vergelijken. Er is niemand die naast zoveel onveranderlijke zachtheid dat onbeschrijfelijke iets bezit, waarvan alles dat haar omringt wordt doordrongen. Als iets mijn geluk haar te mogen toebehoren groter kon maken dan zouden het de zoete plichten zijn, die nu ten opzichte van jullie op mij rusten. Ik zal voor jullie voelen als een vader en jullie zullen van mij houden als van je beste vriend. Maar ik ben boos op jullie, boos op je lieve moeder. Zij had mij beloofd bij mij te komen en ze komt maar niet.'

Het waren vooral de regels die Bonaparte er in zijn postscriptum aan toevoegde die Hortense welwillender stemden: 'Je ontvangt binnenkort een klein doosje met parfums. Ik zal honderd mooie dingen voor je meenemen.'

Ze was dol op luxe snuisterijen. Maar ze namen haar ongerustheid niet weg. Hortense vreesde dat haar moeder haar zou verlaten. Joséphine deed alles om het vertrek uit te stellen. Ze verzon zelfs dat ze zwanger was. Bonaparte bleek overgelukkig met dit bericht maar moedigde haar niettemin aan op reis te gaan. Het vertrek was ten slotte onvermijdelijk; in juni pakte Joséphine een grote hoeveelheid japonnen, schoenen, juwelen, manteltjes en hoeden in reismanden en vertrok. Haar dochter was wanhopig bij het afscheid want ook Eugène – die elke zondag bij haar op bezoek was gekomen – vertrok in een schitterend uniform als onderluitenant naar het leger van zijn stiefvader in Italië. Zelfs het hondje Fortuné mocht mee naar het zuiden. Hortense had het gevoel dat ze alleen op de wereld achter bleef. Ze wist niet eens hoe lang de scheiding zou duren. En wat wachtten haar dierbare moeder niet een gevaren op de lange reis over de Alpen.

Joséphine slaagde erin haar minnaar Hippolyte Charles een benoeming te bezorgen in de troepen die ter versterking naar Italië trokken. Zo was ze tenminste niet verstoken van zijn romantische invallen en vleierijen.

Op 10 juli arriveerde ze in Milaan waar een bezorgde maar overgelukkige Napoleon Bonaparte haar omhelsde. Sindsdien kwamen er schaarse berichten; de generaal en zijn vrouw bezochten de veroverde steden Brescia, Verona, Mantua, Bologna, Lucca. In augustus arriveerde Joséphine in Livorno aan de Middellandse Zee. Ze rustte er wat uit en reisde verder naar Florence, waar ze met veel egards werd verwelkomd door de groothertog van Toscane.

Voor Hortense waren het moeilijke zomermaanden. Alle meisjes van het pensionaat gingen tijdens de vakantie naar hun familie, maar Hortense moest bij Mme Campan blijven. Ze prentte zich in dat ze door haar familie vergeten was. 'Maar ik was onredelijk,' schreef ze vele jaren later, 'want telkens als er een generaal of een adjudant met dépèches of op de vijand veroverde Italiaanse vlaggen in Parijs arriveerde, bracht hij duizend geschenkjes van mijn moeder mee. Mijn stiefvader liet mij via zijn adjudanten Marmont en Lavalette horloges en Venetiaanse kettingen overhandigen. Alles moest me ervan overtuigen dat ik geen ogenblik uit hun gedachten was en dat hun afwezigheid iets volstrekt normaals was.'

Hortense wilde graag uit logeren gaan. Maar de prinses van Hohenzollern-Sigmaringen op wie ze zozeer gesteld was, had kort na de onthoofding van haar broer Rijngraaf van Salm het Palais de Salm moeten verlaten en was naar het buitenland vertrokken. Haar grootvader woonde te ver weg in Fontainebleau. Mme Tallien nodigde haar uit een paar dagen bij haar te komen logeren maar Mme Campan ging hier niet op in; ze achtte deze frivole dame geen geschikt gezelschap voor haar onschuldige pupil. Gelukkig mocht ze wel een paar keer in Grignon verblijven, waar de nichtjes van Mme Campan Adèle, Eglé en Antoinette Auguié woonden. De eerste was Hortenses beste vriendin, de laatste een petekind van koningin Marie Antoinette.

Op een dag nam Mme Campan de vier meisjes mee naar een tante in Versailles, waar Hortense deel mocht nemen aan een groot banket. Ze kwam – zoals later bleek – naast een dichter te zitten die betoverd werd door de elfachtige verschijning van de stiefdochter van Napoleon Bonaparte. Het gevolg bleef niet uit. Hortense schreef: 'De volgende morgen las ik tot mijn verbazing – en ik moet zeggen ook tot mijn verdriet, want ik snikte het uit – in de krant een gedicht dat hij aan mij had opgedragen! Mme Campan lachte om mijn tranen. "Wat, Madame!?" zei ik huilend tegen haar. "Dat is een hielenlikker die alleen maar bij mijn stiefvader in het gevlij wil komen en mij schade berokkent. Want als een vrouw gelukkig wil zijn, moet ze zich bescheiden op de achtergrond houden. En nu staat mijn naam in de krant! Iedereen zal zich met me gaan bemoeien. Ik zal bekend worden en dus ongelukkig." Daarna barstte ik opnieuw in tranen uit. Voorvoelde ik toen al wat me te wachten stond? Mme Campan zag in dat ik te zeer overstuur was om er nog langer grapjes over te maken. Ze zei ernstig: "Ja, u zult bekendheid genieten. Misschien is dat uw lotsbestemming. Denk eraan dat u nooit iets verkeerds doet, want dan zal iedereen het te weten komen. Hoge bomen vangen veel wind."'

Toen alle leerlingen in het najaar terugkeerden in Saint-Germain-en-Laye en Hortense de nachten niet langer alleen op de grote slaapzaal hoefde door te brengen, fleurde ze op. Ze deed haar best om een nog beter leerlinge te zijn en complimenten te oogsten van Mme Campan. In haar rapport had de directrice geschreven: 'Burgeres Hortense Eugénie Beauharnais is begiftigd met zeldzaam goede eigenschappen. Zij is gehoorzaam, meelevend en ze is altijd bereid haar medeleerlingen te plezieren. Ze heeft een heel prettig humeur. Ze zou alles bezitten wat nodig is om te slagen als ze een ietsje minder onnadenkend was.'

Nu trachtte burgeres Hortense ernstig haar eerste opwellingen te onderdrukken en met meer overleg te werk te gaan. Het gevolg was dat haar een bijzondere onderscheiding ten deel viel. Om de drie maanden stemden de leraren en leraressen, de leerlingen en zelfs het personeel voor de verkiezing van het Liefste Kind van het Internaat. Dat najaar werd Hortense unaniem uitverkoren. Hortense herinnerde zich die gebeurtenis als een van de allermooiste momenten uit haar kindertijd. Mme Campan speldde de begeerde kunstroos die bij haar status hoorde op haar schooluniform. Elke zondag mocht ze hem dragen. Maar er kwam geen bezoek voor haar om de kunstroos te bewonderen. Haar moeder, die aan de zijde van de triomferende Napoleon Bonaparte door Italië trok, was wel de laatste die belangstelling toonde. Om haar verdriet en verlangen de baas te worden, studeerde Hortense in haar vrije uren ijverig het harpspel. Ze had de mooie stem van Joséphine de Beauharnais geërfd en maakte bij elke opvoering een bevallige indruk. De molligheid die haar als kind kenmerkte, begon te verdwijnen. De krans van blonde krullen bleef. Groot en zacht waren de blauwe ogen, die herinnerden aan de ogen van Alexandre de Beauharnais. Het bollende onderlipje gaf Hortense een wat pruilende expressie, hetgeen haar voor het publiek onweerstaanbaar maakte. Niemand danste op zo'n natuurlijke en gracieuze wijze als Mlle de Beauharnais. Ze blonk ook uit in de teken- en schilderkunst. Haar leraar was Jean-Baptiste Isabey,[2] die als miniaturist aan het hof van Marie Antoinette had gewerkt. Ze leerde met het penseel fijne miniaturen op ivoor schilderen, die op het deksel van doosjes werden gemonteerd.

Het jaar verstreek en toen op 10 december in het majestueuze Palazzo Serbelloni bij Milaan een groot bal werd gegeven, waar Joséphine schitterde als gemalin van de bevrijder van Italië, waren nog geen plannen gemaakt voor hun terugkeer.

In de lente van het jaar 1797 bevonden Hortenses ouders zich te Mombello in Villa Pusterla omringd door de familie Bonaparte. Met een gevoel van afgunst las Hortense dat haar moeder in juni getuige was van een dubbele huwelijksplechtigheid. Twee zusjes van Napoleon trouwden op dezelfde dag: de twintigjarige Elisa Bonaparte met de Corsicaanse legerkapitein Felice Bacciochi en de zeventienjarige Pauline Bonaparte met officier Victor Emmanuel Leclerc. Hortenses stiefvader kwam uit een groot gezin dat bestond uit vijf broers en drie zusjes. Joséphine deed in haar brieven aan Hortense slechts korte mededelingen over haar schoonfamilie. Ze verveelde zich in Italië, waar Bonaparte vaak op veldtocht was. Niettemin leken de gebeurtenissen in Italië opwindend genoeg: op 9 juli nam ze deel aan de luisterrijke feesten ter gelegenheid van de stichting van de Cisalpijnse Republiek.[3] Een maand later – toen ze al meer dan een jaar weg was – las Hortense hoe ze met haar man het Lago Maggiore had bezocht en op Isola Bella een sprookjesachtige nacht doorbracht in Palazzo Borromeo, omringd door droomtuinen. De herfst kwam en de berichten over grootse ontvangsten in Venetië vervulden Hortense met bewondering. De vrede van Campo-Formio – waarbij Oostenrijk de Cisalpijnse Republiek moest erkennen – werd getekend en hun terugkeer leek eindelijk nabij.

In december waren grootvader de Beauharnais en Mme Renaudin, met wie hij eindelijk getrouwd was, in Parijs en ze nodigden Hortense uit hen daar te komen bezoeken. Ook haar zestienjarige nichtje Emilie de Beauharnais – dochter van haar oom François – die eveneens op het instituut van Mme Campan zat, ging mee. Hortense: 'Ik had Saint-Germain al een hele tijd niet verlaten. Ik kwam 's nachts aan op het plein waar zovelen het leven hadden gelaten.[4] De herinnering aan mijn vader en zijn tragische einde kwam terug in mijn herinnering. Achter in het donkere rijtuig zat ik stilletjes te huilen. Ik schaamde me voor mijn zwakheid; ik heb mijn gevoelens altijd verborgen gehouden. Hoe dieper en heviger emoties zijn, des te meer tracht men ze te onderdrukken.'

Hortense was nog geen dag bij haar grootvader en tante of ze vernam dat de zegevierende generaal Bonaparte zijn intocht hield in Parijs.[5] Maar haar moeder naar wie ze meer dan een jaar zo verlangend had uitgezien, was niet bij hem. Het winterse Parijs stond in een feestelijke gloed; de tricolor wapperde aan de vlaggenstokken voor het Hôtel de Ville en langs de licht besneeuwde straten die naar het Palais de Luxembourg leidden waren versieringen van groen en linten aangebracht. De naam van haar stiefvader lag op ieders lippen. De burgers dromden in de kou bijeen voor het huis in de rue Chantereine, die voor deze gelegenheid werd omgedoopt in rue de la Victoire. De generaal moest onopgemerkt via de achterdeur binnen zien te komen, omdat een menigte bewonderaars de ingang versperde.

Een paar dagen later nam François de Beauharnais zijn kleindochters bij de hand en maakte zijn opwachting bij Bonaparte. Hortense herkende de kleine, rustige woning van haar moeder niet meer: 'De kamers waren vol officieren en generaals. Gewapende wachters hadden de grootste moeite om de drommen nieuwsgierigen die allemaal een glimp wilden opvangen van de veroveraar van Italië, op een afstand te houden. Toch slaagden we er uiteindelijk in bij de generaal te komen die omringd door zijn militairen zat te ontbijten. Hij ontving me met vaderlijke tederheid. Hij vertelde dat hij mijn broer naar Zakynthos, Korfoe, Keffalonië en Rome zou sturen om het nieuws van de vrede te verkondigen. En hij beloofde me, dat mijn moeder heel gauw terug zou keren.'[6]

Hortense bekeek de elegante geschenken die hij uit Italië had meegenomen: een klein, geëmailleerd horloge dat ze aan een kettinkje kon dragen, ringen, broches, doosjes van filigrein en Venetiaanse flacons met sterk geurende, onbekende parfums. Ze bedankte hem beleefd met een blijdschap in haar ogen die de jonge generaal goed deed. Tijdens de veldtocht was hij zeer gehecht geraakt aan haar veelbelovende broer Eugène. Hij prees zich gelukkig met zijn twee welopgevoede stiefkinderen.

Op 2 januari 1798, bijna een maand na haar man, kwam Joséphine, die een omweg had gemaakt om ongestoord met Hippolyte Charles samen te zijn, eindelijk in Parijs aan. Hortense vloog haar overgelukkig in de armen. Haar verschijning verraste Joséphine: het kind was tijdens haar afwezigheid ontloken tot een gracieus meisje. De moeder wilde voorlopig niet meer van haar scheiden. Hortense moest bij haar blijven in Parijs. Ze vulde de vertrekken met haar zoete stem, die bijna nooit zweeg. Tijdens het uitpakken van geschenken vertelde ze haar dochter honderduit over het verblijf in Italiaanse villa's en paleizen, over de gevaren die ze onderweg had doorstaan, over de schoonheid van Venetië en ook over de arme Fortuné die in Mombello ziek was geworden en gestorven. Ze had nu een nieuw hondje dat overal achter haar aandribbelde. Ze vertelde over de luisterrijke ontvangsten in het Dogepaleis en maakte Hortense op geheimzinnige toon deelgenoot van een bizarre voorspelling die een zwarte slavin lang geleden op Martinique had gedaan: 'Ik zie dat u twee keer – ver van de kolonie – zult trouwen. In het eerste huwelijk zult u twee kinderen krijgen. Door het tweede huwelijk wordt u verheven tot een staat, hoger dan koningin.' Toen Joséphine aan de Italiaanse vorstenhoven met veel eerbetoon werd onthaald en ze als een vorstin plaats mocht nemen op een verhoogde zetel, schoten die woorden haar weer in gedachten; de voorspelling van de zwarte vrouw was uitgekomen! Ze vertelde haar dochter nu ook hoe de slavin eraan toegevoegd had dat ze '...beducht moest zijn voor een geestelijke'.

Hortense: 'Mijn moeder kon niet geloven dat ze in de toekomst nog hoger in rang zou stijgen. Niettemin bekende ze me dat het einde van die voorspelling haar onwillekeurig deed huiveren als ze een geestelijke al te dicht in de nabijheid van haar man zag.'

Door haar late aankomst had Joséphine al vele feestelijkheden die ter ere van Napoleon waren aangericht gemist. Nu kon ze zich er niet meer aan onttrekken. Met tegenzin kleedde ze zich in een van haar witte, Italiaanse japonnen. De verhoogde taille gaf haar het silhouet van een Griekse godin. In haar diadeem had ze antieke cameeën laten zetten die aan de voet van de Vesuvius waren opgegraven. Ze vroeg Hortense zich ook mooi te maken voor een groot feest dat door Talleyrand, de minister van Buitenlandse Zaken, in het Hôtel de Galliffet werd gegeven. Al drie keer had hij het kostbare festijn omwille van Joséphines afwezigheid moeten uitstellen en nu ze er eindelijk was, liet hij de zalen verfraaien met bloeiende boompjes, droegen knechten de heerlijkste vruchten, vlees, gevogelte en de beste wijnen naar zijn keukens. Honderden kaarsen brandden achter de vensters in de rue du Bac toen moeder en dochter per koets arriveerden. Te midden van de vele onbekende gasten in schitterende kleding voelde de veertienjarige Hortense zich verloren. Die avond werd ze voorgesteld aan hun kreupele gastheer: Charles-Maurice de Talleyrand-Périgord, die ze slechts kende als bisschop van Autun. Talleyrand was in zijn jeugd door zijn adellijke familie tot het kerkelijk ambt gedwongen omdat zijn lichamelijk gebrek hem ongeschikt maakte voor een militaire carrière. Hij voelde in zijn hart niets voor het priesterschap en nog minder voor een celibatair bestaan. Onder zijn vele maîtresses had de ravissante Mme de Flahaut een ereplaats ingenomen. Zij schonk hem in 1785 een liefdeskind: Charles de Flahaut. Men verwachtte dat Talleyrand het spoedig tot kardinaal zou brengen. Maar toen dat mislukte had de geestelijke zijn bisschopsmijter en staf aan de kant gezet om zich als burger geheel aan de diplomatie te wijden. Het Vaticaan achtte zijn ontslag onvergefelijk; een priester legde bij zijn wijding de eeuwige gelofte af. Wie deze gelofte brak beging een doodzonde en hij werd door de paus geëxcommuniceerd.

Hortense zag de minister met ongerustheid naderen. Hij was van middelmatige lengte en had een opvallende wipneus hetgeen hem een verwaten expressie verleende. Ondanks zijn handicap bewoog hij zich met de air van een *grand seigneur*. Hij hinkte snel op hen toe, zijn ebbenhouten kruk geroutineerd over het glanzend parket verplaatsend. Talleyrand kuste haar hand, waarbij zijn blik op haar gevestigd bleef. Hortense bloosde van onbehagen toen ze de ogen van de rasverleider zag. Nog niet zo lang geleden had hij voor duizenden gelovigen die het feest van de Federatie vierden, op het Marsveld de heilige mis gecelebreerd. In haar memoires wijdde Hortense weinig woorden aan hun kennismaking: 'M. de Talleyrand de toenmalige minister van Buitenlandse Zaken, gaf een feest voor de generaal.'

Joséphine was tijdens de feestavond bij Talleyrand zichtbaar uit haar humeur. Napoleon had bij haar thuiskomst ruzie gemaakt over de torenhoge stapel rekeningen voor kleding, juwelen en meubilair. Ze kon niet tegen verwijten en verdedigde zich wanhopig. Niets stond haar zo bekoorlijk als de tranen die overvloedig over haar wangen liepen. Napoleon nam zijn aanbiddelijke vrouw in zijn armen en vergaf haar alles.

Ze bleef echter gespannen; haar man noch Hortense vermoedden dat ze door liefdesverdriet werd gekweld. Terwijl Napoleon geen moment van haar zijde week, hielden de gebroeders Bonaparte haar scherp in de gaten. Wisten ze meer van haar verhouding met Hippolyte?

Ze ergerde zich tijdens het feest bij de minister bovendien aan een van diens vriendinnen. Het was een opdringerige jonge schrijfster; de intelligente Germaine de Staël[7] die zich vol adoratie aan Bonaparte opdrong. Hortense: 'Ze vermoeide hem zozeer dat hij de hinder die hij daarvan ondervond, niet verborgen hield.'

Bekend werd dat de beeldschone en gevatte Germaine de generaal vroeg: 'Van welke vrouw houdt u het meest?' Hij antwoordde: 'Van mijn eigen vrouw.' Ze hield vol: 'Welke vrouw uit heden of verleden bewondert u het meest, *mon général*?' Haar kokette pose negerend zei Napoleon op barse toon: 'De vrouw die de meeste kinderen heeft gebaard, *madame*.'

Er gleed een pijnlijk trekje over Joséphines gezicht. Ze was al twee jaar getrouwd en vertoonde tot teleurstelling van haar man nog geen tekenen van zwangerschap. In het antwoord aan Mme de Staël had Bonaparte zijn wezen blootgelegd: een vrouw was voor hem pas ideaal als ze kinderen baarde.

Joséphine bemerkte dat Talleyrand, die het gesprek had gevolgd, zich met een tik van zijn stok nadenkend verwijderde. De bijna vierenveertigjarige diplomaat doorzag de verhouding tussen de door hem zozeer bewonderde jonge generaal en diens vrouw onmiddellijk en hij vroeg zich af hoe hij tussen hen moest laveren om er zijn voordeel mee te doen.

Na lang aandringen van Mme Campan keerde Hortense terug naar het geregelde leven in het meisjespensionaat. Napoleon en Joséphine kwamen het Instituut in april 1798 met hun bezoek vereren. Hortenses moeder omhelsde Mme Campan als een oude vriendin; ze kon het schoolgeld nu makkelijk betalen en haar dochter hoefde ook niet meer in een geleend schooluniform rond te lopen. Met verering in haar ogen volgde de directrice de generaal toen hij met zijn handen op de rug door de leslokalen beende. Hij vuurde korte vragen op de leraren en leraressen af, luisterde naar muziek van de leerlingen en bekeek hun tekeningen. Bonaparte was vol lof over de lesmethode. Zijn stiefdochter kon in elke salon geïntroduceerd worden. Ze was braaf en volgzaam en converseerde netjes over historie en literatuur. Lezen was een van haar liefste bezigheden. Hij besloot snel dat zijn jongste zusje, de zestienjarige Caroline Bonaparte, eveneens op het meisjesinstituut van Mme Campan moest worden geplaatst, want haar opvoeding was tot dan toe verwaarloosd.

Joséphine hoorde het gesprek zwijgend aan. Ze was al blij dat een tweede, heftige ruzie met haar man enigszins gesust leek. In een liefdesbrief die meer dan een eeuw later tussen de paperassen van haar minnaar Hippolyte werd ontdekt,[8] deed ze verslag van de scène die zich in de rue Chantereine afspeelde nadat Joseph Bonaparte zijn broer over haar overspel had verteld. Joséphine: 'Ik zei dat ik niet begreep waar hij het over had en als hij van me wilde scheiden moest hij het maar zeggen.'

Napoleon geloofde liever in de onschuld van zijn geliefde vrouw dan in de schijnbare kwaadsprekerij van zijn oudere broer. Bovendien waren er te veel politieke zaken die hem afleidden en hij besloot niet meer op de kwestie terug te komen. Maar Joséphine bleef woedend over het verraad van haar schoonfamilie. 'Ja, mijn Hippolyte, ik haat al die Bonapartes. Jij bent de enige die ik teder liefheb,' vervolgde ze. 'Wat heb ik die monsters voor kwaad gedaan? Ze moeten wel zien hoe ik ze verafschuw... ik haat ze stuk voor stuk. (...) Als je eens wist hoe wanhopig ik ben omdat ik je niet zo vaak kan ontmoeten als ik zou willen. Hippolyte, ik sterf nog liever dan dat ik een leven moet leiden dat niet geheel gewijd is aan jou. (...) Vaarwel mijn Hippolyte, duizend hartstochtelijke kussen.' In dezelfde brief vroeg ze Hippolyte Charles terloops haar 50.000 pond te laten bezorgen omdat ze haar schulden niet kon afbetalen.

Hortense meende in haar naïviteit dat haar moeder voor niemand anders meer aandacht had dan voor haar dochter. Ze spande zich in om een deugdzame indruk te maken. Napoleon bewonderde haar oprecht. Wat verschilde dit meisje van zijn onopgevoede zusjes. Hij prees de talenten van zijn stiefdochter de hemel in, waardoor de jaloerse Caroline haar nog dieper ging haten. Hoe zou ze ooit iets goeds kunnen denken over de dochter van Joséphine de Beauharnais, die het hart van haar grote broer had gestolen? Geen van de Bonapartes vond dat deze vrouw in de familie paste.

Op het moment dat Napoleon Joséphine te Mombello aan de familie had voorgesteld, viel er een vijandige stilte. De weduwe Letizia, die in haar harde leven vele kinderen ter wereld had gebracht, doorzag direct de markiezin de Beauharnais die met haar hondje op de arm in een laag uitgesneden japon van transparante mousseline in de deuropening verscheen. De zoete glimlach misleidde Letizia niet: haar schoondochter was een leugenaarster. Joséphine vertoonde geen tekenen van zwangerschap en wie zou zich laten wijsmaken dat ze pas achtentwintig jaar oud was? Ze had al twee grote kinderen. Hoe vernederde haar *Nabulione* zich in zijn blinde liefde en verering voor deze *putana*. De hele Bonaparte-clan vormde een front tegen Joséphine 'de Ouwe', zoals ze haar heimelijk noemden.

Het leven van Mme Bonaparte was hard geweest. Ze trouwde als veertienjarige Letizia Ramolino in Ajaccio met de achttienjarige Carlo Buonaparte, een veelbelovend advocaat. Het eiland Corsica vormde toen nog een onderdeel van de Republiek Genua en ze gaven hun kinderen dan ook Italiaanse namen. De eerste twee overleden in de wieg. Maar het derde kind, Giuseppe Bonaparte, dat in 1768 ter wereld kwam, bleek groot en sterk. Op 15 augustus 1769 kreeg hij een broer die Nabulione werd genoemd. Er volgden nog meer gezonde zonen, Luciano in 1775, Luigi in 1778, Girolamo in 1784. In 1777 werd hun eerste dochter Maria Anna geboren, gevolgd door twee meisjes: Paola in

1780 en Maria Annunciata in 1782. Nadat Corsica door Genua aan de koning van Frankrijk was verkocht, verfranste de vader in het belang van hun toekomst alle namen: de kinderen van Charles Bonaparte gingen als Joseph, Napoleon, Lucien, Louis, Elisa, Pauline, Caroline en Jérôme door het leven.

Jérôme was pas twee maanden oud toen Charles Bonaparte overleed, zijn jonge weduwe met acht kinderen achterlatend. Joseph was sindsdien als oudste zoon het hoofd van de familie.

Joseph ergerde zich buitensporig aan het feit dat zijn nieuwe schoonzuster Joséphine zich niets aantrok van de trotse, Corsicaanse familietradities. Ze deed precies waar ze zin in had en onttrok zich op geraffineerde wijze aan zijn gezag. Joseph en zijn broer Lucien vertelden hun zusjes dat Joséphine verdacht vaak in gezelschap van een jonge officier verkeerde, waarop de meisjes om beurten aan haar sleutelgat gingen luisteren. Caroline, Elisa en Pauline beschikten over een rijke fantasie en een scherpe tong; ze strooiden allerlei lasterpraat over Joséphine rond en genoten van het effect.

Ondanks haar protesten moest Caroline Bonaparte nu naar het Institute Campan te Saint-Germain-en-Laye. Ze trok met een boos gezicht het stijve schooluniform aan en schaarde zich onder de veelal uit adellijke families stammende meisjes. Mme Campan, die zich over de nieuwelinge ontfermde, stelde met ontzetting vast dat het meisje met haar Corsicaanse accent niet eens kon lezen en schrijven. Ze beschikte over geen enkele kennis, maar was listig en een volleerd intrigante. Ze haalde telkens fel uit naar Hortense, die door de rest van de leerlingen op handen werd gedragen.

Het was nog niet zo lang geleden dat de weduwe Bonaparte onder druk van politieke omstandigheden met haar jongste kinderen van Corsica moest vluchten. Op haar geboorte-eiland was opstand uitgebroken tegen het Franse bewind en ze liep als Fransgezinde het gevaar vermoord te worden. Vrijwel zonder bezittingen kwam ze in Marseille aan. Ze had de grootste moeite om financieel rond te komen en deed de was op haar knieën in de rivier. Haar jongste dochter Caroline zwierf in die tijd van vroeg tot laat alleen over straat. Het meisje was arm maar zo vrij als een vogel geweest. Hortense begreep de achtergrond van de nieuwe leerlinge niet en wilde hoe dan ook vriendschap met haar sluiten. Op een dag kwam ze bij Caroline om een meningsverschil bij te leggen en vond haar in tranen. 'Ze gaf al haar fouten toe en bekende me dat ze hopeloos verliefd was op kolonel Murat, dat ze alle middelen had gebruikt om naar Parijs te gaan,' schreef Hortense. 'Vanaf dat ogenblik verbeterde onze verhouding.'

De broers en zusters Bonaparte drongen nu stuk voor stuk Hortenses beschermde leefwereld binnen. De jongste broer, Jérôme, werd op het Collège Irlandais geplaatst. Maar ook hij had een hekel aan studeren en verbleef er slechts korte tijd.

Lucien Bonaparte, de vierde zoon uit het gezin, trouwde in 1794 tegen de wens van de Bonaparte-clan met Christine Boyer, de ongeletterde dochter van een herbergier. Zijn broers en zusters konden hem deze *mésalliance* niet vergeven en ze spraken niets dan kwaad over het verliefde paar.

De derde zoon van Letizia Bonaparte, die zich op een dag stil en onopvallend aan Hortense voorstelde, heette Louis. De eerste ontmoeting maakte op geen van beiden diepe indruk.

Toen Louis op 24 september 1778 in Ajaccio werd geboren, studeerden zijn twee oudere broers al enige jaren op een militaire school in Frankrijk. De vader was juist bij zijn oudste zonen op bezoek geweest toen hij in 1785 aan een fatale maagkwaal overleed. Het was Napoleon die een speciale genegenheid voor de kleine Louis ontwikkelde. Hoewel hij maar acht jaar ouder was dan zijn broertje, behandelde hij hem met vaderlijke zorg en liefde. De jongen was meisjesachtig zacht van aard, had dromerige ogen en een olijfkleurige huid. Zijn moeder koesterde hem totdat hij, pas twaalf jaar oud, afscheid van haar nam om onder de hoede van Napoleon eveneens een militaire opleiding in Frankrijk te gaan volgen. In de kale kazerne voedde zijn oudere broer hem streng en sober op. Hij verstelde zijn kleren, kookte zijn maaltijden en leefde op water en brood om voor Louis wat extra's te kunnen kopen. Als een trotse vader schreef hij naar huis: 'Hij studeert, leert Frans schrijven. Ik onderwijs hem in wiskunde en aardrijkskunde. Hij leest geschiedenis. Hij zal een voortreffelijk mens worden. Alle dames hier zijn dol op hem. Als hij in gezelschap komt, groet hij gracieus, stelt de beleefdheidsvragen met een ernst en een hoffelijkheid van een dertigjarige. Ik zie in hem de beste van ons vieren. Het is waar dat geen van ons zo'n goede opvoeding heeft gehad.'

Hortense de Beauharnais begroette Louis Bonaparte toen hij door zijn broer Napoleon van het Italiaanse slagveld naar Parijs was gestuurd om het Directoire verslag uit te brengen van de veroveringen. Hij had een ernstig voorkomen en sprak in voorzichtige, bijna dichterlijke taal. Voor volwassen vrouwen had hij iets beminnelijks maar de uitbundige meisjes dachten anders over hem; Hortenses vriendin Adèle Auguié zat Louis stiekem uit te lachen omdat hij met zijn plotseling oplaaiende liefde voor Eglé Auguié te koop liep en hoogdravende verzen voor haar schreef: *Il n'est qu'un temps pour l'innocence, Toute la vie est pour l'Amour.*[9]

Eglé voelde niets voor Louis maar vroeg hem onbeschaamd geschenken, die hij allemaal voor haar kocht. Platzak en ontnuchterd reisde hij drie maanden later terug naar zijn ongeduldige broer, die hij terzijde stond tijdens de roemrijke veldslagen van Brenta, Caldiero en Arcole.

Toen de twintigjarige Louis van de volgende veldtocht uit Italië terugkeerde, was hij niet meer dan een schim van de jongeman die afscheid van hen had genomen. Onder de zware oogleden staarden zijn ogen dof en somber in het niets. Heel Parijs was na de grote overwinningen in een feestroes. De vier antieke, bronzen paarden die Napoleon van het dak van de San Marco roofde, werden in triomf de Franse hoofdstad binnengehaald. 'Wie de paarden bezit, is de ware erfgenaam van de Romeinse keizers,' was een oude Venetiaanse gedachte die Napoleon tot zijn daad had gebracht. Ze kregen als oorlogsbuit een prominente plaats bij de Tuilerieën.[10]

Louis voelde echter geen vreugde. Hij walgde van de oorlog en kon aan niets anders denken dan aan het bloed, het gekerm van gewonde mensen en paarden, de stank van lijken. Hij had gezien hoe de soldaten onder de fiere tricolor plunderden, verkrachtten en brand stichtten. Zijn gevoelige, poëtische natuur werd op het slagveld voorgoed beschadigd.

Tijdens de overwinningsfeesten trof hem een ander noodlot. In zijn *Mémorial de Saint Hélène* zou Napoleon erover schrijven: 'De mooie Italiaansen toonden al hun bevallige gratie, maar ik was ongevoelig voor hun verleidingen. Zij stelden zich schadeloos met mijn gevolg. Een van hen, gravin C., liet aan Louis, toen we in Brescia verbleven, een blijk van haar gunsten na dat hem nog lang zou heugen.'

Wekenlang lag hij doodziek in bed. Toen hij genezen was verklaard van zijn venerische ziekte bleef hij echter moe en melancholiek. Zijn broer raadde hem aan wat afleiding te zoeken in Parijs en meteen het bericht over het verdrag van Campo Formio naar het Directoire te brengen. Tijdens een afdaling in het gebergte werd Louis opnieuw door het noodlot getroffen: de paarden sloegen op hol en sleurden het kantelende rijtuig mee, waarbij hij zijn knie ernstig ontwrichtte. De artsen maakten zich zorgen over de kwetsuur. Geestelijk was hij er nog erger aan toe; de oorlogsherinneringen verstoorden zijn nachtrust. Hij sloot zich het liefst met zijn literatuur en studieboeken in zijn kamer op.

Bij terugkeer van Napoleon moest hij zich wel in het openbaar vertonen. Uiterlijk verschilden de broers sterk: Napoleon was zichtbaar ouder, kort van gestalte en het hoofd leek iets te groot in verhouding tot zijn lichaam. Hij had een smalle, barse mond en een intens bleke huid. Louis daarentegen was goed geproportioneerd en had een olijfkleurige huid. Zijn volle lippen en de wat omfloerste mediterrane ogen verleenden hem een zekere schoonheid. De generaal beschouwde zijn broer in de eerste plaats als het product van zijn opvoeding; een instrument in zijn hand. Soms aaide hij hem vluchtig langs zijn wang of maakte hem aan het schrikken door een ruk aan zijn oorlel.

In haar memoires noteerde Hortense: 'Mijn moeder was gedwongen bij velerlei officiële gebeurtenissen aanwezig te zijn. Ik had geen zin om haar te begeleiden en zat het liefst thuis bij mijn grootvader, waar mijn nichtje Emilie en Mlle Auguié zich bij ons voegden. Louis Bonaparte vond het plezierig bij ons en kwam vaak op bezoek.'

Louis was eindelijk van zijn verliefdheid op Eglé genezen. Hij richtte – zonder dat Hortense het merkte – nu zijn volle aandacht op de bekoorlijkheden van Emilie de Beauharnais. Zij was wel degelijk gevoelig voor zijn aanwezigheid. Hortenses nichtje had weinig geluk gekend in haar leven. Haar vader François de Beauharnais vluchtte toen ze nog klein was uit vrees voor het schavot naar het buitenland. Hij liet zijn dochter en vrouw onbeschermd achter. Nooit had hij meer iets van zich laten horen. Emilie en haar moeder werden daarop als verdachte gezinsleden gearresteerd. Na de val van Robespierre waren ze vrijgelaten. Emilies moeder bezat niets meer en hertrouwde, tot verdriet van Emilie, met een mulat. Ze kregen vier dochters. Spoedig zette de man zijn blanke stiefdochter het huis uit. Mme Campan had zich over het ontheemde meisje ontfermd en zag met voldoening hoe Hortense haar nichtje al haar liefde en vriendschap schonk. Voor Emilie was de melancholieke, Corsicaanse jongen de prins op het witte paard die haar de gedroomde toekomst zou schenken. Louis kon aan niets anders meer denken dan aan het broze kostschoolmeisje voor wie hij schriften vol liefdespoëzie volschreef. Om haar zo vaak mogelijk te zien, bracht hij bezoeken aan zijn zusje Caroline Bonaparte in Saint-Germain-en-Laye of aan haar grootvader François de Beauharnais in Parijs.

Omdat ze niets van hun liefde wist, was Hortense verheugd toen ze hoorde dat Napoleon Bonaparte plotseling had besloten Emilie uit te huwelijken aan zijn sympathieke adjudant, de negenentwintigjarige Antoine Marie Lavalette. De plechtigheid werd korte tijd later in het Hôtel de Beauharnais voltrokken. Caroline en Hortense waren erbij tegenwoordig: 'Na de huwelijksviering vond ik dat mijn nichtje er verdrietig uitzag. Ik begon te vermoeden dat ze tegen haar zin was getrouwd. Ik vroeg haar met tedere woorden wat eraan scheelde en ze biechtte me op dat ze Louis Bonaparte met heel haar hart beminde en dat hij net zoveel van haar hield.'[11]

Hortense reageerde geschrokken en verbaasd. Ze vroeg zich af waarom Emilie haar niet eerder in vertrouwen had genomen. Dan had ze via haar moeder misschien nog de beslissing van Bonaparte kunnen laten herzien. Pas vele jaren later werd duidelijk dat haar stiefvader het liefdeshuwelijk van Louis uit eigenbelang verhinderde. Hij koesterde reeds grote toekomstplannen voor zijn broer en achtte diens verbintenis met de dochter van een emigré – die nota bene een mulat in de familie had – nadelig voor zijn politieke carrière.

De snel gestegen ster van Napoleon Bonaparte wierp een fel licht op het falen van het beleid van het Directoire. Hij doorzag de corruptie en zwakte der directeuren. Barras, die hem als een vriend had beschouwd, begon zijn populariteit te vrezen. Men zon op een middel om de generaal het land uit te krijgen. De minister van Buitenlandse Zaken had hem zorgvuldig geobserveerd. Talleyrand schreef over Napoleon: 'Op het eerste gezicht leek zijn gelaat mij charmant. Overwinningen passen zo goed bij de jeugd, bij een paar mooie ogen, bij een interessante bleekheid en enigszins vermoeid gezicht.'

Eerst kreeg Bonaparte van hem opdracht om de Franse troepen die tussen Brest en Antwerpen gelegerd waren te inspecteren. De generaal trok naar Boulogne vanwaar de krijtrotsen van Albion bij helder weer zichtbaar waren. Hier werd zijn grote wensdroom geboren om Engeland te veroveren. Maar de tijd was er niet rijp voor. De vijand moest eerst verzwakt worden. Wellicht lag die kans in het zuiden? Hij dacht aan de kolonisatie van Egypte, een avontuurlijk plan, dat Talleyrand beviel. Bonaparte kon Frankrijk op deze wijze dienen en de heren van het Directoire zouden voorlopig van hem verlost zijn.

De ambitieuze generaal gaf op een landkaart de route aan die hij met zijn soldaten wilde volgen: vanuit het land van de farao's naar Palestina en Syrië. Vandaar naar Klein-Azië. Hij had sinds zijn jeugd historische boekwerken over veldheren uit de Oudheid verslonden. Wat Alexander de Grote had bereikt, moest hem ook lukken.

Talleyrand moedigde de geestdriftige generaal aan door hem te beloven dat hij persoonlijk naar Constantinopel zou reizen, om de zegevierende Franse soldaten daar te verwelkomen.

Die taal inspireerde Bonaparte. Met zijn dorst naar historische en wetenschappelijke kennis begon hij boeken over de verre streken te bestuderen. Er werd een groot leger uitgerust van avontuurlijke militairen. Bonaparte nodigde tevens geleerden uit hem op de reis naar het land van de piramides te begeleiden waardoor de tocht het karakter kreeg van een wetenschappelijke expeditie. Om de overtocht voor te bereiden zond de generaal zijn ongelukkige broer vooruit. Louis Bonaparte moest hem wel gehoorzamen zodat hij op de tragische huwelijksdag van zijn geliefde Emilie niet in Parijs verbleef. Napoleon dacht dat het liefdesverdriet van de jongen in het woestijnzand wel zou slijten.

Eugène de Beauharnais, die zich tijdens de Italiaanse veldtocht had onderscheiden door zijn moed en trouw, zou zijn stiefvader opnieuw begeleiden. Bonaparte droomde in zijn overmoed van onderworpen moslims en Turkse paleizen. Hoe hij gezeten op een olifant zegevierend de Himalaya zou bereiken. De wereld was oneindig groot maar niets leek hem onbereikbaar. Hij liet zijn vrouw in het vaderland achter; voorlopig was het nog te gevaarlijk in Egypte. Hij spoorde haar aan naar Plombières te gaan om te kuren. De geneeskrachtige bronnen waren befaamd; daar hadden al vele vrouwen hun vruchtbaarheid hervonden. Joséphine scheen volgzaam. De trouwe mulattin Mimi beloofde haar te verzorgen.

Hortense schreef: 'Mijn moeder begeleidde haar man en zoon tot Toulon, waar de vloot klaar lag om naar Egypte te zeilen. Ze nam afscheid van hen en ging naar Plombières om er baden te nemen.'

Op 19 mei 1798 voer de Franse vloot uit. Bonaparte bevond zich met Eugène aan boord van L'Orient, die koers zette in de richting van Noord-Afrika. De generaal verwachtte dat de verovering voorspoedig zou verlopen zodat zijn vrouw zich binnen enkele weken bij hem kon voegen. Hortense was in Saint-Germain achtergebleven. Haar moeder klaagde in haar brieven dat ze haar geliefde dochter niet kon missen en vroeg haar naar Plombières te komen. Maar Hortense wilde bij Mme Campan blijven; de kostschool was de enige plaats waar ze zichzelf kon zijn. Bovendien had haar tekenleraar, de schilder Isabey, besloten dat zijn leerlinge ver genoeg gevorderd was om in olieverf te gaan schilderen. Het was een belangrijke dag voor Hortense die zich met overgave aan het nieuwe medium wijdde en spoedig goede resultaten behaalde. Zo geconcentreerd werkte ze, dat een boodschapper met een brief uit Plombières haar hevige schrik bezorgde. Ze vernam dat haar moeder op 20 juni een ernstig ongeluk had gehad en vreesde dat haar einde nabij was. Ze smeekte haar dochter gauw bij haar te komen. Hortense legde haar penselen weg, pakte haastig wat kleding in en vertrok in grote ongerustheid met het eerste het beste rijtuig naar de afgelegen badplaats.

Toen ze bij haar moeder kwam lag deze jammerend in bed en strekte haar sierlijke armen hulpzoekend naar Hortense uit. Snikkend vertelde ze hoe ze met een paar vriendinnen op een balkon aan de straatzijde zat toen een van hen haar aandacht wilde vestigen op een hondje dat beneden voorbijliep. Ze stond op om over de rand te kijken. Op dat moment konden de verrotte balken van het balkon de last niet meer torsen. Met een afschuwelijk gekraak stortten ze wel twintig voet omlaag en belandden tussen neervallend puin op straat. Joséphine had overal blauwe plekken en kon wekenlang niet liggen of zitten. Maar van levensgevaar was geen sprake. Hortense vervulde haar plicht: 'Dankzij mijn tedere verzorging genas mijn moeder ten slotte.'

Hoezeer Mme Bonaparte ook leed onder de gevolgen van het ongeluk, toch was ze blij dat het haar een alibi gaf om niet naar Egypte te hoeven reizen. Zodra haar lichamelijke toestand verbeterde, reed ze met Hortense naar Parijs terug. Daar wachtten haar vriendinnen. Ze kon er Hippolyte weer ontmoeten. Soms kwamen er wekenlang geen brieven van Napoleon. Het beeld van haar man verbleekte en ten slotte vergat ze hem helemaal. Ze durfde niet om te kijken: het verleden was vol schrikbeelden. De toekomst vaag en bedreigend. Joséphine had geleerd bij de dag te leven en elk uur zo plezierig mogelijk door te brengen. Ze liet haar naaisters japonnen volgens de nieuwe Griekse mode creëren, die haar benen tot de knie onthulden.[12] Ze droeg antieke sandaaltjes, tooide haar naakte armen met juwelen en gleed met een glimlach het Parijse nachtleven in.

5

De grond was nog hard en kaal onder haar voeten. De aarde sliep, anders dan op het tropische eiland waar haar enkels zomer en winter gestreeld werden door wilde planten en bloemen. Joséphine was een jaar eerder al met Napoleon op het landgoed geweest. Hij beende ongeduldig voor haar uit. Na de Italiaanse veldtocht zocht hij een buitenplaats, om zich van tijd tot tijd in af te zonderen. Met een snelle blik taxeerde hij de tuinen, het huis, het park, de landerijen. Hij snoof als een roofdier en maakte de bekende, brute beweging met zijn hoofd: nee. Het was veel te duur. Het was een krankzinnig bedrag. Ze dacht aan zijn moeder, de zuinige Letizia Bonaparte, de lippen stijf gesloten als de beugel van haar geldbeurs. De weduwe Bonaparte werd beheerst door een burgerlijke spaarzaamheid. Misschien was Napoleon nu wel dood, omgekomen in het hete woestijnzand. Vergiftigd of neergesabeld door een Arabier. Sinds de Victoire des Piramides in juli 1798 werden de berichten steeds schaarser. Ten slotte hoorde ze niets meer. Ook niet van Eugène.

Joséphine liep nu alleen het pad af, langs de verweerde muren die de lege moestuinen omsloten. De vruchtbomen staken in het laatst van de winter hun zwarte, kale takken boven de oude stenen uit. Er was ruimte genoeg in de boomgaard om andere soorten aan te planten: pruimen, appelen, peren en kersen. Om wekenlang bedwelmd te zijn door de schoonheid van roze en witte bloesems. Nectar en honing voor wel tien bijenvolken. En in de nazomer zou ze confiture maken in glazen potten.

Het spoor van de rijtuigen boog naar rechts. Ze volgde de weg en zag op een lage heuvel de duiventoren. Daar klonk het klapwieken van de vogels. In de lente zouden ze er nestelen. Hoog was de schrale, koude hemel van maart. Hoger dan in de stad die ver achter haar lag. Parijs met zijn opeengepakte huizen, het nooit aflatende geratel van koetsen en karren in de rue de la Victoire, de schelle stemmen van het volk dat haar nog altijd beangstigde. De met bloed bevlekte herinneringen drongen zich op. Het gistte in de politiek. De jakobijnen lieten fel van zich horen; het woord guillotine was weer gevallen. Het Directoire bleek niet bij macht de orde te herstellen.

De stank van de schoorstenen stond haar tegen, de volgebouwde horizon. Alleen de Seine schonk ruimte. Ze had de loop van de rivier gevolgd en keerde terug in Croissy, waar ze een tijd gelukkig met haar kinderen had gewoond, voordat de Terreur haar wereldbeeld had geschonden. Vrienden vertelden daar dat er aan de andere oever van de Seine een huis met landgoed te koop stond aan de rand van Rueil. Bij een eerste blik op de oude herenhoeve klopte haar hart vol ongeduld: hier hoorde ze thuis. Het was niet ver van Saint-Germain-en-Laye zodat Hortense snel bij haar kon zijn. Nu Napoleon ver weg was en misschien wel nooit zou terugkomen gaf ze gehoor aan haar verlangen; het landgoed riep haar. Hoewel alles kaal was, beviel het haar nog beter dan de eerste keer. Daar stonden de twee pilaren die het toegangshek steunden, het hek van een herenhoeve, niet van een paleis. Ze legde haar hand op de koude klink; ze moest het huis bezitten.

Op 21 april 1799 ondertekende Joséphine bij de notaris het koopcontract. Het huis, 75 morgen park en bossen, wijngaarden en velden en de 312 morgen agrarische cultuurgrond behoorde haar toe. Van de koopsom, die 220.000 francs bedroeg, kon ze maar een klein deel uit eigen middelen betalen. Het had enige weken geduurd voor ze bij vrienden en bankiers tegen hoge rente genoeg geld bijeen kon scharrelen om de rest te betalen. De notaris waarschuwde dat er nog belastingen – circa 100.000 francs – bij zouden komen. Ze luisterde al niet meer, legde de pen neer en liep in haar elegante morgenensemble naar de deur. Ze dacht aan het meubilair dat ze ging bestellen: wit en licht.

Toen Hortense de naam van de nieuwe aankoop hoorde huiverde ze: *Mala Mansio*, Mal Maison, het slechte huis. Joséphine, die met haar glimlach alles verzachtte, veranderde door haar intonatie ook de kwade klank van haar hoeve: Malmaison. Ze zong het woord en ging haar dochter met lichte tred voor. Hortense volgde over de oprijlaan naar de rechthoekige, bakstenen herenhoeve, toegedekt met grijze leien. Schuren en stallen leunden links en rechts slordig tegen het hoofdgebouw aan. Het wijde decor van een slecht onderhouden Engelse tuin verrukte Joséphine. Witte ganzen brachten beweging in het verstilde landschap en toen ze stilstonden klonk het gekakel van kippen, het gemekker van geiten, de schreeuw van een eenzame pauw. Hortense wist niet dat haar moeder tegen de zin van haar man het koopcontract had getekend. Hoe kwam ze aan dat enorme bedrag? In Parijs stonden de schuldeisers voor haar deur en ze moest nieuwe leningen afsluiten om van hen af te komen. Geld was het laatste waar Joséphine aan dacht. Ze stelde zich Malmaison voor zoals het na de verbouwing kon worden. Dit was het begin van haar rijk waarin ze als een vorstin haar fantasie kon uitleven. Ze bedacht een rozentuin achter de kastanjehagen, ze bedacht vijvers vol vissen waarin 's zomers waterlelies zouden opbloeien, een waterloopje met een kleine cascade, het tuinbeeld van een nimf. In de mist verrezen haar droomkassen waarin ze tropische gewassen zou kweken. Ze moest haar moeder vragen plantenstekken over de oceaan te sturen; hier schiep ze haar tweede Martinique. Hier was niets dan de veilige voorspelbaarheid van lente, zomer, herfst en winter. De dieren die uit haar hand aten, de vogels die het graan aan haar voeten wegpikten, hun gekleurde veren en vertrouwde getjilp en gekoer. Niemand verlangde dat ze zou gehoorzamen aan menselijke wetten. Hier kon ze zichzelf zijn, een met de natuur. Geen recepties, geen toespraken, geen handkussen of buigingen. Ze zou eenvoudige tuinjurken dragen, het kastanjebruine haar onder een hoofddoek verbergen. Joséphine kon nog jaren vooruit met haar plannen. En als de winter kwam zou ze terugkeren naar Parijs om theaters en bals te bezoeken.

Hortense zag de glimlach om de kleine mond zweven, de glimlach van haar moeder die alles aan waarde overtrof. Ze beleefde een moment van geluk. Haar dochter werd er vanzelf in opgenomen. Ze huppelde tussen het pluimvee op de cour en zong: Lala la Malmaison. Ze was vijftien.

Er arriveerden wagens met meubilair uit Parijs. Fragiele meubeltjes en spiegels met bladgoud stonden bevreemd tegen de witgekalkte muren. Vloerkleden in warme tinten van geknoopte wol verborgen de ruwhouten vloeren. Hoe oud was dit huis? De bewoning ging terug tot in de veertiende eeuw, zei de notaris. Maar in het dorp vertelden ze dat in oude tijden de Vikingen er hadden huis gehouden. Vanaf die plek plunderden ze de omgeving en staken de boerderijen in brand, het stuk grond had in zijn naam de verschrikkingen bewaard.

Joséphine genoot op het verwaarloosde terras aan de zuidkant van de eerste warme zonnestralen. Haar vrolijke vrienden en vriendinnen kwamen in mei met koetsen en paarden uit Parijs. Ze gaf er banketten. Maar geen der leden van de omvangrijke familie Bonaparte die in de hoofdstad bijeen was, ging op haar uitnodiging in. Zelfs Louis niet, de minst onaangename van de gebroeders Bonaparte. Na een verblijf van vijf maanden in Egypte was hij teruggekeerd met dezelfde doffe, melancholieke blik in zijn ogen. Emilie had hem niet kunnen vergeten. Ze zocht in het geheim contact met haar geliefde en bezwoer hem onder tranen dat ze zich van Lavalette zou laten scheiden om met hem te trouwen. Maar Louis deinsde terug toen hij haar gezicht zag. In de afgelopen winter had ze aan pokken geleden. Dankzij de goede zorgen van haar man was ze door de gevaarlijke crisis heen gekomen en herstelde langzaam. Hij verborg zorgzaam alle spiegels voor haar maar op een dag vond ze een kleine handspiegel en zag dat haar huid ontsierd werd door littekens. Louis liet Emilie onomwonden weten dat ze daarmee haar bekoorlijkheid had verloren. Zelfs als ze vrij zou zijn, wilde hij niet meer met haar trouwen.

Deze ontgoocheling bezorgde Emilie zoveel verdriet dat ze troost kwam zoeken bij Hortense. Haar nicht reageerde verontwaardigd. Waarom moest Louis Bonaparte haar ongelukkige vriendin dubbel treffen? Zijn gevoelsleven verwarde haar; had zijn liefdesverdriet hem niet geïnspireerd tot het schrijven van een hartverscheurende roman over Emilie? Hij bleek wel erg wisselvallig. Zijn hoogdravende woorden hadden blijkbaar niets te maken met zijn ware aard. Hij had haar zijn wrede opmerking over een paar pokkenputjes op haar kin kunnen besparen. Hortense verafschuwde sindsdien de manke militair, die opging in zelfmedelijden en blijk gaf van algemene minachting voor vrouwen en meisjes.

Na deze bittere teleurstelling kon Emilie zich alleen maar gelukkig prijzen; als ze in haar prille verliefdheid de vrouw van Louis was geworden, zou ze voor altijd overgeleverd zijn geweest aan diens sombere en grillige karakter. Emilie droogde haar tranen en keerde terug naar haar echtgenoot Lavalette, met wie ze sindsdien in harmonie samenleefde. Louis vertrok naar een verre badplaats in de Pyreneeën. Daar hoopte hij verlichting te vinden tegen de niet aflatende pijn in zijn bezeerde knie. Ook klaagde hij over andere vage pijnen, vooral in zijn rechterhand, die hij soms niet kon bewegen.

Hortense zag Hippolyte Charles vaak in zijn rijtuig op Malmaison arriveren. Dan liet haar moeder haar zonder protesten naar het meisjesinstituut in Saint-Germain-en-Laye vertrekken. Maar om de week werd Hortense bij haar geroepen; Joséphine kon niet tegen stilte en eenzaamheid.

Met toenemende bezorgdheid dacht Hortense aan haar broer Eugène, wiens laatste brief ze telkens herlas omdat er geen nieuwe kwamen. Hij was nu al meer dan een jaar in Egypte. Hoe verliep de veldtocht? De Engelse kranten stonden vol triomfantelijke berichten over de Engelse vloot, die alle Franse oorlogsschepen zou hebben vernietigd. De Middellandse Zee werd sindsdien beheerst door de Engelsen. Een leugen of waarheid?

Joseph en Lucien Bonaparte hielden er ernstig rekening mee dat ze nooit meer iets van hun broer Napoleon zouden vernemen en vroegen zich af hoe ze hun positie en kapitaal konden veiligstellen. De Franse politiek was in verwarring. De oorlog met Engeland woedde voort.

Oostenrijk maakte zich sterk: in Italië werd het merendeel van de door Bonaparte veroverde gebieden heroverd. Uit de Bataafse Republiek – de vazalstaat die Frankrijk moest steunen – klonken steeds meer klachten en protesten. De orangisten lieten weer van zich horen.

De Franse schatkist was uitgeput; ziekenzorg, onderwijs en de zorg voor armen leden eronder. In Parijs vestigde men zijn hoop op een krachtig leider, desnoods een dictator, die een einde zou maken aan de algemene malaise. Sommigen noemden de naam van Napoleon Bonaparte. Maar waar was hij?

Toen Napoleon in 1798 de haven van Toulon had verlaten zette hij koers naar Malta, dat snel op de Malthezer Ridders veroverd werd. Na deze zege vervolgde hij zijn zeereis en landde veilig aan de Egyptische kust bij Alexandrië. Na de overwinning op de Mammelukken aan de voet van de machtige piramides trok hij in de zomerhitte aan het hoofd van zijn troepen zegevierend Caïro binnen. Twee dagen later keerden de kansen: onder aanvoering van admiraal Nelson hadden de Engelse oorlogsschepen de gehele Franse vloot die in de baai van Aboekir voor anker lag, tot zinken gebracht. Voedselvoorraden en munitie gingen verloren. De terugkeer naar het vaderland was onmogelijk. De Engelse schepen patrouilleerden op de Middellandse Zee zodat de communicatie met Parijs stilviel. Er moesten nieuwe schepen worden gebouwd. Maar daarvoor ontbrak Bonaparte het kapitaal.

De Franse militairen waren ontmoedigd en ze vroegen zich af waarom de generaal ooit aan deze veldtocht was begonnen. Niets was goed voorbereid. Bij gebrek aan landkaarten verdwaalden de troepen in de eindeloze woestijn. Men wist niet eens waar de levensbelangrijke waterputten lagen. De Arabieren pleegden op snelle paarden bloedige aanvallen op hun kampen. Soldaten werden beroofd en onthoofd. Overal klonken protesten; men wilde naar huis. Napoleons secretaris Bourrienne was zwijgzaam. Bourrienne miste zijn jonge vrouw die hij in Parijs had moeten achterlaten. De generaal zag het plan om Joséphine naar Egypte te laten overkomen nu ook verloren gaan. Toen hij zich daarover beklaagde vond zijn adjudant Junot het tijd om Bonaparte uit de droom te helpen: hij vertelde hoe hij met eigen ogen had gezien dat Joséphine hem bedroog met Hippolyte Charles. Wit van razernij ontbood de generaal zijn vertrouwde militairen Berthier en Julien. Ze bevestigden wat Junot had onthuld en voegden er andere feiten aan toe: Hippolyte Charles deelde haar loge in de schouwburg, ze reisden in dezelfde koets, overnachtten in dezelfde herbergen en hij had haar na de dood van Fortuné het nieuwe hondje geschonken dat ze tegen haar hart drukte. Iedereen wist ervan.

Bonaparte had zich laten misleiden door de tranen van Joséphine. Hij was gebroken. Onder de meedogenloze zon van Egypte verging hij van liefde, verging hij van pijn voor het wezen dat hij meer dan wat ook ter wereld beminde. Hij was onbenaderbaar. Een paar dagen later nam hij een besluit: 'Wat zou ik er niet voor geven als het bericht van Junot onwaar was! Ik houd zielsveel van die vrouw. Maar als ze schuldig is moeten we voor altijd van elkaar scheiden. Ik heb geen zin om door heel Parijs uitgelachen te worden. Ik zal Joseph vragen de echtscheiding bekend te maken.'

Het meest van allen trof dit bericht Eugène. Hij zag dat zijn stiefvader ziek was van woede en verdriet. De pas zestienjarige militair schreef zijn moeder op 25 juli een aangrijpende brief: 'Ik heb u zoveel te vertellen dat ik niet weet waar ik moet beginnen. De afgelopen vijf dagen ziet Bonaparte er uitzonderlijk slecht en bedroefd uit. Dit is het gevolg van een onderhoud met Junot en Julien – zelfs Berthier deed mee. Hij was veel heftiger door dit gesprek aangedaan dan ik besefte.' Onomwonden beschreef Eugène hoe Junot haar had beschuldigd van overspel, maar voegde er direct aan toe: 'Zoals u zich kunt voorstellen, *Maman*, geloof ik er geen woord van. Maar het is nu eenmaal een feit dat de generaal er diep door getroffen is. Ondanks alles is hij dubbel zo vriendelijk tegen mij; daarmee schijnt hij te willen zeggen dat kinderen niet verantwoordelijk zijn voor de fouten van hun moeder. Maar uw zoon zegt tegen zichzelf: al die kwaadsprekerij is afkomstig van mijn moeders vijanden. Hij houdt niet minder van u en verlangt er niet minder naar u liefdevol te omhelzen.'

De brief die deze verstandige zoon zijn moeder schreef bereikte haar nooit. Het zeilschip waarop de post werd vervoerd viel in handen van de Engelse vijand. De Londense roddelpers was snel op de hoogte van Joséphines gedrag en of het niet genoeg was, verschenen er artikelen met prenten waarop Joséphine en haar vriendin Thérèse naakt voor hun vriend Barras dansten.

Napoleon trachtte zijn liefdesverdriet op allerlei manieren de baas te worden. Hij begroef zich in het werk met zijn wetenschappers, richtte het Egyptisch Instituut op om archeologische vondsten in onder te brengen en maakte plannen voor veldtochten naar het oosten. De vrouwen die de sultans hem aanboden, stuurde hij niet langer terug naar hun tenten. Ook de jonge jongens werden als een geschenk toegelaten. Hij verleidde Mme Fourès, de tweeëntwintigjarige echtgenote van een luitenant. Ze heette Pauline en was – vermomd als jongeman – erin geslaagd mee naar Egypte te reizen. In haar blauwe uniformjasje met de strakke, witte broek wist ze Napoleon te bekoren. Ze verstopte haar lange, blonde haren onder de pet van het regiment en reed zo te paard voor zijn troepen uit. Spoedig werd ze *Madame Général* genoemd. Eugène wist ervan. Het hele leger was op de hoogte. Bonaparte hoopte dat Joséphine hoe dan ook over zijn verhouding met Pauline zou horen. Ze was zijn wraak. Maar haar omhelzingen troostten hem niet.

De kolonisatie van Egypte verliep moeizaam en zijn droom om gezeten op een olifant naar India te trekken, bleek een luchtspiegeling. Zelfs de verovering van Constantinopel moest hij opgeven.

Op 1 april 1799 werd hij door een nieuwe ramp getroffen. Zijn stiefzoon Eugène raakte levensgevaarlijk gewond. Napoleon liet de jongen met grote zorg verplegen.

Hortense, die pas maanden later zou vernemen dat haar geliefde broer bijna gesneuveld was, schreef in haar memoires: 'Ik hoorde dat mijn broer onder de muren van Saint-Jean-d'Acre aan het hoofd gewond was geraakt. Hij viel neer. Men dacht dat hij dood was. Er was een bom ontploft te midden van zijn legeronderdeel. Dezelfde dag raakte kolonel Duroc ook zeer ernstig gewond en generaal Bonaparte verkeerde zelf in het grootste gevaar. Een gewone *maréchal des logis des guides* liep verwondingen op toen hij zijn armen om de generaal heen sloeg om hem te beschermen tegen de explosie. Maar de generaal die zag hoe mijn broer neerviel, was te zeer aangedaan om aan zichzelf te denken.'

Franse soldaten bezweken bij honderden tijdens lange marsen door de verblindende hitte van de woestijn. Ze liepen een zonnesteek op, ze stierven van de dorst, honger, uitputting, aan malaria of dysenterie. De Mammelukken bleken met hun primitieve uitrusting sterker dan Bonaparte verwachtte. In tegenstelling tot de Fransen wisten ze hoe ze kamelen moesten inzetten en ze kenden de weg naar oases in de eindeloos witte zandvlakte. De weinige waterputten die de Fransen op hun veldtocht tegenkwamen, werden door de vijand vergiftigd. Niettemin zette Bonaparte door; hij koloniseerde Egypte en verhief zichzelf tot sultan El Kebir, de Grote Sultan. Om Parijs te imponeren roofde hij twee eeuwenoude obelisken, die naar het vaderland getransporteerd moesten worden. Het waren – evenals de bronzen paarden uit Venetië – trofeeën die het volk aanspraken. Nooit zou hij zijn verliezen toegeven.

Een pestepidemie bracht nieuwe gruwelen. Hoe lang moest hij deze hel laten voortduren? Twee maanden had hij tevergeefs het sterke

Akko belegerd. Het leverde hem niets dan doden en gewonden op. De kosten stegen zozeer, dat hij zich met het restant van zijn gehavende leger wel terug moest trekken.

In de loop van 1799 kreeg de generaal enkele oude Engelse kranten in handen. De berichten die hij daarin las vervulden hem met schrik en ongeduld. Het Directoire was zozeer verzwakt, dat er een tweede revolutie dreigde. De bekwame Talleyrand, die de val van het Directoire zag aankomen, had al ontslag genomen. Wat Napoleon het meest zorgen baarde waren de coalitieaanvallen op Frankrijk. Engeland, Rusland en Oostenrijk wilden de ondergang van de Franse Republiek. Bonaparte voelde dat dit het moment was om de macht te grijpen. Tegen alle regels in liet hij in het geheim een schip zeilklaar maken. Op 23 augustus begon hij met een kleine groep vertrouwelingen, onder wie zijn stiefzoon Eugène, aan de levensgevaarlijke tocht naar het vaderland. Hij liet zijn troepen onder generaal Kléber in erbarmelijke toestand achter. De Engelse patrouilleschepen ontdekten het kleine fregat niet dat de Middellandse Zee overstak en veilig de haven van Fréjus binnen zeilde.

Napoleon Bonaparte zette voet aan wal en veranderde de toekomst van Europa.

Joséphine had bij het invallen van de herfst Malmaison verlaten. Ze keerde terug in haar huis in de rue de la Victoire, waar ze zich luxueus installeerde en haar vrienden ontving om amusante plannen te maken voor de winter. Tijdens een diner bij Gohier, president van het Directoire, werd ze overrompeld door het bericht dat Napoleon op weg was naar Parijs. In de plotselinge consternatie drong het in alle hevigheid tot haar door dat haar positie in gevaar was: ze had tegen zijn zin een kostbaar landgoed gekocht, overal schulden gemaakt en openlijk samengeleefd met haar minnaar. Het was niet moeilijk voor de familie Bonaparte om haar zwart te maken. In haar ontreddering klampte ze zich vast aan Hortense. Zij moest haar steunen, geen moment meer alleen laten. De volgende morgen liet Joséphine in alle vroegte de paarden van haar koets inspannen en reed slechts begeleid door haar dochter Napoleon tegemoet. Ze moest de Bonapartes voor zijn en haar man in Lyon opwachten. Onderweg zagen ze dat het grote nieuws al bekend was; in de dorpen werden triomfbogen getimmerd om de *Sauveur* te verwelkomen. Joséphine vernam tot haar ontzetting dat Joseph, Lucien en Louis Bonaparte haar minstens drie uren vooruit waren gereisd. Ze wrong haar kleine handen, maande de koetsier tot spoed en keek jammerend uit het raampje. Toen ze na een lange rit bij de wisselplaats in Lyon arriveerden hoorden ze dat de generaal met zijn staf vanuit deze stad al via een andere route naar Parijs was getrokken. Zijn broers hadden hem misschien al ingehaald. Hortense deed moeite haar moeder te kalmeren en te bemoedigen. Zonder tijd te verliezen volgden ze Napoleon via de andere route noordwaarts. De overnachtingen werden zo kort mogelijk gehouden, maar toch scheen het nog een eeuwigheid te duren voor hun koets tegen de avond van de achttiende oktober de rue de la Victoire op ratelde.

Napoleon was drie dagen eerder met Eugène gearriveerd. Ze vonden het huis tot hun teleurstelling verlaten en Joséphine noch Hortense hadden een bericht achtergelaten. Letizia Bonaparte en haar dochters Elisa, Carolina en Pauline snelden onmiddellijk toe om Napoleon geëmotioneerd te verwelkomen. Letizia met haar sterke, moederlijke sentimenten had er geen moment aan getwijfeld dat haar zoon nog in leven was. Zijn zusjes vielen hem huilend om de hals, alsof hij uit de dood was herrezen. Spoedig kwamen Joseph, Lucien en Louis aan. Ingekapseld door de Bonaparte-clan werd Napoleon gebombardeerd met ware en onware verhalen over het wangedrag van Joséphine. Ze bleken overbodig; de generaal leek al vastbesloten zich van zijn vrouw te laten scheiden. Hij gaf zijn oudste broer opdracht de papieren in orde te maken. Joséphine mocht het huis niet meer in. Ze moest maar zien bij welke vriendin ze kon overnachten. Het onderwerp was daarmee afgedaan. Met een wit, verbeten gelaat liet hij zich informeren over de kritieke politieke situatie. Het landsbelang en zijn ambities gingen voor.

Bonaparte bevond zich op die regenachtige avond in zijn werkkamer toen er buiten rumoer klonk. De stem van de portier klonk luid en smekend. Voorzichtig keek hij langs de gordijnen naar de cour en zag bij het licht van een koetslantaarn hoe de portier met handen die hij beurtelings vouwde en afwerend strekte twee vrouwen trachtte tegen te houden. In de eerste, die haar rokken opnam en langs hem heen licht de trappen van het huis op snelde, herkende hij zonder moeite Joséphine. De tweede was zijn stiefdochter. Hoewel hij bevel had gegeven zijn vrouw niet toe te laten schoof hij uit voorzorg de grendel voor de deur van zijn werkkamer en keerde terug naar zijn paperassen. Hij hoorde hoe ze de deurknop tevergeefs omdraaide. Het gerammel hield aan. Dan haar zoete stem, die zijn naam riep. Opnieuw, luider nu. Hij liep naar de uiterste hoek van zijn kamer, ze klopte op zijn deur, sloeg er tegen met haar vuisten. Herinneringen schrokken in hem wakker. Haar parfums, haar kleine handen. Huilend noemde ze zijn naam en zijn koosnaam *Nabulione*. Door haar tranen heen klonk verlangen. Naar hem. Ze smeekte, ze gelastte hem haar toe te laten. Wijdbeens stond hij, de armen over elkaar geslagen. Een vuist tegen zijn mond gedrukt. Tranen welden op in zijn ogen.

In het aangrenzend vertrek zocht Joséphine radeloos steun bij Hortense. Eugène kwam op het gejammer af en omhelsde zijn moeder en zusje. Het weerzien bracht echter niet de gehoopte vreugde. Joséphine zag er aandoenlijk uit. Ze had tijdens de lange, angstige rit nauwelijks geslapen. Door de regen was haar kapsel losgeraakt, verwarde lokken vielen op haar schokkende schouder. Nu Napoleon weigerde haar toe te laten viel ze huilend in de armen van haar zoon. Hortense, die deze scène in haar memoires onvermeld liet, stond er machteloos bij. Toen Joséphine dreigde te bezwijmen, probeerden de kinderen haar in een ander vertrek tot rust te brengen. Kon ze niet beter gaan slapen om de volgende dag met haar man te praten? Ze gaf haar pogingen niet op en keerde na verloop van tijd terug naar de deur, die onverbiddelijk gesloten bleef. Smekend keek ze nu naar haar dochter, nam haar hand en duwde haar als een schild van onschuld voor zich uit. Hortense begreep wat er van haar verwacht werd. Ze bracht haar lippen bij het sleutelgat en vroeg haar stiefvader rustig en vriendelijk om even met hem te mogen praten. Ademloos trad Joséphine terug. Haar dochter liet de stilte voortduren en beduidde haar moeder eveneens te zwijgen.

Het was de beheerste stem van het meisje die de generaal uiteindelijk vermurwde. Er klonken voetstappen en het verschuiven van de grendel. Napoleon toonde een wit, behuild gelaat. Hij zei schor: 'Jij en je broer zullen altijd mijn kinderen blijven.' Ze voelde hoe haar moeder klein en ontredderd langs haar glipte en zich in zijn armen stortte. Haar tranen drupten op zijn kraag. Met haar hiel duwde ze de deur achter zich dicht.

De volgende morgen kwam Joseph Bonaparte in de rue de la Victoire om zijn broer de echtscheidingspapieren te laten ondertekenen. De kamenier zei hem dat de generaal nog op bed lag. Toen Joseph langs het vertrek ging, riep zijn broer hem binnen. Joseph vond Napoleon in bed. Hij was niet gekleed en onder de lakens, dicht tegen hem aan, ontwaarde hij de naakte vormen van zijn schoonzuster Joséphine de Beauharnais. Met losse haren en nog rood behuilde ogen keek ze hem vriendelijk aan en zond hem een betoverende glimlach.

Hortense kon de situatie niet meer overzien. Nadat ze dagenlang met een wanhopige moeder in een bedompt rijtuig over Franse wegen had gesneld, vond 's nachts achter een gesloten deur de slotscène plaats. Sindsdien leek het of de harmonie tussen haar ouders nooit verstoord was geweest. Geen spoor meer van tranen. Geen woede of verwijten. Toch ging het gerucht in de familie Bonaparte dat de notaris hun echtscheidingspapieren al had opgesteld. Caroline lachte malicieus en Joseph liep met samengeknepen lippen rond. Maar haar moeder behield tegenover de hele familie haar zachte, beminnelijke manieren. Ze besteedde veel zorg aan het wisselen van haar ochtend-, middag-, of namiddagjaponnen en de keuze van juwelen. Op charmante wijze ontving ze een toenemend aantal officieren en politici die zich in de rue de la Victoire aandienden. Barras was er niet bij, noch de andere leden van het Directoire. Na een korte, oppervlakkige conversatie in haar overvolle salon leidde ze de bezoekers naar de werkkamer van de generaal. Hortense zag hoe ze hem een verliefde blik toewierp en zijn blik streelde haar kleine gestalte. Er was een nieuwe vorm van kameraadschap tussen hen, alsof ze een geheim deelden. Haar moeder volgde meestal de debatten aan de tafel van de generaal en speelde daarbuiten een rol van onschuld. Hoe kon het waar zijn dat Bonaparte zich van haar wilde laten scheiden?

Als Hortense in het hart van haar stiefvader had kunnen kijken zou ze een brandende eerzucht aantreffen, waarbij zijn passie voor Joséphine flauwer vlamde. Zijn aanhangers hadden hem duidelijk gemaakt dat het een zeer ongeschikt moment was om aan een echtscheiding te denken. Nu heel Parijs zijn heldhaftige *Sauveur* bejubelde, zouden ze hun politieke kans grijpen. De generaal moest zich als vader van een solide gezin presenteren. Schandalen konden zijn positie en hun plannen beschadigen. Napoleon nam dit advies graag ter harte; zijn liefde voor Joséphine was door haar wangedrag niet gedoofd maar wel veranderd. De vrouw die hij beminde had reële contouren aangenomen; ze bleek niet de hemelse godin wier deugden haar boven al haar soortgenoten verhieven, maar een aards wezen met menselijke fouten. Ze had hem huilend schuld bekend. Ze bezwoer dat ze Hippolyte Charles nooit meer zou ontmoeten en alle banden met hem verbrak. Bonaparte geloofde haar. En dit keer was het terecht. Joséphine zag eindelijk in dat al haar persoonlijke geluk en dat van haar kinderen afhankelijk was van Napoleon. Er kwam een nieuw gevoel bij. Zij die noch persoonlijk noch in haar directe omgeving liefde en huwelijkstrouw had gekend, werd nu verliefd op haar echtgenoot. Omdat ze geen werkelijk diepe gevoelens kende, was ze haar minnaar gauw vergeten en verbrandde al zijn brieven. Ze verzocht hem hetzelfde te doen. Hippolyte hield zich aan zijn woord. In het belang van Joséphine sloot hij zich op in zwijgzaamheid. In tegenstelling tot de vulgaire Barras en de ijdele Hoche, zou hij nooit pochen op zijn intieme relatie met de vrouw van Bonaparte. Zijn liefde was meer geweest dan een spel. Napoleon wist het en daarom wilde hij Charles nooit meer zien.

Bonaparte besloot grootmoedig zijn vrouw vergiffenis te schenken en niet meer op haar overspel terug te komen. Al zijn aandacht was nu gericht op de grootste beslissing van zijn leven, die veel moed vereiste. Joséphine nam deel aan de samenzwering. Ze leidde zijn vijanden af. Op geraffineerde wijze speelde ze de rol van onwetende echtgenote. Zelfs haar dochter werd erdoor misleid.

Hortense: 'We waren in Parijs gebleven, Caroline en ik, tijdens de terugkeer van de generaal. Op zestien Brumaire stuurde hij ons onverwachts terug naar Saint-Germain. Mijn moeder vroeg of we nog een paar dagen mochten blijven. Hij was onverbiddelijk. We hadden er geen idee van wat er de volgende dag zou gaan gebeuren.'

Terwijl Hortense bij Mme Campan op haar harp speelde en door de herfstige tuinen van het meisjesinstituut wandelde, voltrok zich onder leiding van haar stiefvader een staatsgreep. Het kostte Bonaparte bijna het leven. Nadat het Directoire in Parijs door hem was ontbonden en de leden huisarrest hadden gekregen, volgde de gevaarlijkste fase. Aan het hoofd van zijn troepen trok hij naar Saint-Cloud waar de Raden vergaderden; de Raad der Ouden in de Apollo-galerij, de Raad van Vijfhonderd in de oranjerie.

De generaal had op het slagveld tegenover gewapende soldaten nooit angst of onzekerheid getoond. Maar nu kwam hij voor advocaten te staan, die gewend waren conflicten met geleerde woorden uit te vechten. Toen hij met zijn aanhangers de eerste vergaderzaal binnenstormde, rezen de aanwezigen verontwaardigd op uit hun zetels. Bonaparte trachtte de reden van zijn optreden duidelijk te maken, maar door hun boze blikken en het geschreeuw raakte hij de draad van het betoog kwijt en stamelde onsamenhangende zinnen: 'Ik vrees voor het bestaan van de Republiek! Er is een complot gaande, een complot van de jakobijnen!' Het tumult nam toe en Napoleon, die geen groot redenaar was, werd overschreeuwd.

'Heb ik niet genoeg bewijzen van mijn vaderlandsliefde geleverd?' Zijn woorden waren niet meer verstaanbaar. Tevergeefs maande de voorzitter de aanwezigen tot kalmte. Bourrienne waarschuwde de generaal mee naar buiten te gaan. De stemming werd te gevaarlijk.

Op weg naar de oranjerie zagen zijn aanhangers dat Bonaparte danig in de war was. Hij ging zonder iets te zeggen de vergaderruimte in waar de afgevaardigden van de Raad van Vijfhonderd in hun scharlaken toga's druk debatterend heen en weer liepen. Lucien Bonaparte, president van de Raad, schikte zijn papieren en hield zijn broer scherp in het oog. Toen Napoleon werd opgemerkt ontstond er grote deining en uit de menigte klonk opeens de kreet: 'Dictator! Weg met die tiran!' en: 'Buiten de wet!'

Met een schok realiseerde Lucien zich dat dit de woorden waren die aan de executie van Robespierre vooraf waren gegaan. Van alle kanten kwamen jakobijnen op Napoleon af, grepen hem bij zijn jas en sleurden hem van links naar rechts. Het geschramde gelaat van de generaal werd doodsbleek en hij leek op het punt om ineen te zakken. Dit ging zijn generaal Joachim Murat, die met zijn grenadiers gereedstond, te ver. Op zijn teken werden de deuren opengestoten en stormden zijn manschappen op de ongewapende afgevaardigden af. Ze bevrijdden Napoleon en duwden de vechtende massa opzij. Angstig zochten sommigen een heenkomen achter de balustrades. Anderen renden in hun toga's naar de deur maar omdat deze uitweg versperd werd door drommen schreeuwende en vechtende mensen, braken ze de ruiten en sprongen door de vensters naar buiten. Napoleon wist achtervolgd door de kreet: 'Buiten de wet!' de tuin te bereiken waar zijn troepen wachtten. Hij dacht dat hij verloren was, maar rekende buiten de kracht van zijn medestanders.

Lucien wierp als president van de vergadering zijn zuidelijk pathos in de strijd om het pleit te winnen. Met een theatraal gebaar legde hij zijn toga en hoed af en spreidde zijn armen. Voor hij echter iets kon zeggen werd hij van de tribune gesleurd en naar buiten geduwd, waar hij zijn broer ontwaarde. Napoleon had zijn paard bestegen en maakte met zijn bebloed gezicht en gescheurde kleren indruk op zijn soldaten. Lucien schreeuwde de troepen toe dat er in de Raad van Vijfhonderd met dolken werd geregeerd, dat Bonaparte de ware verdediger van de vrijheid was. Om zijn woorden kracht bij te zetten besteeg hij zijn paard, trok zijn sabel en richtte de punt op de borst van zijn broer: 'Ik zweer u allen dat ik mijn eigen broeder zal doden als hij ooit de vrijheid zou aantasten!'

De scène tussen de twee vurige Corsicanen miste zijn uitwerking op de troepen niet. Ze brulden als uit één mond: '*Vive Bonaparte!*' Murat gaf het sein en onder tromgeroffel zetten zijn grenadiers zich in beweging. Wat de afgevaardigden ook gezegd mogen hebben, alles werd overstemd door het gedreun van laarzen en trommels. Slechts hun aanvoerder kreeg de kans om zich verstaanbaar te maken. De jonge, overmoedige Murat sprong op de tribune en schreeuwde: '*Citoyens!* De vergadering is ontbonden! Leve de constitutie!'

De soldaten juichten, ze dreven de protesterende menigte de deur uit. Schoppend en schreeuwend richtten ze vernielingen aan terwijl het angstaanjagend tromgeroffel onverminderd voortging. Bij het invallen van de duisternis was Lucien Bonaparte de situatie meester. Als president van de vergadering verklaarde hij dat de Raad was ontbonden en hij benoemde Consuls: Bonaparte en twee anderen. Enkele afgevaardigden van de Raad van Vijfhonderd die op de vlucht werden gegrepen, moesten het besluit ondertekenen en de schijn van wettigheid geven. Het was twee uur in de nacht toen de nieuwe Consuls de eed van trouw aan de Republiek aflegden. Bij het licht van fakkels was het gelaat van Napoleon wit als was en zijn ogen fonkelden gevaarlijk. Hij had gevochten met zijn medeburgers en hun kracht ondervonden.

Voor altijd gewaarschuwd voor deze macht aanvaardde hij het bewind, overtuigd dat hij alleen met het zwaard kon overwinnen.

Op de slaapzaal van het meisjesinstituut lagen Hortense en Caroline die nacht in een diepe slaap. Plotseling werden ze door tumult gewekt. Hortense noteerde in haar memoires: 'Generaal Murat, die dodelijk verliefde *chevalier*, stuurde in de nacht van de negentiende Brumaire vier van zijn gardegrenadiers naar ons toe. Zij deden luidruchtig verslag van de gebeurtenissen die zich in Saint-Cloud hadden afgespeeld en meldden de benoeming van generaal Bonaparte tot Consul. Stel je voor: vier grenadiers die in het holst van de nacht op de poort van een vrouwenconvent staan te bonzen!'

De Franse Republiek werd sinds de staatsgreep van 1799 bestuurd door drie voorlopige Consuls. Maar Bonaparte had het voor het zeggen en maakte de twee anderen spoedig tot stromannen. Men stelde met verbazing vast dat hij zich meer macht toe-eigende dan de koningen van het *ancien régime* ooit hadden bezeten. Het leek of er geen tegenstand meer bestond. Iedereen putte hoop uit zijn krachtige optreden. Sinds de koning was onthoofd, had Frankrijk geen eensgezinde leiding gekend. Bonaparte nam snelle besluiten en wist de meest bekwame medewerkers te vinden. Hij benoemde Talleyrand tot minister van Buitenlandse Zaken en Joachim Fouché tot minister van Politie.

Een paar weken later werd met een grote meerderheid van stemmen de nieuwe grondwet aangenomen. De Consul werkte van vroeg tot laat; hij pakte de verzwakte handel aan. Hij beloofde de industrie weer op poten te zetten. Hij ontfermde zich over de gezondheidszorg, reorganiseerde de universiteiten en scholen. Hij maakte plannen om bruggen te bouwen, straten en wegen aan te leggen en de verwaarloosde bouwgronden weer in cultuur te brengen. De werkloosheid werd met alle macht bestreden. Met grote trefzekerheid legde hij de vinger op zwakke plekken in de maatschappij, die aan de rand van anarchie was gekomen. Het herstel van het verwaarloosde leger en de gehavende oorlogsvloot vormde echter de hoogste prioriteit. Voor dit alles was geld nodig. Veel geld. En de Franse schatkist was leeg.

Zijn blik dwaalde over de kaart van Europa. Van het gehate Engeland naar het met de Britten bevriende Rusland en vandaar naar Oostenrijk, dat hem Italië had ontnomen. Al deze vijanden dienden snel onderworpen te worden in een laatste, grote oorlog. Waar was geld te halen voor de strijd? Hij volgde met zijn ogen de kustlijnen van het Kanaal tot de Noordzee, waar ze bleven rusten op de Bataafse Republiek, *soeur unie et alliée* van de Franse Republiek. Daar zou kapitaal in overvloed zijn. Hij had gehoord dat de Hollandse kooplieden in weelde leefden, dat de boerenstand nergens zo'n welvaart genoot als in de noordelijke Lage Landen. Ze hadden zilveren knopen. De boerinnen zouden er gouden oorijzers dragen.

Bonaparte liet de gezant van de Bataafse Republiek ontbieden, die juist in Parijs was aangekomen. Zijn naam was voor de Consul onuitspreekbaar: Rutger Jan Schimmelpenninck. Talleyrand respecteerde diens diplomatieke talenten. De regering te Den Haag beschouwde Schimmelpenninck zelfs als de enige diplomaat die in staat was de belangen van de Bataafse Republiek in Frankrijk te behartigen.

In tegenstelling tot wat de Consul meende, verkeerde het land in grote financiële nood. Als de Franse regering niet gauw te hulp kwam, wachtte de ooit zo fortuinlijke handel het totale faillissement. Schimmelpenninck had de benoeming tot gezant aanvankelijk geweigerd. Waarom zou hij zijn geliefd beroep van advocaat opgeven om een lange reis naar Parijs te maken? Bovendien kon hij zijn jonge vrouw en hun dochter en zoontje moeilijk missen. Hij had niets tegen de opheffing van het Directoire. De staatsgreep die zich in Parijs onder leiding van Bonaparte had voltrokken stemde hem optimistisch; de gevaarlijke jakobijnen werd de mond gesnoerd. Maar hij schroomde met het nieuwe staatshoofd van de Franse Republiek te gaan onderhandelen over netelige geldkwesties.

Had hij een voorgevoel van hetgeen de wereld te wachten stond? Het bewind in Den Haag bleef aandringen en toen de kooplieden van Amsterdam hem een toelage van 50.000 gulden boden als hij bij de Franse regering hun belangen wilde bepleiten, bedacht hij zich. De stad Rotterdam beloofde hem 19.000 gulden extra en daarvoor was zelfs mevrouw Schimmelpenninck gezwicht.

De Bataafse gezant trok naar Parijs en diende zich aan in het Paleis van Luxemburg. Hij nam plaats in een antichambre en wachtte tot iemand hem kwam halen. De gezant besefte nog niet dat hij op het punt stond een van de grootste genieën van de wereldgeschiedenis in de ogen te zien. Een fenomeen dat door zijn tijdgenoot Chateaubriand werd omschreven: 'Bonaparte was als gedachte al aanwezig in de wereld voordat hij er als persoon was; er hing als het ware iets in de lucht; in 1789 toen Bonaparte verscheen, voelde men dat er iets ontzaglijks aankwam, iets onrustwekkends waarvan men zich geen rekenschap gaf. Wanneer er een grote ramp op til is, word je van tevoren gewaarschuwd door latente trillingen; de angst slaat je om het hart; 's nachts lig je te luisteren; je zoekt de hemel af zonder te weten wat je mankeert en wat er gaat gebeuren.'[1]

Algauw kwam de in zijde gehulde Talleyrand hem begroeten. Zijn witte pruik maakte het noodzakelijk dat hij zijn gelaat roze poederde. Schimmelpenninck volgde de manke minister in het spoor van diens zware parfum tot ze bij een deur kwamen, die werd geopend door een donkere kamenier met een tulband. Het was de Egyptische Mammeluk Raza Roustan over wie Schimmelpenninck had horen spreken. Een knecht als een waakhond. Hij verloor zijn meester geen moment uit het oog. Bonaparte ontving de Hollandse gezant in een sober ingerichte zaal met een groot bureau en twee rechte stoelen. Hij was kort van gestalte. Zijn lange haren had hij in Egypte laten afknippen, nu droeg hij het kapsel van een Romeins veldheer. Ook zijn profiel had iets van een Romeinse camee; wit met een rechte neus en sterke kin. Hij kwam met uitgestoken hand op Schimmelpenninck af, legde de andere op diens schouder en sprak hartelijke woorden waarin een Corsicaans accent doorklonk. Bonaparte taxeerde de gezant in een oogopslag: ambitieus, intelligent en vooral degelijk.

Rutger Jan Schimmelpenninck was in 1761 in Deventer geboren en had daar zijn schooltijd doorgebracht. Na zijn rechtenstudie in Leiden vestigde hij zich als advocaat in Amsterdam. Sinds de verdrijving van Willem v speelde hij een actieve rol in de Bataafse Republiek. Hij nam zitting in de eerste Nationale Vergadering en ontpopte zich als een begaafd politicus en redenaar. Er waren in de regering weinig mannen van zijn kaliber te vinden.

De Bataafse Republiek had het als bondgenoot van de Franse Republiek zwaar te verduren. Meegesleurd in de oorlog tegen Engeland moesten de Hollandse havens voor Britse schepen gesloten blijven. Er gold een algemeen verbod op de handel in Britse waren. Dit was desastreus voor de Hollandse kooplieden. In Amsterdam lagen hun koopvaardijschepen weg te rotten aan de touwen. De pakhuizen bleven leeg, het gras groeide tussen de keien van de kade. Er restte de kooplieden geen ander middel dan de sluikhandel. Er werden op grote schaal Engelse producten binnengesmokkeld. Maar de kansen om door de Franse kustwacht gesnapt te worden waren groot en de boetes hoog.

Om weerstand te bieden tegen het dreigende Engeland had het Bataafs bewind in korte tijd een nieuwe oorlogsvloot laten bouwen. In oktober 1797 sloeg de vijand echter toe; het grootste deel van die vloot werd in de slag bij Camperduin vernietigd.

De tweede Engelse aanval was nog ernstiger; in juni 1799 vielen de Britten samen met hun Russische bondgenoten de Noord-Hollandse kust aan. Erfprins Willem Frederik van Oranje-Nassau, zoon van de verbannen stadhouder Willem v, voer onder de oranje vlag op het admiraalsschip mee. Engelse soldaten en een menigte kozakken bestormden de Noord-Hollandse duinen en wisten de dorpen Bergen,

Alkmaar en Castricum te veroveren. De erfprins had zich al in Alkmaar geïnstalleerd en beloofde het Hollandse volk herstel van 's lands oude constitutie. Enkele orangisten juichten, maar het klonk zwak. De Franse en Hollandse troepen slaagden er uiteindelijk in de vijand te verdrijven.

Toch was Schimmelpenninck niet gerust: de Republiek werd slecht bestuurd. Ontevredenheid kon makkelijk leiden tot de toename van de macht der orangisten. Ze verwachtten veel van de jonge erfprins, die over meer energie beschikte dan zijn futloze vader. Om vertrouwen in het Bataafse bewind te scheppen moest de economie worden hersteld. Dat kon alleen door de handel met Engeland te hervatten. Als gezant van de Bataafse Republiek was Schimmelpenninck al in 1798 naar Parijs gereisd om de zaak te bepleiten. Het Directoire bleek echter onvermurwbaar. Twee staatsgrepen hadden dat jaar de chaos in Den Haag alleen maar vergroot. Men vestigde nu alle hoop op het begrip van de nieuwe Consul en de diplomatieke capaciteiten van Schimmelpenninck.

De gezant van de Bataafse Republiek begroette zijn gastheer met een eenvoudig *mon général.* De Consul vroeg zich af of deze diplomaat niet wist dat hij weldra Eerste Consul zou zijn, staatshoofd van de Franse Republiek. Bonaparte besloot echter het zo te laten. Hij had hem nodig. Hij nodigde zijn gast uit te gaan zitten en liep zelf met de handen op de rug door het vertrek. Schimmelpenninck leerde als bekwaam advocaat en politicus te wachten tot de ander had gesproken. Daarna kwamen zijn doelgerichte vragen. In de stilte maakte hij zich sterk. Hij had al zijn eisen zorgvuldig op een rij gezet: hij zou Napoleon zeggen dat het volk van de Bataafse Republiek weigerde nog langer de circa 25.000 Franse soldaten te huisvesten, kleden en voeden die in haveloze staat naar het noorden werden gestuurd. Na drie maanden werden ze vervangen door de volgende haveloze bende en begon het huisvesten, kleden en voeden opnieuw. Ten tweede wilde hij een verlaging van de honderd miljoen gulden die Frankrijk eiste als betaling voor het verjagen van de Oranje-dictator. Ten derde verlangde hij voor zijn vaderland de door de Fransen bezette havenstad Vlissingen en hele gebieden beneden de grote rivieren terug. Zijn vierde en belangrijkste vraag bewaarde hij tot het laatst: opheffing van het handelsverbod met Engeland. Hij hoopte Bonaparte duidelijk te maken dat een economisch gezonde Bataafse Republiek van veel meer belang voor het bevriende Frankrijk zou zijn dan een totaal verzwakte natie.

Maar hij had een meesterlijk strateeg tegenover zich: 'Een charmante en innemende glimlach speelde om zijn lippen; zijn ogen waren schitterend, vooral door de manier waarop ze, vanonder dat voorhoofd en omlijst door zijn wenkbrauwen, de wereld instraalden. In zijn blik was nog niets te bespeuren van enige charlatanerie, niets gespeelds of geaffecteerds.'[2]

Schimmelpenninck werd door de overweldigende persoonlijkheid van Bonaparte totaal verblind. Terwijl Napoleon sprak brokkelde zijn goed voorbereide betoog af en hij luisterde gefascineerd: 'Deze zo koel berekenende politicus werd bezield door een ontzaglijke verbeeldingskracht: zonder de muze zou hij niet geweest zijn wat hij was; het verstand realiseerde bij hem de denkbeelden van de dichter. Al die grote mannen bestaan steevast uit een combinatie van twee verschillende geaardheden, want op dat niveau gaat het om zowel inspiratie als energie: uit het eerste komt het plan voort, uit het tweede de realisatie ervan.'[3]

Toen Schimmelpenninck hem na een heftig onderhoud verliet, liep hij over van bewondering voor diens plannen. Toch had de Consul geen van de vier eisen ingewilligd. Napoleon rekende voor de duur van de Frans-Britse zeeoorlog onvoorwaardelijk op het bondgenootschap van de Bataafse Republiek. Dat betekende: handhaving van het funeste handelsverbod. Bovendien had hij de Bataafse Republiek brutaal verzocht om een extra bijdrage van zes miljoen gulden om het Franse leger, dat in een deplorabele toestand verkeerde, te herstellen. Pas dan kon hij aan de noodzakelijke veldtocht tegen Oostenrijk beginnen. Een overwinning was ook in het belang van de zusterrepubliek in het noorden.

De gezant dacht bezorgd aan de lege schatkist in Den Haag en de voorspelbare reacties van het Uitvoerend Bewind. Elk woord van Bonapartes gloedvolle betoog bewaarde hij in zijn herinnering om het in zijn kamer op de ambassade op papier te zetten. Bonaparte weigerde het voorgestelde 'pecunieel *secours*' te zien als een diplomatieke negotiatie, maar zag het meer als een vriendendienst aan een waar vriend in nood. Hij herhaalde dat het Bataafse volk uiteindelijk de vruchten zou plukken van zijn onderneming en dat zes miljoen maar een klein bedrag was vergeleken bij het reusachtige resultaat.

De gezant dacht op de terugweg diep over het gesprek na: een goede relatie met Frankrijk was hem zeer veel waard. Er moest een manier te vinden zijn om Bonaparte tegemoet te komen. Hij had hoffelijk beloofd het verzoek aan het bewind in Den Haag over te brengen en zijn invloed te gebruiken om het in te willigen.

Na het vertrek van Schimmelpenninck scheen voor Bonaparte de Bataafse zaak beklonken. De gedachten van de Consul waren al met tientallen andere zaken bezig. Van de politiek stapte hij over op zijn privé-omstandigheden: het huis in de rue de la Victoire werd te krap.

Hij zou zich met zijn gezin voorlopig in het ruime Paleis van Luxemburg vestigen. Maar in de nabije toekomst schitterde een nog majestueuzer onderkomen. Een paleis, alleen hem waardig. Een paleis voor meer dan een koning.

6

Aan de rue de Vaugirard lag niet ver van de Karmelietengevangenis en met zicht op uitgestrekte tuinen het Paleis van Luxemburg, het nieuwe, tijdelijke thuis van Hortense de Beauharnais. Het was een opeenstapeling van stenen en herinneringen. Architect Salomon de Brosse had het in de zeventiende eeuw ontworpen voor koningin Maria de'Medici als een verre echo van het Palazzo Pitti in haar geboortestad Florence. Met zijn renaissancereliëfs van goden en godinnen op de trotse pui was het generaties lang door de koningen en koninginnen van Frankrijk bewoond. Maar tijdens de Revolutie werd het interieur van het gebouw ontdaan van zijn oude glorie; veel decoraties verdwenen onder een laag witkalk en de zalen dienden als gevangeniscellen waarin de slachtoffers van de Terreur hun laatste dagen sleten. Ook Alexandre de Beauharnais had er gevangen gezeten, nadat hij op zijn voorouderlijk kasteel was gearresteerd. In een van die vele honderden, holle vertrekken bracht Hortenses vader in doodsangst zijn uren door.

Hortense nam haar eigen bagage op en volgde haar ouders, de bedienden en Roustan naar de statige ingang. Hun voetstappen weerklonken luid in de gangen. Ze passeerden de kille kantoren van de voormalige directeuren. Enkele zalen waren haastig voor de bewoning en representatie van de Eerste Consul en diens gezin in gereedheid gebracht. Hortense kreeg een klein vertrek toegewezen waar het witte winterlicht over de verweerde wanden gleed. Ze verlangde nu al terug naar het meisjespensionaat van Mme Campan, om zich in de vertrouwde sfeer te wijden aan tekenen, schilderen, lezen, musiceren.

Maar Joséphine zag haar dochter niet graag vertrekken. Ze wilde dat ze zich elegant kleedde en kapte om samen voorname gasten te verwelkomen. In haar memoires schreef Hortense: 'De grootste zorg van mijn moeder golden de vele, in Frankrijk teruggekeerde emigrés. In haar salon wemelde het dan ook elke morgen van leden uit oude, adellijke families. De dames namen spoedig een vader mee, een echtgenoot, en een broeder die zich haastten hun dank uit te brengen aan de mensen die hun hun vaderland hadden teruggegeven. Mijn moeder stelde me voortdurend aan familieleden voor van wie ik nog nooit van mijn leven gehoord had. Het waren er op het laatst zoveel dat ik moeiteloos kon constateren dat we deze uitbreiding van onze familie te danken hadden aan onze nieuwe positie.'

Als Napoleon zich na een dag van intensieve arbeid bij zijn vrouw voegde, pleitte Joséphine met veel tact voor het eerherstel van haar gasten en de teruggave van hun goederen. In zijn leunstoel voor de open haard kwam de Consul in een milde stemming. Meestal wist ze hem met haar zoete stem en een strelende hand die van zijn nek in zijn haar kroop tot amnestie te verleiden. Dan krabbelde hij welwillend een handtekening onder de verzoekschriften.

Joséphine droomde ervan haar inmiddels zestienjarige dochter uit te huwelijken aan een der zonen uit de illustere, adellijke geslachten die bij haar hun heil kwamen zoeken. Ze presenteerde Hortense vol trots op een bal dat door de broer van Talleyrand gegeven werd. Onwillig liet Hortense zich de hand kussen door allerlei adellijke heren wier namen en titels haar volstrekt niet imponeerden. Ze reageerde zelfs kattig op hun complimenten, zich hardop afvragend hoe ze haar zo konden prijzen als ze niets van haar karakter wisten. Natuurlijk waren deze heren erop uit de schoonzoon van de Eerste Consul te worden. Ze dachten allemaal aan een hoge positie en veel geld die ze via haar konden bemachtigen. Joséphine raakte overstuur van het gedrag van haar dochter en zocht steun bij haar man. Maar Bonaparte lachte om de houding van Hortense en had er begrip voor. Hij vond haar nog veel te jong. Waarom zou ze binnenkort trouwen? Elisa en Pauline, twee van zijn zusters, waren inmiddels met mannen van geringe afkomst gehuwd, die niet bij de familie van een Eerste Consul pasten. Nu zou er nog een derde ongewenste zwager bij komen: Joachim Murat. Napoleon had weliswaar veel aan de militair te danken, maar zijn forse postuur, waarmee de aanstaande van Caroline hoog boven hem uittorende, irriteerde hem. De onstuimige Murat was de jongste zoon van een herbergier uit de provincie. Hij had lange bakkebaarden, donkere krullen en een voorliefde voor opzichtige kleding en sieraden. Een rokkenjager van de eerste orde, die ooit geprobeerd had het hoofd van Joséphine de Beauharnais op hol te brengen. Caroline was al op haar vijftiende jaar bezweken voor de ruwe charmes van de toen dertigjarige militair. Het leeftijdsverschil was aanzienlijk maar ze hadden ook veel gemeen: een vurig temperament, dezelfde deugden en ondeugden.

De Egyptische expeditie hield hen anderhalf jaar ver van elkaar gescheiden. Bij terugkeer bleek dat hun vurige liefde stand had gehouden. Caroline bezwoer haar broer dat ze mét of zonder diens toestemming de vrouw van Murat zou worden. Napoleon wist dat ze altijd haar zin doordreef en Joséphine – onder de indruk van hun hartstochtelijke liefde – pleitte voor de verbintenis. Het paar brak ten slotte zijn tegenstand. In januari 1800 werd op Mortefontaine, het buitenverblijf van Joseph Bonaparte, hun huwelijk in aanwezigheid van de hele familie gesloten.

Louis Bonaparte trad met zijn zwager Leclerc op als Carolines getuige. De baden in het kuuroord hadden hem goed gedaan. Een tweede besmetting met een venerische ziekte, waarvan alleen zijn moeder en Napoleon iets wisten, leek overwonnen. Ten gevolge van het koetsongeluk sleepte hij nog wat met zijn been. Hij behield de lijdzame uitdrukking in zijn grote, donkere hondenogen. Hoewel hij tijdens de Italiaanse en Egyptische veldtochten een hartgrondige afkeer van het militaire leven had gekregen, bevorderde Napoleon hem na de staatsgreep tot kolonel en bataljonscommandant bij het vijfde regiment dragonders. De hoge rang was niet gebaseerd op zijn verdiensten en frustreerde hem. Louis voelde zich een willoos instrument in handen van zijn krachtdadige, oudere broer. Hij zag machteloos tegen hem op. Omdat zijn garnizoen in Parijs verbleef kon Louis in vrije uren zijn literaire vrienden opzoeken. Bij hen voelde hij zich thuis.

Hortense wisselde een beleefdheidsgroet met Louis. Hun blikken gleden koel langs elkaar heen. Ze hoorde dat hij na terugkeer uit het kuuroord tijdelijk zijn intrek had genomen in het huis van zijn knappe, vijf jaar jongere vriend Charles de Flahaut. De jongen toonde in de hooghartige stand van hoofd en hals gelijkenis met Talleyrand. Het was een publiek geheim dat de minister de natuurlijke vader was van Flahaut.

Tijdens de huwelijksplechtigheid van zijn zuster stond het gezicht van Napoleon op onweer. Zijn blik flitste over het uniform van de bruidegom, de opsmuk van kwasten en gouden knopen; het type van een *nouveau riche* dat contrasteerde met de edele eenvoud van Joséphine en haar bescheiden, gracieuze kinderen.

Napoleon achtte geen van zijn zusters hoog, al bewonderde hij Pauline om haar veelgeroemde schoonheid en liet hij zich graag door haar kinderlijke opmerkingen amuseren. Voor Hortense koesterde hij heel andere gevoelens; ze dwong zijn respect af. Ze was welgemanierd, intelligent en fijngevoelig. Hij wilde haar bewaren voor een kandidaat die in alle opzichten voordelig zou zijn voor zijn status als Eerste Consul. Daarom stelde hij de keuze van haar huwelijkspartner zo lang mogelijk uit. Hortense filosofeerde steeds opnieuw over haar toekomstige man. Ze stelde zich de liefde voor als die van haar romanheldinnen uit *Manon Lescaut* of *La nouvelle Héloïse*. In haar droom schiep ze een combinatie van literaire fictie en de reële mogelijkheden die haar geboden werden. In hogere kringen speculeerde men druk over een fortuinlijk huwelijk voor de stiefdochter van het staatshoofd. Het was usance dat de familie een geschikte echtgenoot koos en dat een meisje zich bij die keuze neerlegde. Maar Hortense wilde alleen uit liefde trouwen. Net als Caroline en Joachim Murat. En als ze nu eens verliefd werd op een man wiens status haar moeder niet goedkeurde? Dan zou ze gehoorzaam met hem breken. Dat stond voor haar vast. Want hoe kon een liefhebbende dochter gelukkig worden, als ze haar moeder door een ongewenst huwelijk verdriet bezorgde?

Aan de zijde van Joséphine vervulde ze haar representatieve rol zo goed mogelijk en keerde zodra ze daarvoor toestemming kreeg terug naar Mme Campan. Deze vrouw met haar levenservaring en wijsheid was haar grote voorbeeld. Begin 1800 beleefde Hortense daar de laatste onbezorgde weken. Te Saint-Germain-en-Laye moest ze haar kindertijd afsluiten om een volwassen rol te spelen in een vorstelijke ambiance. Ze schreef: 'De Consul was zo slecht gehuisvest in het Paleis van Luxemburg dat hij besloot naar de Tuilerieën te verhuizen. Misschien wilde hij ook wel het paleis van de oude Franse vorsten bewonen. Ik herinner me nog goed hoe triest mijn moeder zich de eerste dagen in haar nieuwe onderkomen voelde. Ze ontwaarde overal de arme koningin Marie Antoinette. Mme Campan had me zoveel over haar ongelukkig bestaan verteld dat ik haar ook begon te zien. Een opmerking van mijn moeder maakte me verdrietig. Ik zal hier niet gelukkig zijn, zei ze, toen ik het paleis binnenkwam kreeg ik allemaal sombere voorgevoelens.'

Niettemin troonde Napoleon Joséphine de eerste dag met een superieure lach mee naar de slaapkamer van Marie Antoinette. Het pompeuze hemelbed met zijn zijden draperieën en vergulde bedstijlen wierp reusachtige schaduwen op de damasten wandbespanning. Zijn vrouw stond in haar nachtjapon huiverend voor het bed van de onthoofde vorstin. Maar haar man klopte op de kussens en riep: 'Vooruit, kleine creoolse! Leg je in het bed van je meester.'

Die opmerking verplaatste Joséphine in gedachten naar het plantershuis te Trois-Îlets, waarin de portretten van Marie Antoinette en Lodewijk XVI tegen de houten muur hingen. Wat zou haar bejaarde moeder boos zijn als ze wist dat haar dochter zich verwaardigde om in het hemelbed van de koningin van Frankrijk te stappen. Majesteitsschennis!

Hortense kreeg een klein appartement dat aan het *cabinet de toilette* van haar moeder grensde. Het lag op de begane grond aan de tuinzijde tussen het paviljoen d'Horloge en het paviljoen de Flore.[1] Tijdens de Revolutie dromde het gepeupel hier naar binnen. Marie Antoinette was in doodsangst met haar kinderen op de vlucht geslagen terwijl achter haar de sansculotten begonnen te moorden en martelen. Hortense kon het niet vergeten. Het was hier nauwelijks beter dan in het Paleis van Luxemburg, waar de bebloede schim van haar vader leek rond te waren. In het paleis was bijna geen plek te vinden waar ze zichzelf kon zijn, altijd was ze omringd door mensenmassa's. Langzamerhand ontwikkelde zich een soort hofhouding, zoals in de tijd van de koningen. Joséphine nam een aantal kameniersters in dienst en ze werd niet langer aangesproken met het revolutionaire *Citoyenne* maar met *Madame*.

Voor de Hollandse gezant die volgens de etiquette zijn opwachting bij haar kwam maken, was zij gewoon mevrouw Bonaparte. Ze informeerde vriendelijk naar het welzijn van mevrouw Schimmelpenninck die met zijn dochter en zoon in Holland was achtergebleven. Hij was getroffen door haar gracieuze houding en het modieuze, witte toilet dat ze evenals haar dochter met jeugdige elegantie wist te dragen. Hij nam zich voor wat Parijse stoffen, modellen en accessoires te kopen voor zijn negen jaar jongere vrouw Cato, die zich graag modieus kleedde. Alvorens naar de Eerste Consul te gaan voor een moeizaam politiek vervolggesprek, vertelde hij Joséphine op haar aandringen over zijn Overijsselse buitenplaats Het Nijenhuis. Hij had het huis met zijn uitgestrekte tuinen en bossen onlangs gekocht en hoopte er met zijn gezin het zomerverlof door te brengen. Mevrouw Bonaparte toonde warme belangstelling. Ze maakte juist verbouwingsplannen voor Malmaison met haar architect Pierre Fontaine. Napoleon had toen zijn razernij over de enorme schuldenlast gezakt was Malmaison helemaal afbetaald en besloten niet meer op de oorzaak van hun ruzie terug te komen. Hij wist niet dat Joséphine bezig was zich opnieuw in de schulden te steken ten behoeve van hun buitenverblijf. Ze beloofde Schimmelpenninck een drietal witte, met bladgoud versierde wandtafeltjes te schenken die wellicht een plaats konden krijgen op Het Nijenhuis.[2]

Zijn tweede onderhoud met Bonaparte was van een heel ander gehalte dan het eerste. De Consul werd woedend toen hij moest vernemen dat het bewind in Den Haag ronduit weigerde hem zes miljoen te schenken. Had Schimmelpenninck dan geen macht in dat kleine kikkerland? Wat een belediging jegens de Franse bondgenoot. De gezant verontschuldigde zich en deed verslag van zijn pijnlijke aanvaring met de Amsterdamse kooplieden, die zich uiterst ontstemd toonden. Vlissingen bleef door de Franse soldaten bezet. Het gehate handelsverbod met Engeland was ondanks hun nadrukkelijk verzoek niet opgeheven en Frankrijk bleef maar financiële eisen stellen. Ze wilden Bonaparte desnoods, onder bepaalde voorwaarden, een voorschot van drie miljoen bieden. Meer zat er niet in de schatkist. Schimmelpenninck keek de Eerste Consul afwachtend aan maar deze verwaardigde zich zelfs niet op dit voorstel in te gaan. De gezant betuigde zijn spijt. Hij moest neerbuigende blikken verduren.

Minister Talleyrand had nog minder begrip voor de erbarmelijke economische staat van de Bataafse Republiek. Hij bood de haven van Vlissingen voor miljoenen te koop aan, hetgeen Schimmelpenninck verbijsterde. Moesten de Bataven geld neertellen voor hun eigen havenstad? Niettemin stuurde hij het aanbod naar zijn vaderland. Het antwoord van het bewind in Den Haag was voorspelbaar. De betrekkingen tussen beide landen verkoelden daarmee. Alle gesprekken tussen de wanhopige ambassadeur en de minister van Buitenlandse Zaken liepen vast. Schimmelpenninck begon zich af te vragen wat hij in Parijs nog voor zijn vaderland kon betekenen. De door hem bewonderde Eerste Consul sprak mooie woorden over vriendschap en samenwerking, maar in de praktijk leek hij alleen aan zichzelf te denken. Wilde hij dan het laatste kapitaal uit de zakken van Hollandse kooplieden kloppen? Frankrijk had niets aan een totaal verzwakte zusterrepubliek, maar als Bonaparte zijn egoïstische politiek voortzette zou de Bataafse Republiek als handelsmogendheid wegkwijnen. Frankrijk daarentegen beleefde onder diens nieuwe, krachtige leiding een wedergeboorte.

Hortense: 'Het werk nam de Consul volkomen in beslag. Hij gunde zich overdag noch 's nachts rust. Alles werd ondergeschikt gemaakt aan zijn bezigheden. De uren van nachtrust stonden niet meer vast, noch de uren van de maaltijden. Hij scheen zowel zonder het een als het ander te kunnen.'

Zijn trouwe secretaris Bourrienne moest het moordende levensritme volgen: zeven dagen per week werkte hij van 's morgens zeven tot 's avonds halfelf. Vaak werd hij in het holst van de nacht gewekt om bij kaarslicht lange brieven te schrijven, die Bonaparte in nachtkleding ongeduldig dicteerde. Hij deelde bevelen uit vanuit zijn dampend hete badkuip. En tijdens het eten van zijn lievelingsgerecht – gebraden kip met knoflook – dat hij op elk moment kon laten opdienen, zonder rekening te houden met het dagritme. Met tomeloze energie had de Eerste Consul zich op het herstel van de economie gestort. De buitenlandse politiek was daarmee nauw verweven. Als hij eenmaal vrede zou hebben gesloten met de grootmachten op het vasteland wilde Bonaparte het gehate Engeland aanpakken, dat hem door de vernietiging van zijn vloot had vernederd. Hij liet er scherp op toezien dat men het verbod op de handel in Britse koopwaar naleefde. De vijand moest worden geïsoleerd, de Britse economie gebroken.

Ook Joséphine en haar dochter werden door hem geïnspecteerd. Hortense schreef: 'De welvaart in Frankrijk nam toe, de regering werd vormgegeven. Het was een immens werk; de luxe – onontbeerlijk in een grote staat – verscheen weer. De Eerste Consul wilde de textielindustrie te Lyon stimuleren (...) en daarom verbood hij ons om mousseline te dragen. Hij ontstak in woede bij het zien van elk stofje dat van Engelse makelij scheen. Als mijn moeder en ik mooi gekleed binnenkwamen, was zijn eerste vraag altijd: "Is dat soms mousseline, wat jullie daar aan hebben?" Dan antwoordden we vaak dat het *linon*[3] was uit Saint-Quentin, maar een lachje verried ons. Onmiddellijk begon hij met zijn vingers de buitenlandse japon in tweeën te scheuren. Deze ramp met onze toiletten herhaalde zich enige malen en we moesten dus wel overstappen op satijn en op velours. Zo werd de mode bepaald door de voorschriften van de Consul.'

Toch kon Napoleon niet steeds zijn zin doordrijven; een aantal uit Engeland geïmporteerde kasjmier sjaals werden weliswaar door hem verbrand, maar andere ontsnapten op den duur aan zijn voorschriften. Hortense plooide ze *à l'Anglais* om haar schouders en vestigde bewonderende blikken van de bezoekers van de Tuilerieën op zich. Joséphine zag het met welbehagen, maar haar dochter ergerde zich voortdurend: 'Ik was veel liever in het Pensionaat van Mme Campan – waar ik een gewoon kostschoolmeisje kon zijn – dan in het paleis, dat men altijd beschouwt als het centrum van plezier en succes. Maar in Saint-Germain vond ik het ware genot. Daar had men mij om mijzelf lief. (...) Mijn moeder was echter ontevreden over mijn afwezigheid. Er gingen geen zes dagen voorbij of ze stuurde iemand om me te halen. Ze huilde als ik weer vertrok en verweet me zo zacht mogelijk dat ik me graag ver van haar ophield, dat ik mijn vriendinnen boven haar verkoos. De Consul verraste ons eens midden in een heftige discussie over dit onderwerp, hij lachte om mijn verdriet en deed het uit kwaadwilligheid toenemen: "Je denkt dus dat je kinderen hebt gekregen voor je eigen genoegen? Bedenk toch dat ze hun ouders, zodra ze groot zijn, niet meer nodig hebben. Als Hortense gaat trouwen hoort ze voortaan bij haar man en dan beteken je niets meer voor haar." Ik slaakte een kreet maar hij vervolgde met nog meer boosaardigheid: "Kinderen houden altijd minder van hun ouders dan andersom. Dat zit in de natuur. Kijk maar naar kleine vogeltjes. Zodra ze kunnen vliegen verlaten ze het nest en komen nooit meer terug." Toen rolden er tranen over de wangen van mijn moeder. Hij zette haar op zijn schoot, kuste haar, en op een half serieuze half schertsende toon zei hij: "Mijn arm vrouwtje! Wat is ze ongelukkig! Ze heeft een man die van haar houdt en daar heeft ze niet genoeg aan! Ik zou eigenlijk boos moeten zijn: jij houdt veel meer van je kinderen dan van mij." – "Nee!" antwoordde mijn moeder met een glimlach, "je zou niet mogen twijfelen aan mijn verknochtheid, maar als ik mijn kinderen niet in mijn nabijheid heb is mijn geluk niet compleet." – "Wat ontbreekt er dan aan dat geluk?" vroeg de Consul. "Je hebt een echtgenoot als geen ander, twee kinderen waar je alleen maar voldoening van ondervindt. Kom. Je bent een gelukskind." – "Dat is waar," zei ze. En algemene vrolijkheid volgde na haar tranen.'

Hortense besloot onder de zachte maar zekere dwang van haar moeder voorgoed bij haar in Parijs te blijven wonen. Dat Hortense zich graag verdiepte in wiskunde, astronomie, mens- en natuurkunde, chemie en de oude en nieuwe historie kon ze niet begrijpen. En waarom wilde ze altijd haar kennis van literatuur en vreemde talen uitbreiden? Haar dochter had nu een mooi diploma en dat moest voldoende zijn.

Hortense miste vooral het kunstzinnige leven van het meisjespensionaat intens. Ze had er steeds een inspirerende rol in gespeeld. Niet langer kreeg ze lessen van Plantade[4] de koordirigent en componist noch van Coulon[5] de *maître à danser.* Mme Campan liet haar beloven vaak terug te keren naar Saint-Germain. Het was voor haar eveneens een groot gemis dat Hortense zich niet meer op de planken van haar kleine theater vertoonde. Onder de meer dan honderd leerlingen blonk ze uit in meeslepende declamaties. Onder haar regie werd elke uitvoering een succes. De podiumkunst verdiepte haar gevoelsleven dat in de Tuilerieën dreigde te worden afgevlakt door recepties en bals. De lege conversaties van de bezoekers van het paleis verveelden Hortense meer dan ze uit beleefdheid durfde te tonen. Ze vluchtte het liefst in de wereld van opera- en balletuitvoeringen in de grote schouwburgen van de stad. Nu ze geen klassikaal onderwijs meer ontving, nam Hortense leraren in dienst die haar in afzonderlijke vakken onderwezen. Isabey vervolgde het teken- en schilderonderricht en ontving eervolle opdrachten van de Bonapartes. Hortense was evenzeer gesteld op de lessen in Engelse taal- en letterkunde. Ze had juist de betovering van de nieuwste Britse poëzie ontdekt toen haar stiefvader een einde maakte aan het genot: 'De Eerste Consul zei op een dag op een ernstige toon tegen me: "Neem je Engelse les?" – "Ja," antwoordde ik. – "Stuur je meester weg." – "Maar hij geeft fantastisch les." – "Stuur hem weg zeg ik je, het is een spion." – "Dat is onmogelijk." – "Doe wat ik zeg. Je bent een kind dat niets van die dingen begrijpt." Ik zweeg, ervan overtuigd dat het laster was en dat zo'n gemeen beroep niet samenging met zo'n rechtschapen uiterlijk. Bovendien, wat zou hij bij mij te weten kunnen komen? Ik was danig uit mijn humeur; ik dacht dat men mij een onrechtvaardigheid liet begaan; ik wilde geen andere leraar in dienst nemen uit vrees om degene die ik gedwongen werd weg te sturen, diep te treffen. Ik gaf mijn studie van de Engelse taal dus maar op.'[6]

Terwijl Hortense op allerlei manieren trachtte inhoud te geven aan haar bestaan, naderde er een nieuwe veldtocht. De zorgen en angsten die haar tijdens de Italiaanse en Egyptische campagne hadden gekweld, keerden terug. Militairen van alle rangen en standen verkeerden in een roes: Murat toonde bij het afscheid van Caroline veel bravoure. Hij kende geen twijfel: Bonaparte zou die zomer wraak nemen op de troepen van keizer Franz van Oostenrijk, die hem tijdens zijn verblijf in Egypte de veroverde gebieden in Italië had ontnomen. Hij zou zegevierend terugkeren en Italiaanse juwelen aan de voeten van zijn liefste leggen. Haar held reed weg op zijn donkere paard, het glimmen van gepoetste knopen, sporen en sabels van zijn regiment was het laatste dat ze zag.

Hortenses broer werd door zijn stiefvader tot Capitaine aux chasseurs à cheval de la Garde bevorderd en vertrok eind april in een nieuw uniform met zijn regiment eveneens naar het zuiden. Joséphine kuste haar zoon ongerust vaarwel; nog geen jaar geleden was Eugène levensgevaarlijk gewond geraakt. Hoe velen van de trotse militairen die te voet of te paard aan de lange tocht begonnen, zouden op het slagveld gaan sterven en het vaderland nooit terugzien? Op 16 Floréal van het jaar VIII – 6 mei 1800 – nam Bonaparte zelf afscheid van zijn vrouw om aan de tweede Italiaanse veldtocht te beginnen. Hij trok zuidwaarts en ploeterde met zijn soldaten, kanonnen en bagagewagens over de besneeuwde Alpenpassen naar Italië. Aanvankelijk verliep alles voorspoedig: hij veroverde met zijn troepen Milaan en herstelde de Cisalpijnse Republiek.

In de ochtend van de veertiende juni kwam het bij Marengo tot een verschrikkelijk treffen met het Oostenrijkse leger, dat over wel honderd kanonnen beschikte en veel meer soldaten in het veld bracht dan de Fransen. 's Middags om drie uur telde Bonaparte op de hete vlakte zoveel doden en gewonden dat hij de strijd verloren achtte. Na een uitputtende, twaalf uren durende veldslag behaalde het Franse leger echter toch de overwinning. Hij had het vooral te danken aan de moed van generaal Louis Desaix, die hem met drie andere generaals vanuit Egypte te hulp was gekomen. Kort voor de beslissende charge zag Desaix in hoe slecht de Fransen ervoor stonden. Er restten hem maar twee mogelijkheden; de strijd opgeven en in handen van de Oostenrijkers vallen of een charge wagen dwars door de vuurlinie, waarbij hem een zekere dood wachtte. Desaix had met zijn manschappen heldhaftig voor het laatste gekozen; ze sneuvelden in het kanongebulder.

Afgemat maar trots bereikte Napoleon na de strijd zijn legertent en schreef aan Joséphine: 'Mijn lieve schat, mijn eerste lauwertak is voor het vaderland, mijn tweede zal voor jou zijn. Terwijl ik Alvinzi terugdrong, dacht ik aan Frankrijk. Toen hij verslagen was, dacht ik aan jou. Je zoon zal je een degenkwast overhandigen die Morbach, de generaal die door hem krijgsgevangen is gemaakt, hem heeft gegeven. Je ziet, Madame, dat je zoon Eugène zijn vader waardig is. Acht mijzelf niet te onwaardig deze dappere en ongelukkige generaal opgevolgd te hebben. Ik zou het mij tot een eer gerekend hebben onder hem te leren overwinnen. Ik omhels je.'

Joséphine ontving de brief in Malmaison, waar ze met Hortense de zomerweken doorbracht. Na het lezen vielen ze elkaar gelukkig in de armen. Ze liepen de tuinen in en maakten plannen voor een spectaculair welkomstfeest om Napoleon en Eugène te verrassen. Hortense leefde haar fantasie uit in voordrachten en muziek. Joséphine bedacht feeërieke verlichtingen, met bloemen en linten versierde erebogen. Vol ongeduld wachtten ze op de terugkeer van het leger en toen Bonaparte in Parijs verscheen, werd hij als een bijna goddelijk triomfator binnengehaald. Hij had Frankrijk na tien jaren van revolutie en ellende zijn zelfvertrouwen teruggegeven.

Naast de gelukkigen, die hun zonen, vaders en broers gezond zagen terugkeren, waren er ook bedroefde familieleden. Ze zochten tussen lachende gezichten tevergeefs naar hun geliefden. Er stroomden tranen van blijdschap en verdriet. Zevenduizend Franse soldaten hadden op de vlakte bij Marengo het leven gelaten. Men troostte elkaar: hun dood was niet voor niets geweest. Dit was de laatste oorlog. Bonaparte had de Franse burgers rust, vrede en welvaart beloofd. Met het bloed van de jonge helden werd een schone toekomst betaald.

Hortense, Eugène en Emilie betreurden behalve de gesneuvelde militairen ook hun grootvader François de Beauharnais die in juni van dat jaar rustig in zijn bed overleed. Hij was de enige gouverneur-generaal die niet in de crypte van de kerk te Fort Royal op Martinique, maar in Frankrijk werd begraven. Joséphine troostte haar tante Marie. Het verdriet van de nog altijd aantrekkelijke weduwe leek niet al te diep; ze zou een halfjaar later hertrouwen.

Na de tweede Italiaanse veldtocht wijdde de Eerste Consul zich weer aan de binnenlandse politiek. Zijn tegenstanders onder het volk verblindde hij door middel van propaganda. Zijn broer Lucien, die hij tot minister van Binnenlandse Zaken had aangesteld, kreeg opdracht om zes van de beste Franse kunstenaars uit te nodigen grote schilderijen te laten maken van de veldslagen bij Rivoli, Moerkirsch, de berg Tabor, de piramides, Aboekir en natuurlijk Marengo. Bij het merendeel van deze slagen was Bonaparte zelfs niet aanwezig geweest, in andere speelde hij geen doorslaggevende rol. Maar wat maakte dat voor een verschil? De Fransen verlangden naar het beeld van een held in verre streken. En dat kregen ze. François-André Vincent[7] schilderde de Slag van de Piramides, waarop een horde Mammelukken met tulbanden en speren woest op Bonaparte af komt stormen. Deze geeft fier te paard zijn soldaten een aanvalsteken. Boven stofwolken en kruitdamp verheffen zich in de verte de serene piramiden.

Louis François Lejeune[8] bracht de Slag bij Aboekir in beeld; in een decor met slanke palmen en een azuurblauwe zee rijdt de aanvoerder te paard een schijnbare overwinning tegemoet. Generaal Kléber had de bewonderaars van de schilderijen kunnen vertellen dat de werkelijkheid er heel anders uitzag. Hij beschuldigde Bonaparte van lafheid en verraad omdat hij zijn troepen in reddeloze staat in Egypte achterliet. Maar Kléber was door een Arabier vermoord en zweeg voorgoed. Twee weken na zijn dood viel Caïro in Turkse handen en was het restant van de Franse troepen aan de voet van de piramides afgeslacht.

Deze verhalen bereikten de Franse burgers niet. In de roes van de overwinning dweepte men met Bonaparte en alles wat Egyptisch was. Een overvloed aan sfinxen, farao's en obelisken veroverde de Parijse interieurs en drong door in de edelsmeedkunst en architectuur. Bonaparte oefende in de verslaggeving van zijn veldslagen strenge censuur uit. Over de reddende rol van Desaix en zijn manschappen bij Marengo mocht in de Franse kranten niet worden uitgeweid. Het kwam Bonaparte in feite goed uit dat Desaix was gesneuveld; deze generaal had hem in Egypte vaak bittere verwijten gemaakt over de heilloze campagne. Diens kritiek had het vaderland niet meer bereikt.

Hortense liet zich volkomen misleiden door alle propaganda en het sentiment van haar stiefvader: 'Op een avond toen hij met mijn moeder over generaal Desaix zat te praten, rolden er tranen uit zijn ogen: "Wat een voornaam mens," zei hij. "Wat een verlies voor het vaderland! Ik had hem Hortense ten huwelijk willen geven. Ze zou heel gelukkig met hem zijn geweest."'

Ze had op dat moment kunnen inzien dat Bonaparte makkelijk in zijn eigen waan en leugens geloofde. Maar de geestelijke rijpheid ontbrak haar nog; ze liet zich meeslepen door de stroom van bewondering voor haar stiefvader waarin Joséphine voorging.

Het stelde Hortense gerust dat haar moeder zich tijdens Bonapartes afwezigheid door geen andere man het hof liet maken. Als ze over Napoleon sprak, drukte haar gezicht een en al liefde en bezorgdheid uit. De omstandigheden hadden haar veranderd. Ze leerde voor het eerst van haar leven trouw te zijn; passie en berekening vonden in haar een evenwicht.

In openhartige buien bekende ze Hortense dat er maar een ding aan haar huwelijksgeluk ontbrak: een kind. Ze leefde van maand tot maand in spanning. Hoe graag had ze haar man na terugkeer uit Italië willen verblijden met het bericht dat ze in verwachting was. Intussen liep Caroline Murat uitdagend met haar eerste zwangerschap te pronken in de hoop 'de Ouwe' jaloers te maken. Maar in het hart van Joséphine was nooit plaats geweest voor afgunst; ze wilde alle mensen gelukkig zien. Zelfs de hatelijke Bonapartes.

Tijdens de lange, mooie zomer van 1800 trok de Eerste Consul met zijn familie aan het einde van elke week naar Malmaison. Het huis leek niet meer op de bouwval die Joséphine had aangekocht. De hal was vergroot door de aanbouw van een opvallend paviljoen in de vorm van een gestreepte legertent naar ontwerp van Pierre Fontaine en zijn collega Charles Percier, de scheppers van de empirestijl. Op de beide hoekzuiltjes rustten een vergulde sikkel en een vergulde bol, ter herinnering aan de Egyptische veldtocht. Vandaar betrad men een grote, lichte ruimte met zwart-witte tegels. In het midden verhief zich een bekken van blank carraramarmer, omgeven door de drie gratiën die stuk voor stuk aan Joséphine met haar bevallige houding deden denken. In de biljartzaal rechts en de eetkamer links was de zwart-witte vloer doorgetrokken. Het licht stroomde vanuit de voor- en achtertuin door grote vensters naar binnen. De salons van Joséphine in de rechtervleugel waren opvallend ingericht met schilderijen van grote Italiaanse meesters die Napoleon op zijn veldtocht had buitgemaakt. Bronzen en marmeren beelden reflecteerden in de spiegels boven de schouw. Nergens was sprake van overdaad of pronkzucht. Joséphine toonde haar man verrukt de pas voltooide eetzaal, die geheel in Pompejaanse stijl was gedecoreerd. Een leerling van Prud'hon[9] had de wanden beschilderd met danseressen. Blootsvoets dansten zij in klassieke, luchtige gewaden tussen deuropeningen en vensters. In haar opdracht schiepen de gebroeders Jacob lichte, comfortabele eetkamerstoelen, ingelegd met ebbenhout en tin. Fontaine deed wonderen met de bescheiden ruimte. De conferentiekamer van de Eerste Consul was tot zijn genoegen ingericht als een legertent met gestreept tentdoek langs wanden en plafonds en militaria boven de schouw. Pas toen hij de rekeningen van Fontaine zag, zakte zijn vreugde. Er vond een hevige woordenwisseling plaats. Zoals Hortense inmiddels gewend was, eindige de ruzie met een verzoening in de slaapkamer op de eerste verdieping, waar op een podium het hemelbed prijkte met de sierlijke, gebeeldhouwde zwanen.

In een kleine werkplaats zat Joséphine graag cameeën te snijden. Ze had de kunst afgekeken van de kostbare exemplaren die Bonaparte uit Italië voor haar meenam. Zonder enige opleiding bereikte ze met haar fijne smaak de mooiste resultaten in schelp, parelmoer en mineraal. Ze gaf haar kennis door aan leerlingen van haar school in Parijs, van wie haar dochter Hortense de meest begaafde was.

Bonaparte kon op Malmaison zichzelf zijn. Alleen daar ontspande hij zich volkomen. In zijn leunstoel las hij hardop de legenden van Ossian, de zoon van een Schotse held uit de derde eeuw na Christus. Dat ze vervalst waren maakte niets uit.[10] De grens tussen het aardse bestaan en het bovennatuurlijke werd daarin overschreden en bezorgde Hortense rillingen van vrees en genot. Haar stiefvader raakte zozeer in de ban van de spookverhalen dat hij hun 's avonds laat in de donkere tuinen de stuipen op het lijf joeg door zich onder een witte doek als fantoom te manifesteren.[11]

Voor Joséphine, die zich niet meer liet boeien door de nuchtere geschriften uit de tijd van de Verlichting, werd de romantische held Ossian bijna realiteit. Ze gaf Anne-Louis Girodet[12] opdracht om een groot doek voor haar salon in Malmaison te schilderen waarop de gevallen helden van de Franse Vrijheidsoorlog in het eeuwige Rijk der Schimmen worden ontvangen. Girodet had zich onder leiding van zijn leermeester David geschoold in het weergeven van lichtende schimmen. Ze strekken hun transparante armen in wazige gloed uit naar de Franse helden, die voor het vaderland sneuvelden. Met de onstoffelijke gestalten van Kléber en Desaix voorop was het zo aangrijpend dat Hortense huiverde als ze langs het schilderij liep.

Joséphine was overdag het liefst in de tuinen en bij haar kassen. Ze kweekte er exotische bloemen, zoals de blauwe en roze hortensia die ze ter ere van haar dochter aanplantte. Sinds ze als bruid van Napoleon een tuiltje maartse viooltjes droeg, stond dit bescheiden bloempje altijd op haar tafel. Tuiltjes gedroogde viooltjes verspreidden ook in het najaar hun specifieke geur in de vertrekken van Malmaison. Het kweken van velerlei rozenrassen werd haar grote passie. Napoleon bewonderde haar gaven. 's Avonds wandelde ze aan zijn zij langs de bloembedden en vijvers en vertelde ze hem over de aanplant van nieuwe soorten. Als ze terugkwamen werd er bij het schaarse licht van kandelabers gemusiceerd. Hortense speelde op haar harp en zong de teksten die Bonaparte behaagden. Niets leek de harmonie in het gelukkige Malmaison te kunnen verstoren.

Hortense was zeventien. Veel van haar vriendinnen waren al getrouwd. Mme Campan, die in september enige dagen op Malmaison kwam doorbrengen, nam haar leerlinge apart om met nadruk te zeggen dat in huwelijkszaken het geluk van haar moeder voorop stond. Ze knikte maar en wachtte af. Ze hielp haar moeder bij het snoeien van de rozen. Ze speelde Haydn op haar pianoforte en ze tekende in haar schetsboeken de jonge mensen die zich ongedwongen op het gazon amuseerden. Elke zondagavond zag ze op tegen de terugkeer naar Parijs. Daar werd ze weer onderdeel van het drukke, riskante politieke bestaan. Napoleon leefde in permanent gevaar; de massa werd gevoed door slimme propaganda die zijn despotisme en falen verdoezelde. Men adoreerde hem en vergeleek hem in de lijn van de artikelen die in de *Moniteur* verschenen, met Alexander de Grote en Caesar. Maar een kleinere groep jakobijnen haatte de dictator, hun bloeddorst was na de revolutie niet gestild. Men doorzag dat de Eerste Consul bezig was alle macht naar zich toe te trekken; hij leefde als een vorst in koninklijke paleizen, bevoordeelde zijn familie en streefde ernaar om zijn aanstelling als consul voor tien jaar om te zetten in een levenslange aanstelling. Als hij er ook nog in zou slagen het recht te verwerven om zelf een opvolger aan te wijzen, heerste hij als een monarch over Frankrijk. Dan viel het land in handen van de Bonaparte-dynastie bestaande uit Corsicaanse parvenu's. Had het volk daarvoor zo lang tegen de macht der Bourbons gestreden? Waren de hoofden van Marie Antoinette en Lodewijk XVI daarvoor in de manden bij de guillotine gevallen?

De Eerste Consul bleef zich bewust van het gevaar. Als jong, onbekend militair was hij ervan getuige geweest hoe massa's arme burgers de Tuilerieën bestormden en een slachting aanrichtten onder het onschuldige paleispersoneel. Hij walgde van het ongeletterde gepeupel en de wreedheid van hun leiders. Zijn hele politiek was erop gericht de jakobijnen te onderdrukken en de terugkeer van de Terreur te voorkomen. Ze vormden, evenals de grote groep royalisten die nog altijd hoopte op de terugkeer der Bourbons, een permanente bedreiging voor zijn hoge positie.

Peinzend over militaire, politieke en sociale problemen was Bonaparte in de huiselijke kring vaak kortaf, ongeduldig en bruut. Voor het diner nam hij slechts tien minuten de tijd en soms ging hij al van tafel voordat het dessert was opgediend. Het was voorschrift dat iedereen het voorbeeld van de Eerste Consul volgde en zo verliet menigeen met een hongerig gevoel de eetzaal. Eugène maakte er een gewoonte van om voor hij in de Tuilerieën aan tafel schoof, eerst elders wat te eten. In haar memoires schrijft Hortense dat iedereen voor Bonaparte beefde als hij een van zijn kwade buien had. Niemand durfde dan het woord tot hem te richten uit vrees zijn gedachten te storen en een sarcastische uitbrander te krijgen. Joséphine slaagde er meestal in door haar vriendelijke manieren de stemming aan tafel op peil te houden. Ze zocht vertier in het Théâtre de la République waar sinds het Consulaat weer opera's, tragedies en balletten werden opgevoerd.

Hortense: 'We bezochten vaak een voorstelling. De Consul gaf de voorkeur aan tragedies van Corneille en Racine. Hij ging alleen naar de opera om ons een plezier te doen. Op de dag van de première van het ballet *Dansomani* kwam mijn broer, nadat hij me had laten weten dat hij niet in de Tuilerieën zou dineren, om zes uur met al zijn adjudanten aan. Ik was verbaasd en maakte er een opmerking over. Hij vertelde me dat een groep samenzweerders van plan was de Consul die avond in het theater te vermoorden. De Eerste Consul, die ernaartoe wilde om ze op heterdaad te betrappen en te arresteren, had allerlei veiligheidsmaatregelen genomen. Maar voor alle zekerheid zouden de adjudanten hem begeleiden. Hij verzocht me met klem er met niemand over te spreken, vooral niet met mijn moeder, ze zou met haar tranen het plan van de Consul kunnen tegenwerken. Stelt u zich mijn vrees voor bij het binnenkomen van de opera. Het leek er net zo rustig als gewoonlijk. De samenzweerders hadden een loge boven de onze gehuurd. Ze moesten de Consul bij binnenkomst of bij zijn vertrek vermoorden. Men arresteerde hen tijdens de voorstelling. Ze werden voor het gerecht gesleept en veroordeeld. Het waren jakobijnen.'

Hoewel de moordaanslag verijdeld was, gaven de jakobijnen hun bloeddorstige plannen niet op. Bij openbare gelegenheden moest ze tussen haar moeder en de Eerste Consul in zitten. Elke beweging in de zaal trok haar aandacht: 'Als een man een zakdoek uit zijn jaszak trok dacht ik al dat hij een pistool tevoorschijn haalde om het fatale schot op onze loge af te vuren.'

De dagen verstreken. De dreiging bleef. Hortense leerde haar angst beheersen. Ze leerde ook de mensen in haar omgeving te wantrouwen, zoals Bonaparte dat deed. Het kostte haar een deel van haar spontaniteit, die ze alleen nog in de kleine kring van familie en intieme vrienden toonde.

Op 3 Nivôse van het jaar XI – 24 december 1800 – ging in Parijs het oratorium *Die Schöpfung* van Joseph Haydn in première. Joséphine en Hortense hadden lang naar dit moment uitgezien. De eerste opvoering vond plaats in 1798 in het paleis van de vorst van Schwarzenberg te Wenen, waarbij de bejaarde componist ongeëvenaarde triomfen vierde. Na een reeks particuliere uitvoeringen beleefde het veelbesproken meesterwerk in 1799 aan het Weense hof zijn eerste openbare uitvoering waarbij Haydn de hoogste lof ten deel viel. De Franse muziekliefhebbers wachtten ongeduldig op de muzikale sensatie. Maar het bewind van de Eerste Consul achtte het oratorium, waarvan de oorspronkelijke tekst in het Engels was geschreven, niet geschikt voor het Parijse publiek. De Duitstalige versie van baron Van Swieten vond evenmin goedkeuring. Maar toen *citoyen* Ségur le Jeune een Franse versie maakte, stond niets Haydns meesterwerk meer in de weg. In *La création du Monde* was de componist boven zichzelf uitgestegen; hij verklankte het meesterwerk van de Schepper zelf. Hortense las in buitenlandse kranten dat Haydn de chaos hoorbaar had gemaakt. De aartsengelen Uriël, Raphaël en Gabriël schenen al voor haar te jubelen. De angst voor een aanslag in de pluche loge raakte op de achtergrond; de samenzweerders zouden spoedig strafrechtelijk worden gedood. Ze koos zorgvuldig feestelijke kleding en juwelen, zoals de Consul het verlangde. Joséphine droeg een nieuwe sjaal over haar witte, dunne japon die haar gratie verhoogde. Maar toen Hortense met haar moeder en de hoogzwangere Caroline bij haar stiefvader kwam, wachtte een teleurstelling. Hij zat onderuitgezakt bij het haardvuur, moe en uitgeblust. Hij weigerde naar de opera te gaan. Hortense zag hoe Joséphine achter hem ging staan en al haar verleidingstechnieken gebruikte om hem over te halen: 'Je werkt veel te hard, je hebt wat afleiding nodig,' zei ze zacht. Bonaparte sloot daarop zijn ogen en mompelde dat ze maar zonder hem moesten vertrekken. Zijn vrouw ging op de stoel tegenover hem zitten en zuchtte dat ze er nu ook geen zin meer in had. Ze zou hem de hele avond thuis gezelschap houden. In haar stem klonk moedig gedragen teleurstelling en opoffering door, die bijna altijd succes had. Hortense en Caroline wachtten gespannen af en merkten dat ze terrein won. Uiteindelijk stond Bonaparte op en gaf bevel de paarden in te spannen. Joséphine viel hem om de hals.

Hortense: 'Vlak voor de Consul in zijn eigen rijtuig stapte, uitte hij kritiek op het avondtoilet van mijn moeder. En die kritiek heeft ons leven gered.'

In overleg met Caroline en adjudant Rapp, die later alles in zijn memoires beschreef, schikte ze haar mooie sjaal op een andere manier. Dat nam de nodige tijd in beslag. Bonaparte was al vertrokken toen de drie vrouwen in hun eigen rijtuig stapten: 'Ons rijtuig reed gewoonlijk vlak achter het rijtuig van de Consul, maar dit keer was er een kleine afstand tussen.' Hortense was met haar hoofd bij de muziek. De koetsier mende zijn paarden de rue Saint-Nicaise in. Plotseling klonk er een verschrikkelijke ontploffing, waarbij het hele rijtuig een moment van de grond leek te worden getild en de nachtelijke hemel aan het eind van de straat hel oplichtte. De scherven van de ruitjes sprongen in het rond en verwondden de inzittenden. Hortense merkte niet dat haar hand bloedde. Ze hoorde haar moeder gillen: 'Dat is tegen Bonaparte!' De dodelijk verschrikte paarden sloegen met het schuim op de mond op hol en sleurden het rijtuig mee terug naar de Tuilerieën. Hortense schreef: 'Caroline, die over minder dan een maand haar eerste kind ter wereld zou brengen, bewaarde haar zelfbeheersing. Ze probeerde mijn moeder gerust te stellen. Ze had een groot vuur gezien. Een huis was ingestort. Dat kon toch niet tegen haar broer bedoeld zijn? Maar mijn moeder herhaalde onophoudelijk: "Dat is tegen Bonaparte."'

Hortense probeerde haar moeder te kalmeren, haar bloed bevlekte de sjaal. In de plotselinge wanorde en paniek was *aide de camp* Rapp als eerste naar de rue Saint-Nicaise gesneld waar hij dode en gewonde mannen, vrouwen en kinderen vond. Hun afgerukte ledematen lagen over de straat verspreid, er klonk gekerm en hulpgeroep. Bij het licht van fakkels kwamen de bewoners uit hun beschadigde huizen. Bevend liep Rapp tussen de slachtoffers door, op zoek naar de Eerste Consul.

Hortense: 'Een van de leden van het escort was inmiddels naar ons toe gezonden om ons gerust te stellen. Hij meldde dat de ontploffing had plaatsgevonden op het ogenblik dat de Consul de rue Saint-Nicaise verliet. Hij was zonder ongelukken in de opera gearriveerd.'

Ondanks de commotie moesten ze zich bij hem voegen: 'Het rijtuig bracht ons via een andere weg naar het theater. Toen mijn moeder haar man ongedeerd terugzag, was ze haar gevoelens niet meer meester. Maar hij bleef ijzig kalm. "Wat heb je?" zei hij. "Wat is er nou gebeurd? Er is niks aan de hand."'

Pas toen Rapp hem kwam vertellen over de omvang van de ramp zag Bonaparte de ernst van de situatie in. Ook de politie arriveerde, zwijgend luisterde hij. Er vielen zeven doden te betreuren en vijfentwintig gewonden. Pas toen reageerde de Eerste Consul ontzet: 'Zoveel doden en gewonden! En dat alles om een man uit de weg te ruimen.'[13]

Bleek en gehavend nam het gezelschap plaats in de loge. Bij het schijnsel van kaarsen hief de dirigent zijn armen en de eerste klanken schiepen de volstrekte duisternis en chaos waarin Haydn zijn Schepper liet verschijnen. Er ontstond een gewichtsloosheid in de zaal; de diepe emoties legden Hortenses muzikale ontvankelijkheid open. Ze hoorde de snelle ademhaling van haar moeder, onderbroken door het nasnikken in haar zakdoekje. Het gelaat van haar stiefvader leek tegen het decor van de rode gordijnen uit wit marmer gebeeldhouwd. De strijkers zetten gelijktijdig in en het was of er door de opera een vloedgolf ging, stuurloos onder een zwarte hemel zonder sterren. Dan: de stem van de aartsengel Raphaël die de geboorte van de aarde bezong:

In den beginne schiep God de hemel en de aarde;
En de aarde was woest en ledig
En duisternis lag op de vloed

Rillend legde ze haar in verband gewikkelde handen tegen elkaar terwijl hemelse zangen in hoge tonen zongen:

En de geest van God zweefde over de wateren
En God zeide: Er zij licht. En er was licht.

Bij het laatste woord zette het hele orkest een heftig doorstralende klank in, die de hele zaal schokte. Joséphine wendde het gelaat af naar haar man, sommige toeschouwers keken omhoog. Men voelde dat er iets was gebeurd. Spoedig jubelde het hele koor de triomf van hemel, aarde, licht, donker, zee...

Ze ontwaakte als uit een verdoving toen het applaus opklaterde. Ze verhieven zich van hun stoelen. Ze leefden. Voor de tweede maal in haar korte leven was Hortense aan een gewelddadige dood ontkomen.

DEEL 2

Huwelijk en moederschap

7

Drie maanden na de mislukte aanslag op Napoleon Bonaparte in Parijs, werd tsaar Paul van Rusland in het slaapvertrek van zijn kasteel te Sint-Petersburg vermoord. Officieel verkondigde men dat Paul in maart 1801 aan een beroerte was overleden, maar in diplomatieke kringen wist men wel beter. Er gingen geruchten dat de tsarevitsj van de samenzwering tegen zijn vader op de hoogte was geweest. Toch bleek Alexander als oudste van de tien tsarenkinderen wanhopig bedroefd toen men het verminkte lichaam van de tsaar in de St. Petrus en Pauluskathedraal in zijn stenen tombe te ruste legde. Nauwelijks zwegen de basstemmen van de koorzangers en vervluchtigde de wierook voor de iconen, of alle aandacht vestigde zich op de nieuwe tsaar Alexander. Hij was de eerste tsaar uit het geslacht Romanov die deze keizerlijke naam droeg. Zijn grootmoeder, tsarina Catharina II, had hem vernoemd naar keizer Alexander de Grote omdat ze verwachtte dat haar kleinzoon even machtig zou worden als de held uit de Griekse oudheid. Ze gaf hem een meedogenloos strenge militaire opvoeding.

Bonaparte werd gefascineerd door de drieëntwintigjarige tsarenzoon die volgens de berichten groot, slank, blond, beminnelijk en melancholiek was. Het Russische volk lag aan zijn voeten. Zou hij de vrede met Frankrijk handhaven of een vijandige politieke koers kiezen? De moord op tsaar Paul had de Eerste Consul het masker van de dood opnieuw in herinnering gebracht. In angst en woede beval hij honderddertig willekeurige jakobijnen te arresteren en in de boeien te slaan. Ze werden als schrikwekkend voorbeeld op transport naar Frans-Guyana gezet om er slavenarbeid te verrichten. Een vonnis zwaarder dan de doodstraf; onder de gesel van het tropisch klimaat zouden ze zeker bezwijken.

Zes weken na de explosie kwam minister van Politie Joseph Fouché echter met het overtuigende bewijs dat het niet de ultrarepublikeinen waren die achter de aanslag zaten, maar fanatieke royalisten. Dit verontrustte Bonaparte nog meer. In Normandië, Bretagne, de Vendée en ook delen van de Provence, het Rhônedal en Lyon bevonden zich broeinesten van monarchisten. Ze wilden een telg uit het Huis van Bourbon op de troon. De spionnen van Fouché berichtten dat de broer van de onthoofde koning, die zich Lodewijk XVIII noemde, in het buitenland het moment afwachtte om zijn troon in Parijs te veroveren.

Lang klonk de explosie van december na. De gebeurtenis zette Bonaparte aan het denken over de kwetsbaarheid van zijn positie. Hij begon zich 's nachts in het pompeuze slaapvertrek van de Franse koningen af te vragen wat er met de jonge republiek zou zijn gebeurd als hij bij de bomaanslag was omgekomen. Zijn aanstelling als Eerste Consul was maar van tijdelijke aard. Dat moest in het komend jaar veranderen. Hij wilde zelf over zijn opvolging beslissen. Verbeten vroeg hij zich af waarom hij na vijf huwelijksjaren nog altijd geen zoon had. Een kind zou zijn positie als staatshoofd versterken.

Joseph Bonaparte, die hij tot staatsraad had benoemd, wilde maar al te graag zijn plaats innemen. Maar Joseph was traag en vadsig geworden. De ambitieuze en onafhankelijke Lucien beschikte wel over de nodige politieke kwaliteiten, maar Napoleon had redenen om aan diens trouw te twijfelen. Jérôme was nog te jong. Voor de intelligente en veelzijdige Louis voelde Napoleon nog het meest. Deze jongeman was altijd zijn lievelingsbroer geweest. Als Joséphine kinderloos bleef, moest men hem als opvolger accepteren.

Aan het begin van het jaar schonk zijn zuster Caroline het leven aan haar eerste kind: Napoleon Achille Murat. In Bonaparte openbaarde zich plotseling het denkbeeld dat hij steriel was. Joséphine had immers al bewezen dat ze kinderen kon krijgen? Aan haar kon het niet liggen. Of was ze ziek? Herstel was noodzakelijk en vlug ook; die zomer werd ze al achtendertig jaar.

Met de moed der wanhoop trok zijn vrouw op 18 Messidor van het jaar XI – 7 juli 1801 – naar Plombières om daar opnieuw te kuren. Het geneeskrachtige bronwater had al zovelen van hun tijdelijke onvruchtbaarheid genezen. Ze wilde het nog een keer proberen en daarbij anoniem een bedevaart houden naar een wonderbare madonna wier beeltenis in een nabije abdijkerk werd vereerd. Het sprak vanzelf dat Hortense haar vergezelde en ook haar nichtje Emilie, dat na de victorie van Hohenlinden met haar man Lavalette uit Saksen was gekomen, voegde zich bij hen. In de zonovergoten paviljoens van het kuuroord kwam Hortense tot zichzelf. De liefelijk groene omgeving wiste de laatste sporen van de knal en de kruitdamp uit haar herinnering. Ze was alleen bang dat ze door haar moeder nadrukkelijk aan de beschamende blikken van de aanwezige huwbare heren zou worden blootgesteld. Net als de vorige keer werden er ter ere van de vrouw van de Eerste Consul in Plombières bals en feesten georganiseerd. Joséphine deed dit keer geen moeite om haar dochter aan huwelijkskandidaten voor te stellen en ze sprak niet meer over een verbintenis. Sluimerde er een plan in haar mooi gekapte hoofd? Ze wilde haar dochter altijd aan haar zijde. 'Het leken net zusters in plaats van moeder en dochter,' schreef een hofdame, Mme Rémusat, die hen eens samen aan een diner zag zitten.

In gedachten was Hortense nog bij een stafofficier van haar stiefvader, die haar in de lente op subtiele wijze het hof maakte. Ze vond in zijn blikken en handelingen tekenen van oprechte genegenheid en als hij in haar nabijheid kwam versnelde haar hartslag. Was dit dan de grote emotie waarover ze in romans las? Haar memoires getuigen van nerveuze verwachtingen. Ze beschrijft hoe ze op een dag een boek miste en het in de grote salon van het paleis ging zoeken. De knappe kolonel Gérard Duroc, een vriend van Eugène, bood haar zijn hulp aan en haalde het boek opvallend snel tevoorschijn. Toen hij het haar overhandigde, was zijn blik vol onuitspreekbaar verlangen. In verwarring zocht ze haar kleine kamertje op dat aan het slaapvertrek van haar moeder grensde en ontdekte daar dat Duroc een brief tussen de bladzijden had verborgen.

De geheimzinnigheid waarmee het schrijven tot haar was gekomen, bracht de deugdzame Hortense in grote verlegenheid. Er was haar op het meisjespensionaat ingeprent dat ze van een man nooit rechtstreeks een brief mocht accepteren. Als hij haar schriftelijk iets belangrijks te melden had, kon hij via de moeder een brief laten bezorgen. Hortenses ouders waren beiden op Duroc gesteld, ze hadden hem vaak op Malmaison uitgenodigd en ze kon van hun kant geen enkele reden bedenken om zo'n verzoek af te wijzen.

Ze was uiterst nieuwsgierig naar de inhoud van de aan haar geadresseerde brief, maar durfde hem niet te openen. Ze stond ermee in haar handen; als ze zijn woorden las zou ze zich al schuldig maken aan ongehoorzaamheid. Als ze hem niet las zou ze Duroc kwetsen. Besluiteloos legde ze de brief in de lade van haar secretaire en probeerde haar roman uit te lezen.

Van de boeken die ze in deze periode las, noemt ze de roman *Atala* van François-René de Chateaubriand waarin de hartstochtelijke liefde van een ongerept indianenmeisje voor een Fransman in de wildernis wordt beschreven. Hortense las in verrukking: 'Atala's verzet zou voortaan vruchteloos zijn: ik voelde hoe ze tevergeefs een hand naar haar borst bracht en een vreemde beweging maakte; ik had haar al vastgepakt, raakte al in een roes door haar ademtocht, had me op haar lippen al gelaafd aan het heerlijke wonder der liefde...'[1]

Girodet schilderde de schone Atala, die doodsbleek naar haar tombe werd gedragen en heftige gevoelens bij Hortense losmaakte. Die avond begaf ze zich in een sfeer van zoete onzekerheid voor het diner naar de grote salon. Haar stiefvader maakte met Joséphine aan de arm zijn entree. Iedereen kon zien dat hij in een van zijn gevreesde, plagerige stemmingen verkeerde. Hij koos dit keer Hortense als zijn slachtoffer, kwam op haar toe en vertelde lacherig dat hij met haar moeder in haar kamer was geweest en alle kasten en lades had doorgesnuffeld. Wat vond hij daar een mooie minnebrieven! Het was zeker wel heerlijk om ze te lezen? Volgens zijn gewoonte kneep hij Hortense daarbij flink in haar oor zodat ze een kreet slaakte van schrik en pijn. Ze vluchtte meteen naar boven, maar de brief van Duroc lag tot haar geruststelling nog ongeopend in de lade. Zenuwachtig begaf ze zich weer naar de eetzaal waar Bonaparte zijn spelletje voortzette: 'Is het waar? Heb je echt geheimen? Je vluchtte zo snel naar je kamer!'[2]

Hortense kon op dit moment niet toneelspelen. Ze bloosde diep, uitgelachen door haar stiefvader. Joséphine rook onmiddellijk onraad en kwam voor het slapengaan op zachte muiltjes haar kamer binnen, ging op de rand van haar bed zitten en begon een vertrouwelijk gesprek. Het kostte haar geen enkele moeite om de waarheid te ontfutselen. Hortense toonde haar gehoorzaam de brief van Duroc en bezwoer dat ze er geen woord van had gelezen en dat ook nooit zonder toestemming zou doen. Haar moeder keek naar de envelop en begon op haar unieke wijze te huilen: was het dan waar dat Duroc haar het hof maakte? Hoe lang was het achter haar rug al aan de gang? Voelde haar dochter ook iets voor deze kolonel? Ze snikte: 'Ik zou er nooit aan kunnen wennen je *Madame* Duroc te noemen. Ik zou wanhopig zijn als het waar was.' Haar tranen hadden het gewenste effect. Hortense overhandigde haar moeder de brief, die ongeopend naar de schrijver zou worden geretourneerd.

Enkele dagen later hoorde Hortense dat de Eerste Consul zijn stafofficier naar Rusland had gestuurd om de nieuwe tsaar namens Bonaparte met zijn kroning te feliciteren. Er bestond in de komende maanden geen gevaar dat ze Duroc in de Tuilerieën tegen het lijf zou lopen. Te Plombières moest ze zijn gezicht met de dikke, blonde krullen vergeten, al kostte het haar veel moeite. In het hoofd van Joséphine begon zich een nieuw plan te vormen.

Eind augustus pakten de bedienden de zomerjaponnen, parasollen en juwelen in reismanden en stapten ze in het rijtuig om de weg naar Malmaison af te leggen. Hortense keek door het venstertje nog eenmaal om: 'Ik verliet Plombières met veel spijt en treurige voorgevoelens. Het was net of ik daar mijn laatste dagen in vrijheid en geluk had doorgebracht. Ik verwachtte dat men zich bij mijn terugkeer serieus met mijn huwelijk zou bezig houden. Ik was achttien jaar en mijn moeder had op die leeftijd al twee kinderen. Ze vond me te oud om mijn huwelijk nog langer uit te stellen.'

In Malmaison wachtte Bonaparte ongeduldig op de terugkeer van zijn vrouw en dochter. 's Morgens stond hij vroeg op, at vervolgens haastig een ontbijt en werkte de rest van de dag net zo hard als in Parijs. Zijn ministers die naar het buitenverblijf werden ontboden beklaagden zich soms, omdat de Eerste Consul bij mooi weer in de tuin besprekingen voerde. Talleyrand was gewend zich uiterst modieus te kleden. Hij nam het Bonaparte kwalijk dat hij gedwongen werd in zijn strakke, zijden broek met zijden kousen op het vochtige grasveld plaats te nemen. Bonaparte, die het gesprek in zijn gewone militaire kleding leidde, amuseerde zich heimelijk over het ongemak van zijn manke minister van Buitenlandse Zaken.

Nu zijn vrouw weer thuis was vatte hij zijn vaste gewoonte op en bood haar na het diner zijn arm om een wandeling door de tuinen en het park te maken. De volle maan rees boven de bloementuinen, die op zomeravonden een zoete geur verspreidden. Joséphine had zonder haar man te raadplegen verbouwingsplannen laten uitwerken. De rekeningen die haar nu gepresenteerd werden bezorgden Bonaparte een nieuwe aanval van razernij. Ze doorstond de scène, wetend dat hij uiteindelijk door de knieën zou gaan en alles betaalde.

Hortense nam haar schilder- en tekenmateriaal mee naar Malmaison. In haar kleine atelier in de Tuilerieën woedde tijdens haar afwezigheid 's nachts een korte, felle brand die werd veroorzaakt door een nieuw kacheltje. Het olieverfportret dat ze van haar broer Eugène schilderde naar het origineel door Gros,[3] was daarbij onherstelbaar beschadigd. En ook haar schetsen en aquarellen op papier bleken bedorven door vuur en bluswater. Haar stiefvader gaf haar in aanwezigheid van het hele hof luidkeels de schuld van de brand, waarbij het hele paleis wel had kunnen uitbranden. Hortense was allang blij dat er geen gewonden vielen. Nu zette ze nieuwe werken op en schilderde geconcentreerd tot het invallen van de duisternis.

Als haar ouders terugkeerden van hun wandeling lette ze op het gedrag van haar moeder. Joséphine was van nature gelijkmatig; ze toonde altijd een opgewekt gezicht. Na korte, heftige huilbuien brak meestal snel de zon door. Haar gevoelens gingen nooit diep en door zich steeds in gezelschappen te begeven vond ze gemakkelijk afleiding. Hortense bespeurde geen verandering in haar gedrag en na enkele weken besefte ze teleurgesteld dat de kuur in Plombières en de smeekbede aan de Madonna tevergeefs waren geweest. Joséphine maakte zich oprecht zorgen; hoewel Bonaparte veel van haar hield liep haar huwelijk gevaar. Onder druk van de Bonaparte-clan zou haar man zich kunnen laten overhalen om van haar te scheiden en met een jonge vrouw te hertrouwen die hem de begeerde nakomelingen kon schenken. Wat moest er dan van haar worden? Wandelend over de slingerpaden langs beken en cascades bedacht ze een doeltreffende maatregel om dat te voorkomen. Het plan leek zo eenvoudig dat het haar positief stemde; als ze Louis Bonaparte en Hortense ertoe kon bewegen met elkaar te trouwen was ze gered. In hun zoon zou het bloed van Bonaparte en de Beauharnais worden verenigd. Dit kind kon dan de opvolger van de Eerste Consul zijn. Inmiddels was diens ambtstermijn met tien jaar verlengd. Napoleon streefde er echter naar om Consul voor het leven te worden en het recht te verwerven zelf zijn opvolger aan te wijzen. Er zou een stemming onder het volk worden gehouden. Bonaparte was handig genoeg om de verkiezingen zo te manipuleren dat hij de meerderheid van stemmen verwierf. Hij kon de zoon van Hortense en Louis dan adopteren en opvoeden als zijn eigen kind. Dat gaf het volk vertrouwen in de toekomst.

Bonaparte luisterde naar het plan van zijn vrouw en stond er niet afkerig tegenover. Het enige probleem was dat Hortense en Louis nooit blijk van wederzijdse genegenheid hadden gegeven. Joséphines dochter koesterde sinds hij Emilie gekwetst had, zelfs afkeer van hem. Louis Bonaparte was moeilijk te doorgronden; een zwijgzame jongeman omgeven door een wolk van somberheid. Hij was altijd met proza en poëzie bezig en leed aan snel wisselende stemmingen. Louis liet zich sturen door ware of ingebeelde kwalen. Napoleon schreef de gemoedsgesteldheid van zijn broer toe aan diens modieuze *Sturm und Drang*-periode; een intelligente jongeman van tweeëntwintig jaar behoorde door mijmering en filosofie zijn plaats in de wereld te vinden. Het huwelijk zou hem volwassen maken. Omdat Napoleon gewend was snel tot daden over te gaan, wilde hij het trouwplan meteen met zijn broer bespreken.

Ook Louis heeft zijn memoires nagelaten. Merkwaardig genoeg gebruikte hij nooit de ik-vorm, maar schreef hij zijn levensverhaal in de derde persoon alsof het een vreemde betrof. In zijn verslag van het huwelijksvoorstel speelt Joséphine de hoofdrol. Hij verhaalt hoe hij bij de moeder van Hortense werd uitgenodigd om op Malmaison te komen en hoe ze hem met vriendelijkheden overlaadde. Uiteindelijk onthulde ze haar bedoeling: 'Lodewijk[4] lachte om dit plan, dat hem onmogelijk leek,' schreef hij in zijn gedenkschriften. 'Maar op een avond toen hij een bal in Malmaison bezocht nam zijn schoonzuster hem apart, kwam zijn broer er onverwachts bij, en in een lang gesprek bracht men hem ertoe zijn inwilliging te geven.'[5]

In een poging om de definitieve stap uit te stellen koos hij voor de vlucht, een methode die hij zijn hele leven toepaste. Hij vroeg toestemming om op reis te gaan, hetgeen zijn broer hem welwillend toestond. Onderweg zou Louis wel tot inzicht komen, meende Bonaparte.

Hortense wist in de nazomer nog niets van de trouwplannen die haar moeder ontwikkelde. Ze schreef in haar memoires: 'Het gedrag van Louis ten opzichte van mijn nicht had me sterk tegen hem ingenomen. We waren zo nauw verwant dat ik hem als een broer beschouwde (...) het was nooit ook maar een moment in mijn hoofd opgekomen dat hij mijn echtgenoot kon zijn, dat hij ook maar een klein beetje genegenheid voor me voelde, maar toen hij bij me kwam om afscheid te nemen voor hij naar Pruisen vertrok, vroeg hij toestemming me te kussen. Hij deed dat met zoveel emotie en nam daarna zo haastig de benen dat ik onbeweeglijk achterbleef. De angst greep me bij de keel toen ik in hem al te teder gevoel voor mij meende te bespeuren.'

Louis Bonaparte was van plan een lange reis te maken. Hortense veronderstelde dat ze tot ver in 1802 van zijn benauwende aanwezigheid verlost was en genoot – zonder dat ze het besefte – haar laatste zorgeloze maanden. Ze leidde een beschermd bestaan. In haar memoires noteerde ze dat er in de privé-salons van de Tuilerieën of in Malmaison nooit over politiek werd gesproken. Dat Oostenrijk onder dwang de Franse Republiek had moeten erkennen en de linkeroever van de Rijn aan dit land afstond, ging aan haar voorbij. Ook van de inspanningen die de gezanten uit diverse landen verrichtten om keizer Franz II ertoe te brengen aan de Franse Republiek de heerschappij over Italië toe te kennen, wist ze weinig. Pas toen in maart 1802 eindelijk bericht kwam dat er te Amiens vrede met Engeland was gesloten, vierden allen die Bonaparte omringden uitbundig feest. In Parijs vuurden de kanonnen van de Invalides vreugdeschoten af en in de Notre Dame klonk voor het eerst sinds lange tijd het *Te Deum*. Tot blijdschap van het Franse volk herstelde Napoleon de banden met het Vaticaan en werd de katholieke godsdienst weer officieel erkend. Het vreemde opperwezen dat met linten en groen op het altaar van de revolutie was bewierookt, stortte van zijn voetstuk en werd vergeten. Het Vaticaan zou Napoleon eeuwig dankbaar blijven.

Voor het eerst sinds tien jaren heerste er in alle landen van Europa vrede. En dat was allemaal het werk van één man: Napoleon Bonaparte. Joséphine zag met enige ongerustheid de uitwerking van alle adoratie op het karakter van haar echtgenoot. De gloeiende ambitie in zijn ogen, zijn plannen, zijn bevelen; uit vrees of verering gehoorzaamde men hem blindelings. Hij ging op in de glorie. Wie hem weerstreefde maakte kennis met zijn vuist, oppositie schonk hem kracht.

Napoleon begon zich te ergeren aan de houding van de bewindvoerders. Men schonk hem in Parijs te weinig vrijheid en erkenning. Hij broedde op een plan. Bourrienne schreef in zijn memoires hoe hij op een morgen Joséphine de werkkamer van haar man binnen zag komen. Ze ging op diens schoot zitten en streelde hem zachtjes over zijn haar: '*Nabulione*,' zei ze smekend, 'je moet geen koning worden. Ik wil niet dat je koning wordt.' Joséphine zag eerder dan alle anderen dat Napoleons verheffing haar val zou inleiden. Op politiek gebied liet hij zich echter nooit door zijn vrouw beïnvloeden.

Veel eerder dan was afgesproken keerde Louis in de Tuilerieën terug. De beslissing die hem in Parijs wachtte, nam hij zeer serieus. Hij ging nog een kuur doen in een badplaats en verscheen toen met een vertwijfelde blik in zijn ogen voor Hortense. Zijn broer had alle goede eigenschappen van zijn stiefdochter opgesomd. Louis wisselde enkele woorden met het meisje, nam haar hand, liet hem weer los. Haar blauwe ogen drukten een en al verbazing uit. Het was waar; ze bezat distinctie en deugdzaamheid. Maar ze was ook een dochter van de lichtzinnige Joséphine, hij wantrouwde haar. Hij moest haar in toom houden. Zich niet belachelijk laten maken, zoals Napoleon was overkomen.

Als Louis nerveus was speelde zijn beenblessure weer op. Hij begaf zich hinkend naar zijn broer, liet zich in een stoel vallen. Napoleon keek ongeduldig naar de jongeman die zijn zwaarmoedige blik op hem liet rusten, houvast zoekend in een zee van onzekerheden. Louis vertelde dat hij over het plan had nagedacht. Hij zou zich niet tegen het huwelijk met Hortense verzetten. Bonaparte was tevreden. Joséphine zou gelukkig zijn! Nu moest alleen Hortense nog worden ingelicht. Het was een gehoorzaam meisje, ze zou wel doen wat haar moeder van haar vroeg.

Joséphine vertoonde echter op de moeilijkste momenten in haar leven een zekere lafheid. Ze had haar dochter niet zelf van haar huwelijk met Napoleon Bonaparte op de hoogte durven te stellen, omdat ze wist dat Hortense ertegen was. Nu ontbrak haar de moed om over het huwelijk met Louis te praten. Haar oog viel op Bourrienne, de sympathieke secretaris van de Eerste Consul. Napoleon en hij hadden vanaf hun achtste jaar in Brienne op school gezeten. Bourrienne kende Bonaparte nog als het eenzame Corsicaanse jongetje dat door de anderen werd uitgelachen om zijn rare accent en de fouten in zijn Latijnse grammatica. Sinds de Italiaanse veldtocht was Bourrienne de vertrouweling van de familie. Hij moest Hortense maar over het huwelijksplan vertellen en haar antwoord vernemen.

De plichtsgetrouwe secretaris[6] voelde zich vereerd door deze wonderlijke opdracht. Hij bereidde zijn gesprek goed voor, wetend hoe Hortense over de broer van haar stiefvader dacht. Bourrienne vroeg audiëntie aan en begon een betoog, waarvan Hortense later woordelijk verslag zou doen: 'Ik ben ermee belast u een voorstel te doen tot inwilliging van een grote wens van uw moeder en de Consul. Zij willen graag een verbintenis tussen u en kolonel Louis Bonaparte. Hij heeft een goed hart en is sensibel, hij is bescheiden in zijn behoeften, hij zal alles appreciëren wat u goeddunkt en hij is de enige echtgenoot die bij u past. Kijkt u eens om u heen: met wie zou u anders willen trouwen? De tijd is gekomen om hier ernstig over na te denken. Tot nu toe heeft niemand u kunnen behagen en als uw hart een keuze deed die uw ouders niet kunnen onderschrijven, zou u hun dan ongehoorzaam willen worden? U houdt van Frankrijk. Zou u het willen verlaten? Uw moeder zou de gedachte niet kunnen verdragen u gehuwd te zien met een buitenlandse prins, die u voor altijd van haar zou scheiden. Zoals u weet is het haar ongeluk niet meer op kinderen te kunnen hopen. Het is aan u het verdriet te verzoeten en misschien een nog grotere smart te voorkomen. U moet weten dat er voortdurend rond de Consul wordt geïntrigeerd om hem tot echtscheiding te bewegen. Alleen uw huwelijk zal in staat zijn om de banden, waarvan uw moeders geluk afhangt, weer nauwer aan te halen en te verstevigen.'

Hortense was een kind van haar tijd, wellicht stoorde het haar niet eens dat Bourrienne niet eenmaal over háár geluk had gesproken. Haar leven lang had altijd alles om haar moeder gedraaid en zelfs nu werd er alleen aan het welzijn van Joséphine de Beauharnais gedacht. Volgens haar eigen memoires hoorde Hortense hem zwijgend aan. Ze realiseerde zich niet alleen dat trouwen onontkoombaar was, voor het eerst drong het tot haar door dat haar huwelijk samenhing met het lot van haar geliefde moeder. Kon ze haar iets weigeren? Het beeld van Louis stond in de weg. Hij was wel de laatste die in haar romantische dromen paste. Ze zag Bourrienne afwachtend voor zich zitten maar kon geen antwoord geven. Ze vroeg hem acht dagen bedenktijd.

Toen Bourrienne was vertrokken ging ze naar haar kamertje. Bij wie kon ze uithuilen en om raad vragen? In haar wanhoop voelde ze zich totaal verlaten. Haar goede, moederlijke vriendin Mme Campan zou haar zeker inprenten dat het haar plicht was de door haar moeder gekozen man te trouwen. Alleen Eugène, die haar als broer en vriend het beste kende, zou haar kunnen helpen en troosten. Hij had zijn zuster al eerder gewaarschuwd dat ze in haar positie geen hoge verwachtingen van het huwelijk mocht hebben. De volmaakte liefde bestond volgens hem alleen in romans. Hij beweerde dat bruid en bruidegom in de loop der jaren naar elkaar toe moesten groeien. Maar gold dat ook voor een man met het onstabiele karakter van Louis Napoleon? Eugène was in het leger met hem opgetrokken. Hij had zijn moed gezien tijdens de slag bij Arcole en mocht hem graag. Maar het beminnelijke wezen van haar broer leek zich in elk mens in zijn nabijheid te spiegelen. Een gesprek met Eugène was onmogelijk omdat hij met zijn regiment op weg was naar Lyon. Ze vond nergens steun. Ze moest zelf beslissen.

Het kwam niet bij Hortense op de kwestie met Louis te bespreken. Als ze dat wel had gedaan was hun misschien een ramp bespaard gebleven. Hortense bracht een week vol nachtelijke angst en twijfel door. Het beeld van haar moeder rees voor haar op; met smekende ogen en een hulpeloos gebaar. Overdag leek Joséphine haar te mijden. Haar stiefvader had het als altijd druk met staatszaken. Er werd niet over de kwestie gesproken.

Na acht nerveuze dagen ontwaakte Hortense ijzig kalm. Louis de Bourrienne diende zich op het afgesproken tijdstip aan en keek afwachtend. Ze deelde hem koel mede dat ze besloten had met Louis te trouwen. Hij dankte haar en bracht het goede bericht opgelucht aan Joséphine over. Bij het horen van het verlossende nieuws verloor deze al haar zelfbeheersing en snelde op Hortense toe om haar snikkend te omhelzen. Haar dochter besefte heel goed wat er door haar heen ging; nu was de positie van haar moeder gered. Misschien voelde Joséphine ook iets van schuld jegens haar kind? Het huwelijk was voor Hortense een daad van zelfopoffering. Joséphine was te zelfzuchtig om het grote offer van haar dochter te weigeren. Hortense schikte zich lijdzaam in haar rol. Ook na vele jaren kwam in haar memoires het beeld naar voren van het brave meisje dat hunkert naar lofprijzing: 'Dit offer had zelfs iets in zich dat me wel beviel. Je bent zó tevreden over jezelf wanneer je – in het belang van anderen – niet aan jezelf denkt en vooral als het om het belang van je moeder gaat.'

Om haar heen kwamen allerlei reacties los. Vriendinnen wensten haar geluk met zo'n goede echtgenoot. Lucien Bonaparte, die nog niet zo lang weduwnaar was, keerde zich verontwaardigd van Louis af. Hoewel hij een intense hekel had aan de hele familie de Beauharnais, wilde hij na de dood van zijn eerste vrouw uit politiek belang wel de hand van Hortense vragen. Hij had zelfs gedichten voor Hortense geschreven en nam het zijn jongere broer kwalijk dat deze hem was voor geweest. De malicieuze blikken van haar aanstaande schoonzusters

gleden langs Hortense heen. Ze was gewend aan de kunstmatige vriendelijkheid van Caroline en Pauline Bonaparte. Madame Mère had haar afkeer van Joséphine de Beauharnais nooit verborgen. Nu Letizia een tweede schoondochter van die naam kreeg knikte ze met haar magere, gespannen vogelkopje haar toekomstige schoondochter toe en feliciteerde haar in gebrekkig Frans.

Hortense scheen in haar bruidsperiode buiten zichzelf te leven, haar gezicht verried geen spoor van emotie. De gedachte aan de liefdevolle ogen van Duroc drong ze terug. Haar aanstaande bruidegom verbaasde zich over haar mechanische handelingen, de eentonige klank in haar stem. Wantrouwig vroeg hij zich af of ze soms van een ander droomde. Natuurlijk droeg ze alle eigenschappen van haar moeder in zich mee. Hij moest erop toezien dat ze zijn geld niet verkwistte. De gedachte om met wie ook zijn leven te delen maakte Louis nerveus, de pijn in zijn gewrichten nam toe. In wanhoop trachtte hij greep op de toekomst te krijgen door zijn gedachten op papier te zetten. Terwijl Hortense zich als een pop door de Tuilerieën bewoog en iedereen bezig was haar toekomst te regelen, zat Louis op zijn kamer en putte zich uit in het schrijven van een brief die twintig kantjes telde. Hij was gericht aan zijn aanstaande vrouw. Louis opende zijn hart voor haar, probeerde haar omslachtig duidelijk te maken wie hij was, hoe hij zijn leven had doorgebracht. Hij biechtte haar zijn verhouding op met ene S., zijn misstappen en verwachtingen.

Toen hij Hortense de brief overhandigde, verzocht hij haar dringend hem eenzelfde soort brief te schrijven. Zijn aanstaande bruid las zijn confidenties met toenemende wrevel. Ze antwoordde hem dat hij haar al zo lang kende en alles over haar wist. Ze had nooit eerder een verhouding gehad en zij kon hem dus niets opbiechten. Hij deed een vreemde uitspraak: 'Als uw succes en de grote wereld u niet hebben verwend moet u een engel zijn. Want er bestaat niets tussenin: u bent of geheel goed of geheel slecht.'

Mme Campan kwam bij Hortense op bezoek en zag onmiddellijk dat de bruid met allerlei vragen kampte. Ze stelde haar gerust door te zeggen dat Louis bekendstond om zijn goede karaktereigenschappen en dat hij zeker het vermogen bezat om haar gelukkig te maken. Die woorden monterden Hortense enigszins op. Ze durfde haar oudere vriendin te vragen: 'Ik heb vaak gehoord hoe Louis zich tijdens gesprekken minachtend over vrouwen uitliet. Daarmee heeft hij me geschokt. Zal degene die met hem trouwt daar niet onder lijden?' Mme Campan, die over veel levenservaring beschikte, legde haar hand op de hand van haar leerling en noemde haar bij de koosnaam van weleer: '*Mon cher ange,* de jonge, welopgevoede heren in het legerkamp kennen nu eenmaal weinig achtenswaardige vrouwen. Het ligt voor de hand dat ze een slechte opinie hebben over onze sekse. Niemand is beter in staat om daar verandering in te brengen dan jij.' Dankzij haar vele deugden zou het een goed huwelijk worden.

Haar stiefvader sprak maar een paar woorden over het aanstaande huwelijk: '*Eh bien!* Louis maakt je dus het hof? Dat zal jou en je moeder wel évenveel plezier doen. Vooruit! Mijn toestemming hebben jullie.'

Joséphine slaagde er maar niet in de huwelijksdatum vast te leggen. Als het ter sprake kwam druppelden er tranen over haar wangen. Bonaparte dreef er de spot mee. Hij wilde dat het huwelijk over twee dagen gesloten zou worden. Begin januari moest hij met Joséphine naar Lyon om zich in tegenwoordigheid van de afgevaardigden van Milaan met het presidentschap van de Cisalpijnse Republiek te laten bekleden. Haar moeder stak al haar nerveuze energie in het ontwerp van een prachtig bruidskleed voor haar dochter. De naaisters en borduursters werkten 's nachts door om een weide van witte bloemetjes op haar sleep te borduren. Napoleon Bonaparte bestelde een diamanten parure als huwelijksgeschenk. Alles ging nu zo snel dat Hortense met een schok uit haar lethargie ontwaakte en protesteerde: ze had nog zeker twee dagen nodig om allerlei zaken te regelen. Haar stiefvader vond het goed, maar Louis bleek ontstemd. Wat stak er achter het uitstel? Waarom was zijn mening niet gevraagd? Hij kreeg geen hoogte van zijn bruid. Hij zag haar alleen in groot gezelschap; wat betekende die verstarde houding en de wazige blik die hij niet van haar kende?

Joséphine wilde dat haar dochter en schoonzoon in zijn appartementen in de Tuilerieën zouden blijven wonen. Maar Louis vond dat hij met zijn jonge vrouw recht had op een eigen huis. Bonaparte schonk zijn broer daarop het huis in de rue de la Victoire waar Hortense altijd zoveel van had gehouden. Ze moest het nog op orde laten brengen en kameniersters kiezen. Aan het personeel van de Tuilerieën deelde ze de juwelen uit die ze als meisje had gedragen. Geroerd bedankten ze Hortense en betreurden het dat ze haar nu niet meer konden dienen.

Joséphine huilde zenuwachtig waardoor Hortense steeds kalmer werd; ze deed haar best om op haar moeder een tevreden indruk te maken. In haar hart was ze blij dat Eugène niet bij het huwelijk aanwezig zou zijn. Hij kende zijn zusje goed genoeg om te zien dat ze toneelspeelde. Bij hem zou ze zich niet goed kunnen houden.

Op 3 januari 1802, een dag voor de huwelijksplechtigheid, werd er een eenvoudige vrouw tot haar vertrek toegelaten. Ze herkende ontroerd haar oude min Mme Rousseau, die van het platteland was gekomen om haar geluk te wensen. Hortense had Vincent Rousseau, haar voedsterbroeder, in dienst genomen en ze beloofde diens moeder dat ze hem nooit, ook niet in haar huwelijk, zou toestaan haar te verlaten.

Op de namiddag van de vierde januari stond ze stil naar de elegante japon te kijken, die haar kamermeisjes voor haar hadden uitgespreid.

Bonapartes diamanten parure die in zijn fluwelen cassette lag stond er schitterend bij. 'Ik vond het ridicuul om me zo mooi te maken,' schreef Hortense. 'Ik wilde alleen mijn parels dragen, een japon van witte crêpe en niets anders dan een boeketje oranjebloesem. Zou ik er ook zo simpel hebben willen uitzien als ik gelukkiger was geweest? Ik weet het niet.'

Het trof Joséphine dat haar mooie geschenk door de bruid werd afgeslagen. Het was de enige, zij het zwakke daad van verzet tegen haar moeders regelzucht. De Eerste Consul leidde zijn stiefdochter naar de grote zaal van de Tuilerieën, waar het gemeentebestuur van Parijs bijeen was. Hortense begaf zich vervolgens met haar moeder over een kleine trap naar de burgemeester. Toen Louis hen wilde volgen, beduidde zijn broer hem dat hij gebruik moest maken van de grote staatsietrap, wat hij met tegenzin deed. 'Men verbond ons in de echt. Mijn moeder was de enige die tranen vergoot. Ik was zo bang dat mijn stem te zacht of trillend zou klinken als ik mijn jawoord gaf, dat het er veel harder en fermer uit kwam dan de bedoeling was. Men bracht ons naar de rue de la Victoire.'

Het was elf uur 's avonds toen het rijtuig met Louis en Hortense stilhield voor hun woning. Dacht Joséphine aan haar eigen huwelijken? Ze was een ongelukkig kind geweest toen ze Alexandre de Beauharnais in de belachelijke bruidsjapon van haar tante eeuwige trouw beloofde. Haar tweede huwelijk was een dwaas avontuur; ze herinnerde zich flauw hoe ze met haar tuiltje maartse viooltjes in de hand lacherig aan de arm van de vurig verliefde Napoleon uit het gemeentehuis was gelopen. Een priester kwam er niet aan te pas. In de tijd van de Revolutie waren religieuze plechtigheden verboden. Haar dochter Hortense genoot dit voorrecht nu wel. Door een waas van tranen zag ze hoe de bruid en bruidegom voor de pauselijke gezant kardinaal Giovanni Battista Caprara verschenen. Hij was juist uit Rome gekomen om – nu Frankrijk was teruggekeerd in de schoot van de Moederkerk – met de eerste minister religieuze kwesties te bespreken. Een delicate kwestie, want deze eerste minister en voormalig bisschop was door het Vaticaan geëxcommuniceerd. Talleyrand benaderde hem met zijn meest arrogante glimlach, die de kardinaal nauwelijks kon verkroppen. De huwelijksvoltrekking ging de prelaat makkelijker af. Hij schikte zijn purperen gewaad en vouwde zijn handen. In een van de vertrekken was een kleine kapel ingericht, het kaarslicht blonk in een vergulde crucifix op het altaar.

Omdat Caroline en Joachim Murat in het revolutionaire tijdperk eveneens de kerkelijke inzegening van hun huwelijk hadden gemist, werden ze tegelijkertijd door de kardinaal in de echt verbonden. Hortense vond dit dubbele huwelijk een pijnlijke ervaring. Duidelijk was te zien hoe gelukkig haar schoonzuster en zwager met elkaar waren. Een grotere tegenstelling tussen dit verliefde paar en de kersverse bruid en bruidegom was ondenkbaar. Al het geluk lag aan de ene zijde van het altaar, al het ongeluk aan de andere.

Er blonk iets verdrietigs in de donkere ogen van Hortenses moeder. Waarom had Napoleon haar niet gevraagd hun eigen huwelijk door de prelaat te laten inzegenen? Ook zij waren alleen voor de wet getrouwd. Haar man maakte als altijd een ongeduldige indruk. Ze wist wel dat hij in zijn hart niet gelovig was en het gedoe op het altaar bespottelijk vond.

Na de inzegening werd de bruid door de hele familie omhelsd. Iedereen zei dat Louis haar gelukkig zou maken. Men leidde haar naar een kleine salon waar een prachtige *corbeille de noces* stond opgesteld vol kostbare snuisterijen: 'Ik besteedde er geen aandacht aan; die onbenulligheden interesseerden me op dat moment niet. Maar mijn man werd gekwetst door mijn onverschilligheid. Toen ik dat merkte, herstelde ik mijn fout onmiddellijk.'

Hortense boog zich gehoorzaam over het mandje en bewonderde de bloemen, de veren en linten. Ze nam de kleine geschenken die de bruidegom erin had verborgen er stuk voor stuk uit terwijl er om haar heen kreten van bewondering werden geslaakt. Aan het einde van de dag verlieten alle familieleden het huis. Hortense begaf zich naar het slaapvertrek, waarin haar moeder ooit haar vrienden als Barras en Hippolyte Charles ontving. De sfinx op de stoelleuning en de Egyptische leeuw op de tafelpoot waren de zwijgende getuigen van de nacht, die de mooiste van haar leven hoorde te zijn.

De volgende morgen begaf Mme Louis Bonaparte – zoals Hortense voortaan heette – zich met haar man naar het paleis voor een bezoek aan haar ouders. In de Tuilerieën stond een feestelijke maaltijd voor hen klaar. Porselein, zilver en kristal glansde op het witte damast dat versierd was met boeketten verse bloemen. Ze was zich ervan bewust dat haar stiefvader met onverholen spot de gebaren van zijn jongere broer volgde. Er hing een zekere irritatie in de lucht, die hoe dan ook tot ontlading zou komen. Ze schoof met neergeslagen ogen naast haar man aan tafel. Joséphine probeerde een zonnige atmosfeer op te roepen door over de bruiloft te babbelen, maar Bonaparte zat met zijn kin op de borst, de mondhoeken omlaag getrokken. Na enige tijd haalde Louis een sierlijk gedrukt briefje tevoorschijn. Joséphine las de tekst glimlachend: '*Madame Bonaparte la mère a l'honneur de vous faire part du mariage de son fils, le chef de bataillon Louis Bonaparte, avec Mademoiselle Hortense de Beauharnais, – Paris 13 nivôse an x.*'[7]

Hij vroeg zijn schoonmoeder om een lijst met de namen van alle familieleden die niet bij het huwelijk aanwezig waren geweest om hen door middel van het schrijven van zijn huwelijk op de hoogte te stellen. Voor ze kon antwoorden vloog Bonaparte op en richtte zich woedend tot Louis: 'Waar bemoei jij je mee? Als er briefjes moesten worden verstuurd had ik dat wel uit mijn naam gedaan. Ben ik niet je vader? Is het niet mijn stiefdochter die je gehuwd hebt? Met welk recht schrijf jij – zonder mijn toestemming – een brief uit naam van mijn vrouw?' Verschrikt staarde Hortense naar haar echtgenoot. Diens broer vond het nog niet genoeg. Hij wilde hem voor haar ogen nog dieper vernederen. Hij tierde dat zijn hoge positie vereist zou hebben dat de aankondigingen naar alle hoge Franse overheidspersonen gezonden werden en aan alle buitenlandse ambassadeurs. 'De stommiteiten die jij begaat komen op mij neer! Je kunt niet onafhankelijk zijn, ik zal het niet dulden!'

Ze verlieten het paleis zodra de maaltijd voorbij was. Hortense zag hoe Louis diep verontwaardigd naar hun gereedstaande koets liep. Achter haar wuifde haar moeder in de hoop een vrolijke impressie na te laten. 'Wat denkt hij wel?' herhaalde Louis telkens weer. 'Hij mag dan het hoofd van de Republiek zijn, hij is niet het hoofd van de familie, want Joseph is de oudste.' Zijn vrouw boog het hoofd, niet in staat hem te troosten.

Drie dagen na de scène vertrokken de Eerste Consul en zijn vrouw met hun gevolg naar het zuiden. Hortense voelde zich eenzaam en nog onzekerder zonder haar moeder. Als ze na haar huwelijksnacht de jaloerse schittering in de ogen van haar stiefvader had opgemerkt, zou ze er niets van hebben begrepen. Ze prentte zich alle goede voornemens in die haar huwelijk tot een succes moesten maken en deed haar best zich eraan te houden.

Mme Campan had haar leerlingen wel eens verteld over de zoete stemming waarin de jonggehuwden tijdens hun *lune de miel* verkeren en hoe er door een banaliteit abrupt een einde aan kon komen. Maar ze was niet voorbereid op de gebeurtenis die een paar dagen later plaatsvond. Blijkbaar vond ze het zo belangrijk dat ze het uitvoerig in haar memoires beschreef. Hortense was in haar slaapkamer met behulp van een kamenierster bezig een nieuw korset te passen toen haar man onverwachts binnenkwam. Geschrokken sloeg ze een sjaal om haar naakte schouders. Louis trok de sjaal weg en stond erop haar met het korset te helpen. Bloedrood van schaamte verzette ze zich hiertegen, maar Louis hield vol. Ze zag hoe haar kamenierster gegeneerd naar de deur vluchtte. Nauwelijks waren ze alleen of Louis sloeg een hoge toon aan: 'Weet u niet, *Madame*, dat een getrouwde vrouw geen preutsheid behoort te kennen tegenover haar echtgenoot? Wat moet het personeel er wel niet van denken? Nu zal overal worden rondverteld dat u mij niet liefhebt en dat men u gedwongen heeft met mij te trouwen.'

Niet in staat zijn woorden tot de juiste proporties terug te brengen en al helemaal zonder enig gevoel voor humor over de korsetscène, zat Hortense gekwetst in een hoekje. Ze was sinds het tweede huwelijk van haar moeder gewend geraakt aan het brute optreden der Bonapartes. Ze waagde het niet er iets tegenin te brengen. Lijdzaam bezag ze zich in haar onderkleding in de spiegel toen Louis haar kamer verliet. Hij had zijn woede over de vernedering die zijn broer hem aandeed, op zijn vrouw geuit. Zo ze ooit vertrouwen had gehad in haar huwelijk met Louis Bonaparte dan was er aan het begin van hun wittebroodsweken maar weinig van over. Verdrietig zocht ze die avond in de sombere blik van haar echtgenoot naar een teken van de liefde, die haar in alle romans was beloofd. Ze deed haar best zich aan zijn regels te houden, maar was niet opgewassen tegen het wantrouwen dat zich om zijn wezen had gevormd. Binnen de weinige mogelijkheden die haar restten in het huis waarin ze door hem bespioneerd werd, zocht ze naar iets dat haar vreugde schonk. Het antwoord kwam al na twee maanden van binnenuit; Hortense verwachtte een kind.

8

Mme Campan koos voor de opvoering van *Esther* van Jean Racine. Haar leerlingen waren wekenlang bezig de zware alexandrijnen in te studeren. Het vergde veel inlevingsvermogen om de Perzische koning Assuérus en diens joodse concubine Esther op de planken te zetten. Racine schreef het Bijbelse drama in 1690 in opdracht van Mme de Maintenon voor de leerlingen van haar meisjespensionaat te Saint-Cyr. Het stichtelijke thema uit het Oude Testament was ook bij uitstek geschikt voor de karaktervorming van de meisjes van het pensionaat in Saint-Germain-en-Laye. Zij leerden eruit dat de deugd van de vrouw het kwaad overwint.

Het speet Mme Campan dat haar talentvolle ex-leerlinge Hortense geen rol kon vervullen. Met haar mooie zangstem en overtuigende spel had ze een voorbeeldige Esther ten tonele kunnen voeren. Maar Hortense ging nu als Mme Louis Bonaparte door het leven. In de eerste maanden van haar zwangerschap voelde ze zich voortdurend misselijk en kon nauwelijks iets eten. Daardoor was ze aanzienlijk magerder geworden. Ze schoof aan de zijde van haar man stil de zaal in en nam plaats op de voorste rij bij haar ouders, die na een triomfantelijke rondreis van ruim drie weken in de Franse hoofdstad waren teruggekeerd. Mme Campan was achter de coulissen in de weer met het fantasievolle kostuum van de titelrolspeelster Adèle Auguié. Hortense en Caroline hadden samen de kostuums ontworpen en het exotische resultaat moest het publiek wel betoveren.

De directrice maande iedereen aan z'n uiterste best te doen omdat de Eerste Consul met zijn familie naar de première kwam kijken. Adèle droeg in haar rol van joodse bannelinge een donkere pruik en een kleurig, oosters aandoend gewaad. Er werd nog wat lippenrood aangebracht en een donkere schaduw boven haar ogen. Toen ze klaar was, keek ze door een gaatje in het roodfluwelen gordijn en zag bij het licht van de kaarsen het gezicht van haar vriendin Hortense even mooi als bleek. Een diamanten parure schitterde fel om haar slanke hals maar haar ogen stonden dof. Mme Campan had Hortense eveneens in het publiek ontdekt. Was het een prille zwangerschap die Hortense zo veranderd had? Haar echtgenoot hield het hoofd van haar afgewend, de zware oogleden geloken alsof hij juist een smartelijk verlies had geleden. Ze boden niet het beeld van een gelukkig, jong paar.

Twee speelsters verdrongen zich nu voor het kijkgaatje om Mme Caroline Murat te zien en Mme Bonaparte met een opvallende diadeem waarin een reusachtige turkoois tussen de bruine krullen de aandacht trok. Verderop in de zaal was het te donker om de gezichten te herkennen. Er waren buitenlandse gasten bij met hun ambassadeurs. Napoleon deed geen moeite zijn stem te dempen; zijn korte opmerkingen klonken als een kanonschot en als hij lachte bewoog hij zijn benen ongedurig. Men wist dat hij niet lang stil kon zitten. Maar Racine was een van zijn geliefde toneelschrijvers; Hortense verwachtte dat hij tot het einde zou blijven.

Mme Campan wierp een laatste blik op het toneel; onder draperieën stond de goudgeverfde troon van Babylon, opgesmukt met kwasten, kussens en Perzisch aandoende leeuwenkoppen, geflankeerd door wachters met zwarte baarden. De fakkels aan weerszijden van het podium werden ontstoken en Adèle concentreerde zich op haar rol. Mme Campan wenste iedereen geluk en verwijderde zich zachtjes om plaats te nemen in het publiek. De muziek begon; het doek opende met een zacht geruis en opdwarrelend stof. De gestalte van Adèle in haar theaterkostuum ontlokte een kreet van bewondering aan de toeschouwers.

Hortense stelde zich helemaal open voor het drama dat zich voor haar ogen ontvouwde. Van de ritmisch gedeclameerde versregels ging een bedwelming uit; het was de eeuwig menselijke tragedie van liefde en dood, gekruid met het bittere lot der joden in ballingschap. Hortense vergat dat het haar boezemvriendin was die voor het publiek haar nood klaagde, ze zag alleen de favoriete van de Perzische koning in Babylon. Wat zou Assuérus doen als hij wist dat Esther die hij hartstochtelijk beminde, een dochter was van het joodse volk? Dat haar eigen vader slavenarbeid moest verrichten? Hoe moedig was deze vrouw, die op het meest kritieke ogenblik haar joodse afkomst aan Assuérus onthulde om haar volk te redden. De koning bleek rechtvaardig: dankzij haar bemiddeling werden de joden bevrijd. En de schurk die alle slaven had willen vermoorden, kreeg zelf de doodstraf. Aan het einde van de laatste acte van de tragedie bereidde het joodse volk zich voor op de terugkeer naar Israël. In opperste vreugde zong een slaaf: *'Je reverrai ces campagnes si chères'* en een ander voegde er in vervoering aan toe: *'J'irai pleurer au tombeau de mes pères.'*[1]

Bij deze hartverscheurende regels ging een heftige snik door de zaal. Bonaparte schoot overeind en keek om zich heen: 'Wat is dat?'

vroeg hij hardop aan Mme Campan. Joséphine wendde het opgesierde hoofd en zag hoe de Nederlandse ambassadeur Schimmelpenninck een man naast zich trachtte te troosten door hem onhandig op de arm te kloppen. Het was de graaf van Dietz, schuilnaam voor Willem Frederik, prins van Oranje-Nassau, zoon van de verbannen stadhouder Willem v, die zijn tranen niet kon bedwingen. Hij identificeerde zich zozeer met de joodse slaven dat de laatste regels over het graf van hun voorvaderen hem te veel werden. Nu Bonaparte meester was over bijna heel Europa zouden de Oranjes nooit kunnen terugkeren naar hun geliefde vaderland om bij het marmeren grafmonument van hun roemruchte voorvaderen in de Nieuwe Kerk in Delft te wenen.[2]

Joséphine knikte de ongelukkige prins medelevend toe en vormde haar smalle lipjes tot een troostende glimlach. De prins van Oranje deed zijn uiterste best om zijn aandoening de baas te worden. Hij liet nog een jankend geluid horen, drukte een grote zakdoek tegen zijn gezicht en smoorde een laatste snik.

De bannelingen op het podium hervatten het theaterspel en aan het einde van de derde acte, toen de deugd van Esther zegevierde en het kwaad was overwonnen, stonden alle aanwezigen op om de actrices, zangers en musici met applaus te belonen.

De rijen stroomden leeg en Louis en Hortense stonden een ogenblik oog in oog met de erfprins van Oranje. De forse, bijna dertigjarige man had een wilde haardos, een vrij lange vooruitstekende neus en volle, diep gewelfde lippen. Hoewel Hortense zich nauwelijks met politiek bemoeide, wist ze dat de Bataafse Republiek ten noorden van België voorgoed voor het Huis van Oranje-Nassau verloren was gegaan. De prins kwam naar Parijs om bij haar stiefvader genoegdoening te vragen voor de geannexeerde gebieden en de daaruit voortvloeiende inkomsten die hij moest ontberen. Het ontroerde haar dat deze nazaat van het ooit zo machtige geslacht onder een schuilnaam als een bedelaar naar de Eerste Consul moest gaan. Wat zou Bonaparte hem hebben gegeven in ruil voor de Noordelijke Nederlanden met zijn paleizen en landgoederen? Ze had in Parijs schilderijen gezien van Hollandse schilders als Rembrandt en Van Gooyen. De Fransen namen deze werken uit het bezit van de Oranjes in 1795 mee uit Den Haag. Bezittingen van de Oranje-Nassau-usurpators die eeuwenlang het volk van de Lage Landen hadden uitgebuit en onderdrukt, vertelde men haar. Er sprak warmte uit de portretten en vooral een waardige eenvoud, die ze voorgoed associeerde met het gebied aan de Noordzee. Louis nam zijn vrouw bij de elleboog en stuurde haar naar de uitgang.

De prins van Oranje rechtte zijn rug, hij torende boven de gasten uit. Willem had zichzelf weer in de hand. De winternacht van januari

1795 toen hij met zijn vader en broer in een visserspink over de Noordzee dobberde in plaats van strijd te leveren tegen de Franse invasie, was een coupure in zijn leven. Hij haatte zijn vader om die vernederende vlucht. Ze waren vriendelijk ontvangen aan het hof van George III en brachten de zomer door in Londen.

Daar schonk zijn vrouw het leven aan hun tweede zoon, die Frederik werd genoemd. In 1800 was hun dochtertje Pauline geboren. Willem vroeg zich vertwijfeld af wat voor een toekomst zijn kinderen hadden als ze het vaderland nooit zouden zien. Een geringe status, nauwelijks kapitaal. Hij vestigde al zijn hoop op een gezamenlijke aanval van de Engelsen en Russen op de Hollandse kust. Toen die invasie mislukte probeerde hij het over land. Aan het hoofd van zijn soldaten viel hij de Achterhoek binnen maar vond weinig steun van zijn volk en moest zich ten slotte terugtrekken.

Geheel ontmoedigd begaf hij zich naar zijn gezin, dat zich nu bij zijn schoonfamilie in Berlijn had gevestigd. Tevergeefs zocht hij militaire hulp bij zijn zwager, de Pruisische koning.

In 1801 besloot Willem V niet langer gebruik te maken van de gastvrijheid van de Engelse koning George III, die nu vredesonderhandelingen voerde met Frankrijk. Hij dankte hem vriendelijk en vertrok met zijn vrouw naar de Duitse erflanden waar hij als soeverein kon leven. De oude prins installeerde zich in Oranienstein aan de Lahn, niet ver van Nassau waar de oorsprong lag van hun dynastie. De terugkeer naar Holland gaf hij met een diepe zucht op, zozeer was hij overtuigd van de suprematie van Napoleon Bonaparte. Hij liet zijn aanhangers in de Lage Landen officieel weten dat ze van hun plicht van trouw aan hem waren ontslagen.

De oude orangisten zagen in dat hun verzet geen zin meer had. Het leven ging door. Geen van hen was content met het beleid van de Bataafse Republiek maar ze moesten zich er wel in schikken. Na meer dan twee eeuwen was de band tussen het Huis van Oranje en het volk verbroken.

De oudste zoon van de laatste stadhouder kon het echter nog altijd niet verkroppen dat de macht en het kapitaal van Oranje verloren waren gegaan. Dagelijks dacht hij aan zijn geboortestad Den Haag en hoorde nog de beschamende afscheidsrede van zijn vader op het Binnenhof. Hij herinnerde zich Huis Ten Bosch met zijn opwindende balzaal, waarin hij als kind speelde. Volgens de berichten was hun zomerverblijf Paleis Soestdijk aan een herbergier verhuurd en lagen de prachtige tuinen van zijn geliefde Paleis Het Loo er verwaarloosd bij.

Het diepst kwetste hem de grafschennis, waarin de barbaarsheid van de patriotten tot uiting kwam. In Leeuwarden had het gepeupel de tombes van de Friese Nassaus in de Grote Kerk opengebroken. De stoffelijke resten van zijn familie werden door de kerk gesmeten en met de schedel van zijn betovergrootmoeder speelden de patriotten voetbal op de plavuizen. In de Utrechtse Dom uitten de grafschenners hun razernij op de tombes van adellijke doden. In maart 1802 nam de erfprins van Oranje een besluit: hij vroeg audiëntie aan bij Napoleon Bonaparte in Parijs om genoegdoening te vragen voor de verloren Oranjebezittingen. Op zijn verzoek volgde een beledigende brief. Bonaparte was bereid hem – in de hoedanigheid van zwager van de Pruisische koning – te ontvangen. Hij mocht echter niet als prins van Oranje-Nassau reizen maar kon onder schuilnaam in het Palais Royal overnachten. Voor logies in de Tuilerieën was hij blijkbaar niet belangrijk genoeg.

Prins Willem ging als graaf van Dietz op reis. Hij was bereid alle vernederingen te slikken en een knieval te doen voor de Eerste Consul, als het hem maar kapitaal en status opleverde. Bij zijn eerste ontmoeting overrompelde de Eerste Consul hem met zijn harde charme. In zijn hart bewonderde prins Willem de man, die door een krachtige bewindvoering in korte tijd zoveel verbeteringen in de ontwrichte Franse Republiek had doorgevoerd. Tijdens het onderhoud luisterde Napoleon welwillend naar de prins uit het oude en voorname geslacht. Willem schetste de situatie van de Oranjes in ballingschap. Ze hadden niet alleen hun hoge positie en hun paleizen met de rijke inboedel bij de revolutie verloren, maar ook alle inkomsten uit onroerende goederen. Was het dan niet correct een *compensation équivalente* te verlangen?

Tijdens een vervolggesprek bood Napoleon Bonaparte hem in ruil voor de verloren goederen het bisdom Fulda aan met zijn oude abdijlanden, Weingarten en Dortmund. De acceptatie van het aanbod betekende dat de Oranjes en hun nazaten voorgoed afstand deden van het stadhouderschap en de Bataafse Republiek erkenden.

De graaf van Dietz dankte de Eerste Consul en reisde met gemengde gevoelens naar Oranienstein. Zodra Willem v hoorde wat Napoleon aanbood begon hij te stotteren van woede; de gebieden die de Eerste Consul hem als genoegdoening wilde afstaan waren niet eens van Frankrijk. Dacht de dictator soms dat een prins van Oranje gestolen goed zou aannemen? Bovendien stelden die gebieden niets voor vergeleken bij wat ze in Holland hadden moeten achterlaten. Had zijn zoon dit geaccepteerd van die charlatan? Als Willem in Fulda wilde gaan wonen was dat zijn zaak, zijn vader bleef in zijn Nassause erflanden. De oude prinses van Oranje moest voor de zoveelste keer bemiddelen tussen haar man en haar zoon, die tierend tegenover elkaar stonden.

Ze vroeg zich af of het nog zin had om je tegen Bonaparte te verzetten als zelfs het machtige Pruisen, Oostenrijk, Rusland en Engeland vrede met hem hadden moeten sluiten. Iedereen prees zijn talenten. Willems secondant Schimmelpenninck had hoog van de Eerste Consul opgegeven.

De erfprins keerde hun de rug toe. Hij reisde naar zijn vrouw in Berlijn. Daar nam hij zijn zonen op schoot, de tienjarige Guillot en diens kleine broertje Frederik. In het belang van hun toekomst hield hij koppig vast aan zijn droom om ooit terug te keren in zijn vaderland. Met een zucht begon hij de kinderen te vertellen over de Haagse kermis en een tochtje per trekschuit over de Vliet.

Hortense keerde na de voorstelling van *Esther* met haar man terug naar hun huis. Ze was droevig en onzeker geworden door het onvoorspelbare gedrag van Louis en zei nog maar weinig, uit angst hem uit zijn humeur te brengen. Tijdens de afwezigheid van haar ouders hadden ze toestemming gekregen enige dagen naar Malmaison te gaan. Louis nodigde een vriend uit en vroeg Adèle Auguié hen te begeleiden. Daar had zich een afschuwelijke scène afgespeeld, die lang in haar nawerkte.

Na een wandeling door de winterse bossen schaarden ze zich 's avonds om het haardvuur in de salon. Bij het tikken van de pendule verdiepte Louis zich in een nieuwe roman. De jonge officier speelde aan tafel met allerlei moeilijke puzzels. Hortense en haar vriendin zaten aan weerszijden van hem te borduren. Hoewel hij er niet in slaagde ook maar een van de puzzels in elkaar te zetten, begon de zwijgzame jongeman telkens zuchtend opnieuw. Zijn gedrag werkte in de stille kamer op de lachspieren van Hortense en Adèle. Ze keken elkaar over het hoofd van hun gast aan en begonnen – net als op de meisjeskostschool – onderdrukt te giechelen.

Louis keek verstoord op van zijn boek. De vriendinnen keken op slag serieus. Ongelukkigerwijs vonden hun ogen elkaar opnieuw toen de officier met een ruk de puzzelringen uit elkaar probeerde te trekken en ze schoten gelijktijdig in de lach. Niets kon de uitbarsting van vrolijkheid stoppen, de strenge blik van Louis maakte het alleen nog maar erger. 'Spoedig zou mijn lachen overgaan in huilen,' noteerde Hortense. 'Toen we alleen waren zei mijn man op snijdende toon: "Wie denk je eigenlijk wel dat je voor je hebt? Denk je dat ik me door jou als een stuk speelgoed laat behandelen? Laat ik je zeggen dat alleen onfatsoenlijke vrouwen hun man uitlachen. Ik ga nog liever bij je weg dan dat ik me op deze wijze laat vernederen."'

Hortense was radeloos. Ze begreep niet hoe zo'n kleinigheid tot zulke heftige reacties kon leiden. Alle kans op een beetje huwelijksgeluk leek verdwenen. Als haar man zich zo snel in zijn eergevoel aangetast voelde, zou ze bij hem nooit meer zichzelf kunnen zijn. Ze kreeg een huilbui waarop Louis haar overdreven bezorgd in de armen sloot en haar trachtte te troosten. Maar na deze bizarre scène volgden andere. Hortense kon het niet nalaten de voorvallen – hoe onbenullig ook – op te schrijven. Op een dag nodigde Mme Campan Hortense en Louis uit voor een feestelijke middag, die speciaal voor de pasgehuwden in Saint-Germain-en-Laye was georganiseerd. Hortense, die nog ontdaan was over de ruzie, begon in tegenwoordigheid van haar man al haar spontaniteit te verliezen. Ze werden in een schemerig vertrek ontvangen. Daar had Mme Campan een bijzondere verrassing: Isabey, de teken- en schilderleraar van Hortense, schilderde een serie taferelen op doorschijnende plaatjes. Ze werden door middel van kaarsen op een scherm vertoond en vertelden in een charmant beeldverhaal over Hortenses verblijf op het meisjespensionaat. Men zag haar als zangeres, als danseres, als Liefste Meisje van de School met de kunstroos, als toneelspeelster en ten slotte als bruid. Er werd gelachen om de herinneringen vol kleine plagerijen. Hortense genoot ervan, maar haar man zat met een strak gezicht naast haar. Hij voelde zich gekrenkt door de vertoning en deed geen moeite zijn ongenoegen te verhullen. Bij het verlaten van de school bezwoer hij haar dat hij er nooit meer een voet over de drempel zou zetten.

Zijn vrouw deed krampachtig haar best zich te plooien naar zijn stemmingen. Door toe te geven verbeterde ze zijn gedrag niet. Ten prooi aan gewrichtspijnen besloot haar echtgenoot in de loop van maart zich naar Barèges, een kuuroord in de Pyreneeën te begeven. Hij wilde dat zijn vrouw met hem mee ging op reis. Ze durfde niet te protesteren, maar toen haar ouders ervan hoorden maakten ze bezwaar. Hoe kon Louis verlangen dat zijn zwangere vrouw zo'n lange reis met hem maakte in een schokkende koets? Wilde hij soms dat ze een miskraam kreeg? Haar man hield koppig vast aan zijn eis; als Hortense hem liefhad zou ze hem tot het einde der wereld willen volgen. Ongerust ontbood Joséphine de ervaren *accoucheur* Jean-Louis Baudelocque, die Louis Bonaparte uitlegde dat zo'n tocht het risico van een miskraam heel nabij bracht.

Zwijgend pakte Hortenses echtgenoot zijn bagage en nam koel afscheid van haar. Met een plotseling gevoel van opluchting hoorde ze zijn koets over de keien van de rue de la Victoire ratelen. Eerst zou Louis zijn regiment in Joigny bezoeken en vandaar verder trekken naar het kuuroord; ze was een paar maanden lang bevrijd van zijn aanwezigheid. Joséphine ontving haar nu elke dag in de Tuilerieën. Een aantal vriendinnen van het meisjespensionaat was eveneens in verwachting en ze brachten rustige middagen door met het borduren van kinderkleertjes.

Kolonel Duroc keerde terug uit Rusland en hij wenste haar wat timide geluk met haar huwelijk. Hortense meende dat ze op dezelfde vriendschappelijke voet met elkaar konden omgaan. Het voorval met de liefdesbrief moesten ze vergeten. Bonaparte vroeg haar op een dag te bemiddelen in een huwelijk van Duroc met de jonge Spaanse Marie de Hervas, dochter van een schatrijk bankier uit Madrid. Ze stemde erin toe omdat Marie op het meisjespensionaat van Mme Campan had gezeten en daar haar vriendin was geworden. Ze wilde haar graag gelukkig maken en vertelde Duroc uitvoerig over de goede eigenschappen van het meisje. Halverwege haar betoog onderbrak hij haar: 'Ik ben me bewust van al het goede dat ze mij zal schenken,' zei hij weemoedig, '*Mais tout cela n'est pas vous.*'[3] De woorden troffen haar. Dit was een man die haar naar waarde wist te schatten. Maar ze was uitgeleverd aan een ander, die niets dan kwade eigenschappen in haar meende te bespeuren en een schaduw wierp op haar jonge leven. Ze wendde zich af. Gerard Duroc begreep dat Hortense de Beauharnais voor altijd onbereikbaar was en stemde daarom toe in het huwelijk met Mlle de Hervas.

Het kon niet lang verborgen blijven voor de Spaanse bankiersdochter dat haar aanstaande man verliefd was geweest op Mme Louis. Ze reageerde op waardige wijze: 'Als hij van haar heeft gehouden vormt het een bewijs van zijn goede smaak. Als Hortense ook van hem heeft gehouden dan moet hij het waard zijn.'

Op 9 augustus 1802 trouwde kolonel Duroc met Marie de Hervas te Parijs. Korte tijd later benoemde de Eerste Consul hem tot gouverneur van het paleis en zag hij Hortense bijna dagelijks. Hij zou nooit meer op zijn gevoelens voor haar terugkomen. Ze gedroegen zich als goede vrienden.

Dat jaar vierde Hortense haar negentiende verjaardag. Toen ze haar slanke taille begon te verliezen en door haar omgeving met zorg en respect werd behandeld, ontstond er soms een wanhopig verlangen naar haar jeugdjaren bij Mme Campan. Dan liet ze de paarden inspannen en reed per koets naar Saint-Germain-en-Laye ten westen van Parijs, waar ze steeds met vreugdekreten werd begroet. Ze volgde er een paar lessen en speelde ongedwongen met de jongere leerlingen in de tuin van het pensionaat. Een dame uit de *faubourg* Saint-Germain die haar zag rondhollen, toonde zich geschokt. Mme Campan legde haar lachend uit dat deze aanstaande moeder een voormalige, gehuwde leerlinge was die van tijd tot tijd de voorkeur gaf aan het meisjespensionaat boven de kringen waarin ze noodgedwongen vertoefde: 'De dame zette grote ogen op en kon mijn kinderachtige gedrag niet begrijpen,' schreef Hortense. Spoedig amuseerde heel Parijs zich erover. Maar toen Joséphine het ter ore kwam was ze boos; haar dochter bracht haar zwangerschap in gevaar door deel te nemen aan de schoolspelletjes. Werd het geen tijd zich als een volwassen vrouw te gedragen? Ook Louis Bonaparte vernam wat er gebeurd was en hij schreef Hortense vanuit het kuuroord een brief waarin hij haar gedrag scherp veroordeelde. Hij verbood haar nadrukkelijk op bezoek te gaan in het meisjespensionaat. Ze moest wel gehoorzamen en zo werd het contact met Mme Campan minder frequent, juist nu ze haar nodig had.

Napoleon zei dat er genoeg vrouwen waren die na hun veertigste nog een kind ter wereld hadden gebracht. Hij stuurde Joséphine, die in juni 1802 haar negenendertigste verjaardag vierde, opnieuw naar de baden te Plombières. Nu zijn vrouw in rang was gestegen en de Eerste Consul bij alle officiële reizen en ontvangsten begeleidde, bleek des te meer hoe onmisbaar ze voor hem was. Claire de Vergennes Mme Rémusat, die in 1802 als hofdame haar intrede deed aan het hof in de Tuilerieën, heeft in haar memoires een indringend beeld geschetst van veel persoonlijkheden rond Bonaparte. Daaruit blijkt duidelijk dat hij niet in staat was zich te presenteren; zonder Joséphine zou elk staatsbezoek een mislukking zijn geworden. De van oorsprong adellijke dame schreef: 'Bonapartes opvoeding en omgangsvormen lieten veel te wensen over. Hij leek wel voorbestemd voor het leven in een tent, waar niets erop aankomt, of op een troon, waar alles geoorloofd is. Hij wist nooit hoe men zijn entree moet maken in een vertrek of hoe men het op een waardige wijze moet verlaten. Hij kon niet groeten en wist niet hoe men behoort te gaan zitten en hoe men behoort op te staan. Zijn gebaren waren kort en bruusk, evenals de wijze van spreken en zijn uitspraak. Zelfs het Italiaans verloor alle charme in zijn mond. Welke taal hij ook sprak, hij scheen er nooit vertrouwd mee te zijn. Het leek wel of hij de taal geweld moest aandoen om er zijn gedachten in uit te drukken. Alle regels hinderen hem trouwens en elke vrijheid die hij zich veroorloofde, komt hem voor als een overwinning. Zelfs aan de grammatica heeft hij nooit concessies willen doen.'

Vergeleken bij Bonaparte was er geen grotere tegenstelling denkbaar dan Joséphine. Mme Rémusat waardeerde haar omdat ze in haar gedrag de stijl van het *ancien régime* bewaarde en de onbehouwen sfeer van het hof zodra ze binnenkwam veranderde: 'Zowel door haar naam als haar uiterst elegante omgangsvormen stak ze ver boven haar omgeving uit,' schreef de hofdame. 'Zonder bepaald knap te zijn bezat ze toch een heel eigen charme. Haar trekken waren fijn en harmonisch; haar mond was klein, zodat ze haar lelijke tanden gemakkelijk kon verbergen. Haar teint was wat donker, maar dat verhielp ze door een handig gebruik te maken van rouge en blanketsel. Zij had een volmaakt figuur. Met haar fijne, soepele en gemakkelijke bewegingen was zij een toonbeeld van gratie, waarvan La Fontaine zegt dat zij "schoner dan de schoonheid" is. Zij kleedde zich uiterst smaakvol. Ze voegde glans toe aan alles wat zij droeg. Zij had dus enkele punten in haar voordeel en met behulp daarvan en door zich te tooien met uitgezochte sieraden heeft zij altijd weten te voorkomen dat zij overschaduwd werd door de jeugd en de schoonheid van vrouwen in haar omgeving. Bovendien had ze, zoals ik al zei, iets heel liefs; zij was opvallend gelijkmatig gehumeurd, zeer vriendelijk en zonder moeite in staat om kwaad te vergeten dat anderen haar hadden willen aandoen.'

Was het vreemd dat Hortense haar moeder levenslang adoreerde? Het leek onmogelijk om haar te overtreffen en daarom probeerde ze haar zoveel mogelijk te evenaren.

Hortense nam die zomer op Malmaison de plaats van haar moeder in. Ze zat aan het hoofd van de tafel en trachtte het haar stiefvader naar de zin te maken: 'Als het avond werd en hij besloot niet te gaan werken, speelden we vaak samen een partij schaak,' schreef Hortense. 'Hij was zo verstrooid dat ik hem altijd versloeg, hetgeen me de reputatie bezorgde van een groot schaaktalent. De waarheid is dat de Consul, toch al geen sterke tegenspeler, in gedachten altijd veel te veel met zijn zaken bezig was.'

Ook zonder Joséphine ging het vermaak op Malmaison door. Op zondag werd er een koor uit Parijs uitgenodigd om op het buitenverblijf te zingen. Een van de koorleden was de jonge, knappe operazangeres Mlle Rolandeau, die erom berucht stond dat ze alle mannenharten veroverde. De Eerste Consul bleek gevoelig voor haar stem en charmes. Voor het eerst gaf Joséphine openlijk blijk van jaloezie en twijfel over de trouw van haar zes jaar jongere echtgenoot. Hortense: 'Ik ontving van mijn moeder een boze brief. Ze had vernomen dat die actrice op Malmaison was geweest en dat had ik volgens haar moeten verhinderen.' Op 14 juli verscheen Joséphine onverwachts bij Bonaparte in Parijs. Door ongerustheid gedreven had ze Plombières vroegtijdig verlaten. Haar man maakte zijn vrouw hevige verwijten. Met die onzinnige jaloezie verspeelde ze haar kans om moeder te worden. Hoewel hij sindsdien van tijd tot tijd een minnares had, was er tussen hem en de hartstochtelijke actrice die zomer niets onbetamelijks voorgevallen. Mlle Rolandeau oogstte met haar schitterende sopraan succes in de Italiaanse opera en in het theater Feydeau te Parijs. Tijdens een van de uitvoeringen raakte haar toneeljapon een kaarsvlam, het vuur greep zo snel om zich heen dat de brandwacht te laat kwam. Ze verbrandde levend op het podium. Bonaparte vergat haar snel.

Augustus 1802 begon in Parijs met feestelijkheden. Op 5 augustus trouwde Eglé Auguié, een van de drie nichtjes van Mme Campan, met de sympathieke Michel Ney, een hooggeplaatst militair, die in het leger van Bonaparte een belangrijke rol ging spelen.

Mme Louis Bonaparte kwam alleen naar de bruiloft. Haar echtgenoot was nog altijd niet teruggekeerd van zijn kuur, wat aanleiding gaf tot tal van speculaties. Over de zwangere Hortense met haar meisjesachtig gedrag en onschuldige blauwe ogen begonnen roddelpraatjes de ronde te doen. Hoewel ze de betekenis van de berichten niet helemaal kon begrijpen, hield ze zich tijdens het feest van haar beste vriendin wat op de achtergrond.

Drie dagen eerder was Bonaparte na een volksstemming plechtig tot Consul voor het leven verheven. In zijn nieuwe status had hij de macht van een koning en kon zelf over zijn opvolging beslissen. Omdat hij nog altijd geen zoon had, omringde hij zijn zwangere stiefdochter met des te meer zorg. Op 15 augustus vierde hij op Malmaison zijn drieëndertigste verjaardag. Hortense deed er alles aan om er een groot feest van te maken. In de theaterzaal die volgens haar wens in het buitenverblijf was gebouwd, liet ze een kort toneelstuk van *citoyen* Duval opvoeren waarin ze, gehuld in een ruim gewaad, zelf een rol speelde. Daarna was er een bal.

In haar positie weigerde Hortense deel te nemen aan de dansen. Ze wist dat Bonaparte niet graag naar zwangere vrouwen keek. Nu drong haar stiefvader er krachtig op aan dat ze deel zou nemen aan de *contredanses*. Wat verbaasd liet ze zich overhalen en nam er ingetogen en vol gratie aan deel. Bonaparte volgde al haar bewegingen en zag tot zijn voldoening dat de gasten hetzelfde deden.

In haar memoires heeft ze de daaropvolgende gebeurtenis in afgemeten woorden beschreven:

'Ik danste maar één keer. De volgende dag stond er in de krant een gedicht over mijn vergevorderde zwangerschap en mijn gedans. Ik klaagde erover bij Bourrienne.'

De secretaris van Bonaparte had het gedicht en het verslag van de feestelijkheden in Malmaison al in de *Journal de Paris* gelezen. Hij zag dat Hortense zich geneerde over de ongewenste publiciteit waaraan ze was blootgesteld. De secretaris besloot haar uit de droom te helpen: 'Dat moet op bestelling geschreven zijn. U leest alle kwaadaardige berichten niet die in de Engelse kranten over u verschijnen.'[4]

Het gaf haar veel te denken. Voorzichtig liet ze de kwestie onderzoeken en moest vernemen dat ze volgens de Engelse kranten al in het geheim bevallen was van haar eerste kind. En dat was nog niet het ergste: er werd verteld dat Joséphine haar eigen dochter had gedwongen het bed te delen met haar stiefvader en dat ze al zwanger van hem was voor ze Louis huwde. Dit alles zou ook diens langdurige afwezigheid verklaren. Vervuld van schaamte begreep Hortense nu dat het artikel in de *Journal de Paris* haar reputatie moest zuiveren en in opdracht van haar stiefvader was geschreven. Ze was ontzet, doodsbang dat Louis er in de Pyreneeën iets van hoorde. Het zou zijn achterdocht jegens haar aanwakkeren. Zijn eer was geschonden, en dat voor een trotse Corsicaan. Wie had deze obsceniteiten toch allemaal verzonnen?

Ze kon de kwestie moeilijk naast zich neerleggen. Sinds er bij de vrede van Amiens geen vijandschap meer bestond tussen het Britse koninkrijk en de Franse Republiek waagden veel Engelsen zich voor hun plezier in Parijs en wandelden over de Champs-Elysées of in de Jardin des Plantes. Er mocht dan officieel vrede heersen, de wederzijdse spot en rivaliteit waren niet bezworen. Elke roddel ging vliegensvlug het Kanaal over en Bonaparte was het mikpunt van satire. Het leek of er altijd om Hortense heen werd gefluisterd. Waar kwamen de leugens toch vandaan? Het spoor leidde regelrecht naar het huis van Caroline Murat, die ervan genoot als de gehate Joséphine en haar dochter in een kwaad daglicht kwamen te staan. Maar kon haar schoonzuster zo wreed zijn?

Hortense probeerde het van zich af te zetten. Haar zichtbare zwangerschap sprak de roddelpers woordeloos tegen en daarom vertoonde ze zich ondanks haar gêne vaak in het openbaar. De Eerste Consul bedacht dat hij Hortense in een ander, ruimer huis moest onderbrengen met eigen kamers voor haar kind en zijn verzorgsters. Het huidige huis in de rue de la Victoire was bovendien beladen met herinneringen. Er kwam in dezelfde straat een elegante woning vrij, met een mooie tuin erbij. Hij vertelde Hortense welk geschenk hij voor haar had en ze verheugde zich op de verhuizing.

De inrichting van het nieuwe huis nam haar volkomen in beslag; in de kinderkamer stond een wiegje dat als een schelp op een vuurvergulde bronzen voet rustte. Zachte dekentjes en zijden gordijnen om de boze wereld buiten te sluiten. Haar salon in lichtblauw en wit; onschuldig maagdelijke tinten. De dagen leken te kort om alles voor het kind in gereedheid te brengen. De weken verstreken en eind september drong Joséphine aan op een aderlating. Als ze dat niet deed, zou haar kind te zwaar worden en mogelijk last krijgen van allerlei ziektes. Hortense had nog nooit in haar leven zoiets laten doen en werd bang.

Niets was zo angstaanjagend als bloed, dat sinds haar kindertijd het symbool was van verlies en dood. De dokter wist haar te kalmeren en legde haar arm op de stoelleuning. Met zijn duim zocht hij de ader, die zich blauw aftekende onder haar witte huid. De eerste snee van het vlijmscherpe mes had echter geen resultaat. Het mes sneed opnieuw. Ze keek naar het beschilderde plafond, voelde een korte pijn en het warme bloed dat in een schaal droop. De wereld kantelde, ze kreunde maar verloor het bewustzijn niet. Joséphine begon zenuwachtig te huilen omdat ze haar dochter moest zien lijden. Hortense probeerde haar te troosten met een onnatuurlijk lachje. Bij alle consternatie klonk voor het huis opeens het geratel van een rijtuig, een portier dat geopend werd. Haar moeder liep naar het raam en nam de dunne gordijnen op. Ze draaide zich om naar haar dochter, die bleek achterover lag. Louis Bonaparte was teruggekeerd.

Tegen beter weten in voelde Hortense blijdschap bij de terugkeer van haar man. Ze hoopte dat hij haar de steun zou geven die ze op dat ogenblik zo hard nodig had. Maar de glimlach gleed van haar gezicht toen ze de ergernis in zijn ogen las. Het beviel Louis Bonaparte niet dat zijn broer zonder hem te raadplegen zomaar een ander huis voor hem kocht. Hortense had zich er al helemaal geïnstalleerd, alsof de mening en smaak van haar man er niet toe deden. Hij zag dat de aderlating Hortense geen goed deed. Ze was wit als een doek en had rood omrande ogen. Dit moest Joséphine wel hebben geforceerd, de leeghoofdige Joséphine die het hele leven van zijn vrouw bestuurde en altijd in het centrum van haar aandacht wilde staan. Geïrriteerd stuurde hij de dokter met zijn messen en schalen de deur uit, hielp zijn schoonmoeder in het rijtuig om terug te keren naar de Tuilerieën en sloot zich op in de voor hem ingerichte kamer.

Hortense nam zich voor niet meer toe te geven aan zijn humeuren. Zodra ze was aangesterkt nodigde ze haar vriendin Adèle uit om in haar salon op de harp te spelen en samen te zingen. Haar creativiteit vormde een grote troost. Ze leende een kinderportret van de hand van de succesvolle Greuze[5] om er een kopie van te schilderen. Haar penseel volgde de zachte vormen en legde er alle zoetheid en sentiment in van het origineel. Zou het kind dat in haar schoot groeide net zo mooi worden? Oktober naderde. Als haar man zich in haar salon vertoonde, praatte ze over de komst van hun kind en probeerde zijn gevoelsbarrières te breken. Ook Louis – die in zijn hart hunkerde naar liefde – moest toch lijden onder de afstand die tussen hen bestond?

’s Nachts voelde ze bewegingen in zich, een voetje dat trappelde, een schoudertje dat zich keerde. Hortense beleefde de naar binnen gekeerde liefde van het moederschap: veilig in haar lichaam besloten kon niets de band tussen haar en haar kind nog beïnvloeden. Louis vervulde de eenheid tussen de moeder en zijn kind met een vage afgunst. Als hij de baby eenmaal in zijn armen hield zou dat wellicht voorbij zijn. Hun gesprekken bleven meestal in evenwicht als ze over hun kind spraken. Maar ook daar ging het op een dag mis: 'Ik had met mijn *accoucheur* uitgerekend wanneer mijn bevalling ongeveer zou plaatsvinden,' schreef Hortense. 'De dokter zei tegen me dat een vrouw dikwijls twee tot drie weken te vroeg bevalt als het kind een jongen is en dat het hem niet zou verbazen als de baby al omstreeks de eerste oktober arriveerde. Omdat ik 3 januari was getrouwd zou ik na negen maanden min drie dagen kunnen bevallen. Ik rende verbaasd en lachend naar mijn man om hem dit nieuws te vertellen. Maar hij zei met een angstaanjagende blik: "Als dat gebeurt, kijk ik je mijn leven lang niet meer aan." – "Hoezo?" riep ik wanhopig, "zou je dan verdenkingen tegen me hebben?" – "Nee, ik weet wel dat het in orde is, maar het is om wat de mensen ervan zouden zeggen."'

De angst voor de Engelse libellen had volledig bezit van hem genomen. Louis, die van nature al aan een extreme achterdocht leed, vreesde dat een vroeggeboorte de roddelpraat zou bevestigen. Vertwijfeld wendde hij zich van zijn vrouw af. In haar memoires vertelt Hortense hoe opgelucht ze was toen de eerste oktoberdagen verstreken waren zonder tekenen van een naderende bevalling. 'Toen ik was blootgesteld aan kwaadsprekerij door mensen die me er juist tegen hadden moeten beschermen, voelde ik me door een rampzalige slag getroffen. Ik zag mezelf al maar door zonder baken, zonder steun op deze aarde, met slechts nog ondersteuning in mijzelve en troost in mijn eigen gemoed.'

Op een dag werd een oudere vrouw, gewikkeld in haar blauwe omslagdoek, tot Hortenses salon in de rue de la Victoire toegelaten. Ze herkende Mère Rousseau uit Chelles, die haar voedsterkind overstelpte met goede raadgevingen. Ze had een grote mand bij zich met gezonde lekkernijen voor de aanstaande moeder. Ten slotte haalde ze haar dorpsalmanak tevoorschijn. Daarin stonden niet alleen de weersverwachtingen, de kalender en de feestdagen maar ook allerlei voorspellingen. Met rode wangen las ze Hortense voor dat er in oktober van dat jaar een jongen geboren zou worden die over het mooiste land van Europa zou heersen. Ze keek haar triomfantelijk aan. Dat moest wel betekenen dat het kind een zoon was, de toekomstige koning van Frankrijk! De voorspellingen uit haar almanak waren altijd uitgekomen.[6]

Hortense lachte erom. Na een lang samenzijn met de eenvoudige, liefdevolle Mère Rousseau voelde ze zich zo blij vanbinnen dat het voor iedereen zichtbaar moest zijn. Hoewel Louis wilde dat ze haar dagen thuis doorbracht, begeleidde ze haar ouders naar een grote tentoonstelling in het Louvre, waar de vooruitgang van de nijverheid in de Franse Republiek werd gepresenteerd. Het was een ode aan de opbloei van de economie onder leiding van Bonaparte. Hij liep met Joséphine aan zijn arm langs de uitstallingen terwijl zijn adjudant Hortense ondersteunde. Hij bracht haar een halfuur later naar een stoel om wat uit te rusten maar Mme Louis Bonaparte voelde zich nog vol energie. Het leek wel of haar kind voorlopig niet geboren zou worden. Op 9 oktober wilde ze aanwezig zijn bij een *grand cercle* aan het hof van de Tuilerieën. Juist door haar omvang kon ze iedereen stralend in de ogen kijken; die blik vormde een afweermiddel tegen de boosaardigheid die haar geluk bedreigde.

Hortense: 'Op 10 oktober, precies negen maanden nadat ik met mijn man alleen was in Malmaison, kreeg ik opeens hevige weeën waarop mijn broer, die juist op bezoek kwam, wegholde om mijn moeder te waarschuwen. Ze kwam direct uit Saint-Cloud en omringde me met de tederste zorgen. Mijn man verliet geen moment mijn zijde en tot hun grote vreugde bracht ik om negen uur 's avonds een jongetje ter wereld. Mijn bewakers en mijn kamervrouwen riepen: "Daar heb je onze *dauphin*!" Die kreten ontstemden mij en mijn echtgenoot vond het eveneens onaangenaam. Hij legde meteen iedereen het zwijgen op.'

De vreugde in het jonge gezin was zo groot dat conflicten en geruchten bij de wieg verstomden. Louis nam alle gelukwensen in ontvangst; hij lachte openlijk en leek een ander mens. De hypochonder in hem maakte plaats voor een vader die aan niets anders dacht dan het welzijn van zijn zoon. Het kind maakte nieuwe gevoelens in Hortense wakker: 'Mijn geluk was onuitsprekelijk. Het wiegje met mijn zoon mocht geen ogenblik mijn kamer verlaten. Het stond dicht bij mijn bed. Ik keek naar het slapende kindje; wat speet het me dat ik hem niet zelf mocht voeden. Maar mijn man en mijn moeder waren ertegen. Ze zeiden dat een vrouw die jonger is dan twintig jaar geen goede moedermelk heeft. In het belang van mijn zoon stemde ik stilzwijgend toe dat er een min kwam.'

Voor het eerst waren Louis en Joséphine het roerend eens. Met strak afgebonden borsten moest Hortense toezien hoe een ander haar kind zoogde. De natuur protesteerde heftig; de moedermelk doorweekte haar nachtkleding, maar ze mocht niet toegeven aan haar verlangen. Rechtop gezeten in de kussens, het gezicht omlijst door een kanten nachtmutsje, ontving ze bezoekers die met oprechte of geveinsde bewondering naar haar baby keken en cadeautjes op haar tafel achterlieten. De valse vreugde van haar schoonzusters en zwagers ontging haar.

Alles om haar heen stond in een roze licht. Louis dankte zijn vrouw omdat ze hem het grootste geschenk ter wereld had gegeven. Hij bracht zijn gevoelens tot uitdrukking in een schitterende set juwelen. Mme Campan, die haar liefste leerlinge overstelpte met lofprijzingen, schreef haar: 'Ik heb gehoord dat Monsieur Louis de moeder van zijn kleintje op liefdevolle wijze heeft verwend. Ik was er verrukt van; en zij is er zeker net zo blij mee geweest.'

Twee dagen na de geboorte werd het kraambezoek van de Eerste Consul aangekondigd. Louis verloor op slag zijn onbevangenheid en keek wrevelig toe hoe zijn broer met een air van bezitterigheid het kind uit de wieg tilde. Bonaparte toonde zich zeer ingenomen met de jongen. Zoals hij over alles in Frankrijk besliste, zo besliste hij ook over de naam van zijn neef; het kind zou naar zijn oom Napoleon en naar zijn Corsicaanse grootvader worden genoemd: Napoleon Charles. Het ongeduld in zijn bewegingen en de heerszuchtige trekken verstoorden de serene atmosfeer in de babykamer. Hortense betreurde het niet dat haar stiefvader haar zoon weer in de wieg legde en snel het huis verliet. De ruiters die hem begeleidden vulden de straat met hoefgetrappel en stemmen. Toen het weer stil was zei ze tegen Louis dat hun kleine Napoleon nog mooier was dan het kindje van Greuze. Ze kreeg geen antwoord. Louis staarde met een vertwijfelde blik in de wieg. De mond leek dichtgeschroefd. Welke gedachten gingen er door zijn hoofd? Had hij zijn zoon liever Louis willen noemen? Hij gelastte een verzorgster de wieg naast het bed van zijn vrouw weg te halen en hem naar zijn eigen vertrek te brengen. Zonder nog iets tegen haar te zeggen sloot hij de deur achter zich.

9

De kou van Parijs vormde een kwelling voor de pijnlijke gewrichten van Louis Bonaparte. Door de toenemende verlamming van zijn rechterhand kon hij nauwelijks meer schrijven. De pijn zette zich om in wrok jegens alle gezonde mensen, vooral tegen zijn vrouw. Zijn klagelijk stemgeluid volgde haar overal. Een tomeloze litanie van vermoedens en beschuldigingen kwam over haar heen: 'Je bent de dochter van een moeder zonder moraal,' verweet hij haar. Hortense protesteerde heftig toen de reputatie van haar geliefde moeder door hem werd aangetast. Louis spaarde haar niet. Ze moest alles horen over Barras, Hoche, Hippolyte Charles en zoveel anderen die Joséphine haar gunsten had geschonken. 'Ik wil niet dat je enig contact met haar hebt. Alleen in mijn aanwezigheid mag je haar zien,' eiste hij van haar.[1]
Hortense boog het hoofd. Beelden en stemmen kwamen in haar herinnering boven; een gesloten deur. Daarachter haar stiefvader, die net uit Egypte was teruggekeerd. Haar huilende moeder die bad en smeekte om toegelaten te worden. Vuistslagen op het hout. Ze was nog maar een kind en kon de situatie half begrijpen. Nu drong het tot haar door dat Louis misschien de waarheid sprak. Maar als haar moeder overspelig was geweest, veranderde het niets aan haar gevoel voor de vrouw die zij en haar broer bijna verafgoodden. Ze verwenste de man, die de harde feiten onthulde en een malicieus genoegen schepte in haar ontgoocheling. Zijn woorden hadden een tegenovergestelde uitwerking; ze hield zo mogelijk nog meer van Joséphine.

'Je houdt niet van mij, dat kan iedereen makkelijk zien,' klaagde Louis en hij verbond er een conclusie aan die door de hofdame genoteerd werd: 'Als je niet van mij houdt, ligt het voor de hand dat je een ander liefhebt. Ik verzeker je echter dat ik vanaf heden alle noodzakelijke maatregelen zal nemen om mijn eer te redden. Ik heb besloten om alles in het werk te stellen om te voorkomen dat ik het lot moet delen van dergelijke bedrogen echtgenoten!'

Vanaf die dag werd ze bespied, afgeluisterd en Louis viel soms met verwilderde blik haar kamer binnen. Hij keek uit het raam; vluchtte daar iemand?

Hortense wist wel dat zijn gedrag bestuurd werd door zijn broers en zusters, wier haat en afgunst waren toegenomen sinds ze als eerste in de familie een mannelijke Bonaparte ter wereld had gebracht. Caroline, die met haar man een weelderig pand betrok dat met de tuinen grensde aan hun tuin in de rue de la Victoire, ontving de ontredderde Louis vaak in haar salon. Bij de thee fluisterde ze hem in dat de kleine Napoleon Charles – van wie Napoleon vermoedelijk de vader was – door hem tot zijn opvolger zou worden verheven, voorbijgaand aan alle rechten van Joseph, Lucien, Jérôme en niet te vergeten van Louis zelf.

De ongelukkige kronkelde van argwaan in de slangenkuil van de Bonaparte-clan. En hoewel hij in het bruidsbed had ervaren dat Hortense als maagd in het huwelijk was getreden, waren de verdenkingen voldoende om zijn argwaan op te wekken. Uitgeput van de gesprekken met zijn zuster en de daaropvolgende ruzies met zijn vrouw, werd hij overvallen door depressies en gewrichtspijn. Nu de Parijse geneesheren niets meer tegen het voortschrijdend proces van zijn ziekte konden doen, zocht hij zijn heil bij dubieuze artsen die hem bizarre middeltjes voorschreven. Hortense zag hoe de planken in zijn kast zich vulden met flacons vol troebele dranken, pillen en zalfjes. Hij was bereid alles te doen in ruil voor wat hoop. Op advies van een van de kwakzalvers nam hij een bad in de ingewanden van pas geslachte kalveren en reinigde zich daarna niet om de inwerking op zijn spieren en zenuwen te bevorderen. Een andere kwakzalver vertelde Louis dat hij ter bestrijding van zijn klachten het hemd van een schurftlijder moest dragen. Hij onderwierp zich gedwee aan hun voorschriften. Het was een eenzame strijd tegen de pijn, want Hortense stond hem niet terzijde. Vol walging over de stank van bederf en rotting die hem omringde vermeed ze hem zoveel mogelijk. Maar 's nachts moest ze bij hem slapen. In haar memoires beschrijft ze de lange uren waarin ze trachtte te slapen, maar telkens gewekt werd door haar man die in koortsachtige monologen zijn ideeën en verlangens met haar probeerde te delen. Op het laatst smeekte ze hem haar toch enkele uren met rust te laten; ze voelde zich overdag bij gebrek aan nachtrust slap en moe.

Uiteindelijk nam Louis Bonaparte zijn toevlucht tot een gebruikelijk middel: hij wilde zijn verstikkende omgeving ontvluchten. Ze moesten in de lente op reis gaan. Naar Italië. Daar was het warm. Daar werden ze niet geteisterd door roddels, kwade invloeden en veelbetekenende blikken. Daar kon hij Hortense onder controle houden. Als hij alleen met zijn vrouw en hun zoon in het buitenland woonde, zouden ze nader tot elkaar komen. Dat was alles wat hij verlangde.

Zijn vrouw bleek niet meer in staat hem tegen te spreken. Ze regelde alles zo goed als ze kon voor de lange reis naar het zuiden. Joséphine was ongerust. Haar dochter mocht niet zonder gezelschapsdame vertrekken. Ze bezorgde haar een jonge vrouw die evenals zijzelf van creoolse afkomst was. Ze heette Agnès Cunégonde de Folard en was onlangs in het huwelijk getreden met François-Jérôme graaf van Boubers-Bernatre. Mme Boubers maakte een goede indruk op Hortense, maar Louis was woedend toen hij hoorde wat zijn schoonmoeder achter zijn rug om had geregeld. Een vreemde vrouw aan zijn gezin toevoegen, die er altijd zou zijn en hun intimiteit verstoorde! Misschien was ze wel een spionne.

Zodra Napoleon Bonaparte merkte wat er allemaal gaande was, verbood hij de reisplannen: Louis mocht met zijn vrouw voor zijn gezondheid naar het warme Italië gaan, maar hun zoon, die van belang was voor de toekomst van Frankrijk, bleef in Parijs.

Nu kwam Hortense fel in opstand. Niemand kon haar van de kleine Napoleon Charles scheiden. Zelfs niet haar man. Ze was zo vastbesloten dat er niets aan haar besluit te veranderen viel. Ervan overtuigd dat de hele wereld tegen hem samenspande, besloot Louis dan maar alleen te vertrekken. Niet naar Italië maar naar Montpellier waar de universitaire artsen hem een nieuwe behandelwijze aanboden. Stoombaden gecombineerd met verdovende middelen zouden zijn leed verzachten.

Louis maakte zich reisvaardig. Voor het afscheid liet hij zijn vrouw beloven dat ze nooit, onder geen enkele voorwaarde bij haar ouders zou overnachten. Ze mocht hen desnoods in de Tuilerieën of in Saint-Cloud gaan bezoeken, maar moest voor het donker weer thuis zijn. Ze was nu geen kind meer en behoorde in haar eigen woning te slapen.
Hortense beloofde het. Ze was te opgelucht dat ze haar zoon bij zich mocht houden om nog te protesteren. Louis kuste de kleine Napoleon Charles daarop in tranen; de enige op aarde die hij liefhad en zo onschuldig was als een onbeschreven blad moest hij achterlaten bij mensen die hem met wantrouwen vervulden. De handen van zijn listige schoonmoeder zouden zijn zoon strelen. De ruwe handen van zijn heerszuchtige broer zouden hem in de lucht tillen. En dan waren er de moederlijke liefkozingen van Hortense, die hem zou bedriegen omdat ze niet van hem hield. Toen hij haar bij het afscheid aankeek viel zijn hoofd op haar schouder, een snik welde op uit zijn borst. Ze kuste hem plichtmatig, zich koel afvragend waarom hij wegging als het hem zoveel moeite kostte.[2]

Terugkerend naar haar salon met de pianoforte en harp, haar schildersezel en boeken was ze rustig. Ze koesterde geen illusie meer over enig huwelijksgeluk. Maar ze had nu een kind om zich aan te wijden. Een kind met de donkere, glanzende ogen van de Corsicaanse Bonapartes en de fijne trekken van de Beauharnais.

In de maanden die volgden hield ze zich aan de belofte die Louis haar had afgedwongen. Elke dag werden de paarden ingespannen en begaf ze zich met Napoleon Charles naar haar ouders, die de winter in de Tuilerieën doorbrachten. Het was daar bijna als vroeger toen ze nog in het paleis woonde. Maar nu maakte de kleine deel uit van hun gezin. 'Ik bleef elke avond met mijn zoon in de Tuilerieën dineren,' schreef Hortense. 'De Consul legde hem midden op de tafel en stond hem toe alles vast te pakken. Hij liet hem wijn of koffie drinken en hoewel hij hem vaak aan het huilen maakte door hem veel te hard in zijn wangetjes te knijpen of hem ruw te knuffelen, was de kleine dol op hem. Als hij een salon binnenkwam strekte mijn zoon onmiddellijk zijn armpjes naar hem uit en liet hem niet meer los, wat Bonaparte duidelijk plezier deed. Zelfs als hij diep in gepeins was verzonken over gewichtige zaken, klaarde zijn sombere gelaat op bij het zien van de kleine.'

Dankzij Napoleons politiek heerste er vrede in Europa. Hortense en de hofdame Mme Rémusat hebben in hun memoires beschreven hoe er door het onvoorspelbare gedrag van Bonaparte abrupt een einde aan kwam. Op een ochtend in maart 1803[3] stonden in de audiëntiezaal de echtgenotes van de diplomaten op een rij om aan de Eerste Consul en zijn vrouw te worden voorgesteld. Mme Rémusat: 'Het *corps diplomatique* bevond zich als gewoonlijk in de Tuilerieën. Terwijl de gasten daar wachtten, begaf ik mij naar het vertrek waarin Mme Bonaparte de laatste hand aan haar toilet legde. De Eerste Consul zat op de grond en speelde opgewekt met de kleine Napoleon, het oudste zoontje van zijn broer Louis. Ondertussen inspecteerde hij lachend het toilet van zijn vrouw en dat van mij en gaf ons allerlei aanwijzingen. Hij scheen in een uitstekende stemming te verkeren en ik zei dat de brieven die de gezanten na deze audiëntie naar hun land zouden verzenden, wel louter vrede en eendracht moesten ademen – zo kalm en rustig was de indruk die hij op iedereen maakte. Bonaparte begon te lachen en speelde verder met zijn neefje.'

Hortense had een iets andere visie op de gebeurtenis. Ze kende haar stiefvader te goed en ving signalen op van een naderend onweer: 'Het kindermeisje nam mijn zoon op haar arm. De Consul verscheen met een gezicht waarop te lezen stond dat hij in beslag werd genomen door gewichtige zaken. We dachten dat de audiëntie snel voorbij zou zijn. Mijn zoon, die er genoeg van had om stil te zitten, strekte zijn armpjes naar hem uit. Hij kreeg het in de gaten, nam het kind van mijn kindermeisje over en ging verder met ijsberen. Onze ogen volgden hem. Ik vond hem zo afwezig dat ik bang was dat hij vergat welke kostbare last hij droeg. Toen hij er genoeg van kreeg overhandigde hij zonder een woord te zeggen het kind weer aan het kindermeisje. Maar algauw werd de kleine ongeduldig omdat hij te lang op dezelfde plek moest zitten. Hij begon te huilen en strekte zijn armpjes opnieuw uit. De Consul nam hem weer in zijn armen. Deze handeling herhaalde zich wel een halfuur lang zonder dat er een woord werd gezegd.'

Mme Rémusat vervolgde: 'Men kondigde aan dat de gasten bijeen waren. De Eerste Consul sprong overeind en de vrolijke trek om zijn mond maakte zonder overgang plaats voor een uitdrukking van strengheid; hij verbleekte, alsof hij dat zelf in zijn macht had, zijn trekken verwrongen zich en dat alles gebeurde in minder tijd dan ik nodig heb om het te vertellen. Gesmoord sprak hij: "Kom mee, dames!" Met haastige schreden ging hij ons voor, trad de salon binnen en liep zonder iemand te groeten op de Engelse gezant toe. Daar begon hij zich bitter te beklagen over de handelwijze van diens regering. Zijn toorn zwol aan en weldra sloeg heel het gezelschap ademloos de scène gade; de hardste verwijten, de heftigste dreigementen stootte hij uit met trillende lippen. Mevrouw Bonaparte en ik keken elkaar stomverbaasd aan en er was vrijwel niemand die niet stond te beven. Zelfs de flegmatieke Engelsman leek van zijn stuk gebracht en vond nauwelijks een antwoord.'

In de herinnering van Hortense richtte haar stiefvader nog wel enkele woorden tot de aanwezige dames alvorens tegen de rijzige Engelse ambassadeur Lord Whitworth uit te varen. 'Ik kan me zijn gelaatsuitdrukking niet meer voor de geest halen, maar de toon waarop hij stond te razen en tieren leidde ertoe dat iedereen hem met stomheid geslagen stokstijf stond aan te staren. In zijn drift was hij de rest van het gezelschap totaal vergeten. Mijn moeder ontfermde zich over de aanwezige dames en probeerde met vriendelijke opmerkingen tevergeefs zijn uitbarsting te overstemmen. Terug in ons privé-kabinet scheen de Consul zich bevrijd te voelen van een zware last. Zijn woede was gezakt. Nu waren het mijn moeder en ik die met strakke gezichten voor ons uit stonden te staren. "*Éh bien!*" zei hij half lachend tegen ons, "wat hebben jullie nou opeens? Wat is er aan de hand?" Mijn moeder maakte hem zacht verwijten: "Je hebt iedereen doen sidderen; ze zullen denken dat je boosaardig bent, de dames die je niet kenden, die het als een geluk beschouwden kennis met je te mogen maken. Wat moeten ze wel van je denken? In plaats van vriendelijk en goed voor hen te zijn ga je over politiek beginnen. Dit was er niet het juiste moment voor."'

Bonaparte was oprecht verbaasd over die mededeling. Volgens zijn stiefdochter zei hij: 'Ze hebben me dus kunnen horen? Het is waar, ik heb een vergissing begaan. Ik wilde vandaag liever niet beneden komen. Talleyrand had me zojuist allemaal dingen verteld die mijn humeur verziekten en dan staat die lange slungel van een Britse ambassadeur opeens voor mijn neus.'

De volgende morgen wist heel Parijs wat er in de Tuilerieën was voorgevallen. Fransen en Engelsen debatteerden erover op de boulevards en vreesden de gevolgen van de confrontatie. 'Het betekende het einde van de vrede,' schreef Hortense bitter, 'korte tijd later brak de oorlog opnieuw uit.'

In zijn hart was Napoleon nog altijd wraakzuchtig omdat de Engelsen de Franse vloot bij Aboekir hadden vernietigd. Niet in staat zijn drift te onderdrukken vaardigde hij wetten uit die erop gericht waren Engeland zoveel mogelijk schade toe te brengen. Dat hield onder meer in dat alle Engelsen die vanaf mei van dat jaar zich nog in Frankrijk bevonden, gearresteerd werden en als krijgsgevangenen in de gevangenis belandden. Hortense en haar moeder protesteerden en ze hadden het druk met het vrijpleiten van onschuldige Engelse gasten van allerlei leeftijden en standen. Joséphine trachtte haar man te vermurwen uit vrees dat hij zijn reputatie door zijn meedogenloos gedrag zou schaden. Maar met de toename van zijn macht, verhardde het hart van de Consul. Hij leek steeds minder in staat ook maar iets voor zijn medemensen te voelen.

De Engelse ambassadeur Whitworth verliet op last van zijn koning de ambassade in Parijs en keerde beledigd terug naar Engeland. De gespannen sfeer trof ook Schimmelpenninck, die zich sinds december 1802 als ambassadeur van de Bataafse Republiek aan het Engelse hof bevond. Hij kreeg het als vertegenwoordiger van de zusterrepubliek van Frankrijk zwaar te verduren van George III. De ambassadeur werd op staande voet het land uitgezet. Hij zeilde de Noordzee over, naar zijn vrouw en kinderen.

Die zomer trachtte Schimmelpennick bij zijn gezin rust te nemen op Het Nijenhuis. Hij wandelde met de kleine Gerrit en Kitty over de lange eikenlanen van het Twentse landgoed. Maar zijn actieve geest bleef zich bezighouden met de verstoorde relatie tussen Frankrijk en Engeland, een conflict waarin de Bataafse Republiek werd meegesleurd. Dreef de Eerste Consul het op een nieuwe oorlog aan? De politieke verhoudingen binnen Europa begonnen te wankelen. Hoe zouden Pruisen, Oostenrijk en vooral Rusland reageren? In juli kwam er een ijlbode van Bonaparte naar het buitenverblijf. Hij overhandigde hem een brief waarin hij werd uitgenodigd naar Brussel te reizen. Bonaparte maakte die zomer met Joséphine een tocht door het departement België, dat sinds 1796 officieel deel uitmaakte van de Franse Republiek. Met tegenzin liet Schimmelpenninck zijn teleurgestelde vrouw en kinderen op Het Nijenhuis achter en reed naar Brussel.

De roomse bevolking van het zuiden verkeerde in een staat van grote opwinding. Bonaparte trok begeleid door zijn gouvernement en een gevolg dat de omvang en allure van een hofhouding had, van stad tot stad. Men was Bonaparte dankbaar voor het recente Concordaat, dat de gelovigen met de paus verzoende. De economie bloeide op, de steden genoten meer welvaart. Van Brugge tot Gent gingen de mensen de straten en pleinen op om de beroemde veldheer en zijn vrouw te zien.

In Brugge werd er in het stadhuis op de Burg een groot feest gegeven, in Gent kocht Joséphine kant, in Antwerpen bewonderde ze een Ommegang met praalwagens en bestelde ze schilderijen.[4] In Brussel gekomen was haar faam haar vooruit gesneld; '*La mère des malheureux*' zoals ze spoedig genoemd werd, luisterde naar oud en jong en troostte iedereen met haar glimlach. Ze kuste de kinderen die haar bloemen aanboden op de wangen en bewonderde de triomfbogen en versierde bruggen. De burgers probeerden in verschillende plaatsen ter ere van Bonaparte met primitieve middelen de slag op de *Pont d'Arcole* na te bootsen. Telkens toonde mevrouw Bonaparte zich daardoor verrast en ze dankte de mensen met vriendelijke woorden en geschenken.

Schimmelpenninck arriveerde vlak voor een groot bal waar Bonaparte zich in zijn roodfluwelen, met goud geborduurde uniform van Eerste Consul vertoonde. Zijn gemalin had zich tot vreugde van de aanwezigen in een elegante japon van Brussels kant gehuld, die haar door de stad was aangeboden.

Tijdens het daaropvolgend onderhoud vuurde Bonaparte vragen op Schimmelpenninck af over de toestand aan het Engelse hof. Hij luisterde nieuwsgierig, lachte af en toe grimmig en was content over zijn directe antwoorden en de heldere visie op de gebeurtenissen. De ambassadeur kreeg te horen dat hij in september werd terugverwacht op de ambassade in Parijs. Hij vertrok met dit nieuws naar zijn vrouw Cato.

In België waren Bonapartes gedachten voortdurend op Engeland gericht. Hij leek de drukke ontvangsten te ontstijgen en keek met een adelaarsblik in vier windrichtingen: op de brede stranden in het westen zou hij zijn troepen bijeenbrengen en een spectaculaire landing op de Engelse kust voorbereiden. In het noorden lag de Bataafse Republiek met zijn rijke koloniën; dit land zou hij tot betaling van zijn oorlogen dwingen. In het oosten zag hij de machtige landen die hij te vriend moest houden: Oostenrijk, Pruisen, Rusland. Als hij naar het zuiden keek dacht hij aan Italië waar hij zich spoedig tot koning zou laten kronen. De voorstelling van vorstelijke macht gaf hem vleugels. In de Brusselse Sint-Goedelekerk zag hij de kleurrijke glas-in-loodvensters waarop de beeltenis van keizer Karel v neerknielde. Hij boog het hoofd voor de aartsbisschop en knielde neer voor het altaar, maar in zijn hart groeiden hoogmoed en ambitie, die nog door geen koningskroon bevredigd konden worden.

Voor Hortense betekende de afwezigheid van haar ouders dat ze zich ongestoord aan haar zoon kon wijden. Daarnaast las zij romans en bezocht toneelstukken waarin de liefde altijd het hoofdthema vormde. Met een onrustig gevoel ging ze 's middags in gezelschap van Mme Boubers met Napoleon Charles wandelen. Ze prentte zich in dat alleen haar zoon belangrijk voor haar was. Maar haar ogen zochten tussen de ruiters op de paden steeds naar dezelfde gestalte van een jonge officier op een grijs paard. Als hij haar zag liet hij zich uit het zadel glijden en ze wisselden beleefdheden. Toen ze in haar hart een zeker verlangen naar hem bespeurde, staakte ze haar wandelingen en legde bezoeken af bij vriendinnen of familie.

In de lente kwam ze voor het laatst bij haar tante Marie, weduwe van haar grootvader. In maart 1803 overleed de bejaarde dame na drie huwelijken en een turbulent leven, dat haar van Martinique naar luxueuze behuizingen in Parijs en Fontainebleau voerde. Hortenses grootmoeder vernam de dood van haar schoonzuster maanden later in haar woning op de suikerplantage. Vanuit de verte volgde ze eenzaam het leven van haar enige overgebleven dochter Joséphine, haar kleinkinderen en achterkleinkind die nu als vorsten in Parijse paleizen woonden. Haar verwondering en weerstand hadden plaatsgemaakt voor berusting. De vriendelijke brieven en geschenken die haar schoonzoon Napoleon Bonaparte haar zond legde ze wantrouwig naast zich neer. Waar kon deze overmoed toe leiden? Levenservaring leerde haar dat er alleen een neergang kon volgen.

Toen Joséphine en Bonaparte terugkeerden van de reis door België, wilden ze dat hun dochter met hun kleinzoon elke dag naar Saint-Cloud kwam. Na het diner vroegen ze haar telkens bij hen te blijven logeren en Hortense had steeds meer moeite om uitvluchten te verzinnen voor haar terugkeer naar de rue de la Victoire. Het was een lange rit, die onzinnig leek. Meestal zei ze dat haar leraren de volgende morgen vroeg les zouden komen geven in schilderen en tekenen, Italiaans, harp, pianoforte of wiskunde. Maar op een dag, toen haar stiefvader met een zesspan paarden een ongeluk veroorzaakte in het park van Saint-Cloud, was Joséphine zo overstuur dat ze haar dochter huilend vroeg om haar die nacht niet alleen te laten. Toen Hortense op het punt stond toch te vertrekken zette Joséphine haar nooit falende wapen in. 'Mijn dochter houdt niet meer van mij,' jammerde ze terwijl de tranen over haar wangen rolden.

Napoleon, die licht gewond op een sofa tegenover haar lag, snauwde: 'Begrijp je dat dan niet? Hortense amuseert zich liever in Parijs, wij zijn te oud, ze verveelt zich bij ons.'[5]

Nu raakte Joséphine nog meer overstuur. Het ongeluk met de koets verstoorde haar rust en nu leek Hortense zich ook nog van haar af te keren. Wat had ze misdaan?

Ten einde raad bekende haar dochter dat ze haar echtgenoot had moeten beloven nooit, onder geen enkele omstandigheid, bij hen de nacht door te brengen. Die mededeling veroorzaakte commotie. 'Maar waarom?' brieste haar stiefvader.

De schaamte over de incestverhalen en de gevaarlijke invloed die haar verdorven moeder op haar zou hebben snoerde Hortense verder de mond. Napoleon schold op zijn broer, die hij beloofde de mantel uit te vegen. Hortense wist dat zij er uiteindelijk de dupe van zou worden omdat ze in dubbele zin ongehoorzaam was geweest. Ze had meteen spijt van haar bekentenis. Die nacht sliep ze met de kleine Napoleon Charles in Saint-Cloud. De volgende morgen ontwaakte ze in het angstige besef dat Louis hiervan hoe dan ook op de hoogte zou worden gesteld en woedend op haar zou zijn.

Toen Louis in september terugkeerde uit Montpellier gedroeg hij zich zoals ze verwachtte, koel en afstandelijk. De behandelingen die hem door de medische faculteit waren toegediend versuften hem, maar brachten geen verlichting van de pijn. De kleine Napoleon Charles was tijdens de afwezigheid van zijn vader flink gegroeid. Hoewel hij Louis vertederde, bracht het kind de ouders niet dichter bij elkaar. Haar man was ervan overtuigd dat ze hem tijdens zijn verblijf in Montpellier had bedrogen.

Op een dag kwam Louis haar zeggen dat hij apart van haar wilde leven omdat hij zich dan gelukkiger voelde. Ze protesteerde niet. Alle inspanningen die ze zich getroost had om een goede echtgenote te zijn faalden. Ze wendde zich van hem af en verscheen alleen buitenshuis nog in schijnharmonie aan zijn zijde. Louis had deze reactie niet verwacht. Een tijd later stormde hij onverwachts haar kamer in en smeekte om verzoening. Maar zijn woorden hadden haar dieper geraakt dan hij kon begrijpen. Ze liet hem weten dat ze als vrienden met elkaar om moesten gaan, aan een verzoening was ze niet toe.[6]

Het verdriet dat in haar ogen lag was voor iedereen zichtbaar. Behalve voor Joséphine. Omdat zij de oorzaak was van het ongelukkige huwelijk van haar dochter, zou ze de mislukking van de verbintenis blijven negeren. Bovendien was ze te zeer vervuld van haar eigen zorgen. Napoleon leek haar met het toenemen van zijn macht te ontstijgen; hij maakte er zelfs geen geheim van dat hij opnieuw een verhouding was begonnen. Nu met de mooie, jonge actrice Mlle George. Ze bezocht hem in een aparte kamer in de Tuilerieën. Joséphine wist ook dat de Bonapartes druk op haar man uitoefenden om zich nu eindelijk van zijn vrouw te ontdoen.

Mme Bonaparte bewaarde haar natuurlijke waardigheid maar in haar hart was ze als een opgejaagd stuk wild dat van de ene oplossing naar de andere vluchtte om Napoleon te behouden. Ze putte hoop uit de laatste mogelijkheid om haar huwelijk en haar hoge positie zeker te stellen; hulpzoekend keek ze naar haar kleinzoon die leerde staan en eindelijk zijn eerste wankele pasjes in het leven zette. Alleen de kleine Napoleon Charles kon haar redden.

Louis Bonaparte, die dat jaar door zijn broer tot brigadecommandant was benoemd, besloot zich in december bij zijn troepen te Compiègne te vestigen. Zijn gezin ging met hem mee en Hortense ervoer het als een bevrijding om de hoofdstad te verlaten. Daar werd ze niet in verwarring gebracht bij het zien van de ruiter op het grijze paard, die zich in haar dromen op de voorgrond drong.

In de kleine garnizoensstad betrokken ze het Hôtel des Relations exterieur. Ze werden er goed ontvangen en omdat er hier weinig over hun slechte huwelijk bekend was, ontstond er aarzelend een verbetering in hun verhouding.

Men organiseerde bals en recepties waarbij Hortense, als vrouw van de brigadecommandant, haar plichten zo goed mogelijk vervulde. Haar moeder, die als geen ander in staat was gasten op hun gemak te stellen en vriendelijk te bejegenen, had haar het goede voorbeeld gegeven. Ze mengde zich glimlachend onder de officieren en hun dames en converseerde volgens de regels. Bij elk bal werd ze als eerste gevraagd en haar danskunst wekte alom bewondering. Louis volgde haar succes met argusogen en toen hij merkte hoe zijn officieren haar volgens de beleefdheidsregels diep in de ogen keken bij het kussen van haar hand, besloot hij een einde te maken aan haar optreden in het openbaar. Zijn vrouw moest voortaan thuisblijven als hij in uniform, getooid met onderscheidingen naar ontvangsten en feesten ging. Teleurgesteld schikte ze zich in haar lot, wetend dat elk verzet zinloos was.

Hortense bemerkte in februari 1804 dat ze opnieuw een kind verwachtte. Louis was aanvankelijk blij met het bericht. Maar zijn gevoelige blik maakte snel plaats voor strengheid. 'Ik vraag je maar een ding en dat is dat dit kind op mij lijkt.' Hortense vroeg zich hardop af hoe ze daarvoor kon zorgen. Welke invloed had ze op de vorming van het kind dat in haar lichaam groeide? Zijn antwoord was: 'Als je van mij houdt en steeds aan mij denkt, zal het op mij lijken.'

Buiten Parijs waren ze minder betrokken bij de nationale en internationale politieke ontwikkelingen. Maar plotseling verkeerde de hoofdstad in staat van groot alarm en werd de broer van de Eerste Consul met zijn gezin met spoed in de Tuilerieën ontboden. Ongerust zag Hortense door het raampje van het rijtuig hoe grimmige soldaten op de straathoeken postvatten om iedereen aan te houden en te fouilleren. Aan het hof hoorde ze dat Fouché een grote samenzwering tegen Bonaparte had ontdekt, waarbij vele tientallen personen betrokken waren. Hij ontmaskerde zelfs mensen van Napoleons lijfwacht. 'De lucht is vol dolken,' zei Fouché geheel naar waarheid.

Tot ontzetting van Hortense kwamen onder de verdachten vertrouwde militairen voor als Moreau, de man die het Franse leger naar de overwinning bij Hohenlinde had gevoerd. Ook Pichegru, de aanvoerder van de Franse patriotten die in de winter van 1794 de grote rivieren over was getrokken om de Hollandse stadhouder Willem V uit Den Haag te verjagen, bleek tot de samenzweerders te behoren.

Joséphine en haar dochter waren bevriend met de echtgenotes van vele beschuldigden en ze kwamen meteen in actie om de Eerste Consul te smeken de levens van de samenzweerders te sparen. Maar Bonaparte was razend. Fouché onthulde hem dat de Britse regering geld had gezonden naar Louis XVIII van Bourbon en diens broer, de graaf van Artois. Ze stonden met hun legers klaar om de Franse troon te heroveren.

Om een wreed voorbeeld te stellen aan allen die tegen zijn macht in opstand waagden te komen liet de Eerste Consul de jonge hertog van Enghien in het buitenland oppakken. Soldaten voerden hem over de Franse grens naar Vincennes, waar hij voor het gerecht werd gesleept. Hoewel de hertog van Enghien slechts zijdelings bij de conspiratie tegen Napoleon betrokken was, werd hij ter dood veroordeeld en 's nachts in een greppel geëxecuteerd.

Deze volgens velen onwettige daad bracht het hele land in beroering. Tot ver over de grenzen was men ontsteld over de dood van de sympathieke hertog, die de hoop der Bourbons was geweest. Joséphine, die evenals Hortense in haar hart royaliste was gebleven, voer in tranen tegen haar echtgenoot uit dat hij zijn reputatie voorgoed beschadigd had. Maar haar man speet het vonnis niet. 'Wil je dan dat ze me komen vermoorden?' schreeuwde hij. De vrouw van de Eerste Consul en haar dochter troostten hun vroegere vriendinnen, echtgenotes en kinderen van de verraders die in arrest zaten. Ze wisten van enkelen het leven te sparen. Hoe meer het onderzoek vorderde, des te duidelijker werd dat royalisten en jakobijnen hadden samengewerkt om Bonaparte ten val te brengen.

Bonaparte verzonk in gedachten, onbenaderbaar voor zijn gezin.

Hij besefte dat er iets moest gebeuren. Het Consulaat was slechts een tussenvorm, die niet kon voortduren. Een nieuwe staatsvorm was noodzakelijk, een staatsvorm waarmee alle vijanden zich konden verzoenen, maar waarin hij de wet voorschreef. Een staatsvorm die de macht van Bonaparte voorgoed consolideerde. Imposante voorbeelden uit de Griekse en Romeinse oudheid stonden hem voor ogen. De geest van Caesar, Charlemagne en die van de nuchtere, berekenende Karel v wezen hem de weg naar een glorieuze positie: het keizerschap.

Onder een keizer konden de royalisten weer opzien naar een troon, een gekroond hoofd en een hofleven als vroeger onder de Bourbons. Om de Republikeinen gerust te stellen zou hij de Republikeinse wetten – waarvoor zo'n bloedige strijd was geleverd – handhaven. Een keizer die het volk Vrijheid, Gelijkheid en Broederschap beloofde. Er moest een grote volksstemming worden gehouden om het plan door te drijven. Napoleon Bonaparte zou met zijn magische uitstraling en zorgvuldig gekozen woorden de kiezers voor zich weten in te palmen. Had hij het land niet binnen enkele jaren uit de economische crisis getild? Bood de Codex Napoleon geen garantie voor recht en orde in een maatschappij die zo onder corruptie van het *ancien régime* had geleden?

Hij wist de telgen van oude adel voor zich te winnen door te beloven dat ze hun titel mochten voeren maar ze kregen geen privileges meer. Bonaparte verlangde vurig naar de vestiging van een sterke, onaantastbare dynastie die voor altijd zijn glorieuze naam zou dragen. Zijn vrouw bespeurde zijn brandende ambitie en was bang voor de onontkoombare stap naar de top. Een bezoekster[7] beschreef op indringende wijze de staat waarin Joséphine verkeerde: 'Ik kwam op een morgen in de Tuilerieën aan. Joséphine was juist opgestaan; ze zag er triest en melancholiek uit alsof ze op het punt stond om in tranen uit te barsten. Ik geloof dat ze dat ook gedaan had als men haar niet een partij charmante mutsjes was komen brengen die ze moest passen. Dat nam de nodige tijd in beslag; er viel heel wat af te keuren, te bewonderen en een beetje aan te veranderen. Er ging een uur voorbij zonder verdriet. Maar aan alles komt een eind. De naaisters gingen weg en we bleven alleen achter. (...) Ik zag hoe de ogen van Mme Bonaparte zich vulden met nieuwe tranen. Ze zei tegen me: "Ik ben zo ongelukkig!" (...) "We hebben in onze gezinnen allemaal onze zorgen, madame." – "Die van mij zijn nog veel bitterder: we stijgen op naar een grote hoogte, vanwaar de val verschrikkelijk zal zijn. Ik wou dat mijn man zich tevredenstelde met wat hij heeft, of zelfs minder dan dat. En dat we een plezierig privé-leven kunnen leiden met ons gezin en onze vrienden. Dat zal als eerste verdwijnen en dan ontstaat er een immense afstand tussen u en ons."'

Joséphine waarschuwde haar man herhaaldelijk voor de volgende, fatale stap. Hij luisterde niet. Napoleon bouwde in zijn droom een groot, sterk keizerrijk. Maar telkens bleek er nog een pijler te ontbreken; een zoon en troonopvolger. Hij zocht de handen van zijn vrouw. Zij was de oorzaak van hun kinderloosheid, al twijfelde hij nog aan zijn vermogen om een kind te verwekken. Uit zijn korte relaties met anderen waren ook geen zwangerschappen ontstaan. Emotioneel betekenden zijn buitenechtelijke escapades niets voor hem. Het was Joséphine die hem geluk bracht; aan haar zijde zou hij altijd de zege behalen. Ze was zijn mascotte, hij kon haar niet missen, al werd ze door alle familieleden belasterd en gehaat. Joséphine bedacht nu een mooie en eenvoudige oplossing voor hun probleem van kinderloosheid. Alvorens zich tot keizer te laten kronen zou hij haar plan realiseren, al verwachtte hij heftige tegenstand van zijn familie.

In april 1804[8] werd het personeel van het huis aan de rue de la Victoire opgeschrikt door de onverwachte komst van de Eerste Consul en zijn vrouw, die *en grand cortège* voor de ingang verscheen. Dertig lijfwachten in kleurige uniformen wachtten te paard met geheven sabels tot Bonaparte en Joséphine hun entree hadden gemaakt. Totaal onvoorbereid kwam Hortense naar beneden om haar ouders te ontvangen en mede te delen dat haar man niet thuis was en dat ze niet wist wanneer hij terug zou keren.

Dit bericht mishaagde haar stiefvader. Hij beende zonder iets te zeggen de tuin in. De eerste voorjaarsbloemen stonden boven de grond en de bomen in de schaduwrijke stadstuin hadden een waas van groen. Met de handen op de rug begon hij iets voorover gebogen rond te lopen. Van tijd tot tijd trok hij op typerende wijze met zijn rechterarm. De bewegingen van de gespannen, korte gestalte maakten iedereen nerveus.[9] Vol samengebalde woede liep hij om het mooi aangelegde bloemperk, langs haar muziekpaviljoen om met een vertrokken gezicht terug te keren bij de tuindeuren. In het laatste jaar was zijn magere gelaat met de scherp vooruitstekende, rechte neus voller geworden. Het haar lag kortgeknipt op zijn voorhoofd. Napoleon was zeker niet zo knap als Louis. Het lichaam van Louis was beter geproportioneerd dan dat van Napoleon. Niettemin glansde er in de ogen van Louis altijd iets van adoratie als hij naar zijn oudere broer keek. Hij hunkerde naar een compliment maar kreeg niets dan kritiek te verduren. Joséphine maakte eens de opmerking: 'Louis houdt van Napoleon als een minnaar van zijn minnares.'

Hortense keek haar moeder vragend aan, de aard van haar man zou voor haar altijd ondoorgrondelijk blijven. Joséphine, die geen enkele gedachte voor zich kon houden, vertelde haar dochter dat Bonaparte op bezoek was gekomen om de kleine Napoleon Charles te adopteren. Het kind van zijn geliefde broer en het kleinkind van zijn geliefde vrouw was immers al bijna zijn zoon?

'Dat plan joeg me schrik aan,' schreef Hortense. Ze durfde haar mening echter nog niet te geven. Tot grote ergernis van haar stiefvader was Louis na een uur nog niet thuisgekomen. Ongeduldig nam Bonaparte afscheid en keerde met Joséphine onverrichter zake terug naar de Tuilerieën. Hortense tilde haar kind uit de wieg en drukte het tegen zich aan, hoe zou ze ooit afstand van hem kunnen doen? Napoleon Charles was het liefste dat ze op de wereld bezat. Weer kwam het beeld van Joséphine voor ogen. Moest ze dan opnieuw haar geluk opofferen voor het welzijn van haar moeder? Was het niet genoeg dat ze om Joséphines positie te redden een liefdeloos huwelijk had gesloten?

's Avonds wachtte haar een volgend onaangenaam bezoek. Het was haar schoonzuster Caroline, die met een vlammende blik haar salon binnenstormde: 'Caroline zei tegen me dat de familie wist wat de Consul voor plannen had en dat ze er stuk voor stuk fel tegen gekant waren, dat haar broers meer rechten hadden dan mijn zoon en dat alle Bonapartes elkaar steunden.'

Hortense meende nog altijd dat ze een goede verstandhouding had met haar oude schoolkameraadje. Caroline was nu immers zelf moeder; ze moest wel begrijpen hoeveel ze van Napoleon Charles hield en dat ze hem nooit zou afstaan. Zelfs niet aan haar eigen ouders. Hortense keek angstig van Caroline naar haar slapende zoon en sloot onwillekeurig de mousselinen gordijntjes, alsof ze hem daarmee kon beschermen tegen alle kwaadaardigheid van buiten.

'Wat had mijn arme kind dat nog in de wieg lag al een vijanden!' schreef ze vol medelijden. 'Ik besprak het met mijn man die me verzekerde dat hij er niet over piekerde zijn zoon ter adoptie af te staan.' Met zijn gebruikelijke gebrek aan tact toonde Louis haar een brief die gericht was aan zijn broer. Hij maakte daarin niet alleen zijn standpunt duidelijk, maar adviseerde Napoleon ook zich van Joséphine te laten scheiden. Dat was het enige middel om de zaken te regelen. Hortense verkeerde in vertwijfeling; ze deelde het standpunt van haar man wat hun zoon betrof. Maar ze had medelijden met haar moeder en vond het advies van Louis meedogenloos. Hij prentte zijn vrouw keer op keer in dat ze nu een Bonaparte was, spoedig moeder van twee kleine Bonapartes. Ze moest aan zijn zijde staan.

Volkomen verslagen en treurig zat Joséphine in haar salon. Ze vertelde haar dochter hoe de Bonapartes een krachtig offensief waren begonnen om Napoleon tot een echtscheiding te dwingen. De Consul trachtte haar te troosten en vertelde haar hoeveel hij van haar hield. Ze was nog altijd zijn liefste, onvergelijkbare Joséphine. Geen vrouw kon in haar schaduw staan.

Hortense merkte hoe geëmotioneerd haar stiefvader die dagen was: 'Voor het eerst behandelde hij me als een redelijk wezen en hij sprak met mij over zijn verlangen om een erfgenaam te adopteren. Ik zag dat hij diep gekwetst was door de brief van Louis.'
Ze vroeg hem op volwassen toon onder deze omstandigheden neutraal te mogen blijven. Ze wilde haar man gehoorzamen die, wellicht terecht, bang was voor de haat die haar kind door zijn bestaan onbewust opriep. De Consul zweeg enige tijd en besloot plotseling: 'Ik vaardig een wet uit die bepaalt dat ik heer en meester ben over mijn familie.'

Nog geen twee maanden later proclameerde de Consul een wet waarin stond dat hij het recht had om alle kinderen en kleinkinderen van zijn broers te adopteren zodra ze de achttienjarige leeftijd hadden bereikt. In een volgend artikel stond: 'De senator-consul regelt de opvoeding van de Franse prinsen.'

Het woord prinsen was gevallen. Spoedig volgde een nog hogere titel, zo illuster dat alleen de roemrijkste heersers uit de historie hem hadden gevoerd. Gemanipuleerde kiezers stemden met grote meerderheid voor de instelling van het keizerschap. Een delegatie van de senaat kwam Bonaparte namens het volk in de Tuilerieën vragen of hij de keizerstitel wilde accepteren. Na zijn minzame aanvaarding van het voorstel, verkondigde Duroc, grootmaarschalk van het paleis, de nieuwe titels. Joseph en diens gemalin zouden voortaan prins en prinses Joseph Bonaparte heten, Hortense *Son Altesse Imperiale princesse Louis Bonaparte*. Haar man, prins Louis, werd tot *connétable* verheven. De overige broers en zusters, die met hun nakomelingen niet voor de opvolging in aanmerking kwamen, zouden gewone burgers blijven en ook Eugène de Beauharnais, stiefzoon van de toekomstige keizer, kreeg geen titel.

Pas over zes maanden zou de plechtige kroning plaatsvinden. Maar voor het grote moment was aangebroken, moest Bonaparte een strijd voeren die hem bijna zo zwaar viel als een veldslag. Zijn zusters Elisa, Caroline en Pauline waren woedend omdat zij en hun kinderen geen titels kregen terwijl de zozeer gehate Joséphine en Hortense de Beauharnais als keizerin en prinses door het leven zouden gaan. Caroline noemde het een schande dat haar broer zijn nichtjes en neven een keizerlijke titel onthield. Elisa zag zich al gedwongen overal voor *keizerin* Joséphine te moeten buigen en het zoontje van Hortense als *mon prince* te moeten groeten. Dat weigerde ze pertinent. Napoleon liet zijn zusters een tijd uitrazen. Toen blafte hij: 'Als ik jullie zo hoor, lijkt het wel of ik mijn familie beroofd heb van de erfenis van de overleden koning, onze vader.'

Daarop viel Caroline flauw en bereikte haar doel: een paar dagen later verklaarde Napoleon Bonaparte dat zijn zusters Elisa, Caroline en Pauline als keizerlijke hoogheden aangesproken dienden te worden. De familie triomfeerde, maar was nog lang niet tevreden. Terwijl de gebroeders Bonaparte de plannen voor de komende plechtigheid uitwerkten, wonden zijn zusters zich steeds op over details in het protocol.

De Consul vroeg zich af welke naam hij als keizer zou voeren. Het Corsicaanse *Nabulione* dat Madame Mère met haar scherpe accent nog steeds gebruikte ergerde hem. Hij verbood haar dat woord nog maar een keer uit te spreken. Bonaparte herinnerde eveneens te veel aan zijn geboorte-eiland. Zijn broer Joseph wist hem te overtuigen dat Napoleon een krachtige en mooie Franse naam was voor een heerser: keizer Napoleon I. Hij knikte kort en besloot alle zuilen, vaandels en uniformen tijdens de kroningsplechtigheid met een vergulde N te laten decoreren. Zijn hofschilder Isabey, die voor de versieringen verantwoordelijk was, moest de propagandaplannen uitwerken. Om de *fleur-de-lis* van de Bourbons te verdringen koos hij als embleem de bij; een oud koninklijk symbool voor zuiverheid van leven, voor vlijt en arbeid. Naast dit nederige heraldische teken werd de adelaar uit de glorietijd van de Romeinse keizers zijn vaste attribuut. In de natuur geldt onder de vogels het recht der sterkste en de adelaar zou daarom zijn naam geven aan de voornaamste militaire onderscheidingen en in vergulde vorm de parades en andere plechtigheden opluisteren.

Wat zijn verschijning betrof stond Caesar hem voor ogen; de lauwerkrans zegevierend op het hoofd. Maar dan moest het voor Napoleon een lauwerkrans van puur goud zijn. Het volk wenste vorstelijk vertoon. Wie was hoog genoeg in rang om de nieuwe keizer te kronen? Er kwam een idee in Bonaparte op dat een grimmige glimlach op zijn gezicht toverde. Hij zond een boodschapper naar het Vaticaan die de Heilige Vader uitnodigde om de keizer van Frankrijk in de Parijse kathedraal van Notre Dame te kronen. Paus Pius VII kon hem niets weigeren. Hij, de held die het Franse volk had teruggevoerd naar de kerk van Rome.

De kroning moest een machtig spektakel worden dat zijn weerga niet kende en de kroningen der oude Franse koningen in luister overtrof. Elke dag werd eraan gewerkt; goudsmeden ontwierpen een kroon en een scepter, een diadeem en juwelen voor de keizerin. Men weefde en knoopte en smeedde want binnen vijf maanden moest alles klaar zijn.

Het politieke spel ging door; het was oorlog en op het grote Europese schaakbord was de kroning maar een zet om het volk te amuseren en te verzoenen en een les voor alle buitenlandse ambassadeurs die eruit konden leren wie de onbetwiste meester van Europa was.

In juni 1804 had Louis zijn vrouw onaangenaam verrast door een verhuizing aan te kondigen. Het huis in de rue de la Victoire dat zijn broer zonder hem te raadplegen had gekocht, beviel hem niet. Bovendien was het veel te krap sinds hij er als prins een uitgebreide hofhouding op na moest houden. Hortense hield echter van haar tuinen en de kleine, zonnige vertrekken op het zuiden waar zich haar salon en de kinderkamer bevonden. Nu moest ze haar meubelen en huisraad laten inpakken om naar een ander, groter pand te vertrekken in de rue Cerutti.[10] Ze was niet bij de aankoop betrokken geweest en zag teleurgesteld dat haar nieuwe vertrekken op het noorden waren gelegen. Om te voorkomen dat zijn vrouw door een minnaar bezocht zou worden, liet Louis de kale tuinmuur aan de kant van de buren aanzienlijk verhogen. Ook plaatste hij een schildwacht onder haar venster.

'Mijn kamermeisjes konden niet meer bij mij komen, omdat mijn man de deur naar het personeelsvertrek liet dichtmaken,' schreef Hortense in haar memoires. 'Ze moesten steeds door de salon als ze me wilden dienen. Dit veroorzaakte zoveel gelach onder onze dienstmeisjes en knechten dat mijn man de deur maar weer liet openbreken.'

Hortense vond nauwelijks ruimte om rozen te kweken of kassen te plaatsen. Er waren twee grote vijvers op het stuk grond aangelegd. Op een eilandje bevond zich een tempel voor de Vier Seizoenen, die via een smalle brug bereikbaar was. Noch de tempel, noch de kunstmatige waterval bij drie obelisken gaf blijk van een goede smaak.

Met een andere aankoop kon Hortense wel tevreden zijn: Louis verwierf op een afstand van vijf uur rijden van Parijs het zes hectaren grote domaine de Saint-Leu. In een lieflijke, bosrijke omgeving verhieven zich daar twee oude kastelen, waarvan Louis er een wilde laten afbreken om het tot een gerieflijke, moderne buitenplaats te verbouwen. Hortense verheugde zich op de aanleg van de tuinen op de vruchtbare bodem. Ze dwaalde met de onafscheidelijke Adèle Auguié en andere vriendinnen over het terrein om de paden en heuvels te verkennen. Aan de grens van het gebied gekomen vonden ze een hek dat uitkwam op het bos. Een van de meisjes opende het hek en ze liepen een stukje het stille, zomerse woud in. De volgende dag stuurde Louis Bonaparte er een knecht met gereedschap op af, die het hek zorgvuldig dicht timmerde.[11]

Hortense zweeg. Diep in haar hart begon ze Louis voor zijn gesloten deuren, de hekken en hoge muren te danken. Deze beschermden haar tegen een groeiend verlangen om uit het ongelukkige huwelijk te breken en toe te geven aan haar diepste wens. Maar de gedachte aan overspel vervulde haar nog met schrik en schaamte. Ze had Louis voor Gods altaar en de wet eeuwige trouw gezworen en wilde haar plichten als een goede echtgenote blijven vervullen.

Ze had nooit de rol van het Liefste Meisje van de Klas kunnen loslaten, al woog de denkbeeldige kunstroos van Mme Campan zwaarder en zwaarder. Omdat het zomer was ging ze met de kleine Napoleon Charles in het Bois de Boulogne uit wandelen, begeleid door Adèle die tot haar hofdame was aangesteld en Mme Boubers, verzorgster van haar zoon. Onvermijdelijk verscheen daar de gestalte weer van de jonge officier op zijn grijze paard. Het was Auguste Charles Joseph de Flahaut de la Billarderie. Ze had hem al gekend sinds hij vijftien jaar was en als dragonder in het regiment van Louis zijn militaire opleiding kreeg. Flahaut boog om haar hand te kussen, waarbij hij haar blik peilde. Ze wisselden wat beleefdheidsfrasen. Dan gaf hij de teugels van zijn paard aan een knecht, bood haar zijn arm en vervolgde met Hortense de wandeling. Het waren de mooiste uren van haar bestaan. Ze vroeg zich af op welk moment ze verliefd op hem was geworden. In haar herinnering lagen gevoelens van irritatie en bewondering door elkaar heen. Ze trachtte de indrukken in haar memoires te ordenen. Louis had de jonge, opvallend knappe dragonder onder zijn hoede genomen. Hij schreef lange brieven aan diens moeder over de vorderingen van haar zoon op de militaire academie. Louis was, zo bemerkten zijn soldaten, ontevreden als de jongen niet in zijn nabijheid verkeerde. Na terugkeer van een gezamenlijke reis naar Pruisen had hij zelfs enige tijd bij Flahaut en diens charmante en geestrijke moeder ingewoond. Hortense, die twee jaar ouder was dan Flahaut, had nooit speciale aandacht aan hem besteed.

Dat veranderde tijdens een hofbal, waarbij ze op haar unieke wijze een *quadrille* aanvoerde. De gasten gingen aan de kant van de dansvloer staan om haar bewegingen vol bewondering te volgen. Maar een van hen, Charles de Flahaut, was minder discreet geweest. Hij waagde het om op een stoel te klimmen zodat hij haar beter kon zien. Na afloop klapte hij enthousiast in zijn handen. Hortense, die het zelfbeeld van een bescheiden meisje wilde ophouden, was beledigd. Hield de jongeman haar soms voor een ballerina uit het theater? Ze was meteen op zijn moeder afgestapt. 'Ik dans om mijzelf te amuseren en niet voor applaus,' liet ze haar weten.

De volgende morgen kwam Charles de Flahaut in gezelschap van zijn moeder haar nederig zijn excuses aanbieden. Ze was verbaasd over zijn volmaakte omgangsvormen. Sindsdien waren ze vrienden. Jaar na jaar zag ze hem groter, breder en aantrekkelijker worden. Ze hield hem spoedig voor een verleider; de mooiste meisjes zwermden om hem heen. Maar hij keek met een opgewekte blik over hun hoofden heen naar haar.

Als vriend van Louis Bonaparte kwam hij hen bij hun huwelijk gelukwensen. Hij werd een vaste gast, die wat vrolijkheid bracht in het huis aan de rue de la Victoire. Louis keek naar hem uit, met een gekwelde blik in zijn ogen. Nadat hij uitvoerig met zijn vriend had gepraat, kwam Flahaut volgens de regels der beleefdheid naar haar salon om *Mme Louis Bonaparte* te groeten. Soms speelden ze samen op de pianoforte en zongen in de grootste harmonie duetten. Flahaut had een prachtige tenorstem.

Op een dag staakte hij zijn bezoeken abrupt. Het duurde een tijd voor ze hem miste. Tijdens een souper bij de Murats ontmoette ze hem en informeerde waarom hij haar nooit meer bezocht. Flahaut kwam achter haar stoel staan en vertelde dat hij vele malen in de rue de la Victoire was geweest. Maar telkens liet de portier hem weten dat Mme Louis Bonaparte niet thuis was of dat Mme Louis Bonaparte geen bezoek wilde ontvangen.[12] Hortense besefte onthutst dat haar man zijn argwaan nu ook op zijn jonge vriend had gericht. En deze keer had hij gelijk: Flahaut was onder de bekoring gekomen van de vrouw van zijn vriend en liet het haar weten ook. Geschrokken deinsde Hortense terug voor de gevoelens die zijn liefdesverklaring in haar wakker riepen. Ze zette zijn knappe gezicht, waarvan de trotse kaaklijn zoveel overeenkomst toonde met die van zijn natuurlijke vader minister Talleyrand, uit haar gedachten. Maar ze droomde van hem, ze vermeed hem, miste hem dan weer en zocht in grote gezelschappen zijn aanwezigheid.

De vriendschap tussen Louis en Charles verkoelde. Maar die tussen Charles en Hortense had andere vormen aangenomen. In een lange brief bekende hij ten slotte dat hij niet meer zonder haar kon leven. Ten prooi aan tegenstrijdige gevoelens probeerde Hortense nu zo vaak mogelijk aan de zijde van haar man te zijn. Ze schikte zich in zijn wetten. Zijn wantrouwen werd haar schild tegen ongepaste ontmoetingen met Flahaut. Ze prentte zich in dat er in haar leven geen plaats was voor de liefde van een andere man. Ze bezwoer zichzelf trouw te blijven.

Op een dag liet Louis haar plotseling weten dat hij de volgende dag naar Plombières zou vertrekken voor een badkuur om vandaar verder te reizen naar Turijn. Omdat ze zwanger was mocht ze hem niet vergezellen. Hij zou voor de kroning van de keizer in Parijs terugkeren.

Hortense leidde tijdens zijn afwezigheid bewust een teruggetrokken bestaan. Het was haar stiefvader die zich verbaasde over haar bleke teint en vermoeide ogen. 'Mijn lieve dochter,' schreef hij haar op 18 augustus 1804[13] ongerust uit het legerkamp te Boulogne, 'ik weet jouw gevoelens voor mij op waarde te schatten en wees jij ervan overtuigd dat niets de vaderlijke genegenheid kan veranderen die ik je heb toegedragen vanaf je prilste jeugd. Dat jij tevreden bent, je gezondheid en je geluk evenals dat van je broer maken deel uit van mijn tederste gevoelens. Schrijf mij zo nu en dan. Geef mij nieuws over Meneer de Maarschalk over wie ik niets verneem en vergeet niet voor mij twee kussen te geven aan Meneer Napoleon.[14] Hierbij bid ik God dat hij je, mijn lieve dochter, behoede. Napoleon.'

Hortense doorgrondde de ware bedoeling van de brief van haar stiefvader niet. Napoleon, die tijdens zijn verblijf in het legerkamp serieus begon te denken over een echtscheiding, was bang dat hij daarmee behalve Joséphine ook zijn stiefkinderen Hortense en Eugène zou verliezen. Er was weinig ruimte voor liefde in het hart van de man die zozeer vervuld was van zichzelf. Maar van zijn stiefkinderen hield hij oprecht. Bourrienne en andere ooggetuigen schreven in hun memoires dat Napoleon zich als een echte vader over het welzijn van Hortense bekommerde.

Ze kwam nu niet aan het hof. Haar moeder was naar Aken gegaan om geneeskrachtige baden te nemen. Zelfs op haar eenenveertigste hoopte ze nog op een wonderbaarlijk herstel van haar vruchtbaarheid. Napoleon verliet Boulogne en voegde zich in de nazomer bij haar. De burgers van Aken schonken Napoleon het kostbaarste dat ze te bieden hadden: de amulet met een reliek van Christus' kruis gevat in een reusachtige smaragd, die in de kist van Karel de Grote was gevonden. Na dit bezoek trokken ze samen naar Mainz, waar alle edelen van de kleine Duitse vorstendommen het paar eer kwamen betuigen. Onder de talloze gasten ontbraken echter de prins van Oranje-Nassau en diens gemalin prinses Wilhelmina van Pruisen. Het viel Napoleon meteen op en hij beschouwde het als een belediging die hij niet wenste te vergeten.

Terwijl hij met zijn vrouw in Duitsland verbleef, maakte iedereen zich aan het Parijse hof druk over de komende kroning, die in het najaar plaats moest vinden. Hortense wist niet of ze erbij aanwezig kon zijn, omdat ze in die tijd haar tweede kind ter wereld zou brengen.

De vluchtige ontmoetingen in het park waren hervat. Charles de Flahaut behandelde de zwangere Mme Louis Bonaparte met de grootste zorg en tederheid. Wie het opviel dat Hortense vaak met Flahaut werd gezien, prees zijn galante gedrag. Ook als ze gezamenlijk aan een diner zaten in het huis van Caroline en Joachim Murat behandelde hij haar als zijn liefste vriendin. Maar dat leek opeens te veranderen.

Caroline, die na de geboorte van haar dochter Letizia uitgekeken begon te raken op haar echtgenoot, herkende in Hortenses oogopslag onmiskenbare verliefdheid. Ze wist met feilloos instinct ook op wie. Mme Murat schepte er vermaak in Flahaut voor zich in te palmen en met de gevoelens van haar schoonzuster te spelen. Ze flirtte openlijk, wat hem amuseerde. Het was niet moeilijk de jonge luitenant vaak te ontmoeten. Flahaut diende in het regiment van Joachim Murat, militair gouverneur van Parijs. Hij begeleidde hen steeds van Parijs naar de riante buitenplaats te Neuilly.

Hortense was nu in het stadium gekomen dat ze haar diepste geheim met iemand moest delen. Ze vertrouwde haar beste vriendin Adèle toe wat haar al maandenlang bezielde en vertelde ook dat Flahaut zich al een tijd niet had laten zien en dat ze zich zorgen maakte over diens terughoudendheid.

Op een middag besloot Hortense alleen en onaangekondigd een bezoek te brengen aan de buitenplaats van haar zwager en schoonzuster. Bij het huis gekomen vernam ze dat Caroline zich op het eiland in het park bevond. Hortense wandelde naar een bank aan de oever van de vijver en ging daar in de warme zomeravond zitten wachten. Niet lang daarna zag ze bij het licht van de maan haar schoonzuster over het pad komen, innig gearmd met Charles de Flahaut. Ze was diep gegriefd over de triomfantelijke houding van Caroline en keerde zo snel mogelijk terug naar huis. Volkomen overstuur betrad ze het grote, kille huis in de rue Cerutti. Het was nacht maar ze kon er niet toe komen naar bed te gaan. De lichten waren gedoofd en ze zat alleen in haar salon. Hortense besefte hoe ver het met haar gekomen was; naast het verdriet over een slechte echtgenoot en een onmogelijke liefde werd ze nu ook gepijnigd door jaloezie. Ze was radeloos. Voor het eerst in haar huwelijk verlangde ze naar Louis. Als hij bij haar was, zou ze niet meer in de verleiding worden gebracht zich in de armen van Flahaut te storten. Niet meer bang hoeven te zijn voor diens flirt met Caroline.

Ondertussen joeg een koets met een vierspan door de nacht. Achter het raampje zat prins Louis, die volkomen onverwachts uit Turijn kwam. Vervuld van argwaan jegens zijn vrouw maande hij de koetsier snel koers te zetten naar de rue Cerutti. Maar op de hoek van de straat liet hij hem plotseling stoppen. Hij sprong van de treeplank en hinkte in het duister naar zijn woning. Toen hij zag dat er alleen in haar kamer nog licht brandde, sloop hij via een bediendetrap naar binnen en opende met een ruk haar deur. Hortense sprong overeind en keek hem wezenloos aan. Toen ze besefte wie er voor haar stond, strekte ze haar armen naar hem uit. Ze huilde. In haar memoires staat dat hun intimiteit op dat ogenblik zo groot was dat ze op het punt stond hem haar diepste geheim toe te vertrouwen. Maar ze aarzelde en vroeg hem alleen haar mee te nemen naar het platteland. Naar Saint-Leu.

Dezelfde week verlieten ze de stad en vestigden zich samen in het nieuwe kasteel, waar Hortense tot rust kwam. Pas toen de bevalling heel nabij was besloten ze terug te keren naar Parijs. Daar baarde ze op 11 oktober haar tweede zoon: prins Napoleon Louis.

Haar moeder, die aan het kraambed zat en haar liefdevol verzorgde, vertelde dat ze juist tijd genoeg zou hebben om aan te sterken. Dan kon ze bij de kroning, die mogelijk eind november plaatsvond, aanwezig zijn. De Heilige Vader had toegestemd de plechtigheid in de Notre Dame bij te wonen. Hij zou spoedig op weg naar Parijs gaan. Napoleons besluit was gevallen: Joséphine de Beauharnais werd zijn keizerin.

10

In de nacht van de eerste december 1804 repten de kappers zich over de duistere trappen van de Tuilerieën en door ijskoude gangen naar de vertrekken van hun clientèle. Ze waren wit van de slaap maar de opwinding in de lichte, verwarmde ruimte deed hen spoedig vergeten dat ze op een ongebruikelijk tijdstip aan het werk moesten. De hofdames stonden al in de rij om zich te laten kappen voor de kroning in de Notre Dame, die 's middags plaats moest vinden. Het was een historische gebeurtenis op het allerhoogste niveau waarvan zij getuigen mochten zijn. Als het haar na een uur gefriseerd en opgemaakt was gingen ze slapen – rechtop zittend in een stoel om het werk van de kappers niet te verwoesten – terwijl anderen voor de spiegels plaatsnamen.

Buiten het paleis waren militairen al uren bezig; de fakkels vormden wazige vlekken die zich door de nacht bewogen, doofden en oplichtten. Honderden paarden kletterden met hun hoeven over de nieuwe bestrating, van de Tuilerieën tot de grote kathedraal op het Île de la Cité. Er klonken bevelen, er werden oefeningen gehouden, want als de lange stoet zich op de kroningsdag in beweging zette, moesten de soldaten als een blok voorwaarts trekken.

Over de Seine in de donkere, regenachtige massa van de stad brandden de hele nacht olielampen voor de vensters. Daar legden de borduurders een laatste hand aan de zomen van een fluwelen rok, daar rolden de laatste exemplaren van de lijsten der prinsen, prinsessen, maarschalken uit het keizerlijk gevolg van de pers, daar werd brood gebakken voor de duizenden toeschouwers die langs de kant van de weg de keizer en keizerin voorbij wilden zien trekken.

In de Hollandse ambassade trachtte ambassadeur Schimmelpenninck wat te slapen. Hij was een der genodigden die in de Notre Dame de kroning van nabij mocht volgen, een gebeurtenis waar hij verlangend naar uitzag. 'Mijn Liefste Lief, mijn beste Lieve Vriendin,' schreef hij zijn vrouw, 'morgen is de grote dag (...). Ik heb me voorgenomen een dubbel paar sokken aan te trekken want het is koud in de kerk.'[1]

Prinses Hortense lag in de rue Cerutti te wachten tot het donker oploste en een kamenierster haar zou wekken. In het bed naast haar sliep prins Louis. Het was niet uit liefde dat hij de nacht bij haar doorbracht, maar uit vrees dat een andere man 's nachts in het geheim bij haar kwam. Sedert de bevalling van haar tweede kind was hij nog achterdochtiger geworden. Ze merkte dat hij haar brieven stiekem las en dat hij zijn personeel opdroeg haar te bespioneren. Ze leefde als een gevangene in haar eigen huis en mocht haar moeder zelfs niet meer gaan bezoeken. Hortense had het kraambed nog maar pas verlaten en was bleek en uitzonderlijk mager. Haar gedachten gingen hulpzoekend naar de serene paus Pius VII. De Heilige Vader overnachtte in het Pavillon de Flore van het Louvre: 'Deze eerbiedwaardige gestalte, hoofd van een religie die ons zoveel over lijden en vergeving leert, dit alles raakte mijn diepste gevoelens. Ik geloof dat ik me, als mijn man niet bij me was geweest, aan zijn voeten geworpen had om hem te smeken mij moed en kracht te schenken, hetgeen in zijn vermogen ligt.'

Bij het licht van een blaker ontwaarde ze haar hofdame naast het bed. Ze stond op en volgde haar naar de garderobekamer waar haar japon van lichtblauw satijn, afgezet met kant, lag uitgespreid. Isabey had voor alle prinsessen een laag uitgesneden japon met *chérusque* ontworpen, een vrij hoog achter het hoofd oplopend plooikraagje dat aan de mode van koningin Catharina de'Medici deed denken. Voor Louis ontwierp Isabey een kroningskostuum in wit fluweel dat op een Spaans maskeradepak leek. Ook voor de kleine Napoleon Charles, die nauwelijks twee jaar telde, lag er een kostuum van rood fluweel met een wit kraagje klaar. Hij speelde als troonopvolger en de enige peuter in de volwassen menigte een prominente rol in het schouwspel. Hortense liet hem zo lang mogelijk slapen. Ze zette zich voor haar kaptafel waar de kapper haar lange, asblonde vlechten losmaakte en het haar, dat bijna tot de grond reikte, begon uit te borstelen.

Om zes uur in de morgen, toen de zon nog niet was opgegaan en er een ijskoude mist over de daken lag, was het volk van Parijs al op de been. Zoveel nieuwsgierigen dromden samen voor de ingang van de Notre Dame dat er gewapende soldaten aan te pas moesten komen om hen op een afstand te houden. De monsterachtige kroningsmachine was door Napoleon maanden eerder in werking gezet: zijn ceremoniemeester Louis Philip graaf de Ségur voerde met ijzeren discipline de regie. In de lente toog hij al met een serie poppen in papieren kleertjes naar Fontainebleau om op een lange tafel, onder het toeziend oog van de keizer en zijn familie, de hele plechtigheid uit te voeren.

Hij had een kleurrijk portaal tegen de gotische kathedraal laten bouwen dat met een zwarte muil de eerste gasten opslokte. Ze vonden in de immense, bijna duistere ruimte hun plaatsen. Het was nog nauwelijks zichtbaar wat de fantasie van David had gepresteerd. Maar toen de kaarsen van de eerste kroonluchters werden ontstoken, gleed een warm schijnsel over de met purperrode stof beklede zuilen waarop de vergulde N glansde. Zoveel mogelijk gotische ornamentiek verdween op last van de keizer achter blauwe, met gouden bijen geborduurde gordijnen en rode draperieën. Pleisterwerk, verguldsel en kostbare tapisserieën versterkten de indruk dat men zich in een theater bevond, waarin binnen enkele uren de Eerste Consul zich zou verheffen tot een der machtigste soevereinen van Europa.

Hoog op het koor stonden onder vergulde baldakijnen twee grote tronen opgesteld voor Napoleon en Joséphine en wat lager bij het altaar een kleinere, voor de paus. De tribunes links en rechts van het koor vulden zich langzaam volgens plan; het kraken van laarzen, gekletter van degens en het tinkelen van ordetekens op uniformen vermengd met zacht geschuifel van fluwelen damesmuiltjes over de dikke tapijten. Er werd gedempt gesproken maar niet te veel, het gewicht van de dag en de luister van de ruimte deed de stemmen verstommen.

Toen door de gekleurde glazen van de enorme rozetten het vroegste morgenlicht doorbrak, vormden zich blauwe, violette en rozerode vlekken in de hoge ruimte onder de gewelven. Honderden mensen waren samengepakt op de tribunes, ze schoven onwillekeurig schouder aan schouder, in de ijzige kou profiterend van elkaars lichaamswarmte.

Bij de entree van de paus – om tien uur – verhieven ze zich als één man van hun zetels. De Heilige Vader droeg een gouden tiara, bezet met diamanten, een geschenk van de keizer dat een vermogen had gekost. Hij werd omringd door gemijterde kardinalen en andere kerkelijke hoogwaardigheidsbekleders in rood, purper, goud en wit. Nadat hij de zegen had gegeven namen ze weer plaats op het fluweel en het wachten op de keizer en keizerin begon. Pius VII maakte op Mme Rémusat gedurende heel de plechtigheid de indruk van een geduldig slachtoffer. Hij mocht Napoleon niet kronen. Na veel discussies was besloten dat de keizer dit zelf zou doen: Bonaparte weigerde de kroon van wie dan ook aan te nemen. Bij deze gelegenheid sprak hij de woorden: 'Ik vond de kroon van Frankrijk op de grond en raapte hem op.'

In de Tuilerieën had onder het afvuren van een kanonsalvo de keizerlijke stoet zich precies om tien uur in beweging gezet. Hortense zat tegen de fluwelen kussens van de koets. Een kostbaar diadeem glansde tussen de krullen van het haar. Haar blik dwaalde over de soldaten – in totaal 18.000 man – die met de bajonet op het geweer in nieuwe uniformen drie rijen dik langs de hele route stonden opgesteld, over de juichende menigte naar de terrassen van het Paleis van Salm aan de Seine. Ze voelde geen trots omdat ze deel uitmaakte van de familie Bonaparte, die boven alles uitgestegen was. Daar reed de gouden kroningskoets waarin haar moeder en stiefvader achter grote, glazen ruiten zaten. Het dak van de koets was getooid met een kroon en gouden adelaars, als trotse symbolen van Napoleons superioriteit. Hij was gehuld in dure opsmuk. 'Zijn korte gestalte verdween haast onder de enorme mantel van hermelijn. Een eenvoudige krans van lauwerbladen sloot om zijn slapen; hij zag eruit als een antieke penning. Maar hij was bleek en werkelijk ontroerd; zijn blik was streng maar ook enigszins onzeker.'[2]

Voorafgegaan door bonte squadrons van Mammelukken, begeleid door pages in keizerlijk groen en goud ging het stapvoets voort, langs de juichende menigte op de kade, de pleinen en bruggen naar de kathedraal. Tegenover Napoleon zaten Joseph en Louis Bonaparte in hun witfluwelen kroningskostuums met een sjerp, een kanten bef en een aan de voorkant opgeslagen hoed met een pluim. Hortense wist dat de andere broers – Jérôme en Lucien – na een hooglopende ruzie met de keizer uit protest het land hadden verlaten.

De jonge Jérôme was in de Verenigde Staten verliefd geraakt op de Amerikaanse koopmansdochter Elisabeth Paterson en had haar in Baltimore zonder toestemming van zijn broer getrouwd. Napoleon was woedend over deze *mésalliance*. Hij had andere plannen met zijn familieleden en duldde hem niet langer in zijn omgeving.

Nog erger was het gesteld met Lucien, die van het begin af aan een onmisbare rol in zijn politieke carrière vervulde. Hij verspeelde de gunsten van zijn broer onder meer omdat hij tegen diens wil met een gescheiden vrouw van bedenkelijke reputatie was getrouwd, die hem kort voor hun huwelijk een zoon baarde. Napoleon weigerde dit kind en diens moeder, Alexandrine Jouberthon, als lid van de Bonaparte-dynastie te erkennen.

Toen ook zijn zusters en zwagers hoge eisen stelden en zich tegen zijn wil verzetten had de keizer in razernij uitgeroepen: 'Het spijt me dat ik geen bastaard ben!'

Madame Mère Letizia Bonaparte onttrok zich aan de pijnlijke familieruzies. Ze koos partij voor haar lievelingszoon Lucien. Tijdens de kroning werd haar afwezigheid door iedereen opgemerkt. Het was een stil protest tegen de al te hoge vlucht die de adelaar, haar tweede zoon, uit het eenvoudige Corsicaanse nest had genomen.

Joséphine was de enige in de kroningskoets die glimlachte. De frêle gestalte in wit satijn maakte diepe indruk op de menigte. De ware reden van haar geluk was voor iedereen verborgen. De vorige dag had ze de Heilige Vader in een privé-audiëntie onder tranen opgebiecht dat zij en Napoleon Bonaparte nooit voor de kerk getrouwd waren. De reactie was zoals ze verwachtte: de paus bleek ontzet over het feit dat ze al jaren in zonde leefden. Hij weigerde de keizer en keizerin te zalven als hun huwelijk niet voor Gods altaar was ingezegend. Napoleon gaf mokkend toe.

In zijn werkkamer was op de avond van de eerste december een altaar opgesteld en daar gaven ze elkaar voor het oog van kardinaal Fesch, de halfbroer van Letizia Bonaparte en oom van Napoleon, opnieuw het jawoord. Talleyrand en Berthier waren de enige getuigen. Het was een moment van onuitsprekelijke triomf voor Joséphine. Ze liet niet na de kardinaal een schriftelijk bewijs te vragen van hun kerkelijke verbintenis, dat ze zorgvuldig bewaarde. Het spook van de echtscheiding vluchtte die nacht uit haar verbeelding; de keizer zou zijn wettige vrouw en keizerin niet verstoten ook al baarde ze hem geen kinderen. Hortenses zoon was zijn opvolger, een kleine Bonaparte.

Joséphine had die nacht maar kort geslapen. Heel vroeg kwam men haar wekken om haar gezicht zorgvuldig te blanketten. Ogen en lippen werden opgemaakt en toen het resultaat iedereen bevredigde, begon men haar te kappen. 's Morgens vroeg verscheen ze in haar witsatijnen kroningskleed voor Napoleon. Hij was verblind door haar schoonheid en gratie en nam van tijd tot tijd verliefd haar hand. Haar stralende blik vormde een wapen tegen de haat die haar omringde. De prinsessen Elisa, Caroline en Pauline Bonaparte waren afgunstig op de hoge positie die de 'hoer' of de 'Ouwe' uiteindelijk wist te veroveren.

De oudste zuster Elisa Bonaparte, gehuwd met de onbeduidende Felice Bacciochi, leek wat intelligentie en daadkracht betreft het meest op Napoleon. Hoewel ze geen enkele scholing had gehad, toonde ze bestuurlijke kwaliteiten. Ze was echter lang niet zo knap als haar jongere zusters. Caroline baarde Murat bijna elk jaar een kind maar ze wierp verleidelijke blikken naar anderen en zou, evenals haar man, spoedig het buitenechtelijke pad kiezen. Pauline Bonaparte was alleen al om haar uitzonderlijke schoonheid de lieveling van Napoleon. Toch had ook zij hem weten te mishagen door na de dood van haar eerste echtgenoot Leclerc nog gehuld in haar zwarte weduwejapon links en rechts te flirten. Haar oog viel op Camillo prins Borghese, een schatrijk vorst van oude Italiaanse adel zonder enige kennis of opleiding. Nog geen zeven maanden na de begrafenis van haar man was ze – geheel tegen de wetten van de keizer – met Camillo Borghese getrouwd. Ze ging nu als *princessa* door het leven en genoot van de jaloezie van haar zuster en schoonzusters.

Bij de kathedraal gekomen hield de kroningsstoet halt en stapte het keizerlijk gezelschap uit. Daar overkwam Joséphine iets onaangenaams dat Hortense en Eugène met zorg vervulde: 'Toen ze de kerk betrad, verloor mijn moeder een ring, die ze van de paus gekregen had en die hij nog moest zegenen. In haar bijgelovigheid beschouwde ze dit verlies als een kwaad voorteken. Mijn broer vond het juweel terug en gaf hem haar. Ik bezit de ring nog,' schreef Hortense later.

Hortense was onder het baldakijn uit haar koets gekomen en ze liep met haar zoon aan de hand over de dikke loper naar het versierde kerkportaal. Het middaguur brak aan. De paus had in de ijskoude kathedraal bijna twee uur op de keizer zitten wachten. Op de torens van de Notre Dame wapperden enorme rode vlaggen van zijde. Binnen hief de dirigent zijn armen en de kroningsmars van Jean-François Le Sueur barstte los en de stoet ging de kathedraal in. Voorop liep de gouverneur van Parijs, maarschalk Murat. Op een roodfluwelen kussen droeg hij de keizerskroon. De dikke krullen van zijn bakkebaarden gaven zijn gezicht iets dierlijks boven de kanten bef van het kostuum. Om zijn vingers blonken gouden ringen met opvallend grote stenen. De herbergierszoon stapte statig naar het altaar waar de Vaticaanse delegatie wachtte. Achter hem liep Joséphine; vederlicht verplaatste ze haar geborduurde, witfluwelen schoentjes. Er ging een golf van bewondering door de rijen. Veel aanwezigen hebben een verslag geschreven van het grote, historische moment. Allen adoreren de eenenveertigjarige keizerin, die op haar kroningsdag niet ouder leek dan vijfentwintig jaar. Over haar witsatijnen japon met sleep droeg ze de hermelijnen kroningsmantel, geborduurd met bijen. De sleep van de zware mantel werd onder protest gedragen door Elisa, Caroline en Pauline Bonaparte. Mokkend liepen ze achter hun schoonzuster aan. Hun tranen en scènes hadden Napoleon niet kunnen vermurwen; hij eiste van hen dat ze de fluwelen sleep van de keizerin zouden dragen. Wie weigerde moest met echtgenoot en kinderen naar het buitenland vertrekken.

Hortense hield Elisa, Caroline en Pauline steeds in het oog, ze wilde voorkomen dat ze de dag voor haar moeder bedierven. De stemming was om te snijden. Alleen Julie, de echtgenote van Joseph, had zich nauwelijks tegen de gang van zaken verzet. Ze liep met haar beide dochters gedwee in de keizerlijke stoet mee.

Mme Louis Bonaparte keek omlaag op de donkere lokken van haar zoon en drukte diens koude handje geruststellend. Prins Napoleon Charles, die al wat babbelde en zichzelf No-no noemde, zag verrukt hoe de menigte hem vertederd toeknikte. Een oranjerode sjerp lag diagonaal over zijn borst, hij droeg een geplooide kraag en er blonken gouden gespen op zijn schoentjes. Zijn moeder regelde haar stappen naar de zijne. Van tijd tot tijd keek hij naar haar op en lachte. No-no genoot en hield zich rustig.

Speciaal voor de kroning had Giovanni Paisiello een onderdeel van de Sacrale Mis gecomponeerd. 'Liefst hoorde Napoleon composities van Paisiello, want, zo zei hij, diens muziek is eentonig en alleen zich herhalende indrukken weten ons in hun macht te brengen.'[3]

Twee orkesten onder leiding van Le Sueur en de zang van wel vierhonderd koorleden schenen uit de hemel te komen; onder een zee van brandende kaarsen hieven ze een goddelijk lied aan. Elke handeling was van minuut tot minuut bepaald, de keizer wilde dat er geen enkele fout werd gemaakt. De mis begon. Het was een lange plechtigheid. Mme Rémusat schreef in haar memoires dat ze de keizer een paar maal ingehouden zag gapen. Hortense rilde in haar dunne japon, maar op den duur raakte ze bijna verdoofd door de kou en stond onbeweeglijk als een kaars bij het altaar. Zo heeft Louis David haar vereeuwigd op het reusachtige kroningsschilderij *Le sacre de Napoléon*, dat tweehonderd personen telde en waarvoor hij tijdens de lange mis in de Notre Dame schetsen maakte.

Op het hoogtepunt van de mis rees Napoleon van zijn troon en daalde de treden af naar de plek waar de paus wachtte om hem te zalven. De charismatische Pius VII vervulde hier een bijrol. Alle ogen waren gericht op de grote Europese machthebber in wiens kostbare theater zich een ontzagwekkende voorstelling afspeelde.

Diep aangedaan schreef Rutger Jan Schimmelpenninck de volgende dag in een lange brief aan zijn vrouw: 'De plechtigheid der kroning is gisteren op de allergelukkigste wijze, en met de grootste orde afgeloopen. (...) De ambassadeurs zaten bij de grote troon, zodat wij alles wat daar gebeurde zeer duidelijk konden zien. Niets deed meer impressie op mij dan het horen prononceren van de eed door den keizer – de presentie van geest en het ferm, duidelijk en important accent waarmede hij dien gehele eed prononceerde deed een onbegrijpelijk effect en verwekte een algemeen enthousiasme en applaudissement.'[4]

Napoleon hief de keizerskroon hoog boven zijn hoofd en liet hem langzaam neerdalen. Op dat ogenblik leek er een teken uit de hemel te komen. Uit de middeleeuwse spitsbogen hoog boven het koor raakte een steentje los – niet groter dan een hazelnoot – dat met grote snelheid omlaag viel. Precies op het moment dat Napoleon zichzelf kroonde tikte het de keizer op zijn schouder, sprong op de grond en bleef liggen op het tapijt. Napoleon slaagde erin te doen of hij niets merkte. Hortense was even van haar stuk gebracht, maar ze vestigde haar aandacht direct op haar moeder, die zich voor het belangrijkste moment van haar leven van haar troon verhief en de trap afdaalde naar haar man. 'Het moment waarop de keizerin de kroon ontving wekte algemene bewondering, niet om het feit op zichzelf, maar omdat ze zo bevallig naar het altaar schreed en met een zo elegante eenvoud neerknielde dat het aller ogen streelde.'

Joséphine knielde neer voor Napoleon en vouwde haar handen. Tranen van ontroering drupten op haar vingers. De keizer nam haar kleine kroon in zijn handen en plaatste hem voorzichtig op het diadeem, dat schitterde van de diamanten. Niet tevreden met het resultaat nam hij de kroon weer op, draaide hem iets en plaatste hem weer op het hoofd van zijn vrouw, waarbij hij haar op een heel intieme manier in de ogen keek.

'Ik genoot de eer aan veel echte prinsessen te worden voorgesteld,' bekende Mme d'Abrantès bij de herinnering aan dat moment, 'maar ik zag er nooit eerder een die, in mijn ogen, zo'n volmaakte personificatie van elegantie en majesteit was als Joséphine.'

Onder de twintigduizend toeschouwers bevonden zich twee jongere nichtjes van Hortense: de veertienjarige Stéphanie de Beauharnais[5] en de zestienjarige Stephanie Tascher,[6] beiden leerlingen van het meisjespensionaat van Mme Campan. Ze waren door het dolle heen toen ze hoorden dat ze de kroningsplechtigheid mochten bijwonen. 'Mijn jurk was van roze crêpe geborduurd met gouddraad wat voor een meisje van veertien jaar belachelijk stond,' herinnerde Stéphanie de Beauharnais zich. 'Er was enorm veel drukte over mijn jurk gemaakt maar op het laatste moment vergat men mij te friseren. Dat was niet zo erg, mijn krullende haar werd goed geborsteld.'[7]

Ze volgden de handelingen van de keizerin ademloos en slaakten een kreet van schrik toen Joséphine opstond en op weg naar haar troon plotseling wankelde onder het gewicht van haar hermelijnen mantel. Met moeite hield ze zich staande en wendde hulpzoekend haar gekroonde hoofd. Elisa, Caroline en Pauline deelden een vilein lachje. Met vlammende ogen deed Napoleon een stap naar voren en gelastte zijn zusters de kroningsmantel op te nemen. Ze gehoorzaamden hem snel en Joséphine kon de trap naar haar troon bestijgen.

De klanken van Paisiello stortten zich uit over de aanwezigen, uit honderden kelen jubelde het 'Te Deum'. Hortense boog met kloppend hart het hoofd terwijl Louis haar streng in de gaten hield. Achter haar had hij Gerard Duroc zien staan. Diens huwelijk met de rijke Spaanse bruid maakte hem niet gelukkig. Duroc werd vaak in gezelschap van actrices van de Parijse opera gezien.

De mis liep ten einde. Pas na drie lange uren openden de deuren van de Notre Dame zich en trok de keizerlijke stoet, weer voorafgegaan door Murat, naar het middaglicht.

‘Het koude weer heeft de aanschouwers, vooral de dames, geweldig doen lijden,’ schreef Schimmelpenninck zijn vrouw. Hij huiverde bij het zien van hun blote armen en dunne japonnen. ‘Ik heb in de kerk alle mogelijke precautie tegen de koude genomen en ben er zonder letsel afgekomen.’

De zware bourdon van de Notre Dame vulde de hemel boven Parijs met zijn bronzen stem. Het was gewoon 2 december van het jaar 1804 ’s middags drie uur. Schimmelpenninck noteerde tevreden ‘dat ook tegelijk de nieuwe, revolutionaire tijdrekening afgeschaft en de oude almanak weer geïntroduceerd werd’. Het zou echter nog lang duren voor de revolutionaire kalender in onbruik raakte.

Om zes uur ’s avonds was Schimmelpenninck weer in de ambassade. In de stad liep men te hoop om het grote vuurwerk te aanschouwen. De Hollandse gezant nam een warm voetbad en voelde zich na deze bijzondere dag intens eenzaam. Hij had een heftig verlangen zijn gedachten met Cato te delen. Bij het licht van een olielamp doopte hij zijn pen in en staarde somber en verontrust op het papier. Een donkere vlok zweefde over het witte vlak. Hij knipperde met zijn ogen en hield ze enige tijd gesloten. Toen het zicht beter leek schreef hij haar: ‘Mijn liefste, beste Vriendin, ik gevoel dat wat ons ook gebeuren mag en wat mij ook boven het hoofd mag hangen, niets meer ondraaglijk wordt dan die continuele scheidingen, aan dit zwervend leven. Het zou mij letterlijk ondoenlijk worden dit langer uit te houden.’

Hij besloot bij terugkeer in het vaderland een oogarts te consulteren.

Na de plechtigheid in de Notre Dame volgde een maand van feestelijkheden. Tijdens de ijzige koude kroningsdag was het droog gebleven. Maar in december barstten de buien los over de daken van Parijs. De keizer en keizerin moesten zich met de complete hofstoet in de stromende regen naar de Champs de Mars begeven, waar Napoleon voor het eerst zijn Adelaars uitreikte aan de diverse regimenten.

‘Voor de keizerlijke familie en het gevolg had men een speciale tribune gebouwd, die zo goed mogelijk beschut werd tegen het slechte weer. Al spoedig echter sijpelde de regen door het tentdoek heen. De keizerin zag zich gedwongen met haar dochter, die nog maar pas uit het kraambed was ontslagen, weg te gaan en haar schoonzusters volgden. Alleen mevrouw Murat bleef, ondanks haar kostbare toilet, moedig de elementen trotseren. Zij begon zich zonder verwijl “te oefenen in het verdragen van de onvermijdelijke bezwaren van het koningschap”, zoals zijzelf lachend opmerkte.’[8]

Hortense hoorde het misschien, maar het interesseerde noch verbaasde haar. Dat Caroline met de gedachte speelde met haar man door Napoleon verheven te worden tot koningin en koning van Holland lag nog buiten haar voorstellingsvermogen. Net als Joséphine was ze in haar hart royaliste gebleven; koningen werden als koningskinderen geboren en niet gemaakt. En bovendien had de Bataafse Republiek – voor zover ze iets van het kleine land aan de Noordzee wist – nooit een koning of koningin gehad. Ze begreep wel dat haar stiefvader met de gezant Schimmelpenninck over de invoering van een eenhoofdig bewind in Holland onderhandelde.

Hortense kwam doodmoe en verregend in de rue Cerutti aan en zocht vroeg haar bed op.

Toen de lente aanbrak voelde ze zich wat sterker. Op 24 maart 1805 werd haar tweede zoon Napoleon Louis in de tot kapel verbouwde galerij van Saint-Cloud door paus Pius VII ten doop gehouden. De keizer droeg zijn neefje zelf in zijn armen naar de doopvont. Hij en Madame Mère traden op als peetouders voor de kleine prins, die tijdens de plechtigheid voortdurend huilde.

Ook deze ceremonie verliep niet zonder voorafgaande conflicten. Caroline, die onlangs een dochtertje ter wereld had gebracht, wilde dat de paus haar kind tijdens dezelfde plechtigheid zou dopen. Napoleon weigerde, want de zonen van Hortense betekenden meer voor de toekomst van het keizerrijk dan de dochter van zijn zuster. Caroline maakte daarop met zwaaiende armen en flitsende ogen de gebruikelijke scène. Maar ze kreeg niet haar zin.

's Avonds werd het schitterend verlichte kasteelpark van Saint-Cloud voor het publiek opengesteld en er vonden allerlei festiviteiten plaats. Er heerste die lenteavond een stemming van welbehagen in de stad. Economisch ging het de bewoners voor de wind. De stad zelf pronkte met tekenen van haar welvaart; Parijs was verrijkt met brede boulevards en pleinen, bruggen en joyeuze gebouwen die door bezoekers van ver over de grenzen werden bewonderd. Wat Napoleon in vier jaar voor het land had gedaan grensde aan het wonderbaarlijke.

Vaak dwaalde Hortense in gedachten aan de arm van Charles de Flahaut door de parken. Ze verlangde er zozeer naar hem te ontmoeten dat ze schrok als ze zijn gestalte onverwachts gewaarwerd. Dan gaf ze haar koetsier nerveus opdracht een andere route te keizen. Zo onthield ze zichzelf de troost die ze in het sombere gezelschap van haar ziekelijke man nodig had.

Een halfjaar na de plechtigheid in Parijs reisden de keizer en de keizerin naar Milaan om daar gekroond te worden tot koning en koningin van Italië. Aanvankelijk had Napoleon de kleine Napoleon Charles de kroon van Italië willen schenken. Het kind zou tot zijn meerderjarigheid in Frankrijk mogen blijven wonen. Dan had hij een Frans en een

Italiaans huis en kon later als Napoleon II zelfstandig over het koninkrijk Italië gaan regeren. De dreigende oorlog met Oostenrijk werd daarmee afgewimpeld.

Maar Louis bleef zich verzetten tegen de adoptie van Napoleon Charles. Bovendien zou hij er nooit in toestemmen dat zijn zoon een hogere positie verwierf dan hij. Hoe kon hij het hoofd buigen voor zijn eigen kind? Na een hooglopende ruzie riep de keizer razend 'dat het wreed was een familie te hebben die hem totaal niet steunde bij zijn werk en bij alle problemen, een familie die hem iedere dag wilde laten voelen dat hij kinderloos was'.[9]

Eugène de Beauharnais, die als kolonel-generaal van de *cavalerie de la Garde Impériale* nietsvermoedend mee naar Milaan was gereisd, schreef zijn zuster in juni 1805 op sombere toon dat het de keizer had behaagd hem tot *vice-roi* van Italië te benoemen. Dat betekende dat hij niet mocht terugkeren naar zijn familie en vrienden in Parijs en als vierentwintigjarige alle zorgen en verantwoordelijkheden van het hoge ambt alleen moest dragen.

Het was een slag voor Hortense. Eugène en zij hadden sinds hun kinderjaren een hechte band en bespraken alles met elkaar. En nu zou hij in het verre land over de Alpen moeten wonen. Dat keizer Napoleon hem – tot afgunst van haar schoonzusters – officieel als zoon zou adopteren, maakte het voor Eugène niet lichter. Hij schreef zijn zuster in tedere bewoordingen hoe eenzaam hij zich in zijn mooie Italiaanse paleizen voelde.

Hortense las haar man onder tranen de brief van haar broer voor. Louis lachte haar in haar gezicht uit. Zijn liefdeloosheid werd een ondraaglijke last. Haar omstandigheden wekten medelijden op aan het hof: 'Prinses Hortense had een uitzonderlijk zacht en lief karakter; zij leed in stilte en berusting en slikte al het onrecht dat haar man haar aandeed. Deze inspanning ondermijnde haar gezondheid en ze kreeg iets kwijnends over zich, waar voor haar huwelijk geen sprake van was.'[10]

De hofdame die dit trieste beeld van Hortense schetste herinnerde zich hoe vrolijk ze ooit was geweest en ze somde al haar talenten op: 'Daarbij was ze een begaafd musicienne, heel Parijs zong de verrukkelijke *romances* die zij componeerde. Dansend ging ze tot in de perfectie, ze tekende en schilderde heel mooi, als ze in het zadel zat was ze een gracieuze amazone en ze speelde blijspelen met een talent dat veel beroepsactrices jaloers maakte. Ze was ook een van de besten in het biljarten.' In haar beschrijving van Hortenses liefde voor haar beide kinderen en voor haar broer Eugène hemelt ze haar op en ze noemt haar lange, blonde haren als het meest bekoorlijke van haar uiterlijk. 'Hoe is het toch mogelijk,' vroeg deze hofdame zich af, 'dat prins Louis met zo'n vrouw niet gelukkig kon zijn? (...) Ze was het slachtoffer van zijn extreme jaloezie en valse verdenkingen.'

Het is bijna voorspelbaar dat ze onder deze omstandigheden overgevoelig was voor de aandacht en het begrip dat Charles de Flahaut voor haar toonde. Keer op keer herhaalde ze in zichzelf de gesprekken die ze hadden gevoerd. In hem herkende ze haar eigen verlangens. Ze waren een in hun bewondering voor poëzie, muziek en de natuur. Hij had altijd oprechte belangstelling voor haar welzijn getoond en leek de enige man die haar begreep en gelukkig kon maken. Ook hij begon de situatie ondraaglijk te vinden.

Tijdens de afwezigheid van haar ouders kreeg Hortense in de rue Cerutti voor de tweede maal bezoek van Mme de Souza, de moeder van Charles de Flahaut. Deze schrijfster publiceerde romans, die in de literaire salons met veel succes werden voorgelezen. Ze maakte haar entree met een ietwat gekwelde uitdrukking op haar nog mooie gelaat en vertelde dat ze gekomen was om zich te beklagen over het gedrag van Mme Louis Bonaparte jegens haar zoon. Hortense vroeg geschrokken wat ze had misdaan.

De bezoekster legde haar uit dat de arme Charles de Flahaut in een afschuwelijke gemoedstoestand verkeerde, omdat Hortense elke ontmoeting met hem vermeed. De dame maakte er geen geheim van dat Charles zeer op haar gesteld was en dat het geringste bewijs van haar genegenheid hem zou genezen van zijn melancholie. Wat kon ze als liefhebbend moeder anders doen dan Hortense rechtstreeks benaderen?

Mme de Souza, geboren Adelaïde Filleul, scheen geen enkel probleem te hebben met het feit dat ze tegen een gehuwde vrouw sprak. In haar leven hadden echtelijke trouw en oprechtheid nooit een rol gespeeld. Men hield haar voor een mogelijke buitenechtelijke dochter van Lodewijk XV, hoewel ook wel de naam van een bankier was genoemd. Men huwelijkte haar uit aan de rijke graaf de Flahaut de la Billarderie, voormalig dienaar des konings. Hij was dertig jaar ouder dan zij. Adelaïde bezweek spoedig voor de verleidingskunsten van de manke geestelijke Talleyrand van wie ze zwanger raakte. In 1785 werd hun zoon geboren, die de naam kreeg van haar wettige echtgenoot: Charles de Flahaut. Bij het uitbreken van de revolutie vluchtte ze met haar kind naar Engeland, waar ze vernam dat haar man onder de guillotine zijn einde had gevonden. Adelaïde wilde terugkeren naar Parijs, maar vond als emigree alle deuren gesloten. Het was Joséphine de Beauharnais die bij de Eerste Consul voor haar had gepleit en bereikte dat ze met haar zoon weer in Frankrijk kon wonen.

Ze leefde sober en verdiende de kost met het schrijven van romans. Toen ontmoette ze de Portugese ambassadeur Don Luis-Maria de Souza Botelho Mourao et Vasconcellos; een schrijver die Camoës in het Frans vertaalde en haar kennis liet maken met de rijkdom van de Portugese literatuur. Het was liefde op het eerste gezicht en ze trouwden. Adelaïde ging nu als welvarende ambassadeursvrouw door het leven en ze kon haar zoon Charles een goede militaire opleiding geven. Vaak ontving ze diens mentor Louis Bonaparte bij haar thuis en algauw zag ze in dat haar zoon veel meer voor hem betekende dan een veelbelovend leerling van de militaire academie. Ze was verzot op intriges en vond het meer dan pikant dat Charles nu uitgerekend verliefd was geworden op de echtgenote van prins Louis Bonaparte. Iedereen kon zien dat Hortense een ongelukkig huwelijk had en hunkerde naar ware liefde, die ze nooit bij haar man zou vinden.

Mme de Souza vroeg Hortense ronduit waarmee haar zoon haar had mishaagd. De neergeslagen ogen en een opkomende blos bevestigden haar vermoedens: Hortense was verliefd op Charles. De bezoekster genoot van deze geheime liefde en besloot het vuurtje voorzichtig aan te wakkeren. Hortense putte zich uit in verontschuldigingen en bezwoer dat ze niets tegen Flahaut had, integendeel. Mme de Souza kon tegen haar zoon zeggen dat ze oprechte vriendschap voor hem voelde. Toen de schrijfster met vriendelijke woorden haar salon verliet, nam ze zich voor wat toeschietelijker te zijn.

‘Tijdens het eerste het beste bal sprak ik hem aan,’ schreef Hortense openhartig, ‘mijn stem haperde en toch was ik tevreden over mezelf omdat ik enig overwicht toonde. Vervolgens liet ik hem mij ten dans vragen. Tijdens de wals bekende hij me hoe ongelukkig ik hem had gemaakt met mijn *coquetterie*. Ik was geschokt omdat hij me beschuldigde van een eigenschap die ik verafschuw. “Ik koketteren?” riep ik uit. “Ja, u hebt zich welwillend tegenover mij betoond. Ik was overgelukkig en plotseling veranderde ik voor u in een voorwerp van haat.”’

Hortense had heel wat uit te leggen. Ze wilde zijn vriendschap, niet zijn liefde. Hij verlangde meer van haar dan ze hem ooit kon geven: ‘Ik vergat het bal, mijn positie en alle ogen die op me gevestigd waren en ik kon mijn tranen niet meer inhouden. Ik huilde, niet zonder vrees. Wat moest ik zeggen tegen de mensen die het merkten? Monsieur de Flahaut was nog dieper ontroerd dan ik. Hij begreep in een ogenblik meer dan ik kon zeggen. “U stelt belang in mij, waarom zou u me langer in onwetendheid laten? U zou me heel wat moeite hebben bespaard en nu ik alleen nog maar van u houd, heb ik verplichtingen aan een andere vrouw.” – “Nee, nee ik houd niet van u. En als ik het een ogenblik heb gevreesd, is dat nu voorbij, geloof me toch.” – “Beloof me dan uw vriendschap," zei hij, "dat zal me in mijn verlies troosten." Ik beloofde het hem en we gingen uiteen.'

Na dit gesprek was Hortense aanzienlijk kalmer; Flahaut had blijkbaar een andere vrouw gevonden. Ze vermoedde dat het de jonge Poolse gravin Potocka was, met wie ze hem ooit op een bal had zien dansen en praten. Dat maakte hem voor haar minder gevaarlijk. Ze hoefde niet meer tegen haar gevoelens te vechten en zag hem recht in de ogen.

Louis merkte niets van de verandering in haar gedrag. Hij ging op in zelfmedelijden. Nu hij zijn armen nauwelijks kon bewegen liep hij met een treurige blik rond. Alleen op het buitenverblijf leek hij zich wat beter te voelen. De zomerdagen in Saint-Leu waren echter niet genoeg om de pijn te verlichten. Hij besloot naar Saint-Amand te gaan en daar de baden te gebruiken. Hortense liet hun jongste kind, Napoleon Louis, achter in de rue Cerutti onder de hoede van Mme Boubers. Ze volgde haar man met hun oudste kind naar het kuuroord in de bossen ten noorden van Parijs, waar ze het Petit-Château de la Fontaine-Bouillon betrokken. In haar geïsoleerde bestaan schilderde ze kopieën van portretten van Gérard[11] en ze blies met haar zoon bellen op het binnenhof van het kasteeltje. Ze keek ze na als ze in een glanzend moment wegzweefden en knapten.

In augustus keerde het keizerlijk paar terug uit Milaan. Joséphine was ongelukkig toen ze haar dochter tegen alle verwachtingen in niet in Parijs noch in Saint-Leu aantrof. Napoleon liet zijn vrouw direct in de steek om zich bij zijn regiment in Boulogne te voegen. De Franse troepen lagen gereed op het strand om de aanval op Engeland te beginnen. De keizer wachtte slechts op de vloot onder aanvoering van admiraal Villeneuve, die in de haven van Cadiz voor anker lag. Hij schreef hem: 'Kom naar het Kanaal. Breng onze verenigde vloot mee en Engeland is van ons. Als je hier maar vierentwintig uur bent is alles snel voorbij. En zes eeuwen van schaamte en belediging zullen zijn gewroken.'

Toen er een koerier van de keizer in Saint-Amand arriveerde om prins Louis en diens gezin uit te nodigen bij Napoleon in Boulogne te komen, was Hortense opgetogen. Maar Louis voelde er niets voor al dat militair vertoon te aanschouwen. Hij wilde het geneeskrachtige water rustig op zijn gewrichten laten inwerken. Waarom zou hij trouwens altijd zijn broer zijn zin geven? Hortense drong aan; hoe kon hij de keizer op deze manier afwimpelen? Ze zou op zijn minst zelf met haar zoon moeten gaan, al was het maar een week.

'Hij bleef maar aarzelen en liet me tot het laatste ogenblik vrezen dat ik niet mocht vertrekken. Ik verheugde me op het zien van al die mooie legerkampen waar ik zoveel over had gehoord en, zal ik het bekennen? ik voelde me als een schoolkind dat zijn strenge meester verlaat om even de vrijheid te proeven. Het leek wel of ik vrijer ademde als ik wist dat mijn echtgenoot ver weg was.'

Hortense ging – nadat ze haar man plechtig had beloofd dat ze niet langer dan acht dagen weg zou blijven – met haar kleine gevolg op reis. De eerste nacht sliep ze met haar zoon en haar vriendin Adèle op het kasteel bij maarschalk Ney, die gehuwd was met Adèles zuster Eglé. De dag daarop bereikten ze de kust. 'De keizer verbleef in een dorpje dat Pont-de-Briques heet in de buurt van Boulogne. Caroline en Murat woonden even verderop. Ik ging bij hen logeren en we dineerden elke avond bij de keizer. Onze troepen waren al twee jaar tegenover Engeland gelegerd en iedereen popelde om de landing uit te voeren. De kampen die op een rij bij Boulogne lagen, zagen uit over zee en leken op een langgerekte stad. Elke barak had een tuintje, bloemen, vogels. Dicht bij de uitkijktoren stond het verblijf van de keizer, daarnaast dat van generaal Berthier. Alle platbodems lagen in verschillende havens van het Kanaal op het vertreksein te wachten. De contouren van Engeland lieten zich in de verte onderscheiden. De fraaie schepen die voor de kust voeren, leken een ondoordringbare barrière te vormen. Dit schouwspel leek iets ontzagwekkends aan te kondigen. Alles sprak hier tot de verbeelding. De onmetelijke zee zou een groot slagveld worden en misschien het beste deel van twee grote naties verzwelgen. Onze troepen, die er prat op gingen geen nederlaag te kennen, bruisten na een rustperiode van twee jaren van moed en energie. Ze meenden de overzijde al bereikt te hebben.'

Hortense maakte met een parasol boven het hoofd wandelingen langs het strand en groette de soldaten, die hun ogen niet van haar af konden houden. Ze genoot van de bewonderende blikken. 'Van alle eerbetoon dat een vrouw kan ontvangen, heeft dat van militairen iets ridderlijks. Het is moeilijk je er niet door gevleid te voelen,' schreef ze. 'Ik denk dat geen enkele omstandigheid meer gevoel en pracht in zich verenigde dan het eerbetoon waarmee ik werd omringd. Dit was dan ook de enige keer dat het indruk op me maakte. De keizer liet me begeleiden door generaal Defrance. Alle kwartiermeesters te paard escorteerden mijn rijtuig en overal verkondigde men mijn komst met levendige muziek.'

De aanblik van de militairen in hun parade-uniformen met het witte, diagonale kruis over hun blauwe jas behaagde de kuise Mme Louis Bonaparte in haar rijtuig meer dan ze later durfde te schrijven. Vooral omdat op een der paarden Charles de Flahaut zat, die in het regiment van Murat diende. Bijna dagelijks konden ze enkele woorden met elkaar wisselen. 's Avonds werd er muziek gemaakt en kregen ze soms de kans samen te dansen.

Keizer Napoleon was in een uitstekend humeur. Als zijn blik over het leger gleed zei hij herhaaldelijk: 'Wat is het toch mooi, de oorlog!' De komst van zijn stiefdochter deed hem plezier en hij keek trots hoe haar zoontje als een kleine soldaat voor hen uitstapte en riep: '*No-no soldat! Vive No-no!*'

'Op een keer voerde de keizer een oorlogje op,' vertelde Hortense. 'De Engelsen, die ongerust waren zoveel troepen samengetrokken te zien, naderden met hun oorlogsschepen tot heel dicht bij de kust. Zij losten enkele kanonsschoten. De keizer, die nog aan het hoofd van zijn Franse colonnes stond toen deze terugschoten, bevond zich tussen twee vuren. Aangezien wij hem gevolgd waren moesten wij ook op die plek blijven. Mijn zoon toonde geen greintje angst, wat zijn oom veel plezier deed. Maar de generaals beefden van schrik toen ze zagen hoe hun keizer blootgesteld was aan gevaar.'

Omdat het verblijf in het legerkamp maar acht dagen mocht duren, nam ze alle ervaringen diep in zich op en deed er in haar memoires uitvoerig verslag van. Ze verbaasde zich over de contrasten. 'De stoere militairen die strak in het gelid stonden als er commando's over het strand werden geschreeuwd, veranderden tijdens hun vrije uren in onschuldige jongens. Ze schaarden zich om een kooitje waarin een vogel zat te zingen of stonden met hun handen op de knieën een bloem te bewonderen.' Zo amuseerde Hortense zich op een avond met haar stiefvader door stiekem naar een groepje nietsvermoedende soldaten te kijken, dat elkaar op het grasveld dansles gaf. Door de luiken zagen ze hoe de een gebrekkig viool speelde, terwijl de anderen met ernstige gezichten de *jetés* en moeilijke wendingen oefenden alsof ze zich in een balzaal bevonden. Ze nam de jonge gezichten in zich op. Bij het uitbreken van de strijd dacht ze vaak terug aan hun onbevangen vermaak tijdens die zomeravond aan de kust toen de oorlog nog een spel leek en er geen druppel bloed was gevloeid.

Op andere momenten was iedereen zich bewust van de ernst van de komende strijd, die voor velen van hen dodelijk zou aflopen. Hortense vroeg verbaasd waarom een der oudste soldaten bij elke legerschouw een urn droeg. Ze hoorde dat zich daarin het in lood gevatte hart van een gesneuvelde soldaat bevond: 'De keizer beval dat diens naam bij elk appèl werd afgeroepen, alsof hij nog present was. De soldaat die de urn droeg antwoordde dan: "Gestorven op het veld van eer!"'

Het waren deze tekenen van menselijke betrokkenheid die Napoleon populair maakten onder zijn manschappen. Soms leek het of hij elk van hen persoonlijk kende en waardeerde. Hortense was veel in zijn nabijheid. Ze stond naast hem op de uitkijktoren en tuurde door zijn kijker de zee over, in de hoop de vlaggen van de Franse oorlogsschepen te zien opdoemen. De keizer dacht dat ze heel nabij moesten zijn.

Voor het eerst sinds lang voelde ze zich weer vrij en ontspannen. Haar haren werden lichter in de zon en ze kreeg een gezonde teint die het gebruik van rouge overbodig maakte. Op een dag ontmoette ze admiraal Carel Hendrik VerHuell, die als eerste buitenlander door Napoleon was vereerd met het Legioen van Eer. Op keizerlijk bevel bracht hij de Hollandse oorlogsvloot van Duinkerken naar Ambleteuse. Het was een gevaarlijke tocht; voor de kust van Duinkerken lagen Engelse oorlogsschepen dreigend klaar om de doortocht met geweld te verhinderen. Koelbloedig leidde de admiraal zijn schepen om Kaap Grisnez heen en wist met zijn kanonnen de vijand op een afstand te houden. Bij aankomst werd de Bataafse vloot met gejuich begroet. Napoleon schreef er later over: 'Admiraal VerHuell heeft even zoveel stoutmoedigheid als kunde en beleid in het besturen van deze onderneming aan de dag gelegd.' Hij kende hem daarop bovendien de Grand Aigle van het Legioen van Eer toe, waarmee de admiraal sindsdien zijn borst sierde.[12]

Hortense arriveerde in Ambleteuse toen de triomferende VerHuell zijn meesterstuk net had volbracht. 'Op een dag diende men mijn middagmaal op in het kamp van Ambleteuse. Tijdens dit middagmaal, dat maarschalk Davout me in zijn legertent aanbood, kwamen zijn grenadiers verlegen als een stel jonge meisjes binnen. Ze schaarden zich om mijn tafel en brachten een liedje ten gehore, waarvan ze zojuist enkele coupletten uit het hoofd hadden geleerd. Ik was verbaasd omdat ze op zo'n onhandige en timide wijze zongen over de landing op Engeland:

Que traverser le détroit,
Ce n'était pas la mer à boire.'[13]

VerHuell converseerde met de jonge prinses. Het was een robuust man, geboren in Doetinchem. Door zijn open gezicht en vriendelijke manieren had hij de sympathie van gezant Schimmelpenninck opgewekt. Hij logeerde enige tijd bij hem op de Hollandse ambassade in Parijs voordat hij van Napoleon bevel kreeg naar Duinkerken te vertrekken. In een brief aan zijn vrouw schreef Schimmelpenninck in oktober 1803 over hem: 'VerHuell is een zeer aangenaam mens.' En in oktober 1805: 'VerHuell is een goed slag man.'

De ambassadeur had Parijs inmiddels verlaten en was door de keizer aangesteld tot raadspensionaris van de Bataafse Republiek. Hij verlangde geen hogere benaming voor zijn functie, maar hij bezat bijna koninklijke macht en toen hij zich op 15 mei op het Haagse Binnenhof tot zijn ministers wendde, sprak men van een troonrede. Hij installeerde zich met zijn gezin op Huis ten Bosch, waar mevrouw Schimmelpenninck zich als een vorstin gedroeg en in een vierspan uit rijden ging. Haar man kreeg steeds meer last van zijn oogkwaal. Deze tegenslag riep extra ijver en koppigheid bij hem op. Soms scheen het VerHuell toe of hij door de ambitieuze raadspensionaris op een afstand werd gehouden. De keizer was al te zeer onder de indruk van de capaciteiten van de admiraal gekomen en de ijdele Schimmelpenninck duldde geen concurrentie.

VerHuell steunde geestdriftig de plannen van Napoleon om Engeland te veroveren. In zijn hart was hij een orangist. Maar de prins van Oranje was dood en het vaderland moest overleven. De admiraal werkte nu in het belang van de Hollandse kooplieden en vissers, die zwaar gedupeerd werden door de oorlog met Engeland. Als de keizer erin slaagde Engeland te veroveren en een gezonde vrede af te dwingen, zou het gehate handelsverbod worden opgeheven en kon de Hollandse economie zich herstellen. Dit beschouwde VerHuell als zijn hoogste opdracht.

Hortense voelde zich veilig bij de Hollandse admiraal: 'Ik wilde naar zee gaan. Hoewel er een sterke tegenwind stond, begeleidde admiraal VerHuell me erheen. Ik zag de Engelsen van heel dichtbij. De Hollanders onder commando van de admiraal ontvingen me met enthousiast hoerageroep.' Terugkijkend op die momenten aan de kust voegde ze eraan toe: 'Niemand kon zich minder voorstellen dan ik dat ik een jaar later hun koningin zou zijn.'

De termijn van acht dagen was verstreken. Bij terugkeer in Boulogne liet Hortense met tegenzin haar bagage pakken en bereidde haar zoon voor op de terugkeer naar zijn vader. 'De keizer, die wilde dat ik getuige zou zijn van de ontmoeting tussen zijn vloot en de Engelsen, weerhield me ervan. Maar ik verzette me zo pertinent dat hij kwaad werd en schreeuwde: "*Eh bien, Madame! Partez!* Ik zie dat u banger bent om uw man dan om mij te mishagen."' Napoleon keerde haar met een ruk de rug toe. Hortense wist niet meer wat ze moest doen, zo pijnlijk was dit afscheid voor haar. Nooit eerder was haar stiefvader zo tegen haar uitgevallen. De mensen om haar heen stonden versteld; Hortense kon gewoonlijk geen kwaad in zijn ogen doen. Joseph Bonaparte nam zijn schoonzuster terzijde en ontraadde haar met klem de keizer dwars te zitten. Ze besloot met een zucht haar vertrek een dag uit te stellen.

's Nachts lag ze zich af te vragen hoe het toch kwam dat ze altijd toorn over haar hoofd afriep, terwijl ze haar best deed om het iedereen naar de zin te maken. De wetten van Mme Campan leken steeds minder van toepassing op de wereld buiten het meisjespensionaat.

'Toen de keizer me de volgende morgen aan tafel zag zitten, wierp hij me een vaderlijke glimlach toe en zei: "Je bent veel te bang voor je man. Hij is onredelijk omdat je hem toestaat om op een verkeerde manier macht over je uit te oefenen. Een eerzame vrouw als jij heeft het recht te doen wat ze in alle deugdzaamheid wil."'[14]

Hortense nam No-no op schoot en Napoleon Charles lachte naar zijn oom, die hem in zijn wangetje kneep. Ze brachten nog een hele dag bij hem door. Toen de keizer zag hoeveel moeite het haar kostte, liet hij haar ten slotte gaan. Ze zocht aan de horizon nog eenmaal de contouren van de oorlogsschepen, die met bolle zeilen heen en weer voeren. Van alle soldaten die zich nu in hun gewone velduniform op het strand bevonden, was er een cavalerist die haar met speciale bezorgdheid vervulde. Ze hadden als vrienden afscheid genomen.

Bij terugkeer in Saint-Amand vertelde ze Louis over alles wat ze had gezien en beleefd. Hij luisterde koel en zwijgend. Hoe enthousiaster ze werd, des te meer sloot hij zich af.

De dagen verstreken in afzondering. Was de aanval op Engeland al begonnen? Hortense liep 's morgens ongerust naar buiten in de hoop een koerier van de keizer tegen te komen.

Op een dag bemerkte ze dat hele regimenten Franse soldaten in marstempo vanuit het westen oostwaarts trokken. Ze voerden volle bagagewagens en kanonnen met zich mee en schenen haast te hebben. Nieuwe regimenten volgden, de blik op de horizon gericht. Wat was er gebeurd? Over een aanval op Engeland kon niemand haar iets vertellen. Grijze colonnes verduisterden de heuvels, het leek of het hele Franse leger Boulogne verliet.

Eindelijk ontving ze bericht dat Napoleon tevergeefs wachtte op de steun van de Franse vloot. Admiraal Villeneuve had het bevel van zijn keizer genegeerd en was met de schepen voor Cadiz blijven liggen. Het vijandige Oostenrijk benutte dit moment van zwakte om toe te slaan: de troepen van Franz II waren al in opmars naar Frans grondgebied. Engeland, dat meer dan twee jaar was getergd en uitgedaagd door de Franse landingstroepen, sloot zich bij hem aan. In het geheim hadden Napoleons vijanden Engeland, Oostenrijk, Zweden en het machtige Rusland een verbond gesloten: de gevreesde Coalitieoorlog was uitgebroken.

Vlak voor keizer Napoleon met zijn troepen aan de grootste en gevaarlijkste veldtocht van zijn bewind begon, vond hij tijd om vanuit Parijs nog eigenhandig een briefje aan Hortense te schrijven. Het had de toon van een vader die beseft dat het een afscheid voor altijd kan zijn. 'Mijn lief dochtertje, je weet hoe ik altijd aan je welzijn denk en hoe ik je hoogacht en hoe ik er voortdurend naar verlang je blij te zien, je dagen gevuld met pleziertjes die bij je leeftijd passen. Omhels Napoleon van me. En zorg dat Louis braaf is en niet alles zo serieus neemt. Hij heeft de deugden van een man van vijftig. Hij moet ook de onbezonnenheid en de inschikkelijkheid van een man van vijfentwintig proberen te tonen. Vaarwel, ik heb zoveel te doen. Ik hoop dat ik je voor mijn vertrek nog zal zien, Napoleon.'

11

In de algehele verwarring die op het platteland ten noorden van Parijs heerste, reden Hortense en Louis met de kleine Napoleon Charles terug naar huis. In de donkere overkapping van het gecapitonneerde rijtuig leek alles veilig, maar buiten waren overal troepenbewegingen gaande. 's Nachts brandden er kampvuren, 's morgens vroeg dreunden de krijgstrommen en trokken de zwaarbepakte soldaten in het grauwe licht bij honderden in de richting van Duitsland. Snelheid was Napoleons grote wapen. Hij moest de Oostenrijkse troepen verrassen met zijn komst.

Louis Napoleon was tijdens zijn kuur overrompeld door het bevel van zijn broer om direct naar Parijs terug te keren en daar als plaatsvervangend gouverneur op te treden. Murat en Napoleon waren al met de troepen ten strijde getrokken.

Bij terugkeer in de rue Cerutti hoorde Hortense dat ook haar moeder met haar hofhouding zou vertrekken. In de haast zag keizerin Joséphine nog kans bagagewagens vol japonnen, hoeden, sjaals en schoenen te laten inpakken. In een streng bewaakte wagen volgden haar juwelen. Daarmee vertrok ze naar Straatsburg, waar ze eerder berichten van het front kon ontvangen dan in Parijs.

Terwijl Hortense zich ongerust maakte over allen die hun leven op het slagveld gingen wagen, beklaagde haar man zich over zijn lot. 'Hij accepteerde de functie, want ondanks zijn kritiek vond hij het keizerrijk van zijn broer belangrijk. Streng opgevoed door zijn broer, had hij een soort vrees voor hem behouden die hem de kracht ontnam om hem openlijk tegen te spreken. Hij had de gewoonte aangenomen een verdedigende houding aan te nemen,' schreef Hortense met een gezond inzicht. Voor het eerst kwam ze met een positief oordeel over haar echtgenoot: 'Als hij echter, vrijwillig of onder dwang, een opdracht aannam, probeerde hij nooit zich er makkelijk vanaf te maken. Hij zette zich volledig in voor iedere opgedragen taak.'

Louis Bonaparte voerde het gouverneurschap met alle bijbehorende verantwoordelijkheden nauwgezet uit. Ondanks een neerslachtig gevoel van onvermogen en de overtuiging dat iedereen hem dwars wilde zitten, presideerde hij vergaderingen met de ministerraad en trad op als commandant van de eerste militaire divisie der Nationale Garde van Parijs. De bezigheden putten hem uit, de omstandigheden werden steeds moeilijker. Ten gevolge van de oorlog leed het land onder financiële tekorten. Maar een grote overwinning van het *Grande Armée* bij Ulm gaf de Fransen moed en deed hen het economisch verval even vergeten.

Napoleon gebruikte de glorieuze verovering van de Duitse stad om een andere, grote nederlaag te verdoezelen. In oktober was de gecombineerde Spaans-Franse vloot, die onder admiraal Villeneuve nog altijd bij Cadiz voor anker lag, uitgedaagd door de Engelse oorlogsvloot. De vijandelijke schepen stonden onder het commando van admiraal Lord Nelson. Hoewel de Fransen en Spanjaarden samen over drieëndertig schepen beschikten en de Engelsen er maar zevenentwintig hadden, was de kans op een overwinning gering. Villeneuve stond niet bekend als groot strateeg en Nelson ging door voor een genie. Met de moed der wanhoop zeilde Villeneuve op 21 oktober 1805 uit naar Kaap Trafalgar, waar de vijand hem opwachtte. Hij probeerde met de slecht opgeleide bemanning de Engelse aanvallen af te slaan. Urenlang flitsten de dodelijke salvo's over de golven. Toen de kruitdampen boven zee waren opgetrokken, dreven er honderden lichamen tussen versplinterde balken en verbrande zeilen. Er restte vrijwel niets meer van de Franse vloot. De Engelse overwinning was volkomen. Men betreurde echter de dood van de heldhaftige Nelson. De verslagen Villeneuve werd krijgsgevangen gemaakt en pleegde uit wanhoop en schaamte zelfmoord.

Voor Napoleon betekende het verlies van zijn oorlogsschepen een ramp; de gedroomde aanval op Engeland was daarmee voorgoed onmogelijk geworden. Hoe kon hij een nieuwe vloot bouwen nu hij al het kapitaal en de mankracht nodig had om de drievoudige vijand te land te bevechten? Zijn woede zette zich om in strijdlust. Stoutmoedig besloot hij de vijand na de zege bij Ulm in het hart te treffen. Zijn troepen marcheerden op de keizerstad af. Hofdame Mme Rémusat schreef in haar memoires: 'Eindelijk, op 12 november, rukten onze triomferende troepen Wenen binnen. De kranten gaven gedetailleerde beschrijvingen van die gebeurtenis. De artikelen trokken nog meer aandacht toen bekend werd dat ze alle door Bonaparte zelf gedicteerd waren en dat hij er vaak genoegen in schepte om er achteraf feiten en anekdotes aan toe te voegen.'

Zo zette de keizer de historie naar zijn hand. Het was maar goed dat hij de berichten door zijn secretaris liet uitschrijven, want het handschrift van de keizer, dat altijd moeilijk te lezen was en wemelde van de spelfouten, maakte het ontcijferen tamelijk tijdrovend.

Keizer Franz II vluchtte met zijn vrouw en kinderen voor de Fransen en Napoleon kon zich als overwinnaar in diens Slot Schönbrunn installeren. Heel Parijs bejubelde de krijgskunst van de keizer. Hortense bemachtigde als een der eersten de oorlogsbulletins om ongerust de lijsten met namen van de gesneuvelden te lezen. Flahaut bleek weliswaar gewond te zijn, maar hij herstelde zich snel. Zijn dapper gedrag werd in de pers geprezen.

Vanuit Wenen gaf de keizer Louis Bonaparte opdracht om een leger te formeren en daarmee naar het noorden te trekken. De manoeuvre was van groot strategisch belang: door zich bij Nijmegen te verschansen kon Louis het machtige Pruisen er wellicht nog van weerhouden zich bij de coalitie aan te sluiten en vanuit het oosten een aanval op de Bataafse Republiek te wagen. Louis slaagde er in korte tijd in het Noorderleger bijeen te brengen. Hij droeg het gouverneurschap over aan een plaatsvervanger en trok met zijn troepen via Antwerpen en Breda naar Nijmegen, waar hij zijn kamp opsloeg aan de Waal. Omdat hij zo snel en efficiënt te werk was gegaan, oogstte hij een van de zeldzame complimenten van zijn keizerlijke broer.

Tijdens de oorlog zat Hortense met haar kinderen in de rue Cerutti te wachten op nieuws van het front. Er werden geen bals gegeven en de theaterstoelen bleven leeg. Nu elke vorm van gewoon vertier ontbrak, hield Hortense zich vooral bezig met liefdadig werk. Haar hoge positie opende de deuren van instellingen voor bejaarden en wezen. Ze liep langs de bedden en door armoedige zalen en sprak links en rechts met de ongelukkige bewoners. In het contact met de bewoners van tehuizen vond ze voldoening. Haar aanwezigheid schonk hun troost. Ze liet grote bedragen bij de instellingen bezorgen om de nood te lenigen. Vooral de Société maternelle, die in 1778 onder auspiciën van koningin Marie Antoinette was opgericht, kon rekenen op haar steun.

Overal waren de gevolgen van de oorlog zichtbaar: toenemend gebrek en werkloosheid. Iedereen vroeg zich af wanneer er een einde kwam aan de veldtocht en de soldaten naar huis zouden terugkeren. Men verlangde naar vrede. Alleen berichten van overwinningen van het Grande Armée konden verhinderen dat de getroffenen opstandig werden en zich tegen het beleid van hun keizer keerden. Eind november besloot Napoleon het op te nemen tegen het machtige coalitieleger. Hij bereidde zich voor op een zeer grote veldslag. Het treffen tussen de legers van keizer Napoleon, keizer Franz II en tsaar Alexander I, dat de historie inging als de Driekeizersslag, zou plaatsvinden bij het dorp Austerlitz in Moravië. De Franse keizer bepaalde de datum: 2 december, de eerste verjaardag van zijn kroning. Op de avond voor de veldslag liep hij langs de bivakken en sprak zijn soldaten bezielend toe. Men leefde in het besef dat velen van hen de volgende dag de dood zouden vinden. Maar bij het zien van de kleine, energieke man die in een grijze soldatenjas met de driekantige steek op het hoofd van tent tot tent ging, kreeg men moed. Geestdriftig staken de militairen wat beddenstro in brand en zwaaiden ermee op stokken: 'Leve de keizer! We brengen u de Russische kanonnen voor uw verjaardag!'

De Slag bij Austerlitz eindigde de volgende dag in een glorieuze overwinning voor het Franse leger. 'De tsaar van Rusland heeft later met de hem kenmerkende edele oprechtheid gezegd dat er niets vergeleken kon worden met de strategie van de keizer, de bekwaamheid van zijn generaals en de moed van de Franse soldaten. De elite van de drie volkeren streed met verbittering; de beide keizers moesten vluchten om niet gevangengenomen te worden.'[1]

Maar het was de veertigste veldslag van Napoleon en de eerste veldslag van Alexander. De tsaar overzag de volgende morgen de bevroren velden waar de stoffelijke resten van vijftienduizend Russische en Pruisische soldaten verspreid lagen. Er maakte zich een diepe melancholie van hem meester, die nooit zou slijten. Twaalfduizend van zijn soldaten onder wie generaals, officieren en kolonels waren gevangengenomen. Honderdtachtig stukken artillerie hadden de Fransen buitgemaakt; Napoleon zou ze samen met de vlaggen van de overwonnen regimenten naar Parijs laten brengen. Ze werden omgesmolten tot een overwinningskolom, die op de Place Vendôme moest herinneren aan zijn grote triomf. Op de top zou een beeltenis van Napoleon als Romeins keizer worden geplaatst.

Hortense hielp haar oudste zoon bij het schrijven van een briefje aan de keizer, dat door een koerier naar Wenen werd gebracht. Hij antwoordde haar uit Schönbrunn: 'Ik heb, mijn goede kleine Hortense, de brief van Napoleon ontvangen, waarin ik alle tederheid en vriendelijkheid van zijn moeder herken. Ik wacht vol ongeduld tot hij opgroeit en inziet dat alles wat hij doet is om zijn toekomstige roeping waardig te zijn. Vaarwel, mijn dochtertje. Je weet dat ik altijd van je zal houden zoals ik al sinds je kindertijd heb gedaan, Napoleon.'

In haar memoires schreef Hortense: 'Na de Slag bij Austerlitz vroeg hij mijn man de kleine Napoleon naar hem toe te sturen om hem aan zijn zegevierende troepen te tonen, hetgeen hem geweigerd werd.' Louis vond zijn zoon te jong voor zo'n lange reis en dit keer kon Hortense het met zijn besluit eens zijn.

Minister Talleyrand reisde met een rijk gevolg naar Wenen om met de keizer te confereren over de toekomst van Europa. Hij trok door landerijen die nog rookten van de oorlog. De verwoeste dorpen en de met lijken en puin bedekte wegen die de Fransen hadden achtergelaten, boden een afgrijselijke aanblik. De hebzucht van de overwinnaars was weerzinwekkend. 'Hoewel het leger nog onderworpen was aan tucht, waar het zich later helemaal niet meer aan hield, werden tijdens de eerste veldtocht onder de regering van de keizer de veroverde gebieden uitgeleverd aan de roofzucht van de overwinnaars en talrijke Oostenrijkse edellieden en vorsten moesten de eer om een enkele nacht een generaal te herbergen met de algehele plundering van hun kasteel bekopen.'[2] Schilderijen, spiegels, boeken, muziekpapieren en kristallen kroonluchters werden op karren geladen en naar Parijs verzonden. Bij aankomst in Slot Schönbrunn trof de minister van Buitenlandse Zaken een triomfantelijke keizer aan, die met fonkelende ogen een stroom van plannen op hem losliet.

'In die tijd schiep de keizer de koninkrijken Beieren en Württemberg, de groothertogdommen van Baden, Hesse-Darmstadt, Nassau en Berg,' schreef Hortense in haar memoires. Ze wist nog niet welke rol haar stiefvader voor Louis en haar had bedacht.

Keizerin Joséphine was inmiddels op bevel van de keizer naar München gereisd. 'De eerbewijzen die haar in Duitsland ten deel vielen, tartten iedere beschrijving. Vooral de keurvorst van Beieren spaarde kosten noch moeite, opdat ze voldaan zou zijn over haar ontvangst. Ze nam haar intrek in München om daar de terugkomst van haar gemaal af te wachten.'[3]

Toen Napoleon arriveerde was het weerzien minder innig dan vroeger. De keizer had vernomen dat een van zijn minnaressen, die hij in Boulogne vaak bezocht, tijdens zijn afwezigheid in Frankrijk was bevallen van een gezonde zoon. Voor het eerst had hij een bewijs dat hij in staat was kinderen te verwekken. Joséphine bleek wel degelijk schuldig aan hun kinderloosheid. Ze gebruikte echter al haar charmes om zijn genegenheid te heroveren en dat scheen aan het Beierse hof resultaat te hebben. De goedgeluimde Napoleon die de keurvorst van Beieren had verheven tot koning eiste nu een prijs. 'Terug in München besloot hij dat mijn broer zou trouwen met prinses Auguste van Beieren, dochter van de koning.'[4]

Voor Hortense betekende het huwelijk van haar broer een hoogtepunt in haar leven. Na alles wat ze als kinderen samen hadden doorstaan, wilde ze hem op dat ogenblik terzijde staan. En ze verlangde ernaar haar aanstaande schoonzuster en de rest van de Beierse koninklijke familie te leren kennen. Boven alles hunkerde ze naar een weerzien met Eugène, die ze elke dag miste. Maar hoewel Hortenses man in de Bataafse Republiek verbleef, voerde hij met ijzeren hand de macht uit over haar bestaan. Louis verbood zijn vrouw Parijs te verlaten. 'Hij bezorgde me daarmee een van de grootste teleurstellingen van mijn leven,' noteerde Hortense verdrietig. Het kwam niet bij haar op zijn verbod te trotseren.

Terwijl in München al voorbereidingen werden getroffen om van de bruiloft een indrukwekkend festijn te maken, wist Eugène nog van niets. Hij ontving in Milaan het verzoek om naar München te komen. Hij vermoedde wel dat zijn stiefvader hem wilde uithuwelijken. Maar aan wie? De onderkoning maakte zich gehoorzaam reisvaardig en begon aan de tocht over de winterse Alpen. Onderweg hoorde hij dat hij binnenkort zou gaan trouwen met de dochter van de koning van Beieren. Eugène, die al vele vrouwen had bemind, vroeg zich ongerust af wat voor een type zijn aanstaande bruid was. Men bracht hem een porseleinen kopje waarop het portret van de nog geen achttien jaar oude prinses Auguste Amalia was geschilderd. Hij bekeek het aandachtig; als zijn bruid werkelijk zo mooi was als op die afbeelding hoefde hij zich geen zorgen te maken.

In Beieren gekomen zag Eugène zijn moeder en stiefvader terug. 'Enkele dagen later werd hij geadopteerd als zoon van de keizer,' schreef Hortense kort en sober. 'Eugène trouwde in München met de mooiste en meest deugdzame prinses die je bedenken kunt.'

Eenzaam zat ze in Parijs terwijl elders feest werd gevierd. Om toch iets te doen nodigde ze wat vrienden van Eugène uit in diens Parijse woning. Daar versierde ze met Adèle zijn portret met een lauwerkrans en bracht tijdens het diner een heildronk uit op het huwelijksgeluk van haar broer.

Caroline en Joachim Murat waren wel op de Beierse bruiloft aanwezig, zij het met de grootste tegenzin. Ze haatten Eugène, die nu als een prins en zoon van de keizer werd erkend en met een koningsdochter mocht trouwen. Murat had tijdens de veldtocht zo'n ruzie met zijn zwager gehad dat hij van pure afgunst zijn zwaard op zijn knie had gebroken.

Toen Stéphanie de Beauharnais, het nichtje van Joséphine, vervolgens bij keizerlijk decreet werd geadopteerd en uitgehuwelijkt aan de troonopvolger van het groothertogdom van Baden, maakte Napoleons zuster opnieuw een scène. Het troostte haar niet dat haar man werd verheven tot groothertog van Berg, Kleef en Nassau. Had hij als de grote overwinnaar in de strijd tegen het Oostenrijkse leger soms geen koningskroon verdiend? Ze minachtte haar nieuwe bezittingen en zwoer dat ze de toegewezen bodem nooit zou betreden.

De keizer trachtte de ruzies te negeren. Hij was begonnen met de snelle verwezenlijking van zijn plannen voor de toekomst van een sterk keizerlijk Europa, dat hij onder de Bonaparte-dynastie geheel naar zijn hand wilde zetten. Aan zijn weerbarstige broer in de Bataafse Republiek schreef hij dat het dreigende gevaar van een Pruisische aanval was afgewend. Louis kreeg in Nijmegen het bevel een deel van het Noorderleger terug te sturen naar Parijs en met de rest tot nader order in de Bataafse Republiek te blijven. Maar dit bericht beviel Louis allerminst. Wat was er in Schönbrunn en München besloten? Hij ving geruchten op die hem beangstigden. Wilde Napoleon al zijn broers en zusters een troon opdringen? Zijn oudste broer Joseph was al naar Napels gestuurd. Hij moest er de Bourbonkoning verjagen en werd in maart zelf tot koning van dit rijk gekroond. Voor Louis en Hortense zou de keizer het koninkrijk Holland bestemd hebben.

Louis werd nerveus en wilde terug naar Parijs, naar zijn beide zonen. En naar zijn vrouw, die hij omringd door huisspionnen had achtergelaten. Hij kon haar niet uit het oog verliezen. Wat zouden de vriendelijke Hollanders van hem denken als hij daar bleef rondhangen? Hij wilde geen voedsel geven aan de geruchten die in Holland de ronde deden. Tegen alle bevelen in ontbond hij zijn troepen. Maar voor hij zelf naar Frankrijk ging wilde hij het land iets beter leren kennen. Raadpensionaris Schimmelpenninck zond admiraal VerHuell om hem te begeleiden en samen vertrokken ze naar de stad Utrecht.

In de avond van de negende januari 1806 naderden ze de oude bisschopsstad. Een compagnie Franse soldaten uit Arnhem kwam het stadsbestuur waarschuwen dat de hoge gast in aantocht was en meteen werden er maatregelen getroffen om de broer van de keizer waardig te ontvangen. Begeleid door Hollandse huzaren die zijn pad met fakkels bijlichtten, passeerde zijn koets onder het dreunen van het geschut de Wittevrouwenpoort. Op de Plompetorengracht gekomen stapte hij uit en liet zich verwelkomen ten huize van de Franse generaal Michaud. Delegaties van hoofdambtenaren van departement en stad en van de academische senatoren maakten buigend hun opwachting. Louis begon zich wat ongemakkelijk te voelen onder de al te grote eerbiedigheid waarmee men hem bejegende. Tijdens het daaropvolgend souper trachtte hij vriendelijk duidelijk te maken dat hij slechts zijn militaire functie kwam vervullen in de Lage Landen en zo spoedig mogelijk zou terugkeren naar zijn gezin in Parijs. Na het diner gingen ze naar buiten. Tegen de nachtelijke hemel verhief zich de sobere toren van de Dom, die tijdens de Beeldenstorm door de protestanten was ontdaan van al zijn versieringen. Daar begon het carillon te spelen. De klanken buitelden over elkaar heen en vormden een melodie die Louis met verbazing vervulde. Nooit had hij zoiets gehoord en zijn muzikale hart ging open voor de beiaardier die hoog in de toren zat te spelen. Na de laatste klanken zette de meer dan achtduizend kilo wegende Christus Salvator zich in beweging en liet zijn diepe, bronzen stem over de daken galmen, gevolgd door alle luidklokken van de stad. Louis huiverde van ontroering met zijn voeten op de koetsstoof. Hij liet zich naar zijn etablissement Het Kasteel van Antwerpen aan de Oudegracht brengen, waar hij overnachtte.

De volgende morgen keek hij uit het raam neer op de Bakkerbrug, waar verkopers hun warme broden aanprezen. Op een andere brug werden aan de voorbijgangers bezems en borstels verkocht. Toen hij opnieuw het carillon hoorde spelen besefte Louis dat hij zich in geen stad zo prettig had gevoeld als hier. Hij vergat zijn kwalen en luisterde naar de muziek uit de toren die op de smalle werven van de Oudegracht nazong. De huizen stonden schouder aan schouder naast middeleeuwse stadskastelen; hun sombere weergangen hadden de tand des tijds doorstaan en waren gemoedelijk opgenomen in het silhouet van de stad.

Al vroeg kwam VerHuell hem halen. Samen gingen ze op weg naar het kamp van generaal Marmont dat bij Zeist was gelegerd. Louis kende hem al zijn militaire leven lang. Als jongen had hij – vergezeld door zijn broer – in Italië met Marmont tegen de Oostenrijkers gevochten. Hij herinnerde zich hoe vrolijk en vitaal hij toen was, nog niet gekweld door gewrichtspijnen die zijn huidige leven vergalden. Ook in Egypte bracht hij enige tijd met Marmont door, totdat zijn broer hem in 1798 terugzond naar Parijs.

Toen Louis Bonaparte in Zeist uit het rijtuig stapte en hinkend de generaal naderde, schudden ze elkaar hartelijk de hand. Marmont toonde hem met een groots gebaar zijn schepping; voor hen verhief zich een Egyptische piramide. Oprijzend uit de groene vlakte maakte het monument een ontheemde indruk. Hij troonde Louis mee naar de voet van de zesendertig meter hoge piramide die de Franse soldaten in nog geen maand tijd hadden opgebouwd. Veertig treden van graszoden leidden naar de top.

Marmont, die het opperbevel voerde over zo'n twintigduizend soldaten, was het eindeloos exerceren moe en bedacht in september 1804 dat de manschappen ter afwisseling wel eens wat anders konden doen. Als bijzondere herinnering aan het verblijf van de Fransen in het land, had hij in het aarden hart van de piramide een waterdichte loden koker begraven waarin zich een document bevond met de namen van de soldaten.

Louis bekeek de piramide, die in de wandeling 'de Marmontberg' heette, van alle kanten. Als afbakening was er een cirkelvormige greppel van negentig meter doorsnede omheen gegraven, waardoor hij nog majestueuzer leek. Ze besloten – diep onder de indruk van de grootse overwinning van de keizer bij Austerlitz – het monument aan hem op te dragen en het de piramide van Austerlitz te noemen. Zo zou het de mensheid in alle eeuwigheid aan de heldendaden van keizer Napoleon herinneren, zoals de piramides in Egypte aan de farao's herinnerden.

De Franse troepen hadden zich in hun smetteloze parade-uniformen voor Louis Bonaparte in gelid opgesteld. Onder het spelen van vrolijke marsmuziek begeleidden ze hem op zijn inspectietocht door het kamp, terwijl nieuwsgierige burgers hen lachend en zwaaiend gadesloegen. De generaal vertelde zijn gast over het plan om in de nabijheid een dorp te stichten dat Marmontville zou gaan heten. Een schatrijk lakenhandelaar, Jodocus Oosthuyse, die op het nabije buitenhuis Sparrendaal woonde, beloofde er een kerk te laten bouwen voor de roomse soldaten in dit protestantse land. Daarvoor zouden er in een cirkelvorm winkels en werkplaatsen verrijzen voor knopenmakers, hoefsmeden, uniform- en laarzenmakers: de Place de Marmontville. Na de inspectietocht werden ze uitgenodigd om op het fraaie Sparrendaal het middagmaal te gebruiken. De gastheer met zijn onuitspreekbare naam deed zijn uiterste best om met zijn porseleinen servies en zilveren bestek indruk op de hoge gast te maken.

Overstelpt door vriendelijkheden steeg Louis Bonaparte 's middags in zijn koets om verder te trekken naar Amsterdam. Hij had veel gelezen over de rijke koopmansstad aan het IJ, over de scheepswerven die tsaar Peter de Grote daar had bewonderd, over de schilderijencollecties en de paleisachtige grachtenwoningen van de patriciërs. Hij kreeg vluchtige, maar opwindende indrukken van de rijke stad. Hij werd daarna uitgenodigd per boot een tochtje naar Broek in Waterland te maken. De winter was vrij zacht en de sloten waren nog niet dichtgevroren. Gehuld in een dikke legerjas met opstaande kraag bracht Louis in het dorpje een bezoek aan de huisjes van enkele welvarende burgers. Hij keek verbaasd om zich heen; de kleine, schone vertrekken waren rijk ingericht, het koper blonk en op grote eikenhouten kasten stond het pronkporselein uitgestald. Bijna iedereen sprak wat Frans. De open glimlach van de vrouwen en de welwillende houding van de burgerheren met hun glimmende knopen en gespen benauwde Louis bijna. Waren ze tegen alle buitenlanders zo vriendelijk en gastvrij of verwachtte men meer van hem?

Ook al was het verblijf van korte duur, de Franse prins wilde nog naar Den Haag waar raadspensionaris Schimmelpenninck woonde, die hij in Parijs goed had leren kennen. Bij aankomst in Huis ten Bosch wachtte hem de eerste teleurstelling; de anders zo aimabele raadspensionaris, die sinds zijn ambtsaanvaarding in het vroegere verblijf van de Oranjestadhouder woonde, bejegende hem stroef. Hij tobde met zijn oogkwaal en zei weinig. Mevrouw Schimmelpenninck had zich met een complete hofhouding geïnstalleerd en ze gedroeg zich als een koningin die audiëntie verleent. Onomwonden liet Cato Schimmelpenninck aan Louis Bonaparte weten dat hij niet zeer gelegen kwam.

De prins vervolgde zijn tocht naar Rotterdam, waar het jacht voor anker lag dat hem naar zijn vaderland terug moest brengen. Hij nam afscheid van zijn vriend VerHuell, die terugkeerde naar huis. Daar werd al snel een brief bezorgd van Louis Bonaparte: 'Ik kan me niet genoeg beijveren Mijnheer de Admiraal om u, voordat ik Holland verlaat met hetzelfde jacht waarop ik afscheid van u heb genomen, mijn erkentelijkheid te betuigen voor al de aan mij bestede zorgen. Ontvang daarvoor mijn oprechte dankbetuigingen. Ik ben verplicht mijn reis te water af te breken; wind en tij zijn niet gunstig; ik ontscheep te Dordrecht om te Gorcum de nacht door te brengen en vandaaruit Antwerpen te bereiken. Ik herhaal het, Mijnheer de Admiraal, dat ik het levendigst aandenken behoud aan uw goed onthaal en dat het mij te allen tijde het grootste genoegen zal doen u de bewijzen van mijn bijzondere gehechtheid en achting te geven.' De admiraal vouwde het schrijven glimlachend op. Louis Bonaparte had bij hem evenals bij zijn landgenoten een meer dan gunstige indruk achtergelaten. Als het waar was dat de keizer de raadspensionaris aan de kant wilde zetten om plaats te maken voor Louis Bonaparte en Hortense de Beauharnais, zou hij wel de laatste zijn die er bezwaar tegen had.

'Geloof je dat men ons naar Holland wil sturen? Wat zal er zonder innerlijk geluk en zonder ambities van mij worden? Ik kan er niet aan denken zonder dat de tranen in mijn ogen springen.' Hortense kon de brief aan haar broer bijna niet vervolgen. Het was februari 1806. Eugène verbleef nog altijd in het koninkrijk Beieren. 'Er zijn zoveel mensen die blij zouden zijn om koningin te worden. Waarom is hun niet dit geluk gegeven, dat mij juist ongelukkig maakt? Ik heb nog hoop, maar de keizer schijnt zijn zin door te drijven en zijn politiek gaat hem boven alles. Mijn god, ik zal er nog van verdriet aan sterven!'

Mme Louis Bonaparte zag dat de koerier voor het huis in de rue Cerutti stond te wachten. Ze beëindigde haar brief zoals ze gewend was: 'Vaarwel mijn lieve Eugène, jij zult altijd mijn zoetste troost zijn in al mijn verdriet. Dus denk aan mij en houd altijd van mij, Hortense.'

De kroon die boven haar hoofd zweefde vormde een dagelijkse dreiging. Ze geloofde nog altijd niet dat de geruchten waarheid bevatten. Totdat er een deputatie onder aanvoering van admiraal VerHuell in Parijs arriveerde. Er vond een onderhoud plaats met de keizer. Napoleon had al op de morgen na de Slag bij Austerlitz bepaald dat hij zijn broer op de troon van Holland zou zetten. Schimmelpenninck moest zich – hoe bekwaam ook – uit de regering terugtrekken. De enige die van niets had geweten was Louis. Toen Napoleon hem op een morgen kwam vertellen dat de Hollandse delegatie was gekomen om hem te vragen koning van Holland te worden, verkeerde hij in de veronderstelling dat dit initiatief van de Hollanders zelf was uitgegaan. Hortense schreef in haar memoires hoe ze reageerde toen Louis haar vertelde dat Napoleon hem de kroon had aangeboden: '"Ik hoop maar dat je hem niet zult aannemen!" riep ik uit. Ik verwachtte dat hij evenveel karakter zou tonen als toen het om mijn zoon ging en dat hij een kroon zou weigeren die hij niet scheen te ambiëren.'

Caroline Murat had elk woord opgevangen en kwam een dag later in staat van opwinding bij haar broer en schoonzuster op bezoek. In een poging haar woede te onderdrukken sprak ze op lage toon en rekte haar woorden om ze kracht bij te zetten: ze zou alleen bij de bruiloft van Eugène in München aanwezig zijn geweest omdat Napoleon haar toen had beloofd dat ze de kroon van Holland zou krijgen. Ze vroeg Hortense en Louis zo beleefd mogelijk toestemming om Napoleon aan zijn belofte te helpen herinneren. 'Mijn man en ik verzekerden haar dat we met plezier zouden zien dat hij ermee instemde,' noteerde Hortense.

Caroline vertrok onmiddellijk en op 9 mei slaagde ze er tijdens een tochtje naar Rambouillet in Napoleon over de netelige kwestie aan te spreken. Maar ze kon haar zin niet doordrijven. Napoleon voelde er niets voor de drieste Murat, met wie hij tijdens de veldtocht regelmatig overhoop lag, een kroon op het hoofd te zetten. Zij moest zich tevredenstellen met de groothertogdommen Kleef, Nassau en Berg.

Toen Caroline bemerkte dat de troon van Holland voorgoed onbereikbaar voor haar was, zag ze uit naar een andere mogelijkheid om koningin te worden. Pauline Bonaparte, die zich bij de prins van Borghese verveelde en de ene minnaar na de andere in haar hemelbed ontving, kreeg van haar broer het hertogdom Guastalla in Italië en bleek totaal onverschillig voor dit geschenk. Hun oudste zuster Elisa daarentegen was heel blij dat ze tot prinses van Piombino en Lucca was verheven. Ze had weinig opleiding genoten, maar ze voerde sinds 1805 een verstandig bewind en resideerde in een luxueus Toscaans paleis, waar haar zoon Napoleone ter wereld kwam.

En dan was er nog de lastige Jérôme, die gedwongen zou worden zich van zijn Amerikaanse echtgenote te laten scheiden om met de dochter van de koning van Württemberg te hertrouwen en koning van

Westfalen te worden. Caroline spuwde vuur toen ze zag dat Louis meer en meer voor het koningschap begon te voelen. Hortense daarentegen was wanhopig omdat ze het kleine beetje geluk dat haar nog restte daarmee zou verliezen. Hoe kon ze verder leven zonder haar moeder, de rest van de familie en haar dierbare vrienden? Nooit zou ze meer toneel kunnen spelen, musiceren en dansen met haar vriendinnen. Ze dacht aan Parijs met zijn theaters en salons en aan de elegante badplaatsen in het vaderland waar ze zich kon terugtrekken als Louis haar het leven zuur maakte. Eenmaal in Holland was ze volledig overgeleverd aan het sombere en grillige karakter van haar man. Argwanend keek ze naar hem als hij peinzend voor zich uit staarde en een opzettelijke stilte tussen hen handhaafde.

Louis was nooit ambitieus geweest en had een hekel aan veranderingen, maar dit aanbod schonk hem voldoening. Hij verlangde ernaar meester te worden over zijn eigen bestaan. Ver van zijn broer, die hem levenslang had gedrild en overheerst. Ver van het hof waar hij zich nooit gezond en gelukkig had gevoeld. Met de aanvaarding van het koningschap leek de weg naar bevrijding en ontplooiing open te liggen. Tijdens zijn korte rondreis door Holland had hij het land en zijn bevolking lief gekregen en nauwelijks last gehad van zijn kwalen.

Hortense besefte dat haar problemen in Holland zouden verdubbelen: 'Soms stond ik op het punt om me op mijn knieën voor de keizer te werpen, om hem te bekennen hoezeer ik leed onder de kwellingen van mijn echtgenoot, om hem te smeken mijn man niet naar dat vreemde land te hoeven volgen waar niets zijn karakter in toom zou houden, dat ik maar al te goed kende en had leren vrezen.'

Maar bij de gedachte dat ze van haar kinderen gescheiden zou kunnen worden, hield ze zich in. Iets ergers kon ze zich niet voorstellen. In haar memoires schreef ze een larmoyant sprookje uit haar kindertijd over een vrouw van hoge geboorte, die haar wrede echtgenoot verliet. Een tijd later keerde ze in vermomming in zijn paleis terug als verzorgster van haar kinderen. Ze verdroeg sindsdien alle vernederingen om maar bij hen te zijn en ze zelf te kunnen opvoeden en verzorgen. Het had destijds diepe indruk op Hortense gemaakt en nu wilde ze haar zonen ten koste van alles zelf opvoeden. Ze schreef: 'Mijn moederliefde gaf me dus de kracht om mijn nieuwe, moeilijke plichten te vervullen.'

Er werd een verdrag opgesteld dat de onafhankelijkheid van Holland garandeerde. De onroerende goederen van de kroon bestonden uit het Huis ten Bosch in Den Haag en het domein van Soestdijk. Paleis Het Loo zou eraan toegevoegd worden. De koningin werd regentes bij afwezigheid of ernstige ziekte van de koning tot meerderjarigheid van de kroonprins. Alleen diens mannelijke afstammelingen kwamen in aanmerking voor de erfopvolging van de Hollandse troon. Louis zou zijn hoge functie als Connétable van Frankrijk behouden.

De ambassadeurs kwamen haar officiële felicitaties brengen, iedereen wenste haar geluk. Hortense werd steeds triester. Tegen de vriendelijke admiraal VerHuell liet ze zich ontvallen: 'Ik verlang ernaar door de Hollanders geliefd te worden, zodat ze me alles kunnen vergoeden wat ik verloren heb.'

Louis bekeek zijn nieuwe wapen: de klimmende leeuw met het zwaard in de klauw, gekwartierd door de Franse adelaar. En boven het rode, met hermelijn gevoerde schildkleed: de koningskroon. Hij was er zo mee ingenomen dat het Napoleon begon te irriteren. Nooit mocht zijn kleine broertje vergeten aan wie hij zijn status te danken had.

Op een morgen kwam hij met de kleine Napoleon Charles aan de hand de zaal binnen waar de keizerin met haar dames om de tafel zat en vroeg hem vriendelijk: 'Laat nu eens horen welke fabel van Lafontaine je zo mooi uit je hoofd hebt geleerd.'

Het kind haalde diep adem en begon: 'De kikkers die een koning wensten.' Mme Rémusat, die het tafereel heeft beschreven, zag hoe de keizer het uitschaterde telkens wanneer hij er iets toepasselijks in ontdekte. De kleine Napoleon ging onverstoorbaar verder zonder te beseffen hoezeer hij zijn moeder kwetste:

> 'De kikkers hadden schoon genoeg van de democratie.
> Ze kwaakten: "Zeus, dat gaat niet goed, geef ons de monarchie!"
> Heel vreedzaam viel meteen een koning uit de blauwe lucht.'

Napoleon was achter de stoel van de nieuwe koningin Hortense gaan staan, die tegenover haar moeder zat. 'Een paar keer trok hij haar aan de oren, met de woorden: "En Hortense, wat zeg je ervan?" Veel antwoord kreeg hij niet. Ik kon echter een glimlach niet onderdrukken en de keizer, die nog steeds in een opperbeste stemming verkeerde, merkte lachend op: "Ik zie dat Mme Rémusat vindt dat ik de kleine Napoleon geen slechte opvoeding geef."'[5] Verdrietig en vernederd wilde Hortense de zaal verlaten. Ze had alle hoop opgegeven dat haar stiefvader iets van haar kon begrijpen. Napoleon besloot daarop haar eens flink de waarheid te zeggen. 'Waarom zou je niet tegen je hoge positie opgewassen zijn?' vroeg hij zich hardop af. 'Ga regeren en maak je volk gelukkig, dat moet je toch innerlijke voldoening geven? Ik heb voor jou iets gedaan dat in geen enkel ander land bestaat: je hebt recht op het regentschap krachtens de nieuwe grondwet. Die onderscheiding is zeer vleiend; toon je je hoge positie waardig.'

Hortense verhulde hem niet dat ze haar kroon allerminst ambieerde. 'O Sire,' antwoordde ze hem, 'het helpt helemaal niets; mijn gevoelens zullen altijd van burgerlijke aard zijn, als u tenminste mijn gehechtheid aan mijn vaderland, aan mijn vrienden en mijn familie zo wenst te noemen.'[6]

Op haar buitenplaats Saint-Leu begon Hortense afscheid te nemen van alle plekjes die haar in korte tijd dierbaar waren geworden. Daar arriveerde op 3 juni een koets met een zesspan waar minister Talleyrand uitstapte. De voormalige prelaat van oude Franse adel was door de keizer gedwongen om een wettig huwelijk te sluiten en zo tenminste de schijn van fatsoen op te houden. Uit de schare maîtresses had hij tot verwondering van het hele hof de wat domme maar goeiige Mme Grand gekozen, die al ruim vier jaar met hem samenleefde. De keizer verhief de diplomaat na diens briljante vredesonderhandelingen in Wenen uit dank tot prins van Bénévent. De nieuwe prins kocht nu een van de grootste landgoederen van Frankrijk met het kasteel van Valençon waar hij zich 's zomers langdurig zou terugtrekken.

In een wolk van duur parfum kwam Talleyrand de ontvangstzaal binnen. Daar las hij Louis en Hortense de grondwet van het koninkrijk Holland voor. Het was haar meteen duidelijk dat de koning onder Franse supervisie zou staan. Maar Louis had een eigenzinnige trek om zijn mond die ze nooit eerder gezien had. Het gebruikelijke ironische lachje van Talleyrand ontging hem.

Twee dagen later begaven ze zich met Napoleon Charles naar de Tuilerieën. Bij hun entree in het paleis stampte de majordomus met zijn staf op de grond en verkondigde voor het eerst: Zijne Majesteit de koning van Holland!

Ze schreed aan zijn zijde naar voren. Ondanks de hitte van de zon die tegen de half gesloten luiken brandde, was er een bevroren gevoel in haar. Hortense was dankbaar voor die ongevoeligheid; het stelde haar in staat met onbewogen gezicht de woorden van de keizer aan te horen. Hij zat op zijn vergulde troon die hij in navolging van de Romeinse keizers had laten ontwerpen. Waar de vroegere koningen uit het Huis van Bourbon leken te verzinken in een overdaad aan pluche en verguld snijwerk, bleef Napoleons troon simpel van vorm met een lage, gebogen rugleuning. De bekleding was met gouden bijen geborduurd en de vergulde poten rustten op leeuwenklauwen. Links en rechts van de troon verhieven zich twee vergulde standaards met een grote N waarop keizerlijke adelaars zaten, die de vergulde koppen naar elkaar toewendden.

Napoleon leunde nooit achterover maar zat alert op de rand van zijn troon, de dijen gespreid. Iedereen wist dat de genadige stemming onverwachts kon omslaan in een driftaanval. Dan liet hij alle aanwezigen sidderen onder zijn toorn en hij genoot inwendig van de uitwerking. Op de verhoogde zetel scheen de dictator, opgaande in zijn macht, groter dan hij was. Keizerin Joséphine zat naast hem op haar troon. In haar dunne, witte japon keek ze haar dochter met betraand gelaat aan. Als ze haar hoofd boog om haar ogen met een kanten zakdoekje te deppen, glinsterden er diamanten tussen de gefriseerde bruine krullen.

Hortense zag de inmiddels vertrouwde, stevige gestalte van admiraal VerHuell naar voren komen. Hij las de rede voor waarin hij namens het Hollandse volk de keizer vroeg of prins Louis Bonaparte hun koning mocht worden. 'Telkens als ik moest interveniëren in uw binnenlandse aangelegenheden, ben ik getroffen geweest door de ongemakken die uw onzekere regeringsvorm met zich meebracht. Ongemakken die slechts door een erfelijke regeringsvorm kunnen worden opgeheven. Het aanbod van de kroon aan prins Louis is in overeenstemming met de belangen van uw land en het mijne, en goed voor het tot stand brengen van de algemene rust in Europa.'

De woordenstroom drong nauwelijks tot Hortense door. Nog niet zo lang geleden had haar stiefvader de Hollandse gezant Schimmelpennick zijn waardering getoond en hem een bijna vorstelijke macht over Holland gegeven. Nu was diens functie alweer opgeheven en Schimmelpenninck terzijde geschoven. De keizer wendde zich rechtstreeks tot zijn broer: 'U, prins, regeer over deze volken. Hun voorvaderen verwierven hun onafhankelijkheid met behulp van Frankrijk. Sindsdien was Holland met Engeland verbonden en werd het verslagen. Nog dankt het aan Frankrijk zijn bestaan. Laat het ook aan Frankrijk zijn koningen mogen danken, die zijn vrijheid, zijn wetten en zijn godsdienst beschermen.' Louis luisterde aandachtig en aan zijn ogen was te zien dat hij zijn plichten serieus opvatte. 'Prins, houd nooit op Fransman te zijn!' zei Napoleon nadrukkelijk. 'De titel van Connétable van het keizerrijk zal voor u en uw afstammelingen gehandhaafd blijven; het zal u doen denken aan de plichten die u jegens mij hebt te vervullen.'

Na die woorden hinkte prins Louis naar voren, het blad met zijn toespraak in de bevende linkerhand. De rechterarm hing krachteloos langs zijn lichaam omlaag. Hij had de hoge functie nooit gezocht en twijfelde zelfs of hij met zijn slechte gezondheid in staat was de zware taak te vervullen. Maar nu men vertrouwen in hem stelde wilde hij zich er met zijn hele wezen voor inzetten. Louis spoorde in zijn redevoering de keizer aan de vrede in Europa na te streven en te bewaren. In de stijl van zijn broer sprak hij: 'Ik zal Holland gaan regeren, omdat deze volken het wensen en omdat Uwe Majesteit het beveelt. Sire, toen Uwe Majesteit Frankrijk verliet, om het Europa dat zich tegen u verbonden had te overwinnen, wilde u zich op mij verlaten om Holland te beschermen tegen de invasie die haar dreigde. Ik heb onder die omstandigheden het karakter van deze volken en de eigenschappen die hen onderscheiden, leren waarderen. Ja Sire, ik zal er trots op zijn over hen te regeren.'

Hortense herinnerde zich later vooral die ene zin van Napoleon: '...houd nooit op Fransman te zijn.' Haar man echter nam zich vanaf het begin van het koningschap voor vooral Hollander te zijn en de belangen van zijn koninkrijk te laten prevaleren.

Met dit misverstand verlieten ze de troonzaal. De nieuwe koning verhief VerHuell tot zijn minister van Marine en zond hem naar Holland om alles voor hun komst in gereedheid te brengen. Hortense zei niets, ze wilde niet nadenken. Het verdriet dat haar moeder toonde, wekte een niet te onderdrukken ergernis in haar op. Was hun afscheid niet het gevolg van al haar manipulaties? Met als enige troost de hand van haar zoontje in de hare verliet ze de audiëntiezaal. Het koninklijk paar zou half juni vanuit Saint-Leu naar het koninkrijk Holland vertrekken.

Hortense was in de komende dagen voortdurend bezig met inpakken, zaken afhandelen en mensen vaarwel zeggen. Het zwaarste was het afscheid van haar moeder, dat plaatsvond in Saint-Cloud. Ze kon zich nauwelijks losmaken van de kleine, zachte handen die zich om haar hals klemden. De keizer tilde haar zoontjes op en kuste hen beurtelings. Even flakkerde er iets van verdriet in zijn ogen toen hij zijn *petit No-no* weer op de grond zette en het jongetje zijn armen om zijn benen sloeg. Joséphine besproeide haar beide kleinkinderen met tranen, waardoor de gevoelige Napoleon Charles van zijn stuk raakte. Ze voorvoelde dat ze intens eenzaam zou worden nu Hortense en Eugène in het buitenland woonden en Napoleon haar voortdurend bedroog. De scènes die ze maakte als ze hem met een minnares betrapte, beantwoordde hij op de meest grove wijze. Na ruzies die dagenlang duurden kwam de verzoening en overlaadde hij haar met geschenken, liefkozingen, lofprijzingen in het openbaar. Joséphine troostte zich daarmee tot de volgende courtisane zijn pad kruiste. Waar zou ze begrip vinden als haar dochter niet meer tussen hen kon bemiddelen? Steeds vaker zag ze de blikken van bewondering en eerbied in de ogen van haar hofdames veranderen in een vaag mededogen en in het ergste geval zelfs spot. De spiegel was haar grootste vijand geworden, daarin tekende zich 's morgens haar leeftijd in grote vijandige cijfers af; ze zou in juni drieënveertig jaar worden. En allen die haar omringden schenen in elke beweging, elk woord, elke glimlach te zeggen: wij zijn jonger, de keizerin is oud, zij is op haar retour. De tijd had de fysieke magie van Joséphine gebroken, maar haar aangeboren vriendelijkheid en charme bleven ongeschonden. Zo hevig omhelsde ze Hortense, zo onbedwingbaar gingen haar snikken door het tengere lichaam dat Napoleon ruw naar voren trad en aan het afscheid bruusk een einde maakte. Hortense ontvluchtte bijna het paleis. Ze zat weggedoken in haar koets, opgelucht dat het moeilijkste voorbij was.

De koningin van Holland liet zich voor het laatst naar haar huis in de rue Cerutti rijden om wat spullen op te halen. Toen ze het pand zag bedacht ze hoe weinig geluk ze had gekend in haar koele vertrekken met uitzicht op de hoge muur waarachter ze zich als een gevangene of kloosterlinge voelde. Toch kon ze daar van tijd tot tijd ontsnappen aan de beklemmende aanwezigheid van haar man, wat in haar toekomstig koninkrijk nauwelijks mogelijk leek.

Een huisbediende kwam haar zeggen dat er binnen nog iemand op haar wachtte, die haar beslist vaarwel wilde zeggen. Ze liet haar kinderen achter bij Mme Boubers en liep voor het laatst de stenen trap op naar de doodstille, schemerige hal. De deur van de kleine balzaal stond open, ze zag de meubels onder hun stofhoezen. Haar voetstappen klonken luid op de parketvloer. Bij het betreden van een antichambre waar de kroonluchter was verwijderd schrok ze; plotseling maakte zich een gestalte uit de schemering los die haar in zijn armen sloot. Het was Charles de Flahaut. Ze had hem niet meer gezien sinds hij uit de oorlog was teruggekeerd. Hoewel hij in vermomming het huis was binnengegaan, herkende ze hem aan zijn postuur, zijn geur en zijn stem. Ze liet zich impulsief gaan. Veinzen was niet meer nodig, ze zouden elkaar misschien nooit meer ontmoeten. Toen ze merkte dat hij huilde, bekende Hortense hem hoeveel ze al die jaren van hem had gehouden. In haar memoires deed ze voorzichtig verslag van het larmoyante tafereel; zelfs op papier wilde ze nog haar deugdzaamheid ophouden en Louis niet gelijk geven in zijn verdenking. Ze bekenden elkaar hun grote, onmogelijke liefde en gingen – naar het scheen – voorgoed uiteen.

Op de avond van de vijftiende juni 1806 reed het rijtuig geëscorteerd door Franse soldaten de lange oprijlaan van Saint-Leu af. De koning en koningin van Holland staarden zwijgend voor zich uit. Napoleon Charles legde zijn hoofd op de schoot van zijn moeder en sliep in. Mme Boubers hield Napoleon Louis in haar armen. De hoge wielen ratelden over de postwegen in de richting van het noorden. Van tijd tot tijd stapten ze uit om zich te verfrissen en wat te eten en drinken. De paarden werden gewisseld en verder ging het, de nachtelijke streken door, steeds verder van Parijs. In gedachten was Hortense beurtelings bij haar geliefde en bij haar ouders. Aan haar broer had ze vlak voor het vertrek geschreven: 'Ik gedraag me heel moedig, dat moet ook wel voor *Maman* want zij is niet bepaald verstandig. Ik hoop dat de keizer altijd liefdevolle gevoelens voor mij zal koesteren en dat hij zal inzien hoeveel wij van hem houden en dat we er altijd naar hebben gestreefd om het hem naar de zin te maken. (...) De keizer is heel goed voor me geweest, maar hij weet misschien niet hoezeer ik aan hem gehecht ben. Ik heb het gevoel dat ik ook mijn eigen vader moet verlaten. Hij heeft me toestemming gegeven jou vaak te schrijven. Hij spreekt ook altijd met veel plezier over je. (...) Schrijf me dikwijls, mijn lieve Eugène; je moet beseffen dat ik jouw vriendschap en steun op dit ogenblik hard nodig heb. Ik neem mijn kinderen mee. Vaarwel, ik omhels je op de manier zoals ik van je houd, Hortense.'

12

De duisternis in het Haagse Bos werd verdreven door honderden fakkels, die in de vochtige zomernacht wazige lichten verspreidden. Er heerste een sterke geur van aarde en oude loofbomen. Het was elf uur toen ze door de geopende hekken naar Huis ten Bosch reden, dat tussen de bomenmassa met zijn bescheiden koepel voor hen oprees. Achter de vensters had men waskaarsen geplaatst, maar het was moeilijk de omvang van het paleis te zien. Hortense meende dat er slechts een klein gedeelte verlicht werd. Na een dag in het hobbelende rijtuig was ze ongevoelig geworden voor indrukken.

Louis en Hortense hadden in het paleis te Laeken de nacht doorgebracht en waren toen via Antwerpen met hun gevolg naar het noorden gereden. Het zwaarste moment vond plaats bij de grens, toen ze afscheid moesten nemen van hun Franse escorte, dat door Hollandse soldaten werd vervangen. Louis wilde vanaf dat moment Lodewijk worden genoemd. Hij trad energiek op en had in maanden niet zo'n goed humeur gehad. Koning Lodewijk leek vast van plan zich de Hollandse taal snel meester te maken en zei van tijd tot tijd met een accent dat zijn nieuwe onderdanen deed glimlachen: 'Dag mijnhéér!'

Eenmaal in Holland veranderde alles. In het vlakke koninkrijk lagen steden en vele dorpen. Maar geen van de steden die ze passeerden bood de aanblik van een echte stad. Ze zag spitse kerktorens waar zich lage huizen met trapgevels omheen groepeerden, vaak bedekt met oranjerode dakpannen. Als de hoge, witte stapelwolken door de wind werden weggedreven en de zon erop scheen, gloeiden ze vurig oranjerood. Het gras van de weiden was felgroen, de koeien zwart-wit gevlekt. Soms was de horizon vol draaiende molens waarvan de wieken reusachtige schaduwen over de weg wierpen. Op enkele gemeentehuizen wapperde een rood-wit-blauwe vlag, gelijk aan de tricolor. Maar in Holland liepen de banen van de vlag horizontaal in plaats van verticaal, zoals de Franse.

Hortense had in vele voortuinen bloemen gezien, haar moeder zou er verrukt van zijn geweest. Elk stukje grond leek in cultuur gebracht en werd begrensd door een hek of een sloot, ze had nauwelijks ongerepte streken gezien zoals in Frankrijk. In sommige plaatsen dromden de burgers meer nieuwsgierig dan enthousiast langs de weg en probeerden onbeschaamd door de raampjes van het rijtuig naar binnen te gluren.

Admiraal Carel VerHuell reisde hun tot Rotterdam tegemoet. Hortense was blij diens forse, vertrouwde gestalte terug te zien. In deze havenstad kon koning Lodewijk hem namens keizer Napoleon de decoratie van Groot Adelaar van het Legioen van Eer overhandigen. De admiraal was er – als eerste niet-Fransman die de onderscheiding ontving – buitengewoon door vereerd. Ze dineerden in de stad en reden pas tegen de avond naar de hofstad, waar het al donker was toen ze arriveerden.

De soldaten van de koninklijke garde stelden zich nu in een rij voor Huis ten Bosch op. Aan de voet van de grote trap werd het koninklijk gezin verwelkomd door vier hoogwaardigheidsbekleders. Toen ze voor de koning en koningin bogen begon het muziekkorps van de grenadiers te spelen: '*Où peut-on être mieux qu'au sein de sa famille.*'

Hortense slikte. Nooit was ze verder van haar familie verwijderd geweest dan in dit vreemde land. Wat moest haar arme moeder zonder haar dochter en kleinkinderen beginnen?

Met Napoleon Charles aan de hand liep ze de trap op en betrad Huis ten Bosch. Schimmelpenninck had het paleis begin juni verlaten.

De raadspensionaris en zijn gezin lieten weinig herinneringen in het paleis na, maar de Oranjes leken des te duidelijker aanwezig. In het voorbijgaan van de Oranjezaal zag Hortense bij het flakkerend kaarslicht de gezichten van hun zeventiende-eeuwse voorouders; een prins van Oranje-Nassau die gehuld in een rode mantel als een held op een Romeinse zegewagen zat. Een engel die met gespreide vleugels een Oranjeprinses en haar dochters leek te beschermen. Ze werd naar haar vertrekken geleid waarin wat moderne meubelen waren geplaatst. Met Mme Boubers bracht ze de kinderen naar bed en sliep vrijwel onmiddellijk in haar *lit d'ange*.

Enkele dagen scheidden hen nog van de officiële intocht in Den Haag. 's Morgens vroeg maakte Hortense een eerste rondgang door Huis ten Bosch en bemerkte dat het niet groter was dan de brandende kaarsen 's nachts hadden aangegeven. Aan het vooruitspringende hoofdgebouw dat in de zeventiende eeuw door Pieter Post was ontworpen, had Daniël Marot zijvleugels gebouwd. In het hart van het paleis lag de Oranjezaal die overdag een rijkdom aan wandschilderingen toonde. Hortense keek vol bewondering omhoog en las bij het licht dat door de koepel omlaag viel de woorden rond het fries: FR. HENRICUS.

PRINC. ARAUS. IPSUM SESE UNICUM IPSO DIGNUM LUCTUS ET AMORIS AETERNI MON. AMALIA DE SOLMS VIDUA INCONSOLABILIS MARITO INCOMPARABILI P.[1] Getroffen door dit blijk van echtelijke liefde zocht ze het mooie gelaat van prinses Amalia. Ze herkende in het portret de meesterhand van Gerard van Honthorst. Langzaam maakte Hortense een rondwandeling door de Oranjezaal. Bij een groot doek dat de geboorte van Frederik Hendrik verbeeldde stond ze stil, gecharmeerd van de baby die, terzijde gestaan door Mars en Minerva, door een engel in zijn wieg werd gelegd. Het jongetje droeg een witkanten mutsje en keek Hortense over de eeuwen heen aan. Haar blik gleed omhoog naar de schim van de vader van het kind: Guillaume le Taciturn, de grote vrijheidsstrijder die in de zestiende eeuw met behulp van de Franse hugenoten de Spanjaarden uit de Lage Landen had verdreven. Achter de vermoorde prins ontwaarde ze met schrik en afkeer een geraamte dat zijn zeis ophief. Hij torende grijnzend boven de generaties uit en verhevigde het gevoel van onbehagen dat bij haar in het vreemde paleis overheerste.

Ze liep door een openstaande deur naar een Japanse zaal. Ze bekeek vluchtig de chinoiserieën en ging naar de Witte Eetkamer. Het snijwerk van de grote schouw vormde de enige luxe, het maakte een ouderwetse indruk op haar.

Het paleis was zo gering van afmetingen dat Hortense er onmogelijk haar omvangrijke hofhouding in kon huisvesten. Hoe zou het hofceremonieel moeten verlopen in deze krappe ruimte? Het protocol vereiste toch minstens een eerste en tweede salon, een *salon des Grands Officiers*, een troonzaal en een salon voor de koning. De oostelijke vleugel was ten tijde van de revolutie als dubieus logement in gebruik geweest, zodat ze het advies kreeg er voorlopig niet rond te kijken. De spiegelbeeldige westelijke vleugel had met de Oranjezaal en de Chinese kamer tot de komst van Schimmelpenninck dienstgedaan als Nationale Kunstgalerij, maar de collectie kunstwerken was bij de komst van de raadspensionaris verhuisd naar de voormalige Galerij van Willem v op het Buitenhof. Toch ontdekte Hortense hier en daar wat schilderijen van hoge kwaliteit en enkele marmeren bustes die William of Orange, koning van Engeland en stadhouder der Lage Landen, en diens gemalin Mary Stuart voorstelden. Toen de nieuwe koningin na een teleurstellende rondwandeling de tuin in ging, zag ze dat de bloemperken, boompartijen en struikgewassen er weinig verzorgd uitzagen. Men had een poging gedaan om de oorspronkelijke baroktuinen een meer landschappelijk aanzien te geven. Maar er was een goede tuinarchitect nodig om het geheel tot een eenheid te herscheppen.

Op 23 juni vond de officiële intocht van het koninklijk paar in Den

Haag plaats. Die morgen nam de koningin van Holland zich voor zich volledig in te zetten.

Ze koos een goudbruine japon uit en zorgde dat de kleding van haar kinderen erbij harmonieerde. In een open rijtuig *vis à vis* met haar man en zonen gezeten, reden ze de hekken door die het park van de buitenwereld scheidden.

Het paleis lag in het Haagse Bos, een eind buiten de stad. Den Haag had geen stadspoort en ook geen stadsgracht. Daardoor bemerkte Hortense te laat dat ze al in het hart van het oude 's-Gravenhage waren gekomen. Verrast door het luiden van de klokken in de toren van de Jacobskerk boog ze zich naar voren en zag een uitgestrekte, gladde vijver met een klein eiland in het midden. Langs de oevers weerspiegelden zich huizen en rijen bomen. Aan deze Hofvijver lag het Binnenhof, dat eeuwenlang door de prinsen uit het Huis van Oranje bewoond was geweest. Van prins Maurits, die op het platte dak van de hoektoren van het stadhouderlijk kwartier zijn sterrenkijker had geplaatst, tot de ongelukkige prins Willem v, de laatste Oranjestadhouder.

Ze reden onder een gebeeldhouwd poortje door en stonden stil op het versierde Binnenhof, waar zich de middeleeuwse Ridderzaal verhief met twee bouwvallige torens en een gotisch roosvenster. Links ontwaarde ze de hofkapel waarin het gebeente van de oudste graven en gravinnen van Holland rustte. Aangestaard door het toegestroomde volk stapte Hortense uit haar koets. De wind rukte aan haar japon en ze liep zo snel de beleefdheid het toeliet over de rode loper naar de zuidelijke vleugel, die er nog nieuw uitzag. In de schaduw van de arcaden bevond zich de poort naar een duistere hal vanwaar een trap naar de eerste verdieping leidde. Daar betrad ze de zaal waarin ruim tien jaar geleden prins Willem v van Oranje snikkend afscheid had genomen van zijn onderdanen. Kort daarna was op dezelfde plaats de eerste Nationale Vergadering van de Bataafse Republiek geopend. Nu stond er een troon voor koning Lodewijk Bonaparte van Holland opgesteld. Voor de koningin was er geen troon. De koning vond dat niet wenselijk. Ze moest plaatsnemen op een tribune.

Hortense liet alle gebeurtenissen van de dag met een bevroren glimlach over zich heen komen; van de eedaflegging, de toespraak van koning Lodewijk en het gejuich tijdens de rijtoer tot aan de muzikale aubade 's avonds onder haar venster.

Op dinsdag 24 juni deed de *Haagsche Courant* er uitgebreid verslag van: 'Gisteren had de plechtige intrede van Hunne Majesteiten in deze Residentie op de staatelijkste wijze plaats. (...) De plechtigheid van gister is in de beste orde afgelopen. De inwoners dezer hofplaats, en een menigte vreemdelingen, zijn verrukt geweest over de minzame en vriendelijke wijze, waar mede Hunne Majesteiten de bewijzen van eerbied en toejuiching beantwoordden, welken men Hoogstdeselven betoond heeft van den weg van het Paleis in het Bosch tot aan dat van H.H. Hoogmogenden. (...) Hunne Majesteiten zich in de Vergadering van Hun Hoog Mog. begeven hebbende, plaatste de Koningin zich op de voor hoogstzelve vervaardigde prachtige Tribune en Z.M. de Koning op den Troon tegen over de president van H.H. Mogenden alles onder luid vreugdegejuich van *Vive le roi! Vive la Reine!*

(...) In den namiddag heeft men in de Maliebaan de Soldaten der beide Natiën zien verbroederen, aan dewelken men wijn, brood, kaas, tabak en pijpen had uitgedeeld. De goede orde en geschiktheid heeft overal geheerst.'

Men beschreef de diners die door Hollandse en Franse officiers werden gegeven, in de zaal van de Franse schouwburg en in de Nieuwe Doelen, over de diverse heildronken die op het koningspaar werden uitgebracht: 'Omtrent negen uur des avonds begaf zich eene grote bende muzikanten naar het Paleis in het Bosch, en gaven een fraai krijgsmuziek onder de vensters der appartementen, alwaar Hunne Majesteiten zich bevonden. Tegen tien uur werd op de voorplaats van het Paleis een kostbaar Vuurwerk afgestoken, waar na Hunne Majesteiten naar hunne appartementen keerden.'

De kleding van de koning en koningin bleef niet onvermeld: 'Zijn Majesteit de Koning was op den plechtige dag van gister in Generaals uniform, met epauletten en versierd met het grote lint van het Legioen van Eer. De Koningin had een bruinachtig zijden kleed aan, hoogstdeselve was met paarlen en diamanten in het haar gekapt.'

Het Haagse volk kon 's avonds genieten van de spectaculaire illuminaties van het Raadhuis en de toren van de Grote Kerk. De ambassadeurs hadden hun voorname huizen prachtig verlicht, hoewel het gure en natte zomerweer er niet erg geschikt voor was. De houten obelisk op de Maliebaan moest voor vuurwerk zorgen, maar werd voor het spektakel kon beginnen al omvergeblazen.

Hortense, die noch aan de weersomstandigheden, noch aan de mensen gewend was, maakte zich zorgen over alle inspanningen die men zich troostte om het haar naar de zin te maken: 'Ik deed mijn uiterste best om iedereen gerust te stellen die zich in mijn aanwezigheid opgelaten voelde omdat men niet gewend was aan plechtige ontvangsten. Toen er op een dag vierhonderd dames aan mij werden voorgesteld had ik voor elk van hen een woord.'

Vierhonderd reverences. Vierhonderd hoofdknikjes. Een aanhoudende glimlach. Ze zag de dames van vroegere adel, door de revolutie van 1795 beroofd van hun titels. Gravinnen, baronessen en freules die

– evenals in Frankrijk het geval was – als *citoyennes* door het leven moesten. De Van Wassenaers, Van Heeckerens, Bentincks, Van Lyndes, Van der Polls, Van Tuylls. Ze waren bijna allemaal orangisten geweest. Maar toen hun stadhouder met zijn gezin in ballingschap ging en vanuit Duitsland zijn volk bedroefd had laten weten dat men hem geen trouw meer verschuldigd was, hadden ze zich bij de situatie neer moeten leggen. Sommigen bleven ook daarna nog op het herstel van de macht der Oranjes hopen. Totdat Willem v in april 1806 in Berlijn aan een beroerte overleed. In Brunswijk, ver van de voorvaderlijke grafkelder, werd hij begraven. Nu hadden zelfs de laatste Oranje-aanhangers de hoop opgegeven en zich gelaten aan het nieuwe koninklijk paar gepresenteerd.

Soms gingen Hortenses gedachten naar de erfprins van Oranje, die met zijn hartbrekend gesnik de voorstelling van *Esther* bij Mme Campan in Saint-Germain had verstoord. Het scheen dat hij zich onmogelijk had gemaakt bij Napoleon doordat hij hem geen eer kwam betonen tijdens 's keizers bezoek aan Duitsland en zich openlijk aan de zijde van zijn Pruisische schoonouders schaarde. Terugkeer naar zijn vaderland was volgens de keizer voor de Oranjeprins voorgoed uitgesloten. Hij moest zich maar tevredenstellen met zijn landerijen en kasteel in Fulda, dat hij als genoegdoening aan hem te danken had.

Hortense maakte een gunstige indruk op allen die aan haar waren voorgesteld: 'De koningin verhoogde de ambiance van deze bijeenkomsten met haar aangename conversatie en de vriendelijke welwillendheid waarmee zij iedereen zonder aanzien zijns persoons ontving.'[2]

De veranderde levensomstandigheden brachten echter geen verandering in de wijze waarop Hortense door haar man werd behandeld. Admiraal VerHuell, die begon in te zien hoe koning Lodewijk zijn vrouw systematisch kwelde, werd er danig door in verlegenheid gebracht. 'Tot het moment van onze aankomst voerde hij het bewind. Volgens Engels gebruik dat in Holland voor de prins en prinses van Oranje was nagevolgd, had hij de namen van de koning en koningin in de kerkelijke gebeden laten opnemen.'

Maar koning Lodewijk vond het niet nodig dat het Hollandse volk voor zijn vrouw bad. Hij gelastte VerHuell de naam van de koningin uit de kerkelijke gebeden te schrappen. De admiraal kon zijn oren niet geloven. Hij waarschuwde de vorst dat deze maatregel wel eens een heel nadelig effect voor hem kon hebben, vooral omdat het al sinds een maand in gebruik was. Hortense schreef: 'Hij kwam het me zelfs melden in de verwachting dat ik er bij mijn man tegen zou protesteren. Maar wat kon ik eraan doen? Ik voelde me alleen maar gekwetst door deze slechte maatregel. Overigens was ik er inmiddels zo aan gewend geraakt dat ik mezelf dwong het naast me neer te leggen.'[3]

De koningin leek op alles voorbereid, maar op onverwachtse momenten wist haar echtgenoot haar toch nog bedroefd te maken. Ze zou op verzoek van de commandant van de koninklijke garde een aantal wimpels schenken en bestelde in Parijs linten waarop in sierlijke letters *La Reine Hortense* was geborduurd. 'Ze zagen er precies zo uit als de linten die mijn moeder aan de keizerlijke garde had geschonken,' schreef Hortense. 'Toen mijn man ze zag wilde hij niet dat ze gebruikt werden. Hij vond dat mijn naam daar een ridicule indruk maakte, alsof ik de vaandels zou hebben uitgedeeld. Dergelijke onaangenaamheden deden zich dag na dag voor.'

De koning bemerkte dat de koningin bezig was de harten van zijn onderdanen te veroveren. Op een maandagavond inviteerde ze een tachtigtal dames in Huis ten Bosch voor een groot feest. Adèle Auguié, die haar naar Holland was gevolgd en een aanstelling tot Dame van het Paleis ontving, zag dat Hortense zich op het feest verheugde. Ze was elegant gekleed en opende zelf het bal. De koningin danste met grootofficieren van de Kroon, grootambtenaren en particulieren. 'Zijne Edele Heer VerHuell, minister van Marine, was een der genen aan wie Hare Majesteit de eer deed, met haar te dansen,' meldde de krant. 'De Koningin zelve deed vervolgens de honneurs van de tafel der Dames, die de eer hadden met hoogstdezelve te souperen, welke omtrent een getal van 80 uitmaakten. De Koningin ging verscheiden malen de Zaal rond.'

Met een mengeling van argwaan en jaloezie stelde koning Lodewijk vast dat aan Hortense evenveel eer werd bewezen als aan hem. De aanwezige heren – met name VerHuell – waren al door haar geboeid en ze moedigde hen met haar lachjes en bevallige gebaren aan. Na afloop van het feest was hij woedend en verbood zijn gemalin streng op de voorgrond te treden. Ze moest hem wel gehoorzamen en stelde zich vanaf dat moment bescheiden op.

Tot teleurstelling van de gasten maakte Hortense niet langer de ronde door de zaal om iedereen met een vriendelijk woord te verwelkomen. Het werd haar kwalijk genomen dat ze zich zo op de achtergrond hield, terwijl de koning met iedereen levendig converseerde. Op zijn bevel trok ze zich vroeg terug als het bal of banket nauwelijks was begonnen. 'Ik wijdde me maar aan mijn moederlijke plichten en aan mijn gewone bezigheden; ik tekende, ik componeerde *romances* en nam geschiedenislessen bij *l'abbé* Bertrand.'

De oudere leraar had evenals Adèle alle begrip voor de omstandigheden waarin zijn leerlinge leefde. De koning sprak bijna geen woord meer tegen zijn gemalin en keek haar nooit recht in de ogen. Van een vrolijke en fantasievolle jonge vrouw zag Bertrand de koningin veranderen in een zwijgzaam en schuw wezen. Ze was alleen nog zichzelf als ze met haar kinderen speelde. De kleine Napoleon Charles, die haar oogappel was, verdreef met zijn grappige opmerkingen soms de melancholie uit haar ogen. Bijna elke dag arriveerde er een koerier uit Parijs, die brieven meenam van de keizerin aan haar dochter. 'Sinds je vertrek heb ik me elke dag ellendig, triest en ongelukkig gevoeld,' schreef ze Hortense op 15 juli 1806 uit Saint-Cloud, 'ik moest zelfs met koorts in bed blijven. De ziekte is nu voorbij maar het verdriet blijft bij me. Hoe zou het ook anders kunnen zonder een dochter als jij, zo teder, zacht en lief die de bekoring van mijn leven is? (...) Hoe maakt je man het? En gedragen mijn kleinkinderen zich goed? Mijn God! Wat ben ik bedroefd omdat ik ze niet meer af en toe kan zien. En hoe is het met jouw gezondheid, mijn lieve Hortense, voel je je goed? Laat het me weten als je ziek wordt; dan kom ik direct naar mijn beminde dochter toe.'[4]

Joséphine schreef haar dochter allerlei bijzonderheden over Eugène in Milaan, wiens vrouw Auguste in verwachting was, over haar nichten en kennissen. Ze besloot haar brief innig: '*Adieu ma chère Hortense, ma tendre fille.* Denk vaak aan je moeder en wees ervan overtuigd dat er geen lievere dochter bestaat dan jij. Duizend groeten aan je man. Ik kus mijn kleinkinderen. Wees zo lief me af en toe enkele *romances* van je te sturen.'[5]

Bij elk woord weerklonk de zoete, melodieuze stem van haar moeder. Ze hunkerde ernaar haar terug te zien en te troosten. Om haar te plezieren schreef Hortense nieuwe liederen en stuurde ze, vergezeld van een brief naar Parijs.

Koning Lodewijk begon met een overvloed aan ijver zijn bewind. 's Morgens stond hij al om vijf uur op, kleedde zich aan en woonde een heilige mis bij die in de geïmproviseerde kapel van Huis ten Bosch door de hofkapelaan werd opgedragen. Om zes uur verscheen de heer Willem Frederik Roëll, secretaris van Staat, om tijdens het gezamenlijk ontbijt staatszaken te bespreken. Daarna volgde een drie uur durende audiëntie waarbij tientallen lieden hem aandacht voor hun problemen kwamen vragen. De dagelijkse zitting van de staatsraad eiste de volgende twee uren zijn volle aandacht op. Als koning Lodewijk 's middags met zijn rijtuig de provincie introk om zich persoonlijk op de hoogte te stellen van de aanleg van wegen, de bouw van dijken, schoolgebouwen of kazernes waren zijn gedachten voortdurend bezig met moeilijk oplosbare kwesties. De schatkist van het land was leeg. De kwijnende economie moest nieuw leven in worden geblazen. Hij dacht na over een nieuwe grondwet, beter onderwijs, een andere rechtspraak gebaseerd op de Codex Napoleon. Over allerlei onderwerpen wilde hij tot in de details geïnformeerd worden. Als hij 's avonds terugkeerde in Den Haag ontbood hij diverse ministers om onder vier ogen met hen te spreken.

Aan het begin van zijn bewind ontdekte koning Lodewijk direct de grote verdiensten van zijn voorganger Schimmelpenninck, die tijdens zijn bewind dat slechts dertien maanden had geduurd, indrukwekkende prestaties had geleverd. Wetgeving en bestuursapparaat kwamen onder zijn leiding tot stand en hij bevorderde de eenheid van het land. De raadspensionaris had bekwame, onbaatzuchtige medewerkers aangesteld die in korte tijd veel verbeteringen doorvoerden. Koning Lodewijk stuurde een brief naar Het Nijenhuis en verzocht Schimmelpenninck het presidium van het Wetgevend Lichaam voor het leven te aanvaarden. Het antwoord liet niet lang op zich wachten: Schimmelpenninck weigerde eerbiedig maar vastbesloten. Hij zou zich tijdens het bewind van 's keizers broeder niet meer in de hofstad vertonen.

Bij alle beslommeringen vergat koning Lodewijk niet zijn koningin onder controle te houden. Haar eerste hofdame Adèle was de enige vrouw in de omgeving van Hortense die hij vertrouwde. Iedereen prees haar zachtmoedig karakter en zelfs Lodewijk had weinig op haar aan te merken. In Den Haag vulde hij Hortenses hofhouding aan met enkele Hollandse dames als mevrouw Huygens, mevrouw Van Heeckeren, mevrouw Cliffort en mevrouw Van der Poll.[6] Wat de mannelijke leden van haar hof betrof ging hij zorgvuldiger te werk. Om te voorkomen dat ze hem belachelijk zou maken door met een van hen een verhouding te beginnen, koos hij louter wat oudere, Franse heren uit. Ze kregen bij hun aanstelling stuk voor stuk de geheime opdracht haar te bespioneren.

De Hollanders waren teleurgesteld over deze keuze. Ze meenden dat de vorstin de voorkeur gaf aan Franse heren omdat ze op de Hollanders neerkeek. Men nam haar bovendien kwalijk dat ze zich steeds minder in het openbaar vertoonde; ze zat in haar salon te musiceren zonder officiële concerten bij te wonen. Verveelde ze zich soms bij haar onderdanen? Was de kwaliteit haar te min? Spoedig werd in het paleis bekend dat de koning en koningin sinds hun aankomst nog nooit het bed hadden gedeeld. Was het waar dat Hortense de koning in Frankrijk veelvuldig bedroog? Alleen dat zou diens overdreven achterdocht kunnen verklaren. De slechte beeldvorming van Hortense was begonnen. Ze kon niets doen om het imago van lijdzame, frivole vrouw tegen te gaan. Ze was gedwongen de rol van een figurant te vervullen tijdens grote evenementen waarmee men het koninklijk paar wilde eren.

Op 5 juli deden de kranten enthousiast verslag van het bezoek van de koning en koningin aan Rotterdam. Kort daarvoor was het in Huis ten Bosch tot een uitbarsting gekomen tussen Louis en Hortense. De koning ondernam een poging de verhouding met zijn vrouw te verbeteren door tussen zijn drukke werkzaamheden door een brief op te stellen waarin hij hun hele huwelijksleven beschreef. 'Zijn liefde, zijn verdriet, mijn *froideur* werden tot in alle bijzonderheden genoemd. Aan het einde verzocht hij mij om een verzoening.'

Hortense, voor wie het een opluchting betekende dat de gespannen stilte tussen hen eindelijk verbroken werd, greep de kans om haar verwijten voor zijn voeten te werpen. Ze had te veel geleden onder zijn valse verdenkingen en beschuldigingen, het doorzoeken van haar vertrekken en de schandalige controle over haar correspondentie. 'Ik heb je vergeven maar door alle kwellingen zijn mijn gevoelens van genegenheid voor jou veranderd. Wijzig je gedrag dan zal mijn gevoel voor jou zich vanzelf wijzigen. Ik kan geen valse gevoelens tonen, ik heb tijd nodig om te herstellen.'

De koning werd daarop boos en begon te huilen: 'Hij zei dat hij niet geloofde in de deugdzaamheid van vrouwen, dat ik ongelukkig was geweest en dat ik getroost had moeten worden. "Ja," antwoordde ik, "een troost die jij me onthield. Ik heb alle droefenis die jij me deed lijden niet verdiend." Hij verliet me zonder een enkel woord van tederheid of berouw.'

In deze stemming had het echtpaar zich op 2 juli naar de stad Rotterdam begeven, waar een feestelijke ontvangst was voorbereid. Ze passeerden het dorp Overschie, waar ze op de brug bij de ingang tot het dorp met vreugde werden ontvangen. De krant deed er verslag van: 'Een eereboog versierde de brug, terwijl een andere met het bijschrift *Leve de Koning!* voor aan de Rotterdamschen weg geplaatst was. Voor het Regthuis hing een Kroon met vier guirlandes; overal waaiden de vlaggen, en ieder Ingezetene betoonde zijne vreugde over deze gebeurtenis.'

Geen van de toeschouwers die de koning en koningin in het open rijtuig uitzinnig van vreugde en bewondering toejuichten, las op het blanke gezicht van Hortense de doorstane emoties van de vorige dag. Ze sloeg de geestdrift van het volk met afkeuring gade. 'Het is overal hetzelfde,' schreef ze in haar memoires, 'de verandering stemt vreugdevol, men verwacht het geluk van het nieuwe.'

De opdringerige massa benauwde haar. Bij Rotterdam gekomen

bleken de lijfwachten niet meer in staat de schreeuwende mannen en vrouwen die hun handen naar haar uitstrekten tegen te houden. Ze grepen de onrustig hinnikende paarden van het rijtuig bij de teugels. De koningin, die met gespannen zenuwen naast haar man zat, glimlachte niet meer; ze was doodsbang dat een van de Rotterdammers onder de paardenhoeven verpletterd zou worden. De dieren werden onder gejuich uitgespannen en een groep mannen nam hun plaatsen in. Ze sloegen de leidsels over hun schouders en trokken het rijtuig zelf voort door een zee van deinende mutsen, ellebogen en uitgestrekte handen. Lachende gezichten waarin tanden ontbraken. Kinderen klommen op de rug van hun ouders en zwaaiden met vlaggetjes: *Vive la reine!* In een flits herinnerde ze zich wat Mme Campan haar vertelde over de jonge Marie Antoinette, die bij haar aankomst in Frankrijk door haar onderdanen werd bejubeld en op handen gedragen. Dezelfde onderdanen die later honend de kar begeleidden, waarop ze met gebonden handen de weg naar het schavot moest afleggen. En het volk juichte, juichte maar door. Van verering of van haat. Wat maakte het uit?

'Deze vreugde die geleek op razernij deed koude rillingen over mijn rug lopen,' schreef Hortense. Ze probeerde de koning deelgenoot te maken van haar paniek maar ze had geen slechter moment kunnen kiezen. Hij zei geen woord tegen zijn vrouw. Tegen acht uur 's avonds bereikte de stoet, omstuwd door de menigte, eindelijk de Rotterdamse haven. Het rijtuig kwam tot stilstand en de mannen wierpen de paardenleidsels hijgend en zwetend op de grond. Hortense keek over het kalme water en hervond haar zelfbeheersing. Ze ademde diep de zeelucht in. Altijd schonken de zee en de oneindige hemel daarboven haar rust, als op het strand van Martinique. Ze zag een prachtig oorlogsschip liggen dat ter gelegenheid van hun intocht te water werd gelaten. Het zou Piet Hein gedoopt worden maar de koning besliste dat het La Ville de Rotterdam moest heten. Met een machtig gekraak van geteerde planken en vers touwwerk gleed het van de oever. Hoog tegen de hemel wapperden vlaggen en wimpels aan de masten die na een heftige schommeling hun evenwicht vonden. Hortense keek opgetogen naar de matrozen die vanuit de hoogte hun wensen omlaag schreeuwden en vrij met hun matrozenmutsen naar haar zwaaiden.

Daarna moest ze in Rotterdam opnieuw langdurige toespraken aanhoren. De president van de Kamer van Koophandel, Zeevaart en Fabrieken ontving hen te midden van de leden in het versierde gebouw. Na een plechtige begroeting waarbij hij over handel en zeevaart sprak, richtte hij zich tot de nieuwe koning in de hoop dat hij aan hun ellende een einde zou maken: 'Ja, Sire! Verlos ons van de rampen en hindernissen welken sedert jaren zo ellendig onze Handel, Zeevaart, Fabrieken en Trafieken hinderlijk waren, en weldra zullen wij Uwe Majesteit blijken geven van onzen ijver en werkzaamheid. Uwe Majesteit zal de vruchten en voortbrengsels van alle oorden der wereld in onze haven zien binnen komen, en, arbeidende dus voor het algemeen welzijn en dat van onzen Huizen, onder het toezien van Uwe Majesteit, zullen wij U zegenen als de Vader des Vaderlands, en met onze huisgezinnen Lofzangen opheffen ter ere van Uw Rijk.'

Na deze toespraak, die letterlijk in de *Haagsche Courant* werd gepubliceerd, volgde een instemmend applaus. Hortense zag hoe haar man vol begrip knikte, alsof hij bereid was al hun wensen in te willigen. Maar wat kon Louis beginnen tegen het ijzeren handelsverbod met de Engelse vijand dat zijn keizerlijke broer Holland had opgelegd? Hij moest zijn nijvere onderdanen op den duur wel teleurstellen, al was hij het in zijn hart niet met de maatregelen van Napoleon eens. En hoe zou dit schijnbaar zo vriendelijke volk dan reageren? Haar sombere overpeinzing werd afgebroken toen de president zich tot haar wendde: 'Mevrouw! Ontvang goedgunstig de verzekeringen, welke wij U doen, zo wel van onzen diepe eerbied, als van onze achting voor uwe Doorluchtige Persoon. Ondersteun de wensen die wij aan den Koning hebben gedaan. Zijt eene Moeder voor dit Land, en Uwe Majesteit kan van onze levendigste erkentenis verzekerd zijn.'

Bij het horen van het woord 'Moeder' vertrok de koning sarcastisch de mond maar alleen Hortense, die met een glimlach voor die woorden dankte, merkte het op.

'Beide Hunne majesteiten beantwoordden deze Aanspraken op de minzaamste wijze,' besloot de krant.

Dat Mme Louis Bonaparte nu met 'mevrouw' werd aangesproken vervreemdde haar nog meer van de status die ze voerde. Toen op 4 juli de Franse generaal Michaud het woord in Den Haag tot haar richtte, hoorde ze tot haar ontroering voor het eerst weer haar moeder noemen, die ze zo miste en bijna dagelijks schreef. Michaud wenste haar namens de Franse troepen in Holland geluk en deed het met zo'n charme dat zelfs haar oudste zoon, leunend tegen haar knie met een handje in de hare, tegen hem lachte. 'Erfgename zijnde der deugden der bevalligheden en der goedheid van de Keizerin Joséphine, zal uwe Majesteit het geluk maken van een vriendenvolk, die dezelven zal weten op prijs te stellen. De Koningin van Holland geniete al het geluk, welk zij waard is, en verdubbele op die wijze, dan van den doorluchgtige broeder van onzen grote en onsterfelijke Keizer en Koning.'

Na het applaus wendde Michaud zich ook tot de kroonprins Napoleon Charles. Het kind drukte zich in verlegenheid dicht tegen zijn moeders dij aan en keek op naar de man in het schitterende uniform.

Later konden allen in de krant lezen wat deze tegen hem had gezegd: 'Mijn Heer, ik kom uwer Koninklijke Hoogheid den eerbied en de wensen der Fransche troepen aanbieden.' Hij sprak van de samenwerking der volken waarin de kroonprins in de toekomst een rol zou gaan spelen: 'Deze taak zal gemakkelijk zijn voor den neef van de grote Napoleon, en voor den erfgenaam der grote hoedanigheden en der vreugden van hunne Majesteiten den Koning en de Koningin van Holland.'

Hortense nam zich bij terugkeer in Den Haag voor iets voor haar volk te doen. Louis kon het haar onmogelijk verbieden. Ze had zich voor haar vertrek in Parijs beziggehouden met liefdadigheid, wat een diepe voldoening schonk. Dat wilde ze in haar nieuwe vaderland voortzetten. Onder strikte geheimhouding ontbood ze de vertegenwoordigers van allerlei instellingen om zich te laten informeren over het beleid dat gevoerd werd ten opzichte van armen, wezen, zieken en bejaarden. Toch kreeg de krant er lucht van en wijdde een stuk aan het werk van de koningin en haar 'waarlijk uitmuntende denkwijze' en de goede werken die ze in navolging van haar keizerlijke moeder in stilte verrichtte.

De koning maakte er geen woord aan vuil. Hij hield zich overijverig bezig met staatszaken. De koningin legde voorzichtige contacten buiten het paleis. Door haar passie voor muziek hoorde ze van een zekere heer Dietz, die een nieuw muziekinstrument had uitgevonden.[7] Op een zondagavond in juli nodigde ze hem uit op Huis ten Bosch een demonstratie te komen geven op de *melodion*, zoals hij het noemde. Voordat Louis kon protesteren stond de onbekende heer met zijn merkwaardig instrument buigend voor hem en toonde zijn kunsten. Ze luisterden geïnteresseerd naar de klanken die hij aan het toetsenbord ontlokte. Ook dit werd in de *Haagsche Courant* gepubliceerd: 'Hare Majesteit de Koningin vond dit instrument zo zeer hare opmerkzaamheid waardig, dat hoogstdezelve er enige aria's op speelde.'

Elke dag waren er wel nieuwtjes van het hof te melden. Den Haag leefde op; er kwam werk voor kamermeisjes en knechten nu de paleizen weer werden bewoond en de meest luisterrijke feesten plaatsvonden. Hortense en Lodewijk waren al bijna een maand in het land toen opperbevelhebber Michaud hun op 13 juli 's avonds een feest aanbood in zijn tent op het Malieveld. Bij aankomst werd de koningin begroet door mevrouw Michaud en haar anderhalf jaar oude dochtertje dat de hoge gast een boeketje hortensia's aanbood. De krant schreef hoe ze het beminnelijke meisje dankte voor de bloemen 'zinnebeeld van der naam der Koninginne, welker naam Hortense is'. De koningin liefkoosde het meisje en bewonderde vervolgens de feesttent, die de vorm had van een groot schip: 'Men trad er binnen door een brede ingang met een slagdeur, in het midden van het zijdelings gedeelte tegenover de pronknaald en het bosch.' De gevel was bezaaid met gouden bijen en andere heraldische figuren. De Franse adelaar zat gemoedelijk naast de Hollandse leeuw. Binnen waren twee tronen opgesteld en links en rechts daarvan stonden zitbanken waarop Hortenses vriendin Adèle te midden van de Dames van het Paleis plaatsnam. In het amfitheater voor hen trad een orkest aan, dat muziek ten gehore bracht. Op elke trede waren bloemenvazen geplaatst met geurige boeketten. Vijf lichtkronen verlichtten de tent, die versierd was met behangsels en bloemenkransen. Michaud vereerde zijn koningin met een eigen zaal waarboven stond te lezen: Salon de la Reine. In de krant kon men lezen wat daarin te zien was: 'Al wat men zich het nieuwste en bevalligste kan verbeelden, zo in behangsels, als in stoffering, vond men in deze zaal verenigd; niets was gespaard, om derzelve der beminlijke vorstinne, aan welke die toegewijd was, waardig te maken. Over deze zaal ontdekte men in een verre gezicht een tafel van tachtig couverts, onder een lange rij van tenten, aan elkander gevoegd en ondersteund door twintig kleine pilaren, overkleed met mos van het schoonste groen, die op de tafel rustten.'

Hortense zat die avond naast haar gemaal en veinsde, zoals ze gewend was, dat ze een uitstekend huwelijk had. Het viel haar op dat zijn voorhoofd overdekt was met pareltjes zweet en dat hij soms kreunde als hij een lepel naar zijn mond moest brengen. Louis was door de extreme werkdruk en de uitputtende ruzies met zijn vrouw aan het einde van zijn krachten. Na de maaltijd stond hij moeizaam op. Ondanks alles had ze mededogen met de man die met zijn gezonde hand het verlamde been naar voren moest duwen om zich in beweging te zetten. Het volk noemde hem gekscherend 'Lamme Loetje'. Ze wist dat hij dit levenstempo niet lang zou volhouden en dat de overgrote ijver weldra zou omslaan in apathie en diepe somberheid.

Het verbaasde haar niet dat de koning op een dag verkondigde zich aan een badkuur in Wiesbaden te gaan onderwerpen. 'Het vertrek van zijne Majesteit naar de Wateren is op een der dagen dezer week bepaald. Zoals men met genoegen verneemt, zal hoogdezelfs afwezigheid kort zijn,' meldde de krant.

De stad Utrecht verheugde zich op de beloofde intocht van de koning en koningin met de beide prinsen. Maar toen Lodewijk besloten had de baden te gaan gebruiken, moest hij het officiële bezoek uitstellen. In de krant werd vermeld hoe het koninklijk gezin op weg naar Duitsland op 20 juli buiten de Katharijnepoort stil hield om de koetspaarden te verwisselen.[8] De koning praatte tijdens de rustpauze met verscheidene afgevaardigden, die zich ook naar het rijtuig van koningin Hortense begaven om haar voor een langer bezoek uit te nodigen. Ze knikte hun vriendelijk toe en trok zich weer terug in de schaduw van de coupé waar Napoleon Charles met een boekje op schoot zat en zijn broertje sliep. Daarna ging het onder gejuich van de samengestroomde menigte via de Katharijnepoort langs het Vreeburg over de Neude door de Voorstraat richting Wittevrouwenpoort. En voor de inwoners hun vorstin hadden kunnen bekijken was het rijtuig al op weg naar Soestdijk. Ze reden over heidevelden waar schapen met hun herders ronddwaalden. De spitse kerktoren van Baarn scheen op te lossen in de laaghangende wolkenhemel.

Hortense had zich geen enkele voorstelling gemaakt van het paleis dat haar man bij zijn verheffing was geschonken. Zonder het te beseffen legde ze met haar rijtuig dezelfde weg af die de graaf van Salm in 1789 met zijn patriottenleger was gegaan om Soestdijk te veroveren op de orangisten. En als ze zich de naam van het paleis herinnerde, zal ze met angst en verdriet hebben teruggedacht aan de Duitse edelman, die Eugène en haar zo liefdevol in het luxueuze Palais de Salm aan de Seine had opgevangen.

Ze hielden stil voor een rechthoekig, bakstenen gebouw met een bordes dat naar een bescheiden hal met trappenhuis leidde. Rechts daarvan tekende zich de sombere contour af van een fonteinmolen, die al decennialang geen dienst meer had gedaan. In de verstilde tuinvijver hief de draak van de fontein nutteloos zijn kop. Sinds de vlucht van stadhouder Willem v en diens gemalin was het paleis niet meer bewoond geweest. Er was een herberg in gevestigd en sommige zalen deden dienst als paardenstal.

In hun glorietijd hadden Willem en Mary met hun gevolg urenlang door de tuinen gewandeld, die in Hollandse barokstijl waren aangelegd. Maar er was al jaren weinig onderhoud gepleegd. Bij de inval van de Franse patriotten in 1795 werd er veel beschadigd en geroofd. De kassen stonden leeg op wat gebroken bloempotten na. Aan de overzijde van de weg op de buitenplaats De Eult was het verval nog meer zichtbaar. Alle tuinsieraden waren verdwenen of kapotgeslagen en de mooie loofgangen die tijdens een wandeling naar de grote en kleine vijver voor schaduw zorgden, waren verwilderd. Geen van de vertrekken van Soestdijk noch van De Eult bleek geschikt om er te overnachten. Koning Lodewijk besloot de Franse architect Jean Thomas Thibault, die Saint-Leu voor hem had gebouwd en in Holland al bezig was met plannen voor de verbouwing van Huis ten Bosch, opdracht te geven naar Soestdijk te gaan en een uitbreidingsplan op te zetten. Lodewijk wilde onder meer een biljartzaal, een bibliotheek en een kapel. Thibault, thans officieel *architect du Roi*, had in Rome de architectuur van de oudheid en de Italiaanse renaissance bestudeerd en was zeker in staat het oude jachtslot te veranderen in een koninklijke buitenplaats met modern comfort. Hij kreeg assistentie van J.D. Zocher, wiens tuinontwerpen volmaakt aansloten bij de Franse architectuurtekeningen.

Het koninklijk gezin reed via het dorp Soest naar Amersfoort. Volgens de krant trokken ze 's morgens heel vroeg 'in diepste incognito' naar Nijmegen. De stemming in het koninklijk rijtuig was te snijden.

'Overal waar ik met mijn man kwam werd ik gekweld door verdriet en vernederingen. Tijdens de tocht naar Nijmegen had ik zozeer te lijden, dat ik eenvoudig niet verder kon. Hij vertrok en ik volgde hem twee dagen later,' schreef Hortense in haar memoires. In Mainz gekomen betrokken ze een paleis. Overdag nam de koning baden in het nabije Wiesbaden en 's nachts sliepen ze gescheiden. Hoewel ze elkaar nauwelijks zagen deden zich allerlei onverkwikkelijke incidenten voor. Hun verhouding verslechterde met de dag: 'Ik vond altijd dat mijn beproevingen minder waren dan die van mijn man. Door zijn achterdochtige karakter vond hij geen moment rust. (...) Vaak hoorde ik hoe hij, als iedereen was gaan slapen, door de salon liep om aan mijn deur te luisteren.' Nog altijd verdacht Lodewijk zijn vrouw ervan dat ze in het geheim minnaars in haar slaapkamer ontving.

Op een avond leek het of hij haar op heterdaad betrapte. Een van haar hofdames was Hortense behulpzaam bij het uitkleden en naar bed brengen. Onderwijl spraken ze op gedempte toon met elkaar. Toen de hofdame haar goedenacht wenste en het vertrek wilde verlaten merkte ze dat de deur op slot was gedaan. Ze rammelde tevergeefs aan de deurknop. Ze kon niets anders doen dan bij Hortense overnachten totdat ze de volgende morgen bevrijd zouden worden. Het voorval werkte aanvankelijk op hun lachspieren maar op den duur schaadde het de reputatie van de koningin wel degelijk. Men begon te vermoeden dat er iets van waarheid moest steken achter alle verdenkingen.

Op 18 augustus schreef Lodewijk zijn broer dat hij van plan was om naar de baden in Aken te gaan, waar hij de rest van de zomer een vervolgkuur wilde volgen. Opgelucht zag Hortense hem met zijn gevolg vertrekken. Ze zou haar man – in afwachting van de heer Auguié, vader van Adèle – enkele dagen later over het water volgen. Als enige man in het gezelschap van dames ging Auguié aan boord van een jacht dat hen over de Rijn naar Keulen zou varen. Hortense zond de rijtuigen met de bagage vooruit en scheepte zich in. Het mooie jacht was eigendom van de prins van Nassau.[9] Deze prins, die bij hoog en laag beweerde dat de voorouders van de Beauharnais familie waren van de Nassaus, leende de koningin zijn vaartuig graag. Hij was een van haar vurige bewonderaars en verkondigde dat ze alleen al op grond van haar familiebanden met de Oranje-Nassaus recht had op de liefde van haar onderdanen en de troon van Holland. Zijn hele verhaal liet Hortense koud. Ze schreef: 'Trouwens, ik had alle reden om tevreden te zijn over deze familie aan wie ik graag de soevereiniteit had afgestaan in ruil voor een wat rustiger bestaan.'

Als altijd voelde ze zich op het water algauw bevrijd van haar zorgen. Het was stralend weer en het Rijnlandschap stelde zich in het nazomerlicht in al zijn betovering voor haar op. Een streek van nimfen en roofridders, van magische zwanen en een verzonken goudschat. Met Adèle leek alles even als vroeger op het meisjespensionaat; ze traden luchtig uit de realiteit: 'De rotsen, de oude kastelen met hun torentjes herinnerden ons aan de riddertijd en we voelden ons ver verwijderd van de zo moeilijke eeuw waarin we leefden.'

Hortenses romantische geest was verrukt over de zichtbare resten van het verleden. Hier laafde ze zich aan de vormentaal van de gotiek. Kantelen, spitsbogen, roosvensters en torentjes hadden haar liefde voor de *style empire* al lang verdrongen. Het was onvermijdelijk dat haar man de gotische kunst afkeurde en keizer Napoleon was het op dit punt met zijn broer eens. Bij het zien van haar neogotisch ingerichte vertrekken met schilderijen van jonkvrouwen en geharnaste ridders had hij eens geërgerd tegen zijn stiefdochter gezegd: 'Waarom moet je je zo nodig herinneren aan het verre verleden van Frankrijk? Kijk liever naar het heden. De Franse kunst moet in alles verwijzen naar de achttiende Brumaire en naar de leden van mijn familie.'[10]

Varend over de Rijn kon Hortense de Bonapartes even vergeten: 'Mijn oudste zoon zat dicht bij me te spelen. Ik componeerde en zong, geïnspireerd door de omgeving, *romances* en begeleidde mezelf op de gitaar.' Ze zag hoe een stoet pelgrims hen onder het zingen van psalmen volgde, een onbekende aanblik die haar fascineerde. Soms voeren er vanuit de dorpen bootjes naar het luxe jacht om haar bloemen en fruit aan te bieden. ''s Avonds gingen we voor anker en ieder van ons trok zich terug in zijn kleine kajuit. We sliepen in bij de klanken van een serenade die in een naburig dorp ten gehore werd gebracht. Deze rust na zoveel agitatie, deze vrijheid na zoveel spanningen, dit alles maakte van deze drie dagen de gelukkigste van mijn leven.'

Met een gevoel van beklemming zag Hortense de toren van de Keulse Dom aan de horizon oprijzen. De luidklok, de grootste en zwaarste van Europa, liet zijn stem over het water galmen. Daar wachtten haar weer alle verplichtingen van een koningin: ‘Bij aankomst in Keulen zag ik dat de hele stad was uitgelopen om me aan de haven te verwelkomen. Wat een contrast! De eenzaamheid had me zo goed gedaan; bij het zien van de toegestroomde massa kwamen alle droeve plichten van mijn vorstelijke status weer over me heen. Ik had de mooie, troostrijke indrukken van de reis nog wat langer willen vasthouden. Ik ging aan wal, nam mijn zoontje bij de hand en wilde naar de herberg lopen. Maar plotseling werd ik omstuwd door een menigte militairen onder aanvoering van generaal Dupont.’

Deze Franse generaal nodigde Hortense en de kroonprins uit plaats te nemen in een reusachtig antiek rijtuig dat door zes paarden werd getrokken. Het was vast en zeker eigendom geweest van de Keurvorst: ‘Ik werd gedwongen daarin stapvoets door de hele stad te rijden, aangestaard door nieuwsgierige stedelingen. En ik moest een uitnodiging aannemen om een groot bal op te luisteren dat voor de groothertog Van Berg werd gegeven.’

Zo zag Hortense haar zwager Joachim Murat terug maar haar schoonzuster verwelkomde haar niet: ‘Prinses Caroline was in Parijs gebleven. Ze vond de verheffing van haar man tot groothertog van Kleef en Berg veel te min voor hem en haar. Nooit zou ze een voet op de bodem van het groothertogdom zetten.’[11]

Murat begeleidde haar tot Aken, waar koning Lodewijk aan zijn waterkuur was begonnen. Sinds ze Frankrijk had verlaten waren al haar dagen vervuld geweest van het afscheid van Flahaut, een afscheid dat voor eeuwig leek. Des te schokkender was het om haar geliefde in Aken onverwachts terug te zien. Hij reed met een melancholieke blik in zijn ogen langs haar op zijn hoge, grijze paard. Als kapitein van de cavalerie van Murat zou hij naar Pruisen oprukken om zich bij het Grande Armée te voegen. Ze keek hen na. De rijen blauwe uniformjassen. De deinende zwarte mutsen. Vervuld van die laatste indruk van Flahaut bleef Hortense in Aken achter toen koning Lodewijk op 18 september terugkeerde naar Holland. In de tussenliggende dagen hield ze zich bezig met het schrijven van tal van brieven aan haar moeder, aan prinses Caroline, aan haar broer Eugène, aan diens vrouw Auguste en aan de keizer. Toen ze vernam dat een ter dood veroordeelde man in zijn cel op de voltrekking van het vonnis wachtte, vroeg ze haar stiefvader vanuit Aken om hem gratie te verlenen. En Napoleon, die haar weinig kon weigeren, spaarde diens leven.

Bij terugkeer in Den Haag installeerde Hortense zich met haar kinderen in het koninklijk winterpaleis; het oude stadhouderlijke kwartier op het Binnenhof. Haar appartementen, die ooit werden bewoond door de Oranjeprinses Wilhelmina van Pruisen, waren in een deftig ouderwetse Lodewijkstijl ingericht. Door een antichambre kwam ze in een audiëntiezaal waarvan de wanden bespannen waren met enigszins vergeeld, wit satijn met ingeweven *fleurs de Chine*. In haar slaapkamer met damasten wandbespanning stond haar hemelbed, vervaardigd door een Parijse meubelmaker. De aangrenzende garderobekamer was door de vorige bewoonster als atelier gebruikt; hier schiep Wilhelmina niet alleen olieverfschilderijen en aquarellen, maar ze had zelf op verdienstelijke wijze de *porte dessus* met mythologische figuren beschilderd.

's Middags ging Hortense met de kleine Napoleon en diens broertje Louis uit wandelen of uit rijden over het Voorhout waar de bomenrijen de komst van de herfst aankondigden. Vervuld van heimwee en verdriet dacht ze aan het Bois de Boulogne bij Parijs, aan haar moeder die nu slechts vergezeld door hofdames door de tuinen van Malmaison of Saint-Cloud liep.

Koning Lodewijk had zich opnieuw als een bezetene op zijn werk gestort. Daarbij besteedde hij alle beschikbare tijd aan de studie van de Nederlandse taal. Tijdens de audiëntie van de leden van de Maatschappij der Nederlandsche Letterkunde maakte hij kennis met een vijftigjarig auteur die hem door zijn grote eruditie imponeerde: Willem Bilderdijk. De koning stelde hem aan tot zijn leermeester en gaf opdracht een koninklijke bibliotheek samen te stellen van de belangrijkste werken der Hollandse schrijvers en dichters. Bilderdijk, van huis uit een vurig orangist, koesterde sympathie voor koning Lodewijk. Hij kreeg van diens secretaris Dupré opdracht een ode aan keizer Napoleon te schrijven. In de hoop op een fors honorarium ging de verarmde en ziekelijke Bilderdijk aan het werk en schiep een hoogdravend werk in lange strofen. Koning Lodewijk was geestdriftig over deze lof op zijn keizerlijke broeder. Hij citeerde het luid, met zijn voor Hollanders zo merkwaardige Franse accent:

'Neen, Dichtkunst, 't is te lang gezwegen;
Wat toeft gij? Grijp, o grijp de luit!
't Heelal zij 't erfdeel van de degen,
De roem is de edelste oorlogsbuit...'

Urenlang hoorde Hortense haar man met zijn leraar de uitspraak van moeilijke Hollandse woorden oefenen. 'Ha-ken, ha-ven, ha-ngen, hand...' zei Bilderdijk luid en duidelijk.

'A-ken, a-ven, a-ngen, and,' deed de koning hem na. De leraar ging met opengesperde ogen vlak voor hem zitten en zette met mond en gebaren uiteen wat hij bedoelde: 'De h is een snelle blazing der keel en ook ene weerhouding des adems in de keel, Sire.'[12] En Bilderdijk begon opnieuw: 'Ha-ken, ha-ven, hangen, hand.' Waarop Lodewijk antwoordde: 'A-ken, a-ven, angen, and.'

De leraar toonde zoveel geduld, zoveel kennis en was daarbij zo vindingrijk in het geven van voorbeelden uit de spraakkunst dat Lodewijk genegenheid opvatte voor de man die, net als hijzelf, geen dag zonder lichamelijke klachten kende en worstelde met melancholieke buien. Zodra Bilderdijk vernam dat koning Lodewijk zich belachelijk had gemaakt door in het openbaar te verklaren: 'Ik ben konijn van Olland', legde hij er zich erop toe hem het woord 'koning' foutloos te laten uitspreken.

'Ko-ning,' zei Bilderdijk.

'*Ko-naing*,' zei Lodewijk.

'Ho-ning,' zei Bilderdijk.

'*O-naing*,' zei Lodewijk.

Hortense deed geen pogingen de Nederlandse taal machtig te worden. Haar man wilde immers niet dat ze dichter bij het volk kwam. Hij verbood haar bovendien zich in landskwesties te mengen. Ze bleef een geïsoleerde vrouw, die slechts nu en dan wat contacten kon leggen met de mensen uit haar naaste omgeving. Met admiraal VerHuell, die tevens kamerheer honorair en minister van Marine was, ontstond een vertrouwelijke band. VerHuell was negentien jaar ouder dan zij. In 1788 trouwde hij met Maria Johanna de Bruijn uit Doetinchem die hem drie zonen had geschonken.

Hun tweede zoon, de veelbelovende vijftienjarige Franco Johan VerHuell, was door Schimmelpenninck benoemd tot tweede luitenant-cadet bij het vierde regiment infanterie. De raadspensionaris deelde hem bij zijn persoonlijke garde in. Toen VerHuell te Parijs was om met de keizer te spreken over de komst van Louis Bonaparte, kreeg de jongen roodvonk en overleed in Den Haag op een zondag in mei. VerHuell, die weinig leek te geven om zijn vrouw, hield veel van deze zoon en schreef wanhopig: 'Het was een interessant kind, dat goede en schone kwaliteiten deed verwachten. Hij had ook een schoon uiterlijk met grote blauwe ogen en blonde haren. Zijn hele uiterlijk had iets gedistingeerds. Hij had een zeer gevoelig hart en een zeer uitgesproken karakter sinds zijn vroegste jeugd.' Nog vervuld van zijn persoonlijk verdriet kon hij de koningin des te meer begrijpen en troosten in haar eenzaamheid. Door het venster van haar vertrekken zag Hortense uit over de Hofvijver, waarop de kroonprins en zijn broertje met hun gouverneur in een roeibootje voeren. In het midden was een klein eiland waar ze niet mochten komen omdat er een ooievaar op nestelde. De inwoners van de stad waren gesteld op dit symbool van vruchtbaarheid en geluk, dat met een kikker in zijn snavel op één poot op het gemeentewapen pronkte.

De koningin zag ertegenop de komende winter in Holland te moeten doorbrengen. Maar eind september ontving koning Lodewijk een brief van Napoleon met nieuwe instructies. Hij gelastte zijn broer een leger op de been te brengen en naar het oosten des land op te rukken. Opnieuw ging het erom de Pruisische troepen ervan te weerhouden het koninkrijk Holland aan te vallen. Hortense zag hoe haar man koortsachtige voorbereidingen trof om dertigduizend man onder de wapenen te brengen. Door zijn efficiënte aanpak kon hij begin oktober aan het hoofd van zijn troepen naar Wezel oprukken.

De oorlog kwam nu heel nabij. 'Niet eerder zal er rust in Europa komen, voordat het onder één hoofd, één keizer staat!' zo tartte Napoleon zijn vijanden. Het was een uitspraak die alle tegenstanders van de keizer in staat van hoogste paraatheid bracht. In Pruisen bood prins Willem Frederik van Oranje-Nassau zijn zwager Frederik Willem III, de koning van Pruisen, alle steun en nam het commando op zich van de derde divisie van de Pruisische troepen. Samen zouden ze de macht van de tiran wel weten te breken.

Napoleon hield er serieus rekening mee dat de Engelse vijand bij afwezigheid van de koning de kans zou grijpen om een landing op de Hollandse kust uit te voeren. Koningin Hortense en haar beide zoontjes waren daarom in gevaar en moesten Den Haag direct verlaten. Hij gelastte hun naar Mainz te reizen tot waar haar moeder hem gevolgd was om daar tijdens de oorlog te verblijven. 'Weldra zal ik jullie in Mainz terugzien,' schreef Joséphine haar dochter. 'Stel je eens voor Hortense, wat een aangenaam nieuws voor een liefhebbende moeder! Elke dag zullen we samen zijn en nieuws ontvangen van de Keizer en je echtgenoot; we zullen ons er samen over verheugen.'[13]

Opnieuw had keizer Napoleon haar leven op zijn kop gezet. Maar dit keer gehoorzaamde ze haar stiefvader graag. Met haar kinderen ging de koningin op 6 oktober 1806 aan boord van een schip dat haar via Utrecht, Wezel en Keulen weer naar Duitsland voerde, waar ze een week later in Mainz aan wal ging.

DEEL 3

De rouw

13

Keizerin Joséphine vestigde zich begin oktober 1806 met haar hofhouding in het Deutsche Haus te Mainz, dat het nieuwscentrum werd voor alle aanwezigen. Toen Hortense en haar zoontjes in de stad aankwamen, kreeg men juist bericht over de glorierijke overwinning van Napoleons leger te Saalfeld.

De koningin voelde zich onmiddellijk thuis tussen het wemelen van mousseline en veren, het rinkelen van armbanden en de mengeling van parfums die het geurige decor vormden van het Franse hof. Jonge officiersvrouwen wier echtgenoten met het keizerlijk leger ten strijde waren getrokken, wachtten er in spanning op koeriers van het front. Wie behaalde lauweren voor de keizer? Wie was er gewond geraakt? Wanneer kwamen de bulletins met de dodenlijsten van het front? De namen op de dodenlijst moesten worden voorgelezen. Ze hielden elkaar trillend vast; geen van hen kon geloven dat de dood hun man op het slagveld had gevonden. De dood kwam altijd voor anderen. Niet voor hun man of zonen.

Ondertussen zorgde Joséphine ervoor dat het hofleven gewoon doorging; men bracht de tijd door met wandelen, kaarten, biljarten, voorlezen en musiceren. Hortense leefde op in het gezelschap waarin men ten prooi aan wisselende stemmingen overdreven lachte of plotseling snikte van onuitgesproken vrees.

In Mainz trof ze haar nichtje Stéphanie de Beauharnais en vele vroegere kameraadjes van het pensionaat van Mme Campan.

Hortense en haar moeder hadden bij het afscheid in juni niet kunnen voorspellen dat ze elkaar zo spoedig zouden terugzien; de keizerin sprenkelde vreugdetranen over de hoofden van haar dochter en kleinkinderen, die ze beurtelings tegen zich aandrukte. Joséphine voelde zich hier in haar element: men zocht haar troost en vroeg bemiddeling, wat ze nooit kon weigeren. Bij elk goed bericht van het front vrolijkte ze iedereen op door het organiseren van bals en banketten. Volgens Hortense reageerde Joséphine altijd laconiek op de brieven van de koeriers; ze had immers een rotsvast vertrouwen in Napoleons bovenmenselijke strategische kwaliteiten. Aan de keizer, die met een leger van 200.000 man naar Pruisen oprukte, schonk zij moed; hij beschouwde haar als zijn gelukbrengster, ze garandeerde de overwinning. Het was meer dan bijgeloof; vaak had het toeval hem op het laatste moment voor een catastrofale nederlaag behoed. Dat toeval noemde hij in zijn hart Joséphine.

Hortense nam met haar kinderen haar intrek in een herberg aan de rivier de Main, die uitzag op de Kasselbrücke. De oorlogsbulletins werden bezorgd en boden voor de Fransen opnieuw vreugdevol nieuws: bij de Slag van Jena en bij Auerstedt was het restant van het Pruisische leger vernietigd. Maar wie hadden het slagveld overleefd en wie waren er begraven? In nog geen maand tijd sneuvelden 35.000 soldaten en werden 100.000 Pruisische militairen krijgsvangen genomen. Veertien dagen later hield de triomferende keizer zijn intocht in Berlijn en bracht een bezoek aan het graf van de door hem vereerde Frederik de Grote. Het zwaard van de roemrijke militair liet hij als krijgsbuit naar Parijs brengen. Napoleon had het zozeer gevreesde leger van de onoverwinnelijke Pruisen vernietigd.

In de Franse kolonie te Mainz werd vernomen dat de Pruisische koning Frederik Willem III en diens beeldschone gemalin Louise onder erbarmelijke omstandigheden met hun kinderen waren gevlucht. Hun land was ten prooi aan plunderende, brandschattende en moordende Franse benden, die in zwartgeblakerde dorpen en steden paniek zaaiden onder de burgers. Iedereen trachtte te redden wat er te redden viel. Grote stromen vluchtelingen trokken met wat schamele bezittingen richting Oostzeestaten. De adel begroef juwelen en andere kostbaarheden in de Pruisische bodem in de hoop er ooit terug te kunnen keren.

De koningin van Holland las in de oorlogsbulletins dat Wilhelmina, prinses van Oranje, de ongelukkige koningin Louise op de vlucht met haar kinderen begeleidde. Ondertussen was Wilhelmina's echtgenoot Willem Frederik van Oranje-Nassau vol zelfvertrouwen met zijn troepen tegen de Fransen opgerukt. Maar toen hij te Erfurt tegenover Joachim Murat kwam te staan werd hij bang en capituleerde bijna onmiddellijk. In de hoop zijn bezittingen in het vorstendom Fulda te redden gooide hij het over een andere boeg; hij schreef Napoleon een brief waarin hij hem om vergiffenis voor zijn daden vroeg en hem zijn nederige diensten aanbood. Keizer Napoleon, die door de opportunistische houding van de Oranjeprins zijn laatste respect voor hem had verloren, weigerde zelfs na drie verzoeken met hem te onderhandelen. In zijn wanhoop besloot prins Willem dat zijn echtgenote dan maar naar Berlijn moest gaan om een knieval te doen voor de keizer. Naar haar zou Napoleon wellicht wel luisteren. Nog verzwakt door de recente bevalling van een doodgeboren kind trok Wilhelmina met haar beide zonen Willem en Frederik en haar dochtertje Pauline door de sneeuwstormen naar de Pruisische hoofdstad. De reis werd het zesjarige prinsesje fataal; ze kreeg koorts en 'Polly', de lieveling van haar vader, overleed in december 1806. Haar moeder was bijna waanzinnig van verdriet, niettemin dwong de Oranjeprins zijn vrouw met de beide prinsen verder te reizen naar Berlijn en audiëntie bij Napoleon aan te vragen.

In deze stad aangekomen werd haar een onderhoud met de keizer geweigerd. Men gelastte de zieke en totaal verzwakte Wilhelmina het land terstond te verlaten en zich maar bij haar broer, de koning van Pruisen, te voegen. De Oranjeprinses nam daarop de pen ter hand en schreef Napoleon: 'Ik bezweer u, Sire, mij voor het herstel van mijn gezondheid in Berlijn te laten blijven. Ik ben tegen mijn wil uit die stad vertrokken en zou dit nooit hebben gedaan, wanneer ik had kunnen voorzien dat ik daardoor het geluk zou missen, om U.M. mijn opwachting te maken.'

De keizer was op de hoogte van het overlijden van het prinsesje. Daarom zwichtte hij voor de smeekbede van de Oranjeprinses en stond haar minzaam toe voorlopig in het Niederländische Palais te Berlijn te blijven. Haar echtgenoot diende echter op staande voet naar de overzijde van de Oder te vertrekken.

Het waren berichten die koning Lodewijk Napoleon er opnieuw van overtuigden dat de verraderlijke prins van Oranje-Nassau ongeschikt was voor zijn ambt. Het koninkrijk Holland verdiende een beter bestuur; hij wilde zo spoedig mogelijk terug naar Den Haag.

Hortense hoopte dat er na Napoleons zege een duurzame vrede zou volgen, dat de oorlog voorbij was. Maar de grote coalitie van de Russische tsaar, de keizer van Oostenrijk en de koning van Zweden was nog niet verslagen. Tot wanhoop van Joséphine berichtte Napoleon dat hij niet terugkeerde naar Parijs, maar dat de oorlog zou worden voortgezet.

Joséphine wilde naar Berlijn reizen. Napoleon achtte de situatie echter te gevaarlijk om haar te laten overkomen. Vroeger had hij als Eerste Consul haar in tal van brieven gesmeekt om bij hem te komen, op welk slagveld hij zich ook bevond. Nu was de situatie omgekeerd; zij had al haar bagage klaarstaan maar hij gelastte haar te blijven waar ze was. Het maakte de keizerin nerveus; hij verlangde blijkbaar niet meer naar haar fysieke aanwezigheid. Of had hij een nieuwe minnares gevonden?

Toen het Grande Armée zich opmaakte voor het vervolg van de grote Europese veldtocht, zat Hortense weer in ongerustheid over Flahaut; alleen Adèle kende haar geheim. 'Elke dag trokken er duizenden krijgsgevangenen door Mainz, ze passeerden onder de vensters van mijn huis dat tegenover de brug lag. Ik liet de arme drommels vaak wat geld brengen. Ze zagen er ellendig uit; ze werden Fransen voor mij. We ontvingen op een dag een heel korps van gevangen generaals en officieren van het Hessen-Kasselse leger. Mijn moeder besteedde zoveel tijd aan het schenken van troost en hulp dat ze bijna vergaten dat ze verslagen waren en zich op vijandelijk grondgebied bevonden.'

Op alle zondagen brachten Louise[1] en haar dochters een bezoek aan de keizerin. Met het vorderen van de oorlog kwamen er tientallen prinsen van de bezette landen bij om de bescherming te vragen van Joséphine, wat ze nooit weigerde.

Op een dag arriveerde minister Talleyrand vanuit Parijs te Mainz. Hij was op weg naar Berlijn om vredesbesprekingen te voeren. In haar memoires schetste Hortense zijn arrogante gedrag dat ze jarenlang van nabij had geobserveerd; hoe hij met koele, ongeïnteresseerde blik de salon van Malmaison betrad en zich leunend op zijn kruk naar de eerste de beste stoel begaf. Hij sloeg zijn benen over elkaar en zweeg. Soms draaide hij het trotse hoofd als een torenuil, om een der aanwezigen strak in de ogen te kijken. Hij leende een gewillig oor aan intriganten, maar was zo verstandig om zijn eigen gevoelens niet te tonen. Steeds duidelijker herkende Hortense in zijn gelaat de trekken van Flahaut. Een dubbel geheim hield hen gescheiden; Talleyrand zou nooit officieel kunnen toegeven dat hij Flahaut tijdens zijn priesterlijke staat had verwekt en Hortense moest haar liefde voor diens bastaardzoon ten koste van alles verborgen houden. Hoewel er geen sprake was van overspel en ze de fatsoensnormen van een getrouwde vrouw nog met ijzeren wil handhaafde, restte er een vaag schuldgevoel dat Talleyrand met zijn scherpe mensenkennis en de informatie van Mme de Souza allang had waargenomen.

De minister sprak de koningin van Holland in Mainz tot haar verbazing aan. En niet alleen dat; hij zocht telkens haar gezelschap en trachtte een ontspannen sfeer tussen hen te suggereren. Zijn doel werd duidelijk toen hij haar voorstelde aan Charles-Angélique de la Bédoyère, een neef van Charles de Flahaut. Hij verzocht Hortense haar invloed te gebruiken om een hoge positie voor de negentienjarige militair te veroveren. Het karakter van La Bédoyère toonde de bekende familietrekken: als geboren charmeur oogstte hij succes in de salons en hij was een geziene gast van de door Hortense vereerde schrijfster Mme de Staël. Hij begeleidde de koningin van Holland tijdens een enkele dagen durend uitstapje naar Frankfort waar ze door de groothertog van Nassau werden gefêteerd met bals, concerten, promenades en theater.

Hortense kon niet anders dan sympathie koesteren voor dit familielid van haar grote liefde. Hoogtepunt van de festiviteiten vormde een *bal masqué* dat de fantasievolle Hortense hogelijk moest amuseren. De koningin was door de voortdurende controle over haar gedrag echter zo schuw geworden dat ze vreesde tijdens het feest herkend te worden. Haar man had zijn spionnen immers overal? Op de mooie zetel die voor haar bestemd was, liet ze die avond een jonge, keizerlijke page plaatsnemen. Ze had hem met behulp van haar hofdames onder veel gelach als dame aangekleed, gekapt en met juwelen getooid. Verborgen achter een masker en haar elegantste waaier vervulde hij zijn rol zo goed dat het hele gezelschap om hem heen dromde in de veronderstelling dat zij het was. Hortense drentelde inmiddels gemaskerd aan de arm van haar Hollandse hofdame Mme Huygens geboren Lowendal door de menigte. Ze zorgde er wel voor dat niemand haar identiteit ontdekte.

Op 3 januari 1807 vertrok La Bédoyère, die dankzij haar invloed tot tweede luitenant was verheven, met de cavalerieregimenten naar het Grande Armée. Talleyrand was hem voorgegaan en Napoleon had de Berlijnse paleizen al verlaten en reed naar het oosten. Op 1 januari 1807 trok de keizer de Poolse hoofdstad Warschau binnen. De lange scheiding van zijn vrouw wist hij dragelijk te maken door onderweg korte relaties te onderhouden. Ook nu had hij maarschalk Murat vooruitgezonden met de opdracht in Warschau uit te zien naar een vrouw om zijn bed te warmen. Hij zou haar daarna net als alle anderen snel vergeten.

Toen de keizer in Warschau kennismaakte met de jonge gravin Marie Walewska, werd hij echter verrast. Walewska gaf zich noch voor geld, noch voor roem aan keizer Napoleon. Ze hoopte aanvankelijk hem via het genot in zijn hemelbed ertoe te bewegen haar geliefde vaderland zelfstandigheid te bezorgen. Maar haar koel berekende politieke plannen mondden uit in een allesoverheersende liefde, die haar levenslang aan hem zou binden en de eerste grote bedreiging voor de positie van Joséphine de Beauharnais vormde.

Op nieuwsjaarsdag 1807 was Hortense te gast op een feest in Mainz waar vrolijke nieuwjaarswensen werden uitgewisseld. De koningin van Holland voelde zich teleurgesteld; ze had gehoopt met haar moeder naar Berlijn te gaan om de sluiting van de vrede te mogen vieren. Maar de vrede was ver weg en koning Lodewijk, die uit Wezel was teruggekeerd in Den Haag, eiste dat ze zich met hun beide zonen bij hem voegde.

'Toen men mij een gelukkig nieuwjaar wenste sprongen de tranen in mijn ogen,' schreef Hortense. Er was iets dat haar beklemde, een naderende verschrikking, zwaar en onontkoombaar. '"Ik vraag me af door welk onheil ik komend jaar getroffen zal worden," zei ik tegen Adèle toen we alleen waren. "Waarom zou je nog meer ergere dingen verwachten?" antwoordde ze. "Heb je zo al niet genoeg verdriet zonder er nog meer hersenschimmen bij op te roepen?" Daarmee had ze natuurlijk volkomen gelijk maar toch bleef er een angstig voorgevoel in me knagen dat zich niet door de rede liet verjagen.'

Na een overnachting in Paushuize in Utrecht op 29 januari 1807 arriveerden ze in Den Haag, waar alles nog in oproer was door een ongekende ramp die de stad Leiden op 12 januari had getroffen. Bij de ontploffing van een kruitschip dat 37.000 Hollandse ponden buskruit van Haarlem naar Delft voerde, was een groot deel van de binnenstad weggevaagd. Tweehonderdzevenentwintig huizen werden verwoest en men telde minstens honderdvijftig doden. Koning Lodewijk had zich toen hij van de ontploffing hoorde in het holst van de nacht naar het rampgebied gespoed om de helpende hand te bieden. In de rokende puinhopen zocht hij naar overlevenden, trok gewonden onder het puin vandaan en troostte de nabestaanden. Hij schonk grote bedragen aan de daklozen en gewonden. Een aanzienlijk aantal dienstplichtigen – door Napoleon aangesteld om de Noordzeekust te bewaken tegen een mogelijke Engelse aanval – werd naar Leiden ontboden om te helpen bij het ruimen van de ravage. Onder de slachtoffers die hun huis bij de explosie hadden verloren, bevond zich ook de letterkundige Willem Bilderdijk met zijn gezin. De koning droeg zorg voor een nieuw onderkomen en stond hem zelfs toe voor enige tijd Paleis Soestdijk te bewonen.

Zodra Hortense in Holland aankwam, trok ze zich het lot van Leiden aan. Ze wilde geld geven, wat de koning probeerde te verhinderen. Hij moest voorkomen dat de koningin zich als weldoenster voordeed en bewondering oogstte. Maar ze zette haar zin door en liet uit eigen middelen een bedrag van 20.000 francs aan de daklozen bezorgen. In de Hollandse kranten stond te lezen dat koningin Hortense 10.000 gulden uitdeelde.

De gulden was een nieuw betaalmiddel dat door koning Lodewijk was ingevoerd. Alle steden verloren het muntrecht, alleen in Utrecht mochten nog nieuwe munten worden geslagen. Er was een zilveren vijftigstuiverstuk in omloop gebracht waarop de beeltenis van Lodewijk stond. Hij toonde daarop een krachtig profiel als van een Romeins keizer, de haarlokken boven het oor naar voren gekamd. Het randopschrift luidde: NAP. LODEW. I. KON. VAN HOLLAND. Voorlopig was er geen edelmetaal voorhanden om andere geldstukken te laten slaan. Wegens het handelsverbod met Engeland en de oorlogsbelastingen leed het land permanent onder grote tekorten.

Door zijn barmhartig optreden in Leiden werd de koning in de harten der Hollanders gesloten. Hij had in zijn leven nauwelijks liefde gekregen, de aanhankelijkheid van het volk deed hem goed. Holland werd zijn grootste en enige liefde. Het volk had hem uitverkoren en hij zou de mensen nooit teleurstellen. Hun belangen gingen voor die van Napoleon. In vervoering vergat hij dat hij zijn troon dankte aan zijn broer.

In de lente legde de koning een bezoek af aan Voorne en Den Briel. Dit gaf hem zoveel inzicht in de omstandigheden waaronder zijn volk leefde dat hij de reis voortzette in Noord-Holland. In Alkmaar, Den Helder, Hoorn, Enkhuizen, Edam, Purmerend, Medemblik en Haarlem werd de koning hartelijk ontvangen. Na een toespraak van een der notabelen in het stadje Edam antwoordde hij dat hij hoopte dat de Hollanders ooit zouden vergeten dat hij niet in het land geboren was. Een oude man antwoordde daarop spontaan: 'Dat hebben we sinds Leiden al vergeten.'

Bij terugkeer in Den Haag werkte de koning koortsachtig aan de uitwerking van allerlei plannen die zich onderweg in zijn hoofd hadden gevormd. Hoewel hij van keizerlijke zijde veel kritiek op zijn bewind te verduren had, zette hij zijn politieke lijn voort. Men begon in hem de Goede Koning Lodewijk te zien. Hij kon geen concurrentie dulden van de koningin.

'Nadat hij eerst had geëist dat de nieuwe koningin een schitterend hof zou voeren, veranderde hij plotseling zijn voorschriften en dwong haar langzamerhand tot een zeer teruggetrokken bestaan, waardoor zij gescheiden werd van het volk waarover ook zij geroepen was om te regeren. (...) Deze jonge vrouw, die ziekelijk en zeer melancholiek werd, merkte dat haar man haar niet wenste te laten delen in de gevoelens die hij de Hollanders wilde inboezemen. Door haar voortdurend verdriet werd zij ongevoelig voor ieder succes en trok zich terug in het binnenste van haar paleis, waar ze bijna als een gevangene leefde. Zij wijdde zich met overgave aan de kunst en genoot hartstochtelijk van haar geliefde oudste zoon. Deze vroegrijpe jongen hield veel van zijn moeder en zijn vader toonde zich daarom zeer jaloers. De ene keer probeerde hij door overgrote toegeeflijkheid zijn genegenheid te winnen, dan weer stootte hij hem van zich af. Het kind gaf verre de voorkeur aan zijn moeder, bij wie hij rust vond.'[2]

In Den Haag bleef Hortense verstoken van de steun van haar familie, die nu over Europa verspreid leefde. Ze hoorde dat haar broer in Milaan vader was geworden van een dochter, die hij Joséphine noemde. In haar verbeelding was ze bij Eugène en Auguste Amalia om de doopplechtigheid bij te wonen. Ze stelde zich het Italiaanse hof voor als een walhalla waarin ze zichzelf zou kunnen zijn, niet geremd door de sombere gestrengheid van haar gemaal: 'Alle dagen lijken op elkaar,' schreef Hortense naar Milaan. 'De koning werkt heel hard. 's Morgens wandel ik wat, als het goed weer is. Daarna musiceer ik. Ik dineer met de koning en onze kinderen. 's Avonds komt de hofhouding binnen, allemaal uitgestreken gezichten die nooit uit de plooi komen en die nauwelijks twee woorden durven te zeggen. We doen tot 10 uur gezelschapsspelletjes, dan drinken we thee en gaan naar bed. Ik houd er zo van alles in beweging te zien; een openbaar feest schenkt me vreugde. Hier hebben we noch stadspleziertjes, noch buitenfeesten. Alleen maar de ongemakken van de *grandeur*. Ik denk met heimwee terug aan onze jonge jaren toen we zo gelukkig waren.'

In februari besloot ze een klein concert te geven op het Binnenhof en er werden wat Haagse gasten geïnviteerd. De droefenis stond blijkbaar op haar gezicht te lezen want Jacob van Wassenaer Obdam, die Hortense nog nooit had ontmoet en ernaar uitzag aan Hare Majesteit te worden voorgesteld, schreef teleurgesteld: 'Ik ging erheen en werd nog meer verwonderd toen ik zag dat het geen gezelschap van allerhande soort was, maar enigszins uitgezocht en niet zeer talrijk. De Koningin is zeer beleefd, maar gans niet mooi.'[3]

Soms liet Hortense haar paard zadelen en reed met enkele hofdames naar het strand, waar het kleine vissersdorp Scheveningen lag. Adèle Auguié moest ze tijdelijk missen; deze vriendin was met Madame Duroc naar Parijs vertrokken, waar ze in april met generaal de Broc, hofmaarschalk van koning Lodewijk Napoleon trouwde. Hortense reed met een Hollandse dame in de ijzige wind zwijgend door de duinen in de richting van Petten. Hier en daar lagen wat vissershuisjes verscholen. Tussen stokken hingen de netten te drogen. Een schelpenvisser mende zijn paard traag door de branding, het zware net vol schurende schelpen achter zich aan slepend. De koningin keek over de wijde zee en haalde diep adem, alsof ze de vrijheid inademde. Aan de horizon doemden soms de zeilen van een Engels oorlogsschip op en in haar fantasie wierpen de Engelsen het anker uit, spoedden zich aan wal en grepen haar vast. Als een gewillige gevangene liet ze zich in de boeien slaan en naar Londen voeren, waar ze in een kerker van de Tower belandde. In haar memoires schreef ze dat ze zich daar vrijer zou voelen dan in haar vertrekken van het Haagse Binnenhof. Als ze terugkeerde naar de stad, die zich met de Jacobstoren en het torentje van het stadhuis boven het laagland aftekende, kwamen Napoleon Charles en Napoleon Lodewijk haar blij tegemoet.

De vierjarige kroonprins, die een intelligent en gevoelig kind was, begon te bemerken hoe onheus zijn vader haar bejegende. Op een dag werd er weer aan het hof gemusiceerd en toen na afloop het applaus klonk ging hij naar haar toe en vroeg zacht waarom zij de mensen niet liet horen hoe mooi ze kon zingen en spelen. De rivaliteit tussen de ouders tekende zich schrijnend af. De koning wilde zijn oudste zoon bij zich roepen, maar het kind drong zich tegen haar aan en verborg zijn gezicht tegen haar japon. Ze probeerde hem ertoe te bewegen naar zijn vader te gaan en toen dat niet lukte zei ze zacht: 'Ga nu maar, anders zal je vader boos op mij zijn', waarna Napoleon Charles haar losliet en direct naar hem toe ging.

Op een dag verscheen koning Lodewijk in haar salon met een brief van keizer Napoleon in de hand. De brief bevatte niet alleen de gebruikelijke klachten over zijn regering. Dit keer had haar stiefvader tussen twee veldslagen door de tijd genomen om zijn broer de mantel uit te vegen over de wijze waarop hij zijn vrouw behandelde: 'Je onenigheden met de koningin dringen ook door tot het volk. Toon in je huiselijk leven de vaderlijke en zachte kant van je karakter, en toon in je regering de overdreven strengheid die je thuis demonstreert. Jij behandelt je jonge vrouw zoals je een regiment soldaten drilt. Laat haar dansen zoveel ze wil, ze heeft er de leeftijd voor,' las Lodewijk. Wit van woede schoten zijn ogen over de regels. Napoleon haalde er zelfs Joséphine bij om hem de les te lezen: 'Ik heb een vrouw van veertig[4] en ik schrijf haar vanaf de slagvelden dat ze naar bals moet gaan. Maar jij verwacht van een jonge vrouw[5] van in de twintig dat ze een soort kloosterleven leidt of als een kindermeid steeds maar bezig is de kinderen te wassen! Het probleem is dat je vrouw veel te deugdzaam is. Als ze een flirt was, zou ze met je kunnen doen wat ze maar wilde. Je hebt haar trots gekrenkt en ze komt ertegen in opstand dat je haar van alles en nog wat verdenkt.'

Lodewijk smeet de brief voor de voeten van Hortense en schreeuwde dat ze het gewaagd had zich bij haar stiefvader over hem te beklagen. Toen ze dit geschrokken ontkende, geloofde hij haar voor het eerst. De koning begon de Franse ambassadeur te verdenken van kwaadsprekerij en hij eiste dat zijn vrouw de keizer een brief zou schrijven, waarin ze hem duidelijk moest maken dat er helemaal niets van al die verhalen over haar man klopte.

De koningin ging uiterlijk kalm naar haar kamer. Even leek het of ze de helpende hand van de keizer had kunnen aanraken. Maar Napoleon was mijlenver weg en Lodewijk wachtte achter de deur op de brief. Ze doopte haar pen in haar inktpot en gehoorzaamde haar man. Omdat ze niet anders kon; hij controleerde al haar inkomende en uitgaande correspondentie. Misschien verwachtte Hortense dat haar stiefvader tussen de regels door zou lezen hoe ongelukkig ze was.

'Mijn dochter,' antwoordde hij haar enige tijd later. 'Je weet beter dan ik dat het je eerste plicht is je man te behagen. Ik weet dat het verkeerd van hem was je zijn jaloezie te tonen, maar tenslotte is dit ook een bewijs van zijn liefde voor jou. Lodewijk is een rechtvaardig man, hoewel hij er soms wonderlijke ideeën op nahoudt. Je zult volkomen gelukkig worden als je omwille van hem alles opoffert, zelfs datgene waarop je het volste recht lijkt te hebben. (...) Je zeer toegenegen vader, Napoleon.'

Zijn brief bracht geen verbetering in het huwelijk en dat verwachtte Hortense ook niet meer. Ze troostte zich met de gedachte dat het geduldig dragen van haar lot wel tot het aureool van martelaarschap zou leiden. Ze bad vaak in de hofkapel. Haar lijdzaamheid tergde Lodewijk tot het uiterste. Nadat hij haar dagenlang zwijgend had geobserveerd stelde hij een doorwrocht traktaat op, waarin hij in acht artikelen de voorwaarden optekende voor een gelukkig huwelijk. Ze hoefde alleen nog maar haar handtekening onder zijn eisen te zetten. Als ze weigerde, zou hij zich bij de keizer beklagen en echtscheiding aanvragen.

Hortense las het document. Het was zakelijk van toon: 'Wij, Lodewijk en Hortense, wensende een eind te maken aan de toestand van gedruktheid en onbehagen die sinds geruime tijd tussen ons bestaat.' Met stijgende afkeer las ze de artikelen en zette er korte notities bij. Het tweede behelsde onder meer dat ze zich volledig aan elkaar zouden geven en dat geen enkel familielid daarboven zou staan. 'Jij hebt me niet zo gelukkig gemaakt dat je daarmee mijn hele familie kunt vervangen,' schreef ze er met nauwelijks onderdrukte ironie naast, 'deze bestaat uit de keizer, die ik altijd als mijn vader heb beschouwd, uit de keizerin en mijn broer; ik zal dan ook elke gelegenheid te baat nemen om bij hen te kunnen zijn.'

Het werd hem duidelijk dat ze aan de tralies van haar kooi rukte. Bij zijn artikel over hun kinderen las hij: 'Het zal altijd mijn verlangen en mijn geluk zijn, mijn kinderen bij mij te hebben. God heeft hun levenslot gemaakt en God zal hierover beslissen.'

Het was of de komende gebeurtenis haar al beroerde. Een onverklaarbare zwaarmoedigheid drukte haar neer en dat kwam niet alleen door de koning, die na het lezen van haar commentaren in zijn ziekte vluchtte. Hij had wekenlang met overdreven ijver gewerkt, nu was hij tot niets meer in staat en lag roerloos in bed. Zijn ministers wachtten tevergeefs op instructies. Hortense verpleegde haar man twee dagen lang en hij leek dankbaar voor haar zorgen. Maar ook toen bleef hij haar verwijten maken.

De lente kwam. De bomen langs de Hofvijver kleurden groen. Het was tijd om het hof naar Huis ten Bosch te verplaatsen. De kinderen verheugden zich op de verandering. Ze reden in het rijtuig over de oprijlaan naar de hoge stoep en No-no rende vooruit, op zoek naar het speelgoed dat hij daar had achtergelaten. Binnengekomen zagen ze dat de vertrekken tijdens de winter beter waren ingericht. De verbouwing was onder leiding van Thibault snel en efficiënt uitgevoerd. De koning toonde zich moe en lusteloos, hij had tijdens de rit geen woord tegen zijn vrouw gezegd en hinkte meteen naar zijn slaapvertrek om wat te rusten.

De kroonprins liep in de lentezon met zijn speelgoed naar de achtertuin en speelde soldaatje met een houten zwaard. Soms kuchte de kroonprins. 's Nachts ging het kuchen over in een verontrustende blafhoest. Zijn stemmetje klonk hees. Vanaf 29 april hield men hem in bed, de koorts liep op. Zijn moeder zat met zijn gouvernante voortdurend bij hem. Ze probeerde haar kind op te monteren door zacht voor hem te zingen. Maar hij hoorde niets. Zijn ademhaling ging steeds moeilijker, stokte, en kwam na enkele angstige ogenblikken weer moeizaam op gang. De koning boog zich over zijn bed, schrok van het wasbleke gezichtje met de rode ogen en droge lippen. De beste arts van het land, Beugmans uit Leiden, stelde de diagnose: de prins leed aan kroep, een zeer besmettelijke en dodelijke ziekte.

Bij de herinnering aan het ziekbed van haar kind werden de regels in Hortenses memoires korter. Een triest staccato van verdriet: 'De angst nam bezit van mij. Ik riep de Hemel aan. Ik smeekte om gerechtigheid. "Mijn kind zal niet sterven," zei ik steeds, "wat heb ik misdaan? Waarom wil Hij me straffen?"'

Overdag was het te warm geweest voor de tijd van het jaar. 's Nachts stak de westenwind op, de hemel werd purpergrijs en plotseling brak de bliksem door de wolken en zette het vertrek van de zieke in een wit licht. De regen gutste neer op de leien daken van Huis ten Bosch. Ze hield de hand van het kind vast, dat nog eenmaal zijn ogen opende om te zeggen '*Bonjour Maman*'.

Na een zes dagen durende strijd, in de nacht van 4 op 5 mei, overleed hij.

'Naar mij wendde hij zijn bleke, ontzielde gezichtje. Naar mij scheen zijn mondje klaar om zich te sluiten nog te vragen. Het is de naam van zijn moeder die ik zag op zijn bloedeloze lipjes waaraan zijn laatste ademtocht ontsnapte. En ik overleefde! Wil God dan, dat een moeder haar kind overleeft?'

Er kwam een grote roerloosheid over haar. Alle zintuigen verloren hun functie. Ze voelde geen verdriet, ze hoorde niet de lentestorm die over het Haagse Bos raasde, ze zag niet het licht van de kaarsen en voelde geen warmte of kou meer. Haar gedachten stopten. Omdat er iets in haar stierf. Zoals haar kind was gestorven. Snikkend boog de koning zich over haar heen, riep haar naam en bezwoer haar toch in leven te blijven omwille van hem. En hem al zijn fouten en tekortkomingen te vergeven. Het deed er niet meer toe.

'Ik voelde dat ik ging sterven en ik verbeidde met ongeduld het verlossende uur. Het geloof had me kunnen troosten maar het religieus sentiment was op dat moment in mij verstikt.'

Ze geloofde in geen God. Niet in zijn goedheid. Alleen de dood kon haar verenigen met haar kind en ze wachtte op de dood, riep hem in stilte aan.

'Mijn raam stond open,' herinnerde ze zich later. 'De lugubere geluiden van de nacht bereikten mijn oor. Maar niets drong tot me door. Ik bewoog en merkte dat ik nog leefde, maar wat voor een leven! De volgende morgen, droefgeestig en stil, had ik geen traan gelaten. Men bracht me het kind dat me restte; ik keek hem aan; ik duwde hem weg; ik wilde van niets meer houden. Ik ging dood en ik wachtte ongeduldig op dat ogenblik.'

Ze vroeg een lokje haar van het dode kind. Daarna verviel ze weer in een toestand van verdoving, met wijdopen ogen. Tegen vijf uur 's middags kwam de koning haar halen. Weg van het paleis des doods. Ze zou er nooit meer terugkomen.

Ze reden langs de Vliet naar Voorburg, waar de buitenplaats Haagvliet lag. Daar legde Lodewijk de koningin op een bed. Ze reageerde nog altijd niet op zijn stem of zijn aanraking. Haar ogen leken niets te zien. Ze huilde niet. Ze ademde alleen. Omdat het niet anders kon hervatte de koning drie dagen later zijn werkzaamheden.

Op 11 mei arriveerde er een rijtuig uit Parijs waar prinses Caroline Murat uit stapte. Bij het horen van het ongeluk dat Hortense had getroffen, liet ze haar vier kinderen achter en reed direct naar Holland om haar te troosten. Toen Caroline zag in welke toestand haar schoonzuster verkeerde, wist ze haar broer over te halen om zijn vrouw te laten vertrekken. Hortense mocht niet in Holland blijven, waar het ongunstige klimaat de dood van haar kind had veroorzaakt. Voor de koningin was alles hetzelfde. Ze liet zich onder begeleiding van Lodewijk en Caroline naar Laeken brengen. Ook de kleine Napoleon Louis bevond zich met zijn verzorgster bij het droevige gezelschap.

Op 15 mei arriveerde de keizerin overstuur in haar paleis bij Brussel. Hortense keek Joséphine aan, herkende haar en groette mechanisch. Napoleons lijfarts Corvisart die met haar uit Parijs was gekomen, zag hoe Hortense eraan toe was. Hij raadde haar aan om een reis naar het zuiden te maken en het verdriet zo ver mogelijk achter zich te laten. Lodewijk stemde gedwee toe. In zijn machteloosheid vroeg hij zijn ordonnantieofficier Carel Adam, graaf van Bylandt, toezicht te houden op de koningin. Hij nam afscheid van zijn diep ongelukkige vrouw en keerde terug naar Den Haag waar hij er zorg voor droeg dat het lichaam van Napoleon Charles in zijn kleine kist naar Frankrijk werd overgebracht. Hun jongste zoon liet hij achter bij zijn moeder. Het was of dit kind Hortense volstrekt ongevoelig liet; ze kon geen enkele tederheid tonen.

Na een verblijf in Malmaison ontving ze een brief van haar stiefvader, die het overlijdensbericht had ontvangen: 'Mijn dochter, ik ben getroffen door je smart, maar ik wou dat je wat moediger was; leven is lijden en een rechtschapen mens vecht altijd om zichzelf meester te blijven. Ik vind het niet prettig dat je de kleine Napoleon Louis en allen die je vrienden zijn zo onjuist behandelt. Je moeder en ik hoopten een grotere plaats in je hart in te nemen. Ik heb op 14 juni een grote overwinning behaald. Ik maak het goed en ik houd veel van je. Vaarwel, mijn dochter. Ik omhels je, Napoleon.'

De woorden zeiden haar niets. Als in een verdoving trok de koningin in gezelschap van graaf Bylandt en haar meest vertrouwde vriendinnen, de pas gehuwde Adèle de Broc met haar zuster Mme Eglé de Ney, naar Cauterets in de Pyreneeën. Napoleon Louis bleef bij zijn grootmoeder Joséphine achter. Hortense had nog altijd niet gehuild. Maar op een nacht toen er een onverwachtse regenbui op de daken van een herberg kletterde en ze de druppels over het venster zag lopen, ging er een schok door haar heen. De druppels weekten haar tranen los en ze huilde langdurig.

Aan haar broer Eugène uitte ze in een brief haar verdriet: 'Ik ben zo leeg. Hij is dood, ik heb het gezien. God heeft niet gewild dat ik met hem meeging. Maar ik had hem niet moeten laten gaan, nu zal ik niet meer sterven, want ik voel niets meer en daarom kan ik me gewoon gedragen. Je weet niet wat ik heb verloren; hij was al zo'n vriend voor me, niemand zal ooit van mij houden zoals hij.'

In de daaropvolgende weken maakte zich een lichamelijke kracht van haar meester, die in strijd was met haar zwakke, geestelijke gesteldheid. Tijdens de reis hield ze het niet uit in het benauwde rijtuig. Ze legde de route te paard af, onbesuisd snelde ze met losse teugels over bergpaden. Ze sloeg alle waarschuwingen in de wind en rustte niet voor ze in de herberg aankwamen om te overnachten. Niemand mocht weten dat ze de veelbesproken *Reine de Hollande* was. Geen feestelijke ontvangsten, geen voorkeursbehandeling en toespraken. In Pau kwam haar bij toeval een krant onder ogen, waarin uitgebreid werd beschreven hoe het lichaam van haar zoon in de Notre Dame te

Parijs was aangekomen en in de kapel van Saint-Gerand was geplaatst. In deze kathedraal zou Napoleon Charles zijn voorlopige rustplaats vinden, omdat de herstelwerkzaamheden van de vorstelijke graftombes in de Saint-Denis nog niet waren voltooid.[6]

Bij het lezen van dit bericht begonnen haar tranen te vloeien. Adèle, die veel van het overleden kind hield, huilde met haar vriendin mee. Om Hortense te troosten had de hofdame haar echtgenoot grootmaarschalk de Broc kort na hun bruiloft in de steek moeten laten. Niemand kende Hortense beter dan zij. Ze moest bij haar zijn. Maar eind juni bevond de Broc zich in het gezelschap van de koning, die met zijn minister-secretaris Roëll, zijn kamerheer Van Pallandt, zijn chirurgijn Giraud en enkele personeelsleden naar de koningin reisde. Mr. Roëll, die een reisdagboek bijhield, beschreef hoe ze van Den Haag over Parijs naar het zuiden trokken. In Saint-Cloud hielden ze halt om hun opwachting te maken bij de kleine kroonprins. Het jongetje, dat na de dood van zijn broertje bij keizerin Joséphine logeerde, pakte Roëll bij het afscheid nemen bij de mouw en zei tot tweemaal toe: '*Dites à Papa, que je veux qu'il revienne bientôt.*'[7]

De koning was hen al vooruit gereisd en toen ze eindelijk in het afgelegen Cauterets arriveerden, wilde de koningin niet tevoorschijn komen.[8] Maar de volgende morgen kon ze de gasten uit Holland niet meer ontlopen: 'Zij besloot zich zonder verder uitstel aan ons te vertonen, hetwelk dan ook – ofschoon niet zonder een vloed van tranen – geschiedde zodat er in het eerste halfuur geen mogelijkheid was om haar tot bedaren en veelmin tot spreken te krijgen.'[8]

Het regende aan één stuk door. De befaamde wateren van Cauterets hadden geen enkel effect op de gezondheid van Lodewijk en hij besloot na enige tijd om met zijn gezelschap door te trekken naar Ussat. Hortense schonk iedereen een aandenken in de vorm van een cachet voor aan de horlogeketting en nam zonder spijt afscheid van hen. Ze had met name een afkeer van de grove chirurgijn Giraud, die in het gebergte een paar jonge wolven kocht om ze in kooien op het dak van zijn rijtuig naar Holland te vervoeren.

Voor Adèle was het moeilijk om haar man nu alweer te zien vertrekken. Ze trok met Hortense nog wat verder naar het zuiden. Toen de koningin op een dag in Bayonne ontwaakte met het plan een tocht over de grens langs Spaanse dorpen te maken, sprak ze haar niet tegen. Ze wist dat de keizer de leden van de familie Bonaparte ten strengste verboden had het Franse grondgebied zonder zijn toestemming te verlaten. De politieke spanningen tussen Spanje en het keizerrijk waren hoog opgelopen. Maar ze volgde Hortense in haar hang naar gevaar, waardoor ze zich telkens even van haar verdriet scheen te verlossen.

Een ouderwets rijtuig getrokken door zes muilezels bracht hen de grens over naar Irun, waar ze getroffen werden door het contrast tussen de Spaanse en de Franse dorpen. In haar memoires beschreef de koningin hoe ze arm in arm met Adèle, slechts begeleid door Monsieur de Boucheporn, incognito door de straatjes zwierf. Het was een sensatie voor haar om niet herkend te worden en zich zonder een stoet nieuwsgierigen achter zich aan te kunnen bewegen. Dit was de echte vrijheid, die ze zo lang had moeten ontberen. Ze deelde gul geld uit aan straatarme bedelaars en werd toegelaten tot een vrouwenklooster waar strenge orde en tucht heerste. De Spaanse nonnen bekeken de Franse dames in hun rijkostuum met onverholen nieuwsgierigheid. Waren ze wellicht kloosterzusters, die door de Revolutie uit hun convent werden verdreven? Ze hadden in Spanje alles gehoord over de verschrikkingen die zich in de Franse kloosters afspeelden. Hortense verzekerde hen dat de rust in Frankrijk was weergekeerd en ze zonderde zich af in de koele kapel om bij het altaar van de Heilige Maagd te bidden.

Buitengekomen voelde ze zich innerlijk gesterkt en ze zette haar ontdekkingsreis voort; ze beklom de weg naar een fort en genoot van het zicht over de zee en de bergen. Monsieur de Boucheporn probeerde niet te protesteren. Maar toen ze later onder begeleiding van twee Spaanse ruiters door een dicht woud reden en hoorden dat een dag tevoren een reiziger daar door struikrovers was vermoord, moest hij haar wel waarschuwen dat ze te veel risico's nam. Tot opluchting van haar begeleiders keerden ze terug naar Frankrijk, dat veiliger dan ooit leek.

Terug in de herberg kwam de wanhoop over de dood van haar kind weer in alle hevigheid over haar heen. Er lagen brieven van Joséphine, die haar schreef dat Lodewijk haar had bezocht op weg naar de baden en hoe hij ernaar hunkerde in zijn verdriet bij zijn vrouw te zijn. 'Hij laat de kleine tijdens zijn afwezigheid bij mij achter. Ik wens dat de koning dezelfde weg neemt als jij, mijn lieve Hortense, het zal een troost voor jullie beiden zijn om elkaar terug te zien.'

De brieven van haar man waren teder van toon. 'Zijn smart evenaarde mijn smart; voor de eerste keer hadden we begrip voor elkaar. Hij maakte zich ongerust over mijn gesteldheid en voelde zich ongelukkig omdat hij niet in staat was mijn leed te verzachten. Ik schreef hem vriendelijk terug. Ik had er behoefte aan hem gerust te stellen.'

Haar brieven riepen de gevoelens bij haar op die hij kort voor hun huwelijk voor haar koesterde. Er gloeide weer hoop in zijn hart en in een van de liefdesbrieven die ze in Frankrijk ontving schreef hij: 'Gelukkig de man die zijn minnares en zijn kameraad in zijn vrouw kan vinden.' Lodewijk verzekerde haar dat alles tussen hen goed zou komen. Hij wilde haar in Toulouse ontmoeten om vandaar samen naar

Parijs te trekken. Onmiddellijk overviel haar de beklemming die er van zijn wezen uitging. Zijn lieve woorden streelden haar niet, ze had geleerd ze te wantrouwen: 'Ik voelde me zo goed tijdens mijn solitaire tochten dat ik hem vroeg vast vooruit te reizen en me nog enige tijd te gunnen te midden van mijn bergen en dat ik me wel in Parijs bij hem zou voegen. In afwachting van zijn antwoord besloot ik de waterval van Gavarnie te gaan bezoeken.'

In stilte bereidde de koningin een ambitieuze bergtocht voor, die nog geen vrouw voor haar ooit had ondernomen. Ze sprak erover met twee ervaren gidsen uit de streek. Ze hadden hun bedenkingen omdat ze de gevaren van de steile gletsjers kenden. Maar uiteindelijk stemden ze toe. Hortense ging enthousiast op zoek naar een landschapschilder. Ze vond Anne-Claude Thiénon[9] bereid haar tegen betaling met zijn tekenmaterialen naar de bergtop te volgen. Om drie uur 's nachts vertrok het kleine gezelschap en ze legden met lantaarns de eerste, vrij makkelijk begaanbare paden af. Bij zonsopgang waren ze in een onherbergzaam gebied gekomen, waar ze enige tijd uitrustten om de gidsen de kans te geven vooruit te gaan en beren en gemzen te verjagen. Ze hadden acht dorpelingen gevraagd met hen mee te gaan om de proviand en warme kleding te dragen, maar geen van hen was ooit zo ver in het gebergte doorgedrongen. 'We staken de gletsjers van de Vignemale over. Dat was veel moeilijker dan ik me had voorgesteld. Verbeeld je eens; ongenaakbare rotsmassieven, een hoge bergtop waar de lucht zo ijl is dat je elk ogenblik naar adem staat te snakken, geen vegetatie en geen spoor van mensen. De scheuren die bij elke stap een peilloze afgrond onthullen, geven een indruk van de dikte van de laag eeuwige sneeuw en ijs.'

Op de top gekomen, keek Hortense stil om zich heen. Door het verdriet lagen haar gevoelens als een wond open en elke indruk drong in verhevigde vorm tot haar door. In de zuiverste lucht spreidde ze haar armen, hoog boven leven en dood, opgenomen in de oneindige schepping. Haar bestaan leek van geen enkel belang op deze verheven plek waar ze bevrijd was van alle aardse lasten.

Men drong aan op de terugtocht en ze stemde uiteindelijk toe. De gidsen besloten touwen te gebruiken om het traject over de steile gletsjers half glijdend af te leggen. Langs diepe kloven en rotsachtige hellingen gleden en klauterden ze omlaag. Hortense bruiste van energie. Te laat bemerkte ze dat Adèle aan het eind van haar krachten was gekomen. De landschapschilder, die zijn tekenstift niet meer vast kon houden van vermoeidheid, vond nog de kracht om op te merken: 'Madame, als ik deze tocht nog eens moest overdoen, zou ik me liever ter plekke laten fusilleren.'[10]

Hortense klom als een klipgeit tegen de rotsen op en oogstte de bewondering van haar gidsen. Maar ook zij uitte haar blijdschap toen het landschap zich weer groen kleurde en ze ongedeerd in de bewoonde wereld afdaalden. Tegen zes uur 's avonds bereikten ze de herberg, waar Thiénon meteen op zijn bed neerviel. De koningin legde haar verse indrukken vast in een serie tekeningen en wandelde na de maaltijd nog met haar vriendin door het dorp.

Ze kon maar niet genoeg krijgen van de ongerepte natuur, de koelte van het gebergte en ze zocht tijdens volgende wandeltochten naar afgelegen plekken met schitterende vergezichten. Op een dag keek ze vanuit de hoogte tussen twee hoog oprijzende rotsen neer op het zonbeschenen dal, de bewoonde wereld met zijn drukke mensenmassa's. En ze legde het motief van de riskante klimtochten in haar mooiste bewoordingen vast: 'Ik prees me gelukkig dat ik er ver van verwijderd was. Daar in de hoogste regionen voelde ik me dichter bij God en bij mijn zoon die ik beweende.'

De plicht riep de koningin van de Lage Landen echter terug. De stille streken die als balsem waren voor haar overspannen gemoed, liet ze achter zich. Lodewijk wachtte al sinds 7 augustus ongeduldig op de afgesproken plaats in de herberg te Toulouse. Pas op 12 augustus zag hij het kleine gezelschap van de koningin naderen. Hij sloot Hortense zonder verwijten in zijn armen en ze huilden samen in het slaapvertrek tot het ochtend werd. In geen twee jaar hadden ze het bed gedeeld; de ervaring schiep een nieuwe, ragfijne band. Hortense miste de kracht om zich tegen zijn omhelzing te verzetten, ze liet zijn liefde, die even de schijn van bestendigheid had, over zich heen komen.

Zodra Lodewijk meende dat hun huwelijk gered was, verviel hij spoedig in zijn oude gewoonten. Hij negeerde de behoeften van zijn vrouw en legde haar weer zijn benauwende regels op, die haar vrijheid beknotten. Door de badkuur in Ussat was hij lichamelijk aangesterkt en de verzoening met de koningin stemde hem positief. Nu miste hij het gezelschap van zijn Hollandse minister en vriend Willem Frederik Roëll, die hem op weg van Den Haag naar Frankrijk taallessen had gegeven. Roëll wilde de bezienswaardigheden van Arles en Avignon niet ongezien voorbijrijden en volgde daarom een andere route dan het koningspaar van Holland.

'Goed dag mij waard Roëll,' schreef de koning hem in een ernstige poging de Nederlandse taal te bezigen, 'van doe gij nog in Tarascon, in deze slect en droefig dorp? Waarom zijt gij niet hier bij mij? Zonder Hollands gesel ik con niet al den dagen less nemen. Gelukkig man! Gij ga moë wrouwen zien en die vie is moiste en aimableste. Nu gij sal galant vorden, maar niet meer bevrindt van uw wriende. Waar wal mij waart tot verder zien in Parijs. (...) P.S. Antwoorde mij in talen hollandsch in Toulouse.'

De uitgelaten stemming van de koning veranderde toen ze nabij Lyon overvallen werden door een hittegolf, die het openbare leven lam legde. De zon brandde op het dak van het rijtuig, waarin Hortense bijna bezwijmde. Ze smeekte haar man om wat rust en koelte, maar hij negeerde haar wensen en volgde zijn eigen grillige impulsen. Ontgoocheld stelde ze vast dat hij niet was veranderd, nooit zou veranderen. Ziek van hitte en vermoeidheid arriveerde ze in Parijs. Het hof bevond zich in Saint-Cloud, waar de keizer en keizerin juist een theatervoorstelling bezochten. Zodra Joséphine hoorde dat haar dochter was aangekomen, verliet ze het theater en snelde haar tegemoet. De kleine prins Napoleon Louis werd uit zijn bedje gehaald en slaperig in haar armen gelegd. 'Ik drukte hem aan mijn hart. Bij het zien van alles wat me zo dierbaar was werd ik door emoties overmand en bemerkte dat ik mijn gevoel weer helemaal had teruggekregen.'

Hortense huilde en op dat moment kwam de keizer binnen. Hortense schreef in haar memoires hoe ruw haar stiefvader haar meende te moeten bejegenen: '"Ah! Daar ben je dan," riep hij verheugd. Nadat hij me had omhelsd zag hij nog een paar tranen. "Nou vooruit," voegde hij er ernstig aan toe, "hou eens op met dat kinderachtige gedoe, je hebt genoeg gehuild om je zoon. Je bent heus niet de enige die door dit ongeluk wordt getroffen, maar moeders horen moedig te zijn, vooral als er nog anderen zijn die hun liefde nodig hebben."'

Ze luisterde als versteend naar zijn tactloze uitval: 'Je hebt nog een kind om voor te zorgen, een koninkrijk dat recht op je heeft en een moeder die zich om je bekommert. Ik verwachtte dat je je anders zou gedragen. Waarom moest je zo nodig de bergen op en af hollen in plaats van bij je moeder en zoon te blijven? Je hebt ze onjuist behandeld en geen moeite gedaan om bij hen troost te zoeken. Als ik hier was geweest, had ik je voor al die dingen geen toestemming gegeven. Maar nu ben je er weer; wees opgewekt, bezorg ons het plezier dat bij je jonge leeftijd past en laat ik geen traan meer zien!'

De keizer keerde zich om en verliet het vertrek zonder te beseffen wat hij bij zijn stiefdochter aanrichtte. Van woede en verdriet wilde ze het hof meteen verlaten. Joséphine sloofde zich uit om het gedrag van haar gemaal goed te praten; Hortense moest toch weten dat hij het allemaal niet zo kwaad bedoelde? Hij wilde haar alleen maar een lesje geven en had zijn vrouw van tevoren gezegd dat hij haar eens hard zou aanpakken om haar over haar gehuil en gesnik heen te zetten. Lodewijk, die zelf het slachtoffer was van de woede-uitbarstingen van zijn broer, steunde haar niet. En Hortense verviel in stilzwijgen zodra de keizer een vertrek binnenkwam en keek hem niet meer aan. Haar houding scheen Napoleon dwars te zitten want hij verzon allerlei middelen om zijn stiefdochter weer aan de praat te krijgen. Hij vertelde over de oprichting van het nieuwe pensionaat voor de dochters van gesneuvelde militairen in Kasteel Ecouen, waarvan Mme Campan directrice zou worden en dat onder zijn keizerlijke bescherming stond. Hij nam haar en Joséphine mee op rijtoertjes en deed uitgebreid verslag van zijn Pruisische veldtocht en de grote overwinning bij Friedland. 'Op een keer vertelde de keizer me over zijn ontmoeting met tsaar Alexander te Tilsit: "Dat is een charmante jongeman," eindigde hij steeds zijn verslag, "en hij beviel me zeer. Wat de koningin van Pruisen betreft, ze is mooi, vriendelijk maar een beetje geaffecteerd, wat mijn Joséphine gelukkig ontbreekt," voegde hij eraan toe en hij wendde zich tot haar en gaf haar een kus.'

Hortense luisterde naar zijn verhalen over de veldslagen, de triomfen, de vredesbesprekingen en zijn plannen met Europa. Hij meende dat hij de jonge tsaar in Tilsit volkomen naar zijn hand had gezet en van een stevig bondgenootschap verzekerd kon zijn. Samen zouden ze over Europa heersen, een rijk dat zich uitstrekte van de Atlantische Oceaan tot de Oeral en van de Oostzee tot de Middellandse Zee. Overal plantte de keizer de tronen der Bonapartes. Van het land tussen de Elbe en de Wezer dat hij de koning en koningin van Pruisen had ontnomen, creëerde hij het koninkrijk Westfalen waar Jérôme, zijn jongste broer, als koning zou heersen. In september trouwde deze broer, die eindelijk onder dwang gescheiden was van zijn Amerikaanse echtgenote, in Parijs met prinses Catherina van Württemberg.

Zodra de keizer zich begon te beklagen over de koning van Holland wendde Hortense het hoofd af. Kon zij het helpen dat Lodewijk de keizer niet gehoorzaamde en door de vingers zag dat in zijn land het Continentale Stelsel werd genegeerd? De drukte aan het hof maakte haar duizelig en misselijk. Ze vermagerde en zag er zo slecht uit dat de hofarts haar onderzocht en op 7 september de oorzaak van haar ongesteldheden bekendmaakte: Hortense was voor de derde maal zwanger.

14

Het was oktober 1807. Het zomerpaleis van de koning van Holland bood tegen het decor van grauwe regenwolken en druipend geboomte een trieste aanblik. Koning Lodewijk Napoleon zocht langs de pui van Huis ten Bosch naar het venster waarachter de kleine kroonprins zijn doodstrijd had gevoerd.

'Zink, ja, in tranen! Ja! Uw Koning-zelf zinkt neder,
En smelt in weemoed; hy, voor andrer leed zoo teder!
Zoo hulp-, zoo troostrijk! Hem, hem mangelt hulp en troost,
En roerloos staart zijn oog op 't lijkjen van zijn kroost.'

De regels van Willem Bilderdijk hamerden op zijn ziel. Bij het heengaan van Napoleon Charles uitte hij spontaan zijn medeleven in enkele gedichten. De koning voelde zich doortrokken van verdriet en eenzaamheid. Zijn dichtervriend begreep hem beter dan de koningin, beter dan zijn broer, die in de kleine prins toch zijn troonopvolger had verloren.

'Wat ligt ge ontverfd in 't gras, ten stengel afgebroken
Eer 't geurig knopjen zich den daauwdrop nog ontsloot
Den eersten daauwdrop van het glimmend morgenrood!
Gy ligt, en welk een hoop ligt met U neergeslagen!
Daar stort de Keizerskroon die 't jeugdig hoofd moest dragen!
Daar, daar de scepter, voor uw teedre hand bestemd,
En Frankrijk schokt in 't hart, van doodschrik fel beklemd: –'[1]

De koning besteeg traag de stenen trap van Huis ten Bosch, ondersteund door zijn zwijgzame knecht. De hele zomer koesterde hij nog de illusie dat het weer goed was gekomen tussen Hortense en hem en dat ze in het najaar samen met Napoleon Louis zouden terugkeren naar huis, naar hun paleis in Holland. Nu had zijn vrouw haar zwangerschap aangegrepen als motief om in Parijs achter te blijven. En ze hield hun zoon bij zich.

'Twee weken,' zei hij bij het afscheid in de Tuilerieën nadrukkelijk tegen haar, 'over twee weken ben je uitgerust en dan verwacht ik je met Napoleon Louis in Den Haag.' Ze knikte met een mengeling van lijdzaamheid en afkeer in haar blauwe ogen. Maar ze was niet gekomen. Hij ontving slechts een brief van de Franse hofarts, die voorspelde dat de koningin een miskraam zou krijgen als ze met haar labiele gestel opnieuw een lange reis moest ondernemen. Wat de kroonprins betrof, ook hij had een zwakke gezondheid. Het gure Hollandse klimaat zou hem geen goed doen. De koning was er zeker van dat al die onzin hem ingeprent was door de keizer, die natuurlijk onder invloed stond van de egoïstische Joséphine, die weer eens niet zonder haar dochter kon.

Terwijl Lodewijk Napoleon zich morrend naar zijn Haagse werkkamer sleepte, ging Hortense in Parijs naar haar stiefvader. Ze wilde met hem praten over het conflict dat tussen haar en haar man was gerezen. Napoleon bood haar zijn arm en wandelde met zijn zwangere stiefdochter door de tuinen van de Tuilerieën. Ze vroeg hem of ze haar enig overgebleven kind naar zijn vader in Holland moest laten vertrekken, ondanks het negatieve advies van de hofarts. 'Hij is nog geen zeven jaar,' antwoordde Napoleon direct. 'Het is de enige zoon in de familie. Als hij teruggaat naar Holland zal hij sterven zoals de oudste en heel Frankrijk zal me dwingen te scheiden.' Het verbaasde Hortense niet dat haar stiefvader het probleem meteen omboog naar zijn eigen situatie. Er deden voortdurend geruchten de ronde over de naderende scheiding van de keizer en de keizerin. Het vervolg van hun gesprek noteerde ze woordelijk in haar memoires: 'Frankrijk heeft geen vertrouwen in mijn broers, die overigens ambitieus genoeg zijn. Eugène draagt mijn naam niet. (...) Alleen een zoon van mij zal alle problemen kunnen oplossen. Dat ik tot nu toe niet gescheiden ben, komt door mijn gehechtheid aan je moeder, want het is de wens en het belang van Frankrijk. Het heeft zich gemanifesteerd bij de dood van jouw zoon, waarvan men geloofde dat het de mijne was.'

Bij de laatste opmerking versteende Hortense. Niemand durfde de roddelverhalen van Caroline en haar *cercle* in haar bijzijn hardop te herhalen. Nu sprak Napoleon zelf de woorden onbarmhartig uit. Er klonk zelfs iets van een malicieus lachje in zijn stem. Ze stond als een standbeeld aan de rand van de grote vijver, ademde moeilijk. Een diepe blos kroop langs haar hals op naar haar wangen. Wist Lodewijk wat er over haar en de keizer werd verteld? Dacht hij werkelijk dat ze met zijn broer in bed was gekropen? Ze trok haar arm terug. Napoleon wilde nog iets zeggen, maar ze keerde zich om en begon terug te lopen naar het paleis. De woorden cirkelden door haar hoofd; het Franse volk dacht dat ze met haar stiefvader had geslapen. En ze kon zich niet verdedigen. Machteloos en beschaamd keek ze naar de hovelingen op het plein. Dus men boog zo diep voor haar omdat ze de moeder zou zijn van Napoleons zoon, de troonopvolger. Met opgetrokken schouders liep ze onder de Arc de Triomphe du Carrousel door, opgericht om de heldendaden van Napoleon Bonaparte te gedenken. Ze vluchtte naar haar rijtuig en liet het gordijntje neer. Napoleon Charles had haar, hoe klein hij ook was, weten te troosten. Als ze innerlijk leed voelde ze zijn handje op haar arm, zijn hoofdje tegen haar borst. Met geen mens zou ze ooit meer zo'n sterke band hebben als met haar oudste zoon.

Tijdens de rit naar de rue Cerutti nam de koningin van Holland zich voor om nooit meer terug te gaan naar Huis ten Bosch. Zelfs niet voor een paar dagen. Ze herinnerde zich dat de koning er in Frankrijk over gesproken had om de hofstad te verlaten en een andere residentie te zoeken. Hij zei dat Huis ten Bosch funest was voor zijn pijnlijke gewrichten; de kille nevelen van de nabije Noordzee kropen in zijn botten en spieren. Maar waar wilde hij dan heen? Thuisgekomen strekte ze zich uit op haar chaise longue en ordende haar gedachten. Ze concludeerde dat ze ondanks alle verdachtmakingen liever in Parijs bij haar moeder en stiefvader woonde dan bij haar man in de stad van tranen – Den Haag.

Toen Lodewijk op een morgen ontwaakte, voelde zijn hele lichaam pijnlijk en koud aan. Hij gleed kreunend uit bed en klaagde tegen zijn kamerheer dat hij het niet langer uithield in Huis ten Bosch. Hij wilde met zijn hof en de hele regering zo gauw mogelijk naar het midden van het land verhuizen. Naar Utrecht, dat hem bij zijn eerste kennismaking zo warm had ontvangen. Daar hing een andere, droge atmosfeer. Daar lagen geen verdrietige herinneringen. In Utrecht zouden Hortense en zijn zoon wel bij hem komen wonen.

Hij ging als elke morgen vroeg aan het werk. Tussen zijn staatszaken door stortte hij zich nu op de bouwplannen van een nieuw koninklijk paleis in het hart van het land. De kronkelige Utrechtse stegen of de smalle grachten boden geen ruimte. Kloosters en kerken verdrongen elkaar op kleine pleinen. Daarom had hij het oog laten vallen op een rustige, deftige wijk vlak bij de zeventiende-eeuwse Wittevrouwenpoort aan de stadssingel. Om zijn droom te verwezenlijken liet hij particuliere huizen aan de Drift aankopen. Hij voegde er alle panden in de Wittevrouwenstraat aan toe en spoorde zijn architecten aan om haast te maken met de ontwerptekeningen. Sommige percelen werden afgebroken, andere moesten ingrijpend worden verbouwd opdat er een architectonische eenheid ontstond. Alles zou gereed zijn als de koningin naar Holland kwam. Het kon niet al te luxueus worden, want de herinrichting van Het Loo, het Binnenhof en Huis ten Bosch kostte hem al meer dan de helft van zijn jaarinkomen. De staatskas was leeg en de verarmde renteniers in Utrecht klaagden al over de kosten die de bouwplannen van de koning meebrachten.

Zijn Utrechtse paleis mocht dan bescheiden van omvang worden, hij zou het smaakvol en behaaglijk inrichten. Onder leiding van de Amsterdamse architect J.D. Zocher sr. begonnen tachtig arbeiders te werken. Omdat het niet snel genoeg verliep, werd het aantal arbeiders door de koning verdubbeld. En nog ging het te traag; hij wierf meer timmerlieden en metselaars. Ze waren dag en nacht bezig met timmeren, schaven en het plamuren van de verse bakstenen; de koning hield niet van bakstenen muren. Het moest lijken of zijn paleis in natuursteen was opgetrokken. Zelfs op zondag ging het werk door. Het stadsbestuur werkte ijverig mee om 's konings plannen te realiseren, want men voelde zich vereerd dat Zijne Majesteit de stad tot zijn residentie had uitverkoren. Dat was uitstekend voor de werkverschaffing en daardoor zou de slechte economische toestand zich uiteindelijk herstellen.

In oktober vestigde Zijne Majesteit zich ongeduldig in zijn nieuwe woonplaats om toezicht te houden op de bouwwerkzaamheden. Hij betrok met zijn hofhouding Paushuize, een voornaam pand aan de gracht nabij de Dom dat in de zestiende eeuw op last van de Nederlandse paus Adrianus VI was gebouwd.

Zocher rolde op verzoek de plattegrond van het paleis op zijn werktafel uit om de bouwplannen te tonen. Met een potlood volgde hij de lijnen op papier. Zodra men de stadspoort was gepasseerd lag aan de linkerkant het koninklijk paleis. Een hoge poort aan de Wittevrouwenstraat gaf toegang tot een ruime *basse-cour*, omsloten door de woon- en werkvleugels. Rechts bevond zich de *entrée principale*. Aan de vestibule grensde het kamertje van de portier en een antichambre die naar de grote trap leidde. De salon van koningin bevond zich – evenals die van de koning – op de benedenverdieping met zicht op de Drift.[2] Hortense hield van lichte, zonnige kleuren. Daarom zouden goudgele tinten in het interieur overheersen. Voor zijn eigen vertrekken koos de koning een vorstelijk, maar somber purper.

De architect had het moeilijk met de wispelturige Lodewijk Napoleon. In de loop van de weken kwam hij telkens op zijn plannen terug en veranderde de kamers van bestemming. Dan moest de architect opnieuw gaan passen en meten. De ligging van de slaapkamer van de koningin werd met de grootste zorgvuldigheid gekozen; het vertrek kwam uit op een smal gangetje dat naar het trappenhuis leidde. Op de eerste verdieping bevonden zich de vertrekken van de kroonprins en Hortenses bad- en toiletkamer. Het zag er wat vreemd uit maar er bestond zo geen mogelijkheid dat ze ongezien bezoekers kon ontvangen of zou laten ontsnappen. De koning situeerde de Grote Galerij, bestemd voor bals en recepties, in de zijvleugel. De dertig meter lange zaal kreeg een hoogte van vijf meter. Het tongewelf werd voorzien van fraai stucwerk. Omdat de salarissen niet regelmatig werden uitbetaald, weigerden de arbeiders soms verder te werken. Dan moest de koning het geld dat hij toevallig op zak had uitdelen, om de bouwwerkzaamheden voort te zetten.

De koning bemoeide zich met alles, van de toegang tot de poetskelder tot de ligging van het groentehok. Uiteindelijk ontstond er zo'n wirwar van kleine vertrekken, gangetjes en trappenhuizen dat het paleis onbewoonbaar leek. Alleen de hofkapel – gevestigd in de oude remonstrantse kerk die aan de Grote Galerij grensde – vormde met zijn altaar en koninklijke loge een duidelijk onderdeel. Koning Lodewijk vergat plotseling om zuinig te zijn en gaf een Utrechtse zilversmid opdracht nieuw kerkzilver voor hem te smeden bestaande uit kostbare massief zilveren kandelaars, een crucifix en wierookvaten.

Opdat de vochtigheid van het verse metselwerk geen nadelige gevolgen voor Zijne Majesteits gezondheid zou hebben, werd in alle kamers flink gestookt. Er ontstond een benauwende mist, waarop de koning zijn personeel gelastte de kachels nog hoger op te stoken. Het gevolg was dat op 24 november in een van de kamers brand uitbrak. Door snel ingrijpen van de paleiswacht, die met emmers naar de Wittevrouwensingel snelde, konden de vlammen worden gedoofd, maar de schade bedroeg toch meer dan duizend gulden. Hoewel het paleis nog lang niet klaar was, verhuisde de vorst met zijn hofhouding op 5 januari 1808 naar zijn nieuwe residentie. Hij voelde zich daar niet gelukkiger; de zwangere Hortense was nog altijd niet bij hem gekomen. Ze schreef hem dat Napoleon Louis in najaar en winter weer ziek was geweest en dat ze alle avonden aan zijn bed zat.

Lodewijk Napoleon zocht in zijn wanhoop het gezelschap van Mme Adèle de Broc, die met zijn hofmaarschalk generaal de Broc haar intrek had genomen in het voormalige woonhuis van de familie Taets van Amerongen op de hoek van de Wittevrouwenstraat en de Rietsteeg. Als beste vriendin van Hortense luisterde de zachte Adèle tijdens lange wandelingen over de stadssingel geduldig naar de klachtenlitanie van de koning: hij had zijn vrouw toch liefgehad en altijd zijn best gedaan om een goed huwelijk met haar te hebben. Maar van het begin af aan was ze koel en afwijzend geweest. Zijn vrouw toonde zich in het gunstigste geval een gewillig slachtoffer van zijn omarming. Ze was egocentrisch; ze besefte niet hoezeer ook hij leed onder de dood van hun kind. Kon ze zich dan niet verplaatsen in een vader die zonder vrouw en zonder de troost van zijn enig kind in een ver land moest wonen? Hortense liet zich nu al maanden in Parijs verzorgen door haar moeder, ze had de troost van haar zoon terwijl de keizer altijd klaarstond om zijn verwende stiefdochter alles te geven wat ze verlangde. Had ze het niet heel wat beter dan hij? Lodewijk jammerde dat zijn vrouw hem moedwillig in de steek liet om hem tegenover zijn onderdanen voor schut te zetten. Iedereen vroeg zich immers af waarom de koningin nog altijd niet naar Holland was gekomen?

Adèle begreep het verdriet van de koning. Ze begreep ook dat zijn huwelijk reddeloos verloren was. En dat kwam niet alleen door het grillige karakter van Lodewijk, zijn kwalen en afstotende remedies tegen de pijn. Als enige vertrouwelinge deelde ze Hortenses diepste geheim. Er was maar één grote liefde in haar leven: Charles de Flahaut. Flahaut, die via zijn moeder in geheimtaal met de koningin was blijven corresponderen. Flahaut, die zich tijdens de Pruisische veldtochten zorgen maakte over zijn onbereikbare geliefde. Hij overstelpte zijn moeder met vragen over een zekere 'Henriëtte'. Flahaut, die haar verdriet deelde over de dood van Napoleon Charles en onaangenaam verrast werd door haar bericht dat ze nog rouwend om dit verlies zwanger was geraakt van haar echtgenoot.

In de grond had Lodewijk met zijn absurde wantrouwen en de potsierlijke jacht op vermeende minnaars van zijn vrouw gelijk. Hoewel ze hem nooit had bedrogen, behoorde haar hart hem niet toe. Adèle verafschuwde de hersenkronkels van de man die verbolgen naast haar voort hinkte, terwijl hij zijn gemoed bij haar luchtte. Zij wist dat hij haar correspondentie liet onderscheppen. De vertrouwelijke brieven aan Hortense moest ze daarom in dozen met hoeden en sjaals naar Parijs smokkelen. Ze koos onvoorwaardelijk de kant van haar vriendin. Maar Lodewijk vervulde haar ondanks alles met compassie.

Nu had hij zich met bovenmenselijke ijver op zijn werk gestort. Het regeren bezorgde hem de nodige afleiding en de dankbaarheid van het volk. In zijn korte regeringsperiode had hij veel goeds in het land tot stand gebracht. Hij verdiepte zich in het school- en universiteitswezen en voerde een vernieuwd onderwijssysteem in. Zijn nieuwe wetboek van strafrecht gebaseerd op de Codex Napoleon was humaan van inhoud: de koning zag huiverend hoe de lijken van gestrafte misdadigers nog op het galgenveld tentoon werden gesteld. Dat barbaarse gebruik moest tegelijk met de dood- en lijfstraf worden afgeschaft. De medische zorg genoot zijn aandacht: de opleiding van artsen diende verbeterd te worden. Hij liet nieuwe ziekenhuizen bouwen, opende overal goede apotheken. Steeds worstelde hij met financiële problemen. Ze vonden vooral hun oorsprong in de meedogenloze politiek van keizer Napoleon tegen Engeland. Ten gevolge van het Continentaal Stelsel kwijnde de handel steeds verder weg.

De koning trachtte te bezuinigen. Het aanhouden van gehuurde soldaten kostte de staat handenvol geld, waarop hij besloot een nationaal leger op te richten. Daartoe liet hij jongens uit weeshuizen aan de krijgsschool opleiden tot goede beroepsmilitairen. Naast al zijn zorgen voor weldadigheidsinrichtingen koesterde hij warme belangstelling voor de kunsten en wetenschappen. Hij realiseerde een Nationale Bibliotheek, een Nationaal Archief en breidde het Koninklijk Museum uit met aankopen van schilderijen.

Om handel en nijverheid te bevorderen liet hij in Utrecht een grote tentoonstelling houden die een overweldigend aantal bezoekers trok en de vaderlandse industrie nieuwe impulsen gaf.

Hij wist zijn ministers en functionarissen te waarderen. Maar hoe kon hij hen belonen als de staatskas leeg was? Hij bedacht dat ze met een onderscheiding van het koninkrijk voorlopig net zo tevreden zouden zijn. Zo stelde hij de Koninklijke Orde van de Unie in, die aan een driekleurig lint op de borst werd gedragen.

Om zijn gezag te bevestigen vroeg hij Napoleon haast te maken met zijn officiële kroning tot koning van Holland. De keizer reageerde echter op vrijwel alle plannen furieus. Hij bespotte het beeld van zijn broer in een hermelijnen mantel met een gouden kroon op het hoofd. Was Lodewijk soms vergeten dat hij zonder keizer Napoleon helemaal niets was? Dat hij alles te danken had aan hem? Hij verbood zijn broer zonder zijn medeweten onderscheidingen uit te delen, hij verbood de Fransen die Parijs bezochten de Orde van de Unie te dragen.

Koning Lodewijk putte alle moed en vertrouwen uit het land dat onder zijn bewind opbloeide. Hij voelde zich gestreeld door de genegenheid van zijn onderdanen. Utrecht was hem dankbaar voor zijn aanwezigheid. Er werden daar sinds zijn komst wekelijks Franse en Hollandse theaterstukken opgevoerd, men ging naar bals en concerten en genoot van recepties die in de Grote Galerij van het koninklijk paleis veel opzien baarden. Lodewijk was het vriendelijke middelpunt van het hof. Maar zijn koningin ontbrak. In zijn depressiviteit piekerde de koning over haar aanstaande bevalling. Een nieuw spookbeeld beheerste zijn gedachten. Was het mogelijk dat ze tijdens die enkele, vluchtige omhelzing in Toulouse bevrucht was? Hij telde de maanden af en begon haar weer te verdenken van overspel. Ze had misschien een minnaar ontvangen in de Pyreneeën toen hij nietsvermoedend een waterkuur volgde in Ussat. Dat zou betekenen dat het kind al was geboren. Hij wist het nu zeker: ze loog over de datum van haar bevalling.

Om zekerheid te krijgen ontbood hij zijn chirurgijn, de onbehouwen Giraud. Tijdens de tocht van de Pyreneeën naar Parijs waren zijn jonge wolven doodgegaan. Nijdig liet hij de kadavers achter aan de kant van de weg. Wat had hij in de stad een opzien kunnen baren met die grommende roofdieren in hun kooi. Nu kreeg hij tot zijn verbazing opdracht om naar koningin Hortense te gaan en prins Napoleon Louis bij haar weg te halen. Dat zou hem natuurlijk geweigerd worden. Maar het gaf hem de gelegenheid om de koningin te ontmoeten en vast te stellen of ze werkelijk zwanger was of maar deed alsof. Met zijn kennis en ervaringen moest het mogelijk zijn.

Giraud vond zijn missie nogal pikant en was zo onvoorzichtig er met de hofmaarschalk de Broc grapjes over te maken. Deze vertelde het nieuws aan zijn vrouw en de geschrokken Adèle haastte zich Hortense een waarschuwingsbriefje te schrijven. Ze verstopte het in een paar schoenen, die Giraud nietsvermoedend zelf meenam naar Parijs.

De laatste maanden van haar zwangerschap vormden een beproeving voor Hortense. Ze bracht het grootste deel van de dag liggend door en verscheen nog maar zelden in het openbaar. Haar moeder was zo nerveus over de dreigende echtscheiding dat Hortense haar herhaaldelijk moest troosten en kalmeren. Tijdens officiële gelegenheden wist keizerin Joséphine zich echter te beheersen en toonde haar gebruikelijke glimlach. Hortense wist dat de scheiding voortdurend door het hoofd van haar stiefvader speelde. Op een dag stond hij te kijken hoe ze met haar zware lichaam moeizaam omhoogkwam uit haar stoel en naar een tafel liep. 'Had ik je moeder maar ooit zo gezien,' zei hij plotseling op droevige toon.

Begin april was het keizerlijk paar met een groot gevolg naar Bayonne vertrokken; Napoleon wilde ook in Spanje zijn gezag doen gelden. De wetmatige koninklijke Bourbonfamilie zou vervangen worden door een Bonaparte. Deze tocht schonk Joséphine wat moed; ze was steeds aan de zijde van de keizer te vinden en hield haar dochter in brieven op de hoogte van elke vriendelijkheid die ze van hem ontving.

Toen Giraud in Parijs arriveerde vond hij het keizerlijk paleis verlaten, de stad ontzield. Hij begaf zich naar de rue Cerutti waar Hortense een hele nacht alleen aan het ziekbed van Napoleon Louis had gezeten. Het kind leed aan hoge koorts. Hij was sinds het vertrek van zijn vader nog niet gezond geweest. Zijn gesloten ogen en moeilijke ademhaling brachten het beeld van de stervende Napoleon Charles elk moment in haar herinnering. Stil in haar stoel hoorde ze de vuurvergulde pendules alle uren tinkelen tot het ochtendlicht door de gesloten gordijnen filterde. Ze stond moeizaam op, haar handen omsloten haar buik waarin het ongeboren kind zich wendde. De temperatuur van haar zoon daalde nu en ze begaf zich naar haar bedkamer om zich te verfrissen en te kleden.

Na het ontbijt bracht een dienaar haar de pakjes uit Holland. In een paar schoenen ontdekte ze algauw Adèles briefje en las diep verontwaardigd wat haar man zich in het hoofd had gehaald. Uit wantrouwen stuurde hij haar Giraud van wie ze toch al een afkeer had. Opnieuw was haar reputatie geschonden. Ze zat nog bij het bed van haar zoon toen Giraud zich bij haar aandiende. Ze zag de brutale blik van de chirurgijn over haar lichaam glijden. In haar memoires deed ze verslag van de boze scène die ze maakte. 'Bekijkt u me maar goed, dan kunt u de koning vertellen in welke staat ik werkelijk verkeer,' riep ze uit. De man stamelde, weidde uit over de smartelijke staat waarin haar echtgenoot verkeerde, over de aangeboren onrust in zijn karakter als motief van een dergelijke missie. Zijn plotselinge onderdanigheid maakte haar misselijk. Met een handbeweging gaf ze hem te kennen dat hij kon gaan. Ze wenste hem niet meer in haar huis te zien.

Giraud keerde terug naar Utrecht om de koning verslag uit te brengen van de onaangename ontmoeting met de koningin. Hij vertelde dat de koningin alles van zijn opdracht wist en zich beledigd voelde. Louis begreep dat iemand hem had verraden. Maar wie?

'Hij liet de Broc roepen en maakte mij uit voor zottin omdat ik een dergelijke taal tegen zijn arts uitsloeg,' schreef Hortense in haar memoires. De gebeurtenis had de kloof tussen haar en Lodewijk verdiept: 'Sinds die dag stond mijn besluit vast om me nooit meer met hem te verenigen.'

De hele maand april leed Hortense aan pijnen. Ze zag uit naar de brieven van haar moeder, die met Napoleon een ware zegetocht door het noorden van Spanje hield en die verlangend uitzag naar berichten over de gezondheid van haar dochter en kleinzoon.

Op een middag kwam prinses Caroline Hortense halen; ze had een kinderfeestje georganiseerd en vond dat de koningin van Holland er met de kleine Napoleon Louis bij moest zijn. Voorzichtig hielp men haar 's avonds in het rijtuig, legde haar tegen de kussens en reed zo rustig mogelijk naar het nabije paleis van de Murats. Maar de korte rit bezorgde Hortense nog meer pijn. Moe belandde ze in de feestzaal waar tientallen kinderen rondrenden. Er klonk muziek en er werden spelletjes gedaan. Op het hoogtepunt van het feest betraden dansers in bonte kleding de dansvloer. Ze sprongen licht op een koord dat hoog boven de dansvloer was gespannen. De koningin volgde angstig de kunstjes, het zwaaien van de parasollen bij het flakkerend schijnsel van kroonluchters en lampionnen. Ze bemerkte dat ook de grootkanselier Cambacérès zich onwel begon te voelen. Hij depte met een zakdoek het voorhoofd terwijl er enthousiast applaus opklaterde voor een artiest die op het gespannen koord een salto maakte. Cambacérès volgde haar de laatste weken op de voet omdat hij in zijn functie wettelijk verplicht was bij de bevalling van de koningin van Holland aanwezig te zijn. Hortense schreef hoe hij zich voorover boog en fluisterde: '"Nu ik Uwe Majesteit op deze *soirée* zie, ben ik niet bang vannacht bij u geroepen te worden. Ik ga naar huis om bloedzuigers te laten zetten." – "Gaat u maar," zei ik tegen hem. "Ik hoop dat men u met rust laat."'

Hij was nog niet vertrokken of de weeën begonnen elkaar sneller op te volgen: 'Ik twijfelde er niet meer aan of ik stond op het punt mijn kind ter wereld te brengen. Ik stapte snel in mijn rijtuig en ik had nauwelijks tijd om thuis te komen. Men haastte zich om mijn *accoucheur* te waarschuwen en alle autoriteiten die bij de bevalling aanwezig hoorden te zijn. Mijn *écuyer* de heer De La Ville-Stellone ging de grootkanselier waarschuwen bij wie juist bloedzuigers waren gezet. Maar hij hield zich nauwgezet aan zijn verplichting en snelde direct weg. Bij aankomst zag hij er zo potsierlijk uit dat er veel om gelachen is in Parijs.'

In de nacht van 20 op 21 april 1808 bracht Hortense de Beauharnais haar derde kind ter wereld. Het was een zoon. 'Ik had liever een meisje gehad maar dit nieuws bracht een uitbarsting van vreugde teweeg bij mijn moeder en de keizer. Hij liet bij elke Spaanse grensovergang een kanonsalvo afvuren. Politiek gezien betekende de geboorte van een tweede prins in zijn familie een groot geluk.' Vanuit Bayonne schreef de keizer haar op 7 mei: 'Mijn dochter, ik heb je brief ontvangen. Ik verneem met genoegen dat je je elke dag wat beter voelt en dat je zoon het goed maakt. Het is mijn wens dat hij Napoleon Charles zal heten. Je liefhebbende vader. Napoleon.'

Hortense stuurde haar Hollandse kamerheer – de graaf van Bylandt – met het nieuws naar de koning, die op dat moment in Amsterdam verbleef. Lodewijk verkondigde de geboorte van zijn zoon op het balkon, waar zich een menigte had verzameld. Van alle kanten stroomden de felicitaties binnen.

Zo tenger en zwak was het wezentje dat in de handen van de haastig toegesnelde *accoucheur* glipte, dat het niet levensvatbaar leek.[3] Men waste hem in wijn en wreef zijn ledematen met warme, katoenen doeken tot hij weer tot leven kwam. 'Om mijn eigen leven bekommerde ik me niet meer,' schreef Hortense. 'In sombere beelden kondigde zich een zekere dood aan. Ik berustte erin en vroeg mijn verloskundige of ik misschien nog een dag langer kon leven.'

's Keizers lijfarts Corvisart luisterde bezorgd naar de verwarde woorden van de koningin. Hortense was emotioneel aan het eind van haar krachten. Een bezoek van Talleyrand maakte het nog erger: 'Hij moest bij het tekenen van de geboorteakte van mijn zoon aanwezig zijn. Zoals gewoonlijk had hij zich in een wolk van zeer sterk geurende poeder gehuld. Toen hij me naderde om me te feliciteren stikte ik bijna. Ik durfde al die tijd niets te zeggen, maar ik was er slecht aan toe.'

De baby, die in de rue Cerutti de nachten vulde met gehuil, wilde niet groeien. Zodra Hortense weer op haar benen kon staan ging ze in een dorp op zoek naar een andere voedster. Toen ze ene Mme Bure gevonden had, die haar kind tegen betaling de borst wilde geven, begon haar zoon langzaam aan te sterken. Voorzichtig hechtte ze zich aan het kind, dat meer op een de Beauharnais leek dan zijn broertje.

Met de zorg voor haar beide zwakke kinderen kon Hortense nauwelijks aandacht opbrengen voor de grote politieke gebeurtenissen. Berichten over de wrede verschrikkingen van de Spaanse oorlog waarbij duizenden militaire en burgerslachtoffers vielen, bereikten haar slechts nu en dan. Napoleon had macht gekregen over de door ruzie verdeelde Spaanse koninklijke familie en bij het verdrag van Bayonne legde de labiele koning Karel IV de kroon van Spanje deemoedig aan de voeten van de keizer. Deze ging in zijn eigen familie op zoek naar een nieuwe koning. Zijn eerste keus viel op zijn broer Lodewijk.

In zijn hart had Napoleon het koninkrijk Holland al opgegeven. Hij probeerde de koning nu over te halen zijn troon in Utrecht te verruilen voor die in het warme Madrid. Dat zou zijn gezondheid goed doen, verklaarde hij luchtig. Maar koning Lodewijk Napoleon antwoordde hem met waardig onderdrukte woede; als het de keizer behaagde wilde hij de kroon van zijn koninkrijk teruggeven. Maar van ruilen kon geen sprake zijn: 'Ik ben geen gouverneur uit de provincie,' schreef hij zijn broer. 'Met welk recht zou ik trouw kunnen verwachten van een ander volk, als ik zelf niet trouw blijf aan de eed die ik aflegde toen ik de Hollandse troon besteeg?'

Het waren vorstelijke woorden die getuigden van de ernst waarmee hij zijn taak opvatte en die Napoleon moesten beschamen. Maar de keizer was als dictator ongevoelig voor subtiele terechtwijzingen. Hij schonk de kroon van Spanje aan zijn oudste broer Joseph en diens gemalin Julie. Omdat het koninkrijk Napels daarmee beroofd werd van zijn vorstenpaar, besloot Napoleon om de ambitieuze Joachim en Caroline Murat dan maar te verheffen tot koning en koningin van Napels.

Opgetogen begon Hortenses schoonzuster haar spullen te pakken voor de verhuizing naar het koninklijk paleis te Napels. Eindelijk ging haar droom in vervulling; ze zou op een troon zitten, een kroon dragen en met Hare Majesteit worden aangesproken. Haar zonovergoten koninkrijk was machtig, feestelijk en rijk. Ze overtroefde daarmee de koningin van Holland, die zich tevreden moest stellen met kleine, kille paleizen in een nietig rijk waar het altijd regende. Maar daarmee waren haar gevoelens van afgunst en haat jegens Hortense de Beauharnais nog niet gestild. Voor haar vertrek doopte ze een laatste pijl in het gif om haar schoonzuster tot in het diepst van haar ziel te treffen.

De koningin van Holland schreef in haar memoires dat ze niets van Carolines ambitie begreep: ze moest haar vaderland en al haar vrienden en familie verlaten om in een ver land de lasten van het koningschap te gaan dragen. Hoe kon ze zo blij zijn? Ze keek toe hoe de nieuwe koningin van Napels heen en weer snelde van haar huis naar het bagagerijtuig. Caroline stond plotseling stil om haar schoonzuster iets op te biechten. Ze zei met een door ontroering verstikte stem dat ze verliefd was op Charles de Flahaut. Daarom kostte het haar moeite om Frankrijk te verlaten. De liefde was wederzijds. Hij had haar bezworen geen ander te beminnen dan haar. Tranen drupten over haar wangen toen ze Hortense bekende dat ze wel eens jaloers was geweest op de belangstelling die Flahaut voor haar leek te koesteren. Ze was dan wel niet uitgesproken mooi, maar ze had blijkbaar iets onweerstaanbaars voor mannen. Flahaut was er zeker niet ongevoelig voor geweest. Maar hij zei dat zijn hart altijd aan haar, Caroline, zou toebehoren. Haar schoonzuster hoefde zich dus geen illusies meer te maken.[4]

Hortense zei niets. Geslagen keerde ze terug naar huis. Ze trok zich terug in haar boudoir waar ze de geheime correspondentie met Flahaut verborgen hield. Op haar boekenplank stond de laatste roman van Mme de Souza, getiteld *Eugène de Rothelin*. Ze had het boek met kloppend hart gelezen. Iedereen die haar kende moest in Athénaïs, de vrouwelijke hoofdfiguur, wel de koningin van Holland herkennen. Ze beleefde een wilde romance met een mannelijke held waarvoor Flahaut model had gestaan. Was ook haar laatste, liefste vertrouweling dan een bedrieger?

Het duurde niet lang of er werd een brief bezorgd van Charles de Flahaut. Uit zijn woorden bleek dat Caroline hem alles over het gesprek met Hortense had verteld. Flahaut haastte zich om alles te ontkennen; er bestond niets anders dan vriendschap tussen hem en de koningin van Napels. Hortense moest weten dat hij haar en haar alleen hartstochtelijk beminde. Ze geloofde wat ze wilde geloven. Haar liefde voor Flahaut was het enige lichtpunt in een dof bestaan, dat haar onverbiddelijk aan Lodewijk Bonaparte ketende.

In Holland woonde koning Lodewijk Napoleon met stroef gelaat de heilige mis bij, die ter ere van de geboorte van zijn derde zoon opgedragen werd. Hij had zich niet kunnen verzetten tegen de wens van het volk om voor de zwangerschap en de bevalling van de koningin te mogen bidden. Iedereen was inmiddels van zijn slechte huwelijk op de hoogte. Men verbaasde zich erover dat koningin Hortense toch nog een kind ter wereld had gebracht. Ze sliep immers sinds haar komst naar Den Haag al gescheiden van haar man? Er begonnen allerlei verhalen de ronde te doen. Was het kind wel van de koning? Lodewijk vertrouwde zijn eigen vrouw niet, dat had hij zo vaak laten blijken. In Frankrijk ging het gerucht dat keizer Napoleon haar eerste kind had verwekt. Wie zou de vader van de pasgeborene kunnen zijn? Misschien was het haar kamerheer wel, de graaf van Bylandt.[5] Het meest viel de naam van admiraal Carel Hendrik VerHuell,[6] die een blinde verering koesterde voor Hortense. Hij bezat haar portret en toonde zich altijd zorgzaam en galant. Men wist te vertellen dat VerHuell de koningin in Cauterets had bezocht. Precies negen maanden later was het kind geboren.

De koning vernam dit gerucht en vergat dat Carel Hendrik VerHuell de hele lente en zomer van 1807 als minister van Marine in Den Haag had gewerkt. Kwaadsprekers verwarden hem met zijn jongere broer Christiaan VerHuell, die als gezant van koning Lodewijk op weg naar Spanje een kort beleefdheidsbezoek aan de koningin in de Pyreneeën aflegde.

De argwaan van Lodewijk was echter gewekt; hij had VerHuell vroeger vertrouwd en hem zelf de Orde van de Unie verleend. De koning maakte een getormenteerde indruk, hij wilde VerHuell niet meer zien. Om van hem af te komen stuurde hij de minister als buitengewoon gezant naar Sint-Petersburg. Toen Napoleon hoorde wat zijn broer buiten hem om had besloten, liet hij VerHuell op weg naar Rusland tegenhouden en naar Parijs sturen. Daar ontving VerHuell tot woede van de koning van Napoleon een benoeming tot ambassadeur van Holland aan het hof van de keizer.

Toen de minister in de rue Cerutti zijn opwachting maakte, gaf dit aanleiding tot nieuw geroddel. Hortense was gecharmeerd van de zorgzame VerHuell en hij noemde haar 'de engelachtige koningin'.

Lodewijk Napoleon duldde nu geen enkele man meer in zijn omgeving die Hortense in Holland had gekend. Want ze konden allemaal de vader zijn van zijn zoon of spionnen van de keizer. De ene na de andere Fransman uit zijn gevolg kreeg zijn ontslag en vertrok naar Frankrijk. D'Arjuzon werd vervangen door de heer Van Zuylen van Nijevelt en generaal Noguès moest het veld ruimen voor de heer Van Heeckeren.

Zelfs generaal de Broc werd ontslagen en vervangen door baron Roest.

In brede kringen lachte men heimelijk om het lot van de koning. Ten prooi aan onhoudbare onrust besloot Lodewijk Napoleon opnieuw te verhuizen. Niet Utrecht, maar Amsterdam zou zijn residentie worden. De trotse handelsstad aan het IJ moest het regeringscentrum, de hoofdstad van het land zijn. En hoewel iedereen het hem ontraadde, koos hij het reusachtige stadhuis op de Dam, dat Jacob van Campen in de Gouden Eeuw had ontworpen, als koninklijk paleis.

In Utrecht keek men onthutst naar het onvoltooide, lege koninklijke paleis in de Wittevrouwenstraat. De koning had beloofd er van tijd tot tijd terug te keren. En zeker in de paastijd, als het koor van de Dom zo mooi zong. De stemming in de stad sloeg om. Er was zoveel geld uitgegeven om de koning te behagen. En nu liet hij hen in de steek.

In Amsterdam verheugde men zich op de komst van de koning. Lodewijk Napoleon was vol bewondering voor zijn nieuwe woning. Het had zoveel meer allure dan het krappe Utrechtse paleis, waarvan hij alle bakstenen muren moest laten bepleisteren. Dat gaf uiteindelijk een armoedig effect. Het Koninklijk Paleis op de Dam was opgetrokken uit grijze, natuurstenen blokken. Aan de buitenkant hoefde hij maar weinig te laten veranderen. Alleen de ramen waren ouderwets. En hij wilde een balkon in empirestijl aan de voorzijde om naar het volk te kunnen wuiven. Zijn koortsachtige bezigheden deden hem overdag zijn frustraties vergeten. Maar 's nachts werd hij gekweld door de gedachte aan Hortense en zijn onbereikbare zoon Napoleon Louis, die hij al zo lang niet had gezien. Hij schreef geen brieven meer aan zijn vrouw. De hare stuurde hij ongeopend terug. Om haar te dwingen naar haar koninkrijk terug te keren en als koningin naast hem in het Paleis op de Dam te leven, besloot hij haar geen geld voor haar levensonderhoud meer te sturen.

Hortense reageerde laconiek. Ze ontsloeg de leden van haar kostbare hofhouding. Bij terugkeer van haar ouders uit Bayonne trok ze met haar beide kinderen bij hen in. Toen Napoleon hoorde dat zijn stiefdochter in financiële moeilijkheden verkeerde, schonk hij haar meteen een vorstelijk jaarinkomen, wat haar positie in Frankrijk versterkte. En hij deed meer. Na het vertrek van Murat naar Napels zocht hij een opvolger voor het bewind over diens groothertogdom. Zonder Lodewijk te raadplegen verhief Napoleon zijn neefje Napoleon Louis tot groothertog van Berg en Kleef. Hij bepaalde dat de opvoeding van de minderjarige groothertog onder 's keizers toezicht in Parijs zou geschieden.

Koning Lodewijk was verontwaardigd toen hij dit bericht in Holland ontving. Zijn zoon werd zomaar aan de vaderlijke macht onttrokken. En de moeder protesteerde niet eens tegen dit onrechtvaardige besluit. Ze deden of hij niet bestond. In zijn nieuwe functie kwam het kind niet meer in aanmerking als troonopvolger van Holland. De keizer bepaalde dat de baby, Louis Napoleon, de troon van Holland zou erven.

Hun vader kon de berichten niet meer verwerken. Hij stuurde vertwijfelde brieven aan zijn moeder in Parijs, die geheel aan zijn kant stond en beloofde voor hem te bemiddelen. Letizia Bonaparte nodigde daarop haar schoondochter uit voor een bezoek en verweet haar dat ze zich niets van haar zieke echtgenoot aantrok, dat het haar plicht was om naar Holland te gaan en hem in alles te steunen. Ze behoorde de mening van haar man te delen. Haar kreupele zoon kon zijn koninkrijk toch niet achterlaten om haar met zijn kinderen op te halen?

Maar Mme Mère had geen invloed op Hortense. Ze bleef de gehoorzame dochter van Joséphine de Beauharnais. De koningin van Holland zei haar slechts dat ze als alle Franse onderdanen de wensen van de keizer moest eerbiedigen, zelfs als haar echtgenoot het er niet mee eens was. Ze verliet Letizia's salon even sierlijk en beheerst als ze gekomen was.

Mme Mère bleef bevend van boosheid achter. Haar arme, zieke *Luigi*! Hortense en Joséphine de Beauharnais leken te winnen. Maar lang kon het niet meer duren. Ze kende haar keizerlijke zoon beter dan hijzelf. Als Napoleon naar de *putana* keek die de oorzaak was van zijn kinderloosheid, zag ze dat het einde van dit ongewenste huwelijk nabij was. Dan zou Bonaparte over alle Beauharnais triomferen.

15

In oktober 1808 vertrok Napoleon met een indrukwekkend gevolg naar Erfurt voor een belangrijk gesprek met tsaar Alexander. Daar maakten de Duitse vorsten hun opwachting. Ze verwelkomden de keizer die als een tweede Karel de Grote over Europa heerste, deemoedig. Ze bogen diep voor hem, hopend op een blijk van welgezindheid of een gunst in de vorm van een stuk land of een titel. Het stemde hem sarcastisch.

Napoleon nam uit Parijs zijn beroemde acteur Talma mee om de aanwezige vorsten te ontroeren met het mooiste van de Franse toneelliteratuur. Tussen de rode, pluchen gordijnen speelde zich een tragedie af van Corneille. Maar de gedachten van Napoleon waren niet bij de held op de planken, hij bereidde het vervolg van het onderhoud met tsaar Alexander voor, dat niet liep zoals hij verwachtte.

Met open armen was hij zijn Russische vriend bij aankomst in Erfurt tegemoet getreden, wachtend op de kussen en de vreugdetranen. De tsaar leek echter minder gecharmeerd van Napoleon dan in Tilsit. Daar hadden ze in vriendschap hand in hand langs de rivier gelopen, beneveld door elkanders woorden over hun heilige taak. De wederzijdse aantrekkingskracht was toen zo groot dat Napoleon Joséphine schreef: 'Als Alexander een vrouw was, zou ik van hem mijn minnares maken.'

Nu schrok de tsaar terug voor de overrompelende persoonlijkheid van de keizer. In de afgelopen maanden had deze met nietsontziende eerzucht eeuwenoude dynastieën omvergeworpen. De verhoudingen in Europa waren verstoord, vertrouwde grenzen vervaagden om plaats te maken voor nieuwe koninkrijken, onder de vleugels van de keizerlijke adelaar. Op de nieuwe tronen zette hij de ene na de andere parvenu uit het geslacht Bonaparte. Hun gedrag was niet minder verkwistend en zelfzuchtig dan dat van de decadente monarchen die door de Franse Revolutie waren verdreven. Dat Napoleon, als koning van Italië, het zelfs gewaagd had het Vaticaan te annexeren, bezorgde hem bij alle roomsen de reputatie van een gevaarlijke dictator.

Tsaar Alexander vond in Erfurt een onverwachte medestander. Het was de Franse minister van Buitenlandse Zaken Talleyrand. Nu er geen einde leek te komen aan de kostbare oorlogen en de verspilling van mensenlevens begon het Franse volk opstandig te worden. Talleyrand waarschuwde de keizer herhaaldelijk zijn oorlogen op het Iberisch Schiereiland te staken. Frankrijk had in Spanje niets te zoeken. Maar Napoleon legde de adviezen naast zich neer. De logische consequentie was dat de minister van Buitenlandse Zaken zijn ontslag indiende. Het was door Napoleon met tegenzin en argwaan aanvaard. De staatsman bleef als grootkamerheer en vice-grootkeurvorst aan het hof verbonden, maar hij voelde zich nu niet meer verantwoordelijk voor Napoleons politieke daden.

Napoleons oorlog tegen Spanje had in juli 1808 geleid tot een beschamende capitulatie bij Bailén. Van de verovering van Portugal was niets gekomen. Dit land kreeg militaire steun van Engeland, zijn belangrijkste handelspartner. Voor het eerst waren Engelse landtroepen onder aanvoering van Arthur Wellesley[1] bij de strijd betrokken en een maand later bracht deze de Fransen een zware nederlaag toe. Het verdubbelde Napoleons haat jegens zijn aartsvijand Engeland, hij zon op wraak. Maar eerst moest hij zich verzekeren van de steun van Rusland tegen Oostenrijk en daarom spande hij zich te Erfurt in om met veel machtsvertoon de tsaar aan zijn kant te krijgen.

Alexander, die in zijn rijk 'de Engel' werd genoemd, was in zijn hart besluiteloos. In een groot en sterk postuur school een weekhartige ziel, die nooit helemaal volwassen zou worden en bij voorkeur vluchtte in romantische en mystieke dromen. Hij vergat het leed niet dat de keizer Louise van Pruisen had aangedaan. De tsaar was als zovelen verliefd geweest op de mooie koningin. Nu Napoleon hem tot allerlei overeenkomsten wilde dwingen, keek hij met een ondoorgrondelijke blik over hem heen. Hij wilde de keizer slechts een vage toezegging doen: als Oostenrijk aan Frankrijk de oorlog mocht verklaren, zou Rusland het leger van keizer Franz II mogelijk in bedwang houden.

Niet geheel gerustgesteld en met groeiende achterdocht jegens Talleyrand, keerde Napoleon terug naar Parijs. De keizer besefte nog niet dat er een einde was gekomen aan de trouw van zijn voormalige minister. Tijdens het verblijf in Erfurt hadden de tsaar en Talleyrand elkaar vrijwel elke avond in het geheim ontmoet en op vertrouwelijke toon alle gebeurtenissen van de dag doorgenomen. Talleyrand deed daarbij de uitspraak: 'Sire, het ligt in uw macht Europa te redden, en dat kunt u alleen wanneer u weigert Napoleon ter wille te zijn.' In zijn definitie van de Frans-Russische verhouding was hij meedogenloos: 'Het Franse volk is een beschaafd volk, hun soeverein is het niet. De soeverein van Rusland is beschaafd en zijn volk is het niet. Daarom behoort de soeverein van Rusland de bondgenoot van het Franse volk te zijn.'

Napoleon was zo overtuigd van zijn onaantastbaarheid dat de vrees voor welke diplomaat ook hem vreemd was. Hij meende dat hij Talleyrand in zijn macht had, zoals hij alle vorsten en volken in zijn macht had. Bij terugkeer in Parijs maakte hij zich onmiddellijk gereed om persoonlijk zijn troepen aan te voeren tegen het opstandige Spanje en Portugal te zuiveren van Engelse militairen. Hortense en Joséphine begeleidden hem naar Rambouillet vanwaar het Grande Armée in de richting van de Pyreneeën zou oprukken. Het hele hof was somber nu zo vele jonge soldaten opnieuw de strijd in gingen. Het wachten op de dodenlijsten zou weer beginnen, terwijl iedereen al zo lang hunkerde naar vrede.

De koningin van Holland vond een middel om de vertrekkende officieren een tastbaar bewijs van bescherming mee te geven; ze had een verzameling aangelegd van gegraveerde Turkse stenen. 'Ik beeldde me in dat zo'n door mij geschonken *cachet* als talisman kon dienen,' schreef Hortense. 'In mijn ongeluk moest ik tenminste in staat zijn anderen geluk te bezorgen, dan hoefde ik me niet meer te beklagen over mijn lot.' Ze drukte haar stenen in de handen van bijgelovige dames, die deze *cachets* vol vertrouwen meegaven aan hun geliefde. De een bevestigde hem aan zijn horloge, de ander droeg hem aan een kettinkje om zijn hals. De mare verspreidde zich dat geen van de dragers van zo'n talisman sneuvelde; gewonden werden op het laatste ogenblik gered en de vermisten doken soms na maanden nog als krijgsgevangene op.

Beschroomd gaf Hortense haar stiefvader haar gegraveerde steen, die hij met een flauwe glimlach in de zak van zijn grijze jas liet glijden. Joséphine leek de ongelukkigste van alle vrouwen die afscheid kwamen nemen; overal werd over Napoleons tweede huwelijk gesproken. Ze hoorde zelfs dat haar man de tsaar had gepolst over een mogelijk huwelijk met diens jongste zuster, Anna Pavlovna, een meisje van nog geen veertien jaar. Haar kleine handen klemden zich nu om zijn hals en Hortense hoorde haar stem, zacht verwijtend: 'Houd je dan nooit eens op met oorlog voeren?' Hij keek geërgerd naar haar tranen, die hij ooit zo mooi had gevonden, en snauwde: 'Denk je soms dat ik het een pleziertje vind? Denk je dat ik niet liever rustig thuis zou blijven, in een goed bed slapen en een goede maaltijd krijgen in plaats van al die ontberingen te moeten doorstaan? Denk je soms dat ik anders ben dan alle anderen? Ach, ga nou gauw weg! Ik kan heus nog wel wat anders dan oorlog voeren, maar ik moet nu eenmaal doen wat nodig is, mijn plichten vervullen tegenover Frankrijk. En het is niet zo dat ík over de gebeurtenissen beschik; ik gehoorzaam eraan.'[2]

De keizer gaf zijn paard de sporen en vertrok onder de grauwe novemberhemel waarin de donkere driehoek van zijn hoed het langst zichtbaar bleef. Hortense kwam na haar derde bevalling niet op krachten. Ze was sterk vermagerd, hoestte en gaf bloed op. De artsen vermoedden dat ze aan tuberculose leed. Ze schreven haar allerlei versterkende gerechten voor. Maar de koningin van Holland at nauwelijks iets. Kort voor zijn vertrek had de keizer haar nog gevraagd terug te keren naar haar man. Bij dat vooruitzicht raakte ze bijna in paniek, waarop hij haar toestond nog wat bij haar moeder te blijven. Dat kwam ook Joséphine ten goede.

Hortense wist dat ze niets dan vijandelijkheden meer van haar man te verwachten had. Kort tevoren had ze bezoek gekregen van grootmaarschalk de Broc, die door de koning van Holland was ontslagen en – net teruggekeerd uit Utrecht – met de troepen mee naar Spanje trok. Hij vertelde Hortense hoe de koning zich misdroeg: 'Mijn echtgenoot had als minister van Politie de heer Van Maanen[3] aangesteld. Hij ontbood hem en gaf hem de opdracht om met alle middelen die hem ter beschikking stonden mijn naam in diskrediet te brengen. Hij drukte zich als volgt uit: "Verspreid het gerucht dat de koningin een afkeer heeft van Holland, dat ze zich in Frankrijk vermaakt en daar een weinig welvoeglijk bestaan leidt." De minister deinsde terug van verbazing en riep uit: "Maar Sire! Ze is uw vrouw en de koningin van Holland. Dat is voor mij voldoende om de uitvoering van een dergelijke opdracht te weigeren." – "Heel goed," antwoordde de koning enigszins in verlegenheid gebracht, "ik wilde u alleen maar op de proef stellen." De volgende dag werd de minister van het hof gestuurd. Hij vertelde natuurlijk links en rechts wat de oorzaak van zijn ontslag was geweest, ook aan de heer de Broc, die alles aan mij overbriefde.'[4]

Met Adèle de Broc stond Hortense te wachten tot de regimenten zich in beweging zouden zetten. Ze hield haar bezorgdheid over het lot van Charles de Flahaut, die nu onder generaal Berthier diende, voor iedereen verborgen. Om haar platonische geliefde te beschermen tegen het oorlogsgeweld en haar eigen angsten te temperen, liet ze hem via Mme de Souza een van haar mooiste cachets bezorgen.

Het leger vertrok. De bulletins berichtten spoedig dat het Grande Armée Spanje was binnengevallen. Het Spaanse volk bezat meer eergevoel dan zijn afgezette Bourbonkoning en meer trots dan de luie en dikke kroonprins, die onder bewaking in een Frans kasteel in luxe zijn dagen sleet. Burgers en militairen wilden niet buigen voor de Franse keizer die zelfs Pius VII schoffeerde. Alsof het een wettige zaak betrof tekende Napoleon een decreet waarbij de Kerkelijke Staat aan het Franse keizerrijk werd toegevoegd. De Heilige Vader zat geruime tijd in het Quirinaal gevangen. Napoleon meende dat hij Pius VII volledig in zijn macht had en hem op den duur kon dwingen om vanuit Parijs de kerk te besturen. Maar de paus sprak de banvloek over hem uit, wat Napoleon weinig leek te interesseren. De vurige, rooms-katholieke Spanjaarden waren furieus. Ze vochten met religieus fanatisme tegen de heerschappij der Bonapartes in hun land. Ze verjoegen koning Joseph Bonaparte met zijn hele hofhouding uit het koninklijk paleis. Madrid stond in brand. Maar nu Joseph steun kreeg van zijn broer met diens onoverwinnelijke troepen, vatte hij weer moed en zette de strijd tegen zijn opstandige onderdanen voort. De Spanjaarden vochten verbeten tegen het Grande Armée. Het volk wreekte zich met gruweldaden op de Fransen; ze staken de ogen van hun slachtoffers uit, er werd gekruisigd en er werden ledematen afgesneden. De Franse soldaten en huurlingen vergaten elke vorm van militaire discipline en reageerden niet minder wreed; men plunderde, stak hele dorpen in brand en beging onbeschrijflijke wreedheden op burgers.

Deze uitwassen van de oorlog bleven grotendeels voor Hortense verborgen. Ze vulde haar middagen met het zingen van trieste romances en aires en begeleidde zich daarbij op haar nieuwe pianoforte die Jean Ehrard voor haar gebouwd had. Op verzoek van de keizer, die een portrettengalerij wilde aanleggen van alle prinsessen, poseerde ze met haar oudste zoon aan de hand voor François Gérard. De kleine Napoleon Louis droeg een blauwzijden sjerp schuin over zijn borst. De rand van zijn witte tuniek was afgezet met goudkleurige franje en hij keek met een verlegen lachje naar de schilder op. De koningin van Holland was tegen een groenfluwelen gordijn geplaatst dat – even opgenomen – zicht bood op een duinlandschap met de Noordzee in haar koninkrijk.[5]

Joséphine bewonderde het werk van de schilder. Kort voor de dood van Napoleon Charles had hij haar kleinzoon nog met haar dochter geportretteerd. Het was haar favoriete dubbelportret, omdat de kroonprins daarop het roodfluwelen pakje droeg dat hij ook aanhad tijdens haar kroningsplechtigheid in de Notre Dame, de mooiste dag van haar leven.

Als Joséphine brieven kreeg van Napoleon las ze haar dochter er hele stukken hardop uit voor. Hij schetste altijd een positief beeld van zijn oorlogen. Voor haar waren vooral de lieve aanhef en de uiting van zijn genegenheid aan het slot van belang. Ze zocht in zijn woorden naar een blijk van liefde en hartstocht om de angst te bezweren die haar 's nachts uit haar slaap hield.

Talleyrand volgde de strijd op een veilige afstand. Zijn spaarzaam commentaar op de Spaanse veldtocht klonk ironisch. Hij bemerkte dat het Franse volk geen begrip kon opbrengen voor de strijd tegen hun zuiderburen. De slachting die de huurlingen onder het Franse vaandel aanrichtten, schaadde het aanzien van het Grande Armée. Maar als ex-minister droeg hij geen verantwoordelijkheid meer voor het militaire risico dat de keizer ondernam. Ooit bewonderde hij de Corsicaan mateloos, omdat hij een einde maakte aan de hel van de Franse Revolutie en tijdens het Consulaat het land grote weldaden bewees. Maar zijn eigenhandige kroning tot keizer beschouwde Talleyrand als grootheidswaanzin. De diplomaat koos voor zijn verstand in plaats van trouw aan de heerser. Het was de enige manier om onder alle politieke omstandigheden te overleven, zo leerde de praktijk. In de voormalige jakobijn Fouché, die hij steeds als een vulgaire tegenstander had beschouwd, vond de aristocratische Talleyrand nu een politiek medestander. Ook Fouché was het op veel punten met de keizer oneens. Hoe vaak had hij hem al niet geadviseerd te scheiden van Joséphine de Beauharnais? Omwille van het volk moest de keizer hertrouwen en een zoon en troonopvolger verwekken. Zonder een zoon zou Frankrijk na de dood van Napoleon in een complete anarchie vervallen.

Toen Talleyrand in de Franse hoofdstad een groot feest voor Fouché aanrichtte, kregen Napoleons trouwe aanhangers argwaan. De aristocraat die de in zijn ogen zo ordinaire Fouché fêteerde? Wat was er gaande aan het hof? In Parijs verspreidde zich het gerucht dat Napoleon in Spanje was gesneuveld. Dat er een staatsgreep werd voorbereid. Onmiddellijk presenteerde Murat zich als opvolger van zijn zwager, daarbij gestimuleerd door Caroline. Het woord verraad hing in de lucht. Napoleon had immers nadrukkelijk de zonen van Hortense en Louis Bonaparte tot zijn opvolgers benoemd? Talleyrand redeneerde praktisch; als de keizer werkelijk dood was kon men niet van verraad spreken. Dan ging het om de redding van het vaderland, hetgeen men aan Murat kon toevertrouwen. Wat moest prins Napoleon Louis als kind van vier jaar op de troon? Hij zou een marionet van zijn ministers zijn.

Talleyrand voelde wel dat hij met de mateloos ambitieuze Murats en de onbetrouwbare Fouché een levensgevaarlijk spel speelde. Hij besloot zich voorlopig stil te houden, totdat hij er zeker van was dat Napoleon niet terugkeerde. De keizer had hem al zo vaak voor verrassingen gezet dat hij het pas geloofde als zijn lijk in Parijs arriveerde.

Maar de keizer was niet gesneuveld. Hij had Burgos veroverd en in

december hield hij zijn zegevierende intocht in Madrid. Joseph I Bonaparte kon terugkeren naar het koninklijk paleis. Juist wilde hij oprukken naar Lissabon om het Engelse leger te verdrijven toen hij werd overrompeld door het bericht dat het Oostenrijkse leger op het punt stond Beieren binnen te vallen. En de tsaar van Rusland, die Napoleon steun had beloofd, legde Franz II geen strobreed in de weg.

Gealarmeerd door dit verraad spoedde Napoleon zich terug naar de Franse hoofdstad, waar de stemming omsloeg. Onderweg vertelde men hem dat Talleyrand zijn politiek *en public* bekritiseerde en de spil vormde van een mogelijke samenzwering tegen zijn gezag. Bij aankomst in zijn paleis ontbood de keizer zijn grootkamerheer en schold hem de huid vol. Hij verweet hem in het bijzijn van tal van geschokte gasten niet alleen allerlei politieke mislukkingen, maar maakte hem ook uit voor een bedrieger die in God noch gebod geloofde, die schuldig was aan de dood van de hertog van Enghien en de oorlog met Spanje. Een 'zak stront in zijden kousen' was hij. Een stomme mankepoot die ook nog bedrogen werd door zijn eigen vrouw! Al die tijd luisterde Talleyrand uiterlijk volstrekt onbewogen naar de razende uitval van de keizer. Hij knipperde zelfs niet met zijn ogen toen deze de vuist schudde alsof hij hem een bloedneus wilde slaan. Op het laatste moment draaide hij zich om. Napoleon ging bleek en sidderend heen. Alleen Talleyrand, die zojuist zijn functie van grootkamerheer had verloren, hinkte uiterlijk kalm naar de deur en zei geaffecteerd: 'Wat jammer toch dat zo'n groot man zo ongemanierd is.'

Het incident zorgde voor veel ophef aan het keizerlijk hof. De onaantastbare Talleyrand was in ongenade gevallen. Mme Rémusat jammerde nu dat haar beste vriend in haar ogen onheus was behandeld. Ze haastte zich naar de invloedrijke Hortense en smeekte haar Talleyrand te ontvangen en haar stiefvader om diens eerherstel te vragen. In haar memoires liet de koningin haar gedachten over de voormalige minister van Buitenlandse Zaken de vrije loop. Ze had altijd meer vrees dan sympathie voor hem gekoesterd. Talleyrand, die zich listig als een slang over haar levenspad kronkelde, was in Mainz vriendelijk tegen haar geweest. Maar bij een volgende gelegenheid keek hij verwaten langs haar heen. Toen ze rouwde om de dood van haar zoon uitte hij geen woord van troost; hij was het soort man dat verdriet uit de weg gaat.

Nu aarzelde Hortense: zou ze Talleyrand de deur wijzen? Of woog het feit dat hij de vader was van Charles de Flahaut zwaar genoeg om hem te ontvangen? Ze koos voor het laatste en zag Talleyrand steunend op zijn stok haar appartement binnen hinken. Zijn parfum ging hem vooruit. Na een lichte, verstrooide buiging legde hij zijn arm op de stoelleuning en wachtte. Hij was niet spraakzamer dan ze van hem gewend was. De reden van zijn komst noemde hij nauwelijks en door zijn arrogante houding gaf hij Hortense het gevoel dat ze hem om een gunst kwam vragen in plaats van andersom. Na zijn vertrek was haar wantrouwen toegenomen.

Toch begaf ze zich die avond naar de Tuilerieën om met de keizer over het lot van de staatsman te praten. Bij hem gekomen vertelde ze voorzichtig dat ze iemand ontmoet had die in ongenade was gevallen maar die de keizer nog steeds zeer toegedaan was. Napoleon lachte haar in haar gezicht uit. 'Heb je het over Talleyrand?' vroeg hij. 'Laat hem toch kletsen zoveel hij wil!' Hortense antwoordde tamelijk gevat: 'Maar Sire, hoe kan men beweren dat een man te veel kletst die nooit meer dan twee woorden achter elkaar zegt? Dat is vast kwaadsprekerij.' – 'Je kent de wereld niet, mijn meisje. Ik weet waaraan ik me te houden heb.'[6] Na die woorden was het onderwerp voor de keizer afgedaan. Hij stuurde Talleyrand niet van het hof en de positie van vice-grootkeurvorst mocht hij behouden. Van eerherstel kwam het echter niet. Hij duldde Talleyrand omdat hij diens grote staatkundige kwaliteiten nog meende te kunnen gebruiken. De functie van grootkamerheer ging voorgoed naar een ander.

Keizerin Joséphine maakte geen scènes meer als ze ontdekte dat Napoleon een nieuwe, kortstondige verhouding had. Zijn opmerking dat een kwartier op een sofa met een andere vrouw voor hem niets betekende, aanvaardde ze waardig. Ze reageerde afwachtend op de dreigende echtscheiding en leek zich te schikken naar de wensen van haar gemaal. Deze houding van een mooi, gelaten offerdier miste zijn uitwerking op de keizer niet. Hij kon haar nergens van beschuldigen. Dat maakte het bijna onmogelijk het fatale besluit te nemen om zich van haar te ontdoen.

Op een avond werd ze bij de keizer geroepen, die klaagde dat hij ziek was. Ze vond hem aangekleed op bed met tranen op zijn van pijn vertrokken gezicht. 'Mijn arme Joséphine,' snikte hij terwijl hij haar omhelsde, 'ik zal je nooit kunnen verlaten.' Er waren op dat moment veel gasten in de Tuilerieën. De keizer en de keizerin lieten iedereen wachten en verschenen niet. Ze brachten de hele nacht in elkaars armen door en het was Joséphine die Napoleon moest troosten.[7]

Maar een andere keer behandelde hij haar koel en ging 's middags geheel tegen zijn gewoonte in alleen uit rijden. Hij wist dat ze hem vanuit haar venster bedroefd nakeek. Ze verweet hem niets. Nog tijdens hun verblijf in Bayonne hadden ze op blote voeten over het strand gerend en plaagde de keizer haar door haar schoentjes in zee te werpen. Nu was er een voor iedereen merkbare gespannen sfeer tussen hen.

De oorlog tegen Oostenrijk leidde Napoleons aandacht van zijn huwelijksprobleem af. Het Franse volk protesteerde fel toen hij opnieuw geld en soldaten vroeg. Er waren al zoveel offers gebracht. Maar hij zette door, in het belang van Frankrijk. Joséphine hield het doen en laten van haar man dag en nacht in de gaten. Ze had besloten niet meer van zijn zijde te wijken en toen ze op een vroege morgen in april 1809 bij het ontwaken hoorde dat de keizer op het punt stond naar Straatsburg te vertrekken, sprong ze uit bed en rende zonder kousen of slippers de trappen af naar het binnenhof. 'Huilend als een kind viel ze het rijtuig binnen,' schreef Louis Constant, Napoleons kamerknecht, in zijn memoires.[8] Napoleon sloeg de met sabelbont gevoerde mantel – een geschenk van de tsaar – om zijn vrouw heen en gaf opdracht haar bagage na te zenden. Het werd hun laatste intieme samenzijn. In Straatsburg gekomen liet de keizer zijn vrouw achter in het Palais de Rohan en trok ten strijde.

Spoedig moest Hortense zich met haar beide kinderen bij haar moeder voegen. De weinige berichten die ze van het front ontvingen waren niet bemoedigend. Bij het eerste, onbesliste treffen met het Oostenrijkse leger bij Essling verloor Napoleon meer dan 20.000 man. Dan volgde de grote veldslag bij Wagram, die tot een gedenkwaardige overwinning leidde maar meer dan 23.000 soldaten het leven kostte.

In de hoop op verbetering van haar gezondheid trok Hortense met de keizerin van Straatsburg naar Plombières om een kuur te volgen. Ze namen hun intrek in het vertrouwde logement, waar Joséphine jaar na jaar had gehoopt op en gebeden om herstel van haar vruchtbaarheid.

Maar nu moest ze in hetzelfde oord vernemen dat gravin Marie Walewska zwanger was van Napoleon. Ze had zich bij de keizer in het veroverde Wenen gevoegd, waar hij zijn Poolse geliefde in Paleis Schönbrunn installeerde. Ze maakten openlijk rijtoeren door de stad en de wijngaarden in de omgeving. Dit kind kon alleen van hem zijn.

Joséphine huilde, vrezend dat hiermee haar lot beslist was. Ze keerde eenzaam terug naar Malmaison. De zwakke Hortense bleef in Plombières achter. Ze had de waterkuur nodig, maar ze voelde zich ook schuldig, nu ze zich haar moeder alleen voorstelde in de lege kamers van Malmaison. Om haar wat afleiding en vreugde te bezorgen, liet ze haar beide zonen naar hun grootmoeder brengen. Door de rust en de genezende werking van het water herstelde ze langzaam. Haar krachten keerden terug en het hoesten verminderde. In het najaar, toen er bericht kwam dat de keizer zou terugkeren, begaf ze zich weer naar het hof.

Fontainebleau was in gereedheid gebracht om de zegevierende Napoleon op 26 oktober te ontvangen. Na elke veldtocht had Joséphine de triomfator opgewacht om hem als eerste te omhelzen en hem te verleiden met haar vertrouwde parfum en prijzende, verliefde woorden.

Voor het eerst stond Joséphine hem niet op te wachten. Hij was al negen uur in Fontainebleau toen haar rijtuig eindelijk arriveerde. De keizerin betrad zonder haast zijn kamer. In haar ogen stond te lezen dat ze alles wist van Walewska. En van het kind. Hij keek op van zijn werktafel en zei alleen: 'Zo, ben je daar eindelijk.' Ze vond de deuren tussen hun vertrekken gesloten. De geagiteerde wijze waarop hij haar in het openbaar bejegende, deed meer pijn dan een driftbui. Hortense en Joséphine kenden de keizer goed genoeg om te weten dat hij in innerlijke tweestrijd verkeerde en het definitieve besluit niet kon nemen.

Het werd Joséphine pijnlijk duidelijk gemaakt dat haar aanzien al begon af te brokkelen. Enkele hofdames gingen in haar bijzijn zonder permissie zitten. Sommigen stonden met de rug naar haar toegekeerd te praten. Pauline prinses Borghese gaf een groot feest, waarvan ze met haar broer het middelpunt vormde. Maar Joséphine werd niet uitgenodigd. Hortense bewonderde haar moeder, die de tragische finale van haar grote rol waardig vertolkte. Ze gaf niets van haar natuurlijke waardigheid prijs en met dezelfde glimlach maakte ze haar ronde door de ontvangstzaal om alle gasten te groeten en vriendelijk toe te spreken. Napoleon zag het, hij besefte dat Joséphine glans gaf aan zijn hof. Hijzelf had de mensen niets anders te bieden dan een nors gelaat. Ze vreesden hem. Zij was het die door het volk bemind werd. Haar liefdadig werk, het geduld waarmee ze naar bezoekers luisterde en haar inspanningen om hun verzoeken onder de aandacht van de keizer te brengen waren in het hele land bekend. De keizer aarzelde nog. Hoe kon hij zich losmaken van een vrouw die hij liefhad? Ze was zijn thuis, de enige die hem begreep en wist wat hij nodig had. Hij zag haar ook als beschermengel; dankzij haar had hij overwinningen behaald en was hij steeds ongedeerd teruggekeerd uit de hitte van de strijd.

Het park van Fontainebleau stond in een gouden licht dat zich in de vijvers spiegelde en de bomen in brand leek te zetten. Joséphine leed in dit paleis van koning Frans I van Valois. In de staatsievertrekken op de bel-etage gold het hofprotocol en waren ze steeds omringd door de omvangrijke hofhouding. Om daaraan te ontkomen sloot de keizer zich langdurig op in zijn bibliotheek, maar niemand wist of hij werkelijk las.

Beneden in de kleine, huiselijke privé-vertrekken vormden ze ooit een gelukkig gezin. Daar stond de pianoforte van Hortense. Ze kon niet meer spelen of zingen. Er werden geen spelletjes meer gedaan en de spontane lachbuien van Joséphine waren verstomd. Napoleon viel zonder aanleiding bruut tegen zijn vrouw uit. Haar tranen charmeerden hem niet langer. Hij raakte geïrriteerd door haar behuilde wangen en rode ogen. De vergulde sloep waarin ze samen naar het paviljoen op het eiland waren geroeid, bleef aan de steiger liggen. Vaak nodigde hij zijn lievelingszuster Pauline uit om hem op een wandeling te begeleiden. Ze hing aan zijn arm en wierp een triomfantelijke blik over haar schouder naar haar ongelukkige schoonzuster.

Joséphine verafschuwde de jacht. Dit jaar nam de keizer deel aan een ruwe jacht op wilde zwijnen, waarbij op één middag honderd beren werden gedood. Hij keerde met bebloede kleren terug, een wreed licht schitterde in zijn ogen.

De herfstdagen waren warm en droog als in de zomer. Joséphine wandelde in een dunne japon onder haar parasol naar de grote vijver, waarin zwarte en witte zwanen glinsterende sporen schreven. Ze had het gevoel dat hij haar vanuit het paleis bespiedde toen ze wat brood naar de vogels en vissen wierp. Maar omkijkend zag ze alleen de rijen vensters en de scherpe schaduwen van schoorstenen en mansardes op de leien daken. Er ging iets onbeschrijfelijks door de blauwe hemel; ze voelde dat ze hier voor het laatst was.

Op 14 november trok het hof naar Parijs. Hortense wist dat de dramatische ontknoping naderde. Ze maakte zich niet alleen zorgen over haar moeder. Ze piekerde ook over haar broer, die de kroon van Italië waarschijnlijk zou verliezen als zijn moeder van de keizer ging scheiden. En ze dacht aan haar zonen, die dan geen troonopvolgers van Frankrijk meer zouden zijn. Het was een offer dat ze waardig moest brengen. 'De carrière van mijn moeder was afgelopen. Maar ze mocht haar leven er niet door laten verkorten. Als haar hart zich maar los kon maken van de man die haar zozeer liet lijden.'[9]

Op een morgen diende zich een kamerheer bij haar aan met een brief van de keizer waarin hij haar vroeg direct naar hem toe te komen. Omdat Hortense op dat ogenblik niet thuis was, ontving ze het bericht pas 's middags. Ze reed meteen naar de Tuilerieën. Haar stiefvader zat echter in een vergadering en kon niet worden gestoord. De koningin begaf zich naar haar moeder, die ze in een staat van totale ontreddering aantrof. Napoleon had eindelijk verklaard dat hij zo niet verder kon leven en vastbesloten was zich van haar te laten scheiden. Joséphine verloor daarop het bewustzijn en moest naar haar eigen vertrekken worden gedragen. Hortense schreef in haar memoires hoe ze op het bericht reageerde: '"Nou goed! Des te beter!" antwoordde ik direct. "We vertrekken allemaal en dan ben jij rustiger." – "Maar jullie, mijn kinderen, wat zal er van jullie worden?" – "Wij gaan met je mee. Mijn broer zal er net zo over denken als ik en voor het eerst in ons leven zullen we ver van de grote wereld als familie met elkaar het geluk kennen."'

De keizerin kalmeerde enigszins door de vastbesloten woorden van haar dochter. Toen ze later samen zwijgend aan het diner zaten, kwam een page Hortense opnieuw uitnodigen om naar de keizer te gaan. Vastbesloten om niet de minste zwakheid te tonen, ging de koningin naar het vertrouwde vertrek van haar stiefvader, waar ze langs de Mammeluk Roustan heen naar binnen liep. Napoleon kwam uit zijn kabinet en begon haar omstandig zijn beslissing duidelijk te maken: 'Ik heb mijn besluit genomen. Het was onvermijdelijk. Heel Frankrijk wil dat ik ga scheiden. Het Franse volk heeft me er ronduit om gesmeekt. Ik kan niet meer tegen dat verlangen in gaan. Trouwens, niets kan me er meer van weerhouden, geen tranen, geen smeekbeden.'

Hortense antwoordde daarop rustig: 'U bent heer en meester, u kunt doen wat u goeddunkt, Sire. U zult door niemand worden gedwarsboomd. Aangezien het noodzakelijk is voor uw geluk, is het voldoende; wij zullen ons eraan opofferen. Wees niet verbaasd over de tranen van mijn moeder. U zou verbaasder zijn als ze, na een huwelijk van dertien jaar,[10] geen tranen vergoot. Maar ze zal zich erin schikken, daar ben ik van overtuigd, en we zullen allemaal vertrekken, de herinnering aan uw goedheid met ons meenemend.'[11]

Terwijl Hortense sprak veranderde de keizer van houding en gedrag. De tranen sprongen hem in de ogen en hij snotterde: 'Wat?! Gaan jullie me allemaal verlaten? Laten jullie me in de steek? Dus je houdt niet meer van me? Als het voor mijn eigen geluk was zou ik jullie er niet aan opofferen. Maar het gaat om *La France!*'

Bij het zien van die heftige emoties kon Hortense zich ook niet langer goed houden. Ze vergat al haar trots. Ze greep zijn handen en ze huilden samen. 'Wees flink, Sire,' probeerde ze hem te troosten. Maar het idee dat hij ook zijn geliefde dochter en zoon zou verliezen, was onverdraaglijk voor Napoleon. Hij zei dat hij hen altijd als zijn kinderen zou blijven beschouwen en haar moeder als zijn dierbaarste vriendin. Hij kon Eugène alleen niet als opvolger benoemen, hij was immers niet van zijn bloed? Om de rust in het land te herstellen moest er een wettige zoon geboren worden. Ze droogde haar wangen en liet hem alleen. Zijn kamerknecht en Roustan zagen hoe de keizer lang na het vertrek van Hortense nog in de war was en bleef huilen.

Op 26 november stuurde de keizer per telegraaf een bericht naar Eugène in Milaan met het verzoek onmiddellijk naar Parijs te komen. Dezelfde dag verliet de onderkoning van Italië prinses Auguste en zijn kleine kinderen en begaf zich op weg. Hortense reed hem tegemoet. Bij Nemours gekomen zag ze zijn rijtuig naderen. Hij sprong van de treeplank, rukte het portier open en omhelsde zijn zuster. Hortense had hem niet meer gezien sinds hij als jonge kolonel in zijn regiment naar Italië was vertrokken. Ze bekeken elkaar nieuwsgierig; zij vond hem veel mannelijker en forser geworden, hij vond haar sterk vermagerd en zozeer veranderd dat hij haar nauwelijks herkende. Ze hervonden hun vertrouwelijke toon en toen Eugène vroeg of de aanleiding van hun hereniging goed of slecht was antwoordde ze: 'Slecht.' Haar broer raadde de rest. Nadat hij een paar vragen had gesteld over de toestand waarin hun moeder verkeerde zei hij berustend: 'Dan zal ons leven heel wat kalmer eindigen dan het begonnen is. Maar waarom moest ik met een prinses trouwen? Mijn arme vrouw zal de enige zijn die echt te beklagen is. Zij hoopte op kronen voor haar kinderen; haar opvoeding is daarop gericht. Zij denkt dat men mij naar Parijs liet komen om me tot troonopvolger van Napoleon te verheffen. Maar ze zal wel flink zijn. Ze houdt zoveel van me en ze zal er het beste van weten te maken.' Bij aankomst in de Tuilerieën liet Eugène zich direct bij zijn stiefvader aandienen terwijl Hortense haar moeder opzocht.

Joséphine had maar één gedachte, die ze telkens in andere woorden herhaalde: ze zou in de buurt van Napoleon blijven. In Frankrijk. Ze wilde hem niet werkelijk verlaten. Hij had haar nodig. Zij had hem nodig. Ze zou niet weggaan. Hortense luisterde al niet meer maar streelde haar moeders handen, waarvan de aderen opzwollen. De handen verraadden de leeftijd van de verder nog jeugdige vrouw.

Ze stonden samen op toen de keizer met zijn stiefzoon de trap afdaalde en ze voor het eerst sinds lange tijd weer met zijn vieren bijeen waren. Als vroeger. Opnieuw vloeiden er tranen en de keizer putte zich uit om de pijn te verzachten; hij beloofde Eugène dat zijn moeder geen verlies zou lijden. Ze mocht haar titel en alle bezittingen behouden; haar kostbare juwelen, meer dan vierduizend japonnen en ontelbare schoenen, haar paarden en rijtuigen, al haar onroerende goederen. Hij zou haar een vorstelijk jaarinkomen geven en ze kreeg haar geliefde Malmaison met zijn tuinen, kassen, boomgaarden en omringende landerijen in eigendom.

Hortenses broer merkte na dit alles op dat het niet nodig was. Ze hadden besloten met zijn drieën het land te verlaten om niet steeds aan het verleden herinnerd te worden. Ze zouden de keizer maar voor de voeten lopen. Opnieuw zag Hortense hoe de houding van haar stiefvader plotseling veranderde; zijn kin viel op zijn borst en zijn spieren verslapten. Hij vroeg Eugène met een snik niet weg te gaan. Hij had hem nodig, hij beminde hem als zijn eigen zoon. En Hortense, zijn dochter en de moeder van zijn beide neefjes, wat moest hij zonder haar? Hij spreidde zijn armen en legde ze zwaar om hun schouders.

Zodra de ontroering zijn werk had gedaan en de drie toegeeflijker leken, hervond de keizer zijn heerszuchtige houding. Hij somde de voor- en nadelen op van hun beslissing; als zijn stiefkinderen hem verlieten zou men zeggen dat de keizer hun moeder verstoten had: 'Is haar rol niet mooier, als blijkt dat zij mij blijft nastaan, doordat jullie bij mij blijven en omdat zij haar titel van keizerin en onderscheidingen behoudt? Dat zal aantonen dat het slechts een scheiding is om politieke redenen, die zij zelf heeft geaccepteerd. Dan zal zij nieuwe achting en respect verkrijgen, omdat zij dit offer bracht uit liefde voor mijn land.'[12]

Joséphine stamelde dat zij en haar kinderen natuurlijk een deel van zijn leven zouden blijven. En ze wilde zelf – als titulair keizerin – niets liever dan in Malmaison wonen, zo dicht mogelijk bij hem. Hortense en Eugène keken elkaar aan; de keizer had in alle opzichten zijn zin gekregen. Droevig gingen ze uiteen, zich voorbereidend op de officiële echtscheiding. Alle familieleden, op Joseph en Lucien na, zouden er getuige van zijn.

Op 1 december arriveerde er een rijtuig uit Holland, waarvan de portieren getooid waren met het koninklijk wapen. Op de achterbank zat koning Lodewijk Napoleon met zijn minister Roëll. In een volgrijtuig hadden de nieuwe groothofmaarschalk Roest van Alkemade, de vice-admiraal Blois van Treslong, de kamerheer Corver Hooft en de stalmeester Trip plaatsgenomen. Hortenses echtgenoot reed niet naar zijn huis in de rue Cerutti. Hij ging naar Mme Mère. Daar ontving Lodewijk zijn oudste zoon Napoleon Louis. Hij had het kind tot zijn intense verdriet twee jaar niet gezien. Ook de kleine Louis Napoleon, die hij nog nooit had ontmoet, werd nu naar zijn vader geleid. Onder dwang van de keizer legde Lodewijk een formeel bezoek af aan zijn vrouw, wat ze met een tegenbezoek beantwoordde.

In tegenstelling tot de algemene sfeer van verdriet om de keizerlijke scheiding, werden er begin december grote feesten aangericht. Er was vrede gesloten met Oostenrijk en dat diende gevierd te worden. De gasten waren lang tevoren uitgenodigd.

De vorsten van Saksen, Württemberg en Beieren kwamen met hun gevolg in de Tuilerieën aan en Joséphine moest haar keizerlijke glansrol spelen, in het besef dat het de laatste keer was. Iedereen wist welk lot haar boven het hoofd hing en keek met onverholen nieuwsgierigheid en compassie naar de elegante gestalte. Ze slaagde erin zich te beheersen. Met bewonderenswaardige gratie trad ze de gasten tegemoet, glimlachte en converseerde, zoals er van haar verwacht werd. Die avond laat legde ze voor het allerlaatst het keizerlijk diadeem af en verzamelde krachten voor de komende beproeving.

Op 15 decemer 1809 om negen uur 's morgens verzamelde de keizerlijke familie zich in de Grote Zaal van de Tuilerieën. De plechtigheid die hun wachtte, had de allure van een huwelijksinzegening. De Bonapartes verheugden zich met malicieuze blikken op de finale van deze echtverbintenis. De Beauharnais en hun intieme vriendinnen, vrienden en familieleden keken met bedroefde en weerloze blik naar de zetel waar Joséphine plaats moest nemen. Het definitieve afscheid van haar man was mooier geënsceneerd dan hun haastige huwelijk. Joséphine zag haar bruidegom van weleer naar zijn troon met de vergulde leeuwenpoten gaan. Achter hem plooiden zich zware, blauwfluwelen gordijnen die met gouden bijen waren bezaaid, en zijn voeten rustten op een dik geknoopt tapijt.

Toen Joséphine naast de keizer plaatsnam leek het hem of ze niet veranderd was in ruim dertien huwelijksjaren. Haar gestalte was klein, bevallig en slank gebleven. Ze droeg bijna dezelfde witte, eenvoudige japon als bij hun huwelijk. Zonder een enkel sieraad. Het haar, dat kastanjebruin krulde, werd bijeengehouden door een zijden lint. Met een brok in zijn keel keek de keizer naar haar kleine voeten in de geborduurde schoentjes. Hortense en Eugène leken haar als wachters te beschermen. Alle drie hielden ze het hoofd hoog, maar zonder trots. Er straalde een adeldom van hen af die geen van zijn familieleden in zich had. Even flitste er haat door zijn ziel toen hij de wellust zag waarmee Carolines tijgerinnenogen haar schoonzuster volgden; zijn zuster verheugde zich zichtbaar op het schouwspel dat hen verscheurde, dat Joséphine voor altijd van hem wegnam. Pauline scheen zich te amuseren en wierp van tijd tot tijd een boosaardige glimlach naar Elisa.

Jérôme en Lodewijk hadden iets ongeduldigs; eindelijk was hun broer verstandig geworden en werden ze bevrijd van de veeleisende Joséphine, die hem zo lang in haar ban had gehouden. Op een lage zetel zat Mme Mère. Haar smalle mond bewoog bijna onmerkbaar, alsof ze op een snoepje sabbelde. Ook voor haar was dit een moment waarnaar ze dertien jaren lang had verlangd. De half toegeknepen ogen hadden nooit een goede eigenschap van Joséphine willen zien. Haar wezen was vervuld van jaloezie op de vrouw die haar zoon had betoverd met haar erotische trucs. Wat ze van de promiscue Pauline en Caroline duldde of veinsde niet te zien, had ze in de bruid van haar Napoleon veracht.

Napoleon verhief zich. Hij was in de afgelopen jaren zwaarder geworden. De korte jas die hij op een witte broek droeg, onthulde een gezette maag en vlezige dijen zodat zijn gestalte korter leek. Het gezicht vertoonde nerveuze trekken die meestal volgden op een korte beweging van schouder en arm.[13] Tekenen van irritatie die zijn omgeving beangstigden. De huid van zijn wangen was ivoorwit. Donkere schaduwen stonden om de ogen en onder de lage wenkbrauwen blonken grote, zwarte pupillen vol emotie. Het was een liefdespaar dat zich aan deze scheidingsceremonie onderwierp. Iedereen kon het zien aan het tedere medelijden waarmee de keizer Joséphine naar voren leidde. Aan zijn schaamte om wat hij deze waardige vrouw, het sieraad van zijn hof, moest aandoen.

De keizerin gebruikte al haar kracht die in haar was om haar rol tot het einde toe volmaakt te spelen. Napoleon nam zijn toespraak ter hand, maar keek nauwelijks op het papier: 'God weet wat het mijn hart gekost heeft om dit besluit te moeten nemen. In de overtuiging dat het de belangen van Frankrijk het beste zal dienen, heb ik de moed gevonden om het tot uitvoering te brengen. Ik betuig niets dan dankbaarheid voor de toewijding en liefde die mijn dierbare vrouw mij altijd bewezen heeft. Dertien jaren van mijn leven maakte ze mooi; de herinnering daaraan zal altijd in mijn hart gegrift blijven.'

Stil en geschrokken zagen de aanwezigen hoe de keizer zijn tranen de vrije loop liet. Nu moest Joséphine haar korte antwoord uitspreken. Men hield de adem in toen ze haar papier openvouwde. 'Met toestemming van mijn geliefde man,' begon ze met trillende stem, 'bied ik hem met trots het grootste bewijs van toewijding en liefde dat een echtgenoot ooit ten deel is gevallen.' Bij deze woorden brak haar stem. Er verstreek een minuut van roerloze tweestrijd. Toen overhandigde ze met haar gebruikelijke elegantie het papier aan een intendant, die de overige regels op nuchtere toon voorlas.

De echtscheidingsdocumenten lagen gereed op tafel. Napoleon en Joséphine bogen zich om er hun handtekening op te zetten. Daarna volgden beurtelings de familieleden. Toen de laatste pennenkras stilte had nagelaten, ging de keizer naar Joséphine toe. Hij kuste haar voorzichtig en leidde haar aan de hand naar haar appartement. De deur sloot achter hen.

Geen van de achtergeblevenen wist wat er nu ging gebeuren. Ze stonden zwijgend over de gebeurtenis na te denken toen Napoleon bleek en ontdaan terugkeerde. Hij boog zich over Hortense en vroeg voor iedereen verstaanbaar: 'Mijn dochter, wil je naar je moeder gaan?'

Met dezelfde gratie als Joséphine begaf de koningin van Holland zich naar de deur, vol afkeuring nagestaard door de Bonapartes. Te veel eer bewees hij aan de dochter van zijn ex-vrouw, die nu immers in rang gedaald was.

Ze ging naar de chaise longue waarop haar moeder voorover was neergevallen. Al haar zelfbeheersing was verdwenen en noch haar trouwe kameniersters en hofdames noch haar dochter konden haar tot bedaren brengen.

Voor het laatst reed de fraaie hofkoets voor, om Joséphine bij de Tuilerieën op te halen. De keizerin en haar dochter verlieten het paleis onder een paraplu. Een zwaar regengordijn viel over het toneel, waarop Joséhine haar glansrol had mogen spelen. Hoger dan een koningin, zoals de zwarte slavin haar op Martinique voorspelde. Voor een van de vensters zagen ze nog vaag een gestalte die met een hand op een stok steunde, zijn gepoederde gezicht ving het koude decemberlicht voor hij zich terugtrok in de schaduw van het gordijn. Nu herinnerde Joséphine zich ook de andere woorden van de zwarte waarzegster: 'Pas op voor een geestelijke.'

Het deed er niet meer toe. Alles was nu voorbij. De paarden draafden over de modderige wegen naar Malmaison, waar de haardvuren als vanouds brandden en de kaarsen voor de wandspiegels waren ontstoken. Ze stapten uit en liepen huiverend naar de hal. Daar stond Joséphine een ogenblik stil, keek om zich heen en zei met een zucht tegen Hortense: 'Als hij gelukkig is, zal het mij ook niet berouwen.'[14]

16

Nu de echtscheiding van Napoleon en Joséphine een feit was, werd er in Franse hofkringen heftig over twee kwesties gespeculeerd: het volgend huwelijk van de keizer en de mogelijke echtscheiding van de koning en de koningin van Holland.

Nadat Napoleon de jongste zuster van de tsaar de hand had gevraagd, reageerden de Romanovs traag. Aartshertogin Anna Pavlovna zou niet genegen zijn haar Russisch-orthodoxe geloof voor hem op te geven en de moeder van de tsaar, Maria Fjodorovna, vond Anna nog te jong om te trouwen. Ze was bang dat ze net als twee van haar andere dochters spoedig daarna in het kraambed zou overlijden. In Sint-Petersburg werd de beslissing maand na maand uitgesteld. Maar de keizer van Frankrijk liet zich niet als de eerste de beste vrijer aan het lijntje houden. Hij zou nooit vergeten dat het Russische vorstenhuis hem met minachting bejegende.

Nog voor de onderhandelingen met de Romanovs waren vastgelopen, had hij zich ongeduldig tot een andere huwelijkskandidate gewend. Deze keuze werd achter de schermen gestuurd door Joséphine de Beauharnais. De keizerin inviteerde Mme von Metternich, echtgenote van de Oostenrijkse ambassadeur, op Malmaison en sprak openhartig met haar over haar opvolgster. Ze was van mening dat Napoleon en het keizerrijk gelukkig zouden zijn met de dochter van keizer Franz II. Mme von Metternich kon haar niets anders dan goeds over de negentienjarige aartshertogin vertellen. De moeder van deze prinses had twaalf kinderen ter wereld gebracht en haar overgrootmoeder zelfs zestien kinderen. De kans op een vruchtbaar huwelijk was dus groot. Dit stelde Joséphine gerust. Ze spande zich in om de kandidate via Mme von Metternich bij Napoleon aan te bevelen. Toen dit gesprek gunstig was verlopen, reisde zij naar Wenen en trachtte de keizer positief te stemmen om Napoleon als zijn schoonzoon te accepteren.

In het gezin van Franz II was jarenlang met haat over de monsterlijke Franse dictator gesproken. Tweemaal moesten ze voor hem uit Wenen vluchten. Alleen al de naam van Napoleon Bonaparte was voldoende om de aartshertogin bang te maken. Ze vreesde hem meer dan de *Menschenfresser* uit haar sprookjes. Maar nu was het vrede en om de verzoening tussen beide landen te bezegelen, lag dit huwelijk voor de hand. Aartshertogin Marie Louise was opgevoed in gehoorzaamheid aan haar keizerlijke vader en de kerk. Ze zou doen wat haar vader verlangde, ook al brak haar hart bij de gedachte aan een echtverbintenis met de Corsicaanse despoot. Begin 1810 reden er al onderhandelaars tussen Parijs en Wenen heen en weer. Men verwachtte dat de bruiloft in de lente gevierd zou worden.

Moeilijker dan het tweede huwelijk van Napoleon was de echtscheidingskwestie van diens broer, de koning van Holland. Bij zijn aankomst in Parijs had Lodewijk Bonaparte zijn wens meteen bij zijn broer op tafel gelegd; hij wilde zich voorgoed van Hortense ontdoen. Napoleon gaf hem nog geen antwoord. Hij nam wel de tijd om zijn broer te verwijten dat hij een waardeloos koning was die niets van zijn regering terechtbracht. In juli was er een Engelse oorlogsvloot met 38.000 man en 144 kanonnen aan boord voor de Zeeuwse kust verschenen. Walcheren en Zuid-Beveland waren bezet. Maar de koning was juist op bezoek bij zijn moeder in Aken en kwam te laat met een te klein leger in Roosendaal aan, waar hij alleen maar toekeek hoe de Engelsen trachtten via de Schelde Antwerpen te veroveren. Dat de vijand zich ten slotte onverrichter zake terugtrok, had minder te maken met het militair optreden van de koning van Holland dan met een besmettelijke ziekte, die honderden Engelse soldaten de dood indreef en de rest van het leger dwong terug te keren naar Engeland.

Napoleon was woedend. Hij zond troepen ter versterking naar de havens van Vlissingen en Middelburg. Zoveel Franse soldaten trokken de grenzen over dat ze meer beschouwd werden als een bezettingsleger dan als verdedigers van de Zeeuwse veiligheid. Koning Lodewijk Napoleon voelde dat de troon onder hem vandaan werd getrokken. Nu zijn broer hem eenmaal in zijn greep had, liet hij hem niet gauw meer gaan. De koning van Holland werd door de Parijse politie in de gaten gehouden; ze moesten voorkomen dat hij in een impuls terug zou keren naar zijn koninkrijk. Op 2 december was hij gedwongen een groot feest bij te wonen om het eerste lustrum van de keizerskroning te vieren.

Pas eind december vond er in de Tuilerieën familieberaad plaats over zijn echtscheidingskwestie. Zijn zusters, de inhalige zwagers en Mme Mère wikten en wogen. Nu ze van Joséphine bevrijd waren bleef haar dochter Hortense nog over. Caroline, die de meest malicieuze roddels over haar schoonzuster had verspreid, zag nu de kans voor het oprapen liggen om haar rivale uit de familie te zetten. Maar zou een tweede echtscheiding in het voordeel van de Bonaparte-clan werken?

De keizerlijke dynastie moest in aanzien staan, de schijn van morele zuiverheid ophouden. Men kwam algauw tot de conclusie dat één echtscheiding in de familie al erg genoeg was. Lodewijk en Hortense konden dus maar beter getrouwd blijven.

Hortense was aanvankelijk niet gelukkig met de uitslag van het familieberaad. Totdat ze zich realiseerde dat Lodewijk nu ook geen kans kreeg om haar kinderen op te eisen. Dit zou haar beroven van alles dat haar lief was. Ze leefde nog slechts voor Napoleon Louis en de kleine Louis Napoleon. De rest van haar leven werd beheerst door de zorg voor haar moeder. Joséphine had haar dochter meer dan ooit nodig en legde van uur tot uur beslag op haar. Nauwelijks had Hortense haar in Malmaison achtergelaten, of er verscheen alweer een koerier in Parijs met het verzoek snel bij de keizerin te komen. In de eerste weken na hun echtscheiding ontving Joséphine nog regelmatig bezoek van Napoleon. Bijna elke dag zond hij zijn page naar haar toe met liefdevolle brieven en kleine geschenken. Ze wandelden door de tuinen maar ze sliepen niet meer onder één dak. Langzaam werden de bezoeken minder. En ook de keizerlijke page meldde zich niet meer elke middag bij de entree van Malmaison. Hortense zocht allerlei manieren om haar moeder af te leiden: er werden bals en recepties gegeven en hooggeplaatsten maakten hun opwachting zodat de keizerin haar lievelingsrol van gastvrouw kon spelen. Vriendinnen van vroeger – zoals de uitbundige Thérèse Tallien die inmiddels een paar echtscheidingen achter de rug had – kwamen bij haar op bezoek. Maar Joséphine had geen zin om met hen naar bals te gaan. In het theater of in de opera mocht ze geen gebruik meer maken van de keizerlijke loge. Ze leidde liever een teruggetrokken bestaan en volgde vanuit de verte het leven van Napoleon, die ze meer liefhad dan zichzelf. Als er jachtpartijen gehouden werden in de wouden van Saint-Germain, ging de keizerin voor het raam van een vertrek zitten dat uitzicht bood op de grote weg. Ze hoopte een glimp van de keizer op te vangen die in zijn rijtuig voorbijsnelde. Een enkele keer kwam hij haar vluchtig groeten. Totdat zijn rijtuig niet meer bij haar huis stopte.

Hortense kon aan het hof de ontwikkelingen van de huwelijksonderhandelingen met de Oostenrijkse ambassadeur van nabij volgen. In februari was de zaak beslist. Napoleon begon nu nieuwsgierig te worden naar zijn aanstaande bruid. Talleyrand schepte er plezier in bij Hortense verslag te doen van een gesprek dat Napoleon met een jonge aide de camp voerde, die Marie Louise in Wenen had ontmoet: 'Vertel me eens eerlijk,' zei Napoleon, 'hoe vond je aartshertogin Marie Louise?' – 'Sire, heel aardig,' – '*Très bien?* Daar word ik niet wijzer van. Laat ons eens zien: hoe groot is ze?' – 'Sire ze is...' hij aarzelde even en voegde eraan toe, 'ongeveer net zo groot als de koningin van Holland.' – 'Ah! Dat is goed; en wat is de kleur van haar haren?' – 'Blond, zo'n beetje als die van de koningin van Holland.' – 'Goed. En haar huid?' – 'Heel blank met een frisse blos net als van de koningin van Holland.' – 'Dus ze lijkt op de koningin van Holland?' – 'Nee, Sire, en toch heb ik al uw vragen naar waarheid beantwoord.' De keizer zond hem weg en zei hoofdschuddend: 'Ik kan haast geen woord uit hem krijgen. Ik begrijp dat mijn vrouw wel lelijk moet zijn, want geen van die duivelse jongelui durfde te beweren dat zij mooi is. Enfin, als ze maar goed is en me flinke zonen baart zal ik haar liefhebben alsof ze de mooiste vrouw van de wereld was.'[1]

Er werd lang en ernstig beraadslaagd over de keuze van haar hofdames, over de inhoud van haar *corbeille* en de bruiloftsgasten. De koning en koningin van Westfalen, de koningin van Spanje, de koning en koningin van Napels, de hertogin van Toscane, de prins en de prinses van Baden, prinses Pauline en de koning en koningin van Holland kwamen regelmatig in de Tuilerieën bijeen om over al deze zaken te beraadslagen. Hortense voelde zich opgelaten in het gezelschap van familieleden die ook over haar levenslot beslisten en duidelijk lieten merken dat ze in aanzien was gedaald.

Nog dagelijks werden er dozen vol schoenen, hoeden, waaiers, manden met kasjmier sjaals, japonnen, manteltjes en tal van snuisterijen uit de vertrekken van de keizerin gehaald en naar Malmaison overgebracht. Verdrietig stond haar dochter in het lege boudoir; de laatste reflectie van Joséphines gezicht in de Venetiaanse kapspiegel was verdwenen. Haar parfums bleven er nog lang hangen. Toen de chaise longue naar buiten werd gedragen dacht ze eraan hoe de keizer zijn vrouw daar plagerig op zijn schoot had getrokken en kuste als ze gekleed en gekapt voor hem verscheen. De kleine tafeltjes en taboeretten waarop haar vriendinnen bijeen zaten en levendig converseerden en lachten, waren voorgoed leeg. Hoe zou de volgende keizerin dit vertrek bewonen?

Nu de scheiding van Joséphine onomkeerbaar was en de bruid zich al voorbereidde op de lange reis, begon Napoleon zich op zijn tweede huwelijk te verheugen. Tijdens een van de voor Hortense zo onplezierige avondjes in de familiekring had de keizer een vrolijke bui en zei: '"En nu moet ik vriendelijk worden. Mijn ernstige, strenge manier van doen zal bij een jonge vrouw niet in de smaak vallen. Zij zal wel houden van de pleziertjes die bij haar leeftijd passen. Kom Hortense, jij bent onze Terpsichore, leer mij eens de wals." Dit voorstel van de keizer leek ons zo ongewoon dat we in lachen uitbarstten. Maar het was serieus bedoeld. Ik gaf hem gedurende twee avonden les. Hij had niet veel aanleg en lachte zelf om zijn onhandigheid. "Ik heb de leeftijd niet meer voor die dingen," zei hij. "Ik ben te oud. Trouwens, ik merk wel dat ik niet voor dansen in de wieg ben gelegd."'[2]

Bij elke beweging voelde ze de koude en misprijzende blik van Lodewijk op zich gericht. Zijn aanwezigheid drukte als een donkere wolk op haar dagen en greep haar fysiek aan. Ze kon niet meer eten, niet meer zingen en raakte oververmoeid door de spanning. Hortense had wat steun gevonden bij haar broer. Maar Eugène was naar Italië gereisd om zijn vrouw op te halen, die aanwezig moest zijn bij de aanstaande bruiloft. Vanuit Milaan kwam er een brief van hem met een droevig bericht: de jonge generaal de Broc, die na de Oostenrijkse campagne de vice-koning in Italië diende, was in Milaan besmet geraakt met een dodelijke koorts. Hortense kon het bericht niet voor haar beste vriendin verborgen houden en Adèle vertrok ongerust naar Milaan om haar echtgenoot zelf te verplegen. Onderweg ontmoette ze Eugène en diens vrouw. Ze moesten haar vertellen dat haar man op 11 maart 1820 in een herberg bij Milaan was gestorven.

Het nieuws verpletterde Adèle, die na een huwelijk van nog geen drie jaar weduwe was geworden. Ze keerde ontroostbaar terug in Parijs. Hortense trachtte haar vriendin te helpen maar vond geen woorden. Waarom moest er aan dit gelukkige huwelijk zo plotseling een einde komen terwijl haar eigen ongelukkige huwelijk zich jaar na jaar voortsleepte?

Ondanks de rouw gingen haar verplichtingen door. Ze ging Auguste begroeten, die ze nog nooit had gezien. Hortense reisde haar broer en schoonzuster tot Fontainebleau tegemoet en keek verlangend naar haar uit: 'Ik kende mijn schoonzuster nog niet (...). Het geluk dat ze mijn broer had geschonken maakte haar voor mij dierbaar. Ik stelde vast dat ze beantwoordde aan de beschrijving die men mij van haar had gegeven; een opvallende, frisse schoonheid.' Auguste bespeurde onmiddellijk dat er een zeer sterke band tussen haar man en diens zuster bestond, wat haar een vaag gevoel van onbehagen bezorgde. De koningin van Holland overstelpte haar met vriendelijkheden, die ze voorzichtig beantwoordde.

In maart 1810 vertrok de bruidsstoet vanuit Wenen in de richting van Parijs, waar alles in gereedheid werd gebracht voor een feestelijke ontvangst. Joséphine de Beauharnais hoorde daar niet bij. Ze trok zich – voor de duur van de huwelijksfeesten – vol begrip terug op kasteel Navarre in Normandië, dat Napoleon haar schonk. Haar dochter maakte deel uit van de stoet die de keizer vergezelde naar Compiègne, waar Napoleon zijn bruid zou opwachten.

Joséphine de Beauharnais, de moeder van Hortense, door Jean Baptiste Isabey. *Collection Lejeune, B.N. Estampes*

Alexandre de Beauharnais, de vader van Hortense, door F. S. Delpech. *Collection Lejeune, B.N. Estampes*

Hortense de Beauharnais als kind door François Gérard. *Photo12, foto* ARJ

Eugène de Beauharnais, de broer van Hortense, ongeveer vijftien jaar oud. Toegeschreven aan Antoine Gros. *Malmaison*

Frederik III, Rijngraaf van Salm-Kyrbourg.
Iconografisch bureau, Den Haag

Amalia Zéphyrine van Hohenzollern Sigmaringen,
geboren Salm-Kyrbourg. *Slot Sigmaringen*

Dit zelfportret tekende Hortense in 1801 als leerlinge van Isabey in het meisjespensionaat van Mme Campan. *Slot Arenenberg*

Eglé Auguié en Hortense (rechts) in het meisjespensionaat. Tekening door Eglé. RMN, *foto Gérard Blot*

Mme Campan, directrice van het meisjespensionaat en levenslange vriendin van Hortense. Miniatuur door Louis Marie Autissier. *Collection Lejeune, B.N. Estampes*

Generaal Napoleon Bonaparte in 1797 door Louis David. RMN, *foto René-Gabriel Ojéda*

Bomaanslag op Napoleon in de rue Nicaise op
24 december 1800. *Photo12, foto* ARJ

Château de Malmaison gezien van de tuinzijde.
Aquarel door Auguste Garnerey. RMN, *foto Bulloz*

Hortense de Beauharnais, de huwbare dochter van de Eerste Consul, door François Gérard. RMN

Generaal Duroc, een van Hortenses aanbidders, die tevergeefs haar hand vroeg, door Anne Louise Girodet.
RMN, *foto René-Gabriel Ojéda*

Joséphine de Beauharnais als vrouw van de Eerste Consul, door Andrea Appiani.
Particuliere collectie

Hortense tijdens een van haar badkuren in Aix les Bains, door J.A. Duclaux. *Slot Arenenberg*

Lodewijk Napoleon Connétable van Frankrijk in 1806,
door François Gerard. RMN

Napoleon in kroningsornaat met de vergulde lauwerkrans op het hoofd, door François Gérard, 1806. *Slot Arenenberg*

Hortense en haar schoonzusters tijdens de kroning van Joséphine door Napoleon in de Notre Dame op 2 december 1804. Van links naar rechts: Caroline, Pauline, Elisa, Hortense met Napoleon Charles en Julie. Uiterst links: Joseph en Louis. Schilderij door Louis David. *Photo12, foto Oronoz*

Keizerin Joséphine in haar kroningsgewaad met kroonjuwelen door François Gérard. RMN

Graaf Rutger Jan Schimmelpenninck, de Bataafse gezant die de kroningsplechtigheid bijwoonde, met zijn gezin, geschilderd door Pierre Paul Prud'hon. *Rijksprentenkabinet*

Eugène de Beauharnais als onderkoning van Italië door Andrea Appiani. RMN, *foto Daniel Arnaudet*

Hortense de Beauharnais met haar tweede zoon prins Napoleon Louis in 1807 door François Gérard. RMN

Hortense met haar oudste zoon kroonprins Napoleon Charles in 1807 door François Gérard. RMN

Huis ten Bosch bij Den Haag door P. Schenck.
Paleis Het Loo

Bij zijn intocht in Amsterdam (1808) werd koning Lodewijk Napoleon uitbundig toegejuicht, door J.A. Langendijk. *Rijksprentenkabinet*

Hortenses malicieuze schoonzuster Caroline Murat, koningin van Napels, met haar vier kinderen in 1810, door François Gérard.
RMN, *foto Daniel Arnaudet*

Ruiterportret van Joachim Murat door Antoine Gros.
RMN, *foto Jean-Gilles Berizzi*

Lodewijk Napoleon in Hollands marine-uniform in 1809 door Johan Scheffer. *Slot Arenenberg*

Een anonieme spotprent die na 1810 verscheen toont hoe men in Holland over koningin Hortense dacht. Ze is afgebeeld als prostituee en keert haar blote achterste naar het borstbeeld van keizer Napoleon. Op de grond ligt een krolse kat. In haar hand een boek van Markies de Sade. *Rijksprentenkabinet*

Hortense met haar beide zonen Napoleon Louis en
Louis Napoleon door François Gérard.
RMN, *foto Michèle Bellot*

Charles graaf de Flahaut, de bastaardzoon van Charles-Maurice de Talleyrand, de enige grote liefde van Hortense en vader van haar buitenechtelijke kind, door Jean Guérin.
Slot Arenenberg

Tsaar Alexander I door G. Dawe.
De Hermitage, Sint-Petersburg

Julie von Krudener, de helderziende barones.
Flammarion

Napoleon krijgt bij zijn bezoek aan Amsterdam in 1811 de sleutel van de stad aangeboden. Schilderij door M. van Bree. *Collectie Amsterdams Historisch Museum*

Aankomst van de erfprins Willem van Oranje op het strand van Scheveningen in 1813. *Collectie Amsterdams Historisch Museum*

Napoleon in Fontainebleau voor zijn abdicatie op
31 maart 1814 door Paul Delaroche. *Photo12, foto* ARJ

Napoleons tweede gemalin keizerin Marie Louise die hem in 1811 een zoon schonk: Napoleon Franz, koning van Rome. Schilderij door François Gérard. *Photo12, foto* ARJ

Tsaar Alexander I na Napoleons abdicatie op bezoek in Malmaison bij keizerin Joséphine, Eugène de Beauharnais, koningin Hortense en haar zoontjes Napoleon Louis en Louis Napoleon in 1814 door Jean Louis Victor. RMN, *foto Daniel Arnaudet*

Hortenses ballingsoord aan de Bodensee: Slot Arenenberg, waar ze tot haar dood in 1837 verbleef. Door Nicolaus Hug. *Slot Arenenberg*

Ary Scheffer, de beroemde zoon van de Hollandse schilder Johan Scheffer, schilderde in 1835 deze serenade op het slotterras van Arenenberg. Links zit koningin Hortense met grote hoed onder de kastanjeboom, rechts staat Valérie Masuyer naast prins Louis Napoleon. *Slot Arenenberg*

Lord Byron door R. Westall.
Benaki Museum, Athene

Franz Liszt door Josef Kriehuber.
Klassik Stiftung Weimar

François-René de Chateaubriand door Anne-Louis Girodet. RMN, foto Gérard Blot

Alexandre Dumas door A. Maurin.
Manchester University

In de salon op Arenenberg hangt dit portret van prins Louis Napoleon, de latere keizer Napoleon III, in de sneeuw, door Felix Cottreau. *Slot Arenenberg*

Koningin Hortense op 51-jarige leeftijd aan haar pianoforte, door Felix Cottreau. *Slot Arenenberg*

Hortenses tweede zoon Napoleon Louis, die in 1831 in Italië stierf tijdens de opstand van de Carbonari. Schilderij naar François Gérard. *Slot Arenenberg*

Napoleon Franz, hertog van Reichstadt, 'Napoleon II'. Hij was de hoop van alle bonapartisten maar overleed in 1832 op 21-jarige leeftijd in Wenen. Portret door Moritz Daffinger. *Slot Belvedere, Wenen*

Auguste de Morny, de buitenechtelijke zoon van Hortense en Charles de Flahaut. Foto van J.G. Berizzi. RMN

In 1834 maakte Hortense deze potloodtekening van haar vriendin en hofdame Valérie Masuyer.
RMN, *foto Gérard Blot*

Letizia Ramolino, 'Mme Mère', Hortenses schoonmoeder, die ze tijdens haar ballingschap in Rome 's winters vaak bezocht, door François Gérard.
National Galleries of Scotland

Volgens haar laatste wens werd Hortense begraven bij haar moeder in de kapel van Rueil nabij Malmaison. Op dit portret van Joséphine de Beauharnais uit 1809 is ze afgebeeld bij een vaas hortensia's, die naar haar dochter verwijzen. Schilderij door Antoine Gros.
Musée Masséna, Nice

Hortense schreef in haar memoires hoezeer ze de bruid beklaagde; ze herinnerde zich haar eigen zoete verwachtingen die ze als jong meisje van haar aanstaande man koesterde en alle ellende die het huwelijk haar had gebracht. Ze stelde zich Marie Louise voor als een lam dat naar het altaar werd geleid. Hoe zou de aartshertogin ook maar een greintje liefde kunnen opbrengen voor een bruidegom die altijd de vijand van haar vader was geweest?

'Ze was me nu al dierbaar en ik wachtte op haar als op iemand die me nodig zou hebben,' schreef Hortense. 'Maar ik had me niet genoeg gerealiseerd dat een prinses in de eerste plaats naar eer streeft en dat zij altijd vurig de hoogste troon ambieert, waarop zij de meeste vreugde denkt te vinden. Omdat ze nooit haar hart kan volgen, stelt een opvoeding die wijs en redelijk is, haar ten doel haar geluk te leren vinden in haar levenslot; het aanzien en het waardige gebruik dat zij daarvan moet maken.'

In een groot rijtuig, getrokken door zes paarden, reisde de bruid westwaarts met als enig houvast haar rozenkrans. Ze was vastbesloten geen zwakheid te tonen. Zelfs niet aan de hofdames die haar vergezelden. In 1807 was haar moeder, keizerin Maria Theresia, telg uit de Napolitaanse tak der Bourbons, overleden. Haar vader stamde uit het oude, illustere Habsburgse Huis. Zijn dochter droeg zelfs de erfelijke kenmerken van deze vorsten en vorstinnen; een iets naar voren stekende onderkaak waardoor haar rozerode onderlipje leek te pruilen. Ze was opgevoed in blinde verering voor haar *liebe Papa*. Franz II geloofde niet dat haar huwelijk met de Corsicaan een duurzame vrede met Frankrijk zou brengen. Maar hij kon de despoot niets weigeren zonder zich opnieuw in een oorlog te storten. Marie Louise was mooi, tamelijk dom en zich nog niet bewust van haar aangeboren zinnelijkheid. Ze bezat dus drie eigenschappen die de keizer in een vrouw waardeerde.

Op 11 maart 1810 was de huwelijksceremonie in Wenen bij volmacht voltrokken, want de Franse keizer nam niet de moeite om daarvoor persoonlijk naar Wenen te komen. Afgesproken was dat Napoleon zijn bruid op 28 maart bij Soissons voor het eerst zou ontmoeten om haar naar Compiègne te begeleiden. De keizer was echter zo ongeduldig dat hij een dag eerder op weg ging. Toen het rijtuig van de aartshertogin in de stromende regen een stadje passeerde, stapte er een kleine, wat gezette man in een regenjas uit een kerkportaal en kwam op haar toe. Tot haar schrik trok hij het portier open, schoof naast haar en drukte zijn natgeregende lichaam tegen haar aan.

Tijdens de rit raakte de keizer zo verliefd op zijn jonge bruid dat hij haar bij aankomst in Compiègne naar zijn eigen slaapkamer bracht. In het gevolg werd daar heftig tegen geprotesteerd; het huwelijk was nog niet kerkelijk ingezegend. Maar de keizer trok zich er niets van aan en merkte op dat de door hem vereerde koning Henri IV hetzelfde had gedaan.

Napoleon scheen na die eerste nacht een gelukkig man. Hij zei tegen een van zijn generaals op grove toon: 'Trouw met een Duitse, mijn beste. Het zijn de bekoorlijkste vrouwen van de wereld; zacht, lief, fris en zo onschuldig als rozen.'

Voor Hortense was de hele gang van zaken uiterst pijnlijk. Ze had een glimp opgevangen van de nieuwe keizerin, die inderdaad blond was, blauwe ogen had en even groot was als zij. Maar daarmee hield de gelijkenis op. Marie Louise bewoog zich houterig van verlegenheid en keek stil voor zich uit. Een onbeduidend meisje dat zonder de kostbare entourage niemand opgevallen zou zijn. Alle gemaakte vrolijkheid rond het Frans-Oostenrijkse paar stemde Hortense melancholiek.

Vanuit Compiègne trok het hele gezelschap naar Saint-Cloud waar op 1 april het burgerlijk huwelijk werd gesloten. De volgende dag verplaatste het keizerlijk bruidspaar zich met een groot gevolg naar Parijs dat uitbundig versierd was. Als attractie reed de koets onder de machtige Arc de Triomphe de l'Etoile door, waarvan de bouw in 1806 was begonnen om de overwinning van Napoleon op Marie Louises vader bij Austerlitz te vieren. Door de slechte economische omstandigheden had de keizer deze triomfboog nog niet kunnen laten voltooien. Maar men had met planken en beschilderd linnen het bovenste deel in elkaar gezet. Brede boulevards, pleinen getooid met standbeelden, obelisken en moderne bruggen maakten indruk op de schuchtere keizerin. Bij de entree van de Tuilerieën toonde Napoleon trots zijn Arc de Triomphe du Carrousel. Op de boog liet hij zijn Venetiaanse oorlogsbuit plaatsen: de bronzen paarden van de San Marco. Alles was veel indrukwekkender dan ze verwachtte en haar bruidegom bleek niet de bruut die ze zich had voorgesteld. Langzaam verdween haar vrees.

Er stonden maar weinig mensen langs de kant om haar toe te juichen. Ze durfde niet naar hen te kijken. De weinigen die een glimp van haar blonde krullen en blozende wangen voor het raampje zagen verschijnen dachten met weemoed aan keizerin Joséphine, die vroeger elke burger van Parijs scheen te zien en hen in het voorbijgaan oprecht vriendelijk groette.

Napoleon had besloten dat de huwelijksmis in de vierkante salon van het Louvre werd opgedragen. Hortense moest de sleep van de bruidsmantel dragen, geassisteerd door Elisa, Pauline en de echtgenotes van Joseph en Jérôme Bonaparte. Voor de keizerin uit schreden Caroline, Augusta en Stéphanie met kaarsen in de hand. Bij het opnemen van de met hermelijn gevoerde sleep zag Hortense dat het de keizerlijke mantel was die haar moeder vijf jaar geleden gedragen had toen ze door Napoleon in de Notre Dame tot keizerin werd gekroond. De hele wereld kwam haar voor als een bizarre maskerade. Iedereen toonde valse gevoelens. De aanwezigen speurden uit hun ooghoeken naar Hortense en Eugène de Beauharnais – hoe verdroegen ze deze vernedering? Zelf ontweek ze de blikken van Lodewijk die haar met troebele ogen opnam; wat ging er om in zijn brein? Nooit hadden liefde en ceremonie zo ver van elkaar gestaan als op het moment dat ze samen toekeken hoe Napoleon een ring schoof aan de vinger van het Oostenrijkse aartshertoginnetje, dat eruitzag alsof ze geen enkele beslissing zelf kon nemen en nauwelijks begreep wat er om haar heen gebeurde.

Hortense wist dat de keizer het zo wilde houden. Hij haatte intelligente en onafhankelijke vrouwen in zijn omgeving, zoals Mme de Staël die onomwonden haar mening gaf en indien nodig kritiek uitte op zijn daden.

Kort voor haar vertrek naar Compiègne had Hortense bezoek gekregen van de ministers van het koninkrijk Holland. Ze deden een laatste poging steun te vinden bij de koningin in hun strijd tegen keizer Napoleon en diens Continentaal Stelsel, dat de economie van het koninkrijk vermoordde. Hoewel ze weinig van de kwestie wist en haar door haar stiefvader verboden was zich met politiek te bemoeien, luisterde ze geduldig en toonde begrip voor hun moeilijkheden. Als het verbod op de handel in Engelse goederen werd gehandhaafd, zou het land spoedig failliet zijn. De koning stond aan de kant van zijn onderdanen en zag oogluikend toe hoe de handel in Engelse goederen werd voortgezet. Maar Napoleons spionnen hadden algauw ontdekt dat er op grote schaal werd gesmokkeld; in Zierikzee waren pakhuizen volgestouwd met Britse waar. De Engelse koopvaardijschepen gingen na een handig spel met verwisselde vlaggen gewoon aan wal om hun kisten vol suiker, koffie en cacao te lossen. Vanuit Groningen was een kapitaal aan rietsuiker, peper en koffie naar de stapelmarkt in Amsterdam vervoerd om daar openlijk verhandeld te worden. Voor de kust van Noordwijk hadden Franse soldaten een Engels schip gesignaleerd dat 's nachts kisten vol suiker aan wal bracht. De douaneschepen van de koning voeren heen en weer en signaleerden zogenaamd niets. Keizer Napoleon was furieus toen hij de rapporten uit Holland las. Zijn broer redeneerde nuchter dat Napoleon nog veel bozer zou zijn als het land geen inkomen meer had en zelfs geen leger meer op de been kon brengen. Hortense wist niet hoezeer haar man door de keizer werd gehoond, uitgescholden en vernederd.

'Ik heb het u al honderdmaal herhaald; u bent geen koning, u bent niet in staat er een te zijn,' tierde Napoleon. 'U hebt geen marine, geen financiën, geen leger en dan doet u alsof u een vrije en onafhankelijke staat bent. Dat u in verlegenheid en onzekerheid verkeert, komt door uw slechte bestuur en doordat u nooit naar mijn raad hebt geluisterd.' In een brief schreef hij: 'Het spijt me dat ik u op de troon heb gezet. Ik beklaag de arme Hollanders: ze zullen het slachtoffer worden van uw grillig karakter.'

Eenmaal in Parijs leek Lodewijk weer het twaalfjarige jongetje, overgeleverd aan de strenge opvoeding van zijn oudere broer. Gedrild, beknot in zijn wensen, angstig ook en hunkerend naar een compliment. Nog altijd meldde hij zijn successen met trots schriftelijk aan de keizer. Als enig antwoord kwam er een cynische tirade die zijn daden belachelijk maakte. Napoleon koesterde geen enkel gevoel voor zijn broer, noch voor het land dat hij aan diens zorgen had toevertrouwd.

Hoewel hij het nooit zou toegeven, leed Frankrijk evenzeer onder het Continentaal Stelsel als Holland en Engeland. Vermaarde handelshuizen in Bordeaux en Marseille gingen failliet, de werkloosheid nam toe en de belastingen waren hoger dan onder het bewind van Lodewijk XVI. Napoleon loog over de schrikbarende cijfers van de neergaande economie. De vernietiging van Engeland was hem alles waard. En dan zou het kleine Holland hem weerstreven? Hij wilde het ongehoorzame landje zijn superioriteit doen voelen, het beroven van zijn laatste restje kapitaal, het zijn koning afnemen en het uitgeput bij het Franse keizerrijk inlijven. De kleine, koppige handelslui moesten weten wie de macht in Europa uitoefende en leren zich aan zijn wetten te houden.

De Hollandse ministers die voor koningin Hortense stonden, konden de leugenachtigheid en het wrede plan van de usurpator niet doorzien. Nu hun koning niet opgewassen bleek tegen de keizer, probeerde men ten einde raad steun te vinden bij diens stiefdochter, die toch nog altijd koningin van Holland was. Ook al zag men haar nooit en bekladde koning Lodewijk Napoleon haar naam. Ze had hun relaas met stijgende verbazing en compassie gevolgd en verklaarde naar waarheid dat ze geen politieke invloed had op de keizer noch op haar echtgenoot, maar dat het haar toescheen dat, indien Holland een leger had dat sterk genoeg was om de keizer te weerstaan, het zich misschien onafhankelijk zou kunnen maken. Aangezien het Hollandse leger zo zwak was, moest Holland met het Continentaal Stelsel meedoen en hopen op betere tijden. Anders zou de keizer wel eens zijn geduld kunnen verliezen en het koninkrijk helemaal bij Frankrijk inlijven.[3]

Lodewijk Napoleon zag de toekomst van zijn land steeds somberder in. Zijn broer had hem toegebeten: 'Holland is een Engelse kolonie en Frankrijk nog vijandiger gezind dan Engeland zelf. *Je veux manger la Hollande!* Ik ben van plan Holland op te slokken!'

In Parijs vond de koning bij niemand steun of redding, hij kon niet eens naar zijn land terugkeren. Overlopend van zelfbeklag ontbood hij elke dag zijn kinderen, de enigen die hem wat troost schonken. Zelfs de jongste, van wie hij het vaderschap had ontkend, sloot hij in het hart. Hortense zat in zijn tegenwoordigheid als een wassen pop voor zich uit te staren. Hij vroeg zich af waarom ze geen spoortje medelijden toonde. In Holland was hij zo intens eenzaam geweest. Geen mens scheen om hem te geven. Toen hij op een dag bij de stad Tiel een watersnoodgebied had bezocht, sprong er een bruine hond in zijn rijtuig. Geschrokken wachters wilden hem wegjagen, maar de koning was door het dier ontroerd. De hond likte zijn hand en legde zich vol vertrouwen aan zijn voeten. Lodewijk besloot hem bij zich te houden en hij noemde hem Tiel. Ze waren sindsdien onafscheidelijk. Tiel was de enige die echt van hem leek te houden.

Inmiddels bereikten hem vanuit Holland verontrustende berichten. In het zuiden van het land wemelde het van de Franse soldaten. Walcheren was zonder waarschuwing bij Frankrijk ingelijfd. Bergen op Zoom en Breda waren bezet. De koning had zijn onderdanen beloofd dat hij voor het eind van het jaar terug zou keren in Amsterdam. Men vroeg zich af waarom hij zich niet aan zijn woord hield. Lodewijk wist dat hij in Parijs bewaakt werd en geen stap buiten het huis kon zetten zonder gevolgd te worden. Verontwaardigd over de schending van zijn koninklijke macht verordende hij zijn onderdanen vanuit Parijs zich desnoods met wapens tegen de Fransen te verzetten. Dit kwam de keizer ter ore en hij sloeg zijn slag. Koning Lodewijk zou voor straf als staatsgevangene in Frankrijk moeten verblijven totdat hij het Traktaat van Parijs ondertekende, waarbij hij afstand deed van onder meer Zeeland en het land onder Maas en Waal. Minister Roëll weigerde zijn handtekening te zetten. De arme koning zag echter in dat hij geen keuze had. Op 16 maart ondertekende hij aan het grote keizerlijke bureau in de Tuilerieën het Traktaat, zichzelf op hetzelfde moment hatend om dit slappe verraad aan zijn volk.

Spoedig was Napoleon zozeer vervuld van zijn prille huwelijksgeluk dat veel politieke zaken naar de achtergrond werden geschoven. Met de ijver van een egomaan trachtte hij zijn genie en macht aan zijn jonge vrouw te tonen. De Hollandse kwestie irriteerde hem en hij gelastte Lodewijk kortaf naar Holland te verdwijnen en Hortense mee te nemen. Napoleon Louis groothertog van Berg en Kleef mocht zijn ouders begeleiden. Maar de kleine Louis Napoleon was te zwak voor de reis en moest in Parijs achterblijven.

Hortense wist nog niet wat haar boven het hoofd hing toen ze op een dag een uitnodiging ontving van haar zwager Jérôme, koning van

Westfalen en diens vrouw Catharina, om in hun appartement te Compiègne te komen dineren. Met een angstig voorgevoel ging ze naar hen toe om bij aankomst te ontdekken dat ook Lodewijk was uitgenodigd. Ze gingen met zijn vieren aan tafel en aten in stilte. Na het diner gebeurde wat Hortense de hele avond gevreesd had: haar gastheer en gastvrouw stonden op en verlieten samen het vertrek. Ze was in een val gelokt en zat nu alleen tegenover haar man. 'Mevrouw,' sprak Lodewijk, 'het is al geruime tijd mijn wens met u te spreken. De keizer heeft niet willen instemmen in een scheiding die door ons beiden verlangd werd. Derhalve kunt u niet langer vrij op uzelf blijven leven, onafhankelijk van uw echtgenoot.'

'Wat voor een geluk verwacht je van onze hereniging?' vroeg Hortense. 'Ik weet dat geluk niet meer mogelijk is. Ik vraag dat ook niet. Maar u bent koningin van Holland; u behoort daar te wonen en ik zal niet langer gedogen dat u elders verblijft,' antwoordde Lodewijk. Hortense stond nu op en smeekte haar man in Frankrijk bij haar moeder te mogen wonen. 'Ik kan je toch niet meer gelukkig maken. Laat mij dus de rest van mijn leven in stilte en rust doorbrengen. Denk niet meer aan mij; beschouw me als gestorven.'

'Dat is heel wat anders,'antwoordde hij snel. 'Kijk eens naar de keizer van Oostenrijk. Die is na de dood van zijn vrouw dadelijk hertrouwd.'[4] Het drong nu tot haar door dat er van zijn liefde, waarover haar man altijd in grote woorden had gesproken, niets meer restte. Hij wenste dat ze dood was. Dan zou hij een andere koningin kunnen kiezen. Ze ontvluchtte het vertrek, liep naar haar appartement en zette zich achter haar bureau om een brief aan de keizer te schrijven waarin ze hem dringend om een onderhoud verzocht. Maar Napoleon had het zo druk met het verwennen van Marie Louise dat hij haar brief zelfs niet las. Daarna zocht Hortense hulp bij de enige vertrouweling die haar altijd had beschermd en gesteund: Eugène. Hij luisterde naar haar relaas, maar achtte het haar plicht zich bij de situatie neer te leggen en er het beste van te maken. Hij kende Louis als een goed mens en vond dat ze hun huwelijk een laatste kans moest geven.

Met een gevoel van totale verlatenheid begon ze alles in gereedheid te brengen voor haar vertrek naar Holland. Via haar broer maakte Hortense enkele officiële afspraken met haar man; ze zou in Holland hetzelfde paleis bewonen als hij. Maar als het voor haar gezondheid noodzakelijk was moest hij haar toestaan om met haar hofdames naar een kuuroord te gaan. Meer vrijheid werd haar niet gegund. Geen van haar Franse hofdames kon haar begeleiden. Ze nam wel een paar kamerdienaressen mee, die gewend waren haar te verzorgen. Ook de enigszins voorover lopende, sympathieke baron Theodore de Marmol, een Brusselaar die in Den Haag in haar dienst was getreden en sindsdien trouw zijn plichten als kamerheer vervulde, beloofde haar te vergezellen. Mme de Boubers zou zich over de kleine Napoleon Louis blijven ontfermen.

De koningin vond het vooral moeilijk om de pas twee jaar oude Louis Napoleon achter te laten bij zijn verzorgsters. Haar stiefvader beschouwde hem als een kleine gijzelaar, dat voelde ze pijnlijk nauwkeurig aan. De broertjes, die een hechte band hadden, zouden elkaar missen. Ze kuste haar kind en probeerde niet om te kijken bij het verlaten van het vertrek.

Toen Hortense overwoog om nog snel naar Normandië te reizen, voelde ze dat ze geen kracht meer had voor dit afscheid. Hoe zou ze de tranen, de verwijten en de smeekbeden van Joséphine nog kunnen verdragen? Ze schreef haar moeder een brief en liet hem door een koerier naar kasteel Navarre brengen.

Adèle kwam op haar toesnellen. 'Is het waar wat ik heb gehoord?' riep ze uit. 'Ga je terug naar Holland? Wil je daar dan sterven?' Hortense wilde haar eigen verdriet voor de jonge weduwe verbergen maar ze slaagde er niet in. Ze moest vertrekken. 'Ik heb het hem beloofd,' was alles wat ze kon uitbrengen.

Het zwaarste afscheid zou nog komen. Charles de Flahaut, die tijdens de laatste veldtocht gewond was geraakt, had in Wenen wekenlang in het militair hospitaal gelegen. Zodra het verantwoord was, bracht men hem naar zijn moeder die hem in Parijs verpleegde. Volgens Mme de Souza gaf haar zoon bloed op en kon hij nog nauwelijks lopen. Maar toen hij vernam dat zijn geliefde op het punt stond terug te keren naar haar koninkrijk, sleepte hij zich naar haar toe en maakte onverwachts zijn opwachting.

De verschrikkingen van de laatste veldtocht stonden in zijn ogen te lezen. Bij het zien van Hortense die hem ernstig en verdrietig tegemoet kwam, schrok hij van haar vermagerde gestalte. Het scheen haar toe dat ze voor eeuwig afscheid van elkaar moesten nemen. Ze voelde zich uitgehold door onvervulde verlangens. Voorbij was haar jeugd, hoewel ze pas zevenentwintig jaren telde. Even dacht ze terug aan de jaren van het Consulaat toen ze als uitgelaten kinderen op de avondlijke gazons van Malmaison met familie en vrienden blindemannetje speelden. Wat zouden hun levens er anders hebben uitgezien als zij toen met Flahaut en de ongelukkige Lodewijk met zijn geliefde Emilie had mogen trouwen. De verheffing van haar stiefvader had hun in de persoonlijke sfeer alleen maar verdriet bezorgd.

De hand die ze Flahaut toestak was ijskoud. Voorzichtig kuste hij haar vingers en ze voelde dat het vonkje liefde weer opvlamde en haar de kracht gaf om verder te willen leven. Zolang hij naar haar verlangde, was er weer toekomst.

Op 9 april ging Hortense met haar zoon en haar kleine gevolg op weg naar Compiègne, waar de keizer met zijn nieuwe keizerin feestvierde omringd door een uitgelaten gezelschap. De zusters van de keizer schonken Hortense meer aandacht dan ze gewend waren. Ze las een boosaardige tevredenheid op hun gezichten. De keizer rekende erop dat hij binnenkort vader zou worden van een troonopvolger. Dan zouden Hortenses zonen nooit een keizerskroon dragen en was ze haar aanzien kwijt.

Bij het afscheid van Napoleon en Marie Louise kon ze haar tranen niet langer bedwingen. Haar stiefvader begreep het niet: 'Waarom ga je nu al weg?'[5] vroeg hij verstrooid. Ze rende naar het rijtuig waarin Mme de Boubers met Napoleon Louis op schoot zat te wachten. Marmol opende het portier en ze verlieten in stilte het land.

Koning Lodewijk was vooruit gereisd. Hij arriveerde op 6 april in Amsterdam, de hoofdstad van zijn koninkrijk. Argwanend zag hij uit naar een bericht van zijn vrouw en de kroonprins. Zou ze dit keer haar woord houden of opnieuw allerlei uitvluchten verzinnen om in Parijs te blijven? Hortense bood geen weerstand meer, ze keek dof voor zich uit toen de paarden in de voorjaarsregen over de modderige wegen naar het noorden draafden. Bij de grens gekomen maakte de Hollandse garde zijn opwachting. 'Ik dacht terug aan mijn eerste reis naar Holland, die me zo aangenaam scheen,' schreef ze later. 'Niets leek er veranderd, ik vond alles op dezelfde plaats terug, maar ik, ik had toen nog mijn zoon! Hij was er niet meer en in welke staat bevond ik me nu!'

Toen ze door het eerste dorp reden trok er juist een lijkwagen langs; de kist overdekt met een zwart kleed waaraan dikke, donkere franje heen en weer schommelde. Zwart gepluimde paarden trokken de wagen met knarsende wielen in de richting van een dodenakker, gevolgd door een stoet rouwende dorpelingen. In haar overspannen brein was dit een bovennatuurlijk teken; Hortense wist nu zeker dat ze in Holland haar dood zou vinden. Er was geen redding mogelijk.

Tijdens haar eerste tocht naar Holland hadden in alle dorpen en steden mensen klaargestaan om haar in hoogdravende bewoordingen welkom te heten. Nu hielden de burgemeesters zich liever schuil totdat ze onopgemerkt was gepasseerd. Hortense was er blij om.

'De veertiende april kwam ik in Utrecht aan. Men verwachtte mij niet. De koning was in Amsterdam,' schreef ze in haar memoires. Ze reed onder de Wittevrouwenpoort door. Aarzelend opende zich de poort van het gloednieuwe paleis, dat nog niet was voltooid. De conciërge keek haar geschrokken aan. Hij ontstak een kaars en ging haar met de blaker in de hand voor naar haar appartementen. Mme de Boubers nam het prinsje op en bracht hem naar zijn slaapvertrek op de bovenverdieping. Hortense: 'Mijn andere rijtuigen waren nog niet aangekomen. Ik bleef drie uren alleen. Wat een smartelijke overdenkingen. Een enkele kaars die de conciërge op de schoorsteen aangestoken had, was uitgegaan zonder dat ik het gemerkt had. Ik onderging de angst van de duisternis om me heen.'

Haar Franse dienaressen troffen de koningin bijna bewusteloos aan en legden haar op een uitklapbaar ijzeren bed. Lodewijk Napoleon had het met gele zij beklede Parijse bed van zijn vrouw naar het paleis in Amsterdam laten brengen om er zelf in te slapen.

Inmiddels verspreidde het nieuws van haar aankomst zich als een lopend vuurtje over de grachten en straten. Een ooggetuige, de apotheker Keetell, schreef: 'Eensklaps ontstond er grote drukte en beweging in de stad, en voornamelijk omtrent het paleis; ofschoon Hare Majesteit van de reis zeer vermoeid zijnde, niet alleen iedere audiëntie weigerde, maar zich stil met twee staatsdames in haar kamer bleef ophouden.'

De volgende morgen arriveerde de koning in Utrecht. 'Hij was dolblij zijn zoon terug te zien,' schreef Hortense. 'Maar hij schonk geen aandacht aan mij. Ik ontving de hele stad en mijn bleekheid was zo intens, mijn verandering zo opvallend dat iedereen me aandachtig en medelijdend aankeek.'

Tijdens haar afwezigheid, die bijna drie jaar had geduurd, waren er scandaleuze verhalen over de koningin van Holland rondverteld. Maar deze stille, ziekelijke moeder zag er bepaald niet uit als iemand die in Parijs een frivool leven had geleid. Ze zat voor het venster van haar vertrek en staarde over de Drift. Als er een schuitje onder de brug door ging veranderde ze niet van blik of houding. Maar ze moest haar plichten als koningin vervullen: 'Ten twee uren gaf Hare Majesteit publieke audiëntie aan colleges en corporaties doch niet aan particuliere personen,' vervolgde de verslaggever. 'Middelerwijl zagen wij telkens rijtuigen van 's konings gevolg binnen komen en 's avonds ten 7 uren een compagnie curassiers. Het was juist dien dag Palmzondag en zeer schoon weder. Niemand kon zich herinneren ooit zo'n levendige Palmzondag te hebben bijgewoond.'

De burgers verdrongen elkaar om de compagnieën huzaren en curassiers in hun schitterende uniformen te zien. Rijtuigen met heren en dames, bedienden en pakgoederen reden af en aan. De drukte putte Hortense uit maar ze probeerde toch steeds te glimlachen. In het openbaar hield ze de hand van haar zoontje vast. Iedereen zei dat hij sterk op zijn vader leek.

De volgende dag werd er publieke audiëntie gehouden, en toen de drommen notabelen eindelijk het paleis verlieten gebruikten de koning 'en zijn beminde eega', zoals Keetell de koningin noemde, in stilte de maaltijd. Buiten volgde men al hun handelingen: 'Om één uur deden Hunne Majesteiten een toer naar de lusthoven Beerschoten en Vollenhoven boven De Bilt, welke toentertijd door de dood van de eigenaar, de heer De Smeth, voor een ieder te zien waren.' Vertederd keek men naar de kleine troonopvolger van Holland: 'De kroonprins amuseerde zich van tijd tot tijd met vier van zijn jongste pages onder andere met een kiereboetje[6] met een span van zes bokjes.'

Koning Lodewijk Napoleon bracht zijn vrouw en zoon niet naar zijn nabije buitenplaats Oud-Amelisweerd die hij in 1808 met Nieuw-Amelisweerd en het omringende landgoed aan de Kromme Rijn in een opwelling had gekocht. Zijn arbeiders moesten er dag en nacht werken om het huis in te richten met stoelen, waarvan de zittingen overtrokken waren met zwart fluweel. Er was een tuinontwerp gemaakt met modieuze slingerpaden en een bergje, waarin zich de ijskelder bevond. Slechts een deel daarvan was uitgevoerd. Hij had er niet meer dan negen dagen doorgebracht. Maar die dagen waren van een diepe betekenis voor hem geweest. Na aankomst liep hij door de lege zalen met kostbaar, handbeschilderd Chinees kamerbehang. Inheemse en exotische vogels verscholen zich in de geschilderde takken, hipten tussen de bloemenranken. Ten prooi aan mateloze melancholie had hij zich met een bundel poëzie van zijn vriend Willem Bilderdijk in de fraaiste salon teruggetrokken. Daar liet hij zijn blik glijden over de westwand waarop het kleurige drakenfestival was geschilderd. Hij hoorde van de vorige eigenaar dat dit Chinese festival nog steeds werd gehouden ter herdenking aan de grote dichter Qu Yuan, die zich uit verdriet om miskenning van zijn talent in de rivier Mi-lo had verdronken. De drenkeling was nooit boven water gekomen. Jaarlijks ging men in China in smalle, op draken gelijkende scheepjes de rivier op om naar het lichaam van de dichter te zoeken.

Het verhaal had de koning aangegrepen; ook Lodewijk voelde zich als dichter ondergewaardeerd. Zijn boeken werden nauwelijks gelezen en zijn toneelstuk dat hij in de Utrechtse schouwburg onder een schuilnaam liet opvoeren, vond men saai. Met zijn politieke arbeid oogstte hij bij keizer Napoleon al helemaal geen lof. Zou het niet beter zijn zich in navolging van QuYuan in het water van de Kromme Rijn te storten om nooit meer boven te komen? Louis besloot zijn ervaringen op Oud-Amelisweerd met niemand te delen en zeker niet met zijn vrouw Hortense, die hem nooit had begrepen.

Op 18 april werd er 's morgens om elf uur een militaire parade gehouden op de binnenplaats van het koninklijk paleis, eerst van de infanterie en daarna van de cavalerie. De koning inspecteerde zelf de troepen, terwijl de koningin zich tot verrukking van de deelnemers voor een van de bovenvensterramen vertoonde.

’s Middags vond er opnieuw een publieke audiëntie plaats. De koning luisterde met zijn zoontje aan de hand naar de Franse predikant Chatelain, die namens de andere predikanten van de stad het woord deed. Hij legde getuigenis af van alle vreugde over ’s konings terugkomst, met de wens dat het de voorzienigheid mocht behagen Zijne Majesteit nog lang en voor zijn leven in de stad Utrecht zijn zetel te doen houden.

Maar waar was toch de koningin? Het duurde een hele tijd voor ze de grote ontvangstzaal betrad aan de hand van een kamerheer. Deze heer droeg een vreemde, witte broek en liep helemaal voorovergebogen. Het werkte op de lachspieren van de genodigden toen hij de koningin rondleidde met een namenlijst in de hand. Ze herhaalde bij iedere gast die aan haar werd voorgesteld: ‘*Ah monsieur! Je suis charmée de vous voir, cela va toujours bien, n’est-ce pas?*’

Aan het eind van haar ronde verontschuldigde ze zich met de mededeling dat ze naar de mis moest.

De lijdensweek liep ten einde. De koningin bezocht de hofkapel, waar de zilveren crucifix bedekt was met een paarse doek. Hortense leefde op toen ze abbé Bertrand terugzag, haar goede oude godsdienstleraar van het pensionaat die in dienst van Lodewijk Napoleon was gebleven. Hij legde zijn hand zegenend op de blonde haren van zijn leerlinge en schudde zijn hoofd; ook hij had verwacht haar jong en gezond terug te zien.

Na de kerkdienst werd er besloten een ritje te maken naar Zeist. De koning vertrok met twee kamerdienaren te paard en de koningin kon tot haar opluchting in een koets met zes paarden op weg gaan. Zonder interesse bekeek ze Slot Zeist dat aan het einde van een lange laan lag omringd door een slotgracht. ‘Ten drie uren ware Hunne Majesteiten weder thuis,’ noteerden de kranten netjes.

Op 22 april was het Pasen. Met een diepe, zware slag luidde de Salvator van de Domtoren en alle klokken van de vele kloosters en kerken beaamden de vreugde van de opstanding. Hortense liet zich kleden en begaf zich met haar gevolg naar de hofkapel. Nu waren de kaarsen in hun kostbare kandelaars ontstoken en op het altaar stonden witte lentebloemen. De koorzang door de Italiaanse hofzangers was van een ontroerende schoonheid, die de muzikale koningin even alles deed vergeten. De mis werd opgedragen door de bisschop van Utrecht met acht priesters die zich in witte, met gouddraad geborduurde kazuifels hadden gehuld. 'De koning, de koningin en kroonprins deden alle drie de kus van het evangelie en bewezen eer aan de relikwie.'

Na deze kerkelijke plechtigheid dromden de mensen de Grote Galerij in en vond er een audiëntie plaats. Hortense zag hoe men haar man met eerbied en genegenheid benaderde. Hij glimlachte vriendelijk ook al leed hij veel pijn. De rechterarm van Lodewijk was nu geheel verlamd en hij sleepte nog steeds met zijn been. Een dubieus chirurgijn had hem voorgeschreven het zog van een min te drinken tegen zijn reumatische aandoeningen. Ook bij deze therapie vond hij geen baat en hij beijverde zich nu om de kwakzalvers in zijn rijk te ontmaskeren en hun medische praktijken te verbieden. Hard werken bleek de beste therapie en dat deed hij met liefde en overgave.

Ze constateerde dat de koning van alles had ondernomen om de Hollandse cultuur op te stoten naar een hoger plan en de glorietijd van de Gouden Eeuw te doen herleven. Hij ontwikkelde naar het model van het Institut de France in Parijs het plan voor het Koninklijk Instituut van Wetenschappen, Letteren en Schoone Kunsten dat op 4 mei 1808 werd opgericht.[7] Ze wist wel dat hij veel belangstelling voor de natuurwetenschappen toonde; hij bevorderde het onderzoek aan de universiteiten door de schenking van instrumenten en ander lesmateriaal. Maar zijn interesse strekte zich uit naar velerlei takken van wetenschap, nijverheid en kunst. Hortense bewonderde het porseleinen servies op haar eettafel. De decors met helderblauwe korenbloempjes zagen er fris en natuurlijk uit, zo werden ze in Sèvres of Meissen niet gemaakt. Het bleek vervaardigd te worden in een Hollandse, noodlijdende fabriek aan de Amstel, die van haar man ondersteuning ontving. De koning beschermde ook de zilversmeden en had een nieuw keurmerksysteem ingevoerd om de kwaliteit van de Hollandse producten te verzekeren.

Op muzikaal gebied stimuleerde de koning zijn onderdanen om elk pril talent tot rijping te brengen. Hij gaf zelf het voorbeeld: toen hij in 1807 de nog geen dertien jaar oude fluitist Louis Drouet een solo hoorde spelen was hij zo geraakt dat hij voor de jongen in Parijs een kristallen dwarsfluit liet vervaardigen met een lovende inscriptie.[8] De jonge fluitist kreeg een goedbetaalde functie als fluitleraar des konings en werd muzikaal secretaris van de koningin. In zijn memoires schreef Drouet over Hortense: 'Ze zat aan een tafel en probeerde al zingend een melodie voor woorden te vinden. Terwijl ze hiermee bezig was, at ze kandijsuiker en was bovendien bezig om van speelkaarten een kaartenhuis te bouwen.'

Hortense speelde onder supervisie van haar begaafde kapelmeester Henri Plantade haar eigen composities. Maar van een samenspel met haar echtgenoot kwam het nooit: Louis oefende onder leiding van de jonge fluitist in zijn eigen appartementen en als het fluitspel hem niet goed afging, wierp hij het instrument ongeduldig van zich af. De schone kunsten boeiden Hortense in al hun verschijningsvormen. Haar man hulde zich echter permanent in stilte, zodat hun gezamenlijke interesse onbesproken bleef. Dat gold nog sterker voor de Hollandse schilderkunst. In 1808 was op initiatief van de koning de eerste tentoonstelling van het Koninklijk Museum in Amsterdam geopend. De nadruk lag daarbij op de vaderlandse schilderkunst van oude en van levende meesters. Een stroom van belangstellenden stelde zich op bij de toegang van het Koninklijk Paleis op de Dam, waarvan een grote zaal op de tweede verdieping als museum was ingericht. Louis had eremedailles uitgereikt. De door hem ingestelde Prix de Rome was een felbegeerde studiebeurs voor veelbelovende, jonge kunstenaars geworden. Hij speelde nu met de gedachte een eerste kunsttijdschrift op te richten, hetgeen de koningin zeker zou hebben geïnteresseerd, maar ze werd van dat alles onkundig gehouden. Ze schilderde in de beslotenheid van haar eigen vertrekken in olieverf en aquarel, geïnspireerd op Franse meesters als Gerard, Gros en Isabey zonder kennis te nemen van Hollandse meesters als Scheffer, Schelfhout, Van der Kooi en Troostwijk.

Plotseling kreeg koningin Hortense van de hofmaarschalk te horen dat het hof zich de volgende dag van Utrecht naar Amsterdam zou verplaatsen. Het vertrek vond plaats op de tweede paasdag na de ochtendmis in de hofkapel. Om twaalf uur reden vier rijtuigen voor; ze stapte met haar zoon en Mme Boubers in het eerste en in de andere drie namen Theodore de Marmol en de hofdames plaats. De burgerij stelde zich bij de Wittevrouwenpoort op. Mannen, vrouwen en kinderen wuifden hun koningin teleurgesteld na. Was hun sprookje dan nu al voorbij? Hortense ving een laatste glimp op van de reusachtige Domtoren, die met zijn spits in de mist boven de lage huizen uittorende. Ze zou Utrecht nooit terugzien.

17

De tocht van Utrecht naar de hoofdstad aan de Amstel duurde drie uur. Er was veel volk op de been toen de koningin haar intocht hield. Ze passeerde de Muiderpoort en reed langs de Hortus Botanicus via de Nieuwe Amstelstraat en de Blauwbrug naar de Muntsluis waar de koetsier de Kalverstraat indraaide. Ze keek naar de grachten, waar de smalle, deftige huizen dicht opeen stonden. De gevels waren versierd met gebeeldhouwde kuiven, gekleurde ornamenten en een hijsbalk boven elk dakvenster. De bruggen leunden hoog over het water, er klonk een donderend geratel als ze over de keien omlaag naar de volgende steeg reden. Ongegeneerd sprong het gepeupel langs de kant op en neer om een blik op de omstreden Parijse vorstin te werpen. Het witte, wat angstige gezichtje voor het raam van haar rijtuig verbaasde hen. Hortense hoorde iemand roepen: 'Koningin *misérable! Notre pauvre reine!*'[1]

Ze herhaalde het vreemde woord in zichzelf: koningin. Koningin van Holland was zij. Waarom schreeuwden al die mensen zo uitgelaten als ze haar nauwelijks kenden en zij vrijwel niets voor hen had gedaan?

Bij het naderen van de Dam stroomde er steeds meer volk toe. Aan de ene zijde glinsterde het water van het Rokin dat uitkwam op de wijde haven van het IJ. In de verte zag je de zeeschepen met de donkere en lichte driehoeken van slappe zeilen aan hun mast. En overal mooi gevormde torens boven de massa lage huizen. Torens met liefelijke carillons die bekende wijsjes over de daken strooiden. In de lentezon wapperden rood-wit-blauwe vlaggen. Ook de koepel van het Koninklijk Paleis was ermee getooid. Het deed in niets denken aan de paleizen die ze in Frankrijk bewoonde. De hardstenen reus domineerde het plein. Aan weerszijden werd het echter ingesloten door smalle straten met aan de ene kant een oude, gotische kerk zonder toren en aan de andere zijde woon- en winkelhuizen. Achter het paleis liep de Nieuwezijds Voorburgwal, een onwelriekende gracht. De bomen langs het water vormden het enige groen in de wijde omtrek. Op het dak van het paleis torste een stenen Atlas de wereldbol op zijn nek. De koningin vroeg zich af wie een dergelijk bouwwerk zou willen bewonen.

Louis was van tevoren gewaarschuwd. Toen hij in februari 1808 zijn plannen bekendmaakte, waagde zijn kundig adviseur Johan Valckenaer het de koning een brief te schrijven waarin hij de vreemde huisvesting afkeurde: 'Het stadhuis bezit alle nadelen en geen enkel voordeel dat essentieel is voor het paleis van een soeverein. Koude, vochtige, zeer grote en droefgeestige kamers zonder enig gemak en gerief. Hoge kruisramen die door hun ouderdom alle winden doorgang verlenen. Grote en oude haarden en, door de enorme dikte van de hardstenen muren, geen enkele mogelijkheid er naar moderne smaak goede haarden in te bouwen. Uitgestrekte kelderruimten voor het opbergen van misdadigers en geldschatten van de Wisselbank manifesteren zich overal met reusachtig traliewerk, dat zich maar matig leent om een Paleis des Konings te sieren.'

Het was dus geen wonder dat Hortense het gebouw met een paleis van de inquisitie vergeleek. Valckenier vervolgde: 'Ook de nauwe straten om het paleis zijn vaak door sleden en andere obstakels versperd. (...) Ik smeek U, Sire, geloof toch een man die oprecht is en bij deze zaak geen enkel persoonlijk belang heeft. De Amsterdammers zijn van kindsbeen af gewend het stadhuis als het achtste wereldwonder te beschouwen en het ook zo te noemen. Het zal nooit als koninklijk paleis worden gezien. Sire, Uwe Majesteit zal met de gehele hofhouding slechter gehuisvest zijn dan welke andere soeverein in Europa ook.'

In de brief had de schrijver zoveel sterke argumenten aangedragen dat de koning geen enkele reden meer zou kunnen verzinnen om zijn plan door te zetten. Het stadsbestuur bood hem zelfs aan om in plaats van het oude stadhuis elders een gloednieuw en comfortabel paleis te laten bouwen. In een groene plantage, omringd door fris water. Wat zou de burgerij hem dankbaar zijn als het stadsbestuur in het hart van de stad mocht blijven. Maar met trotse koppigheid legde Lodewijk Napoleon alle waarschuwingen naast zich neer. Kort na zijn komst in Amsterdam gaf hij ondanks het gejammer van de bevolking ook nog opdracht de Waag, die tweehonderd jaar lang dienst had gedaan, te laten afbreken, omdat die zijn uitzicht belemmerde.

De Amsterdammers mokten. Had Lamme Loetje niks anders kunnen verzinnen, riepen ze elkaar toe. Binnen een maand moest het stadsbestuur een ander onderkomen zoeken. Burgemeester Wolters van de Poll vestigde zijn burelen in het voormalige Prinsenhof aan de Oudezijds Voorburgwal. De gedetineerden die in de kerkers van het stadhuis op hun vonnis wachtten, werden geketend naar het Spinhuis aan de Heiligeweg of naar het Verbeterhuis aan de Weteringschans weggevoerd. Alleen voor de Wisselbank kon geen andere plaats worden gevonden. Deze bleef in het souterrain, maar de toegang vanuit de entree werd dichtgemetseld en kreeg een nieuwe ingang aan de straatzijde.

De Amsterdammers mochten na anderhalve eeuw niet meer in hun eigen Burgerhal komen, het Achtste Wereldwonder, de trots van de koopmansstad. En wat had dat Koninklijk Paleis niet gekost! Onder leiding van de Franse architect Thibault vond de herinrichting plaats. De nieuwe gordijnen, de dure meubels en bedden, de kroonluchters en tapijten waren van de beste kwaliteit. Op de Kalverstraat en de Nieuwendijk hadden meubelmakers de opdracht van hun leven gekregen: er was dag en nacht gewerkt om het meubilair op tijd klaar te krijgen. Timmerlieden tilden de vertrouwde kruisvensters uit de kozijnen en plaatsten er moderne schuifvensters in. Aan de Damzijde kwam een balkon, zodat de koning vandaar de huldebetuigingen van zijn onderdanen in ontvangst kon nemen. De Amsterdamse stadsbeeldhouwer Christiaan Welmeer ontwierp het vergulde smeedwerk met een staande leeuw die een pijlenbundel in zijn klauw ophief. Het werd bevestigd op de plaats waar tot voor kort het schavot had gestaan.

Na de verbouwingen van Huis ten Bosch, de herinrichting van het Binnenhof en Het Loo, de bouw en inrichting van het Koninklijk Paleis in Utrecht, de aankoop en verbouwing van Oud-Amelisweerd en de koop en inrichting van het schitterende Haarlemse Paviljoen Welgelegen vormde het Amsterdamse paleis wel een toppunt van verkwisting. Meer dan vijfhonderdduizend gulden had het gekost. En er was nog zoveel reparatiewerk te verrichten. De schoonmaakkosten bleven stijgen en nooit kon een klein leger schoonmaaksters het onderhoud van de zalen, gangen en trappen bijhouden. 's Konings hond Tiel zorgde in de haardplaatsen soms voor onwelriekende verrassingen; hij genoot meer voorrechten dan welke hoveling ook en kreeg zelfs geen straf als hij de keukens plunderde.

Koningin Hortense naderde het paleis met zijn indrukwekkende grijze façade waarin zich tientallen vensters, maar geen ingang leek te bevinden. Het vooruitspringende middendeel werd bekroond door een timpaan vol gebeeldhouwde figuren. Op de top balanceerde een kolossaal allegorisch beeld van de Vrede met een olijftak in de ene en de staf van Mercurius in de andere hand. Dat was nu een tamelijk treurig symbool voor de Amsterdamse economie, die wegkwijnde onder Napoleons handelsverbod. Achter de Vrede verhief zich een koepel waarop een verguld koggenschip tegen de wolkenhemel zeilde.

Onder het geschreeuw van de burgerij, dat misschien voor gejuich kon doorgaan, besteeg de koningin met de kleine prins Napoleon Louis enkele treden die naar zeven stenen poortjes leidden. Daar achter bleken vier kleine deuren te liggen, die toegang gaven tot het souterrain van het Koninklijk Paleis.

Eenmaal binnen overviel haar een intense kilte. Ze besteeg een marmeren trap die zigzaggend naar boven leidde en belandde in een reusachtige ruimte. Deze Burgerzaal moest ze wel bewonderen. Zo sober als het gebouw aan de buitenkant was, zo rijkelijk versierd was het met zijn gebeeldhouwde, marmeren figuren vanbinnen. Jacob van Campen, de grote architect uit de Gouden Eeuw, had iets overweldigends geschapen dat in heel Europa zijn weerga niet kende. Maar een paleis was het niet, geen warme woning waarin men zich thuis kon voelen. Ze ontdekte al lopend over enorme afstanden dat deze hoge, steile kolos slechts twee binnenplaatsen telde waar de zon niet kon komen. Daar groeide nog geen struik of boompje en aan een bloembed hoefde ze al helemaal niet te denken.

Men ging de koningin voor naar haar appartementen, die op het noordwesten waren gelegen. Onmiddellijk trof haar de afschuwelijke damp, een putlucht die opsteeg uit de gracht achter het paleis. Het massief van de torenloze Sint-Catharinakerk blokkeerde het uitzicht. De donkere muil van het gotische portaal gaapte haar aan. Ze druppelde wat parfum op een zijden zakdoek en ging van venster tot venster om ze te sluiten. Maar de lucht hing in de lila en lichtgele zijde van de boudoirgordijnen en ook in de gordijnen van haar bed. De acht vertrekken die tot haar beschikkingen stonden waren alle luxueus gemeubileerd met mahoniehouten empiremeubelen en er stond een nieuwe pianoforte die de koning door Erard in Parijs had laten bouwen. Boven de gebeeldhouwde schouwen waren schoorsteenstukken aangebracht met allegorische figuren uit de oudheid.

In zijn vreugde over de komst van Napoleon Louis had koning Lodewijk zijn bibliotheek en het topografisch kabinet naast zijn eigen appartementen aan de zuidoostkant van het paleis laten ontruimen. Deze vertrekken waren nu voor zijn zoon. De wanden werden bespannen met geplisseerde blauwe tafzijde, hetzelfde koele blauw als de raam- en bedgordijnen en de bekleding van de zestien stoelen die stijf langs de wanden stonden opgesteld. De kroonprins sliep dicht bij zijn vader. Maar de vertrekken van zijn moeder lagen helemaal aan de andere kant van het gebouw, tachtig meter verderop zoals Hortense ontdekte. Het was allemaal heel symbolisch voor de toestand waarin hun huwelijk verkeerde.

Een paar uur na haar aankomst hoorde ze gejuich op de Dam; de koning arriveerde met zijn gevolg. Even later steeg er een doordringende etenslucht op uit de keukens, die zich onder in het gebouw bevonden.
Aan het diner zat de koning tegenover haar maar hij richtte geen enkele keer het woord tot zijn vrouw. Toen het dessert was opgediend stond ze op en wenste hem goedenacht, kuste haar kind en begaf zich naar de

noordwestelijke hoek van het paleis om vroeg naar bed te gaan. In haar kamer vond ze wat brieven uit Frankrijk, die een koerier van de koning had gebracht. Nerveus opende ze een brief met het lakstempel van haar moeder, die begon met zachte verwijten: 'Het doet me veel verdriet dat ik je voor je vertrek niet heb kunnen omhelzen. Ik weet wel hoe treurig en moeilijk het is om afscheid te nemen, maar dan had ik je tenminste nog even gezien. Als ik denk aan de afstand die ons scheidt, verlies ik alle moed. Jouw afwezigheid verhevigt nog mijn smart. Maar het is een offer dat ik moet brengen. Alleen jouw geluk, mijn lieve dochter, kan me troosten zo ver van je weg te zijn.'

Hortense die haar moeder zo goed kende, las tussen de regels door haar wanhoop en eenzaamheid. Even erg als de hare. En ze konden elkaar niet troosten. In een PS kondigde Joséphine aan dat ze de eerste dagen van juni naar Aken wilde reizen om daar geneeskrachtige baden te nemen. Misschien was het mogelijk dat haar geliefde dochter ook naar Aken kwam?

De koningin drukte de brief tegen zich aan, en beeldde zich in dat ze haar moeders parfum rook. Waarom moest ze haar achterlaten, juist nu Joséphine haar zo nodig had? Kasteel Navarre was een deprimerende plek met kleine vertrekken waarvan de deuren noch de vensters goed wilden sluiten. In vorige brieven schreef ze dat er heel veel aan gedaan moest worden voor het bewoonbaar was.

Hortense legde de brief op een empiremeubeltje dat naast haar bed stond. Een vuurvergulde sfinx sloot zijn vleugels op het hout. Haar enige gezelschap.

De eerste nacht in Amsterdam verliep onrustig; telkens werd ze gewekt door het rumoer dat uit de stegen opklonk. Op de Dam schraapten sleepkoetsen over de keien en het water droeg rauwe stemmen aan. Om het uur sloegen de torenklokken. Het leek of de stad nooit sliep, bij zonsopkomst was het nog geen moment stil geweest. Hortense trok de dekbedden over zich heen en trachtte tegen de ochtend nog een paar uur te slapen.

Op 26 april 1810 ontving het koninklijk paar alle autoriteiten van de stad. Zij waren in gezelschap van hun dames, die zich voor de gelegenheid prachtig hadden uitgedost in zijde en fluweel. Ze maakten een elegante reverence voor Hortenses zoon, die ooit over hen en hun nazaten zou moeten regeren. Telkens als de koningin op de ernstige Napoleon Louis neerkeek, verscheen in haar verbeelding diens overleden broertje; levendig en gevoelig. Hun hechte band was door de dood niet verbroken.

Boven de toegang tot haar appartementen ontdekte ze die morgen de marmeren, gebeeldhouwde figuren en haar adem stokte; het was een doodshoofd en een gestorven kind en andere kindertjes die weenden of hun handjes vouwden. Ze zag niet de grote, lieflijke gestalte van Venus in gezelschap van Amor en Cupido op de wand daarnaast, maar fixeerde zich somber op het tafereel van de dood. Hoe kon de koning zo wreed zijn deze afbeelding openlijk te tonen terwijl veel versieringen achter gemarmerde, houten schotten waren weggewerkt? Elke dag zou ze hem moeten zien, de grijnzende schedel en dat arme kind, zijn mollig armpje krachteloos neerhangend, de levensfakkel gedoofd.

Koning Lodewijk Napoleon gedroeg zich in zijn mooie troonzaal als een volmaakt vader van land en gezin. Hij sprak zo nu en dan wat Nederlands, had voor iedereen een persoonlijk woord en wendde zich tot de vijfjarige kroonprins, die met de handen op zijn knietjes op een taboeret naast hem zat. Hij beloofde hem dat ze samen naar de nieuwe dierentuin zouden gaan; een tijger, een panter, een beer, een leeuwin, allerlei soorten apen, een wolf en twee prachtige zebra's toonden ze daar. En ook pratende papegaaien en kaketoes uit Amerika. De koning had de hele menagerie in een opwelling uit eigen beurs gekocht op de Utrechtse kermis. Maar de verzorging en huisvesting van al die uitheemse dieren bleek niet mee te vallen. Eerst stonden ze in hun kooiwagens in de tuinen van Soestdijk, waar het gebrul van de leeuw de inwoners van Baarn en Soest de stuipen op het lijf joeg. Algauw had hij ze laten overbrengen naar Paviljoen Welgelegen in Haarlem, maar het transport deed de dieren geen goed. Zijn mannetjesleeuw, de koning der dieren, die hij nog in de kracht van zijn leven liet portretteren door de schilder P.G. van Os, stierf onderweg. In Haarlem kregen de dieren evenmin rust want plotseling was de gedachte bij hem opgekomen om – naar voorbeeld van de Jardin des Plantes bij de Seine in Parijs – bij de Hortus Botanicus in Amsterdam de eerste openbare dierentuin te openen. Maar dat moest het stadsbestuur dan bekostigen, terwijl de *maire* al klaagde dat de stadskas bijna leeg was. Een hele stoet van kooiwagens trok vanuit Haarlem door de Haarlemmerpoort naar het hart van Amsterdam. Bij de ooit wereldberoemde wetenschappelijke apothekerstuin wachtte de exotische vogels en zoogdieren een voorlopig onderkomen.

De koning beloofde zijn zoon veel moois en deze knikte verlegen onder de vertederde blikken van de onbekende bezoekers. Lodewijk Napoleon converseerde op vertrouwelijke toon. Hij voelde zich zozeer een Hollander dat hij alle Franse functionarissen had ontslagen. In elke Fransman zag hij een kwaadwillende spion van Napoleon. Elie hertog Descazes, de bekwame jurist die hem sinds 1807 als raadsheer diende, vertoonde zich niet meer aan zijn zijde. De koningin stond er te midden van louter Hollandse hofdames stil bij. Ze hadden voor haar onuitspreekbare namen als mevrouw Schuijt van Castricum-Geelvink, mevrouw Schuylenburg-van Bommenede, mevrouw Snouckaert-Corver, mevrouw Van Randwijk-Zuylen van Nijevelt, mevrouw Van Heeckeren van de Cloese- du Tour en mevrouw Clifford-van der Hoop. Ze deden allen hun best vriendelijk te zijn tegen de zeer vermoeide vorstin, die zich met moeite staande leek te houden. Ze vermande zich toen ze werd voorgesteld aan de geestelijke hoogwaardigheidsbekleders der verschillende religies van de stad. Koningin Hortense keek hen recht in de ogen en vroeg hun uit de grond van haar hart voor haar te willen bidden. 'Sommigen hielden een betoog en raakten halverwege overmand door hun emoties, wat me verbaasde,' schreef Hortense in haar memoires. 'Ik vroeg later om een verklaring bij abbé Bertrand, die me vertelde dat deze eerbiedwaardige heren bij aankomst nog zeer tegen mij ingenomen waren. Hij zei dat ze erg getroffen werden door mijn persoonlijkheid en uiterlijk, wat helemaal niet overeenkwam met de voorstelling die ze bij aankomst van me hadden. Ze zagen hun dwaling in en zeiden hardop dat ze zich in me hadden vergist.'

De priesters en de dominees, de rabbi 's met hun indrukwekkende baarden keken verbaasd van de koningin naar het interieur van het stadhuis dat ingrijpend was veranderd. Een ooggetuige schreef over de vernieuwde Burgerzaal: 'Men kan zich geen denkbeeld vormen van de indruk, welke het eerste gezicht dezer zaal op de binnentredende maakt. Luisterrijk en deftig doet zich dezelve aan het verwonderde oog op. (...) De zijmuren zijn met uitmuntende spiegelglazen bedekt, terwijl de onderscheidene kleuren een bevallige vertoning opleveren, wordende het geheel nog verfraaid door de aangename somberheid die zich over de zaal verspreidt en veroorzaakt wordt door de hemelsblauwe gordijnen, welke voor de vensters hangen. Het vloerkleed, dat de gehele grond bedekt, is van zwart gebloemd fluweel. Over hetzelfde liggen lopers, langs welke men gaat ten einde het kleed zelve niet te beschadigen.'

Omhoogkijkend ontdekte men verrassende dingen: 'De glazen kronen, die, ten getale van acht, des avonds deze zaal verlichten, zijn van een uitmuntende en schone smaak. (...) Daarboven hangen de zegetekenen, weleer door onze voorouders op hun vijanden behaald.'[2]

Deze zegetekenen bestonden uit de versleten en verschoten vaandels die tijdens de Tachtigjarige Oorlog waren buitgemaakt op de Spaanse vijand. Ze hingen oorspronkelijk in de Haagse Ridderzaal maar koning Lodewijk had ze, tot woede van de Hagenaren, laten overbrengen naar zijn paleis in de nieuwe hoofdstad.

Aan het eind van de middag vertrokken alle gasten en de koning verwijderde zich met de kleine prins aan de hand naar de zuidgalerij van het paleis. De doorgang van zijn appartementen naar de appartementen van de koningin had hij voor haar aankomst laten dichtmetselen, zodat ze hem niet onverwachts kon lastigvallen.[3]

Op de zaterdag na de ontvangst konden de Amsterdammers alles over de terugkeer van het koninklijk paar in hun *Amsterdamsche Courant* lezen. Ook de toespraken die men tot de koningin richtte stonden erin: 'Mevrouw! Afgevaardigd door de Staatsraad, hebben wij de eer ons van onzen aangename plicht te kwijten, dien, van Uwe Majesteit onze hulde te bewijzen, en Haar die van alle Leden van de Raad aan te bieden. Uwe afwezigheid, Mevrouw! Heeft de eerbied van de Raad voor Uwe Doorluchtige Persoon niet verminderd; Uwe goedheid en deugden zijn uit ons geheugen niet uitgewist; onze oprechte wensen zijn altijd voor uw geluk geweest. Gelijk Kinderen, die hunne Moeder wedervinden, alzo verblijdt zich de Natie in de terugkomst Uwer Majesteit.'

De toespraak die namens het Hoog Nationaal Gerechtshof over de koningin werd uitgestort bracht haar bijna tot tranen: 'Mevrouw! Bij gelegenheid van Uwer Majesteits heugelijke terugkomst in ons Vaderland, haast zich het Hoog Gerechtshof van het Rijk, Hoogstdeselve zijne hulde aan te bieden. Ons met droefheid de smartelijke reden van Uwer Majesteits vertrek te binnen brengende, zijn wij overtuigd, Mevrouw! Dat de herinnering der gevoelige Moeder, die eener Koningin, aan Haar Volk gehecht, en die zich van Hare opoffering een plicht maakt niet zal hebben kunnen verzwakken. Het is waar, ons Vaderland zal aan Uwe Majesteit niet die zachte luchtgesteldheid, niet die betoverende Landouwen, niet die verblindende luister aanbieden, die uwe Majesteit genoot, maar zij zal erkentelijke harten aantreffen.'[4]

Alle pathetische woorden dwaalden door haar herinnering toen de koningin alleen achterbleef. Ze zocht vroeg haar bed op. Ze hoorde vele malen het ontregelde torenuurwerk op het dak slaan en de honderden gezichten van de gasten trokken opnieuw aan haar voorbij. Ze groetten onderdanig, maar in hun ogen schitterde nauw verholen nieuwsgierigheid, argwaan, verbazing. Gelukkig verscheen dr. Giraud, de vulgaire lijfarts des konings, niet voor haar troon. Hij was door de koning op staande voet ontslagen nadat hij hooghartig geweigerd had de hond Tiel te behandelen, die dreigde te stikken in een botje. Koning Lodewijk vond daarna bij toeval een tandheelkundige wiens medische ingreep het leven van het zieltogende huisdier redde.

De herinnering aan het impertinente bezoek van Giraud aan haar slaapkamer in Parijs vervulde Hortense opnieuw met woede en schaamte en ze huilde zich in slaap. De volgende dag stortte ze in een lange brief haar hart uit bij haar vriendin: 'Daar zit ik nu in Amsterdam, mijn lieve Adèle, alleen, volstrekt alleen. Wie zou me kunnen begrijpen? Je bent zo ver van mij vandaan! Ik moet je bekennen dat ik bang begin te worden van deze eenzaamheid en vooral door de onverschilligheid om me heen. Als ik hier eens zou sterven, verstoken van verzorging en genegenheid! Die gedachte plaagt me onwillekeurig veelvuldig en ik hoef maar in de spiegel te kijken om te beseffen dat de dood nabij is. Alles wat me hier omringt brengt mijn oude verdriet weer naar boven. Van die vreselijke putlucht tot dat geschreeuw in de nacht dat ik huiverend hoorde toen ik aan het bedje van mijn kind zat, ik blijf het maar horen!'

Adèle schrok zo van de inhoud van de brief dat ze Eugène in Parijs waarschuwde. Deze zond direct een adjudant naar zijn zuster in Amsterdam om naar haar gezondheid te informeren. Hortense trachtte zich tegenover hem groot te houden. Maar ze kon niet verhullen dat zowel haar privé-situatie als de politieke omstandigheden van het land steeds dramatischer vormen aannamen. Ondanks haar isolement bespeurde ze de politieke dreigingen. Vanuit het westen verwachtte iedereen een aanval van Engelse oorlogsschepen, vanuit het zuiden werd het koninkrijk bedreigd door de soldaten van Napoleon. De keizer verbrak zijn beloften die hij zijn broer in Parijs had gedaan en stuurde veel meer manschappen naar het noorden dan in het Tractaat van Parijs was vastgelegd. Hij zocht in alles een aanleiding om zijn broer te beschuldigen van onbekwaamheid en wangedrag, zodat hij genoeg redenen had om hem ten slotte te onttronen. Dan kon hij van Holland een sterke bufferstaat tegen Engeland maken en het bewind naar eigen inzicht regelen. De sentimenten die Lodewijk toonde voor zijn Hollandse onderdanen, hun kwijnende handel en roemruchte verleden vond hij niet alleen absurd, hij beschouwde het ook als verraad jegens Frankrijk, het enige land dat in zijn ogen recht had op zijn liefde en trouw.

'Franse troepen trokken het land binnen. Ik weet niet met welk doel,' noteerde Hortense. Ze was er wel degelijk van op de hoogte dat haar man en diens keizerlijke broer heftig van mening verschilden. Maar ze werd zozeer geabsorbeerd door haar extreme heimwee dat ze voor niets anders oog kon hebben. Leiden en Den Haag waren op 20 april 1810 bezet. Zouden de Franse soldaten verder noordwaarts trekken?

Soms verliet de koning Amsterdam om een paar dagen in Paviljoen Welgelegen te vertoeven. Hortense wist niet dat hij de Franse actrice Mlle Dangeville daar een buitenplaats aan het Spaerne had geschonken, die 'Klein Paviljoen' werd genoemd. Hij bezocht haar regelmatig en legde zijn dienaren over deze liaison de zwijgplicht op.

In mei reisde de koning naar Antwerpen, waar Napoleon met Marie Louise vertoefde om een huwelijksreis te maken en met eigen ogen de strategische situatie langs de Vlaamse en Zeeuwse kust in ogenschouw te nemen. Tijdens de afwezigheid van de koning waagde Hortense zich buiten de koninklijke appartementen. Ze verkende het souterrain, waarin zich de kerkers bevonden. De gevangenissen waren op last van de koning omgebouwd tot wijnkelders waarin zich een grote voorraad van de lievelingswijn van de koning bevond: de Tokayer, een uitgelezen Pinot uit de Elzas. Helaas was het ook de lievelingswijn van de opzichter van de wijnkelders, die hoogst zelden nuchter werd aangetroffen. De koning kon er in zijn weekhartigheid niet toe komen hem te ontslaan.

Aan de Damzijde bevond zich de voormalige Vierschaar, die als hofkapel was ingericht. Ze knielde neer op haar bidstoel. Maar van rust en bezinning was geen sprake. Anderhalve eeuw lang waren in deze ruimte vonnissen geveld. Na het uitspreken van de doodstraf moest de veroordeelde op de bovenverdieping op het wapen van Amsterdam in de justitiekamer neerknielen, om met de dominee voor zijn zielenheil te bidden. Dan werd hij naar buiten gevoerd, waar de beul op het verhoogde schavot stond te wachten. Alleen al de gedachte aan een schavot, de opgewonden menigte en alle bloedige jeugdherinneringen die daaraan kleefden, maakte de koningin overstuur. Hoe kon ze zich aan het gebed wijden als ze wist dat zich onder de gewelven van haar paleis de voormalige martelkamer bevond met de gruwelijke pijnbank? Ze vouwde haar handen en keek bevreesd om zich heen. De altaarwand was bedekt met een roodfluwelen gordijn. Daarachter bevonden zich marmeren reliëfs, gebeeldhouwd door Arthur Quellinus. Gelukkig bleven de taferelen van een man die de ogen wordt uitgestoken en van misdadige vrouwen met gebonden handen verborgen. Ze zag dat het kostbare kerkzilver van Utrecht naar Amsterdam was overgebracht. Een van de weinige besparingen die de koning zich getroostte.

Ze stond op en liep de trappen op naar de tweede verdieping. Daar had op initiatief van de koning de eerste grote tentoonstelling van oude en levende meesters plaatsgevonden. Het publiek kon toen vanuit de straat naar boven gaan. Er waren honderden bezoekers geweest die de catalogus bestudeerden en de doeken bewonderden. Nu hing er nog de verzameling schilderijen van de koning en enkele enorme doeken, die de trots van de Hollandse Gouden Eeuw vormden. Ze zag een schilderij van de meesterhand van Rembrandt van Rijn, waarop een groep gewapende mannen bij het vallen van de avond met trommels en lantaarns, met wapens en vaandels aan het licht trad. Om de vele schaduwrijke plekken had men het schilderij spottend *De Nachtwacht* genoemd. Zo krachtig toonden zich de gezichten van deze Amsterdammers met hun dikke snorren en wit oplichtende kragen, dat ze zich klein voelde met haar bescheiden schildertalent.

Daarnaast hing een doek dat wel vijfenhalve meter lang was, geschilderd door Bartholomeus van der Helst. De schutters, die om een rijk gedekte tafel zaten te eten en drinken, vierden de Vrede van Munster in 1648. De gezichten waren rood en glimmend. De kleding opgesmukt met zijden sjerpen en kleurige kousen. Wat sprak er een welvaart en zelfbewustzijn uit. Wat een trotse Republiek was Holland ooit geweest. De koopvaardijschepen beheersten de wereldzeeën en op de beurs aan het Rokin werd wereldhandel gedreven. Geen stad in Europa had zo'n reusachtig en luisterrijk stadhuis als Amsterdam kunnen bouwen. Had dit land al zijn rijke koloniën over zee kunnen bewaren? In de haven wees alles op de economische malaise, vooral veroorzaakt door Napoleon. In gedachten verzonken daalde ze de trap af naar de noordgalerij, een wollen omslagdoek om haar schouders. Want in dit gebouw zou het nooit lente worden. Later noteerde ze: 'Het paleis in Amsterdam was vroeger stadhuis geweest en had een zeer mooi interieur. De koning had er alles aan gedaan om het te verfraaien maar men kon zich binnen geen triester woonoord voorstellen. (...) Mijn Hollandse hofdames leken me heel aardig maar ik kende ze nauwelijks; het grootste deel was nieuw. Ik bracht dus mijn dagen al lezende door, alleen in mijn appartement. Ik zag mijn zoon nauwelijks. Men waarschuwde me laat in de middag, dat de koning me aan tafel verwachtte; ik kwam. Tijdens de maaltijd sprak hij geen woord tegen me. Na het eten liet de koning zijn vingers over de openstaande piano wandelen. Hij trok zijn zoon op schoot, knuffelde hem, nam hem mee op het balkon dat op het plein uitkeek. Als het volk hen zag, klonk er gejuich. De koning kwam weer binnen, ging opnieuw achter de piano zitten, reciteerde enkele Franse verzen of neuriede een wijsje. Ik zat op een stoel maar te kijken naar wat zich in de kamer afspeelde, zonder een woord uit te brengen. En als er zo een paar uur waren verstreken, belde hij en liet de dames en heren van de hofhouding binnenkomen. Men bracht de speeltafeltjes. Ik nam aan een paar spelletjes deel en trok me om 9 uur terug nadat ik hem goedenacht had gewenst. Dat was het enige woord dat we wisselden. Zo verliepen mijn dagen in Amsterdam.'

De koningin van Holland realiseerde zich na enkele weken dat ze minder ongelukkig was nu ze niet meer zo getreiterd werd door haar man als vroeger. Maar ze had al haar energie verspild. Haar isolement in het vreemde land bevroor haar hart. Haar muziek, haar tekeningen verloren betekenis. Ze vroeg zich af wat ze hier eigenlijk deed, zonder een strelende hand, zonder de stem van een vriend of vriendin. De mensen die ze liefhad vertoefden allen ver weg. Waarom hadden ze haar laten vertrekken? Haar gedachten draaiden rond en rond terwijl ze over het zwarte tapijt liep dat de marmeren vloer van de Burgerzaal bedekte en de bleke beelden op haar neerkeken: Atlas met zijn wereldbol, de Stedenmaagd en de godin Cybele.

Op een dag had de koning in het paleis *La Vestale* laten opvoeren, van de Italiaanse componist Gaspare Spontini. Het was het favoriete lyrische theaterstuk van haar moeder, dat aan keizerin Joséphine was opgedragen. Hortense had haar tranen niet kunnen inhouden toen de getergde Julia in de eerste acte voor de bordkartonnen Romeinse tempel der Vestaalse Maagden haar verlangen naar haar geliefde bezong: *Licinius, je vais donc te revoir?* Hortense vroeg zich af of ze ooit Charles de Flahaut zou terugzien, wiens liefdevolle beloften haar op de been hielden.

De brieven van haar moeder opende ze steeds met een mengeling van blijdschap en ongerustheid. Joséphine leefde nog slechts voor haar zoon en dochter. En voor de weinige regels die Napoleon haar toezond. 'Je brief van de tiende heeft me juist bereikt, maar ik vond daarin niet de troost die ik ervan verwachtte; ik vond moedeloosheid die me veel verdriet heeft gedaan. Je bent toch nog door zoveel aan het leven gebonden. En als je ook maar een beetje om mij geeft, moet je toch kunnen begrijpen dat je me ongelukkig maakt door me zo makkelijk te willen verlaten? Wees flink, *ma chère fille*, en zorg goed voor je gezondheid. Ik ben ervan overtuigd dat de aanbevolen baden je goed zouden doen. Praat er eens openhartig over met de Koning, hij zal je zeker niets kunnen weigeren dat in het belang van je gezondheid is.'

In de melodie van de woorden klonk haar zachte maar dwingende stemgeluid, dat iedereen bekoorde en ontwapende. Joséphine schreef haar dochter dat de baden van Plombières het beste voor haar zouden zijn. Zijzelf had besloten in juni niet naar Aken te gaan maar naar Aix-en-Savoie, dat nog verder lag dan Plombières. Ergens in Frankrijk konden ze elkaar treffen.

Hortense stelde zich de lange reis voor. Lodewijk zou het nooit goedkeuren dat ze vertrok. Hoe lang was het rijden? Heen en weer geslingerd tussen de vrees voor haar echtgenoot en de bezorgdheid om haar moeder liep de koningin door haar vertrekken. Ze keek naar de spitsbogen van de kerk aan de overzijde van de straat. Ze had ze al een paar maal getekend, totdat ze zo neerslachtig werd dat het potlood uit haar hand viel en ze verlangde naar het einde van haar onhoudbare leven.

Omdat haar de moed ontbrak stelde ze het gesprek met de koning uit en zocht verstrooiing in haar literatuur. Ze las in Amsterdam niets dan gotische horrorromans, geschreven door Ann Radcliffe[5] en liet de huivering over zich heen komen. Hoe aangrijpend was het lot van de mooie, deugdzame Emily die door de vileine schurk Montoni was opgesloten in diens sombere kasteel Udolpho. Hoezeer herkende ze haar eigen lot in dat van de arme hoofdfiguur, overgeleverd aan de macht van haar wrede en grillige echtgenoot: '*And to Emily, who had been so tenderly educated, so tenderly loved, who once knew only goodness and happiness – to her, the late events, and present situation – in a foreign land – in a remote castle – surrounded by vice and violence – seemed more like the visions of a distempered imagination, than the circumstances of truth.*'[6]

Het Koninklijk Paleis op de Dam werd voor haar een reëel onderdeel van de griezelroman: 'Het paleis was als dat van de inquisitie; men durfde niet hardop met elkaar te spreken, iedereen was angstig. Als abbé Bertrand bij me kwam hield ik het kort uit vrees dat het bezoek nadelige gevolgen voor hem zou hebben.[7]'

Om de stank in haar kamers te verdrijven liet ze er voortdurend geurstoffen branden in bronzen, vuurvergulde parfumbranders die op de schouwen en commodes waren geplaatst. De Franse lijfarts zag hoe slecht de koningin eraan toe was. Hij waarschuwde de koning dat ze frisse lucht nodig had. Tot haar ontzetting negeerde Louis de opmerking, het had dus geen zin om over haar vertrek naar Plombières te beginnen.

Toen de koning weer enkele dagen in Paviljoen Welgelegen doorbracht en haar zoon meenam, voelde de koningin zich eenzamer dan ooit. Het gemis aan menselijke warmte holde haar uit. Uit een gebeurtenis in haar memoires blijkt hoe angstig en neerslachtig ze was: 'Op een nacht schrok ik wakker door een kanonschot. Ik luisterde scherp en daar klonk er nog een en weer. Ik riep mijn kamerdienaressen. Net als ik twijfelden ze niet aan de oorsprong van het geluid; daar werd een kanon afgevuurd! Het was middernacht. Waarom zouden ze op dit uur gaan schieten? Misschien was het wel een verrassingsaanval van de Engelsen. Ze hadden zich zeker meester gemaakt van Amsterdam! Bij dat idee klaarde mijn gezicht op. Je moet toch wel erg ongelukkig zijn om blijdschap te tonen bij de gedachte aan een andere machthebber en een andere gevangenis! Mogen mijn vrienden, mogen mijn kinderen, moge Holland me vergiffenis schenken: het is de enige blijk van egoïsme die ik mijn hele leven getoond heb. Het geluid dat een ogenblik mijn lijden verlichtte, was opnieuw te horen en nog eens. Een van mijn kamerdienaressen maakte een dienstknecht wakker. Hij ging de trap op naar de tweede verdieping in de hoop daar te kunnen ontdekken waar het kanongebulder vandaan kwam. Toen zag hij dat er een raam openstond, dat door de wind open en dicht werd geslagen. De klap weergalmde onder de stenen gewelven en had mijn vergissing veroorzaakt.'

De koningin wilde de Franse ambassadeur Larochefoucauld spreken. Maar de koning, die niemand vertrouwde, gaf haar slechts één keer toestemming hem te ontvangen en dan nog alleen in gezelschap van haar hofdames en officieren. Via Mme de Boubers stelde ze hem een vraag die haar onophoudelijk bezighield; was het waar dat de koning zijn minister Van Maanen opdracht had gegeven om kwade geruchten over de koningin van Holland onder haar onderdanen te verspreiden? Hij beaamde het niet alleen, maar Van Maanen was zelfs bereid om het te bevestigen.

Hortense had nog gehoopt dat het allemaal op een misverstand berustte, maar nu ze er zeker van was stortte ze in. Nu begreep ze de vreemde reacties van de mensen ten volle. Men hield haar voor een lichtzinnige vrouw die het Parijse nachtleven prefereerde boven de zorg van haar kinderen! Er werden obscene plaatjes verspreid; het volk amuseerde zich graag met roddels over hooggeplaatsten. Hortense snakte naar adem; ze had een religieuze opvoeding genoten en ze bleef haar man nog altijd trouw, al was hij de laatste die het verdiende. Ze vroeg zich vertwijfeld af hoe ze haar naam ooit kon zuiveren als ze als een gevangene in het Paleis op de Dam moest leven. Onder deze omstandigheden wilde ze zich niet in het openbaar vertonen.

Het leek of de lucht in de hoofdstad nog verstikkender werd. Ze verlangde naar de ijle atmosfeer van het hooggebergte, waar ze zich gezond en vrij had gevoeld. De ingewortelde vrees voor haar man had Hortense ervan weerhouden hem in hun paleis aan te spreken. Als hij zijn ogen op haar richtte voelde ze zijn inwendige razernij, die achter een koud en angstaanjagend masker woedde. Maar na zijn terugkeer uit Haarlem raapte ze al haar moed bijeen en liep langzaam naar de zuidgalerij. In zijn appartement gekomen ging ze tegenover hem zitten en zei dat ze aan het einde van haar krachten was gekomen. Ze wilde Amsterdam verlaten om elders frisse lucht in te ademen.

De koning uitte vele bedenkingen. Hij realiseerde zich echter dat hij Eugène de Beauharnais beloofd had Hortense toestemming te geven zijn zijde te verlaten als dat medisch noodzakelijk was. Uiteindelijk stemde hij geërgerd toe; ze mocht voor enige tijd naar Paleis Het Loo op de Veluwe. Maar hij hield haar zoon bij zich in Amsterdam.

Ze kuste Napoleon Louis en liet hem als een kleine gijzelaar achter bij Mme de Boubers, die altijd goed voor hem zorgde. Wat zou zijn vader allemaal over haar vertellen tijdens haar afwezigheid? Totaal verzwakt begon ze in gezelschap van haar kamerheer Marmol en haar hofdame mevrouw Van Renesse aan de tocht naar het Gelderse buitenverblijf. Zodra de stadspoort achter haar lag opende ze het raampje van haar rijtuig en ademde diep. De hemel boven de weilanden en de lage daken van de boerderijen was bewolkt. Schapen lagen stil in de weide en rechte sloten leidden naar eindeloze verten. Overal om haar heen was het land vlak. De horizon een lijn, slechts onderbroken door een hek, een molen, een wilg.

Ze moesten rustig rijden. Na enkele dagen kwam haar bestemming in zicht: Paleis Het Loo. Bossen en heidevelden trokken voorbij. De onverharde weg was slecht begaanbaar en de paardenhoeven plonsden in de diepe voren, die na een regenbui vol water stonden. Langs een hek stonden wat Hollandse koeien, die op last van de koning naar zijn Gelderse buitenplaats waren gebracht. Aan het einde van een lange, rechte laan doemde eindelijk het paleis op.

Het Loo was in de zeventiende eeuw als jachtslot gebouwd door de Franse bouwheer Jacob Roman voor stadhouder-koning Willem III van Oranje-Nassau. Het had een eenvoudig corps de logis en twee strakke zijvleugels. Koning Lodewijk toonde een afkeer van bakstenen muren. Daarom liet hij het exterieur van Het Loo lichtgrijs bepleisteren. Om het op natuursteen te doen gelijken waren er in het pleisterwerk schijnvoegen aangebracht. In de verte herinnerde het haar aan hun buitenverblijf te Saint-Leu.

Twee sfinxen die aan weerszijden van het toegangshek waren geplaatst lieten haar toe tot het domein, waar grootscheepse veranderingen werden aangebracht. De oorspronkelijke baroktuinen moesten verdwijnen om plaats te maken voor modieuze landschapstuinen. Grillige boomgroepen en struiken sierden de *pelouses* en enkele solitaire bomen gaven reliëf aan het landschap. Overal was men nog bezig de tuinontwerpen uit te voeren, er lagen grote zand- en aardehopen achter het paleis. Ze nam haar intrek in de oostelijke vleugel, waar haar appartementen van luxueuze empiremeubels waren voorzien. Er was een moderne toiletkamer ingericht. De architect had, met respect voor het verleden, de appartementen van de stadhouder-koning en diens gemalin prinses Mary Stuart intact gelaten.

Hortense wandelde in de nieuwe tuin, ze bekeek de oranjerie en de kassen. Ze zat in de schaduw van een berceau op een bank terwijl haar Hollandse hofdames beleefd wachtten tot ze haar wandeling zou voortzetten.

'Het Loo was voor mij net Amsterdam,' schreef ze later. Hortense wist dat ze hier niet zou herstellen. In gedachten vatte ze haar gevoelens samen in een brief aan Lodewijk, een brief die duidelijkheid moest brengen in hun relatie. Een afscheidsbrief voor altijd.

Toen ze de juiste woorden had gevonden stond ze op, keerde haastig terug naar het paleis en liep de brede staatsietrap op. Ze verdwaalde op weg naar haar vertrek in de zalen vol spiegels en vergulde ornamentiek, die haar aan Versailles deden denken. Met behulp van Marmol, die haar geduldig begeleidde, vond ze haar bureau. Ze doopte haar pen in de inkt en schreef haastig een paar regels op papier, vouwde het op en schoof het in een envelop die ze adresseerde aan Zijne Koninklijke Hoogheid Lodewijk Napoleon. In de gloeiend rode zegellak drukte ze haar stempel met de gekroonde H.

Vier jaar was ze koningin van Holland geweest. In die vier jaar had ze nog geen zeven maanden in haar koninkrijk doorgebracht en ze hield er niets dan trieste herinneringen aan over. Toen haar kamerheer de brief aan de koerier had gegeven had zij een gevoel van bevrijding. Dit was het definitieve einde tussen Lodewijk en haar.

In de *Amsterdamsche Courant* werd op 29 juni vermeld: 'Amsterdam, den 25ste van de Bloeimaand, Hare Majesteit de Koningin heeft zich naar het Loo begeven, alwaar Hoogstdezelve het schone jaargetij zal doorbrengen, gedurende hetwelk Hoogstdeselve nogthans eenige weken zal afwezig zijn, om de wateren van Plombières te gebruiken, welke Haar, tot herstel Harer gezondheid, zijn aanbevolen.'

Op 1 juli 1810 verliet haar rijtuig Het Loo en reed naar de grens. Algauw wisten boosaardige tongen in het koninkrijk te vertellen dat koningin Hortense haar man en haar zoon onder valse voorwendsels in de steek had gelaten om in Parijs haar losbandige leven voort te zetten. Het was de laatste leugen. 'Naarmate Frankrijk dichterbij kwam, voelde ik me als herboren. Ik was zo emotioneel. Toen ik de eerste douaniers mijn taal met elkaar hoorde spreken klopte mijn hart sneller. Bij het zien van de eerste berg sprongen de tranen in mijn ogen.' Tegen het vallen van de avond kwam ze in Plombières aan. Haar vertrouwde artsen werden gewaarschuwd en ze constateerden dat de koningin nauwelijks meer kon lopen. Ze tilden hun broodmagere patiënte voorzichtig van haar zitplaats en droegen haar naar een hotel, waar ze zo vaak met haar moeder en vriendinnen overnachtte. Adèle Auguié en Mlle Cochelet werden met spoed uit Parijs ontboden. Wie Hortense die eerste avond zag, bad dat ze de volgende morgen nog zou halen.

Koning Lodewijk Napoleon berustte in de mislukking van zijn huwelijk. Hij hoefde nu geen spionnen meer op Hortense af te sturen. Geen pogingen meer te ondernemen om haar genegenheid te winnen. De strijd was voorbij. Hij legde het stapeltje brieven dat hij haar ooit in liefde schreef in een lade van zijn cilinderbureau en draaide de sleutel om. Vergeleken bij de omvang van zijn politieke problemen was het definitieve vertrek van zijn echtgenote niet eens de zwaarste beproeving. Met doffe blik keek hij naar de lege stoel aan zijn eettafel, hij at zwijgend zoals hij ook had gedaan toen Hortense nog tegenover hem zat.

Maar wat zou ze haar stiefvader over hem vertellen? Die gedachte vervulde hem met weerzin.

Nog maar enkele weken geleden had hij Napoleon en Marie Louise, die tijdens hun wittebroodsweken een reis door de Franse Nederlanden maakten, een bezoek moeten brengen. Het keizerlijk paar wilde de pas ingelijfde gewesten Brabant en Zeeland en de verdedigingswerken langs de Noordzeekust gaan bekijken. Dat de Engelsen er vorig jaar in waren geslaagd Walcheren te bezetten maakte Napoleon razend. Via de Schelde lag de weg naar Antwerpen open.

Lodewijk Napoleon had zich beslist niet in Brabant of Zeeland aan de zijde van zijn broer willen vertonen, waar zijn onderdanen hem nog maar kortgeleden hun aanhankelijkheid betuigden. Daarom snelde hij naar Antwerpen en maakte daar zijn verplichte opwachting. De koning van Holland zag zijn broer met zijn jonge vrouw en een gevolg van wel vijftig rijk uitgedoste personen naderen. De *noblesse d'Empire*, onder wie zijn jongste broer Jérôme, met diens vrouw. Napoleon wisselde slechts enkele woorden met hem. De burgerij haalde zijn reuzen tevoorschijn voor de grote ommegang. In de deinende, opgewonden massa verscheen een levensechte walvis die met zijn ogen rolde en water spoot over de gillende massa; dolfijnen; een trompetterende olifant op wielen. De keizer verveelde zich. Hij had dit vermaak al eerder moeten aanzien toen Joséphine nog aan zijn zijde zat.

Gelukkig was er vervolgens een vlootschouw gehouden en 's middags liet de keizer een oorlogsbodem te water, die wel tachtig vuurmonden aan boord had en voor veel deining te land en ter zee zorgde.

Napoleon keek strak over het grijze water van de Schelde. Ooit noemde hij Antwerpen het pistool dat op het hart van Engeland gericht was. Zijn ogen vernauwden zich, alsof hij de witte rotsen van Albion kon zien liggen. Engeland, dat hem bleef tarten. Heel Europa lag aan zijn voeten en de dochter van de keizer van Oostenrijk lag in zijn bed. Maar in Spanje woedde de guerrilla tegen zijn keizerlijk gezag voort, een strijd die gevoed werd door de gehate Engelsen onder aanvoering van de hertog van Wellington.

Lodewijk Napoleon stond als Connétable de France dicht naast Napoleon, als het somberste onderdeel van diens schitterende entourage. De zon blonk op de vele hoge onderscheidingen die het uniform van de koning van Holland sierden. Het deed hem allemaal niets meer. De gouden epauletten op zijn schouders schokten; hij wist dat de macht hem ontglipte, dat hij niet op liefde of respect van zijn familie hoefde te rekenen. Hij verlangde ernaar de hele vertoning de rug toe te keren. Maar hij hield te veel van Holland om op dit moeilijke moment te deserteren. Verbitterd constateerde hij dat de Vlaamse economie floreerde. De handel van de Antwerpse haven lag wel stil ten gevolge van het Continentaal Stelsel, maar even verderop werd de blokkade met Engeland op allerlei manieren omzeild. Van Vlissingen tot Duinkerken strekte zich de smokkelzone uit, de grootste van het vasteland. Zelfs corrupte Franse douaneofficieren en inspecteurs waren erbij betrokken. Ze streken hoge winsten op van scheepsladingen koffie, indigo, kaneel en peper. De koning van Holland wist er alles van, maar Napoleon scheen het niet te zien.

Hij zag alleen de smokkelarij van de Hollanders en de fouten van zijn broer, die hij 's avonds in het bijzijn van zijn hofhouding afblafte. Opnieuw dreigde hij met ontslag en herinnerde de doodsbleke Lodewijk aan de bepalingen van het Traktaat van Parijs. Zelfs de Franse ministers en admiraal VerHuell moesten toegeven dat de eisen onredelijk waren. Hoe kon de koning van Holland de marineschepen met 9500 soldaten bemannen? Om Holland tegen een Engelse aanval te beschermen had hij slechts 4500 mariniers. Er dienden al zoveel Hollandse soldaten in het Franse leger dat tegen de Spaanse rebellen vocht. Waar zou hij de overige manschappen vandaan moeten halen?

Zo snel het protocol het hem toestond reed koning Lodewijk terug naar Amsterdam, terwijl de keizer zijn zegetocht door Vlaanderen voortzette en via Oostende naar Brugge trok, waar men hem langs de versierde reien leidde. Keizerin Marie Louise bleef onderweg plichtsgetrouw naar de burgers wuiven en knikken, ook al herinnerden de namen van hun straten en pleinen op pijnlijke wijze aan Napoleons roemrijke overwinningen bij Jena, Eylau, Austerlitz, Wagram. Op al die plaatsen had haar geliefde vader zware nederlagen geleden en waren duizenden Oostenrijkse soldaten gesneuveld. Ze knikte en wuifde, zelfs toen ze over de Quai de Joséphine reden, die men – misschien opzettelijk – had vergeten om te dopen.

Jérôme Bonaparte stelde vast dat de ontvangst in Zeeland en Brabant buitengewoon koel was. De keizer maakte openlijk ruzie met de burgemeester van Vlissingen en meed Middelburg. Er werd niet gejuicht toen hij door de dorpen trok. Men hield van koning Lodewijk, niet van de onbeschofte dictator die de vrijheid van de handel schond.

Teruggekeerd in Amsterdam onderging de koning de warmte van de oprechte verwelkoming. Hij voelde hoezeer hij Hollander was geworden, één met zijn volk. Hij gaf meer om zijn koninkrijk dan om wie of wat ook ter wereld. Zijn vrouw had hem verlaten, zijn broer vernederde hem en zijn zoon was te jong om te begrijpen wat er in hem omging. Maar zijn onderdanen waardeerden de inspanningen die hij zich voor hen getroostte.

Met zijn kind wachtte hij de gebeurtenissen af en bestierde het koninkrijk met zorg. Aan het eind van de lente, toen de keizer weer in Parijs was, verschenen de eerste Franse soldaten voor de poort van Haarlem. Op gezag van de koning werd hun de doortocht geweigerd. Bij het horen van dit bericht dreigde Napoleon de hoofdstad van Holland te laten bezetten als zijn broer niet onmiddellijk de Franse patrouille in de stad aan het Spaarne ontving.

Onverkwikkelijke incidenten verhaastten de ontknoping van het conflict tussen de koning en de keizer; de koetsier van de Franse gezant kreeg in de nabijheid van het Koninklijk Paleis op de Dam ruzie met een Amsterdammer. De paleiswacht moest hem te hulp komen. Dit onbelangrijke voorval werd algauw uitgelegd als een oorlogsverklaring van de Hollanders aan de Fransen. De kwestie liep zo hoog op dat Napoleon zijn gezant Larochefoucauld beledigd terugriep naar Parijs. Ambassadeur VerHuell moest Frankrijk op staande voet verlaten om terug te keren naar Holland. Murw van alle rampspoed trok de koning met de kroonprins naar Haarlem en probeerde in Paviljoen Welgelegen tot zichzelf te komen. Daar hoorde hij dat de Franse legeroverste Oudinot zijn hoofdkwartier in Amsterdam wilde vestigen.

In de grote zaal met een riant zicht over de Kleine Hout beraadslaagde de koning met zijn raadgevers. Hij stelde de commandanten voor Amsterdam in staat van verdediging te brengen. Er viel een geschrokken stilte in het vertrek; het Hollandse leger was immers veel te klein om het op te nemen tegen de machtige Fransen. Door zijn opmerking had hun koning overduidelijk getoond aan wiens kant hij stond. In zijn gedenkschriften schreef Louis later, nog altijd in de derde persoon: 'Een van hen wilde zelfs dat de koning ook na de bezetting in Amsterdam zou blijven, dus eigenlijk onder een Franse generaal zou staan. "Dat gaat te ver," antwoordde hij, "nu weet ik wat mij te doen staat."'

Lodewijk Napoleon verliet het vertrek en ging naar zijn werkkamer. Daar zat hij een tijd voor zich uit te staren, de kop van Tiel rustte op zijn knieën. Als hij de Fransen als vrienden verwelkomde, zou hij zijn onderdanen verraden. Als hij zijn soldaten tegen de Fransen inzette, betekende dit een oorlogsverklaring aan de keizer. Het hopeloze van zijn situatie drong in alle hevigheid tot hem door. In beide gevallen moest hij zijn troon verliezen. Maar hij kon het belangrijkste nog redden: zijn eer. Heel Europa zou weten wat de keizer al die jaren werkelijk voor ogen had gehad. Hij schreef Napoleon een brief en gaf opdracht deze op 2 juli naar Parijs te versturen.

Daarna begon hij aan een proclamatie met de trotse aanhef: 'Lodewijk Napoleon, door de gratie Gods en de constitutie des koninkrijks, Koning van Holland, Connétable van Frankrijk.'

In heldere en eerlijke bewoordingen zette hij de deplorabele toestand uiteen. 'In gemoede overtuigd dat door mij niets meer voor uw belangen zo min als voor uw welvaart gedaan kan worden; integendeel mijzelve als een hinderpaal beschouwende om de goede gezindheid van mijn broeder ten opzichte van dit land te kunnen doen herleven, heb ik van mijn rang en koninklijke waardigheid afstand gedaan ten behoeve van de kroonprins, mijn oudste zoon Napoleon Lodewijk.'

Daar de kleuter nog niet bekwaam was om zelf te regeren, benoemde hij koningin-moeder Hortense tot diens regentes. Huilend voegde hij eraan toe: 'Hollanders! Nimmer zal ik een goed en deugdzaam volk vergeten zoals gij zijt. Mijn laatste gedachte zowel als mijn laatste zucht zullen voor uw geluk zijn.' Hij moedigde zijn onderdanen aan om de Franse soldaten en ambtenaren goed te ontvangen. Het was in hun eigen belang en het beste middel om de keizer, van wie hun lot en dat van hun kinderen afhankelijk was, te behagen.

Nadat de brieven waren geschreven liet de koning zich met grote zelfbeheersing kleden voor het diner. Hij zat die avond aan de dis alsof er niets ongewoons aan de hand was. Zijn zoon kwam hem aan de hand van Mme de Boubers goedenacht wensen en daarna amuseerde hij zich met zijn hovelingen aan de speeltafeltjes. Op het gebruikelijke tijdstip begaf iedereen zich naar zijn bed. Maar de koning ging niet slapen. Toen het stil was in Paviljoen Welgelegen verliet hij in reiskleding zijn kamer en sloop met Tiel op de hielen naar de slaapkamer van zijn zoon. Bij het bed van de kleine koning Lodewijk II gekomen, drukte hij een laatste kus op zijn voorhoofd. Het moeilijkste was nu voorbij. Hij daalde de brede staatsietrap af. De uitbundige wandbeschilderingen van de bruiloft van Bacchus en Ariadne stonden in schril contrast met zijn bezwaard gemoed. Gevolgd door twee vertrouwde adjudanten en zijn eerste kamerdienaar verliet hij door een zijingang het paleis. Om bij het rijtuig te komen moest hij een slootje oversteken waar een plank over gelegd was. De dienaar lichtte hem bij met een kleine lantaarn, maar de manke koning stapte mis en viel in de modder. Geschrokken betastte hij zijn drijfnatte jas. Men raadde hem aan terug te keren om schone kleren aan te trekken. Maar hij schudde zijn hoofd, veegde zijn mouwen en broek af en stapte met zijn hond in het rijtuig. Door het slapende land trok hij in de nacht van 2 op 3 juli 1810 zo snel mogelijk oostwaarts. Om te voorkomen dat de officieren van Napoleon hem arresteerden en naar Parijs zouden laten brengen, moest hij ver over de grens zijn voor zijn vertrek bekend werd. Nog was er aan al zijn ellende niet een einde gekomen. Tijdens de rit sprong Tiel plotseling nerveus uit het rijtuig, dat in volle vaart voortsnelde. Hij raakte onder de wielen, jankte nog een keer en bleef doodstil en verpletterd op de weg liggen. Zo verloor Lodewijk Napoleon ook de laatste vriend die hem dierbaar en trouw was geweest en moest hij in volstrekte eenzaamheid het land dat hem zo lief was verlaten.

De trotse daad van Lodewijk Napoleon kwam zo onverwachts dat er in brede kringen ongelovig op gereageerd werd. De Hollandse burgers verdrongen zich voor de proclamatie, die door het hele land was opgehangen. Het was waar: de goede koning had troonsafstand gedaan en was opgevolgd door zijn nog geen zesjarige zoon. Kon dit een oplossing zijn voor alle landsproblemen? Er werden veel tranen vergoten over het vertrek van de Goede Koning Lodewijk en de dichter Willem Bilderdijk, die zijn hoge beschermheer verloor, dichtte:

'Met palmen van de krijg, met vrede en Kunstlaurieren
Omvlecht zich de ed'le kruin van Koning Lodewijk
Aan 't onbezweken hoofd, dat zooveel kransen sieren
Ontleent zijn kroon een glans, geen aardschen glans gelijk.
Ken Neêrland in dit beeld den redder, den behouder
Die van uw zinkend wrak de roerpen grijpen dorst
Uw heil doorgloeit hem 't hart en 't weegt hem op den schouder
Ja, lees door 't minzaam oog den Vader en den Vorst.'

Toen keizer Napoleon de brief uit Haarlem ontving, verloor hij zijn zelfbeheersing. Hij had Lodewijk wegens incompetent gedrag willen onttronen. Maar met de mogelijkheid dat Lodewijk zelf zou aftreden, ten behoeve van zijn zoon, had hij nooit rekening gehouden. En Lodewijk verliet zonder zijn toestemming het keizerrijk! Dat was op zich al een strafbaar feit voor een telg van de familie Bonaparte. Nu moest hij een kleuter van de troon jagen. En grondwettelijk gezien viel Lodewijk niets te verwijten; hij handelde volgens het opvolgingsrecht.

Hortense was de laatste die hoorde wat er in Haarlem was gebeurd. Ze ontving in Plombières een briefje van Mme de Boubers, die met de kleine koning Lodewijk II in Paviljoen Welgelegen zat en geen instructies had ontvangen. Hortense vroeg zich af wat er gebeurde in Haarlem met haar kind. Ze stuurde direct de trouwe kamerheer Marmol naar Holland om Napoleon Louis bij haar te brengen. Maar Napoleon was haar voor geweest; een adjudant arriveerde in Haarlem en nam op last van de keizer de jongen mee naar Saint-Cloud. Het kind was dolblij zijn kleine broertje terug te zien. Na een regering van acht dagen moest koning Lodewijk II van Holland op last van de keizer zijn ambt neerleggen.

Hortense was ondanks alles ongerust over het lot van haar man. Waar bevond hij zich nu? Niemand kon het haar vertellen. Niet in Parijs. En ook niet in Engeland, zoals Napoleon even gevreesd had. Amerika leek te ver weg. Waarom had hij hun zoon in de steek gelaten? En hoe kon hij verwachten dat zij als regentes over Holland zou gaan regeren, zij die zich nooit met politiek bemoeid had?

Terwijl de keizerlijke politie Europa afzocht om een spoor van de voormalige koning van Holland te vinden, ondertekende Napoleon op 9 juli 1810 te Rambouillet een decreet dat onder meer bepaalde: '*La Hollande est réunie à l'Empire.*'[8]

DEEL 4

Geheime Liefde

18

Het gezelschap dat het logement in Genève betrad wekte de nieuwsgierigheid op van de waard en zijn gasten. Een iets voorovergebogen man in een onberispelijk reiskostuum van groen laken die zich bekommerde om een ziekelijke, jonge vrouw vroeg om een aantal kamers met uitzicht op het meer. Terwijl dienstmeisjes warm water naar boven brachten en schoon linnengoed op de bedden legden, was de dame op een chaise longue neergestreken. Haar metgezellinnen duwden kussens in haar rug, ontdeden haar van haar hoed en sjaal en reikten haar de thee aan. Toen ze het porseleinen kopje naar haar mond bracht zag de waard dat haar handen trilden. De naam die in het gastenboek werd geschreven zei hem niets. Maar haar gezicht kwam hem enigszins bekend voor en ze straalde een waardigheid uit die hem met een vanzelfsprekende eerbied vervulde. Hij zag onmiddellijk dat ze in kritieke omstandigheden verkeerde en stelde ongerust voor een arts te roepen. Ze sloeg haar grote lichtblauwe ogen dankbaar naar hem op. Haar stem was zo zacht dat hij haar nauwelijks kon verstaan, maar een van haar begeleidsters knikte ijverig en ging zelfs met een knecht mee de stad in om de arts op te halen.

Het duurde niet lang voor ze samen terugkeerden. In het logement trof hij een uitgeputte reizigster aan, die hem niettemin een beminnelijke glimlach toewierp. Ze sprak over een inspannende tocht van Plombières naar Zwitserland en liet haar pols voelen. Haar toestand baarde hem grote zorgen; ze ademde moeizaam en leed in elk geval aan een zenuwinzinking. Onderzoekend keek hij haar aan; haar delicate gebaren, de juwelen die ze droeg en de zorg van de dames die haar begeleidden wezen erop dat zijn patiënte van hoge komaf was en er blijkbaar de voorkeur aan gaf incognito te reizen. Bij het venster stond een piano met opengeslagen bladmuziek en eensklaps klaarde het bleke gelaat op. Ze kwam overeind, wankelde naar het instrument en nam de bladmuziek op.

'Dat is een nieuwe romance van de hand van de koningin van Holland,' haastte de waard haar te zeggen. En met een hoofdknik naar een meisje dat in de hoek van het vertrek stond toe te kijken: 'Mijn nichtje kan het heel mooi zingen en spelen.'

Er ging iets onuitsprekelijks door de salon, een trilling die de dames de adem deed inhouden. De gebogen heer kuchte nadrukkelijk. Hortense, koningin van Holland, wenkte het nichtje dichterbij en vroeg haar de romance te laten horen. Het meisje zette zich verlegen achter het klavier en speelde de eerste maten, zonder te beseffen dat de componiste vlak naast haar stond. Ze zag niet dat er tranen opwelden in de ogen van de dame. De klanken en de woorden over een verre geliefde wekten zoveel herinneringen op dat ze opnieuw overmand werd door emoties. 'Hoe meer ik me schaamde voor mijn huilbui, des te minder was ik in staat om me in te houden,' schreef de koningin van Holland.

Ze voelde dat alleen langdurige rust haar gespannen zenuwen kon genezen en begaf zich tot verbazing van de waard en zijn nichtje zonder verklaring plotseling naar buiten om op een bankje aan de oever van het meer diep adem te halen. Daar zat ze nog toen er een schip voor anker ging, waarop zich een adellijk gezelschap bevond. De loopplank werd uitgelegd en men ging aan wal. Iemand vestigde in het voorbijgaan zijn blik op haar en Hortense wist intuïtief dat ze herkend was.

Het nieuws ging als een lopend vuurtje door het logement en de koningin werd uitgenodigd voor feestelijke diners en tochtjes over het meer. Ze zei alle uitnodigingen vriendelijk af. Hoewel de waard en zijn familie zich gedroegen alsof ze van niets wisten, was hun houding ten opzichte van haar zozeer veranderd dat ze niet meer twijfelde aan hun kennis van haar ware identiteit. Ze liet zich dankbaar al hun zorgen welgevallen. 's Avonds moest ze opnieuw de arts laten komen, die haar onderzocht en een slijmoplossende drank gaf. Nu hij wist dat hij de zevenentwintigjarige stiefdochter van keizer Napoleon voor zich had, begreep hij dat alle gebeurtenissen te veel waren geweest voor haar toch al zwakke gezondheid. De kranten hadden melding gemaakt van de troonsafstand van koning Lodewijk van Holland en diens vlucht naar een onbekend oord. Hun zoon zou tot troonopvolger zijn benoemd, maar de keizer had het kind deze waardigheid ontnomen en Holland bij Frankrijk ingelijfd. Wist deze ontredderde koningin inmiddels waar haar man zich bevond? Maakte ze zich zorgen over hem? Hij zag toe dat ze de medicijnen innam en zich in bed liet helpen, waar ze onmiddellijk in een diepe slaap viel.

De volgende morgen ontwaakte ze laat in een zonnige kamer waarvan het venster uitzicht bood op het schitterende meer, omringd door zacht glooiende heuvels. Ze voelde een heel nieuwe gewaarwording: ze had een zelfstandige beslissing genomen. Ze was niet vanuit Plombières naar het drukke, bedreigende keizerlijk hof teruggekeerd. Ze trok naar een land dat in haar verbeelding het mooiste van Europa moest zijn: Zwitserland. Als lid van de familie Bonaparte was het haar verboden de grens van Frankrijk zonder keizerlijke toestemming te overschrijden. Maar die wet negeerde ze. Hoewel haar hart naar haar kinderen trok, volgde ze de weg die naar het vrije Zwitserland leidde. Als het pad moeilijk begaanbaar werd en de koetsier zijn paarden uitspande, had ze zich in een draagstoel moeten laten verplaatsen. Maar ze zette door, want er was nog een tweede, geheime aanleiding om zich tijdelijk buiten de grenzen van haar vaderland te begeven. Het was haar allesoverheersende verlangen naar liefde. Zelfs in haar memoires waagde ze niet te vermelden hoe ze Charles de Flahaut op de hoogte had gesteld van haar verblijf in Genève. De volgende ontmoetingen beschreef ze alsof het allemaal op toeval berustte: 'Toen ik voldoende rust had genomen ontwaarde ik in de verte twee heren die in galop naderden. Als je in gedachten vervuld bent van een persoon lijkt het net of je hem overal ziet. En als je hem daarna werkelijk tegenkomt denk je dat je over een vooruitziende blik beschikt. Daarom riep ik bij het zien van een van de twee uit: "Zie je wel, ik heb het goed geraden!" Mijn hart bonsde heftig maar ik slaagde erin mijn emoties te verbergen en niets dan verrassing te tonen toen monsieur de Flahaut en monsieur de Pourtalès, *ecuyer* van mijn moeder, mijn rijtuig naderden. De eerste was om gezondheidsredenen naar Aix getrokken en de tweede begeleidde mijn moeder. Ze had de beide heren vooruit gestuurd en wachtte me elders op.'

Ze reikte Charles de Flahaut haar hand en alleen dat al was genoeg om hem haar liefde te doen voelen, die tijd en afstand overwon en gloeide als nieuw. Niet lang daarna werd ze door haar moeder omhelsd. Alle hofdames van de keizerin kusten haar; de kilte van haar Hollandse isolement viel voorgoed van haar af. Ze zou nooit meer naar dat vreemde land hoeven te gaan dat beladen was met sombere herinneringen.

Opgewonden vertelden ze Hortense om beurten flarden van een avontuur dat hun de vorige dag bijna het leven gekost had. Joséphine was bij stralend weer met haar gevolg naar de overzijde van het Lac du Bourget gevaren om een bezoek te brengen aan de abdijkerk van Hautecombe. Bij terugkeer brak er een hevige storm los die de vlaggen en wimpels van de touwen rukte. Het schip slingerde hulpeloos over de golven en leek te kapseizen. Flahaut en Pourtalès pakten ieder een hand van Joséphine in de hoop haar te redden als ze te water raakten. Gealarmeerd door de scheepstoeter die boven het geloei van de storm zijn noodsignalen uitzond, renden de burgers van de dorpen naar de oever van het meer om de drenkelingen hulp te bieden. Iedereen bad voor de keizerin. Uiteindelijk hadden ze de haven weten te bereiken maar ze waren nog niet over de schrik heen.[1]

Hortense besefte dat ze bijna haar moeder en haar geliefde vriend had verloren en week niet meer van hun zijde. In hun vertrouwde gezelschap reisde ze naar Aix-en-Savoie om daar de baden te nemen die vermaard waren om de weldadige uitwerking op patiënten met borstaandoeningen. In de vrije natuur sterkte ze spoedig aan en het hoesten nam af. Zodra ze haar kamers kon verlaten, wandelde ze ondersteund door Joséphine en Flahaut langs de oever van het groenblauwe bergmeer met zijn kristalhelder water, waarin zich de hoge bergtoppen spiegelden. De aanwezigheid van Flahaut verwarde Hortense. Sinds ze elkaar hun liefde hadden verklaard was er zoveel gebeurd. Ze vroeg zich af of hij met liefde aan haar had gedacht. Wat school er achter zijn meer dan aangename omgang met de dames uit hun gezelschap? Ze bemerkte dat ze verlegen was en zelfs bloosde uit zwakte. Tegelijkertijd voer een stroom bittere gedachten door haar heen. Ze prefereerde zijn vriendschap boven de liefde, de liefde die haar met onrust en jaloezie vervulde.

Hij kon niet lang bij haar blijven; nu hij genezen was van zijn verwondingen riepen zijn militaire plichten hem naar Parijs. Ook haar moeder vertrok om uit te zien naar een woning waarin ze tijdelijk kon verblijven als ze op bezoek ging bij haar zoon Eugène en diens gezin in Milaan. Hortense bleef alleen achter in Aix: 'Als ik niet zo naar mijn kinderen had verlangd, was ik er nog langer gebleven. De keizer liet me een brief bezorgen waarin hij me vroeg naar Parijs te komen om me over mijn zoons te ontfermen.'

Bij terugkeer van haar moeder moest ze meteen afscheid van haar nemen. Joséphine deed erg verdrietig omdat haar dochter haar alweer verliet. Haar stemming sloeg zoals gebruikelijk snel om, want ze had zojuist een charmant kasteeltje gevonden aan het Meer van Genève te Prégny-la-Tour, dat aan al haar wensen voldeed. Joséphine overlegde met een bankier in Genève over de aankoop en was al druk doende met de inrichting van haar salons en slaapkamer. Over het aankoopbedrag en de prijs van de meubelen en stoffering maakte ze zich nog altijd geen zorgen, ze was eraan gewend met een schuldenlast te leven. Napoleon zou het haar zeker verwijten en uiteindelijk ook weer vergeven.

Uitgerust begon de koningin van Holland aan de lange reis. Het was eind september toen ze in Fontainebleau aan het hof arriveerde. Hortense kreeg geen tijd om weemoedig terug te denken aan het laatste verblijf van haar moeder in dit door gouden najaarsbossen omringde paleis. Ze omhelsde haar zonen Napoleon Louis en de kleine Louis Napoleon, die tijdens haar afwezigheid goed verzorgd waren door Mme de Boubers. Haar stiefvader ontving haar met open armen en troonde haar vol trots mee naar zijn zwangere gemalin, die haar enigszins beschroomd tegemoet trad. Hortense schreef: '"Kijk eens hoe dik ze al is geworden," zei hij tegen me. "Als het een meisje wordt zal ze een vrouwtje zijn voor jouw zoon Napoleon, want ze mag niet buiten de familie trouwen en ook niet buiten Frankrijk." Die avond kwam mijn moeder niet ter sprake. Ik vroeg audiëntie aan voor de volgende dag.'

Eenmaal alleen met haar stiefvader vertelde ze hem over het kasteeltje dat haar moeder had gekocht omdat ze van plan was vaker naar haar zoon in Italië te reizen. Het deed de keizer zichtbaar plezier nieuws over Joséphine te vernemen, maar hij vertrouwde Hortense toe: 'Ik moet aan het geluk van mijn vrouw denken. Alles loopt niet zoals ik wenste.'

Marie Louise bemerkte wel dat haar onderdanen keizerin Joséphine niet konden vergeten. Napoleon vertelde Hortense dat hij op een dag met zijn vrouw een wandeling wilde maken naar Malmaison. Bij de gedachte aan Joséphine begon ze echter te huilen en hij voelde zich gedwongen een andere kant op te lopen. Nooit, zo verzekerde hij zijn stiefdochter, nooit zou hij vergeten welk een groot offer de liefdevolle Joséphine voor hem had gebracht. Ze mocht zich in Rome vestigen waar hij haar tot *gouvernante* zou benoemen. In Brussel kon ze een schitterend hof gaan voeren en ook wat voor het land kunnen betekenen. 'Maar,' voegde hij eraan toe, 'als ze Malmaison prefereert schrijf haar dan dat ik me er niet tegen zal verzetten.' Hortense verzekerde hem dat dit inderdaad het geval was en dat haar moeder in november terug zou keren. 'Want ze wenste in haar vaderland, omringd door haar vrienden en vriendinnen, te sterven.'

Inmiddels was men erachter gekomen dat Lodewijk Bonaparte zich in Bohemen bevond. Hij noemde zich daar graaf van Saint-Leu en had zijn intrek genomen in een woning in Teplitz, waar hij zich aan literatuur wijdde en geneeskrachtige baden nam. Door zijn droevig lot sprak zijn familie vaker over Lodewijk dan ooit het geval was geweest. Pauline, die de familie altijd als 'het kleintje' beschouwde en die nauwelijks serieus werd genomen, verweet Hortense op hoge toon dat ze de oorzaak was van al zijn ellende en dat ze bovendien voor haar zonen de troon van Holland had verspeeld. Madame Mère posteerde zich als een slanke rots tussen het gekrakeel van haar kinderen, ze wendde haar kleine, gepoederde kopje met de felle rougeplekken naar haar schoondochter en gelastte Hortense om haar Luigi terstond een brief te schrijven met het dringende verzoek terug te keren naar Parijs. De keizer zou wel een hoge functie voor hem verzinnen en een goed inkomen.

De koningin van Holland, die blij was dat ze haar titel mocht behouden, gehoorzaamde en zond een boodschapper naar Bohemen. Maar ze wist dat haar man er niet over peinsde om in de schoot van zijn familie terug te keren. Hij was woedend omdat Napoleon haar en zijn kinderen het huis in de rue Cerutti had toegekend. Bovendien mocht ze zich eigenares noemen van het kasteel Saint-Leu. Om haar onafhankelijkheid te garanderen kreeg ze van de keizer een royaal jaarinkomen. Lodewijk schreef Hortense dat hij haar verbood ook maar iets van dat alles aan te nemen. Hij stuurde ook brieven naar allerlei Franse autoriteiten om zijn zaak te bepleiten. Toen de keizer de brief voor Hortense in handen kreeg zei hij met een ruk van zijn schouders: 'Je man is gek. Hij stuurt links en rechts brieven. (...) Hij zou verdienen dat ik zijn kinderen aan hun lot overliet. Het is maar een geluk dat ik zo genereus ben, daar rekent men altijd op. Die arme kinderen kunnen er ook niets aan doen. Maar ze zouden te beklagen zijn als ze niemand anders hadden dan hun vader.'

Hortense installeerde zich in haar Parijse huis, dat ze met zoveel verdriet had moeten verlaten. Het was geen opzienbarend paleis. Willem Frederik Roëll, die als toenmalig minister-secretaris van koning Lodewijk Napoleon in 1807 de rue Cerutti bezocht, schreef in zijn reisjournaal: 'Het paleis van onzen koning is zeer goed en regulier gebouwd staande in de rue Cerutti, echter niet meer dan een gewoon hotel van een groot heer en zelfs op verre na zo groot niet, noch ook zo rijk gemeubileerd als dat van den groothertog van Berg.'[2]

Zonder de kwellende aanwezigheid van haar man voelde Hortense zich er thuis. Haar kleine hofhouding was met zorg samengesteld. Abbé Bertrand werd haar kapelaan, de al wat oudere gravin van Caulaincourt haar hofdame en een van haar gezelschapsdames was haar trouwste vriendin Adèle Auguié. De jonge Louise Cochelet, afkomstig van het meisjespensionaat van Mme Campan, kreeg een vaste aanstelling als *lectrice*. Graaf d'Arjuzon was een van haar kamerheren evenals Monsieur de Marmol. Van de Hollandse hofdames was alleen Charlotte Wilhelmina Lesné-Harel van Kessel haar naar Parijs gevolgd. Met haar kinderen, haar vriendinnen en vrienden leefde de koningin van Holland zoals het haar beviel; 's ochtends ontving ze niemand. Dan wijdde ze zich aan tekenen en schilderen. Niet zelden vormden haar salons en kabinetten met of zonder bezoekers het onderwerp van haar schetsen en aquarellen. Meestal at ze alleen of met Adèle en 's middags ging ze uit rijden, wandelde met haar kinderen in een park of musiceerde thuis. De strenge sfeer van de keizerlijke paleizen was er ver te zoeken; er heerste geen protocol in de rue Cerutti. Iedereen kon gaan, staan of zitten waar hij wilde en praten als hij er zin in had. Hortense plaatste een ronde tafel in het midden van haar kamer.[3] 's Avonds zat ze daar bij het licht van een tafellamp met vriendinnen en vrienden te lezen of te handwerken. De heren speelden kaart of tric-trac en men amuseerde zich met literaire conversaties. De diep geplooide gordijnen wierpen schaduwen in de intieme kabinetten, waarin ze zich met Flahaut kon terugtrekken. Altijd klonk ergens zachte muziek van harp of gitaar. Urenlang wijdde de koningin aan het spel op haar pianoforte en ze bedacht nieuwe romances die snel populair werden in alle uitgaansgelegenheden van Parijs.

De keizer vroeg haar vaker naar keizerin Marie Louise te gaan, die zich met haar onafscheidelijke hofdame de hertogin van Montebello schuilhield in haar appartementen en alleen in het bijzijn van haar man naar buiten trad. 'Breng mijn vrouw 's morgens eens een bezoek,' drong haar stiefvader aan. 'Ga eens met haar tekenen of musiceren. Dat zal ze plezierig vinden.'

Maar Hortense hield zich bescheiden op de achtergrond. Ze bemerkte algauw dat de keizerin een hekel had aan de *nouveau riche*-manieren die de zusters en schoonzusters van Napoleon kenmerkten. Tot haar voelde ze zich aangetrokken. Mme von Metternich had Marie Louise al voor haar vertrek uit Wenen gezegd dat de aristocratische Hortense in beminnelijkheid en intelligentie ver boven haar schoonfamilie uitstak en dat ze in haar een goede vriendin zou vinden. Naarmate Hortense de jonge keizerin meer behaagde, nam echter de jaloezie van Caroline, Pauline en Elisa toe. Ze waren er bepaald niet blij mee dat de koningin van Holland met haar zoontjes voorgoed was teruggekeerd in Parijs en dat ze weer door Napoleon als een dochter werd verwend. Elke zondagavond bezocht ze traditiegetrouw het familiediner. Hortense prefereerde echter de rue Cerutti, waar ze zichzelf kon zijn. Juist daardoor sprak heel Parijs algauw over haar: elke maandag hield ze ontvangst en van tijd tot tijd werd er een bal gegeven. Men benijdde het selecte gezelschap dat een uitnodiging ontving voor haar soirees; daar werd over poëzie en romans gesproken. Hortense luisterde in bewondering naar het lezen van Chateaubriand, wiens aangeboren aanleg tot melancholie en zijn sublieme aanvoelingsvermogen voor de ongerepte grootsheid van de natuur zozeer overeenkwam met haar eigen aard. Ze hield ook van het werk van Mme de Staël, die haar op het spoor had gezet van de Duitse literatuur waardoor ze Goethe en Schiller had leren lezen en bewonderen. Ook Engelse dichters als Lord Byron vonden waardering in haar salon, de anti-Engelse politiek van de keizer kon daar niets aan veranderen. Zo zinderde het huis van *la Reine de Hollande* van culturele genietingen en de Bonapartes spraken er algauw schande van.

De keizerlijke familie beklaagde zich bij Napoleon over het excentrieke gedrag van Hortense, die zich als schoonzuster van de keizer toch diende te conformeren. Het enige dat hij er tegen Hortense over opmerkte was: '"Ik verneem dat je thuis een *bureau d'esprit* hebt." – "Aangezien men nu eenmaal altijd iets over ons te vertellen wil hebben, prefereer ik deze reputatie boven een andere," antwoordde ik en hij kwam er niet meer op terug.'

Ze bloeide op te midden van gasten die haar bewonderden. Charles de Flahaut, die nu vrij het huis in de rue Cerutti in en uit kon lopen, ontbrak nooit in haar salon. Haar verlegenheid was verdwenen, een nieuw gevoel overweldigde haar. De jonge Charles, die ooit op een stoel was geklommen om haar dans met applaus te belonen, had zich ontpopt tot een ervaren charmeur. Hij was hartstochtelijk verliefd op Hortense en wachtte op de ultieme beleving van hun emoties. Hortense was nu een volwassen vrouw die aan de zijde van een gefrustreerd echtgenoot nooit had ervaren wat liefde of erotiek betekende. Ze hunkerde naar de overgave van lang onderdrukte gevoelens, maar besefte ook welk gevaar eraan verbonden was. Het was het meest aanlokkelijke gevaar dat ze ooit getart had en in haar hart was ze roekelozer dan op de steilste gletsjer en op de rug van het wildste rijpaard. In de herfst bezweek ze voor zijn verleiding en beminde Charles de Flahaut, zoals ze gedroomd had als zijn geheime brieven knisperden in haar eenzame bed in Den Haag of Amsterdam. Ze beleefde de totale vervulling van haar liefde die bijna tien jaar verholen had moeten blijven.

Geen van de gasten in de rue Cerutti twijfelde over de rol die de knappe zoon van Mme de Souza aan de zijde van hun stralende gastvrouw vervulde. En de schrijfster zelf genoot van deze romance die tussen de satijnen gordijnen van haar *lit d'ange* opvlamde. Zo had ze zich ook ooit aan Talleyrand gegeven, onwettig of niet. Haar zoon was het product van de ontembare Eros. En Hortense, die zich in haar verliefdheid tot een schoonheid ontwikkelde, sprak sterk tot haar romantische verbeelding. Charles was gelukkig, hij vergat de minnaressen die hem getroost hadden toen zijn grote liefde als koningin in Holland verbleef.

Toen de winter aanbrak en de kades van de Seine bedekt werden met sneeuw en ijs waren de kaarsen in haar huis ontstoken en wachtte ze ongeduldig op hem. Na de eerste weken van verrukking viel de schaduw van een eeuwenoude onrust over Hortense. Elke maand zat ze opnieuw in spanning. Als ze in haar toiletkamer constateerde dat ze aan de schande ontsnapt was begon alles zich te herhalen: het ontembare verlangen, het genot van de omhelzingen, de vage spijt, het wachten, de ongerustheid als ze de dagen op haar kalender telde. Aan het eind van elke cyclus volgde de opluchting. Totdat ze in het midden van de winter tevergeefs op de verlossende bloedingen wachtte. Van pure angst lag ze nachtenlang wakker. 's Morgens stond ze misselijk op. Was het nervositeit of het spook van de buitenechtelijke zwangerschap?

Keizerin Joséphine die was teruggekeerd naar Malmaison schreef Eugène in januari dat ze zich verbaasde over de veranderingen die zich in haar dochter voltrokken. Die sterk wisselende stemmingen kende ze niet van Hortense; soms was ze uitbundig en lachte aanstekelijk en een andere keer zat ze stil voor zich uit te staren.

In de nabijheid van haar moeder voelde de koningin van Holland wat ze altijd in haar gemist had; de babbelzieke Joséphine was niet de moeder met wie ze haar zorgen en problemen kon delen. Als ze wist wat haar dochter mankeerde, zou ze haar verdriet over deze schande zeker met tientallen hofdames willen delen, van iedereen troost verlangen en adviezen vragen. Hortense begreep hoe egocentrisch haar moeder was en hoe oppervlakkig haar schijnbaar heftige emoties. Uit vrees haar diepste geheim te verraden was ze minder openhartig. Ze vereerde haar geliefde moeder nog altijd maar haar gesprekken gingen nu alleen over luchtige, aangename zaken.

Keizerin Joséphine wilde altijd tot in de details weten wat zich bij de familie Bonaparte in de keizerlijke paleizen afspeelde. De paleizen die voor haar verboden terrein waren geworden. En Hortense deed uitvoerig verslag van de zondagse familiebijeenkomsten, de malicieuze opmerkingen van haar schoonzusters en de uitspraken van Madame Mère. De inmiddels eenenvijftigjarige Letizia troonde als een bijenkoningin in haar vergulde leunstoel, omzwermd door haar pronkzuchtig nageslacht, en placht te zeggen: 'Ik ben meer dan een keizerin, ik ben de moeder van de grote Napoleon.'[4] Elie Descazes, die koning Lodewijk Napoleon als raadsheer in Holland had gediend, was nu haar secretaris. Aangezien ze zich nauwelijks schriftelijk in het Frans kon uitdrukken, had hij zijn handen vol aan zijn nieuwe taak.

In februari 1811, toen er aan het hof voorbereidingen werden getroffen voor de aanstaande bevalling van Marie Louise, wist Hortense zeker dat ze in de nazomer een kind moest krijgen. Charles de Flahaut nam haar vol blijdschap in zijn armen. Maar bij haar overheerste de angst en wanhoop die dit geluk verdreven. Hun liefdeskind mocht er niet zijn, zoals hun liefde niet had mogen bestaan. Vanaf het moment dat ze zich bewust was van haar zwangerschap, begon Hortense afscheid te nemen van het kind in haar schoot. Haar oudste zoon had ze moeten verliezen door de dood, de jongste zou haar ontnomen worden ter voorkoming van de schande.

Sinds Adèle weduwe was, wijdde ze al haar dagen aan de zorg voor Hortense. Ze waarschuwde de koningin discreet als deze zich met Flahaut wat al te lang bij de open haard afzonderde en dwong het paar met zachte hand terug te keren naar de gasten in de salon. Toen Hortense zich over haar omstandigheden beklaagde wees Adèle haar terecht: 'Je hebt nu toch al het geluk waarvan je droomde? Kijk toch eens om je heen. Wie is er volmaakt gelukkig? (...) Na een lange tijd van slavernij ben je nu eindelijk vrij, je eigen meesteres. Je hebt je twee kinderen bij je, je bent schatrijk, je hebt de mogelijkheid om goed werk te doen. Je bent geliefd en geacht bij de mensen die je goed kennen en je beschuldigt de Voorzienigheid!'

Hortense putte moed uit die woorden.

Haar lange vriendschap met de ruim zestigjarige Mme Campan kreeg nieuwe dimensie toen de keizer haar onderscheidde met de Orde van het Legioen van Eer. Zo'n eer was een vrouw nog nooit te beurt gevallen. De keizer had steeds respect getoond voor de wijze waarop ze de toekomstige moeders van zijn onderdanen in haar internaat opvoedde. Bij het zien van de massa's gesneuvelde soldaten en officieren op de slagvelden van Austerlitz en Friedland, gingen Napoleons gedachten uit naar de wezen die ze achterlieten. Hoe moesten al deze kinderen zich in de toekomst zonder vaderlijke steun handhaven? Zo ontwikkelde hij het plan voor de stichting van keizerlijke internaten waarin wel vierhonderd wezen ondergebracht konden worden. Mme Campan was met haar lange ervaring op het gebied van onderwijs en opvoeding de aangewezen figuur om er leiding aan te geven. Het eerste meisjesinternaat werd in kasteel Ecouen ten noorden van Parijs geopend. Naast de directrice Mme Campan verhief de keizer de koningin van Holland tot hoge beschermvrouwe. Hortense was blij met deze erefunctie; ze liet een nieuwe weg aanleggen tussen haar buitenverblijf in Saint-Leu en Ecouen.[5] Nu kon ze Mme Campan en de weesmeisjes snel en eenvoudig bereiken. Bij elk bezoek ontroerde het haar dat er in de kapel door alle kinderen voor haar als hoge beschermvrouwe werd gebeden. Niemand wist hoezeer ze die kindergebeden nu nodig had.

De koningin was veel liever in Ecouen dan aan het keizerlijk hof. Daar vonden wekelijks muziek- en theatervoorstellingen plaats. Maar de sfeer rond Marie Louise was stijf en saai zodat iedereen het als een zure plicht opvatte om erbij tegenwoordig te zijn. Joséphine daarentegen had in Malmaison een sprankelend hof opgezet, waar werd gedanst en waar men elegante conversaties voerde. Marie Louise was angstig en verlegen. Ze waagde het nog altijd niet om zonder Napoleon naar buiten te treden en vertrouwde niemand anders dan de hertogin van Montebello, die volgens Hortense alle kwaliteiten van een goede hofdame miste. De hertogin verzuimde het om informatie in te winnen over de dames die aan de keizerin werden voorgesteld. Dit leidde tot pijnlijke situaties. Het kwam regelmatig voor dat keizerin Marie Louise bij een van haar gasten plichtsgetrouw informeerde naar de gezondheid van haar echtgenoot, terwijl deze op het slagveld was gesneuveld. Keizerin Joséphine zou zo'n fout nooit hebben begaan, zij had oprechte belangstelling voor haar bezoeksters. Door het zware Duitse accent was Marie Louise bovendien moeilijk verstaanbaar, wat de kloof tussen haar en de hovelingen verdiepte. Tegen de tijd dat haar bevalling nabij was vertoonde ze zich helemaal niet meer in het openbaar.

Begin maart 1811 kreeg Eugène de Beauharnais in Milaan van maarschalk Duroc het verzoek om naar Parijs te komen, opdat hij de bevalling van de keizerin kon bijwonen. De onderkoning van Italië vond het moeilijk om zijn jonge gezin te verlaten. Hij was inmiddels vader van twee dochtertjes: Joséphine[6] en Eugénie Hortense. In december 1810 bracht zijn geliefde gemalin Auguste hun eerste zoon ter wereld, die naar zijn moeder werd vernoemd. Voor Hortense betekende de komst van Eugène haar redding; ze had altijd al haar gevoelens met haar broer gedeeld, ze waren samen door de hel van de revolutie gegaan en hij beloofde haar altijd te beschermen. Niettemin schrok hij toen hij hoorde dat zijn zuster in verwachting was. Als dit geheim ontdekt werd, zou er een schandaal van komen. En de strenge Napoleon hield niet van schandalen aan zijn hof. Wat ging Lodewijk doen als hij erachter kwam? Dan wachtte haar zeker een echtscheiding en het verlies van haar beide zonen. Eugène bezwoer zijn zuster te zwijgen. Zelfs tegenover hun moeder. Hortense was nog altijd slank, ze hadden tijd genoeg om plannen te beramen. Hij zou haar aan een alibi helpen om Parijs voor langere tijd te verlaten, zodat ze ver weg in het geheim kon bevallen. Het sprak vanzelf dat ze haar baby niet bij zich kon houden. Flahaut en zijn moeder zouden er wel voor zorgen dat het kind in veilige handen kwam. Hortense luisterde zwijgend naar zijn adviezen. Ze knikte zo nu en dan, wetend dat ze onvermijdelijk afstand moest doen van de vrucht van haar ware liefde.

Ze begeleidde haar broer toen hij op een avond zijn opwachting maakte bij de keizer. Napoleon toonde spontane blijdschap bij het weerzien van zijn geadopteerde zoon. Hij stompte hem, trok hem aan zijn oor, stortte een vloedgolf van waarderende woorden over hem uit.
De wijze waarop Eugène de Beauharnais over Italië regeerde beviel hem; deze onderkoning hield zich nauwgezet aan zijn keizerlijke instructies. Napoleons broers zouden een voorbeeld aan hem moeten

nemen. Het speet de keizer dat hij zijn onbekwame en veeleisende broers tronen had geschonken. Lodewijk werkte hem als koning van Holland vier jaar lang tegen en zat nu onbereikbaar in Graz te mokken. Wat had hij een wanorde nagelaten! Zodra zich daartoe gelegenheid bood wilde Napoleon met de keizerin Holland bezoeken om allerlei fouten van zijn broer te herstellen en persoonlijk het bestuur te reorganiseren.

Jérôme bleek als koning van Westfalen een minstens zo grote mislukkeling; hij beging in zijn mooie paleis te Kassel de ene eigenzinnige stommiteit na de andere en vergat totaal dat hij zijn hoge positie en al zijn rijkdommen aan Napoleon te danken had.

Wat de keizer het meest dwars zat was het gedrag van zijn oudste broer Joseph, koning van Spanje. Napoleon verweet Joseph dat hij er maar niet in slaagde het verzet van de Spaanse rebellen te breken en de Engelse troepen, die onder aanvoering van Arthur Wellesley stonden, voorgoed uit het Iberisch Schiereiland te verdrijven. Wellesley steunde de Spaanse opstandelingen krachtig. Een van zijn jonge hoofdofficieren was Willem van Oranje-Nassau, oudste zoon van de in ballingschap levende erfprins van Oranje. *Guillot* had eerst aan de krijgsschool te Berlijn en later in Oxford gestudeerd. Nu genoot hij uitbundig van het vrije kampleven, ver verwijderd van zijn stugge vader met wie hij altijd ruziemaakte.

Keizer Napoleon ergerde zich buitensporig aan Joseph. Van de koning van Napels, Joachim Murat, ondervond hij evenmin genoegen of dankbaarheid: de koning streefde zelfs naar een mate van onafhankelijkheid voor Napels. Beseften ze dan niet dat alleen het welzijn van Frankrijk telde en dat alle andere landen daaraan ondergeschikt dienden te zijn? Ze negeerden de grote opdracht die hij hun had meegegeven.

De keizer stelde voor de zoveelste maal in zijn leven vast dat alleen de kinderen van Joséphine hem werkelijk toegedaan waren. Eugène noch Hortense kwelden hem met ongehoorzaamheden of buitensporige eisen. De keizer had zijn adoptiefzoon – die zich Eugène Napoleon mocht noemen – met eerbewijzen overladen. In maart verhief hij hem tot groothertog van Frankfurt, een erfelijke titel die ook eer bewees aan Eugènes pasgeboren zoon in Milaan.

Eugène deed in brieven aan zijn vrouw Auguste uitvoerig verslag van zijn belevenissen in Parijs. Hij wilde het liefst naar zijn moeder, die in Malmaison vol ongeduld op hem wachtte. Maar hij mocht het hof niet verlaten voordat de bevalling van de keizerin had plaatsgevonden.

Op 19 maart meldde zich 's avonds om tien uur een page van het keizerlijk hof in de rue Cerutti. De keizerin had de eerste weeën gevoeld en Hortense moest zich naar de Tuilerieën spoeden om als lid van de keizerlijke familie bij de geboorte aanwezig te zijn.

Toen ze in de appartementen van Marie Louise arriveerde, stuitte ze op een menigte die zich fluisterend voor de deur van de slaapkamer ophield. De hertogin van Montebello drentelde heen en weer van het bed van de keizerin naar de aanwezigen om elke wee te melden. Madame Mère trachtte door haar kalmte en de bewegingen van haar waaier de anderen tot bedaren te brengen, maar Napoleon, de *accoucheur*, de dokters, verpleegsters, gouvernantes en hofdames liepen nerveus van het ene vertrek naar het andere. Bij het licht van de kaarsenkronen fluisterde men overbodige raadgevingen, stelde vragen, giste naar het geslacht van de baby. Schaduwen haastten zich van de salon naar het keizerlijk bed. In een antichambre ontmoette Hortense twee meisjes van het pensionaat van Ecouen die uitverkoren waren om berichten van de kraamkamer naar de familie en hovelingen te brengen. Ze konden echter niet door de menigte dringen en zaten verlegen op hun stoelen tegen de wand. In de aangrenzende salon klonken de stemmen van Pauline, Josephs vrouw Julie en Eugène. De oom van Marie Louise, de groothertog van Würzburg, was volgens het protocol eveneens aanwezig. De leden van hun gevolg hielden zich bescheiden op in een apart vertrek. Door de openstaande deur keek Hortense in een salon vol hoogwaardigheidsbekleders; ministers, kerkelijke gezagdragers, vertegenwoordigers van gezaghebbende organisaties. Het was er benauwd. De koningin van Holland ging op de voor haar bestemde stoel zitten en vouwde haar handen in haar schoot. Haar eigen drie bevallingen hadden heel snel en een paar dagen voor de vastgestelde datum plaatsgevonden. Daarom verwachtte ze dat het keizerlijk kind ook wel binnen een paar uur geboren zou worden. Maar de uren verstreken en de weeën hielden aan. Er werd warme chocolade en thee voor de gasten geschonken. De ministers lieten een fles wijn ontkurken. Lakeien plaatsten een plateau met pasteitjes en koek in de salon. Toen de klok twaalf uur sloeg kwam Napoleon voor de zoveelste keer binnen. Hij was intens bleek en zijn ogen fonkelden van vermoeidheid en spanning. Zijn vrouw leed ondraaglijke pijnen, hij moest machteloos toezien hoe ze uitgeput raakte. Hortense hoorde hem telkens over de geboorte van een dochter praten, hij beschermde zichzelf al tegen een teleurstelling. Want natuurlijk hoopte hij vurig op een zoon en troonopvolger. Ze vroeg hem even rust te nemen maar hij hoorde niets. Met een gewoontegebaar schoof hij zijn rechterhand tussen de knopen van zijn vest en beende terug naar het bed van zijn vrouw.

Het wachten duurde voort. Achter een kamerscherm klonk het

nauw waarneembare geritsel van kleding. Kamerheren verwijderden discreet de volle kamerpotten. Er werden schone aangedragen, die in het mahoniehouten gemak pasten. Men bedwong met betraande ogen en dikke keel de neiging om te gapen. Het was twee uur. Een enkeling dommelde weg met het hoofd tegen de damasten wandbespanning. Om vier uur in de nacht, toen de temperatuur in de zalen was gestegen en de spiegels witte gezichten weerkaatsten, verkondigde de *accoucheur* Dubois dat de keizerlijke bevalling voorlopig niet plaats zou vinden. De weeën waren gestopt. Men kreeg toestemming om wat te rusten.

Een van de leerlingen van Ecouen bood Hortense haar opklapbare bed aan dat boven in een kamertje stond. Geheel gekleed liet de koningin zich neervallen en sliep onmiddellijk in. Om acht uur in de morgen viel het meisje plotseling totaal overstuur binnen: 'Ze vertelde in tranen dat de keizerin afschuwelijk gilde.'[7] Hortense snelde naar de salon. Ze werd een misselijkmakende geur gewaar: een mengeling van vele parfums en de transpiratie van de aanwezigen. Men vertelde haar dat zich in de bedkamer van de keizerin aangrijpende taferelen afspeelden; om zeven uur waren de weeën opnieuw begonnen, krachtiger dan tevoren. Maar de accoucheur Dubois constateerde dat het kind verkeerd lag en onmogelijk ter wereld kon komen. In aanwezigheid van de dodelijk nerveuze keizer leek hij onder de spanningen zijn verstand te verliezen. Een kwartier lang vreesde hij dat of Marie Louise of het kind of beiden de bevalling niet zouden overleven. Hij sprak ten slotte zijn vrees uit. Napoleon nam zijn vrouw in de armen en riep: 'Spaar het leven van de moeder!' Daarop liet Dubois een verlostang brengen en begon – terwijl de keizer met een angstaanjagende blik op zijn handen neerkeek – aan de zwaarste verlossing van zijn loopbaan.

Hortense liep ongerust naar de slaapkamer van de keizerin, waar tot voor kort hartverscheurende kreten hadden geklonken. Voor de deur was het plotseling stil, alle hovelingen hadden zich teruggetrokken om niet getuige te hoeven zijn van het allerergste. 'De keizer verliet juist de kamer van zijn vrouw, bleek als een doek en nauwelijks ademend,' schreef Hortense in haar memoires. '"Het is voorbij," zei hij tegen me. "Ze is gered."

Hij zag er zo ongelukkig uit dat ik hem angstig vroeg: "Is het een jongen?" – "Ja," zei hij benauwd. Bij dat woord omhelsde ik hem maar hij voelde zich zo beklemd dat hij me wegduwde: "Ah! Ik kan al dat geluk nog niet voelen," zei hij tegen me. "Die arme vrouw heeft er zo voor moeten lijden," en hij liep verder om opdracht te geven honderd kanonschoten af te vuren.' Vreugdekreten stegen op uit de antichambre, uit de salon, in de gangen en op de binnenplaatsen. Spoedig daverde het eerste kanonschot over de Seine. In heel Parijs werd geteld en bij het honderdste schot brak er gejuich uit. Een zoon. Het keizerrijk had de lang verwachte troonopvolger.

Hortense ging de kamer van de keizerin binnen. Tussen de opgenomen bedgordijnen ontwaarde ze donker omrande ogen in een doodsbleek gezichtje dat met vochtige doeken werd gedept. Het kind was in water en wijn gewassen. Ze boog zich over zijn wieg. De tangverlossing had rode en blauwe plekken op zijn gezichtje nagelaten, maar verder leek hij gezond. Gerustgesteld kwam ze overeind en glimlachte naar de moeder. De mensen die zich nu om het kraambed verdrongen verhinderden haar dicht bij Marie Louise te komen. Vermoeid verliet ze de kamer en ontmoette haar schoonzuster: 'Het is dus een zoon, een troonopvolger,' zei Pauline veelbetekenend en Julie keek haar triomfantelijk aan. Hortense besefte opeens dat er een vrees van hen afviel: de kans dat haar zonen op de Franse keizerstroon zouden komen was nu voorbij.

Dezelfde avond werd de zoon van Napoleon in de kapel van de Tuilerieën in het bijzijn van Hortense uit voorzorg gedoopt. De officiële plechtigheid zou twee maanden later plaatsvinden. De keizer had hem verheven tot koning van Rome. Hortense keek naar het onbewogen gelaat van haar stiefvader en schreef later: 'Ik zag dat de keizer nog steeds zeer aangedaan was door alle doorstane angsten over het lot van zijn vrouw. Om zijn smartelijke emotie te beheersen, toonde hij een strak gelaat in plaats van uitbundige vreugde. Deze schijnbare onbewogenheid vormde een sterk contrast met de blijdschap van zijn familie. (...) Er is streng over hem geoordeeld. Men zei dat hij geen gevoel had, terwijl dit juist een van die momenten was waarbij ik diepe, waarachtige emoties in hem ontwaarde. Al zijn ideeën over grootheid, ambitie en toekomst vergat hij. Ik zag een tedere echtgenoot en een gelukkige vader, die in zijn hart geen belang meer stelde in al die zaken.'

Het begrip dat Hortense voor de keizer toonde, werd niet beantwoord. Toen hofmaarschalk Duroc haar uit naam van Napoleon kwam opdragen om als plaatsvervangster van de peetmoeder, koningin Caroline van Napels, het kind in de Notre Dame ten doop te houden werd ze overrompeld door verdriet. In de machtige kathedraal stond sinds vier jaar de kist met het lichaam van haar oudste zoon, Napoleon Charles. Omdat de herstelwerkzaamheden aan de vorstelijke grafkelders in Saint-Denis niet waren voltooid, wachtte zijn lichaam nog altijd op een plechtige begrafenis. Zijn moeder was sinds zijn dood nooit meer in de Notre Dame geweest. Ze was bang dat haar emoties de overhand zouden krijgen als ze met het keizerskind in haar armen de kleine kist van haar eigen zoon gewaarwerd. Ze vroeg de begripvolle Duroc haar van deze plicht te ontslaan en naar een plaatsvervangster uit te zien. De keizer, die de reden van Hortenses antwoord niet kende, was beledigd toen hij haar weigering ontving. Hij riep zelfs de staatsraad bijeen om de kwestie te bespreken. Vond de koningin van Holland het soms beneden haar waardigheid om als plaatsvervangster van de peetmoeder op te treden? Er werd historisch onderzoek gedaan en men legde hem meerdere voorbeelden voor van prinsessen die in plaats van een afwezige peetmoeder een vorstenkind ten doop hielden. Napoleon had dus het volste recht om Hortense op haar plicht te wijzen en haar weigering naast zich neer te leggen.

''s Avonds ontmoette ik de keizer op het moment dat hij zich wilde terugtrekken. Ik ging naar hem toe en smeekte hem om mijn rol bij de doopplechtigheid niet te hoeven vervullen. Als reden voerde ik aan dat ik me te ziek voelde. Hij keerde zich bruusk van me af en zei dat hij me eer bewees door zijn zoon ten doop te mogen houden en hij had niet verwacht dat ik dit als een vernedering zou beschouwen.'

Hortense kwam overstuur thuis. Ze kon niet voorspellen wat haar reactie zou zijn als ze het kistje van haar liefste kind zag, te midden van feestelijke bloemen, kaarsen, gezang en met diamanten getooide gasten. Waarom kon de keizer haar gevoelens niet begrijpen? Adèle vroeg haar zijn houding te vergeven; ze had hem de oorzaak van haar gedrag niet duidelijk gemaakt. Nu stond de koningin op en kondigde aan dat ze de Notre Dame ging bezoeken. Haar hofdame trachtte haar ervan te weerhouden. Het was bijna middernacht. Haar gezondheid zou eronder lijden. Maar Hortense liet al een mantel brengen en gaf haar koetsier opdracht een rijtuig in te spannen. Ze wilde geen opzien baren en liet haar lakeien achter in de rue Cerutti. Slechts vergezeld door Adèle reed ze de brug over naar het Île de la Cité dat beheerst werd door de donkere massa van de gotische kathedraal. Het was er volstrekt duister en toen ze in het hoofdportaal aan de gesloten poort rammelde bleef het doodstil. Vastberaden liep ze naar het paleis van de aartsbisschop dat niet ver van de kathedraal aan de Seine lag. De portier luisterde in verwarring naar het verhaal van de koningin en na enig aandringen was hij bereid haar met een bos sleutels naar de kathedraal te volgen.

Ze voelde de aanwezigheid van stenen chimères in de hoge duisternis, ze wist dat de gebeeldhouwde koningen van Juda op haar neerkeken, de Heilige Maagd met haar Kind in haar koude nis. De poort opende zich knarsend en ze betraden de donkere ruimte: 'De portier leidde ons onder de met imposante herinneringen beladen gewelven door, die een monument vormden voor de doodskist van mijn zoon. Alles was er gereed voor de doop. Een paar arbeiders achter in de kerk waren nog aan het werk. Het weinige licht dat hun zwakke lampen verspreidden, de hamerslagen die met tussenpozen een stilte verbraken, die me stilte van de dood leek. Want het was de dood die ik kwam bezoeken. Dat alles vervulde mijn hart met ontzetting en smart. Het verleden doemde voor me op met al zijn wreedheden en bitterheid. Ik was verpletterd. Ik kon me niet staande houden. Ik viel op mijn knieën aan de voet van het altaar en ik stortte een vloed van tranen. De oude portier stond met verbazing naar me te kijken. Hij hielp Adèle om me van deze plaats los te rukken.'

Na slechts een paar uur slaap begaf Hortense zich de volgende morgen in haar feestkleding opnieuw naar de Notre Dame. Ze was nu heel kalm en schreed met de koning van Rome, die op een groot geborduurd kussen in haar armen lag, naar de doopvont. Het doopwater vloeide over zijn hoofdje. Het koor jubelde. Hortense glimlachte. Ze was vriendelijk tijdens de receptie. Ze zat het hele feestbanket uit. Haar verdriet en haar geheimen waren opgesloten, streng bewaakt door haar verstand.

Volgens de weloverwogen planning van haar broer kondigde Hortense aan dat ze voor herstel van haar gezondheid de baden in Aix-les-Bains wilde nemen. Ze kuste haar zonen ten afscheid en verliet in haar rijtuig de stad. Adèle en Louise beschermden haar als leeuwinnen; niemand zou haar zien als ze – zes maanden zwanger – afdaalde in het warme, geneeskrachtige bronwater. Toen ze zich beter voelde besloot ze – alweer volgens het plan van Eugène – een bezoek te brengen aan het jonge gezin van de onderkoning. De ontmoeting zou plaatsvinden bij het Lago Maggiore. Om daar te komen reisde Hortense langs het meer van Genève en rustte wat uit te Prégny in het kleine kasteel dat Joséphine een jaar eerder had gekocht. Het werd september.

Louis Bonaparte schreef haar dat hij het hoog tijd vond worden om zijn zonen 'uit handen van vrouwen weg te halen'. Er moesten gouverneurs voor de jongens worden gezocht. Hortense zou deze zaken in overleg met Napoleon regelen na haar bezoek aan het gezin van Eugène. De keizer bereidde zich inmiddels voor om met Marie Louise een reis naar Holland te maken zodat ze de beslissing uitstelde tot hun terugkeer.

Charles de Flahaut, die vanaf eind juni voor drie maanden verlof had genomen om – zoals hij zijn regiment meldde – een waterkuur te doen, ontmoette zijn geliefde in het diepste geheim in Prégny. Met een bijna gelukkig gevoel waren ze samen: de moeder, het ongeboren kind en de vader. Flahaut stuurde Mme de Souza een brief[8] waarin hij in de gebruikelijke geheimtaal verslag deed van de gebeurtenissen. Zijn ongeboren kind noemde hij 'de eerste minister' en Hortense was 'nicht

Henriëtte': 'Ik ben het volkomen met u eens met al uw gedachten over de eerste minister. Hoe moeilijk dat ook zijn moge, ik zou erg gelukkig zijn als ik hem in mijn eigen huis kon hebben.'

Begin september verlieten Charles en Hortense Prégny en gingen op weg naar het Lago Maggiore, waar ze nooit zouden arriveren. De aanstaande vader schreef in codes opnieuw een raadselachtige brief aan zijn moeder waarin hij haar verzocht geen maatregelen te nemen betreffende 'de châtelaine' voordat hij haar daartoe opdracht gaf. Alles moest volgens het afgesproken plan verlopen: in het diepste geheim zou zijn kind vlak na de geboorte door een betrouwbare tussenpersoon naar Frankrijk worden gesmokkeld. Daar wachtte een verzorgster of 'châtelaine' hem op.

In Italië werden voorbereidingen getroffen om de koningin van Holland feestelijk te verwelkomen. Eugène speelde het spel mee en liet langs de oevers van de sprookjesachtige eilanden in het Lago Maggiore lampionnen en guirlandes ophangen. Toen Auguste haar paleis in Milaan had verlaten en op de afgesproken dag met haar kinderen aan het meer arriveerde, was haar schoonzuster tot haar verbazing nog niet gearriveerd. Eugène toonde zich teleurgesteld. Een koerier kwam melden dat de koningin van Holland onderweg ziek was geworden. Hortense bleek niet in staat de vermoeiende bergtocht naar het meer af te leggen en zou na haar herstel terugkeren naar Parijs.

In haar memoires schreef Hortense: 'Ik wilde op reis gaan maar werd ziek in Moritz-en-Valais...'[9] Achter die ene regel ligt een wereld van verborgen verdriet. Charles en zijn geliefde waren tussen 15 en 17 september in het bergdorp aangekomen. Hortense bracht daar haar vierde kind ter wereld. Ze mocht hem maar heel even in haar armen houden.

Toen Eugène de lange tocht over de bergpas had gemaakt om zijn zieke zuster te bezoeken, vond hij haar eenzaam in een ruwhouten bed van een herberg waarin ze zich anoniem had gevestigd. Het kind was al van haar weggenomen. Ook Charles de Flahaut was vertrokken om zich tijdig bij zijn regiment in Parijs te melden. Alleen Adèle en Louise stonden haar als trouwe vriendinnen bij, de lippen voorgoed verzegeld.

Door het venster zag ze uit over de bergen, een beek. September voerde de eerste bladeren mee in de wind. Ze zei dat het goed was gegaan. Dat het een jongetje was. Hij knikte geruststellend: de eer van de familie was gered. Het laatste, grote verlies had een plek in haar ziel gehard. Nu kon haar nooit meer iets overkomen dat erger was dan dit. Ze zou voortaan elk verdriet trotseren, overeind blijven waar anderen bezweken. Met nieuwe kracht stond ze op, maakte zich gereed voor de terugtocht en kwam drie weken later in de rue Cerutti aan, waar ze door haar zonen werd omhelsd. Ze ontving haar gasten. Het leven ging door.

Op 22 oktober 1811 werd in het derde arrondissement van Parijs door een onbekende arts aangifte gedaan van de geboorte van een jongetje. Als vader noemde hij Auguste Jean Hyacinthe de Morny, een al wat oudere soldaat. De moeder heette Emilie Coralie. Het kind kreeg bij inschrijving de namen Charles Auguste Joseph Louis de Morny. Zijn eerste naam was Charles, naar zijn ware vader en zijn ware grootvader.[10]

19

Er hingen zoveel namen in de lucht dat het steeds moeilijker werd er eentje te kiezen. In de lange rijen voor de bureaus in de Hollandse steden en dorpen werden uit onzekerheid grapjes verzonnen. De een koos uit nauwelijks verhulde ijdelheid voor de naam Koning en bracht de man die achter hem stond te wachten op het idee om zijn familie Keizer te noemen. Wie als meneer Naaktgeboren of Vroegindewei het kantoor verliet, had de lachers op zijn hand. Aan de besluiteloze vroeg de ongeduldige ambtenaar zijn beroep. Zo stonden er later vele mijnheren en mevrouwen Visser, Smid, De Boer, Timmerman, Bakker en Brugman bij het bevolkingsregister ingeschreven. Deze instantie was op bevel van Napoleon in 1811 in Holland opgericht. De meeste burgers voegden de naam van hun vader aan hun voornaam toe; Janszoon, Pieterszoon, Willemszoon, Jacobszoon, zoals dat al generaties lang een goede en duidelijke gewoonte was geweest. Leden van de oude adel konden hun trotse familienaam behouden. De pen van de ambtenaar vloog over het papier, dan klonk de bonk van een stempel en het geritsel van documenten: 'De volgende!'

Schouderophalend kwamen de burgers uit het bureau met een kopie van het bevolkingsregister in de hand. Wat had het voor zin om voor het nageslacht een familienaam te kiezen? Deze nieuwigheid zou ook wel gauw tot het verleden gaan behoren, dachten ze. Er waren in de afgelopen decennia al zoveel veranderingen over hen heen gegaan. Ze hadden een stadhouder gehad en een Bataafse Republiek, een raadspensionaris en toen een koning en nu een keizer; keizer Napoleon I wiens verjaardag op 15 augustus door alle onderdanen uitbundig diende te worden gevierd. In Frankrijk celebreerde men tevens de feestdag van ene Saint-Napoléon met heilige missen en processies. Zelfs in Parijs twijfelde men eraan of die Heilige Napoleon ooit had bestaan. Had de keizer hem misschien zelf uitgevonden? Zijn roomse propagandamachine leek dolgedraaid.

De Hollanders lachten erom. Wat maakte het allemaal uit? De levensomstandigheden in het land bleven beroerd zolang het handelsverbod met Engeland gehandhaafd werd. Men constateerde nuchter dat de keizer de controle op de bevolking vooral nodig had voor militaire doeleinden. Het was nu eenvoudig om alle volwassen mannen op te roepen voor het Franse leger. De keizer vroeg aanvankelijk drieduizend rekruten per jaar. Dat aantal bleef stijgen. Men mocht echter wel een plaatsvervanger sturen. Alleen de kapitaalkrachtige burgers konden zich de betaling van een remplaçant veroorloven, zodat het Hollandse regiment uit louter armoedzaaiers bestond. Welk oorlogszuchtig plan werd in Parijs uitgebroed? Op welk slagveld moesten ze hun bloed vergieten en met welk doel? In elk geval hadden ze nu een dak boven hun hoofd, een maaltijd, een mooi, wit uniform en laarzen tegen natte voeten. Sommigen vonden dat ze daarmee geboft hadden.

Om de bewoners van de nieuwe Franse provincie welwillend te stemmen haalde Napoleon de nu vrijwel blinde Rutger Jan Schimmelpenninck uit zijn staatkundig isolement van Het Nijenhuis. Hij bedacht voor hem klinkende waardigheden zoals die van Grootthesaurier van de Orde der Drie Gulden Vliezen, een orde die 's konings Orde van de Unie moest overtroeven. Bovendien werd de voormalige raadspensionaris Frans senator en graaf van het keizerrijk, wat hem verplichtte zich opnieuw in Parijs te vestigen. Er werden vanuit de regering bezwaren gemaakt tegen de benoeming van Schimmelpenninck, die niet meer in staat was documenten te lezen. Napoleon antwoordde daarop: 'Zijn ogen zijn slecht, ik weet het. Maar zijn kop is helder en hij heeft grote talenten, vooral ook in het behandelen en negotiëren van moeilijke zaken.'[1]

Tijdens het bijwonen van het *lever* in het keizerlijk paleis stond Schimmelpenninck aan het begin van het jaar in de rij der functionarissen die de keizer goedemorgen kwamen wensen. 'Ik hoor,' zei Napoleon toen hij voor hem stilstond, 'dat uw landgenoten over de inlijving aan het morren zijn en dat er hier en daar opstootjes plaatsvinden.' Er kwam een boosaardige schittering in zijn ogen: 'Als er herrie van komt zal ik geniesoldaten op de dijken afsturen om die met houwelen door te steken en zo land en volk weer aan de zee terug te geven.'

De Hollandse senator bewaarde zijn uiterlijke kalmte en antwoordde zacht en beschaafd: 'O Sire, Uwe Majesteit zal zich wel tweemaal bedenken.'

De keizer was zo onthutst over deze reactie dat hij verderliep. Maar de graaf bleek wel degelijk geraakt en hij herhaalde in een brief aan zijn vrouw Cato de wrede formulering dat zijn land zou worden 'teruggegeven aan de zee' als Napoleon deze straf nodig achtte.

Bij een volgend *lever* stond Schimmelpennick weer in de rij en de keizer vroeg uitdagend: 'Wel, hoe zijn de berichten uit Holland?' Met een lichte buiging antwoordde de graaf: 'Die zijn uitstekend, Sire, het kruien van het ijs heeft zonder ongelukken plaatsgehad.' Deze combinatie van moed en milde ironie beviel de keizer wel en hij vervolgde zijn ronde.[2]

In oktober 1811 hielden Napoleon en keizerin Marie Louise hun intocht in Holland. Vrijwel alle onderdanen waren nu onder hun familienaam opgenomen in het bevolkingsregister. Zij verwelkomden de keizer volgens de door hem vastgestelde regels. De prefecten hadden schriftelijk instructies gekregen over het vervaardigen van spandoeken waarop *Vive l'empereur!* moest staan en ze verplichtten zich tot 'het uiten van betamelijke vreugde'. Wie niet gehoorzaamde wachtte een boete.

De burgers betreurden het nog altijd dat de goede koning Lodewijk Napoleon het land had verlaten en dat zijn wettige opvolger, de kleine Lodewijk II, na een bewind van acht dagen door een verzorger was opgehaald. De koning voelde zich één met zijn volk en had zijn best gedaan om goed Nederlands te leren. Maar de dictator die nu op zijn witte Arabische paard over de Hollandse wegen reed, deed zelfs geen moeite enkele woorden in hun taal te zeggen. De keizerin volgde hem in een vergulde koets getrokken door acht schimmels. Ze toonde nog minder aandacht voor haar onderdanen dan koningin Hortense eerder. In Zeeland gaf de keizer een demonstratie van wat er voortaan met Engelse smokkelwaar gebeurde: een voorraad mooie Engelse wol werd in brand gestoken en rookte als grimmig waarschuwingssignaal nog lang na.

Op 6 oktober naderde de keizerlijke stoet de Utrechtse Tolsteegpoort. Een ooggetuige[3] schreef: 'De Maire deed een voortreffelijke en gepaste aanspraak, daarbij twee gouden sleutels van de stad, liggende op een rood fluwelen kussen, aan Z.M. aanbiedende. Z.M. met een kort en ernstig antwoord voor de sleutels bedankt hebbende, begaf zich vervolgens naar de stad.' Het vertoon van maarschalken en generaals in hun schitterende uniformen met gouden ordetekens en sabels, de vlaggen en het kanongedaver, het gelui der klokken en het honderdvoudig hoefgetrappel ontlokte een gejuich aan de toeschouwers dat aanstekelijk werkte. De zorgvuldige propaganda die de keizer vooruit was gegaan deed zijn werk. Er werd bekendgemaakt dat de Hollandse onderdanen voortaan konden profiteren van alle napoleontische weldaden: een sterk wetboek, een doeltreffend bestuur, een modern waterwegen- en wegennet, de aanleg van een waterleiding ter voorkoming van veel volksziekten. Er werden begraafplaatsen aangelegd buiten de bebouwde kom om een einde te maken aan de onhygiënische gewoonte om de 'rijke stinkerds' in het kerkgebouw te begraven.

Ter verbetering van de zorg waren er ook impopulaire maatregelen nodig: eeuwenoude instanties als de Duitse Orde en de vijf kapittels van Utrecht werden opgeheven. In hun ruime behuizingen kwam plaats voor armen- en ziekenzorg, voor de opleiding van onderwijzend personeel, voor de vorming van geestelijken.

Stapvoets reed de keizer over de Oudegracht, onder de ereboog door die in de Hamburgerstraat was opgesteld, over de Nieuwegracht naar Achter Sint Pieter. Hij nam alles scherp in zich op en ontwierp zijn plannen. Tegen de tijd dat zijn paard stilhield op de Neude, waar een tweede ereboog was opgericht, bereikte de verering voor zijn persoonlijkheid een hoogtepunt. Onder gejuich en ovaties zette de tocht zich voort naar het voormalig koninklijk paleis aan de Wittevrouwenstraat. Keizerin Marie Louise begaf zich met haar hofdames meteen naar de vertrekken aan de Driftzijde, die kortgeleden nog door koningin Hortense en de kleine prins waren bewoond. Maar de keizer nam geen tijd om uit te rusten. Hij verliet met een klein escorte onopvallend zijn paleis om de stadswallen aan een inspectie te onderwerpen. Aanvankelijk kon hij zich gewoon verplaatsen, maar toen hij over de Oudegracht terugreed werd hij plotseling herkend; het gejuich brak los en trok een massa mensen aan. Ze kusten de panden van zijn jas, zelfs zijn paard. Napoleon zocht noodgedwongen rust in de winkel van bakker Arends. Buitengekomen drong de meute op. Het was zijn stem die er een einde aan maakte: '*Cela suffit, laissez-moi passer, place, place!*'[4] Men week uiteen bij het horen van de krachtige toon en hij kon over het Janskerkhof terugkeren naar het paleis.

's Avonds werden de kaarsen in de grote zaal aan de basse-cour van het paleis van Lodewijk Napoleon ontstoken. Er vond een audiëntie plaats die iedereen lang zou heugen. In korte, barse zinnen gaf de keizer blijk van uitmuntend inzicht; hij somde maatregelen op om de Utrechtse leefomstandigheden te verbeteren. Op zijn gebruikelijke wijze charmeerde hij de een, blafte de ander af, plaatste botte grappen en trok aan het oor van zijn toehoorder. Nadat hij zijn blik over de stijlvol ingerichte zaal had laten gaan, brak er een glimlach door op het strakke gezicht van de keizer. Hij prees zijn broer, die hier een smaakvolle ambiance had geschapen. Hij besloot dit paleis voor zich te behouden.

De volgende dagen sloeg Napoleon militaire manoeuvres gade die op de Maliebaan werden gehouden. Het behaagde hem drie dagen in Utrecht te blijven. In die korte tijd had hij zich uitvoerig laten inlichten omtrent de financiële, sociale en kerkelijke omstandigheden. Iedereen die getuige was geweest van zijn optreden bewonderde de snelle geest van de korte man in zijn grijze regenjas.

Op 9 oktober begaf de schitterende stoet zich op weg naar Amsterdam, door Napoleon na Parijs en Rome verheven tot de derde stad van het keizerrijk. Daar herhaalden zich de ceremoniën; het aanbieden van de stadssleutels en de begroeting door de maire. De keizer gaf blijk van zijn gevoel van propaganda. Hij gelastte meteen dat er een groot schilderij voor het Amsterdamse raadhuis moest worden geschilderd, waarop dit historische moment werd vastgelegd.[5] Napoleon trok door de Muiderpoort, gevolgd door de acht koetsen van de keizerin en haar hofhouding. Over de hoofden van de juichende menigte keek hij naar de Hortus Botanicus, de huizen langs de Muiderstraat, de Nieuwe Amstelstraat en de Blauwbrug. Dit was de stad die door Peter de Grote zo bewonderd was, zijn stad nu, vol energie en schoonheid. Door de smalle Kalverstraat vol winkels kwam hij ten slotte op de Dam waar het Keizerlijk Paleis, het Achtste Wereldwonder, hoog en koel voor hem oprees. Omringd door zijn maarschalken en generaals en de *garde d'honneur* leek Napoleon onaantastbaar in grootheid en macht. Maar de kritische kooplieden die failliet waren gegaan door de Engelse blokkade lieten zich niet imponeren. Ze deden niet mee aan de gespeelde feestvreugde. Nooit hadden er zoveel werkelozen door de Amsterdamse straten gezworven. Tientallen huizen stonden leeg of werden zelfs door de eigenaren afgebroken om aan een belastingaanslag te ontkomen.

Vrijwel onmiddellijk na aankomst verleende Napoleon audiëntie. 'Met ruwen, scherpen toon trachtte de keizer de aanwezigen te doen sidderen,' schreef een ooggetuige. In de komende twee weken hield de keizer alle festiviteiten af. In plaats van vuurwerk te bekijken en bals in de Burgerhal op te luisteren, voerde hij gesprekken met mannen en vrouwen uit alle rangen en standen. Hij bezocht de marinewerf en maakte een tocht naar Den Helder om de oorlogsvloot te zien. Deze bleek uit slechts zeven schepen te bestaan met onvoldoende geschut. En dat terwijl aan de horizon een sterke Britse vloot uitdagend heen en weer zeilde. Napoleon zag zelf in dat er voorlopig geen geld in de Hollandse krijgskas was om de oorlogsvloot uit te breiden. Hij schreef zijn gemalin die in Amsterdam was achtergebleven op 16 oktober om drie uur in de morgen: 'Beste, ik ben 's avonds om 6 uur te den Helder aangekomen, ik blijf er de hele dag. Ik kom dus vanavond niet in Amsederdam.'[6]

's Avonds vervolgde hij: 'Beste, het is 8 uur. Ik ben de hele dag op het water geweest, het weer was heel mooi, ik heb mijn eskader grondig geïnspecteerd (...) ik heb het eiland Tesselle bezocht. (...) Ik ben nooit boos op je, want je bent goed en volmaakt en ik houd van je. De kleine koning maakt het goed. Ik laat je zeggen dat je het dorp Bruche moet gaan zien; ga ook naar Haarlem. Dag beste, wees maar flink, je hebt er goed aan gedaan... wijn te drinken. Geheel de jouwe, je Nap.'[7]

Terug in het Keizerlijk Paleis op de Dam wachtte Marie Louise, die niet klaagde over de lucht in haar appartementen en tevreden op de meubelen van Hortense zat.

Napoleon voerde in hoog tempo decreten uit over de territoriale indeling van het gebied, over onderwijs en erediensten, belastingen, gevangenissen en bedelaarsgestichten, over visserij, de binnenvaart, de vermindering van tolgelden. Hij maakte een ontwerp voor betere drinkwatervoorziening en bracht een bezoek aan Naarden, waar hij het Hollandse verdedigingssysteem prees. Op 21 oktober beval de keizer te Amsterdam de aanleg van nieuwe keizerlijke wegen; de een leidde van Amsterdam over Utrecht, Gorkum en Breda naar Antwerpen. Een tweede over Haarlem, Leiden, Den Haag, Rotterdam en Dordrecht naar de Scheldestad. Hij besloot een weg aan te laten leggen naar Munster over Apeldoorn en Deventer en een van Amsterdam naar Den Helder. Iedereen stond versteld van zijn snelle inzicht, zijn werkkracht.

Toegewijd en onder de indruk van de charismatische persoonlijkheid bogen de Hollandse politici – VerHuell, Van Hogendorp, Daendels, Krayenhof, De Winter – diep voor de keizer. Allen waren zich ervan bewust dat niemand Napoleon kon evenaren. Zij leverden zich uit aan zijn macht, ook al stemden ze niet met al zijn besluiten in. Tijdens een nachtelijke wandeling langs de versierde grachten zei Napoleon tegen zijn opperstalmeester: 'De Hollanders zijn goede mensen. De vereniging van Holland en Frankrijk zal onberekenbare gevolgen hebben. Met de onze verenigd, vernietigt de Hollandse zeemacht die van Engeland. Binnen weinige jaren zullen wij meester ter zee zijn. Daarom is het nodig dat de Hollanders zich geheel bij ons aansluiten.'[8]

Op 24 oktober verliet de keizer met zijn gevolg Amsterdam en trok naar Haarlem. Daar bracht Napoleon een bezoek aan het Teylers Museum en verleende audiëntie aan de stadsbestuurders. Een dag later arriveerde hij in Rotterdam en overnachtte in het geheel gerenoveerde Schielandhuis. Om zijn respect te tonen gaf Napoleon de Rotterdammers toestemming de gouden keizerlijke bijen aan het stadswapen toe te voegen. Het was een matige beloning voor de bevolking die handenvol geld had uitgegeven aan een feestelijke ontvangst. Den Haag – *Bonne ville de l'empereur* – presenteerde zich daarna met de allure van hofstad. Het Plein was omgedoopt tot *Place du Roi de Rome* en de versierde Lange Vijverberg tot *Cours de l'Impératrice.* Het keizerlijk paar overnachtte in het luxueuze huis van de bankiersfamilie Hope aan de *Cours Napoléon,* het voormalige Lange Voorhout dat feestelijk werd geïllumineerd met honderden lampions. Alle notabelen der stad bewezen hem de volgende dag op het Binnenhof eer: de Van Wassenaers, de Van Heeckerens, de Van den Capellens verheugden zich over de geringste aandacht die de keizer of keizerin aan hen schonk. Napoleon informeerde schamperend naar de Oranjes die hier eeuwenlang hadden gezeteld en zelfs geen moeite hadden genomen om stadswallen aan te leggen ter bescherming van hun residentie. Toen hij een paar dagen later in Amersfoort de toren van de Onze Lieve Vrouwe-kerk beklom toonde hij boven gekomen meer tevredenheid: door de veldkijker die men hem aanreikte kon hij de verdedigingswerken zien liggen. In de heldere najaarslucht was zelfs de imposante piramide van Austerlitz zichtbaar.[9]

Marie Louise beantwoordde stijfjes de vriendelijkheden van de Hollandse dames, die zo open en direct waren dat ze verlegen terugweek.

Dan volgde er weer een tocht over het uitgestrekte laagland, slechts onderbroken door hoog opgaande bomen die hun bladeren in de najaarsstormen al verloren hadden. Op weg naar een legerschouw op de Leusderheide passeerden ze het dorp Baarn, waar even halt gehouden werd om een verversing te gebruiken in de herberg aan de Amsterdamsestraatweg. Zoals in elke stad of dorp stelde de keizer ook hier allerlei vragen: van wie was het fraaie Huis Groeneveld aan de overkant van de weg? En hoeveel inwoners telde het dorp? In stilte berekende hij hoeveel rekruten hij hier kon laten werven. Bij Soestdijk gekomen werd er niet gestopt; het zomerpaleis van Lodewijk Napoleon lag er verlaten bij. Na de troonsafstand van zijn broer had de keizer een lijst laten maken van het restant van de menagerie, die ooit in de tuinen van Soestdijk gehuisvest was. De lijst werd van Amsterdam naar Parijs gestuurd opdat de professoren die de leiding hadden over de dierentuin in de Jardin des Plantes er een keuze uit konden maken. Hun antwoord luidde dat ze alle zoogdieren – op een oude beer en een wolf na – graag wilden hebben. En zo waren de tijger, de leeuw, de panter, de zebra en tal van apen op transport gesteld met als eindbestemming het Musée National de l'histoire naturelle in de Parijse tuinen.

Op 11 november keerden keizer Napoleon en keizerin Marie Louise terug in de Franse hoofdstad en bogen zich over de wieg van hun zoon, die sinds hun vertrek flink was gegroeid en er gezond uitzag.

Na anderhalve maand van parades, inspectietochten, audiënties en vuurwerk ontwaakte men in Holland uit een roes van gouden schittering. Restanten van feestversieringen werden opgeveegd. Ontnuchterd telde de municipaliteit de gemaakte onkosten op. De schuldenlast was nog hoger dan tevoren. Zou de keizer alle gemaakte afspraken spoedig nakomen? Zijn beloften schonken de Lage Landen hoop en het wachten op de vervulling daarvan begon.

'In die tijd had de keizer met de keizerin een reis door Holland gemaakt,' schreef Hortense in haar memoires. 'Zij zagen daar mijn appartementen, vernamen allerlei bijzonderheden over mijn interieur en toonden bij terugkeer een grotere belangstelling voor mij.' Alsof er tijdens hun afwezigheid niets belangwekkends was voorgevallen, bewoog Hortense zich door de zalen van de Tuilerieën. Ze scheen in harmonie met zichzelf, nam veel rust en was wat zwijgzamer dan tevoren.

Toen ze in Zwitserland verbleef waren haar twee kleine prinsen bijna dagelijks op bezoek gegaan bij de keizer te Saint-Cloud. Ze mochten bij hun keizerlijke oom dejeuneren en de zevenjarige Napoleon Louis deelde zijn kinderlijke gedachten met hem. Hij was een stuk ernstiger en minder spontaan dan zijn overleden broertje. Maar ook hij wist Napoleon voor zich te winnen en deze maakte grootste plannen voor hem.

Hortense ging op aandringen van haar echtgenoot eindelijk op zoek naar een geschikte gouverneur. Mme Boubers was aangesteld als tweede gouvernante van de koning van Rome en had geen tijd meer voor de kleine prinsen. Hun moeder legde de namen van twee kandidaten aan de keizer voor. Zijn gezicht betrok toen hij zag dat beide heren van adel waren. 'Frankrijk zou niet graag zien dat de opvoeding van mijn neven werd toevertrouwd aan een edelman,' reageerde hij. 'Franse prinsen moeten worden opgevoed door een dapper militair uit mijn leger.' Daarop besloot Hortense de moeilijke keuze nog wat uit te stellen en haar kinderen voorlopig toe te vertrouwen aan haar eigen geestelijk leider uit Saint-Germain die haar in Utrecht en Amsterdam had gesteund: abbé Bertrand.

Hoewel ze er niets over schreef en er geen woord over kon zeggen gingen haar gedachten elk uur van de dag naar haar baby, die nu twee maanden oud was. Ze kon hem niet bezoeken en was afhankelijk van de berichten van Charles de Flahaut en diens moeder. Mme de Souza waakte over haar kleinzoon en als haar gasten zich afvroegen wie toch het pasgeboren kindje was dat ze van tijd tot tijd in het huis hoorden huilen antwoordde ze dat het een protegé van haar zoon betrof. In haar correspondentie met vriendinnen goochelde de schrijfster op pikante wijze met de waarheid. 'Die arme Hortense heeft tijdens haar verblijf in Zwitserland zo'n spit gehad dat ze het uitschreeuwde van de pijn.' schreef ze. 'Ze is nu weer terug en hersteld hoewel ze ontzettend mager is geworden. Moge God haar behoeden, want ze is werkelijk een engel.'

De engel in de rue Cerutti likte haar wonden en schikte haar vleugels. Ze reed naar Malmaison en begroette haar moeder die haar overstelpte met vragen en verhalen. Terwijl ze naar haar luisterde en de theatrale gebaren van de kleine handen zag, kreeg ze het gevoel dat ze zelf de geduldige moeder was die haar dochter liet praten. Was hun verhouding niet altijd zo geweest? Sommigen zeiden dat ze als vriendinnen met elkaar omgingen. Maar vriendinnen toonden wederzijds begrip en waren in moeilijke tijden elkaar tot steun. Joséphine had altijd alleen maar begrip en steun van Hortense geëist, haar gedachten kwamen nooit tot bezinning en dwarrelden – loslippig als ze was – om haar heen.

Joséphine vertelde dat haar grootste wens in vervulling was gegaan: tijdens het verblijf van Marie Louise in Holland had ze een hofdame weten over te halen haar mee te nemen naar een plaats waar ze de koning van Rome kon zien. Zonder dat de nieuwe keizerin het wist, had ze hem bewonderd, geknuffeld en onder tranen uitgeroepen: 'Ah! Lief kind! Misschien zul je op een dag weten wat jij me gekost hebt!'

Bij terugkeer uit Holland bezocht Napoleon zijn dierbare ex-vrouw in Malmaison. Ze hadden als vanouds samen in de salon gezeten en ze kon hem ontroerd gelukwensen met zijn zoon, die ze zelf even in haar armen had mogen houden. Hij was weer geboeid door haar esprit, door haar smaakvolle kleding en de stemming aan haar kleine hof waar het geen moment saai was. De keizer meende dat Marie Louise niet wist waar hij zich die middag bevond, maar de keizerin was erachter gekomen en raakte zo overstuur dat hij besloot de visites aan Joséphine voorlopig te staken.

Hortenses moeder schetste haar eeuwige liefde voor Napoleon, haar verdriet en gemis. In tegenstelling tot vroeger kon geen andere man haar boeien. Ze troostte zich met kunstaankopen. Zij troonde haar dochter mee naar de nieuwe schilderijen in haar muzieksalon, naar de sculpturen in de hal en naar haar boudoir waar ze haar lederen bijoukoffertje opende om haar pas verworven juwelen en snuisterijen te laten zien. Ze deelde gul geschenken uit aan haar vrienden en vriendinnen. Haar personeel vroeg nooit tevergeefs om financiële ondersteuning bij de opvoeding van hun kinderen. Joséphine dwaalde met Hortense door het herfstige park. De weelderige rozenhagen waren ontbladerd en de kale bloembedden toonden een trieste aanblik. Ze voerden de zwarte en witte zwanen in de vijvers met het brood van de eettafel. Ze keken omhoog naar de hoge hemel waar de eerste ganzen voorbij wiekten op weg naar het warme zuiden. Hortense trok haar kasjmier sjaal om zich heen en huiverde; ze zochten in de kassen naar warmte. In de lichte ruimte verspreidden de kuipplanten geuren van fruit en vochtige aarde. Ze gingen op een bank zitten onder het gebladerte van slanke palmen en herinnerden zich hun gelukkige jaren op Martinique.

Joséphine drong er bij haar dochter op aan iets te vertellen over haar verblijf in haar Zwitserse kasteel te Prégny-la-Tour en Hortense deed gedwee verslag van de dagen met Adèle en Louise Cochelet aan het mooie meer van Genève. Hoe ze daar overvallen was door hoestbuien en benauwdheden waardoor alle mooie plannen om Auguste met de kinderen aan het Lago Maggiore te ontmoeten op niets waren uitgelopen. Ze vertelde hoe Eugène zich over de Alpen had gespoed om aan haar ziekbed te zitten en ervoor te zorgen dat ze goed werd verpleegd. Joséphine bemerkte niets van de trilling in haar stem die diepere emoties verried. Ze was als alle hofdames bang dat Hortense aan tuberculose leed en vond dat ze veel rust moest nemen. En hoe was het aan het keizerlijk hof? Hoe gedroegen de Bonapartes zich tijdens hun zondagse visites?

Hortense vertelde haar moeder alles wat haar interesseerde. Caroline Bonaparte had voor de nodige opschudding gezorgd door met haar gevolg onaangekondigd aan het hof te verschijnen. Ze legde de lange reis van het koninkrijk Napels naar Parijs in de kortst mogelijke tijd af en trotseerde de vele ontberingen met een zekere onverschilligheid; ze werd dit keer voortgedreven door verontwaardiging. Er was een politiek conflict gerezen tussen de keizer en haar gemaal. Napoleon gaf geen strobreed toe en dreef zijn zuster tot het uiterste. Onstuimig als altijd herhaalde Caroline: 'De keizer is een soort god voor mijn man. Ik zou jaloers moeten zijn op die verering!'

Joséphine kende Murat – die haar in het verleden het hof maakte – maar al te goed. Met zijn drieste optreden en opzichtige kleding was hij een echte snoever. Maar ze bewonderde zijn moed en militair talent. Hij had het leger van Napoleon tot grote overwinningen geleid. Op de troon van het koninkrijk Napels moest zijn matige intelligentie wel aan het licht komen. Hij had het gewaagd de keizer te vragen alle Franse soldaten uit Napels terug te trekken en de achterblijvers te naturaliseren tot Napolitanen. Dat wekte de begrijpelijke woede op van de keizer.

Joséphine vond de hoogmoed en inhaligheid van Napoleons zuster en zwager onverdraaglijk.

Hortense en haar moeder voelden ondanks alles meer sympathie voor Murat dan voor Caroline. Nu leek de koningin van Napels onvoorwaardelijk aan de zijde van haar man te staan. Maar ze was ambitieus; het liefst zou ze Joachim opzij schuiven om zelf de scepter over het koninkrijk Napels te zwaaien. En het was waar dat Caroline ondanks haar geringe kennis blijk gaf van meer politiek inzicht dan de drieste en wat dommige Joachim Murat.

In haar memoires wijdde Hortense vele regels aan haar schoonzuster: 'Ze bezat als geen ander de gave om iemand met haar nobele, Aziatisch aandoende gratie te charmeren en had de aantrekkingskracht van een odalisk. (...) Ze was trots, moedig, doortastend en gepassioneerd...' Achter deze stralende verschijning gingen duistere trekken schuil; Caroline was grenzeloos eerzuchtig, ze wilde iedereen overtreffen en was jaloers op de successen van anderen. Ze liet geen middel onbeproefd om haar rivalen te verslaan. En Hortense, die zich koningin van Holland mocht noemen en met haar beide zonen hoog bij de keizer en de keizerin in de gunst stond, wekte felle jaloezie bij haar op. Het was onvermijdelijk dat het tot een krachtmeting zou komen tussen de beide schoonzusters. Joséphine waarschuwde haar dochter bij het afscheidnemen voor Caroline, ze vroeg haar gauw weer terug te komen en haar beide zoontjes mee te nemen.

Wuivend naar de kleine gestalte voor Malmaison vroeg Hortense zich af wat er zou gebeuren als haar schoonzuster erachter kwam welk geheim ze verborg. Wat was ze kwetsbaar sinds het bestaan van haar kind, dat als burger Auguste de Morny door het leven moest gaan. Hij vormde de zoete schakel tussen haar en Flahaut. Ze hoefden elkaar maar aan te kijken om aan hem te denken. Caroline had nu nog een reden om haar rivale te haten; Hortense bezat onvoorwaardelijk het hart van de knappe officier. Sinds haar terugkeer in Parijs behandelde Flahaut Caroline voorkomend, maar volstrekt afstandelijk. Toch bleef Hortense waakzaam, want haar schoonzuster was op het oorlogspad en zou geen middel onbeproefd laten om haar een gevoelig verlies toe te brengen.

Het was Napoleon zelf die de krachtmeting tussen de beide Bonaparteprinsessen in de hand werkte. Voor de winter van 1811-1812 kondigde hij grote hofbals aan. Twee prinsessen werden uitgenodigd de quadrilles aan te voeren: Caroline en Hortense. Caroline was de eerste die ervan hoorde, omdat ze bij haar keizerlijke broer in de Tuilerieën verbleef. Dezelfde middag stuurde ze haar dienaren er met brieven op uit om Hortense voor te zijn en de knapste en meest getalenteerde jongemannen en dames van het hof voor deelname aan haar quadrille te inviteren. Hortense was die avond het middelpunt van een van haar druk bezochte *soirées* toen de hofmaarschalk van Napoleon haar het bericht van de hofbals kwam brengen. Ze las het hardop voor en schudde langzaam haar hoofd: ze was veel te zwak om een hofbal te organiseren. Luidruchtig stortten haar vrienden protesten over haar uit; natuurlijk moest ze een quadrille leiden. Ze was de beste danseres van het hof en had de meeste smaak en fantasie. Waarom zou de koningin van Napels met de eer gaan strijken? Bovendien mocht ze de wens van de keizer niet weerstreven. Alle hooggeplaatste vertegenwoordigers van binnen- en buitenland werden geïnviteerd om het schouwspel gade te slaan, ze was verplicht het Franse hof op luisterrijke wijze te vertegenwoordigen. Hortense klaagde nog wat over haar gezondheid. Maar Flahaut en de anderen wisten haar met allerlei argumenten over te halen; de dans hoefde immers niet lang te duren, ze kon voor een rustige rol kiezen en ze zou tijdens de voorbereidingen van louter plezier nieuwe energie opdoen.

Zodra ze toestemde, sprongen haar vrienden in het zadel om in de voornaamste huizen van Parijs de beste dansers en danseressen van Parijs over te halen om mee te doen. Hun enthousiasme werkte aanstekelijk en het gevolg was dat alle schriftelijke uitnodigingen van de koningin van Napels werden afgeslagen en dat Hortense niet één weigering ontving.

Caroline was gepikeerd en beklaagde zich bij de keizer, die er geen aandacht aan schonk. Ze had haar knappe zuster Pauline aan haar zijde en het hof bestond uit zoveel personen dat er nog genoeg mooie jongemannen en vrouwen overbleven. Maar die van Hortense bezaten stuk voor stuk meer talent en ervaring op de dansvloer.

Sindsdien was het hof verdeeld in de dansers van Hortense en de dansers van Caroline. Aan beide zijden werd druk gerepeteerd. *Costumiers*, naaisters en musici liepen de vorstelijke vertrekken in en uit en achter gesloten deuren klonk het gestamp van de maatstok, het stemmen van violen en gelach van de deelnemers. Het thema van de quadrilles moest een verrassing blijven, maar de geslepen spionnes van Hortense kwamen er algauw achter wat Caroline van plan was. De koningin van Holland wilde er niets van horen; ze ging in de rue Cerutti haar eigen gang. Met overgave werkte ze aan haar quadrille: de dans bestreed haar pijn en verdriet en zoals Flahaut voorspeld had ontleende ze kracht aan de pracht der bewegingen. Ze regisseerde haar dansers met zachte, maar vastberaden hand. Het was of het gevoel van vrijheid en het dansritme van Martinique weer bezit van haar lichaam namen. Ze was de drijfveer achter het naderende festijn en zelfs keizerin Marie Louise begon zich er op te verheugen.

Op 6 februari vulde het theater van de Tuilerieën zich met de genodigden van het festijn. Caroline was als eerste aan de beurt om haar quadrille te tonen. Men was in groot gala; hovelingen en buitenlandse ambassadeurs met hun dames namen in hun kostbaarste uitdossing plaats op fluwelen zetels. Bij het zwakke schijnsel glinsterden de juwelen als een nachtelijke sterrenhemel. De belangrijkste burgers van Parijs schoven in de stampvolle loges. Het hoftheater was met decorstukken getransformeerd in een zuidelijke streek. De keizer nam plaats op een verhoogde zetel tussen de keizerin en Hortense. De fakkels en kaarsen werden ontstoken, de muzikanten stemden hun instrumenten en de muziek zette in. Bij de eerste klanken gleden Carolines dansers in de lichtkring. De extravagante kostuums benamen de toeschouwers de adem en Caroline was uitzonderlijk mooi als allegorie van Frankrijk met haar helm en krijgsschild waarop diamanten glinsterden. En ook Pauline oogstte als Rome veel bewondering. Spoedig was het hele toneel gevuld met dansers, die de ingewikkelde figuren nauwgezet maar zonder souplesse uitvoerden. Na een poos begon het publiek zich af te vragen wat het eigenlijk allemaal betekende: aan het afstoten en benaderen tussen de najaden van de Seine en die van de Tiber leek geen einde te komen. De jongedames, ronddwarrelend in hun regenboogkostuumpjes, en de jongemannen die hun best deden er als sterren, zefiers of Apollo's uit te zien, wekten ten slotte zelfs de lachlust van de Parijse toeschouwers op. Het spektakel eindigde met een quadrille waarin de keizerin van Frankrijk voorging.

Het grote hofbal werd geopend met een *contredanse*. De keizer sprak die avond met geen woord over de allegorie. Maar de volgende avond, toen Hortense juist in de Tuilerieën arriveerde, voer hij tegen zijn zuster uit: 'Waar heb je het onderwerp van je quadrille vandaan gehaald? Er klopte niets van. Rome is aan Frankrijk onderworpen, maar de stad is er niet blij mee. Hoe haal je het in je hoofd om Rome voor te stellen als een stad die gelukkig en tevreden is over haar afhankelijkheid? Dat is ridicule vleierij. Je wilde alleen maar mooi zijn en een schitterend kostuum dragen, maar waarom moest je zo nodig de politiek in je ballet betrekken?'

Vervolgens wendde hij zich tot Hortense: 'En jij? Heb je ook zo'n dwaasheid voorbereid? Ik waarschuw je; ik houd niet van complimenten.'[10]

Hortense verzekerde haar stiefvader dat haar ballet niets met politiek te maken had. Wat was ze blij dat ze weerstand had geboden aan haar dansers, die trachtten haar over te halen om ook een actuele, politieke betekenis in de quadrille te verwerken. Ze kende de keizer maar al te goed en wist dat hij niet van zulke invallen hield. Napoleon beende nu ontstemd heen en weer en mopperde: 'Bah, die jonge vrouwen zijn moeilijker te drillen dan een regiment soldaten. Ik ben echter geen beer. Je kunt me naar me toe komen en over je plannen spreken. Maar nee! De dames twijfelen nergens aan en gaan hun gang maar terwijl – in onze positie – niets zonder betekenis is.' Zich weer tot de koningin van Holland wendend viel hij uit: 'En jij? Wat heeft je op het idee gebracht om je zoon op het bal te kleden als een kleine Poolse lansier? Weet je wel dat me door jouw schuld de oorlog kan worden verklaard? Koerakin[11] heeft zich er al over beklaagd; men weet al te vertellen dat ik jouw zoon koning van Polen wil maken. En met welk recht heb je hem de epauletten van een kapitein laten dragen?' Zijn stiefdochter zweeg. De keizer vervolgde: 'Nou goed, als je je zoon dan zo nodig in een uniform wilt steken laat hem dan het uniform van een rode lansier van de Hollandse garde dragen. Dan wil ik nog wel zo goed zijn hem toe te staan zich met de epauletten van een onderofficier te sieren. Later zal je zoon ze hopelijk verdienen.'

De koningin van Holland vertelde haar stiefvader niet dat het uniformpje van haar zoon een nieuwjaarsgeschenk van diens grootmoeder Joséphine was geweest. De kleermaker had het fantasiejasje voor de grap met goudgalon en epauletten versierd, er school geen enkele politieke betekenis achter en niemand besteedde er enige aandacht aan.

Hortense hield een laatste repetitie van haar quadrille. De feeërieke kostuums lagen in een afgesloten ruimte klaar. En op 11 februari 1812 veranderden vierentwintig jonge vrouwen in oogverblindende priesteressen van de Zon. Ze waren van top tot teen in goudkleurige fantasiejaponnen gehuld. Twaalf Peruaanse dames en twaalf Peruaanse heren droegen elk een hoofdtooi versierd met rode, wuivende veren. Hun kostuums glinsterden van de diamanten en robijnen.

De muziek zwol aan en daar verscheen de Hogepriesteres van de Zon, begeleid door acht gemaskerde meisjes... Zij schreed op sacrale wijze voort, het voorwerp van haar verering schitterend tussen de opgeheven handen. Hoewel ze een masker droeg herkende iedereen de onmiskenbare elegantie van Hortense, die zich in een zilveren, met witte veren en diamanten bezaaid gewaad voortbewoog. Er school geen politieke betekenis achter het Incaballet, het waren louter sierlijke bewegingen en figuren van geoefende dansers in rijke, exotische kledij. Hortense was zo verstandig geweest de choreografie van het ballet uit te besteden aan de beroemde Pierre-Gabriel Gardel, balletmeester van de Parijse opera. Hij schonk elke danser en danseres de rol die hij of zij in staat was perfect uit te voeren. Niemand danste boven zijn macht, iedereen bewoog zich natuurlijk in klare, harmonieuze lijnen over het toneel. Toen de laatste klanken verstilden barstte er een ovatie los en alle gemaskerden verhieven zich van hun zetels en banken om haar toe te juichen. Parijs zou nog maanden spreken over het Incaballet, het mooiste dat ooit aan het hof vertoond werd. Tijdens het daaropvolgende souper wendde Napoleon zich tot de koningin van Napels en sprak, zo luid dat alle aanwezigen het konden horen: 'Ah! Dat was prachtig, veel beter dan het jouwe!'

Laat in de avond werd er een groot gemaskerd bal geopend. Alle rangen en standen bewogen zich onherkenbaar door elkaar heen. Hortense mengde zich als gemaskerde met haar diamanten onder de aanwezigen en nam hun loftuitingen in ontvangst. Opeens liep er een Domino aan haar zijde, wiens postuur ze onmiddellijk herkende: 'Wat bent u briljant! Door de schittering kan men nauwelijks naar u kijken!' zei hij. 'Ik zou heel wat geld opbrengen, overdekt door zoveel diamanten.' – 'U weet heel goed,' antwoordde hij, 'dat de allerschoonste diamant, die van onschatbare waarde, onder al uw diamanten verborgen is.'

De gemaskerde was de keizer. 'Hij deelde zo zelden complimenten uit dat deze me wel bijzonder moesten flatteren,' schreef Hortense in haar herinneringen aan deze nacht van feestelijke triomf. Vanaf het balkon keek ze over de dansende menigte; jonge, knappe *chevaliers* die in hun fantasiekostuums op goden leken. Een enkele keer rustte haar blik op de vertrouwde gestalte van Charles de Flahaut en ze lette scherp op hem; met welke dame danste hij? Hield hij haar hand te lang vast? Sinds de hofballetten hing er een vrolijke sfeer van luchthartige flirt in de paleizen. Caroline Murat amuseerde zich met de Oostenrijkse ambassadeur von Metternich, die politiek voordeel van zijn liaison met de koningin van Napels verwachtte.

Maar spoedig werd het keizerlijk hof overschaduwd door de ernst van de oorlog, die alle schittering doofde. Hortense bemerkte de toenemende onrust en irritatie bij haar stiefvader als er over de politiek van de Russische tsaar werd gesproken. Hij snoof, hij wipte op zijn tenen en balde zijn vuisten op de rug. Er stonden geen sterke diplomaten aan zijn zijde. Talleyrand en Fouché waren vertrokken. Napoleon, die in het zenit van de macht stond, duldde geen advies. Als hij zijn zin niet kreeg zou hij de tsaar tonen wie de sterkste was. Hij kon duizenden mannen onder de wapenen roepen uit alle delen van zijn rijk. Een onoverwinnelijk leger dat in staat was zelfs het Russische leger te verpletteren. Voor honderden jongemannen die tijdens de carnavalsweken in de Tuilerieën dansten, werd de quadrille de laatste dans voor de dood. De man die over alle levens beschikte, bereidde zich voor op een grote veldtocht.

Op 30 april verscheen hij onverwachts op de basse-cour van Malmaison, gaf de teugels van zijn paard aan een stalknecht en beende de tuin in waar Joséphine stond te wieden in een bed viooltjes. Ze keek op, blij en verrast. Hij had het protest van Marie Louise genegeerd en was gekomen om haar voor zijn veldtocht te groeten. Met de viooltjes in haar hand leek Joséphine nog steeds op de bruid die hij in blinde hartstocht voor de ambtenaar van de burgerlijke stand had gevoerd. De lichtende blik in haar ogen doorgloeide hem tijdens zijn militaire operaties en had tot niets dan overwinningen geleid. Napoleons bijgelovigheid drong zich aan hem op. Ze was zijn vrouwelijke talisman geweest, een mascotte. Een vage vrees overviel hem, nu hij voor het eerst zonder haar magische bescherming op veldtocht ging. Met onnavolgbare elegantie reikte ze hem haar arm en ze wandelden over de bekende paden, langs de vijver waar de nevels hingen van hun verliefde herinneringen.

Marie Louise stelde zich ex-keizerin Joséphine voor als een oude vrouw. Nog veel ouder dan de keizer. Een bitter lachje trok om Napoleons mond. Deze schoonheid was haar onbekend, een schoonheid die van binnenuit kwam en meer effect had dan de jeugd van Marie Louise. Hij wijdde weinig woorden aan de komende oorlog en maakte na een uur abrupt een einde aan zijn bezoek door snel zijn koele lippen op haar hand te drukken. Ze zag aan zijn blik en de manier waarop hij zich van haar afkeerde dat het hem moeite kostte Malmaison te verlaten. Ze wuifde hem na met de punt van haar kasjmier sjaal. Het was de laatste ontmoeting van Napoleon en Joséphine.

20

De manke graaf van Saint-Leu was een bekende verschijning geworden in de Boheemse badplaats Teplitz. Als hij 's morgens gevolgd door zijn knecht met slepende stap over de markt ging, groette hij de voorname passanten vriendelijk en verzonk met zijn gedachten weer in sombere dimensies. Aan zijn burgerkleding was niet te zien dat hij vier jaar op de troon van het koninkrijk Holland had gezeten en nog minder dat hij een broer was van keizer Napoleon. Alleen de trieste trek op zijn gelaat verried hoe hij leed onder de afstand die hem van zijn verre, vlakke land scheidde. Hij broedde op een roman die zich in Holland afspeelde en wijdde gedichten aan het brandende heimwee. Lodewijk Napoleon Bonaparte besefte nog niet ten volle hoeveel bewondering en respect hij in heel Europa oogstte door zijn machtige broer te trotseren en troonsafstand te doen. Daarmee toonde hij dat een rustig en zuiver geweten voor hem belangrijker was dan gehoorzaamheid aan de keizerlijke despoot. In Parijs verscheen een boek waarin werd beweerd: 'Slechts een van de broers van Napoleon heeft zich zijn verheffing waardig getoond door haar te misprijzen (...) door eer gedwongen gaf hij zijn troon op. Toen hij zich uit zijn aangenomen vaderland verwijderde, beval hij Holland aan aan de steun en belangstelling aller volken en vorsten.' De keizerlijke censuur kwam achter de verderfelijke inhoud van het geschrift en nam de hele oplage in beslag. Maar het kwaad was al geschied en men vergeleek overal de inhalige Bonapartes op de tronen van Spanje, Westfalen en Napels met de gewetensvolle voormalige koning van Holland.

Het bevreemdde de stille graaf van Saint-Leu dat hem een heldenrol werd toegeschreven. Hij had Holland alleen maar verlaten omdat er geen andere keuze was. Vaak speelden de laatste regels van de afscheidsbrief door zijn hoofd: 'Hollanders! Nimmer zal ik een goed en deugdzaam Volk vergeten, zoals gij zijt; mijn laatste gedachte zowel als mijn laatste zucht zullen voor uw geluk zijn.' Hoe zou hij zijn gevoelens ooit beter kunnen formuleren dan in die regels, gedicteerd met afgewend gelaat bij de vensters van Paviljoen Welgelegen waar hij zich los moest scheuren van zijn volk, zijn land en van zijn slapende zoon.

Niet uit verraad was hij die nacht weggegaan, maar om verraad te voorkomen. Niet uit lafheid maar met een moed die meer van hem vergde dan een charge op het slagveld.

Bij het badhuis gekomen begaf hij zich naar de kleedruimte waar de knecht hem zijn badhemd aanreikte. Hij hinkte naar de overwelfde badruimte en liet zich in het dampende, zwavelhoudende water glijden. Alle geluiden weerklonken vreemd versterkt in de waas van tranen. Tegen de zorgzame artsen zei hij dat zijn reumatische pijnen afnamen. Maar de pijn over het gemis van zijn kind en koninkrijk was niet te stillen. Nadat hij zich had laten afdrogen en kleden zette hij zijn hoed op en keerde terug naar het beste logement van de stad. Daar bleek ook een door hem vereerd schrijver en dichter te vertoeven; Johann Wolfgang von Goethe. Toen deze ontdekte dat de voormalige koning van Holland met een bescheiden gevolg enkele vertrekken op de tweede verdieping bewoonde, drong hij erop aan hem zijn grotere en beter gelegen suite af te staan. Maar Lodewijk Napoleon wilde er niets van weten; Goethe was bijna dertig jaar ouder dan hij. Hoe zou hij de dichtervorst en staatsminister van Weimar zijn royale suite kunnen ontnemen? Goethe nodigde de voormalige koning daarop uit in zijn salon en nam hem scherp op; het profiel toonde enige gelijkenis met dat van zijn broer. Maar in zijn verschijning lag niet het ontzagwekkende dat Napoleon kenmerkte. In oktober 1808 was Goethe in Erfurt in het bijzijn van de Duitse vorsten door de Franse keizer onderscheiden met het Kruis van het Legioen van Eer. Een blik op Napoleon bleek genoeg om de zinderende aanwezigheid van een genie te ervaren. Met zijn vurige verbeeldingskracht en snelle, trefzekere woordkeus ontsteeg de keizer de menigte van middelmatige heersers om hem heen. Ze schenen ineen te krimpen naast de man die hun onderdanige woorden met een schouderschok van zich af schudde. Maar Goethe kreeg Napoleons volle aandacht; de keizer voerde een gesprek waaruit bleek dat hij de roman *Die Leiden des jungen Werthers* en de toneelwerken grondig en kritisch had bestudeerd. Achter de grote politicus met zijn veelzijdige, briljante geest ontdekte Goethe ook de demonische dictator, die hem fascineerde en tegelijk deed huiveren. Deze man ging als een Faust met koude onverschilligheid over dood en leven. Alleen *la gloire* telde. Was hij in staat ook maar iemand of iets lief te hebben? Men zei dat hij vroeger Joséphine de Beauharnais beminde. Maar Napoleon had zich in het belang van de dynastie van haar ontdaan. Met Joséphine was de laatste affectie uit zijn wezen verdwenen. Hoe anders was Lodewijk Napoleon, die in zijn rechte stoel somber over politiek en literatuur zat te praten. De koning van Holland toonde zich van zijn beminnelijkste kant; de indringende vragen van Goethe beantwoordde hij openhartig. Zijn gastheer bemerkte hoezeer de voormalige koning van zijn land en volk had gehouden. '*Ludwig*' scheen ervan overtuigd dat hij er ooit zou terugkeren om zich over zijn ongelukkige onderdanen te ontfermen. Men zou hem niet vergeten. Hij deed alles om een Hollander te zijn, hij rookte in zijn paleizen zelfs de misselijkmakende tabak uit een lange Goudse pijp. In Teplitz bleef hij contact onderhouden met functionarissen in Den Haag en zijn voormalige minister Van den Capellen beloofde hem zo spoedig mogelijk naar hem toe te komen. Hij sprak met trillende onderlip over zijn zoontje koning Lodewijk II, dat door Napoleon naar Parijs was gebracht. Een ontvoering was het. Het volk had hem laten gaan. Wat kon men anders?

Na dit eerste gesprek schreef Goethe een lange brief aan een vriend[1] over zijn ontmoeting met de ex-koning: '*Ludwig* is de geboren goedheid en beminnelijkheid, zoals zijn broer Napoleon de geboren macht en geweld is. Mildheid en goedheid des harten bepalen al zijn stappen. Derhalve is het geenszins eigenzinnigheid die, zoals men meende, hem tot deze frappante handeling heeft verleid; integendeel, *Ludwig* heeft het zachtmoedigste en vreedzaamste karakter dat ik in de loop van mijn leven heb leren kennen.'

Terug in zijn appartementen verviel de ongelukkig graaf van Saint-Leu echter in zijn onverdraaglijke gewoonten; door zijn extreme achterdocht beledigde hij zijn beide begeleiders en stelde vreemde eisen aan hun gedrag. Het zou niet lang duren voor de twee officieren Blois van Treslong en Travers naar Parijs vertrokken om daar dienst te nemen in het Franse leger.

Lodewijk Napoleon was nu volstrekt alleen in het vreemde land. Hij betreurde het niet; om een roman te gaan schrijven had hij genoeg aan een knecht en een kamerheer. De heer Goethe was de enige die hem scheen te begrijpen en hij sprak nog enige keren uitvoerig met de schrijver over zijn dromen, angsten en literaire ambities. 'Hoe is het mogelijk dat zo'n zacht en gevoelig wezen erin geslaagd is de zware strijd tussen Holland en zijn ijzeren broer vol te houden zonder zijn zenuwgestel aan flarden te scheuren en zichzelf te gronde te richten,' verzuchtte Goethe. 'Hoe bewonderenswaardig dat de macht van het idee hem onder weerzinwekkende omstandigheden overeind heeft gehouden.'

Lodewijk klaagde, Goethe luisterde gretig en briefde alles over aan zijn vriend; hij vertelde hoe de koning in Amsterdam Nederlands had gesproken en hoe hij zijn Hollandse hovelingen aanspoorde zich van hun moedertaal te bedienen. 'Als ik al geen Hollands sprak, wie zou dan de moeite nemen die taal te praten?' verzuchtte de koning en hij haalde met weemoed herinneringen op aan zijn uren met de geleerde heren Willem Bilderdijk en David van Lennep, die hem de grammatica, intonatie en de moeilijke uitspraak van de Hollandse taal en letterkunde onderwezen. De koning plaatste in een fel pleidooi Vondel tegenover Racine, Erasmus tegenover Voltaire en Rembrandt tegenover Lorraine. 'Men verlaat de koning van Holland nooit, zonder dat men zich beter voelt,' merkte Goethe met sympathie op.

Spoedig moesten hun wegen zich scheiden. Lodewijk groette Goethe vriendelijk en reisde zuidwaarts, op zoek naar een vaste verblijfplaats. Aanvankelijk speelde hij met de gedachte zich op zijn geboorteeiland Corsica te vestigen, dat een zacht klimaat had wat zijn gezondheid ten goede zou komen. Dan kon hij zijn moeder terugzien en misschien zijn lievelingszuster Pauline. Maar Corsica was Frans grondgebied en hij wenste niet onder het gezag van zijn keizerlijke broer te leven. Vooral niet toen hij een vernederende brief ontving van de Franse ambassadeur aan het Oostenrijkse hof: 'Sire, de keizer beveelt mij u te schrijven dat het de plicht van iedere Franse prins en van ieder lid van de keizerlijke familie is, in Frankrijk te wonen en dat zij slechts buiten dit land kunnen verblijven met toestemming van de keizer. Na de samensmelting van Holland met Frankrijk heeft de keizer getolereerd dat de koning van Holland in Teplitz verbleef, omdat zulks voor zijn gezondheid nodig scheen. Maar nu wenst de keizer dat prins Lodewijk Napoleon als Franse prins en groot-dignitaris van het keizerrijk niet later dan 1 december a.s. terugkeert op straffe van te worden beschouwd als ongehoorzaam aan de wetten van het keizerrijk en als zodanig te worden behandeld.' Lodewijk schoof het schrijven verbitterd terzijde en trok zich niets aan van het dreigement. Hij was immers geen Franse prins meer sinds Napoleon hem koning van Holland had gemaakt. Hij was een Hollander met de Hollanders en hij had er voorgoed genoeg van om zijn broer te gehoorzamen. Omdat hij in Oostenrijk diens straffende hand niet hoefde te vrezen, streek hij neer in het lieflijke Graz. Daar betrok hij een klein kasteel, omringd door groene heuvels. De bevolking was er rustig en vriendelijk. Hij stuurde een verzoek naar het Weense hof om in het land te mogen blijven, hetgeen hem door keizer Franz II schriftelijk werd toegestaan. Hoe kon de vader van Marie Louise de broer van zijn gevaarlijke schoonzoon en bondgenoot ook maar iets weigeren?

In zijn isolement zou Lodewijk Napoleon eindelijk zijn volgende roman kunnen schrijven, een modieuze briefroman, waarin hij al zijn frustraties over zijn mislukte huwelijk en het verlies van zijn koninkrijk kwijt kon. Holland en Frankrijk werden daarin tegen elkaar afgezet; het paradijs tegenover de poel van verderf. Als locatie koos hij een idyllisch kasteel gelegen in de Betuwe tussen de grote rivieren. Julius, de mannelijke hoofdpersoon, koesterde een stille liefde voor de beeldschone, zuivere en ouderloze Marie. In haar projecteerde de schrijver alle Hollandse deugden. Julius correspondeerde met een vriend in Parijs, ene Adolphe, die het mondaine Franse leven en de omgang met frivole vrouwen in zijn brieven prees. In het gedrag van deze Parisiennes konden de lezers zijn visie op koningin Hortense herkennen; ze toonden een niet te stillen honger naar luchtig vermaak.

Het hele najaar schoof Lodewijk elke morgen achter zijn schrijftafel en begon het pijnlijke gevecht met zijn boek. Zijn rechterhand was geheel verlamd en daarom trok hij eerst een handschoen aan. Een knecht bond de pen met een touwtje aan zijn vingers vast. In bijna onleesbaar handschrift wekte de koning zijn droom-Marie tot leven. Hij schreef haar alle eigenschappen van de Hollandse vrouwen toe die 'van nature bedaard, maar liefhebbend' zijn. 'De rede woont bij hen in haar hart en ze hebben de roem eener volmaakte standvastigheid.'

Zo verstreek de eerste december van het jaar 1811 in het vreedzame Graz zonder dat Lodewijk Napoleon ook maar een moment aan Napoleons ultimatum dacht. Zijn geest was beneveld door zijn romanpersonages, die zijn bewondering, afkeer en verlangens onder woorden brachten. Soms las hij 's middags de *Moniteur* die hem uit Parijs werd toegezonden. De berichten wekten een vage ongerustheid in hem op. Het leek of hij in de verte de oorlogstrom hoorde; hij vroeg zich af of zijn broer zo gek zou zijn een veldtocht tegen Rusland te ondernemen. De beschrijving van het Parijse liefdesleven leidde hem af; in zijn verbeelding wentelde hij zich tussen zijden gordijnen op geparfumeerde peluws. De erotische lading van de verleidingsscène werd zo prikkelend dat zijn Engelse uitgever deze passage later zou schrappen. De schrijver liet zijn Adolphe van het verdorven Parijs naar Holland reizen. Daar voer hij in de trekschuit over de Vecht en bewonderde de mooie buitenplaatsen op de oevers. Hij wandelde over de Amsterdamse grachten en zwierf door de Zandvoortse duinen. In de kraakheldere boerderijen van eerlijke boerinnen verzaakte hij het wufte Parijs en moest wel toegeven dat Holland Frankrijk op alle punten overtrof.

Eindelijk arriveerde de voormalige minister van Binnenlandse Zaken, Godert Alexander Gerard van den Cappellen, met zijn echtgenote bij zijn koninklijke vriend in Graz. Tot hun verbazing legde Lodewijk Napoleon meteen het manuscript van zijn roman voor hun neus. Van den Cappellen was geïrriteerd: 'Ik werd belast met de correctie en al de kleine bijzonderheden dezer uitgave, waarmede ik veel tijd verspilde, daar het schrift van den schrijver zo onleesbaar was, dat ik het gehele werk moest overschrijven.'[2]

De koning werkte verhit naar de climax van zijn zevenhonderd pagina's tellende briefroman toe. Hij putte uit zijn herinnering aan de doorbraak van de Waaldijk in januari 1809 en liet in zijn roman de rivierdijken bij Gorkum door het kruiende ijs breken. Het woeste water kolkte over de Betuwe, de kerken van Buren, Buurmalsen en Tricht luidden de noodklokken. Hij wist nog precies hoe hij schouder aan schouder tussen de inwoners van de dorpen met zandzakken, hout en stenen tegen het water had gevochten. Te midden van al dit natuurgeweld zat Marie angstig in haar torenkamer. Het water beukte tegen de eeuwenoude muren van het kasteel dat hij in zijn boek had opgebouwd. Uiteindelijk werd zijn heldin gered. Ze zag ook haar doodgewaande geliefde Julius terug, wat tot een gelukkig einde leidde. Lodewijk Napoleon leunde uitgeput maar bevrijd achterover.

Om het omvangrijke redactionele werk te voltooien was Van den Cappellen gedwongen een jaar lang in Oostenrijk te blijven. Toen zond hij opgelucht *Marie ou les peines de l'amour* naar een drukker in Graz, die nog nooit een Frans boek had uitgegeven. Het verscheen in 1812, maar op de titelpagina ontbrak de naam van de schrijver. Wel wist men te vertellen dat het een *roman royal*[3] was.

Lodewijk Napoleon keerde enigszins terug naar de realiteit. Met afkeer en woede las hij in de krant het verslag van een bal masqué aan het keizerlijk hof. Slechts gekleed in pluimen, diamanten en andere opsmuk had zijn vrouw daar met haar verdorven vrienden en vriendinnen rondgedanst als Incapriesteres! – om zich te warmen aan het applaus van de hovelingen en *tout Paris*. Men sprak in de stad aan de Seine over niets anders dan deze quadrille, alsof er geen gewichtiger zaken waren. Het was duidelijk dat Hortense haar feestelijke, oppervlakkige leventje voortzette. Ze kon zich met het riante jaarinkomen van haar stiefvader alle pleziertjes permitteren. Met haar uitstapjes naar kuuroorden en het verderfelijke Malmaison verwaarloosde ze de zorg voor haar kinderen natuurlijk. De koning schreef haar strenge brieven waarin ze op alle punten gekapitteld werd. Hortense reageerde niet. Ondanks zijn bevel had ze nog altijd geen verstandige gouverneur voor zijn zonen aangesteld. Wat moest er van hun opvoeding terechtkomen? De koning schreef zijn oudste zoon prins Napoleon een droevige brief: 'Ik weet niet wanneer ik je weer zal zien, mijn lief kind, maar dat weerhoudt mij er niet van heel erg veel van je te houden.'

Voor Louis Napoleon, zijn jongste zoon, kwam er geen brief. Nog altijd was hij tweeslachtig in zijn gedrag tegenover de kleine prins; hij weigerde hem als zijn kind te erkennen maar bekommerde zich wel degelijk over diens onderwijs en opvoeding.

In de lente van 1812 werd het Lodewijk duidelijk dat zijn broer een veldtocht tegen Rusland voorbereidde. Nu begon zijn Bonaparte-bloed weer te spreken en hij maakte zich in Graz ernstig zorgen. Besefte Napoleon dan niet hoezeer het grote echec van Joseph in Spanje zijn positie had verzwakt? De Engelsen wonnen op het Iberisch Schiereiland steeds meer terrein en de inlijving van Holland bracht de reputatie van de keizer schade toe. Een oorlog tegen de Russen was een riskante onderneming die wel tot zijn ondergang zou kunnen leiden; dat betekende een gevaar voor heel Frankrijk. Ook zijn onderdanen zouden protesteren; men wilde niets anders dan vrede. Maar de koning van Holland zette zijn mening niet op papier. Waarom zou Napoleon luisteren naar de waarschuwingen van een jongere broer die ver van Parijs in ongenade leefde?

Tussen het lezen en schrijven van gedichten door las Lodewijk Napoleon aandachtig de Franse kranten waarin verslag werd gedaan van de militaire onderneming. Een ontzagwekkend Frans leger rukte in april 1812 door Duitsland op naar het oosten; negen korpsen van totaal bijna 400.000 man. Er waren 15.000 Hollandse soldaten bij, jonge rekruten van de militaire school en burgerjongens die een oproep hadden gekregen en nog nooit eerder een geweer vasthielden. Dit was het grootste leger dat ooit in Europa ten strijde was getrokken. Onderweg voegden zich er nog 20.000 Pruisische en 34.000 Oostenrijkse soldaten bij. Lodewijk Napoleon vernam dat tsaar Alexander de keizer van Frankrijk een ultimatum had gestuurd; een laatste poging om bloedvergieten te voorkomen. Napoleon weigerde hem zelfs maar een antwoord te sturen.

Op 5 mei verliet de keizer in gezelschap van Marie Louise Parijs en arriveerde met zijn gevolg in Dresden, waar de koning van Pruisen hem met nog dertig andere Duitse vorsten onderdanig moest komen begroeten. De Franse keizer nam het opperbevel van de totale troepenmacht op zich en trok op 24 juni achter de voorste korpsen de Pools-Russische grens over. Hij hoopte op een spoedig treffen met het Russische leger, dat sterk in de minderheid was. Als hij er niet in slaagde het te vernietigen, zou hij in Smolensk overwinteren en de tsaar in de lente definitief verslaan.

Lodewijk Napoleon maakte wandelingen in de omgeving van Graz, peinzend over de berichten van het front. Hij was onrustig en miste zijn trouwe hond Tiel, voor wie hij geen plaatsvervanger had gevonden. Het werd een droge, hete zomer; het gras van de bergweide vergeelde onder de zinderende zon en het geruis van de waterval verstomde in het dal. Hij depte het zweet van zijn voorhoofd en maakte zich ongerust over Napoleon en ook over Jérôme, Murat en alle vrienden die hun leven gingen wagen op het grondgebied van de vijand. De keizer hoopte met ongekend militair vertoon Alexander te intimideren en tot overgave te dwingen. Maar dat bleek een ijdele wens. De tsaar volgde zijn eigen strategie. De Russische troepen trokken zich steeds dieper terug in het mateloze land, zonder slag te leveren.

In de *Moniteur* stond dat de veldtocht naar wens verliep. Maar Lodewijk Napoleon wist dat alle berichten onder strenge censuur van zijn broer stonden. Hij besefte hoezeer de marsen over de eindeloze Russische steppen zijn kameraden moesten uitputten. Hij stelde zich de Hollandse jongens voor, dorstig en overdekt met het stof van de wegen. Aan het einde van een lange dagmars vielen ze uitgeput op hun strozak neer.

In het Franse leger brak dysenterie uit. Eerst onder de paarden, waardoor de cavalerie ernstig werd getroffen. De ziekte breidde zich uit onder de mensen en sleepte duizenden Fransen het graf in. Ver van hun vaderland vergingen hun lichamen in vreemde aarde tot stof. Hun kameraden trokken verder, verlangend om te vechten, te overwinnen en terug te keren naar huis.

Drie zomermaanden verstreken. Napoleon had steeds getracht de vijand te omsingelen. De Russen ontrokken zich aan zijn greep en verdwenen aan de horizon, een spoor van platgebrande en leeggehaalde dorpen en steden achterlatend. Het Grande Armée vond er nauwelijks voedsel of drank en zeker geen rust; de kozakken daagden hen uit. Steeds moedelozer sleepten de Fransen zich voort, van Wilna tot Witebsk en ook bij Smolensk kwam het niet tot een beslissende veldslag. Napoleons leger trok na een verblijf van drie weken in de geplunderde stad verder in de richting van Moskou.

Zijn broer zat zich in Graz te verbijten. Hoe kon de keizer zo onvoorzichtig zijn om zich nog verder van huis te laten lokken? Hij naderde Moskou; voor het Grande Armée de Heilige Stad bereikte, moest het wel tot een treffen komen. Ten slotte kreeg de koning van Holland bericht over de Slag bij Borodino. Het militair bulletin jubelde: Napoleon zou een grandioze overwinning hebben behaald. In de *Moniteur* stond dat in het hele keizerrijk het 'Te Deum' werd gezongen. Maar kon men bij het verlies van zoveel mensenlevens aan beide zijden van een overwinning spreken? Bovendien was het Russische leger niet verslagen. Het restant van de troepen had zich achter Moskou teruggetrokken.

Het duurde beangstigend lang voor er nieuwe bulletins kwamen.

Op 14 september hield de keizer van Frankrijk met de resterende 100.000 Franse soldaten zijn intocht in Moskou. Er heerste een beklemmende stilte. De houten huizen, de bont beschilderde kathedralen met vergulde uientorens, de weelderige paleizen, de ziekenhuizen en scholen waren verlaten, de winkels gesloten. Op de markten bewoog zich geen mens; alleen de schaduw van een vluchtende kat gleed over de stenen. Napoleon had zijn intrek genomen in het eeuwenoude Kremlin. Hij liet zijn sobere veldbed uitklappen in het pompeuze slaapvertrek van de tsaar en viel in slaap. Buiten vond er een orgie van roof- en drankzucht plaats. De soldaten sleepten meubels uit de huizen, aten van vergulde serviezen en sloegen kostbaar porselein aan stukken. Midden in de nacht werd de keizer door zijn Mammeluk Roustan gewekt; een oranjerode gloed verlichtte de vensters. Er was brand uitgebroken. Om hen heen raasde de vuurzee en legde de houten huizen met hun strooien daken snel in de as. Het vuur sloeg over naar de kerken, de brandende kruisen lichtten op, paleizen stortten met donderend geraas ineen.

Aangedaan las Lodewijk Napoleon in Graz hoe die nacht het grootste deel van de Heilige Stad was afgebrand. De Russen hadden hun geliefde Moskou zelf vernietigd, opdat er voor de vijand niets meer te plunderen viel. De pakhuizen met levensmiddelen die het Grande Armée de winter door moesten helpen, gingen in rook op. Waarom wachtte Napoleon nog tot de tsaar hem om vrede kwam vragen?

Alexander, die door zijn volk als een heilige, hun 'Vadertje', werd geëerd, kende de twee grootste verdedigingsmiddelen van zijn rijk: zijn uitgestrektheid en zijn klimaat. Aan de zomerhitte was abrupt een einde gekomen en na een periode van zware regen deed de vorst ongewoon vroeg en streng zijn intrede. Eindelijk begreep Napoleon dat de tsaar hem nooit zou antwoorden op zijn vredesvoorstel. Hij besloot zich tot Smolensk terug te trekken. In de eerste hagel- en sneeuwbuien ging het leger op weg. Een droevige aftocht, die algauw het karakter kreeg van een vlucht. De kozakken zaten hun gehuld in warme bontjassen op de hielen. De Franse soldaten waren niet gekleed op de ijzige temperaturen. Ze strompelden voort over de witte, eindeloze vlakte. Verblind trachtten ze zich in de sneeuwstorm te verdedigen tegen de Russische ruiters op hun kleine, snelle paarden.

De bulletins werden schaarser. Lodewijk Napoleon, Connétable van Frankrijk, wist maar al te goed wat dit betekende. Zijn kasteel op de heuvel bij Graz werd afgesloten van de wereld; een dikke laag sneeuw bedekte de daken, de deuren en de vensters vroren dicht. Eind november wist hij eindelijk een verslag in handen te krijgen van de gruwelijke gebeurtenissen in Rusland. Het Franse leger had bij de overtocht van de Berezina zo'n verpletterende nederlaag geleden dat zelfs Napoleon het openlijk toegaf: hij was voor het eerst van zijn leven verslagen. Het restant van het leger dat ordeloos trachtte het westen te bereiken, telde nog maar 10.000 verzwakte, in lompen gehulde soldaten. Lodewijk Napoleon zag het ongelofelijke feit onder ogen: het machtige keizerrijk van Napoleon wankelde.

Hortense leefde elke dag in angst. Ze wist zich te beheersen, want ze deelde haar gevoelens met miljoenen Fransen die geliefden, zonen, vaders en broers in het Grande Armée hadden. Mme de Souza stuurde haar een briefje om te laten weten dat Charles de Flahaut bij het overtrekken van de Niemen door een kogel in zijn borst was geraakt en in het veldhospitaal werd verpleegd. Hoe het hem sindsdien was vergaan wist ze niet en ook over haar broer Eugène kon ze alleen zeggen dat hij zich ergens in het onmetelijke Rusland bevond waar hij dagelijks werd geconfronteerd met de dood. De naam van de gevreesde kozakken klonk haar als een vloek in de oren. Het verhaal ging dat ze een gevangen vijand boven het kampvuur roosterden en opaten.

Het straatbeeld van Parijs was veranderd; bijna alle mannen waren met Napoleon ten strijde getrokken. Over de brede boulevards, de trotse bruggen en de met standbeelden en fonteinen getooide pleinen liepen alleen vrouwen, oudere mannen en jonge jongens. Aan het keizerlijk hof vonden geen feestelijkheden meer plaats. Caroline Bonaparte reisde met haar Italiaanse gevolg naar haar koninkrijk aan de voet van de Vesuvius. De oorlog gaf haar wat ze verlangde; toen Murat met Napoleon naar Rusland trok werd zij tot regentes benoemd en voerde het bewind over Napels. Haar zuster Pauline vlinderde naar het zuiden van Frankrijk en vermaakte zich daar met twee nieuwe minnaars.

Ook Malmaison lag er verlaten bij; Hortenses moeder besloot begin juli via haar kasteel aan het meer van Genève naar Milaan te gaan om haar hoogzwangere schoondochter bij te staan. Deze beviel op de laatste dag van die maand van een gezonde dochter.[4] Joséphine en Auguste deelden in de weelderige Villa Bonaparte hun bezorgdheid over het lot van Eugène. Alleen als er een brief van de vice-koning uit Rusland kwam, waren ze even gerustgesteld.

Marie Louise keerde zonder haar gemaal uit Duitsland terug in Parijs. Ze vond het hof verstild. De keizerin zonderde zich in haar appartementen af met de onafscheidelijke *duchesse* de Montebello en haar zoon, de kleine koning van Rome. De burgers van Parijs bekeken haar nog steeds koel en afstandelijk; voor hen bleef ze een Oostenrijkse prinses die niet met Joséphine kon wedijveren.

Koningin Hortense was die zomer met de kinderen en haar vriendinnen Adèle en Louise naar Aken gegaan om geneeskrachtige baden te nemen. Daar kreeg haar oudste zoon Napoleon Louis een levensgevaarlijke aanval van roodvonk. Dagenlang lag hij met hoge koorts op bed. De hel van Haagse herinneringen opende zich voor zijn moeder, die niet van zijn zijde week. Hortense vertrouwde haar emoties schriftelijk toe aan haar stiefvader in Rusland. Ondanks de intense spanningen waaronder hij leefde schreef hij haar vanuit Witebsk: 'Mijn dochter, met verdriet las ik in je brief van 11 juli dat Napoleon ziek was en ik vernam de veertiende met blijdschap dat het levensgevaar is geweken. Ik had gerekend op spoedige genezing, wel wetend hoe gauw een moeder zich ongerustheid op de hals haalt. Je liefhebbende vader Napoleon.'

Op aandringen van Marie Louise vertrok Hortense in augustus naar Saint-Cloud waar de keizerin haar blij ontving. 'De koningin van Holland is, vriendelijker dan ooit, teruggekeerd; ik heb gisteravond met haar gespeeld,' schreef ze aan een vriendin.

Ze bracht Hortense een paar maal een bezoek in Saint-Cloud. Samen wandelden ze door het vredige park en de bossen, waar de keizerin zich een paar uren bevrijd voelde van haar zorgen en plichten. Marie Louise maakte er schetsen in de natuur. Ze was als leerlinge van de befaamde Redouté niet onbekwaam in het tekenen en schilderen van bloemen. De koningin van Holland bekeek met oprechte belangstelling haar aquarellen en prees haar uitbundig. Hoewel ze maar acht jaar ouder was, maakte ze op de keizerin een heel sterke en onafhankelijke indruk. Hortense leidde zonder haar gemaal met haar beide zonen een vrij leven. De keizerin had nooit vrijheid gekend; ze was opgevoed aan het hof van Schőnbrunn in strikte gehoorzaamheid en onderdanigheid aan haar vorstelijke ouders. Bij haar huwelijk onderwierp ze zich op dezelfde wijze aan haar veel oudere echtgenoot. Nu hij zo ver van huis was, voelde ze zich verloren. Ze zocht vruchteloos naar een eigen mening, een standpunt om te verdedigen. De koningin van Holland leek altijd precies te weten hoe ze moest handelen en ze stond licht en optimistisch in het leven. Daardoor hield bijna iedereen van haar, op de ijverzuchtige Bonaparte-clan na.

De keizerin ontving bijna dagelijks brieven van haar gemaal en ze las stukken daaruit hardop voor, zodat Hortense als eerste op de hoogte was van de gebeurtenissen op de Russische steppen. De inhoud van Napoleons brieven aan zijn vrouw verbaasde haar: 'Mijn Beste, ik ontving je brief van 18 augustus. Ik zie tot mijn vreugde dat je je goed voelt en dat je tevreden bent over de kleine koning,' schreef hij op 2 september uit Ghjar. De saaie toon van de correspondentie hield aan; hij meldde de keizerin zelden iets nieuws. Het ging over het stof op de wegen, over het altijd zonnige weer, over zijn gezondheid, die altijd goed was, en over de oorlog die altijd naar wens verliep. Hij eindigde meestal met 'Adieu, mio ben. Nap.'

Hortense dacht terug aan de lyrische, hartstochtelijke brieven die Napoleon aan haar moeder had geschreven als hij op veldtocht was. Joséphine liet ze overal rondslingeren en deelde de meest intieme details lachend met haar dochter en de hofdames. Marie Louise beantwoordde de brieven van Napoleon prompt. Ze gaf Gérard opdracht een groot portret van de kleine koning van Rome te maken. Hij schilderde het kind in zijn wieg met speelgoed in zijn handjes. Het doek werd in een kist op de impériale van een koets gebonden en in weer en wind over de eindeloze steppen naar het hoofdkwartier van de keizer vervoerd. Napoleon had het op 6 september aan de vooravond van de slag bij Borodino gezien. 'Het is een meesterwerk,' schreef hij zijn vrouw. 'Ik dank je zeer voor je attentie. Een schone gedachte, jou waardig. Ik ben zeer vermoeid. Adieu mio ben.'

De koningin van Holland doorzag dat haar stiefvader de gruwelijkheden van het brandende Moskou voor Marie Louise verdoezelde. Toen hij de stad noodgedwongen moest verlaten berichtte hij haar quasi-onverschillig: 'Ik zou 20.000 man nodig hebben gehad om deze stad te bewaken, hoe gehavend zij ook was; zij belemmerde mij in mijn operaties. Het is heel mooi weer, 's ochtends is het nevelig tot 2 uur 's middags dan wordt het heel mooi weer en de zon schijnt zeer warm.'

Terwijl zich eind oktober een humanitaire ramp voltrok en honderden uitgeputte soldaten onder ijselijke omstandigheden hun dood tegemoet strompelden, vonden de bijna bevroren vingers van de keizer de pen om de keizerin op dezelfde toon te berichten: 'Mijn Beste, de kozakken zijn op onze verbindingslijnen gekomen, hetgeen maakt, dat ik geen brieven van je krijg, maar ik wil geen moment verliezen om je te schrijven. Ik voel mij goed en kom dichter bij je. Adieu mio ben. Geheel de jouwe. Nap.' Zelfs na de verschrikkelijke slachting die de oevers van de Berezina rood kleurde, deed Napoleon tegenover zijn vrouw of er niets ernstigs had plaatsgevonden. Maar in de officiële militaire bulletins was hij duidelijk; men telde van het ruim 400.000 man sterke Grande Armée nauwelijks 10.000 overlevenden. Een onverdraaglijk verlies dat heel Frankrijk in een tranenzee dompelde. In haar memoires beschreef Hortense de wanhopige stemming in Parijs: 'Alle vrouwen leidden een beklagenswaardig bestaan. Heel Frankrijk leek in Rusland te verblijven. Het was een en al bede, angst en hoop. Nooit eerder hadden de verdedigers zich zo ver van het land verwijderd en de grote afstand die de achtergeblevenen van de slagvelden scheidde verdubbelde de vrees. Wat klonken er een klachten tegen hem die hen meevoerde naar die verre oorden. Hij moest het hun vergeven; in hun smart waren ze niet in staat zijn grote bedoelingen te begrijpen.'

In oktober 1812 verspreidde een voormalig generaal plotseling het gerucht dat Napoleon dood was. Verdronken in de Berezina. Zijn soldaten deserteerden, Frankrijk was verloren! In de algemene verwarring stelde hij zich op als staatshoofd en riep de Republiek uit. Zodra Hortense dit hoorde liet ze de paarden inspannen en reed in volle vaart met haar beide zonen naar Saint-Cloud. Ze had maar één gedachte: Marie Louise en de kleine koning van Rome redden. De agressie van het Parijse gepeupel stond haar nog levendig voor de geest; ze moest de keizerin het lot van Marie Antoinette besparen.

Op kritieke ogenblikken gaf Hortense altijd blijk van praktisch inzicht. In het paleis gekomen nam ze het heft in handen en vertelde de geschrokken keizerin haar plan; ze zouden zich met de kinderen in de dichtstbijzijnde vestingstad verschansen. Hortense wilde zoveel mogelijk graan opkopen om een beleg te doorstaan tot Napoleon hen met zijn troepen kwam verlossen.

De aanstichter van de opstand bleek echter een geestesgestoorde, die algauw werd opgepakt en achter slot en grendel gezet. Het gevaar voor de keizerin en de kleine troonopvolger was geweken en de rust in de stad leek enigszins hersteld. Maar de woede jegens Napoleon nam met de dag toe. Marie Louise miste de moed om zich in het openbaar te vertonen en het volk te kalmeren. Ze bad iedere dag dat Napoleon snel terug zou keren om zijn gezag te doen gelden. Zijn afwezigheid begon onhoudbaar te worden.

Het duurde een tijd voor de keizer op de besneeuwde Russische vlakte hoorde dat er in Parijs een staatsgreep had plaatsgevonden. Hij zag de ernst van de situatie onmiddellijk in. Deze verdwaasde opstandeling was de mond gesnoerd. Maar er kon een ander heethoofd opstaan aan wie de mensen zich in hun onzekerheid vastklampten. Het gevaar dat men Lodewijk XVIII te hulp riep was ook niet ondenkbaar. Napoleon liet een slede in gereedheid brengen, droeg het bevel over de jammerlijke restanten van zijn Grande Armée over aan Murat en reed met drie generaals weg in de richting van Warschau om zich vandaar via Duitsland naar Parijs te begeven. 'De Fransen zijn net vrouwen,' snauwde hij onderweg tegen Caulaincourt. 'Je kunt niet al te lang wegblijven.'

Ontgoocheld bleven de in lompen gehulde soldaten in Rusland achter. De keizer had hen in het diepst van de ellende in de steek gelaten. Murat gaf geen sou meer voor de schimmen die zich met bevroren tenen voortsleepten; een makkelijke prooi voor de hongerige wolven. Hij dacht alleen nog aan zijn eigen belang en vertrok algauw naar zijn koninkrijk Napels om Caroline bij te staan en te redden wat er te redden viel. Eugène de Beauharnais toonde meer trouw en verantwoordelijkheidsgevoel. Hij nam het opperbevel over en bracht de verzwakte en uiteengevallen korpsen weer bij elkaar. Onder zijn leiding kwam de wanhopige mars weer op gang.

Op 18 december werd Parijs verrast door het bericht dat de keizer was teruggekeerd in de Tuilerieën. Hortense spoedde zich naar het paleis, verlangend naar berichten over haar broer, over Flahaut en zoveel anderen van wie niemand wist of ze nog in leven waren: 'De keizer zag er vermoeid en zorgelijk uit maar toonde geen tekenen van verslagenheid,' schreef ze in haar memoires. 'Ik heb vaak gezien hoe hij een driftbui kreeg over kleinigheden zoals een openstaande of gesloten deur, of omdat er te weinig of juist te veel kaarsen in een vertrek brandden. Maar nooit hield hij zijn gevoelens beter in bedwang dan op kritieke en ongelukkige momenten. Ik vroeg hem bezorgd of de ramp voor het leger werkelijk zo wreed was geweest als in het bulletin bekend werd gemaakt. Hij antwoordde me met een bedroefd gelaat: "Ik heb de volle waarheid medegedeeld."' Hortense stelde vragen over haar broer. De keizer – die nog niets wist over de vlucht van de koning naar Napels – vertelde dat Eugène ongedeerd was en nu onder het bevel van Murat stond. Hortense wist maar al te goed hoezeer haar jaloerse zwager haar broer haatte en was allerminst gerustgesteld. Flahaut was tot haar grote opluchting nog in leven en Napoleon sprak vol waardering over diens moed en trouw. Maar er klonken ook namen van dierbare vrienden die tijdens de veldtocht aan besmettelijke ziekten waren bezweken, gesneuveld of als vermist werden opgegeven. Aan het hof vloeiden de tranen en op straat verdrongen de burgers zich voor de plakkaten met de lange dodenlijsten, tegen beter weten in hopend dat de naam van hun familielid er niet op voorkwam.

De weinige mannen die terugkeerden waren niet meer dan schimmen van de soldaten die in de lente in hun mooie uniformen onder Napoleons vaandel ten strijde trokken. Met niets ziende ogen staarden ze voor zich uit, lijdend onder de nagalm van het Russische inferno; het daveren van kanonnen, het gebrul van kozakken, het hulpgeroep van stervenden, het hinniken van gewonde paarden, de honger die onder de wapenbroeders tot kannibalisme had geleid.

Op een dag verscheen Charles de Flahaut met gespreide armen op de drempel van het huis aan de rue Cerutti. In haar intense geluk over het weerzien luisterde Hortense naar zijn verhalen over de strijd. Ze tekende zijn heldendaden in haar memoires op. Hoe hij met gevaar voor eigen leven zijn oude, zieke knecht had gered door hem na een vuurgevecht op zijn schouders naar het kamp te dragen. Ze verwonderde zich niet over zijn grote daden; ze wist dat hij in tijden van nood zijn nobele inborst toonde. De schotwond was genezen en hij leek zelfs dikker geworden. Napoleon uitte zijn waardering door Flahaut tot zijn adjudant te bevorderen, een rang die hij sinds zijn jeugd had geambieerd.

Hortenses broer Eugène de Beauharnais keerde niet terug in Parijs; hij moest op keizerlijk bevel met het restant van zijn troepen naar Marienburg trekken en daar de instructies afwachten. Zo naderde het eind van 1812, een jaar vol rampspoed waarin het lot van Napoleon was beslist.

Nieuwjaarsdag viel in het dertiende jaar van de eeuw op een vrijdag. Dat omineuze voorteken verduisterde het toch al sombere Frankrijk. Maar het schitterende hofceremonieel moest op bevel van Napoleon voortgang vinden; 's morgens vroeg begaf Hortense zich in hoftoilet getooid met diamanten naar de Tuilerieën om met haar beide zonen de keizer en keizerin gelukkig nieuwjaar te wensen. Om twaalf uur woonden ze de mis bij in de hofkapel. Daarna begaf ze zich naar de rue Cerutti en kleedde zich snel om. Ze ontving haar vrienden die haar hun nieuwjaarswensen kwamen brengen. Zodra de laatste gast vertrokken was, rende ze de trap op en verkleedde zich in haar boudoir opnieuw. Met haar kinderen sprong ze in de koets en reed naar Malmaison. De jongens omhelsden hun geliefde grootmoeder en ze pakten de veel te dure cadeautjes uit die Joséphine voor hen had uitgezocht. De pakjes stapelden zich op: van een prachtig opgetuigd hobbelpaardje voor de kleine Louis tot een bord met gekleurde schaakstukken voor Napoleon. De koningin van Holland ontving schitterende juwelen van haar moeder, die een fortuin gekost hadden. Na de thee begaf het kleine gezelschap zich alweer naar Parijs. Hortense moest zich mooi maken voor het gebruikelijke familiediner aan het hof. Haar vriendin Louise beschreef in haar memoires hoe ze de kapper tot wanhoop dreef, omdat ze hem maar een paar minuten gaf om het lange haar uit te borstelen. Terwijl hij bezig was renden de kinderen om de stoel van hun moeder, doken onder de asblonde vlechten door en verhinderden hem bijna het kapsel vast te spelden. Met een gloeiende krultang snelde hij achter de koningin aan; de lokken op het voorhoofd en langs de slapen moesten nog worden gefriseerd. Hortense liet het ongeduldig toe, zette haar diadeem op en deed de diamanten oorhangers op weg naar de deur in. Gevolgd door de beide prinsjes die haar handschoenen en tasje droegen haastte ze zich de trappen af, waarbij Adèle haar waarschuwde voor haar sleep.[5]

Hortense was eraan gewend op deze wijze aan haar verplichtingen te voldoen. Maar toen de feestweek voorbij was kwam ze tot rust en zette zich achter haar pianoforte. 'Om iets van me te laten horen componeerde ik een aantal romances die bij de omstandigheden pasten,' schreef ze. Ze bundelde de liederen en liet ze bij een Parijse drukker uitgeven onder de titel *Romances mises en musique par S.M.L.R.H.* Ze stuurde de mooie uitgave naar haar broer Eugène in Duitsland, in de hoop dat hij begreep hoezeer ze met hem meeleefde.

Bij een bezoek aan het keizerlijk paar vond ze Napoleon op een avond onderuitgezakt in een stoel. Het viel haar op hoezeer hij veranderd was. De slanke man met zijn sluike haren die haar moeder het hof maakte, veranderde in een vadsige figuur wiens vest om zijn buik spande. Hij was sinds enkele maanden kalende en borstelde een haarlok midden op het voorhoofd om dat te verhullen. Boosaardig grinnikend merkte hij op: '*Eh bien!* Mijn dood zou groot nieuws zijn geweest voor de Engelsen, Hortense!' Ze keek hem onderzoekend aan. Er was lang niet over zijn aartsvijand Engeland gesproken. Welk plan broedde hij uit? De ernstige verliezen en de zware nederlaag moesten hem wel doen besluiten om zijn krijgsplannen te wijzigen of op te geven. Nooit eerder was er in Frankrijk zo naar vrede verlangd, de vrede en de welvaart die Napoleon het volk vijftien jaar geleden na de Revolutie had beloofd. In elk gezin heerste zware rouw om het verlies van dierbaren. De staatskas was leeg. De keizer sprak in raadselachtige termen over de toekomst. Wat was hij van plan? Niemand kon invloed op hem uitoefenen en daarom zochten de buitenlandse ambassadeurs ten einde raad steun bij de koningin van Holland.

Op een avond meldde een bediende in het huis aan de rue Cerutti, dat hij twee heren had binnengelaten. Hortense liep naar de ontvangstkamer; ze had niemand uitgenodigd. Tot haar verbazing ontdekte ze dat de Oostenrijkse ambassadeur Schwarzenberg in gezelschap van een Oostenrijkse gezant op haar wachtte. Ze wist dat Napoleon niet wenste dat er buitenlandse ambassadeurs privé werden ontvangen en ze probeerde het aan de heren uit te leggen. Maar Schwarzenberg nam haar apart en fluisterde dringend: 'Madame, u kent de keizer goed, denkt u werkelijk dat we vrede kunnen verwachten? Wij verlangen ernaar. Europa is uitgeput.' Ze stamelde dat hij wellicht nog één overwinning wilde behalen om de schande van de nederlaag uit te wissen en het vertrouwen van zijn soldaten in hem te herstellen. Maar daarna zou er vrede komen, daar twijfelde ze niet aan. Haar stiefvader was niet alleen een groot generaal, maar ook een groot regeerder die het welzijn van zijn onderdanen voor ogen stond en het volk de vrede zou geven waarnaar het verlangde. De ambassadeur drong aan: 'Hebt u genoeg invloed op hem om hem van die noodzaak te overtuigen?' Ze antwoordde naar waarheid: 'Hij luistert alleen naar de wil van het volk. Ik heb hem nooit raad durven geven, ik ben veel jonger dan hij en bovendien zijn dochter die hem gehoorzaamheid verschuldigd is.'

Schwarzenberg gaf het niet op: 'Maar laat prins Eugène, die een groot land regeert en de volkswil kent dan met de keizer spreken en hem krachtig de waarheid zeggen.' Hortense ging in gedachten naar haar broer die in Duitsland aan het hoofd van Franse troepen een zware en ondankbare taak vervulde. Hij wist beter dan wie ook hoezeer Europa naar vrede verlangde. Ze beloofde haar bezoekers hem te schrijven. 'Maar ik herhaal dat de keizer een te juist inzicht heeft om naar raadgevingen van anderen te luisteren. Nog één overwinning en daarna zal hij zich nog slechts wijden aan hervormingen die voorspoed zullen brengen aan alle volkeren die hij regeert.'

Had ze het juiste antwoord gegeven? Niemand kende de bedoelingen van haar stiefvader. Zag hij zelf in wat voor een hachelijke positie hij verkeerde? De macht van Napoleons mythe taande. Achter zijn rug sloten zijn vijanden zich aaneen. Arthur Wellesley, die door de Engelse koning verheven was tot *viscount* Wellington, trok aan het hoofd van zijn Britse troepen Madrid binnen. Wat Napoleon vreesde gebeurde: de koning van Pruisen sloot in februari een verbond met de Russische tsaar Alexander.

Er werd verteld dat Willem, erfprins van Oranje-Nassau, door de rampspoed van Frankrijk weer hoop kreeg. Hij verliet Duitsland en trok naar Engeland, vanwaar hij snel naar de Hollandse kust kon oversteken. Diens oudste zoon Willem diende nog steeds onder Wellington in Spanje. De jongen genoot van het voorspoedig verloop van de veldtocht. Maar zijn Engelse opperbevelhebber keek kritisch naar zijn pupil: '*Too much is not to be expected from him*,'[6] merkte hij droog op.

De machtsverhoudingen wijzigden zich binnen enkele maanden. Russische regimenten trokken de Weichsel over en voegden zich bij hun Pruisische bondgenoten. Zou Jérôme in staat zijn de vijandelijke troepen die naar het westen oprukten tegen te houden? Jérôme deed niets. Van het Westfaalse hof kwamen alleen berichten over diens geldverslindende hoffeesten.

Ondanks de dreiging wilde de keizer doen of er niets aan de hand was. Op een dag stuurde hij zijn hofmaarschalk Duroc naar de rue Cerutti met een vraag. Wilde Hortense het succesvolle Peruaanse ballet van het vorig jaar nog een keer opvoeren? Ze keek van Adèle naar de sympathieke man die haar ooit zijn liefde had verklaard en altijd een bijzondere plaats in haar hart innam. Hij boog het hoofd met de dikke krullen, dat ze een paar maal had geschetst. Ze las niets dan treurigheid in hun ogen. Duroc raadde haar gedachten. 'Het bal van uwe majesteit zal eruitzien als een ziekenhuis,' zei hij zacht.

Vele jongemannen die in 1812 als Inca's om haar heen dansten waren in Rusland gesneuveld. Anderen misten een arm of een been en sleepten zich op krukken voort. En hoe kon ze de verdrietige weduwen vragen aan haar quadrille deel te nemen? Het ballet zou vele wonden openrijten. Napoleon wilde echter van geen weigering weten. Ze gehoorzaamde zoals gewoonlijk en zocht plaatsvervangers voor haar ballet.

Van haar zolder haalde ze de kostuums. Op de avond van het bal hulde ze zich in het zilveren gewaad van de Incapriesteres en haar vriendin hielp haar de witte pluimen te schikken. Adèle vervulde haar rol even gewillig maar triest. Voor het terneergeslagen publiek dansten ze, maar de schittering wekte geen glans in de ogen van de oorlogsinvaliden noch in die van rouwende nabestaanden. De vrolijkheid was voorgoed geweken van het keizerlijk hof.

Zoals Hortense al gevreesd had bracht Napoleon in de lente ondanks alle tegenstand een nieuw leger op de been om in Duitsland tegen de Pruisische en Russische troepen te strijden. Omdat er vrijwel geen gezonde mannen meer over waren, riep hij jongens op die tot de lichting van de volgende jaren behoorden. Ze waren heel jong, kinderen nog. De donkere sjako viel over hun ogen. Met hun onbehaarde wangen leken het meisjes en men noemde ze de Marie Louises. Tijdens een ernstige ceremonie werd de keizerin in de troonzaal van het paleis tot regentes van het keizerrijk benoemd. Napoleon kuste de kleine koning van Rome en nam zijn ongekroonde keizerin in de armen; ze moest niet huilen. Hij zou spoedig als overwinnaar terugkeren. En dan werd het vrede.

Op 15 april 1813 verliet Napoleon Parijs. Tot verdriet van Hortense was Charles de Flahaut hem al vooruit gegaan en had zich bij zijn vriend Eugène in Duitsland gevoegd. Het schrijven en ontvangen van keizerlijke brieven begon weer. Nu kreeg Marie Louise in de brieven van haar gemaal steeds vaker opdracht om haar *Papa Franz* vooral te laten weten hoe goed de veldtocht verliep, '...en zeg hem hoezeer ik hem toegewijd ben,' drong hij aan.

Marie Louise deed nauwgezet wat Napoleon haar opdroeg en pleitte in elke brief bij haar vader voor vriendschap met haar man.

Hortense troostte haar opnieuw en deelde haar blijdschap toen de keizerlijke troepen nog eenmaal twee grote overwinningen behaalden. Bij Lützen en bij Bautzen werden de gezamenlijke Pruisische en Russische troepen door de Fransen verslagen. Voor de koningin van Holland was er echter geen reden om feest te vieren; haar dierbare vriend Geraud Duroc sneuvelde in de slag bij Bautzen. Ze huilde samen met diens weduwe.

Verdrietig besloten Hortense, Adèle en Louise onder begeleiding van d'Arjuzon eind mei samen naar Aix-en-Savoie te reizen om er te baden. De koningin herwon kracht tijdens rij- en wandeltoeren door de bergen. Ze ademde diep, in de zuivere lucht scheen de oorlog onwerkelijk en ver. Soms slaagde ze erin alle spookbeelden van de strijd te vergeten. Ze stelde zich open voor de schoonheid van het gebergte; de hoogste toppen waren 's morgens nog met sneeuw bedekt, terwijl de bomen en struiken in bloei stonden.

Op 10 juni maakte ze met haar vriendinnen een rijtoer naar de waterval van Grésy. Het smeltwater van de gletsjers was aangezwollen tot een woeste bergstroom die zich met donderend geraas in de diepte stortte. Gefascineerd staarden de drie vrouwen naar het geweld van de natuur dat hun woorden overstemde. De molenaar aan de overzijde kwam uit zijn huis en wenkte hen om de waterval van dichterbij te bekijken. Hij legde een plank over de snelle stroom en schoof hem in een gleuf die in de rotsen was uitgehakt. Hortense sprong licht en lenig als eerste naar de overkant en reikte hem lachend haar hand. Toen hoorde ze achter zich een kreet die haar levenslang zou bijblijven. Ze draaide zich geschrokken om. Met afgrijzen zag ze hoe Adèle uitgleed en achterover in de stroom stortte. Onbarmhartig sleurde de kolkende watermassa haar lichaam mee. Nog even was er een glimp zichtbaar van de japon die opbolde en verdween. Hortense sprong naar de oever, rende in paniek langs de stroom, klauterde over de scherpe rotsen en riep de naam van haar liefste en oudste vriendin. Het eentonig gedruis van de waterval was het enige antwoord, een ijskoude nevel overdekte haar gezicht.

Het stoffelijk overschot van Adèle de Broc werd een eind verderop gevonden. Louise en Hortense konden niet geloven dat ze dood was, ze probeerden om beurten de levensgeest in haar terug te blazen. Zelfs in de koets waarin het doodsbleke lichaam lag uitgestrekt, gaven ze hun wanhopige pogingen niet op. Maar aan het korte leven van Adèle was een einde gekomen. De koningin besefte wat er met haar vriendin verloren was gegaan: haar mooiste en verdrietigste herinneringen en ook haar diepste geheimen nam ze mee in het graf.

Bij terugkeer in Parijs wachtte haar de zware opgave om de zusters van Adèle, hun bejaarde vader en haar tante Mme Campan te vertellen wat er gebeurd was.

Altijd zou Hortense zich schuldig blijven voelen over het ongeluk. In de kapel bij Saint-Leu liet ze een marmeren monument voor haar oprichten, waarin het stoffelijk overschot te ruste werd gelegd. Ze zond geld naar Aix-en-Savoie om over de waterval een stevige voetbrug te laten bouwen. En op een bordje dat tot ver na haar dood op de brug stond, liet ze een tekst aanbrengen: 'U die over deze brug gaat, wees voorzichtig. Denk aan hen die u liefhebt.'

Niemand vond het vreemd dat Hortense zich na dit verlies met haar beide kinderen en Louise naar Dieppe begaf om aan zee bij te komen van de emoties. De artsen schreven haar een zoutwatertherapie voor.

Twee matrozen met witte handschoenen droegen de koningin de zee in terwijl gardisten de menigte in bedwang hielden die zich nieuwsgierig op het strand verdrong. Onder luid gejuich werd Hortense enkele malen in zee ondergedompeld en keerde, volgens Louise, 'meer dood dan levend' terug naar haar strandtent. De inwoners van het vissersdorp hadden nog nooit eerder gezien dat iemand een zeebad nam en dan nog wel een koningin! Het schouwspel vond drie keer plaats. Toen werd het koeler weer en de arts adviseerde Hortense om haar kuur thuis in een badkuip met verwarmd zeewater voort te zetten.

Het zoutwaterbad was voor haar echter van geen belang vergeleken bij de visite die ze in Dieppe ver van het hof ontving. Het was Mme de Souza. Ze had een klein jongetje bij zich dat ruim een jaar oud was. De koningin van Holland nam hem in haar armen en droeg hem door de duinen naar het strand. Ze toonde hem de zee en fluisterde bij het gedruis van de branding lieve woordjes in zijn oor. Het kind had dezelfde blauwe ogen als zij. Asblonde haren net als zij. De vorm van zijn kin deed denken aan Charles de Flahaut.

21

Confidents d'un coeur solitaire
Jeunes arbres, mes seuls amis
Puisse votre ombre hospitalière
Mieux abriter d'autres présents[1]

Na het schrijven van deze dichtregels staarde Lodewijk Napoleon vanuit het venster van zijn kleine kasteel in Graz nog een tijd naar de bomen die tegen de heuvel leken te klimmen, hun takken aanhankelijk naar hem uitgestrekt. Het was of dit gedicht onverwachts een streep zette onder het vruchteloos gemijmer waarmee hij zijn dagen had gevuld.

Het duurde altijd een paar weken voor hij het laatste nieuws uit Frankrijk ontving. Nu wist hij dat honderden kameraden in Rusland omgekomen waren. De verpletterende nederlaag van zijn krijgsbroeders maakte oude, krachtige sentimenten in hem wakker. Hij was nog altijd een Bonaparte, deel van de hechte clan. Met zijn linkerhand schoof hij een vel papier naar zich toe en schreef naar zijn broer in Parijs: 'Diep getroffen door het lijden en de verliezen van het Grande Armée (...) kan ik begrijpen hoe opgejaagd u zich voelt, hoe noodzakelijk het is alle middelen ter mogelijke verdediging te bundelen. Ik bied u, Sire, het kleine beetje gezondheid aan dat me rest, voor het land waarin ik ben geboren, voor u en voor de naam Bonaparte.'

Hij dacht over zijn woorden na; dit debacle was misschien nodig geweest om Napoleon tot inkeer te brengen. Het leek een goed moment om de kroon van Holland terug te vragen. Opdat hij het volk, dat hem vier jaar lang zijn liefde en vertrouwen had geschonken, onder zijn wijs bewind geluk kon brengen. Holland was de oorzaak geweest van hun conflict. Als hij zijn koninkrijk terugkreeg, zouden ze als broeders in vrede met elkaar leven. Hij zond de brief naar Napoleon; de kansen waren gekeerd, hij had weer hoop. Om zijn zaak te bevorderen stuurde hij ook een brief naar keizer Franz van Oostenrijk en verzocht hem Napoleon aan te sporen om hem de troon van Holland te restitueren. Er kwam geen antwoord uit Wenen.

Napoleon antwoordde getroffen; hij dankte Lodewijk in milde, vriendelijke woorden voor zijn aanbod en nodigde hem uit terug te keren naar Frankrijk. 'En ik zal je ontvangen, niet als een broer die je hebt beledigd maar als een broer die je heeft opgevoed.' De toon veranderde echter toen het over de zware militaire verliezen en de troon van Holland ging. Hard en duidelijk klonk zijn antwoord: 'Wat betreft de ideeën die je hebt over de stand van mijn zaken: ze zijn onjuist. Ik heb een miljoen mensen onder de wapenen. Holland is voor altijd Frans.'

Madame Mère, wier enig doel in het leven het geluk en de eensgezindheid van haar kinderen was, spoorde Lodewijk in een brief aan toch blij te zijn met de vergevingsgezindheid van Napoleon. Haar lieveling moest terugkomen en de Hollandse kwestie eindelijk laten rusten. 'Waarom, *Ma Mère*, moet ik altijd dezelfde dingen herhalen?' antwoordde hij haar. 'Ik kan alleen in Holland wonen, dat ondanks mijzelf mijn land is geworden in 1806. Ik zal erin toestemmen weer Fransman te worden als mijn broer Holland aan mijn zoon wil geven.'

De weken verstreken en de onenigheid tussen haar kinderen leek muurvast te zitten. Maar wat was het nietig vergeleken bij de grote oorlog die op het punt stond uit te breken. Na de twee overwinningen op de Pruisische en Russische troepen werd er een wapenstilstand getekend. De hele zomer van 1813 vertoefde Napoleon in Dresden. Daar kreeg hij het bericht dat zijn oudste broer Joseph door de Engelse, Spaanse en Portugese troepen onder aanvoering van Wellington van zijn troon was gejaagd. Tot zijn grote ergernis kwam zijn jongste broer Jérôme hem vanuit Westfalen opzoeken. Niet om hem militair te steunen, maar om te zeggen dat hij een nieuwe maîtresse had en zich wilde laten scheiden van zijn koningin. Woedend beval Napoleon hem terstond terug te keren naar Kassel om zijn hoofdstad tegen de vijandelijke legers te verdedigen en zijn privé-zaken uit het hoofd te zetten.

Op 26 juni kreeg Napoleon in Dresden bezoek van de Oostenrijkse ambassadeur Klemens von Metternich. De graaf was een briljant diplomaat; hij liet zich niet intimideren noch vleien door Napoleon. Bovendien beschikte hij over geheime informatie die hem ervan overtuigde dat de positie van zijn gesprekspartner zwakker was dan deze wilde zien. Namens keizer Franz van Oostenrijk bood hij hem hoffelijk aan om te bemiddelen bij de coalitie. Er was wel een voorwaarde aan verbonden: de Franse keizer moest eerst zijn troepen terugtrekken uit Polen, Duitsland, Holland, Spanje en Italië. Napoleon staarde hem wit van woede aan. Hoe waagde de Oostenrijkse keizer het hem, heerser over bijna heel Europa, eisen te stellen? Napoleon was de enige die eisen stelde. Aan wie ook. Hij fleemde en schold en weigerde het bemiddelingsaanbod te aanvaarden. Hij dreigde zelfs zijn troepen opdracht te geven heel Wenen te verwoesten als keizer Franz hem niet gehoorzaamde. Het felle onderhoud duurde lang en Metternich slaagde er niet in Napoleon ertoe te bewegen het vredesvoorstel aan te nemen. Met een trage buiging verliet hij na ruim twee uren het vertrek en sprak de profetische woorden: 'U bent verloren, Sire.'

Op de dag voor Napoleons vierenveertigste verjaardag kwam er een einde aan de wapenstilstand. Wat heel Frankrijk vreesde gebeurde: Oostenrijk sloot zich aan bij de coalitie. Het was de zesde coalitie die door de vijanden van Napoleon werd gevormd, groter en bedreigender dan ooit. De Franse keizer stond nu alleen tegenover Pruisen, Rusland en Oostenrijk waarbij Engeland, Spanje en Portugal, de kleine Duitse staten en Zweden zich aansloten.

Toen Lodewijk Napoleon dit onheilsbericht vernam, wilde hij het vijandelijke Oostenrijk onmiddellijk verlaten. Hij pakte zijn manuscripten en boeken in en reisde naar het neutrale Zwitserland. In gedachten was hij bij zijn Franse krijgsbroeders die een laatste, wanhopige poging deden om het gezag van Napoleon in Duitsland te herstellen. Lodewijk voelde dat de Fortuna van de vroegere Napoleon hem had verlaten, het einde van het Franse keizerrijk was ingeluid.

Te Bazel gekomen nam hij zijn intrek in een logement aan de Rijn. Daar werd bekendgemaakt dat keizer Napoleon op de vlakte bij Leipzig een verpletterende nederlaag had geleden. De verschrikkelijke Volkerenslag had vier dagen geduurd en aan beide zijden meer dan 100.000 levens gekost. Er waren zeker 30.000 Fransen krijgsgevangen gemaakt. Het Grande Armée had opgehouden te bestaan. Nu was het vaderland in direct gevaar.

Bazel was Lodewijk volkomen vreemd. Toch werd er bezoek aangekondigd. In de salon van het logement wachtte een militair. Hij stond met zijn brede rug naar hem toe, maar Lodewijk herkende de donkere haardos van zijn zwager Murat onmiddellijk. Met een nerveuze trek op zijn vermoeide gelaat draaide de maarschalk zich om en vertelde hoe hij getuige was geweest van de ondergang van het Franse keizerrijk. In het heetst van de strijd zag hij hele regimenten soldaten die onder het Franse vaandel streden, naar de vijand overlopen. Anderen deserteerden. De keizer had geen greep meer op zijn troepen. Tijdens de aftocht lachte hij cynisch en floot een marsliedje tussen zijn tanden: *Malbrouk s'en va-t-en guerre.* Alsof het hem niet aanging.

De volgende fase was nabij. Frankrijk zou door de geallieerden onder de voet worden gelopen; ze rukten massaal op naar het westen. Murat zei zonder gêne dat hij en Caroline zich al met de coalitie hadden verbonden op voorwaarde dat ze hun koninkrijk mochten behouden. Hij raadde hem aan hetzelfde te doen.

Sprakeloos staarde Lodewijk Napoleon hem aan. Verrader! dacht hij. Murat had Napoleon verraden, Napoleon die hem zijn zuster tot vrouw had gegeven en die hem een koninkrijk schonk, goud en paleizen. De maarschalk zwaaide de cape over zijn uniform en zei treurig dat Napoleon zijn trouw niet meer waard was; hij werd zelfs in Frankrijk gehaat. Murat gaf hem een gevoelige klap op zijn schouder en drukte de koning op het hart gauw naar Holland te gaan om zijn troon te heroveren. Dit was het moment; de kozakken naderden, de Franse soldaten verlieten al bij honderden het land. De coalitie zou hem weer op de troon helpen als hij bereid was met Napoleon te breken. Toen Lodewijk bleef zwijgen groette Murat hem kort, liep met rinkelende sporen naar zijn gereedstaande paard, slingerde zich in het zadel en draafde weg naar zijn koninkrijk Napels.

Lodewijk liet de woorden op zich inwerken. Zijn gedachten gingen naar Parijs, naar zijn beide zonen, zijn broers en zusters, zijn moeder en zelfs naar Hortense. Allen verkeerden in gevaar. Hij maakte zich ook zorgen over het volk van Holland dat onder de voet zou worden gelopen door wrede hordes. Zijn land mocht niet boeten voor de daden van Napoleon. Hij wilde zijn onderdanen beschermen. Kon hij buiten Napoleon om handelen? Hij zou zijn broer eerst moeten verzoeken de Franse troepen uit Holland terug te trekken. Maar daar stemde de keizer natuurlijk niet mee in. En het zou te veel tijd gaan kosten. Hij moest zich nu tot de regering in Den Haag wenden, dat was voor iedereen het beste.

Opgewonden werkte hij aan een brief en liet hem dezelfde dag naar de post brengen. 's Nachts kon hij niet slapen. Hij zou weer koning van Holland zijn. Op voorwaarde natuurlijk dat Holland neutraal bleef in de strijd tegen Frankrijk. Hij stelde zich zijn terugkeer in Amsterdam voor: 'Leve de goede koning!' Het gejuich gonsde in zijn oren, van de Munt door de Kalverstraat tot het Koninklijk Paleis. Vanaf zijn balkon aan de Damzijde zwaaide hij, stak beide handen naar zijn volk uit. De droom deed zijn bloed sneller stromen, oude daadkracht keerde terug. Hij hinkte naar de kamer van zijn knecht, gaf opdracht de valiezen in te pakken en paarden te huren. Hij wilde naar Parijs vertrekken.

Toen het keizerlijk paar op nieuwjaarsdag 1814 na de mis samen met Hortense de kapel van de Tuilerieën verliet, kwam de hertogin van Montebello zenuwachtig op de koningin van Holland af en fluisterde: 'Hebt u het al gehoord? De geallieerden zijn de Rijn overgestoken. Het Oostenrijkse leger dringt vanuit Zwitserland Frankrijk binnen. In het zuiden naderen de troepen van Wellington. We zitten in de val. In Parijs heerst grote verwarring. Wat denkt u dat de keizer gaat doen?'

Hortense volgde Marie Louise naar haar appartementen. De keizerin stond sterk onder invloed van haar hofdame en was volkomen van haar stuk gebracht door het nieuws. Voor het eerst liet ze het decorum vallen en barstte tegen Hortense uit: 'Ik breng overal ongeluk. Waar ik ook heen ga. Iedereen die in mijn buurt komt wordt er min of meer door getroffen. Sinds mijn kindertijd heb ik niets anders gedaan dan vluchten, altijd maar vluchten uit het huis waarin ik woonde.'

De koningin wist dat Marie Louise als meisje herhaaldelijk met haar vader moest vluchten voor de legers van Napoleon. Nu was alles omgekeerd; ze moest met Napoleon vluchten voor haar eigen vader. Alleen de vrees bleef hetzelfde. Ze trachtte de opgejaagde keizerin te kalmeren, beloofde dat ze 's avonds terug zou komen.

In het rijtuig op weg naar de rue Cerutti zette ze haar voeten op een stoof en schoof haar handen in een mof van sabelbont. In haar hart vond ze alle opwinding overdreven. Ze had een rotsvast vertrouwen in het militaire talent van haar stiefvader. Wat haar meer verontrustte was het gerucht dat haar echtgenoot zich in Parijs bevond. De koude hand van zijn bemoeizucht tastte naar haar nek. Hij zou weer macht over haar en de kinderen willen hebben, het was een onverdraaglijke gedachte. Bij thuiskomst bevestigde een bediende dat Lodewijk Bonaparte in het huis van Mme Mère was gesignaleerd. Drie jaar hadden ze elkaar niet gezien; ze moest zich op de onaangename ontmoeting voorbereiden.

's Avonds begaf ze zich voor het familiediner naar de Tuilerieën. Er heerste een gespannen sfeer in de hal en op de trappen, waar de hovelingen met elkaar stonden te fluisterden en bij elk onverwachts geluid van de vensters naar de deur keken. Toen ze de zaal betrad trof ze er alleen de keizer aan met de huilende keizerin en de kleine kroonprins. Napoleon hield Marie Louise in zijn armen. '*Eh bien, Hortense,*' zei hij terwijl hij zich lachend omdraaide. 'De mensen in Parijs zijn dus goed bang? Ze zien al overal kozakken. Ah! Ze zijn er nog niet en wij verstaan ons vak nog!' Toen zijn vrouw bleef huilen suste hij: 'Stil nou maar. We gaan naar Wenen om Papa Franz klop te geven.' De kleine koning van Rome klapte in zijn handjes, stapte het vertrek rond: 'Papa Franz klop geven!' De keizer barstte in lachen uit: 'Papa Franz klop geven!'

Na de maaltijd ontbood Napoleon Berthier, ging met hem aan een tafel zitten waar een groen kleed op lag en begon uit te leggen hoe de volgende veldslag eruit moest zien. Hortense volgde zijn aanwijzingen met bewondering: hier de infanterie, de cavalerie, daar de jagers te paard. Alles moest plaatsvinden op de vlakte bij Châlons. Hij dicteerde de organisatie van het leger. Het arsenaal onder bescherming van de infanterie. Daar de veldkeukens. Hier het hospitaal. Het duurde geruime tijd voor alle punten behandeld waren. Toen leunde hij voldaan achterover: '*Eh bien*, mijne dames. Dachten jullie nou heus dat ze ons zo gauw te pakken hadden?'

Omdat de staatskas leeg was, stelde hij uit eigen bezit geld ter beschikking. Koortsachtig werden de voorbereidingen getroffen.

Op de vooravond van het vertrek verzamelden de bevelhebbers zich in hun met gouden ordetekens versierde uniformen voor de keizer in de zaal van de maarschalken. Napoleon nam de kleine koning van Rome op zijn arm om hem als zijn opvolger aan de natie voor te stellen. Het kind droeg een jurkje dat tot boven zijn knietjes viel en een lint diagonaal over zijn borst. Hij salueerde en keek de militairen zonder verlegenheid in de ogen. Ze stonden in een strakke lijn voor hem opgesteld, met de hand aan de sabel en riepen als één man: '*Vive l'empereur!*' Napoleon lachte hardop en afgemeten: ha-ha-ha. Het was een uitdagende en vreugdeloze lach die niemand opbeurde.

Hortense probeerde de keizerin te troosten. Marie Louise speelde de rol van haar man niet mee, maar huilde hartverscheurend. Napoleon vertrouwde de verdediging van de hoofdstad toe aan de Nationale Garde waarvan hij Joseph Bonaparte, koning van Spanje, tot het hoofd benoemde. Marie Louise werd voor de tweede maal regentes van het keizerrijk en Joseph zou optreden als haar raadsheer. Na deze plechtigheid begaf de keizer zich met zijn vrouw, zoon en stiefdochter naar zijn privé-kabinet. Hortense zag hoe hij op het laatste moment armen vol brieven en documenten naar het open haardvuur droeg en verbrandde. De as dwarrelde op als hij in de vlammen pookte. Gelijktijdig trachtte hij de keizerin tot bedaren te brengen. Ze leunde tegen de schoorsteen en snikte onbeheerst. Haar kind kraaide het uit als de vonken knetterend opspatten. Het viel de koningin van Holland op dat hij sprekend op zijn vader leek. 'Papa Franz klop geven!' riepen ze om de beurt. De keizer gaf zijn vrouw en zoon innige kussen. Hortense keek naar de donkere gestalten voor het oplaaiend vuur, hoe ze ineensmolten en zich losmaakten van elkaar. Het was een beeld dat zich in haar herinnering brandde.

De volgende dag sloop de keizer in het ochtendgrauw naar het bedje van zijn zoon, hij kuste het slapende kind. Daarna omarmde hij Marie Louise. Ze zei dat ze altijd van hem zou houden en vroeg: 'Wanneer kom je terug?' Hij haalde zijn schouders op: 'Dat weet God alleen.'

Napoleon zou zijn vrouw en kind nooit terugzien.

Met een leger van slechts 50.000 man rukte Napoleon op tegen de coalitielegers die 300.000 man onder de wapenen hadden. Zijn maarschalken Marmont, Victor en Ney vochten als leeuwen maar zagen spoedig het hopeloze van de situatie in. Na enkele overwinningen drongen ze er bij de keizer op aan om vrede te sluiten nu het nog kon. Beneveld door de geringe victorie wilde Napoleon niet toegeven. Hij voerde het verweer op geniale wijze aan en leek overal tegelijk te zijn. Elke dag schreef hij optimistische brieven aan Marie Louise. Ze ontving van hem de vaandels van overwonnen regimenten en kreeg opdracht ze aan het volk van Parijs te laten tonen, waarbij men honderden krijgsgevangenen door de straten moest drijven. Zo wist hij het moreel van de hoofdstad nog enige tijd hoog te houden. Weinigen zagen in hoe ernstig de dreiging was.

Langzaam maar zeker werden de troepen van Napoleon teruggedrongen. Zelfs de keizer gaf toe dat het tijd werd om te onderhandelen en hij zond Caulaincourt naar Metternich. De positie van de keizer was nu zo zwak dat zijn vijanden alles konden eisen. Hetgeen Metternich deed. Hij keerde teneergeslagen terug, wetend dat Napoleon trots zou weigeren. De vrede was verder weg dan ooit.

Behoedzaam naderden de geallieerden Parijs. De vijand vreesde het strategisch genie van Napoleon en nam geen risico. Tsaar Alexander, met zijn aangeboren twijfelachtigheid, volgde de strijd op een afstand en vermoedde dat de invasie nog veel tijd zou gaan kosten. Hij beefde als hij terugdacht aan de dag bij Tilsit toen hij de grote Napoleon de hand drukte en onder de betovering kwam van zijn ogen, zijn gebaren en zijn stem. Ze hadden elkaar diepe vriendschap gezworen. Zwartgeblakerde Russische dorpen en steden en duizenden doden waren het gevolg van zijn vertrouwen geweest. En van Sint-Petersburg tot Moskou beschuldigde men de tsaar van lafheid omdat hij een militair treffen met Napoleon had gemeden. Hij moest zich rehabiliteren tegenover zijn volk en familie. Maar niet overhaast handelen, de leeuw bleef gevaarlijk zolang zijn muil en klauwen niet waren gebonden.

In de hoofdstad heerste een eigenaardige, luchthartige stemming. Hortense schreef dat de theaters open bleven en elke avond bezoekers trokken. Maar er waren ook burgers die de plundering en brandstichting van de beruchte kozakken als een reëel gevaar beschouwden. Zwaarbepakte paarden en wagens verdrongen zich voor de poorten, want ze wilden de bedreigde stad zo gauw mogelijk verlaten en veiligheid zoeken op het platteland. Vanaf het platteland trokken groepen vluchtelingen in tegenovergestelde richting; de boeren zochten bescherming binnen de stadsmuren omdat ze hun gezinnen, landerijen en huizen niet tegen de Russische hordes konden verdedigen.

Hortense had geen zin meer in vermaak. Ze probeerde zich nuttig te maken door met haar vriendinnen linnen te plukken voor de veldhospitalen. Er waren zoveel gewonden en er was zo'n overstelpende behoefte aan verband dat ze Mme Campan toestemming vroeg de meisjes van het pensionaat van Ecouen aan het werk te zetten. 'De treurige bezigheid had iets troostends,' schreef ze.

Charles de Flahaut werd als vertrouweling van Napoleon uitverkoren om met de Oostenrijkse generaal Schwarzenberg over een wapenstilstand te onderhandelen. Haar geliefde keerde echter al gauw met slechte berichten terug. Om tot een wapenstilstand te komen moest Frankrijk zich tot binnen de grenzen van voor de Revolutie terugtrekken. Napoleon tierde met het document in de hand: 'Wat?! U wilt dat ik zo'n verdrag onderteken? Dat ik het pand verraad dat mij is toevertrouwd, dat ik, als loon voor zoveel inspanning, zoveel bloed en zoveel overwinningen, Frankrijk kleiner achterlaat dan ik het heb gevonden? Nooit! Als wij afzien van de Rijngrens, dan deinst Frankrijk achteruit.'

Napoleon liet de coalitie weten dat hij bereid was terug te trekken tot de natuurlijke grenzen van Rijn en Pyreneeën. Aan een verdere vernedering viel niet te denken. De keizer steunde nog steeds op zijn immense militaire bekwaamheid. Maar nu keerden verraad, legerziekte en het toeval zich tegen hem. Hij nam op het kritieke ogenblik onjuiste beslissingen en speelde de vijand in de kaart.

Ongemerkt was het lente geworden. Op de ochtend van de achtentwintigste maart 1814 kwam Hortenses eerste kamermeisje haar slaapvertrek binnen met de mededeling dat de vijand voor de poorten van Parijs stond. De koningin kon het niet geloven. 'De vorige avond had ik nog een spelletje whist gespeeld met Monsieur de Talleyrand en Monsieur Molé. We maakten grapjes over het gerucht dat de geallieerden op weg zouden zijn naar de poorten van Parijs,' schreef Hortense. Talleyrand zat naast haar aan de kleine speeltafel en selecteerde kalm zijn kaarten. Ze zag de ironische glimlach voor zich. Was hij op de hoogte geweest van de komende invasie? Achter dat gesloten gelaat scholen vele geheimen en wellicht verraad.

Bij die herinnering schoot ze uit bed, trok haar rijkostuum aan en snelde te paard naar de rand van de stad. Ze wilde met eigen ogen zien wat er waar was van de geruchten. Er naderde een groepje soldaten, dat zwaargewonde kameraden naar hun legerplaats in Versailles bracht. 'Ga terug,' zeiden ze dringend, 'de vijand is vlakbij.' Hortense tuurde met haar hand boven de ogen over de laatste lage huizen van de stad, over de velden die zich van de ochtendnevel ontdeden en in een waas van pril groen de eerste zonnestralen opvingen. Er doemden stippen op aan de horizon die de vrede van het lentelandschap verstoorden. Het waren ruiters op kleine, snelle paardjes. Toen ze iets dichterbij kwamen zag ze hun zware bontmutsen en geheven lansen. Kozakken.

Ze greep de teugels en draafde terug naar de rue Cerutti. De koningin had sinds haar kindertijd zo vaak moeten vluchten dat ze nu haar kalmte wist te bewaren. De stad werd door Joseph en Jérôme verdedigd. Flahaut beschermde haar met zijn zwaard. In de algemene paniek sprak ze iedereen moed in: Napoleon kon niet ver zijn. Hij zou hen met zijn trouwe aanhangers komen verdedigen.

'Ik ging die avond vroeg naar de keizerin toe. Ze stond op het punt om zich naar de raad te begeven waar men over haar vertrek zou spreken. Ik probeerde er haar op duizend manieren van te overtuigen dat ze Parijs nooit mocht verlaten,' schreef Hortense in haar memoires. Ze prentte Marie Louise in dat het tot haar plicht als vorstin hoorde om in tijd van nood bij haar bedreigde onderdanen te zijn. Haar aanwezigheid gaf de burgers moed en vertrouwen. Als ze vluchtte zou iedereen de hoop verliezen. Ze praatte en praatte. Ze lette nauwelijks op haar zwager Joseph die het vertrek binnensloop en zwijgend meeluisterde. Marie Louise keek met haar popperig blauwe ogen verschrikt van de een naar de ander en liet zich ten slotte meevoeren naar de raadzaal. De deuren sloten zich achter hen en Hortense zat alleen in de salon op de beslissing van de regentschapsraad te wachten. De hertogin van Montebello voegde zich bij haar en Hortense, die wist hoeveel invloed deze hofdame op Marie Louise had, zette haar mening uitvoerig uiteen. De keizerlijke troepen waren niet ver meer. Napoleon zou hen over enkele dagen komen redden. Als de keizerin Parijs ontvluchtte viel ze zeker in handen van de vijand. Ze moest nog even volhouden en vertrouwen in haar man hebben. De hertogin knipperde van tijd tot tijd snel met haar wimpers en zuchtte diep, een vochtig zakdoekje tot een prop in haar handen geklemd.

De deuren van de raadzaal zwaaiden spoedig weer open. Met veel rumoer kwamen haar zwagers omringd door diplomaten en klerken naar buiten. Ze las de lafheid in hun ogen en wist meteen wat er was besloten. Er beefde een vreemd lachje om de mond van de keizerin. 'Ik ga weg,' zei ze tegen Hortense, 'en ik raad je aan hetzelfde te doen want de minister van Oorlog heeft me verzekerd dat het onmogelijk is om Parijs te verdedigen.'

Hortense antwoordde langzaam: 'Je weet toch, *ma soeur*, dat dit op zijn minst het verlies van je kroon betekent. Ik ben blij te zien dat je dit offer met vreugde brengt.'

De hofhouding van de kleine koning van Rome kwam in actie om alle eigendommen van de peuter in te pakken; hobbelpaarden en houten zwaardjes verdwenen in reismanden. En ook zijn bepluimde hoedjes, laarzen en sjerpen. Marie Louise liet de anderen hun gang gaan, keek hulpeloos om zich heen. De stroom gebeurtenissen voerde haar mee, ze verzette zich niet meer. 'Misschien had je wel gelijk,' fluisterde ze Hortense toe. 'Maar het besluit is genomen. En als de keizer er iemand een verwijt over zou maken treft *mij* in elk geval geen blaam.' Ze huilde af en toe en liep naar haar appartementen om te wachten tot iemand het sein van vertrek zou komen geven.

De broeders Bonaparte kwamen in actie om zoveel mogelijk bezittingen te redden. Al het goud dat Napoleon in de gewelven van de Tuilerieën had opgeslagen moest op stevige houten karren worden geladen. Dat werk kon in een dag geklaard zijn. Juwelen, kostbaar serviesgoed en bestek werden in lederen koffers gepakt. De directeur van de kunstcollectie van het Louvre had de kostbaarste schilderijen al eerder op een veilige plaats verborgen.

Niemand lette meer op Hortense die boos en protesterend tussen haar familieleden in stond. Niemand dacht ook aan keizerin Joséphine, die in het onbeschermde Malmaison zat. Ze zond een snelle ruiter naar haar moeder met de waarschuwing om direct naar kasteel Navarre in Normandië te vertrekken.

In de rue Cerutti gekomen vond ze enkele vrienden en vriendinnen. Iedereen verbaasde zich erover dat de keizerin zich liet overhalen om te vluchten. Wat een onverantwoordelijk besluit om op klaarlichte dag, met haar zoon, zonder troepen en zonder betrouwbare begeleiding de stad te verlaten. De koningin van Holland besloot de zaken even te laten rusten. Na een goede nachtrust konden ze de volgende dag beslissen wat hun te doen stond. Ze kuste haar kinderen goedenacht, dekte hen toe en ging naar bed. Maar ze kreeg geen rust: 'Ik sliep juist toen men me kwam wekken omdat er een brief was bezorgd van mijn man, waarin hij me het besluit van de keizerin mededeelde. Ik antwoordde hem dat ik het al wist en probeerde weer in te slapen. Even later kwam er een tweede brief waarin hij me vroeg de keizerin te volgen. Ik antwoordde hem dat het morgenochtend nog vroeg genoeg was om daarover te beslissen en ik hoopte eindelijk wat te kunnen slapen, maar ik werd voor de derde keer gewekt. Lodewijk gaf me het bevel om Parijs terstond met de kinderen te verlaten.'

Doodmoe kwam ze uit haar bed. Gehoorzaam liet ze haar kleren en die van de kinderen inpakken zodat ze op weg konden gaan.

In de stad was het vertrek van de keizerin bekend geworden en de reactie bleek zoals Hortense voorspeld had: de Nationale Garde verloor de moed om Parijs te verdedigen, het volk vroeg radeloos om wapens. Men had de koets van Mme Mère, die als eerste probeerde Parijs te verlaten, nagejouwd. Iedereen koelde zijn woede op de Bonapartes die hen in de steek lieten.

De kleine koning van Rome zorgde voor onverwachtse problemen.

Hij was gewend om 's morgens een eindje te wandelen. Maar die ochtend weigerde hij zijn kamer te verlaten en riep om zijn papa. Hij klemde zich aan de deurpost vast en krijste: 'Nee, ik wil niet weg! Ik wil hier blijven!' Sterke handen moesten hem ten slotte losrukken en het rijtuig in dragen.

Om elf uur verliet de keizerin met haar weerspannige zoontje Parijs. Lodewijk Bonaparte zou haar begeleiden, maar toen hij hoorde dat zijn vrouw nog niet was vertrokken, veranderde hij zijn plan. Hij bleef wachten tot Hortense met de kinderen in een rijtuig stapte om met hen naar Rambouillet te vluchten. Joseph en Jérôme zouden achterblijven om Parijs te verdedigen.

'Wat me van alles nog het meest zorgen baarde was de aanwezigheid van mijn man. Ik had zoveel jaren onder zijn gedrag geleden dat ik vreesde weer aan zijn grillen onderworpen te worden,' schreef Hortense. 'Het leek me minder erg om door de vreemdelingen gevangen te worden genomen, dan weer onderworpen te zijn aan de man die vele jaren van mijn leven verzuurd had. Hij scheen het ogenblik af te wachten om me weer tot zijn prooi te maken.' Lodewijk liet haar een ultimatum bezorgen; als ze niet voor de volgende morgen op weg ging, zou hij de kinderen met geweld bij haar weghalen. Ze zag dat zijn kamerknecht voor haar deur postvatte.

Om acht uur 's avonds klommen Hortense en haar kinderen eindelijk in het gereedstaande rijtuig. In het tweede rijtuig nam Louise Cochelet plaats met een tas vol juwelen van de vorstin.[2] Daarachter volgde het rijtuig van Marmol, d'Arjuzon en diens vrouw en de overige leden van haar kleine hofhouding.

Op het laatste ogenblik had ze tot haar verbazing bezoek ontvangen van Charles la Bédoyère, de neef van Charles de Flahaut, die haar in Mainz zijn liefde had verklaard. Hij bood haar zorgzaam zijn hulp en bescherming aan. Maar Hortense ging haar eigen gang. Een oude vriendin van het meisjespensionaat had haar onderdak beloofd in haar huis bij Versailles. Op weg daar naartoe hoorde de koningin dat er in de omgeving kozakken waren gesignaleerd. Ze riep een gewapend begeleider bij zich en gaf hem opdracht honderd meter voor het rijtuig uit te rijden. Zodra hij kozakken ontwaarde, moest hij een schot in de lucht afvuren. Dan had de koetsier nog kans om de paarden te keren.

Onderweg zat Hortense zich af te vragen waar ze naartoe moest. Zou ze zich bij de keizerin en haar kind in Rambouillet voegen of naar haar moeder in kasteel Navarre gaan? In het eerste geval zou ze zeker haar man ontmoeten en die gedachte bezorgde haar angst.

Het was al heel laat toen ze ongedeerd het huis van haar vriendin bereikte. Ze legde haar kinderen te ruste en viel gekleed op bed. 's Morgens vroeg werd ze gewekt door kanongebulder. 'Dat waren dodelijke schoten,' schreef Hortense. 'Ik kende het kanongebulder alleen maar als saluutschoten die bij feestelijke gelegenheden in Parijs werden afgevuurd. De gedachte aan mijn landgenoten die op zo'n kleine afstand in levensgevaar verkeerden deed me verlangen om te weten wat zich daar afspeelde, in de stad waarin mijn wieg had gestaan. Alle inwoners die niet waren gevlucht, zoals ik, schenen mijn vrienden te zijn.'

Omdat ze in haar positie niet langer in een particuliere woning kon verblijven, begaf ze zich naar Petit Trianon, het kleine elegante paleisje waarin Marie Antoinette zich graag met haar hofdames afzonderde. Ze stelde de commandant van het cavaleriedepot van Versailles op de hoogte van haar aanwezigheid en vroeg hem haar bij naderend gevaar te waarschuwen. Met Louise Cochelet wandelde ze door de landschapstuinen in lentetooi, die ze ondanks het aanhoudend gedreun van de kanonnen wel moest bewonderen. Uitheemse bomen ontvouwden hun bladerkroon langs de grillig gevormde vijver, waarin zich dromerig de *temple d'Amour* weerspiegelde. Hoe lang verdroeg dit paradijsje de vrede? Er viel een plotselinge stilte over de tuinen. Het vuren was gestaakt. Hortense en Louise keken elkaar vragend aan. In de heggen en struiken op de lage heuvels rondom klonk het nadrukkelijk getsjilp van mussen. Langzaam liepen ze terug naar Petit Trianon. Vanuit het paleis kwam een soldaat aanslenteren. Omdat hij zich helemaal niet haastte dachten ze dat hij niets belangrijks te melden had. Toen hij voor hen stond zei hij op zijn dooie gemak dat Parijs was gevallen. Ze wilden hem eerst niet geloven; hadden Joseph en Jérôme Bonaparte Parijs aan de vijand overgegeven? De soldaat knikte onverschillig. Zo was het. De gebroeders Bonaparte en de bewindslieden waren er in alle vroegte vandoor gegaan. Ze waren Versailles allang gepasseerd. De koningin van Holland kon dus maar beter opstappen. De vijand zou Parijs dezelfde dag binnentrekken. En het was geen best volk, die kozakken.

Hortense rende de stenen hal in en riep de namen van haar hofdames omhoog. Niemand daalde de trap af. Ze ontdekte dat sommige leden van het personeel ondanks haar verbod naar kasteel Versailles, ruim een kilometer verderop, waren gegaan. Ze moesten zichzelf maar zien te redden, Hortense kon niet op hen wachten. Ze stapte met haar beide zoontjes, Louise en enkele knechten weer in de koetsen. In volle vaart draafden ze westwaarts naar Rambouillet. De straten van Versailles waren uitgestorven, maar op de grote weg kwamen ze vast te zitten in een stroom vluchtelingen. Met zwaarbeladen karren, wagens en paarden probeerden boeren weg te komen. Gewonde soldaten strompelden tussen mekkerende schapen voort. Hortense bleef aarzelen;

zou ze eerst naar haar ongelukkige moeder gaan of moest ze Marie Louise en de kleine koning van Rome gaan helpen? Haar kinderen merkten niets van haar zorgen. Ze deden spelletjes in het rijtuig en genoten van de afwisseling, alsof het een uitstapje betrof.

Uiteindelijk besloot de koningin dat ze de keizerin nu niet in de steek mocht laten. Pas laat in de avond arriveerden ze bij kasteel Rambouillet, waar de vensters nog verlicht waren. Ze vroeg naar de keizerin, maar hoorde dat deze met haar kind al naar Chartres was gereisd. Vandaar zou ze naar Blois trekken. De prinsen en de ministers waren er nog wel, ze hadden de paarden laten inspannen om na het diner direct verder te reizen naar Chartres. Hortense liep zoekend door de gangen van het kasteel. Overal zaten vluchtelingen, alsof het een gewone herberg was. Lodewijk was er niet. Maar in een der zalen vond ze haar zwagers Joseph en Jérôme Bonaparte. Ze keken verbaasd op van hun bord toen Hortense plotseling voor hen stond. Hoewel ze honger had, bood niemand haar iets te eten aan. Op haar vraag of ze Parijs werkelijk aan de vijand hadden overgegeven durfde de oudste haar niet meteen te antwoorden. Maar Jérôme vertelde allerlei bijzonderheden over de capitulatie en toonde haar zelfs een brief die van generaal Schwarzenberg zou zijn. Daarin werden de burgers van Parijs opgeroepen om in navolging van Bordeaux een vorst uit het Huis van Bourbon binnen te halen. De broers raadden haar aan geen minuut langer in Rambouillet te blijven. De kozakken zouden er ongetwijfeld dezelfde nacht binnendringen.

'Ik hechtte weinig waarde aan hun advies,' schreef Hortense. 'Bovendien achtte ik ze te laf om te blijven. Mijn paarden waren trouwens uitgeput na de lange rit en hadden rust nodig. Ik bracht mijn kinderen kalm naar bed en wilde zelf ook de broodnodige rust nemen. Maar daar meldde zich een officier die me een brief van mijn man overhandigde. De koning was 's nachts Versailles gepasseerd en had zich bij Marie Louise gevoegd. Toen hij ontdekte dat ik niet bij de keizerin was ontstak hij in woede. Hij gelastte me op hoge toon onmiddellijk op weg te gaan naar Chartres. Er zat een officieel schrijven van de staatssecretaris en van de keizerin zelf bij.'

Hortense voelde zich boos en beledigd door de bedillende toon van de brief. Alles in haar kwam in opstand. Ze vroeg om een pen en papier en schreef haar man dat ze van plan was geweest zich bij keizerin Marie Louise te voegen. En dat zou ze later ook doen, zoals ze had beloofd. Maar door zijn onaangename brief besloot ze haar plan te wijzigen; ze ging eerst naar haar moeder in kasteel Navarre. Terwijl ze een tweede brief zat te schrijven, waarin ze Marie Louise van haar besluit op de hoogte stelde, kwam er een kolonel binnen. Hij had orders ontvangen om met zijn regiment de aftocht te dekken. Maar iedereen was al vertrokken en hij vroeg zich af wat hij nu moest doen. Hardop vervloekte hij de minister van Oorlog die geen duidelijke instructies had nagelaten. De koningin antwoordde dat ze hem de volgende morgen zelf orders zou geven. Hij moest haar 's nachts onmiddellijk wekken als er onraad dreigde. Ze drukte haar zegel in de lak van de brieven en overhandigde ze aan de officier die ze naar Lodewijk bracht. Doodmoe kleedde ze zich uit, doofde de kaarsen en begaf zich naar bed.

Heel vroeg in de morgen klonk er geschreeuw en werd er op haar deur gebonsd: 'Vlug! Vlug! We moeten weg!' Hortense twijfelde er niet meer aan dat de kozakken er waren. Ze kleedde zich snel aan. Maar het bleek loos alarm. Enkele reizigers hadden per abuis op de verkeerde deur gebonsd. Het hele paleis gonsde van vreemde stemmen, vluchtelingen van allerlei allooi hadden er de nacht doorgebracht en trokken nu zwaar bepakt verder.

De koningin van Holland stapte weer in haar rijtuig en begaf zich met haar kleine gevolg in de richting van Normandië. De weg leidde door de dichte bossen van Rambouillet, het jachtgebied van de voormalige koningen van Frankrijk. Nauwelijks reden ze onder de bomen of er kwam een verschrikte knecht aan galopperen. Hij gleed uit het zadel en meldde buiten adem dat hij op de vlakte verderop een legertje kozakken had gezien, dat hun kant op kwam. Hortense raadpleegde de kaart van de streek om Parijs; als ze dieper het bos in gingen zouden ze de kozakken zeker tegenkomen. Noodgedwongen besloot ze te keren en de grote militaire weg te nemen. 'We hadden nauwelijks een mijl afgelegd of ik zag in de verte een kozak rijden. Ik stuurde een van mijn bewakers op hem af, die hem terugdreef tussen de bomen van het woud.'

De kleine prinsen Louis en Napoleon zaten te genieten achter het venster. Ze hadden een echte kozak gezien van de Russische steppen. Hun moeder gaf de koetsier opdracht zo snel mogelijk de vlakte over te steken. De andere kozakken konden niet ver zijn. Veilig in Maintenon gekomen klampte ze zich vast aan een kolonel en smeekte hem haar met zijn regiment te begeleiden tot kasteel Louye waar een vriend woonde van het echtpaar d'Arjuzon. Daar wilde ze overnachten. Tijdens het oponthoud hoorde ze van een voorbijganger dat de keizer alleen in een calèche met zijn adjudant in volle vaart op weg was naar Parijs. 'Dit bericht bezorgde me veel verdriet,' schreef Hortense. 'Ik stelde me een zwartgeblakerde stad voor. En de keizer die in handen van de vijand viel, vechtend tegen de overmacht.'

De spanningen hadden veel van haar gevergd. Als ze haar ogen sloot wemelden beelden van vuur en bloed dooreen. Maar ze had haar dierbare kinderen gered en drukte hen tegen zich aan. Ze bleef woedend over het verlies van Parijs. Alles had kunnen worden voorkomen. Als Marie Louise sterker was geweest, als Joseph en Jérôme in Parijs waren gebleven en de stad hadden verdedigd, zoals ze Napoleon plechtig bezwoeren. Ze bracht de nacht half wakend door. De volgende morgen vroeg reden ze verder naar Normandië waar ze op 1 april bij kasteel Navarre arriveerden. Joséphine kwam met uitgestrekte armen op haar dochter en kleinkinderen af. De ernstige en wat stille prins Napoleon en de vrolijke prins Louis die zich *Oui Oui* noemde, omhelsden haar. Toen Joséphine de berichten uit Parijs vernam kon ze het niet geloven. Russen, Pruisen en Oostenrijkse soldaten op de boulevards, dat was toch onmogelijk? Napoleon zou de vijanden gauw komen verjagen.

'Maar we hoorden spoedig van een kamerheer die uit Parijs was gevlucht, dat hij met eigen ogen had gezien hoe de geallieerden de stad binnentrokken. En dat iedereen het had over de aanstaande terugkeer van de Bourbons.'

Het ene verbijsterende bericht volgde op het andere; het was Talleyrand die tsaar Alexander uitnodigde om Parijs te bezetten. Hij had hem in zijn huis ontvangen en werd aangesteld tot hoofd van de voorlopige regering. Joséphine en Hortense keken elkaar verslagen aan. Ze begrepen dat de staatsman al die tijd een dubbelrol had gespeeld. Hij stond in contact met de vijanden van Napoleon. Toen Flahaut mismoedig was teruggekeerd van het laatste onderhoud met de Oostenrijkse generaal, zond Talleyrand de tsaar een geheime brief. Hij schreef dat het moment was aangebroken om met zijn troepen Parijs binnen te vallen waar 'zekere vrienden' hem warm zouden verwelkomen.

Joséphine herinnerde zich nu de waarzegster op Martinique, die haar heel lang geleden dringend waarschuwde voor een geestelijke. Talleyrand bisschop van Autun had zijn kerkelijke gewaden weliswaar afgelegd, maar in de visie van het Vaticaan bleef hij een gewijd man.

De gedachten van Joséphine gingen ongerust naar Eugène, Hortense dacht aan Flahaut en samen spraken ze hun angst uit over het lot van Napoleon. Parijs was bezet. Hij kon niet terugkeren naar de Tuilerieën. Waar was de keizer?

In de vergulde zalen van Fontainebleau heerste een pijnlijke leegte. De spiegels reflecteerden flitsen van een korte gestalte, die vertwijfeld heen en weer beende. Tsaar Alexander van Rusland had in Parijs de

troonsafzetting van de keizer geproclameerd. Napoleon overwoog het, verwierp het en hoorde Caulaincourt zacht zeggen dat hij geen keuze meer had. Hij vloekte, zijn trouwste aanhangers pleegden verraad. Mannen die triomfen met hem vierden in Egypte, in Italië en Duitsland keerden hem nu de rug toe. Zijn familie liet hem in de steek. Murat en Caroline hadden een verbond met de Oostenrijkse keizer gesloten. Joseph en Jérôme, aan wie hij de bescherming van zijn vrouw, zijn zoon en de stad Parijs had toevertrouwd, gaven zich laf over. En Lodewijk had alleen maar grote woorden. Hij was als eerste gevlucht.

Napoleon haatte zijn broers. De mensheid was besmet met lafheid en verraad. Hij dacht aan zijn enige grote liefde: Frankrijk. En aan zijn eer, die hij altijd hoog had gehouden. Op zijn bureau lag het witte vlak, de brief die hij moest schrijven. Het document waar de wereld op wachtte. Daarnaast stond een portretgravure van Napoleon François, de kleine koning van Rome, met lange, blonde krullen. Een medaille met de Adelaar groot op zijn borst. Pas drie jaar en nu al zo'n vastberaden blik. Een nerveuze trek bracht plotselinge tederheid en ontroering op het harde gelaat van de keizer. Hij wendde zich af, legde de handen op zijn rug en hervatte zijn innerlijke strijd. Eindelijk nam hij de ganzenveer op en begon te schrijven: 'Nu de Verbonden Mogendheden hebben verkondigd dat keizer Napoleon de enige belemmering vormt voor het herstel van de vrede in Europa, verklaart keizer Napoleon, zijn eed getrouw, dat hij bereid is troonsafstand te doen, afscheid te nemen van Frankrijk, en zelfs van het leven, voor het welzijn van het vaderland, dat niet te scheiden is van de rechten van zijn zoon en die van de keizerin-regentes, en van de handhaving van de wetten van het keizerrijk. Gedaan in ons paleis te Fontainebleau 4 april 1814.'

Hij zette in een krasbeweging zijn handtekening. Caulaincourt aanvaardde het document om het in gezelschap van Ney en MacDonald naar Parijs te brengen. Het was drie uur in de nacht toen ze bij het huis van Talleyrand arriveerden. Zijn hoge gast sliep nog niet. Tsaar Alexander verwelkomde de Franse heren hoffelijk en nam de tijd om Napoleons voorstel te overdenken.

Hij overwoog de mogelijkheden voor Frankrijk: de driejarige keizer Napoleon II zou onder regentschap van keizerin Marie Louise het bewind over Frankrijk gaan voeren. Of de koningen uit het Huis van Bourbon werden in ere hersteld. Een derde mogelijkheid was een constitutionele monarchie onder de voormalige Franse maarschalk Jean Baptiste Bernadotte,[3] die zich tegen zijn vroegere keizer had gekeerd en in 1810 kroonprins van Zweden was geworden. De oprichting van een liberale republiek met de hertog van Orléans als president was een laatste optie.

Zelf had de tsaar een hekel aan de arrogante en ouderwetse Bourbons die de verworvenheden van Napoleon zouden tenietdoen en volgens hem nooit de sympathie van de natie konden heroveren. Hij voelde zelf nog het meest voor een Bonapartistisch Regentschap zoals

Napoleon hem in zijn brief voorstelde. Maar toen hij de trap afdaalde en dit plan met zijn gastheer Talleyrand besprak, verwierp deze het gedecideerd. Hij had al onder vele regimes zijn werk gedaan en kende de Fransen, zei hij. Als Napoleon II keizer werd zou hij sterk onder de invloed van zijn vader staan. Dan was er niets gewonnen. Men moest zich voorgoed van Napoleon ontdoen en een Bourbon op de troon zetten. Het moment was er rijp voor: 's keizers laatste aanhanger Marmont had hem nu eveneens verraden. De keizer was volstrekt machteloos. Alexander liet zich overtuigen. Er werd besloten Napoleon ertoe te dwingen de rest van zijn leven in ballingschap door te brengen. Het eiland Elba leek een geschikte locatie. Na dit late gesprek begaven de heren zich eindelijk naar hun bed.

De volgende morgen zond de tsaar Caulaincourt terug naar Fontainebleau met een brief waarin het toekomstig lot van Napoleon werd genoemd. De triomferende monarchen eisten 's keizers onvoorwaardelijke troonsafstand.

Nooit had een brief zo zwaar gewogen als het document dat Caulaincourt op het bureau van de keizer moest leggen. Napoleon las en liet het hoofd op zijn borst zinken. Het recente bericht dat zelfs Marmont met zijn gehele korps was overgelopen naar de Oostenrijkers, vernietigde zijn laatste hoop. 'Marmont,' mompelde hij, 'opgeleid in mijn kamp. Gevoed in mijn huis.' Hij keek op zijn handen, dacht aan hun verbondenheid in het heetst van de strijd, de vreugde na elke overwinning. De piramide van Austerlitz die Marmont in Holland had opgericht leek een bevestiging van eeuwige trouw en broederschap. Hij had hem verraden. Nu had hij niemand meer om Parijs te heroveren.

De keizer gaf te kennen dat hij alleen wilde zijn. De deur werd gesloten. Zelfs Roustan, die zich in zijn oosterse kledij elke nacht als een waakhond voor het slaapvertrek van zijn keizer te rusten had gelegd, was geruisloos uit het paleis verdwenen. De kamenier van de keizer stond ongerust achter de deur; Napoleon had een blik in zijn ogen die hij nooit eerder bij hem had gezien. Caulaincourt en Flahaut zorgden ervoor dat het met verguld messing beslagen koppel pistolen van Napoleon niet geladen was. Degens en sabels waren uit zijn nabijheid verwijderd. Maar die avond opende de keizer stil het zakje gif dat hij onder zijn kleding verborgen had gehouden en strooide het leeg in zijn drinkglas. Met een moed die groter was dan de vrees sloeg hij de drank achterover en ging op bed liggen, wachtend op de dood.

De kamenier werd gewekt door een onderdrukt gekreun. Hij begreep onmiddellijk wat er gebeurde, en schreeuwde om hulp. Met Flahaut en Caulaincourt forceerde hij de deur. Ze vonden Napoleon ten prooi aan een verschrikkelijk lijden. Krom als een komma rolde hij heen en weer, de armen stijf tegen zijn maag gedrukt. Toen de toegesnelde lijfarts het gif herkende liet hij een braakmiddel drinken, legde warme kompressen op de maag van de weerspannige patiënt en wachtte tot hij begon over te geven. De strijd duurde drie uren. Toen het ochtend werd, slaakte de keizer een diepe zucht en mompelde wit en vermoeid dat God hem blijkbaar nog niet wilde ontvangen. Zodra hij de kracht had werkte hij zich steunend op een elleboog overeind en sleepte zich met loodzware stappen naar zijn vergulde bureau in het kabinet, waar hij zoveel dekreten had opgesteld en gesigneerd. Hij haalde diep adem en ondertekende de onvoorwaardelijke abdicatie.

Slechts enkele getrouwen deelden zijn verdriet, zoals Caulaincourt die het document naar Parijs moest brengen. En Charles de Flahaut, zijn jonge aide de camp die hem vereerde en even het hoofd afwendde om zijn ontroering te verbergen.

Napoleon wist wat er komen ging; het onverbiddelijke woord verbanning stond in zijn hart gegrift. Het land verlaten dat hij liefhad, Frankrijk dat zijn leven was. Charles de Flahaut verloor zijn keizer geen moment meer uit het oog. Hij schreef Mme de Souza: 'Alle beschimpingen waarmee de kranten hem overladen binden me nog sterker aan hem, nog nooit heb ik zo'n moed gezien.' Bitter dacht hij aan zijn eigen vader, Talleyrand, de grote verrader in het keizerlijk drama waarover nu het doek viel.

's Nachts schreef Napoleon een brief aan zijn vrouw: 'Beste Louise, ik zend je generaal Flahaut,[4] die je op de hoogte zal brengen omtrent mij, en mij weer berichten zal brengen over jou. Ik weet dat je gezondheidstoestand slecht is en ik ben bang dat de nachtelijke reis je heeft vermoeid. Mijn gezondheid is goed. Ik hunker ernaar dat we kunnen vertrekken. Men zegt dat het eiland Elba een zeer goed klimaat heeft. Ik walg zo van de mensen, dat ik mijn geluk niet langer van hen afhankelijk wil maken. Jij alleen kunt er iets aan doen. Adieu, mijn beste, een kus voor de kleine koning, mijn groeten aan je vader; smeek hem goed voor ons te zijn. Geheel de jouwe. Nap. Fontainebleau de 14de, 1 uur 's ochtends.'

De volgende morgen gingen Flahaut en Caulaincourt op weg naar Rambouillet, waar de keizerin en haar zoon verbleven. Napoleon zag naar haar uit. Waarom was ze nog niet naar hem toe gekomen? Hij telde de uren tussen de twee kastelen. Ze hadden er al lang kunnen zijn. De keizer verdoofde zijn verdriet met de uitvoering van praktische zaken; hij regelde de financiën voor zijn familie. Hij schreef brieven. Hij wachtte ten slotte alleen nog op een koerier met een brief van Marie Louise.

Op de rechte laan die van de vergulde hekken naar de mooie hoefijzervormige trap leidde bleef het echter stil. Een haan scharrelde rond bij de uitgestorven zijvleugels en stapte in een reep zonlicht om driemaal te kraaien.

22

Op een nacht rende Joséphine de Beauharnais op blote voeten huilend de slaapkamer van Hortense binnen, wierp zich op haar bed en zei: '*Ah! Ma fille!* Ze gaan die arme Napoleon naar het eiland Elba sturen. Daarom ben ik zo ongelukkig. Als zijn vrouw er niet was zou ik me samen met hem laten opsluiten.' Hortense schreef in haar memoires: 'Ik zag hoezeer ze hem nog beminde en ik dacht bitter aan het verdriet en de moed die het haar had gekost om zich van hem te laten scheiden.' Samen zaten ze op de rand van het bed, de gordijnen geopend. Over de gazons van kasteel Navarre vloeide een melkbleek licht. De keizerin herhaalde wat haar bedienden hadden verteld, terwijl de tranen op haar handen drupten. De geallieerden waren met takjes groen op de muts en een witte band om de arm Parijs binnengetrokken. Ze werden als bevrijders ingehaald. De burgers droegen witte kokardes en riepen om vrede. Waar kwam die ommekeer vandaan? Napoleon, die honderden keren zijn leven voor Frankrijk waagde en die zijn onderdanen zo oneindig veel had geschonken. Joséphine probeerde zijn weldaden op te sommen, raakte in de war,, hoestte en snoot haar neus. Ze vertelde dat de kozakken op de Champs-Elysées bivakkeerden. 's Nachts zaten ze naakt om hun kampvuren en stookten de houten, geverfde adelaars op die de glorie van Napoleon verbeeldden. Hij was onteerd. Op de Place Vendôme hadden ze zijn zware, bronzen beeltenis van de overwinningszuil willen trekken. De zuil gegoten uit de buitgemaakte kanonnen van de overwinning bij Austerlitz. Toen was hij de held van de burgerij, ze lagen op hun knieën voor Bonaparte. Nu wilden ze koning Lodewijk XVIII op de troon. Een Bourbon! Wat hadden de mensen niet te lijden gehad onder het bewind van de Bourbons. Niets hadden ze van het verleden geleerd. En wat zou er met haar gebeuren? Trof de plotseling oplaaiende haat ook de ex-keizerin, haar kinderen en onschuldige kleinkinderen?

Hortense legde een warme sjaal om de schouders van haar moeder. Ze overzag de stand van zaken nuchter. Ze hoefden zich niet al te zeer te beklagen. Er waren immers geen doden in de familie gevallen? Het was vrede. Eindelijk vrede. Het volk was blij.

Joséphine zuchtte haperend, het lange haar lag verward op haar schouders. Ze wierp het naar achteren en rechtte haar rug. In de ochtendschemering leek ze de naderende ouderdom van zich af te schudden. Maar er lagen donkere schaduwen om haar mooie ogen en een trek van permanent verdriet speelde om haar mond.

Ze zuchtte, de toon van haar stem veranderde en kreeg de diepe kleur waarmee ze haar gasten in de Tuilerieën wist te strelen; had Hortense al over de intocht van Alexander in Parijs gehoord? De Russische lijfwacht in parade-uniform ging voorop. Dan kwam de tsaar zelf, stapvoets rijdend op zijn prachtige, hoge paard. Met aan de ene zijde Frederik Willem III koning van Pruisen en aan de andere zijde zijn broer groothertog Constantijn van Rusland. Schwarzenberg was erbij. Maar iedereen keek natuurlijk alleen naar tsaar Alexander. Hij moest heel groot en heel mooi zijn. Alsof een Griekse god in hem was herboren, zei iemand. Joséphine glimlachte vluchtig, de laatste traan liet een glinsterend spoor na op haar wang. En ze vervolgde het verslag alsof ze de intocht van de geallieerden met eigen ogen had gezien. Men riep: 'Leve de tsaar! Hoera voor de vrede!' En dan bracht hij zijn rechterhand naar zijn groene steek waarop hanenveren bewogen in de wind. Bij de Arc de Triomphe gekomen was de geestdrift zo toegenomen dat vrouwen zijn laarzen en zelfs de staart van zijn rijdier kusten.

Hortense stond geërgerd op. De absurde verering voor de Russische soeverein bevestigde alleen maar dat het volk geen geheugen had. Napoleon wist het wel: hij vreesde en verachtte de domme massa die juichend om de guillotine had gestaan. De stemming sloeg al te gemakkelijk om van haat naar aanhankelijkheid en andersom.

Koningin Hortense maakte plannen: als de bezetters een Bourbon op de troon zetten, zou er voor de Bonapartes in Frankrijk geen plaats meer zijn. Daar twijfelde ze niet aan. Dan raakte ze haar bezittingen kwijt; het landgoed Saint-Leu en het huis in de rue Cerutti. Misschien zou ze haar appartementen in de keizerlijke paleizen nooit meer terugzien. Haar meubelen en schilderijen in de Hollandse paleizen was ze al kwijtgeraakt. Daar scheen nu een Oranjeprinses haar intrek te nemen, want ze hoorde dat de Oranjes triomfantelijk waren teruggekeerd in Den Haag. Zou er in haar slaapkamer van de Tuilerieën een vorstin uit het Huis van Bourbon gaan slapen? Gelukkig had ze haar diamanten en juwelen tijdens de vlucht voor de kozakken weten te redden.

Het was niet de eerste keer in haar leven dat ze al haar bezittingen verloor en moest vluchten voor haar leven. Wanneer had ze ooit dagen van veiligheid en geluk gekend? Ze zocht in haar herinnering en vond ze pas in haar prilste jeugd op Martinique. Als ze in haar hangmat lag tijdens de lome nachten onder de tropische sterrenhemel. 's Ochtends rennend over de witte stranden langs de wijde oceaan. Daar was ze beschermd en toch vrij. De koningin berekende dat ze van de opbrengst van haar juwelen de overtocht naar Martinique kon betalen. Haar moeder had bij de dood van grootmoeder Tascher in 1807 de planterswoning geërfd met de plantage, de oude sucerie en de suikermolens. Op Martinique waren ze veilig.

Ze stond op en bracht Joséphine terug naar haar slaapkamer. Terwijl Hortense wachtte tot ze sliep besloot ze Louise Cochelet de volgende dag van haar voornemen in kennis te stellen.

Haar hofdame reageerde spontaan: als het nodig was zou ze Hortense naar Martinique volgen en zelfs tot het einde van de wereld. Maar eerst moesten ze erachter zien te komen hoe de situatie in Parijs was. Voor de koningin van Holland was het daar te gevaarlijk maar Louise kon er polshoogte nemen en redden wat er te redden viel. Zou haar huis er nog staan? Of was het geplunderd, platgebrand door kozakken?

Toen Mlle Cochelet was vertrokken om haar belangrijke missie te vervullen, wijdde Hortense zich zoveel mogelijk aan haar kinderen. 'Hoezeer prees ik me gelukkig dat ik al vroeg mijn kinderen de principes had bijgebracht die de mens sterker maken ten aanzien van alle wisselvalligheden van het leven,' schreef ze. 'Dat kwam nu goed van pas. Ik had ze eraan leren wennen dat je niet kunt rekenen op alles wat buiten je vermogen ligt. Met een zekere voldoening schetste ik onze situatie in de meest sombere kleuren en ik zei opgewekt tegen hen: "Kinderen, van nu af aan zijn jullie niets meer. Geen koningskinderen, geen prinsen en geen hertogen. Later zullen jullie misschien des te waardevoller zijn, maar dan moeten jullie goed je best doen en heel hard werken."'

Door de verstandige houding van hun moeder accepteerden de bijna tienjarige Napoleon en zijn zesjarige broertje Louis de situatie. Maar toen prins Napoleon zei dat hij later soldaat wilde worden en daarna kolonel, schoten de ogen van zijn moeder vol tranen en ze zei: 'Ach mijn lief kind, je zult misschien geen soldaat meer mogen zijn in Frankrijk.' Zijn broertje vroeg om zijn houten paardje en Hortense moest hem vertellen dat hij zijn speelgoed wellicht nooit terug zou zien.

Nu pas drong de zwarte kant van de verandering in hun leven tot hen door. Joséphine scheen zich er niet bij neer te leggen. Had ze de verschrikkingen van de Terreur doorstaan om teruggeworpen te worden tot de status van een vluchtelinge? Beelden van haar dodencel in de Karmelietengevangenis keerden terug, de angst om haar weerloze kinderen die alleen over straat zwierven, het nijpende geldgebrek en haar schulden uit de tijd van het Directoire. Napoleon had haar het fortuin geschonken dat ze nodig had om haar luxe dromen te verwezenlijken en de armen te ondersteunen. Ze moest een vorstelijk en genereus bestaan blijven leiden. Ze hield te veel van Malmaison, van haar kunstcollectie, haar juwelen, haar park en tuinen. En bovenal hield ze van haar titel. Ze herhaalde het telkens in aanwezigheid van haar hof: ondanks de gedwongen scheiding was ze keizerin gebleven. Tot in de dood. De keizer had haar voor het oog van God en de mensen gekroond, de paus had haar gezegend in de Notre Dame. David was vier jaar bezig geweest om het te vereeuwigen op een negen meter lang doek dat in de Salon de Paris door iedereen was bewonderd. Niemand kon haar die titel en status ontnemen.[1]

Algauw kwamen er brieven van Louise Cochelet uit Parijs: ze schreef dat het huis aan de rue Cerutti onaangetast was. Er waren door de bezetters Zweedse soldaten in gehuisvest maar deze gedroegen zich gedisciplineerd. Niemand durfde Hortenses bed te beslapen en in de bibliotheek, waar zich haar persoonlijke documenten bevonden, bleef alles onaangeraakt. Hortense en Joséphine wachtten in Normandië nerveus op de koeriers. Uit de volgende brieven maakten ze op dat Mlle Cochelet verrukt was van alle aandacht die men aan haar schonk. Ze voelde zich plotseling een gewichtige persoonlijkheid en schreef trots dat ze al bezoek had gekregen van Caulaincourt en ook van de Russische minister van Buitenlandse Zaken. En niet te vergeten van prins Leopold van Saksen-Coburg, lid van het kabinet van de tsaar. Men verfoeide algemeen de Bonapartes. Maar Joséphine was onder alle rangen en standen geliefd gebleven als een toonbeeld van goedgeefsheid en liefde voor de Fransen. En Talleyrand had uitdrukkelijk te kennen gegeven dat de koningin van Holland ieders bewondering en respect verdiende.

Tsaar Alexander was door alle lofuitingen over de goedheid, schoonheid en talenten van Joséphine en haar dochter nieuwsgierig geworden. Ze werden daarom verzocht terug te keren naar Malmaison waar hij hen spoedig met een bezoek zou vereren. Joséphine straalde toen ze dit bericht hoorde. Malmaison was gespaard. Haar status hield stand. Dan moest ze snel naar huis gaan om de tsaar een goede ontvangst te bereiden. Alexander had de macht om de toekomst van haar en haar kinderen en kleinkinderen veilig te stellen. Ze dacht al aan de japon en de juwelen die ze zou dragen. Hoe ze aan het diner zou zitten met de tsaar aan haar zijde. Welke muziek zou ze laten spelen, welke bloemen sierden de tafel? Hortense zonderde zich gekrenkt af. Haar moeder, die toch tot in het diepst van haar hart aan Napoleon verknocht was, wilde zonder gewetensbezwaren de bezetters onder haar dak ontvangen.

Op 14 april gingen de rijtuigen 's morgens vroeg op weg van Normandië naar Malmaison. Hortense was zwijgzaam en stug. Het leek wel of iedereen blij was met de komst van de vijand. Heel Parijs trachtte het de tsaar naar de zin te maken en prees zijn nobel karakter. De koningin had voor het vertrek een bedroefde brief geschreven aan haar afgetreden stiefvader, die zich nog in Fontainebleau bevond. Ze probeerde hem te troosten door te berichten dat ze keizerin Marie Louise en de koning van Rome een bezoek ging brengen.

Joséphine schrok ervan toen ze van Hortenses gevaarlijke plan hoorde. Ze ontraadde het haar nadrukkelijk. Misschien zou het alles voor hen bederven. Hortense legde haar moeder uit dat zij zich geen zorgen hoefde te maken. Joséphine behoorde sinds haar scheiding niet meer tot de familie Bonaparte. Zij kon best wat hulp van de geallieerden gebruiken. Maar voor haarzelf lagen de zaken anders. Ze voelde het als een plicht haar schoonzuster Marie Louise en de koning van Rome in hun diepste verdriet te gaan helpen. En terwijl Joséphine de volgende dag de oprijlaan van Malmaison op reed, koos het rijtuig van Hortense de richting van kasteel Rambouillet.

Ze overnachtte net als twee weken eerder in kasteel Louye. Daar kwam haar kamerheer Marmol een brief van prins Leopold van Saksen Coburg bezorgen. De prins had vernomen dat Joséphine alleen naar Malmaison was gegaan. Dit baarde hem zorgen; hij raadde de koningin aan zich terstond bij haar moeder te voegen. De tsaar gaf de wens te kennen hen beiden te ontmoeten. Het was in haar eigen belang en in het belang van de toekomst van haar zonen. Mlle Cochelet had er een briefje bij gedaan waarin ze Hortense uit het hoofd probeerde te praten om Marie Louise te bezoeken. De Oostenrijkse was bij het volk nooit populair geweest en nu mocht je haar naam niet eens meer hardop noemen. Als Franz II, keizer van Oostenrijk, in een open koets door Parijs reed, viel er een vijandig zwijgen over de menigte. Ze moest de keizerin beslist mijden en rechtsomkeert maken naar Malmaison.

Maar Hortense had haar besluit genomen. Op weg naar Rambouillet kwam ze een aantal Franse ruiters tegen, een deel van het regiment van Marmont dat somber op de terugtocht was naar Normandië.

'Spoedig stuitte ik op de vijandelijke voorpost. Daar zag ik voor het eerst een vreemd uniform,' schreef Hortense. 'Mijn maag kromp ineen van smart en dat werd heviger toen ik het kasteel betrad waar Russische gardisten de wacht hielden bij keizerin Marie Louise. Ontroerd kwam ik binnen. Ik wilde haar op dat moment alle troost en steun bieden die ik in me had. Ik verwachtte min of meer dat ik de broers van de keizer bij de keizerin zou terugzien, maar ik vernam dat ze naar Zwitserland waren vertrokken. De keizerin zat helemaal alleen met de koning van Rome in Rambouillet.'

Hortense liet zich aandienen. Ze kreeg echter tot haar verbazing van een kamenierster te horen dat Marie Louise haar niet kon ontvangen. Ze lag ziek op bed. Ze zou nog laten weten wanneer de koningin op bezoek kon komen. Hortense begreep er niets van, ze verwachtte dat ze hun verdriet met elkaar zouden delen. Had de arme keizerin haar in deze trieste omstandigheden dan niet nodig? Ze liep door de vertrouwde zalen naar de kamer van de kleine koning van Rome. Hij had dezelfde gezichtsvorm als zijn vader, met een heerszuchtig mondje. Maar niemand keek met zo'n felle adelaarsblik de wereld in als Napoleon, zelfs zijn zoon niet. De koningin hurkte vertederd bij hem: 'Arm kind! Hij zat in de salon zoet te spelen, zonder te weten wat er ging gebeuren. Ik nam hem in mijn armen en knuffelde hem met tranen in mijn ogen. Daarna ging ik naar mijn eigen vertrekken waar men me even later kwam zeggen dat de keizerin naar me had gevraagd.'

Hortense trof Marie Louise in hulpeloze en verwarde toestand aan. Ze lag in haar hemelbed, de blonde krullen weggestopt onder een kanten slaapmutsje dat met een lint onder haar kin was gestrikt. Ze wiebelde met haar hoofd en beklaagde zich over haar lot en over het gedrag van haar zwagers Joseph en Jérôme. Ze hadden haar willen dwingen om nog verder weg te vluchten. Naar Blois. En toen ze niet verder kon, wilden ze haar slaan. Ja, Joseph had zijn hand tegen haar opgeheven! Opeens lieten ze haar in de steek. Ze was door alle Bonapartes verlaten. Marie Louise herhaalde telkens wat de keizer haar zwagers bij zijn vertrek op het hart had gedrukt: dat ze zijn keizerlijke gemalin en de koning van Rome onder geen enkele omstandigheid onbeschermd achter mochten laten. Napoleon bezwoer: 'Ik zie mijn zoon nog liever in de Seine dan dat ik hem in handen van de vijand zie vallen.' Maar zijn laffe broers hadden hem verraden.

Hortense luisterde geschokt naar het relaas. Ze minachtte de trouweloze Joseph en Jérôme en had niet anders van hen verwacht. Met Lodewijk was het nog ernstiger gesteld. De keizerin vertelde hoe hij van pure vrees een beschamende scène maakte en bij nadering van de kozakken uitriep dat ze zich allemaal in een vesting moesten verschansen. Toen niemand naar hem luisterde vluchtte hij halsoverkop en bereikte als eerste de grens. Geen der Bonapartes was naar Fontainebleau gegaan om afscheid te nemen van Napoleon. Zelfs Mme Mère met kardinaal Fesch niet. Terwijl toch iedereen dit kasteel op geringe afstand passeerde.

'Wat ga jij nu doen?' klonk het zwakke stemmetje van de keizerin tussen de beddengordijnen. De koningin zei dat ze er nog niet over nagedacht had. Ze was, zoals ze Napoleon in een brief had beloofd, naar Rambouillet gekomen om haar te helpen. Met die woorden bracht ze de keizerin in verlegenheid. Ze plukte aan de rand van haar deken. 'Morgenochtend komt mijn vader me bezoeken en ik zou me beter op mijn gemak voelen als we dan alleen zijn.' De koningin van Holland stond op en zei: 'Als ik je nergens mee van dienst kan zijn keer ik morgenochtend vroeg terug naar mijn moeder. Zij heeft me wel nodig.'

Die mededeling luchtte Marie Louise zichtbaar op. Ze werd wat spraakzamer: 'Jij bent gelukkiger dan ik. Jij bent door niemand in de steek gelaten en ik, ik heb nauwelijks meer een lijfwacht.'[2]

'Wat haar het meest leek te verontrusten was de komst van haar vader,' schreef Hortense. 'Ik probeerde haar gerust te stellen toen ze plotseling uitschoot: "Ah! Mijn zuster, geloof je dat mijn vader me zal dwingen naar het eiland Elba te gaan?"' Sprakeloos staarde ze Marie Louise aan. Dat waren woorden van een vrouw die haar man zogenaamd geen dag kon missen. Ze begreep nu dat Marie Louise niet Napoleon beminde, maar zijn kroon. Onthutst groette Hortense de keizerin en liep terug naar haar eigen vertrekken.

Ze schreef een tweede brief aan haar stiefvader. Door het venster zag ze hoe twee paarden naar de stal werden gereden. Ze herkende met een schok het grijze paard van Flahaut en begreep dat hij in opdracht van Napoleon met Caulaincourt uit Fontainebleau was gekomen.

De boodschappers verbleven geruime tijd in het appartement van de keizerin om haar zijn brieven te overhandigen. Ze moesten geld ophalen dat uit de keldergewelven van de Tuilerieën was gered. Hij had het nodig om zijn reis naar het zuiden te bekostigen.

Hortense wachtte gespannen. Marie Louise zou hun toch wel meedelen dat ze in Rambouillet op bezoek was gekomen? Na enige tijd werd Flahaut aangediend. Ze zag aan de vermoeide blik in zijn ogen dat de gebeurtenissen hem sterk hadden aangegrepen. Met de val van Napoleon was er een gat in zijn bestaan geslagen. Ware trouw bond hem aan de man die hij zo lang en met zoveel verering diende. Zijn moeder drong erop aan zo snel mogelijk alle banden met de keizer te verbreken, naar Parijs terug te keren en de acte van onderwerping aan de Bourbons te tekenen. Hoe langer hij bij de keizer bleef des te meer compromitteerde hij zich. Charles wilde echter de keizer op dit dieptepunt in zijn leven steunen, zo lang het kon.

Ze bewonderde zijn gevoel van eer. Net als Eugène, de altijd loyale vice-koning van Italië. De geallieerden boden hem de kroon van Italië aan als hij zich tegen Napoleon keerde. Zijn eigen schoonvader koning Maximiliaan van Beieren stuurde een boodschapper naar Verona om hem met weloverwogen woorden over te halen om – net als Murat koning van Napels – de zijde van de Engelsen en Oostenrijkers te kiezen. Maar Eugène had geweigerd; liever offerde hij zijn geluk en dat van zijn gezin op dan zijn eed van trouw aan de keizer te breken. Zelfs zijn vijanden bewonderden deze standvastigheid.

In zijn wanhoop liet Flahaut zijn hofmakerij en mooie woorden vallen. Al zijn strijd om een hoge positie, de charges op bloedige slagvelden, zijn verwondingen en zijn diplomatieke missies hadden uiteindelijk tot dit punt in zijn leven geleid. Daarin was alles helder en zuiver. Hij zou met Hortense trouwen. Met haar in een eenvoudig huis op het platteland wonen, waarin ook ruimte was voor zijn moeder. Ze zouden gelukkig zijn zonder hoge ambities na te streven. De tijd van ijdele roem was voorbij. Hij leek blijmoedig, praatte snel met schitterende ogen. Caulaincourt kwam hem halen om terug te keren naar Napoleon. De heren bogen en haastten zich terug naar de paarden.

Hortense had sprakeloos naar Flahaut zitten luisteren. Zoals op alle cruciale en gevaarlijke momenten in haar leven voelde ze zich vreemd kalm en sterk. Het was geen tijd om beslissingen te nemen. Ze werkte haar plichten in volgorde van noodzakelijkheid af.

De volgende morgen was het afscheid van Marie Louise en Hortense van beide kanten uiterst koel. De koningin merkte dat ze geen uur later had moeten vertrekken want op de oprijlaan passeerde ze een open calèche waarin ze Metternich en de keizer van Oostenrijk zag zitten. De diplomaat leunde ontspannen met zijn elleboog op de rand van het voertuig.

Vol afkeer keek Hortense naar het magere, liefdeloze gezicht van keizer Franz, dat strak op het paleis was gericht. Hij kwam om het gezag over zijn dochter en kleinzoon uit te oefenen, schaakstukken op het politieke speelbord. Voortaan had Marie Louise alleen nog haar vader te gehoorzamen. Voor beide heren stond het vast dat moeder en zoon voorgoed uit het leven van Napoleon moesten verdwijnen.

Zeven dagen nadat hij zijn onvoorwaardelijke abdicatie had ondertekend was Napoleon gereed voor het vertrek naar Elba. Hij verscheen boven aan de hoefijzervormige trap van kasteel Fontainebleau. Zijn korte schaduw viel over de borst van Flahaut, die vlak achter hem stond. Er welden tranen op in de ogen van de keizer toen hij zijn blik liet gaan over de laatste getrouwe soldaten van zijn garde. Ze vormden op bevel van hun aanvoerder een carré om de adelaar en stonden in de vertrouwde uniformen strak in het gelid.

In de harde lentezon speelde de wind even met het vaandel, lichtte het op en liet het vallen. 'Soldaten van mijn garde,' zei Napoleon nadat hij enkele malen had geslikt. 'Ik ben hier gekomen om afscheid van u te nemen. Gedurende twintig jaren heb ik u altijd op het pad van eer en roem gevonden. Met mannen als u was onze zaak niet verloren. U, mijn vrienden, moet voortgaan Frankrijk te dienen.' Met krachtiger stem ging hij voort: 'Beklaag mij niet. Zo ik erin toegestemd heb in leven te blijven, dan is het om uw roem te vermeerderen. Ik zal schrijven over de grote daden die wij samen verricht hebben. Vaarwel, mijn kinderen. Ik wilde dat ik u allen kon omhelzen. Laat mij in plaats daarvan het vaandel kussen. Moge die kus voor eeuwig in uw harten blijven klinken.'

In doodse stilte keken de manschappen toe hoe hun keizer de trap afdaalde, zijn gezicht in het vaandel verborg en het hoorbaar kuste. Na dit stemmig ritueel was hij in enkele passen bij het gereedstaande rijtuig, stapte in en leunde naar achteren zodat niemand zijn emoties kon zien toen de paarden zich in beweging zetten en hij de oprijlaan afreed. De achtergebleven garde bleef in de houding staan tot de grote vergulde hekken zich achter Napoleon en zijn begeleiders hadden gesloten. Zo krachtig was de behoefte aan een sterke ceremonie van rouw en verbondenheid, dat de aanvoerder het vaandel voor hun ogen liet verbranden. De as werd eerbiedig opgevangen en toen de rook was opgekringeld langs de leien van het steile dak traden de soldaten stuk voor stuk naar voren, en betastten de as van wat voor hen zo heilig was geweest. Alle oorlogsjaren lang. Ze brachten de as naar de lippen, slikten het in. De garde werd ontbonden, als in trance verlieten de manschappen het voorplein van het kasteel.

Bij aankomst in Malmaison voelde Hortense zich onaangenaam getroffen door de aanwezigheid van vijandige soldaten. Ze stonden met gevelde lansen voor de gestreepte tent die de entree vormde van Joséphines kasteel. Hortense stapte aarzelend uit. Kozakken waren het, in zeer wijde broeken, de tuniek bijeen gebonden door een riem met dolk. Ze droegen bontmutsen in dezelfde kleur als hun zware snorren, die de gezichten een dierlijke expressie gaven. Zich de oude naam van het huis herinnerend dacht ze bitter: *Male mansio. Male male mansio.*

Ze hoorde kinderstemmen en ving Napoleon en Louis in haar armen op. Een hofdame trad haar met enige gêne tegemoet en zei dat de keizerin zich met de tsaar in de tuinen bevond. Ze leidde de koningin door de hal over de zwart-witte marmeren plavuizen naar de openslaande deuren. Hortense nam haar zonen bij de hand en liep tussen de tuinvazen door langzaam over de brug. Op het gazon langs het water van de slotgracht hield een paar de pas in; het was haar moeder die aan de arm van tsaar Alexander van Rusland wandelde. Een kleine
parasol overschaduwde een elegant strooien hoedje. Joséphine strekte haar arm uit en wuifde naar haar. Hortense naderde als een slaapwandelaarster en hoorde Joséphine zeggen: 'Dit is mijn dochter, koningin

Hortense, en mijn beide kleinzonen.' Ze omhelsde haar hartelijk en drukte haar kleinzonen even tegen zich aan. De tsaar keek glimlachend op hen neer. Hij was vergeleken bij de kleine Joséphine indrukwekkend van postuur, had blond haar en lichtblauwe ogen die haar vriendelijk en meelevend opnamen. Hij boog vol respect voor de stiefdochter van Napoleon en bood haar zijn andere arm aan. Hortense liep aan zijn zijde, zo ver mogelijk van hem verwijderd alsof hij een giftig dier was. Alexander, de bezetter van Parijs. Dit was de man die Napoleon onherroepelijk ten val had gebracht. Op al zijn vragen antwoordde ze kort. Ze vermeed zijn blik, keek over de lanen waar de schimmen van haar gesneuvelde vrienden vervluchtigden: de vrolijke Duroc, Bessières, Lannes en zoveel anderen. Dacht Joséphine dan niet meer aan hen? Blindemannetje speelden zij op die mooie zomeravonden, lang geleden. Toen de tsaar Napoleon nog niet tartte met zijn valse beloften en verraad.

Alexander gebruikte een sterk parfum. Hij had een aangename stem en verontschuldigde zich voor zijn doofheid.[3] De koele, bijna beledigende wijze waarop Hortense hem bejegende negeerde hij. De tsaar had het vermogen zich te verplaatsen in de ziel van de vrouw, wat een van zijn grootste aantrekkelijkheden vormde.

Joséphine, die aan zijn andere arm hing, werd nerveus van het gedrag van haar dochter. Ze verhief haar stem en putte zich uit in beminnelijkheden. Als Hortense na een vraag van de tsaar koppig bleef zwijgen, gaf haar moeder antwoord. Natuurlijk stelden ze het op prijs dat Alexander hun zijn hulp aanbood. Hij streelde haar zonen over het hoofd en bood aan voor hun toekomst te zorgen: 'Wat wilt u dat ik voor hen doe? Sta mij toe hun *chargé d'affaires* te zijn.' Joséphine hoorde haar dochter afgemeten antwoorden: 'Dank u, wij hebben geen hulp van u nodig.' Wrevelig keek Hortense naar Joséphine die haar over de schouder van de tsaar een smekende blik toewierp. Mlle Avrillon, eerste kamervrouw van de keizerin, beschreef de tactvolle houding van Alexander in haar memoires: 'Toen hij sprak over de bezetting van Parijs door de geallieerden en de positie van keizer Napoleon, koos hij zijn woorden heel zorgvuldig; hij vergat geen moment dat hij sprak met de gewezen vrouw van zijn overwonnen vijand. Van haar kant verhulde de keizerin de tsaar niet hoezeer ze keizer Napoleon nog steeds beminde en welke tedere herinneringen ze aan hem bewaarde.'

Alexander toonde een en al begrip. Hortense ontdekte tegen wil en dank in hem een waardig monarch, zijn perfecte manieren moesten haar wel charmeren. Nadat hij afscheid had genomen maakte Joséphine haar dochter verwijten, omdat ze zich zo onbeleefd opstelde terwijl de tsaar juist zijn best deed om haar gevoelens te sparen.

Begreep ze dan niet dat de steun van de tsaar hun enige redding betekende? Hortense kon alleen aan haar stiefvader denken, die sinds haar prilste jeugd haar beschermer en leidsman was geweest.

Na enkele dagen keerde Alexander terug en Hortense leek iets toeschietelijker. Joséphine, die altijd iedereen blij wilde maken, schonk de tsaar een juweel van onschatbare waarde. Het was een antieke camee, die in de derde eeuw voor Christus te Alexandrië werd gesneden en faam genoot als de 'Gonzaga-camee'. Tijdens haar reis met Napoleon door Italië had ze het sieraad verworven. Zelfs voor de verwende Alexander die in de Hermitage beschikte over de buitensporige verzameling gesneden stenen van zijn grootmoeder tsarina Catharina II, was dit een uniek object. De symbolische band tussen het juweel, zijn naam en de herinneringen van Joséphine aan een gelukkige tijd met Napoleon maakten het voor hem tot een uitermate kostbaar geschenk.[4]

Toen de tsaar met tegenzin was teruggekeerd naar het huis van Talleyrand in Parijs diende Charles de Flahaut zich in Malmaison aan. Hij was nog vervuld van het afscheid van Napoleon in Fontainebleau. Met een plechtig gebaar overhandigde hij Hortense een brief die de keizer haar vlak voor zijn vertrek had geschreven. Ze las de aanhef: '*Ma soeur*, Ik heb je brief van 9 april ontvangen. En ik ontving een tweede uit Rambouillet van de 16de.'

Hortense fronste haar wenkbrauwen. Waarom noemde de keizer haar 'Mijn zuster'? Waarom niet *Ma fille*, zoals hij gewend was? Ze las verder: 'Ik dank je voor het bezoek dat je aan de keizerin hebt gebracht en voor al je betrokkenheid. Laat me van tijd tot tijd weten hoe je het maakt. Weet dat ik steeds belangstelling koester voor je welzijn. Je toegenegen broeder, Napoleon. Fontainebleau 17 april 1814.' In een postscriptum verzocht hij haar zijn gevoelens van genegenheid over te brengen aan *l'impératrice Joséphine*. De afgemeten zinnen en het vreemde *frère* klonken als een verwijt. Napoleon beschouwde haar niet langer als zijn dochter. Hij duwde haar van zich af. Waar had ze dit aan verdiend? Niemand en niets ter wereld leek hetzelfde als nog maar enkele weken geleden. Ze verlangde naar de komst van haar broer Eugène, de enige die ze onvoorwaardelijk vertrouwde en altijd dezelfde was.

Met een mengeling van compassie en liefde keek Flahaut naar Hortense; lichamelijk teer maar vanbinnen sterk. Ze speelde voor het diner op de pianoforte een eigen compositie, het weemoedige en bekende *Partant pour la Syrie* en haar stem klonk vast. Die avond herhaalde hij zijn wens om met haar te trouwen. Langzaam schudde ze haar hoofd. Ze kon niet trouwen zonder Napoleon en de kleine Louis te verliezen. Want bij een officiële scheiding zou Louis zijn zonen opeisen. Hoe konden ze gelukkig zijn als ze het liefste dat ze had voor hem moest opofferen? Flahaut kon zich in die gedachten verplaatsen. Ze moesten wachten tot er een oplossing kwam. Hij had al meer dan twaalf jaar geduld en dit kon er nog wel bij.

Bij Joséphine sprak Hortense haar dilemma niet uit. De keizerin dacht slechts aan Napoleon, die op weg was naar Elba. Ze vertelde haar hofdames kleine herinneringen aan hem. Had hij geld genoeg op het eiland? Ze wilde voor de liefde van haar leven wel alle diamanten en juwelen verkopen.[5]

Toen de komst van de tsaar werd aangekondigd verliet Flahaut Malmaison. Hij weigerde de vijand van Napoleon de hand te drukken. Alexander vertelde dat hij de Bourbons in Parijs had ontmoet: koning Lodewijk XVIII met zijn broer de graaf van Artois en diens beide zonen: de hertog van Angoulême en de hertog van Berry. Wat de tsaar het meest trof was de arrogantie van de koning. Deze verklaarde in Compiègne 1814 tot het negentiende jaar van zijn regering. Alsof er nooit een Revolutie, Consulaat of keizerrijk had bestaan. Het bedenkelijke gedrag van de achtenvijftigjarige koning stemde de tsaar somber. Hij zei openlijk dat hij weinig goeds van deze regering verwachtte.

Hortense en Joséphine vroegen naar het welzijn van de tragische hertogin van Angoulême, dochter van Marie Antoinette en Lodewijk XVI, de enige overlevende van het vorstelijk drama in de Temple. Hoe vaak hadden ze met Mme Campan niet voor haar gebeden? De tsaar kon niets aantrekkelijks over haar vertellen; een starre, wat hoekige vrouw met een mannenstem. Ze had haar echtgenoot, die een neef van haar was, geen kinderen geschonken. Met een blik op de elegante kleding van zijn gastvrouwen voegde hij eraan toe dat ze geen juwelen droeg en zich opzettelijk sober kleedde.

Op 9 mei arriveerde Eugène de Beauharnais na een lange reis in Malmaison en vond zijn moeder, zuster en de tsaar van Rusland als vrienden om de eettafel geschaard. Het duurde een tijd voor hij deze merkwaardige situatie accepteerde. Hij had als vice-koning van Italië de laatste weken in een hel geleefd. Na zijn weigering om op het oneervolle aanbod van de geallieerden in te gaan, volgde een zware aanval door Oostenrijkse en Napolitaanse troepen onder opperbevel van de koning van Napels. Joachim Murat sloeg genadeloos toe. Deze oorlog gaf hem eindelijk de kans wraak te nemen op de aangenomen zoon van Napoleon. Caroline en hij hadden te lang jaloers moeten toezien hoe Eugène keizerlijke gunsten ontving. Bij de nadering van de vijand moest Auguste met haar vier kleine kinderen uit Mantua vluchten. Pas toen de vice-koning besefte dat alles voor Frankrijk verloren was capituleerde hij 'onder eervolle voorwaarden' zoals Hortense in haar memoires schreef.

De grootste beproeving kwam toen Napoleon hem in een woedende brief beschuldigde van verraad. Waarom was Eugène niet met zijn troepen de Alpen overgestoken om hem te helpen de Russen en Pruisen van Parijs weg te jagen? Waarom had hij dit keizerlijk bevel genegeerd? Door vriend en vijand in de steek gelaten vond Eugène troost bij zijn vrouw Auguste. Hij bracht haar met de kinderen naar zijn schoonvader, de koning van Beieren in het paleis te München en reed toen naar Parijs om zijn belangen te verdedigen.

Zijn trouw aan de verbannen keizer leverde niets dan verlies op. Al zijn Italiaanse bezittingen was hij kwijt. Aan het nieuwe Franse hof bekeek men hem argwanend. Koning Lodewijk XVIII respecteerde Eugène alleen omdat hij een zoon was van Alexandre, markies de Beauharnais, slachtoffer van de Revolutie. Anderen zagen in hem vooral de geadopteerde zoon van Napoleon, die in zoveel bloedige oorlogen aan diens zijde vocht. Een gevaarlijk Bonapartist. Inhalig bovendien.

De keizer bleek in de dagen voor zijn vertrek naar Elba aan de financiële toekomst van al zijn familieleden en Joséphine te hebben gedacht. Zij ontvingen grote geldsommen. Voor Eugène verlangde hij een speciale regeling: '*Il sera donné au prince Eugène, vice roi d'Italie, un établissement convenable hors de France*.'[6] Het lag in de handen van de geallieerden om deze wensen en beloften van de verbannen keizer uit te voeren. Tsaar Alexander had medelevend naar het relaas van Eugène geluisterd. Hij beloofde hem onmiddellijk tijdens het komende Europese congres in Wenen voor zijn belangen en die van zijn familie te pleiten. Het stelde Eugène enigszins gerust. Net als zijn moeder behandelde hij de tsaar met alle egards.

Tot zijn eigen verbazing had Alexander zich nog nergens zo op zijn gemak gevoeld als in het huis van Joséphine de Beauharnais. Na elk bezoek werd de vriendschap hechter. Zelfs van Hortenses kant, die haar weerzin tegen de 'bezetter' overwon. In haar broer Eugène herkende hij meteen de volmaakte chevalier, die terecht in de hogere kringen bewondering oogstte. 'De tsaar had in zijn gedrag *une délicatesse toute féminine*,' schreef Hortense. Met deze vrouwelijke zachtheid charmeerde de tsaar vele vrouwen en gevoelige mannen.

Aan het hof, waar sinds de terugkeer van de Bourbons niets viel te beleven, verveelde de tsaar zich. Toen hij vol bewondering hoorde spreken over Saint-Leu, het buitenverblijf van de *Reine de Hollande* dat door zijn lieflijke ligging alle Franse kastelen overtrof, wilde hij het, voor hij een reis naar Engeland maakte, gaan bekijken.

Alexandre, Joséphine, Hortense en haar twee zonen zouden elkaar er op 14 mei ontmoeten en er twee dagen en nachten doorbrengen. Het werd een ongedwongen familiebijeenkomst zonder protocollen, waar de tsaar zich op verheugde.

Toen Alexander vernam dat er op 14 mei in de Notre Dame een requiemmis zou worden opgedragen ter nagedachtenis aan de onthoofde koning en koningin, hield hij zich aan de eerder gemaakte afspraak. Dit bracht in Parijs beroering teweeg. Allen die het politieke roer hadden omgegooid spraken er schande van dat Hortense op zo'n plechtige dag een feest gaf. Men beweerde dat de Bonapartisten in Malmaison tegen de Bourbons samenspanden. Ze lokten de tsaar in hun val. Vele royalisten die dankzij de hulp van Joséphine tijdens het bewind van Napoleon konden repatriëren, deden mee aan de verdachtmakingen.

Hortense was verbitterd over al het geroddel. Ze wilde die twee dagen in haar geliefde omgeving met haar dierbaren bijeen zijn en niet stilstaan bij alle beproevingen. Er was geen sprake van een groot feest op Saint-Leu, ze waren immers maar met zijn zessen?

Die dag trokken ze vanuit Malmaison en Parijs naar het prachtige buitenverblijf dat baadde in de lentezon. Alexander vertelde Hortense: 'Ik zei tegen Tsjernisjef toen wij onderweg hierheen waren hoe wonderlijk mijn positie is. Ik kwam naar Parijs vol haat tegen uw familie. En nu is uw familie de enige waar ik graag kom.'

In een kleine, open calèche arriveerde hij. De wederzijdse genegenheid was zo groot dat Alexander volkomen zichzelf kon zijn. Hortenses moeder had een japon laten maken van gaasachtige stof die haar mooie figuur als een nevel omhulde. Ondanks de frisse voorjaarswind die de hagen streelde wandelde de keizerin daarin aan de arm van de tsaar door de tuinen. Ze bereikten het woud waar Hortense met Adèle had gelopen en dat nu werd geannexeerd door de vroegere eigenaar, Louis Philippe, hertog van Orléans.

Ze zei: 'Kijk, daar heb ik vaak gespeeld.' De tsaar was ontvankelijk voor de kleinste verandering in haar stemming en wilde weten wat er achter haar houding school.

Ze brachten haar moeder terug naar het huis en gingen tegen het vallen van de avond nog wat door de tuin lopen. 'Hij uitte zijn bewondering voor de moed en de kalmte waarmee ik de rampen van de laatste tijd had gedragen. Ik antwoordde dat wat ik in deze tijd verloren had, nooit mijn geluk uitmaakte. Het was dus geen verdienste dat ik de grote verandering zo rustig kon aanvaarden. Het werkelijke verdriet in mijn leven, het verdriet dat mijn hart raakte, maakte me altijd bevreesd voor nieuwe rampspoed. Sinds het overlijden van mijn zoon had die angst me niet meer verlaten.'

Bemerkend dat hij met aandacht en begrip naar haar luisterde, vertelde ze hem ook over de recente verdrinkingsdood van haar vriendin Adèle. Hij was zo ontzet dat het leek of hij haar persoonlijk had gekend. Ten slotte hoorde Hortense zichzelf over haar ongelukkige huwelijk met Lodewijk Napoleon praten. Alexander beantwoordde haar openhartigheid door haar over zijn eigen ongelukkige huwelijk met de tsarina te vertellen. Zijn vrouw, prinses Louise van Baden, was pas veertien jaar toen ze door zijn grootmoeder Catharina II aan hem werd uitgehuwelijkt, en bij haar intrede in de Russisch-orthodoxe kerk de naam Elisabeth Alexievna ontving. Ze vormden een uiterlijk voorbeeldig kinderpaar en werden om hun schoonheid door de tsarina Amor en Psyche genoemd. Maar innerlijk hadden ze niets gemeen, hij was nooit verliefd op haar geweest. Na zeven huwelijksjaren schonk ze hem een dochtertje, dat spoedig overleed. Alexander biechtte Hortense op dat hij al lange tijd een verhouding had met een mooie en beminnelijke Poolse prinses, Maria Narisjkina.

Voorzichtig raadde Hortense hem aan de band met tsarina Elisabeth te herstellen en wettige troonopvolgers bij haar te verwekken. Maar de tsaar schudde langzaam het hoofd, hij had jongere broers die hem opvolgden. En wat zijn vrouw betrof: 'Hoewel onze hereniging onmogelijk is, zal ze in mij altijd haar trouwste vriend vinden.'[7]

Ze kwamen bij een door de maan beschenen heuvel, dicht begroeid met geurige struiken en loofbomen. Ze stonden betoverd stil; alle elementen uit Hortenses meest romantische voorstellingen vielen hier samen. Hij keek haar aan, ze leunde op zijn arm en hoorde hem in plotselinge extase fluisteren: 'Vertrouw op de Voorzienigheid. U vertrouwt niet genoeg op Gods goedheid.' Hij sprak over zijn diepste verbondenheid met Hem op een soms angstige, dan weer gelukzalige toon. Hij herhaalde het gebed dat hij uitsprak toen hij voor Parijs was gelegerd en sprak over de kracht die hij daarna in zich voelde stromen. Bij het uitspreken van het aanvalscommando was hij zeker van de overwinning. Het was Gods wil geweest dat hij Parijs veroverde. Hij was gekomen als verlosser, niet als bezetter. Hij begon Hortense ook over Napoleon te vertellen. Hoe hij hem bij Tilsit bewonderde en liefhad als een ware vriend. En wat voor een pijn hij voelde toen bleek dat hij zich in de keizer vergist had. Maar hij haatte hem niet. Het 'Hebt uw vijanden lief' stond op zijn naar de hemel geheven gezicht te lezen.

Hortense wist niet dat hij op dat ogenblik sterk op zijn vader, de vermoorde tsaar Paul geleek. Alexander had de samenzweerders gekend en droeg daarom een duister schuldgevoel in zich mee. Pas in de dood zou hij deze loodzware last kunnen afleggen. De rest was boete, boete. Hij zuchtte amechtig en leidde de koningin terug naar het kasteel.

Hortense meende dat ze in de openhartige Alexander een trouwe vriend voor het leven had gevonden. Het was ver na middernacht toen ze in haar bed stapte en over hun gesprek nadacht. In de aangrenzende kamer hoorde ze haar moeder hoesten.

De volgende morgen voelde Joséphine zich niet goed. Ze wimpelde Hortenses ongerustheid af met de woorden dat ze de vorige avond kou had gevat. Haar zorgen betroffen keizer Napoleon, de financiële toekomst en de positie van haarzelf, haar kinderen en kleinkinderen.

Joséphine reed terug van Saint-Leu naar Malmaison en schreef daar brieven aan Caulaincourt, waarin ze hem vroeg voor haar inkomen te zorgen. Het grootste deel van het goud uit de gewelven van de Tuilerieën dat Napoleon voor haar bestemde, was tot haar schrik door de hertog van Artois in beslag genomen om er zijn troepen mee te financieren. Ze ontving nu nog maar een derde deel van haar vroegere inkomsten. En ze had zoals altijd schulden, al wist ze zelf niet hoeveel.

Alexander pleitte bij terugkeer in Parijs voor de verheffing van Hortense de Beauharnais tot hertogin van Saint-Leu, waardoor ze een vast jaarinkomen zou ontvangen. Het landgoed werd haar toegewezen, Lodewijk Bonaparte kreeg niets. De tsaar pleitte ook voor Eugène. Joséphine nodigde iedereen uit die enige invloed op hun toekomst kon uitoefenen om in Malmaison te komen dineren. De onaanzienlijke Frederik Wilhelm III zat aan haar dis met groothertog Constantijn en de twee jongste broers van de tsaar. De knappe groothertogen Nicolaas en Michael Pavlovitsj lieten zich door haar langs haar schilderijen leiden en bewonderden een groot sneeuwlandschap dat hen aan hun vaderland herinnerde.

Nu de situatie in de hoofdstad veilig leek en alle bezetters plannen maakten om Parijs spoedig te verlaten, wilde Hortense naar haar huis in de rue Cerutti gaan. Maar Joséphine zag er niet goed uit; het verdriet om Napoleon had haar veranderd en haar stem klonk hees. Ze beweerde dat er niets bijzonders aan de hand was en ontving haar gasten met haar gewone charmes.

Enigszins gerustgesteld vertrok Hortense naar Parijs. Ze vond daar alles in goede staat terug. De Oostenrijke, Pruisische en Russische militairen toonden respect voor de Franse cultuur; er was geen sprake van verwoesting. De invasie en de terugtrekking verliepen ordelijk. Haar persoonlijke documenten lagen onaangetast in haar bibliotheek.

Dezelfde avond bracht tsaar Alexander Hortense na een diner bij de koning een bezoek. Hij moest onwillekeurig lachen om de situatie die hij in de Tuilerieën aantrof: 'Wat wordt dat paleis nu anders bewoond. Het was per slot van rekening een groot man die zich er kort tevoren nog gevestigd had. En moet je nu zien...' Hortense schreef: 'Hij maakte zijn zin niet af en ik vond het maar beter om over een ander onderwerp te beginnen.' Ze zong en speelde die avond voor hem. In een uiterste poging om voor haar te zorgen stelde hij voor een kasteel in Rusland te kopen, waar ze met haar kinderen in welstand kon wonen. Maar Hortense had te veel dat haar aan Frankrijk bond.

Eugène kwam uit Malmaison om haar te zeggen dat hun moeder er slecht aan toe was. Ze had een bericht in de krant gelezen dat haar ziek maakte van verdriet. Toen Hortense de krant had gevonden las ze dat men van plan was het kistje met het lichaam van haar overleden kind, dat nog steeds in de kapel van de Notre Dame stond, op een kerkhof te begraven.

Ze liet onmiddellijk haar rijtuig inspannen en reed terug naar Malmaison. Joséphine zat te huilen en was nauwelijks meer in staat om te spreken. Haar dochter troostte haar: ze zouden de stoffelijke resten van Napoleon Charles laten overbrengen naar de kapel van Saint-Leu.[8] Daar was hij dicht bij hen, beschermd tegen de beledigingen der Bonaparte-haters. Ze had inmiddels vernomen dat de koninklijke familie niets met de kwetsende affaire te maken had.

De koningin ontbood dokter Horeau, de arts van haar moeder. Hij zei luchtig dat zijn patiënte gewoon verkouden was. Hortense schreef in haar memoires: 'Toen hij haar polsslag voelde merkte hij op dat die beter was dan de mijne. Want ik leed in die tijd aan tuberculose en mijn gezondheid gaf aanleiding tot veel bezorgdheid.'

De situatie verslechterde. Hortense week niet meer van haar moeders zijde. Op 26 mei vroeg ze de dokter een trekpleister aan te brengen. Na enig heen en weer gepraat stemde hij toe en legde de pleister op haar keel. Het resultaat leek veelbelovend. Na een rustige nacht ontwaakte Joséphine met een glimlach en wilde opstaan om zich te kleden. Maar Hortense geloofde niet dat haar moeder was genezen. Ze wilde dat haar eigen arts de patiënt onderzocht. Ze sputterde tegen: dat was zielig voor Horeau, die zich wel eens gepikeerd zou kunnen voelen. De keizerin sprak met verstikte stem, haar gedrag veranderde echter niet.

Dezelfde dag waarschuwde Hortense de tsaar. Hij stuurde zijn eerste lijfarts naar Malmaison, die met alle gratie door de zieke werd begroet: 'Wilt u zo vriendelijk zijn de tsaar van Rusland te bedanken? Hopelijk zal zijn betrokkenheid me geluk brengen.' Hij keek in haar keel, die purperrood gekleurd was, en trok een bedenkelijk gezicht. Bij het afscheid raadde hij Hortense aan haar hele hals met pleisters te laten bedekken.

Joséphine had tsaar Alexander uitgenodigd om de volgende dag te komen dineren. Ze gaf aanwijzingen voor de maaltijd en dacht dat ze wel in staat zou zijn om aan tafel te komen. Hortense keek naar het kleine, witte gezichtje tegen de kussens. Ondanks alle waarschuwingen bleef haar moeder in een koortsachtig tempo tegen haar praten, terwijl het zweet in pareltjes op haar voorhoofd stond.

Eugène was eveneens ziek geworden, hij lag met hoge koorts op bed. Zijn zuster stuurde bedienden naar Parijs om de beste artsen te ontbieden. Een ander ging naar de tsaar met het bericht dat hij een andere dag moest komen dineren. Maar de tsaar was al onderweg en arriveerde op een verdrietig ogenblik; Hortense hoorde juist van de Parijse artsen dat de ziekte van haar moeder zeer ernstig was en lang zou gaan duren. Ze had een vermoeden dat ze haar wilden sparen. De patiënt bleef onrustig, ze wilde de tsaar ontvangen.

'Alexander heeft laten weten dat hij vanavond niet kan komen,' zei Hortense sussend. Deze lichte leugen verontrustte Joséphine nog meer: 'Ik weet zeker dat hij ertegen opziet om ons te ontmoeten omdat hij geen goed nieuws over je broer kan vertellen.'

Over de smalle houten trap leidde men de tsaar zacht naar de kamer van Eugène. Hij wilde Hortense en haar broer niet alleen laten met hun zorgen en verdriet. Tegen de avond nam de koningin haar zonen Napoleon en Louis bij de hand en bracht hen naar het bed van hun grootmoeder om haar goedenacht te wensen. Hortense: 'Ze zei dat ze weg moesten gaan omdat de lucht in de kamer ongezond voor hen was. Ze drong erop aan dat ik zelf rust zou nemen.'

De twee vrouwen die zo dicht bij elkaar leefden, speelden hun laatste spel van zorgzaamheid en bezorgdheid. Om haar moeder te kalmeren ging ze naar het wit gemeubileerde slaapvertrek dat aan de kamer van de keizerin grensde. De ovalen *psyché*[9] met zijn vergulde bronzen beslag draaide ze zo, dat ze vanuit het bed de deur kon zien. Ze sliep heel licht en liep die nacht een paar maal naar het bed van haar moeder. Bij het schijnsel van de kandelaber dat over de lichtgele damasten gordijnen vloeide zat een hofdame te waken. Joséphine prevelde van tijd tot tijd enkele woorden: 'Bonaparte... l'île d'Elbe... le Roi de Rome.'[10]

Het waren de laatste woorden die ze sprak. Op de wandbespanning hing het portret van de jonge Napoleon door Bacler d'Albe. Hij wendde het hoofd met de sluike haren waakzaam opzij, beducht op de vijand. De parketvloer kraakte toen Hortense naderbij kwam en zich over de zieke heen boog. Ze nam haar hand, licht als een blad. De geest was al ver weg. Joséphine hoorde de fluisteringen van haar dochter niet meer, de lieve laatste woorden van een dochter die levenslang in dienst van haar moeder stond.

Mme Rémusat, die Joséphine en Hortense jarenlang van nabij meemaakte, schreef in haar memoires: 'Er was een vriendschappelijke verhouding tussen de keizerin en haar dochter maar zij hadden te weinig met elkaar gemeen om vertrouwelijk te kunnen zijn en de eerste voelde zich in zekere zin de mindere. Trouwens, Hortense werd door zulke rampen getroffen dat ze niet veel medegevoel kon opbrengen voor zorgen die haar in vergelijking met haar eigen leed onbelangrijk zouden hebben toegeschenen (...). Ze hielden van elkaar maar hebben elkaar nooit geheel begrepen.'

Hortense legde haar voorhoofd tegen de gloeiende arm in de nachtjapon, luisterde naar de moeizame ademhaling die aan het leven trok, losliet en trok. Nooit was ze zo dicht bij haar geweest. Als Flahaut op bezoek was gekomen en zich vooroverboog om haar hand te kussen, had Joséphine geen idee welk zoet en verdrietig geheim ze met hem deelde. En als de naam van Lodewijk Bonaparte viel, besefte ze nog minder welk leed ze haar dochter had aangedaan door haar tot dit huwelijk te dwingen. Het was eigenbelang van Joséphine. Maar Hortense had het haar nooit kwalijk genomen. Ze aanvaardde het als een vreemd lot, dat vanuit een duistere hemel op haar pad was gevallen. Ze moest voortgaan en het weten te dragen.

In een besef van naderend verlies sloop Hortense de benauwde kamer uit. Ze zwierf door de Pompejaanse kamer met de witte griffioenen op bleekblauwe panelen. In het grote slaapvertrek van Joséphine stond ze stil. Het enorme pronkbed met zijn gekroonde baldakijn, roodzijden gordijnen en verguld snijwerk van zwanen en hoorns des overvloeds had in 1810 het hemelbed vervangen waarin Joséphine zo vaak met Napoleon sliep, tijdens de zoete nachten van het Consulaat. Toen was alles doortrokken van haar parfums, van vrolijkheid en scherts. Sinds de scheiding verkoos de keizerin de eenvoudige, lichte kamer, waar de herinneringen minder kwellend leken. Hortense voelde zich wat koeler en probeerde in haar witte kamer nog enkele uren te slapen.

De volgende morgen, 29 mei, was het Pinksteren. Eugène kwam ondanks zijn koorts uit bed om samen met zijn zuster zijn moeder te bezoeken. 'Toen ze ons zag strekte ze haar armen uit en zei hevig geëmotioneerd een paar onverstaanbare woorden. Enkele uren later vond ik haar zo veranderd dat de verschrikking van het naderende einde voor het eerst tot me doordrong,' schreef Hortense. Eugène liet abbé Bertrand waarschuwen. 'En toch hadden de artsen de hoop nog niet opgegeven. Mijn broer en ik gingen naar de heilige mis en baden voor haar leven, dat voor ons zo oneindig kostbaar was. Tranen stroomden over onze wangen en allen die ons omringden leefden mee.' Bij terugkeer in de ziekenkamer vertelde Hortense haar moeder zo kalm mogelijk dat ze uit voorzorg de laatste sacramenten zou ontvangen. Joséphine keek haar stil aan en sloot even haar ogen. Toen Hortense een halfuur later weer bij het bed kwam deinsde ze terug; in korte tijd was het gezicht van Joséphine onherkenbaar veranderd. De naderende dood trok zijn sporen in haar huid, was al heerser over het ingevallen gezicht. Hortense kon de koude hand niet meer vasthouden. Zij viel op de grond naast het bed en werd naar de aangrenzende kamer gedragen. 'Ik was niet meer bij bewustzijn. Later kwam mijn broer binnen, wierp zich in mijn armen en snikte: "Het is afgelopen." Ze had de laatste sacramenten met overgave ontvangen en haar laatste zucht was zonder twijfel voor haar ongelukkige kinderen.'

Twee uur na het overlijden van keizerin Joséphine vertrok een rijtuig met haar zoon, dochter en kleinkinderen naar Saint-Leu. Volgens de gebruiken waren ze niet aanwezig bij de smartelijke scène die aan haar begrafenis voorafging. Hofdames, vriendinnen en personeelsleden kwamen huilend naar haar kamer en gaven zich over aan hun verdriet.

De tsaar stond Hortense en Eugène bij. Rouwde met hen als een broer en legde zijn zwarte kleren niet af. Er kwamen condoleances van alle vorstelijke personen die in Parijs bijeen waren, zelfs van de Bourbons. Na de balseming werd Joséphine in haar smalle, met bloemen beladen kist gelegd. Twintigduizend mensen van alle rangen en standen trokken langs om onder tranen afscheid te nemen van de geliefde keizerin, die haar onderdanen zoveel liefde had bewezen.

Op 2 juni vormden Russische soldaten en leden van de Nationale Garde een erehaag van het kasteel tot de dorpskerk van Rueil-Malmaison. Voor het laatst ging Joséphine langs haar boomgaard en bloembedden, die weldra in volle bloei zouden staan. De door de zon beschenen kist werd gevolgd door een grote, bedroefde menigte. De hal van Malmaison bleef zielloos achter. Een pendule tikte onverschillig verder, barstte om twaalf uur uit in een vrolijk getingel. In een mand op de grond lagen twee tuinhandschoenen, een schoffeltje met een bewerkt handvat en een snoeischaar. Ze vormden voorgoed een herinnering aan 'de goede keizerin' wier geest nooit helemaal uit de elegante zalen zou verdwijnen.

De geallieerden verlieten Parijs spoedig. Er vloeide geen druppel bloed. Er was geen mens gewond geraakt. Bij zijn afscheid liet tsaar Alexander op de Place de la République, die was omgedoopt in Place de la Concorde, een indrukwekkende Russisch-orthodoxe eredienst houden. Op de plek waar het schavot van Lodewijk XVI had gestaan was een altaar opgericht waar zes priesters in geborduurde misgewaden de dankgebeden zongen, en hun wierookvat aan zijn gouden ketting heen en weer zwaaiden.

Op 4 juni verscheen Lodewijk XVIII op een koninklijke zitting waarbij het Wetgevend Lichaam en een deel van de Senaat gezamenlijk aanwezig waren. Hij hield een rede, bestaande uit niets dan oude, versleten stellingen. De aanwezigen keken versuft naar hem; de tijd leek achteruit te sukkelen. Enkele dagen eerder was bij het Verdrag van Parijs besloten dat alle mogendheden die bij de voorbije oorlog betrokken waren geweest, afgezanten naar Wenen zouden sturen om daar in een algemeen congres tot een definitieve regeling te komen. De tsaar kwam in Saint-Leu afscheid nemen van Hortense. Ze lag ziek in bed. Als laatste blijk van zijn vriendschap en zorg overhandigde hij een document waarin officieel werd bevestigd dat haar landgoed tot hertogdom was verheven. Voortaan mocht ze zich hertogin van Saint-Leu noemen en genoot alle daaraan verbonden inkomsten en privilegiën.

23

Tsaar Alexander moest diep bukken om het verzakte houten Tsaar Peterhuisje te Zaandam binnen te gaan. Onmiddellijk voelde hij zich omsloten door de sfeer van zijn kindertijd, de icoon waarbij de vlam van een olielampje beefde, de voorwerpen van geglazuurd aardewerk op de planken. De Hollanders hadden alles zo gelaten zoals het in 1697 was geweest, want ze waren er trots op dat de tsaar van Rusland toen op het Krimp aan de Zaan vertoefde.

Buiten dromde een menigte samen, probeerde door de raampjes te kijken. Ze juichten de tsaar toe en wezen onbeschaamd op de mopsneus van zijn zuster Catharina Pavlovna, die hem begeleidde. 'Wat een kalmukkengezicht,' zei iemand hardop. 'Een echt Russische vrouw.' De tsaar ging op een driepotig krukje zitten en keek bevreemd naar de korte bedstede; hier had hun twee meter lange voorouder Peter de Grote zeven nachten geslapen toen hij op de scheepswerven aan de Zaan werkte. Aan hem dankte Rusland zijn mooie, nieuwe hoofdstad aan de Finse Golf, die met zijn grachten en bruggen zo'n merkwaardige verwantschap toonde met de Hollandse steden.

Men vertelde de vorstelijke bezoekers dat keizer Napoleon drie jaar eerder ook aan de Zaan was geweest, de enorme windmolens en fabrieken langs het water had bezocht en de schoonheid *sans pareil* noemde. Maar nu was de bruut voorgoed verjaagd en het Continentaal Stelsel afgeschaft. Er kon weer handel worden gedreven met Engeland en de koloniën. Er was weer hoop, het einde van de werkloosheid was in zicht. Straks zou er weer gehamer en gezaag klinken op de scheepswerven. Men lachte en boog voor de tsaar, aan hem hadden ze alles te danken. Zijn leger had Napoleon in Rusland en bij Leipzig verslagen. Hij was de held van Europa, die hen verlost had van de monsterlijke adelaar. De tsaar voelde zich een gewijd weldoener. In Parijs beleefde hij dit als een religieuze ervaring; hij mocht het instrument in Gods hand zijn.

Toen hij Hortense en Eugène de Beauharnais in rouw om hun moeder had achtergelaten reed zijn koets op 3 juni 1814 naar de kust, waar hij in een zeilschip in gezelschap van de koning van Pruisen het Kanaal over voer. In Dover gekomen betoonde men hem de grootste aanhankelijkheid. Ooit had de tsaar Engeland gehaat, een haat die hij met Napoleon in Tilsit deelde. Maar bij aankomst in Londen was er niets van die weerzin over. Met uitgestrekte handen kwamen de hoofdstedelingen de bevrijders tegemoet, dankten hen omdat zij de dictator hadden verslagen en het handelsverbod ophieven. Vrijheid en vrede voor Europa.

Alexanders lievelingszuster Catharina, de weduwe van de groothertog van Oldenburg, vertoefde toen al een tijd in de Britse hoofdstad. Ze begroette haar broer opgetogen en waarschuwde hem voor de prinsregent, die in plaats van zijn krankzinnig verklaarde oude vader koning George III het bewind over Engeland voerde. En ze had gelijk: het gedrag van deze leeghoofdige *Prince of Pleasure* wakkerde Alexanders oude afkeer jegens de trotse Engelse dynastie aan. De tsaar sloeg de uitnodiging om in het St. Jamespaleis te overnachten af. Hij nam zijn intrek in het Pulteney Hotel waar ook zijn zuster verbleef, en waar het volk zich onder het balkon verzamelde om hem toe te juichen.

's Avonds vond hij de tijd om Hortense te schrijven en haar zijn blijvende zorg en vriendschap te beloven. Eugène zou hij tijdens het Wener Congres in het najaar terugzien, een ontmoeting waar hij naar uitzag. Het was in Londen een aaneenschakeling van festiviteiten geweest. Veel mooie vrouwen dongen naar zijn gunsten. Hij kon er geen weerstand aan bieden. In Holland dacht de tsaar er soms met een licht schuldgevoel aan terug. Zijn zuster genoot in afwachting van een tweede huwelijk ongeremd van het vrije leven. Ze introduceerde haar broer in vrolijke kringen waarvan de jonge prins van Oranje-Nassau de spil vormde. *Slender Billy*, zoals zijn bijnaam luidde, had in het leger van Wellington in Portugal en Spanje met succes tegen de Fransen gevochten. Zijn open en uitbundig karakter bezorgde hem vele vrienden. Wellington noemde hem echter achter zijn rug *a dissolute untidy and stupid young man.*

De Engelse prins-regent besloot zijn dochter, prinses Charlotte, aan de jonge Oranjeprins uit te huwelijken en ook zijn minister Lord Castlereagh was ervoor, omdat het de vrede met Holland bezegelde. Maar de vorstelijke verloofde had haar bedenkingen: waarom zou ze in Den Haag of Amsterdam gaan wonen terwijl ze in Londen als troonpretendent meer aanzien genoot? En toen ze *Slender Billy* een keer in staat van dronkenschap op een feestje aantrof werd ze nog afkeriger.

Tsaar Alexander en diens zuster keken niet op van dronkenschap. In Rusland was het zelfs onbeleefd tegenover de gastheer om na een feestmaal nuchter huiswaarts te keren. Groothertogin Catharina vertrouwde Alexander toe dat ze er geen bezwaar tegen zou hebben om zelf aan de jonge Oranjeprins uitgehuwelijkt te worden. In afwachting van de beslissing, die in handen van hun moeder tsarina Maria Fjodorovna lag, waren broer en zuster op 26 juni naar Calais gezeild en reisden noordwaarts voor een staatsbezoek aan Holland.

Ook daar heerste een nieuw gevoel van vrijheid en onafhankelijkheid. Twintig jaar lang was de politieke orde verstoord geweest. De meeste Hollanders konden zich nauwelijks meer herinneren hoe het was om onder een Oranjestadhouder te leven.

In januari 1795 was stadhouder Willem V vanuit Scheveningen naar Engeland gevlucht. In november 1813 zeilde diens oudste zoon Willem VI vanuit Engeland naar de kust van Scheveningen. Hij reed naar Den Haag waar hij hartelijk verwelkomd werd door Gijsbert Karel van Hogendorp. Onder het volk klonk een aarzelend 'Oranje boven'. De volgende dag ging de prins al op weg naar Amsterdam en nam zijn intrek in het Paleis op de Dam. In de Nieuwe Kerk volgde op 2 december 1813 zijn inhuldiging tot erfelijk soeverein vorst der Nederlanden. Het stadhouderschap was daarmee voorgoed afgeschaft.

Om te voorkomen dat de wantoestanden van het oude regime weer de kop zouden opsteken, was er hard gewerkt aan een nieuwe grondwet. In grote lijnen volgde men de binnenlandse politiek van Lodewijk Napoleon, die nog altijd in brede kringen gewaardeerd werd. Na het debacle van zijn broer ontving het voorlopig bewind in Den Haag een brief van de voormalige koning van Holland, die hij op 25 november in Zwitserland had geschreven. De inhoud bracht hen enigszins in verlegenheid: 'De nieuwe omstandigheden waarin Holland verkeert, dwingen mij uit mijn teruggetrokken bestaan te treden. Zij moeten de verplichtingen die mij sinds acht jaar met uw land verbinden thans óf tot volledige uitvoering brengen, óf mij er volledig van ontslaan. Ik richt mij tot u om de gevoelens van de natie te mijnen aanzien te vernemen, en slechts door deze gevoelens zal ik mij laten leiden.'

De bescheiden en sympathieke ondertoon trof hen. Maar de erfprins was toen al onderweg naar Scheveningen. De regering antwoordde Lodewijk Napoleon dat hij bedankt werd voor zijn aanbod en dat het Huis van Oranje in ere hersteld was. Daarmee zag Lodewijk zijn laatste hoop op de troon van Holland verdwijnen.

Tijdens de inhuldigingsplechtigheid waren alle ogen gericht op Wilhelmina, de oude prinses-douairière van Oranje, weduwe van Willem V, die nu de koosnaam Willemijntje droeg. Ze zat met de weduwekap op haar grijze krullen in een fluwelen rouwjapon die haar gezette figuur omspande, ontroerd te kijken hoe haar oudste zoon de eed aflegde. Aan weerszijden van zijn troon stonden haar kleinzonen: de joviale erfprins Willem en de ernstige prins Frederik. Naast de prinses-douairière zat haar dochter Louise, weduwe van de hertog van Brunswijk. Toen ze in Duitsland het gerucht hoorde dat men van haar zoon een koning wilde maken, had Willemijn er erg om gelachen.[1] Nu was hij waarachtig soeverein vorst. En ze dacht nog wel dat de band tussen Holland en Oranje voorgoed verbroken was. Had haar overleden man het nog maar kunnen meemaken... Na de inhuldiging waren ze op het balkon van het Paleis op de Dam verschenen om het volk te groeten. Men keek wat bevreemd naar de eenenveertigjarige lange man met zijn wilde haardos en stugge, gesloten gelaat. Waar was zijn gemalin?

Een paar weken na het festijn reed Wilhelmina van Pruisen vanuit Duitsland bij Oldenzaal de grens over. Ze was heel zorgzaam voor haar jongste dochtertje, de driejarige prinses Marianne, die op haar schoot in de koets lag te slapen. Wilhelmina's gezicht was getekend door de verschrikkingen van de oorlog, de vlucht door zwartgeblakerde dorpen en steden waarbij ze haar dochtertje Polly had verloren. Ze was eerder bedeesd dan vriendelijk en afkerig van openbaar vertoon. In Den Haag gekomen nam ze tijdelijk haar intrek in het Huis Huguetan op het Lange Voorhout. Het Oude Hof op het Noordeinde zou als toekomstige residentie van het Oranjegezin ingrijpend verbouwd worden.[2]

Het soevereine paar vormde met hun drie kinderen het symbool van de nieuwe tijd die bij de val van Napoleon was aangebroken. De apathie van het Nederlandse volk maakte plaats voor hoop. Geen geldverslindende oorlogen meer, geen gesneuvelde soldaten, geen afhankelijkheid van Parijs. Er werden oranje kokardes gedragen en de rood-wit-blauwe vlag, die de tsaar zo aan de vlag van zijn rijk deed denken, was sindsdien gesierd met een oranje wimpel.

Willem Bilderdijk vergat zijn vriendschappelijke band met koning Lodewijk en zijn verering voor diens broer, nam een schoon vel papier voor zich en dichtte:

'Voor Vaderland en Koning,
Klink' thans ons juichend Lied!
Voor vrijen haard en woning,
En veilig grondgebied!
Triomf, ô Hollands braven!
Uw moed behield het veld!
Gy toondet u Bataven,
En Holland is hersteld!
(...)
Vlecht Oranjen om den hoed!
Holland rijst met nieuwen moed,
Uit de schoot der Wateren!'

Tsaar Alexander overnachtte tijdens zijn bezoek aan Noord-Holland met zijn zuster in het Haarlemse Paviljoen Welgelegen. Hij kwam onder de indruk van de vriendelijke en ijverige bevolking, hun nuchtere en directe kijk op het leven. Ook de telgen uit het Huis van Oranje bevielen hem. Met de jonge, levenslustige erfprins sloot hij vriendschap voor het leven. Hij kon niet lang in dit bijzondere land blijven. Er was afgesproken dat hij in Duitsland zijn vrouw tsarina Elisabeth zou ontmoeten, die daar met haar Duitse familie de baden gebruikte.

Alexander reisde over Utrecht. Men was er nog vol van de afgelopen politieke gebeurtenissen. Het bezoek van keizer Napoleon in 1811 had tot verdere teloorgang van de economie geleid. Na de nederlaag van de keizer bij Leipzig trokken eind november echter de laatste Franse soldaten onder aanvoering van generaal Molitor de stad uit. Apotheker Keetell schreef verheugd in zijn dagboek: 'Ho, ho! – Daar gaan ze! – Waarlijk daar gaan ze ! – Allemaal! – Het hele boeltje gaat heen! (...) Zijne Keizerlijke Majesteit lag eensklaps -- met zijn neus in het zand gedoven. (...) Al schielijk na middernacht omtrent 1 uur geraakten de Militairen in beweging. Zij alle kwamen in de wapenen, zonder dat er te voren appel of vergadering was geslagen. Terwijl dit gebeurde kwam geen burger tevoorschijn. Een ieder hield zich maar stilletjes binnen de muren. De Fransen marcheerden alle de Tolsteegpoort uit de Vaartse Rhijn langs.'[3]

Na hun vertrek kwamen de bevrijders: hordes kozakken die feestelijk werden ingehaald. De klok van de Domtoren luidde en Hendrik Keetell deed er verslag van: 'Zij kwamen niet als vijanden maar als vrienden; ofschoon ze een verbasend schrikwekkend uiterlijk hadden. (...) Zij zijn gekleed, zwaar en onregelmatig, met bonte rokken, pelsen, mantels, lange jassen, enz. en met verschillende soorten van mutsen met bont op het hoofd. Zij zijn gewapend met lange pieken, geweren, pistolen, lange messen en korte knotsen.'[4]

Bij aankomst in Utrecht reed tsaar Alexander via de Wittevrouwenpoort naar het Koninklijk Paleis. Alleen de hoge poort en de daarachter liggende cour hadden iets vanzelfsprekends. In de particuliere vertrekken die naar men zei volgens aanwijzingen van Lodewijk Napoleon waren gebouwd, heerste een architectonische verwarring. Gangetjes, trappen en binnenplaatsen verbonden de vertrekken. In de L-vormige salon van koningin Hortense aan de Drift gekomen, begreep de tsaar wat meer van haar ongelukkige relaas over haar verblijf in het kleine koninkrijk. Ze had werkelijk opgesloten gezeten in een labyrint.

Hij maakte gebruik van het mooie weer om een bezoek te brengen aan de Evangelische Broedergemeenschap der Hernhutters, die zich bij Slot Zeist had gevestigd. Hij deed wat inkopen bij hun vrome ambachtslieden op het Broederplein. Het was het laatste plezieruitstapje dat hij zich kon veroorloven. Met tegenzin verliet Alexander Nederland. In het gehucht Bruchsal in het land van Baden werd hij verwelkomd door zijn Duitse schoonfamilie. Tsarina Elisabeth had haar man achttien maanden geleden voor het laatst gezien. Afstandelijk, trots en timide begroette ze hem. Ze had de tsaar niet naar Parijs willen vergezellen. De Bourbons genoten haar achting, maar de rest van het internationale gezelschap zou haar met hun intriges en affaires alleen maar vermoeien. De tsarina voelde zich veel beter op haar gemak bij haar familie in het eenvoudige onderkomen bij de geneeskrachtige bronnen. Daar kon ze zichzelf zijn en in stilte aan haar geheime liefde, de Poolse prins Adam Tsjartoriski, denken. Dat de prins de beste vriend van de tsaar was, gaf hun verhouding een tragische dimensie.

Tsaar Alexander werkte in Baden alle verplichte bezoeken af: hij groette zijn schoonmoeder en -zusters en nam zo snel mogelijk afscheid om aan de lange tocht naar Sint-Petersburg te beginnen. Onderweg raakte hij bij het zien van de verwoesting die de Franse soldaten in de dorpen en steden hadden achtergelaten, in een diepe depressie. De brand van Moskou, het bloedbad aan de Moskwa, al het leed dat de Franse tiran veroorzaakte sleepte zich hier voort. Napoleon had op Elba een al te milde straf gevonden. De taak om Rusland weer op te bouwen leek Alexander ondragelijk zwaar. Liever zou hij zich in de natuur overgeven aan mystieke gedachten, ver van alle wereldse zaken. Maar hij was door God op de troon van Rusland geplaatst en moest zijn aardse plicht vervullen.

Somber sloeg hij de festiviteiten gade die in Sint-Petersburg ter ere van hem, de Engel en de Gezegende, werden gehouden. Tsarina Maria Fjodorovna ontving haar zoon als een held in het Rozenpaviljoen bij Pavlovsk, poëten traden aan om hem in verzen te bejubelen.

De hele zomer werkte de tsaar zijn staatszaken af, want in het najaar wachtte hem een reis naar Wenen, waar door de grote mogendheden over de toekomst van Europa beslist zou worden.

'In de eerste dagen na het verlies van mijn moeder kwam heel Parijs naar me toe,' schreef Hortense. De Bourbons volgden de stroom condoleancebezoekers die naar Saint-Leu ging met argusogen. Eugène merkte de vijandigheid aan het hof, hij wilde niet lang meer in Frankrijk blijven. Zijn vrouw en kinderen in Beieren wachtten ongeduldig op hem. Maar eerst moest de erfenis van zijn moeder geregeld worden. Hortense stelde ontzet vast dat ze minstens drie miljoen francs schuld had nagelaten. Joséphine deelde levenslang pensioenen uit, beloofde bruidsschatten en de bekostiging van de opleiding van tal van pleegkinderen. Ze liet waardevolle onroerende goederen na: Malmaison, Navarre, Prégny en het huis met de plantages op Martinique. Haar juwelen en kunstschatten vertegenwoordigden een vermogen. Maar om de immense schulden af te lossen moesten er bezittingen geveild worden. Die gedachte vonden haar kinderen onverdraaglijk. Hortense ging naar Malmaison en verdeelde de rijtuigen en paarden, de schoenen, kasjmier sjaals, wat juwelen en hoedjes onder de hofdames die nog een vordering hadden. Een groot deel van de diamanten en kunstschatten werd langs particuliere wegen verkocht. Van de opbrengst loste ze de schulden af en voldeed zoveel mogelijk aan de beloften die haar moeder had gedaan. Niettemin heerste er ontevredenheid onder het personeel van de keizerin. Ze hadden meer verwacht.

Haar dochter viel de helft van haar kostbaarste juwelen en de helft van Joséphines befaamde kunst- en schilderijencollectie toe. Van de doeken die in de salon de Paris voor extase zorgden, behoorde het mystieke *L'Apothéose des héros Français morts pour la patrie pendant la guerre de la Liberté* door Girodet tot haar lievelingswerken. Vaak stond ze in vervoering stil voor de ontmoeting van de zielen der overledenen met de mythische helden in het Walhalla. Hortense zag de transparante, lichtdoorstraalde gestalten op het doek; het rijk van Ossian dat Joséphine nu zelf had betreden. Het schilderij moest daar in de galerij van Malmaison blijven hangen. Naast het portret dat Girodet van haar had geschilderd met op de donkere achtergrond een waterval, die haar altijd aan haar vriendin Adèle herinnerde.[5]

Toen de erfenis geregeld was, kwam Eugène afscheid van haar nemen om naar München te gaan. Zijn zuster voelde zich plotseling door iedereen verlaten. Hij beloofde haar dat ze elkaar over een maand terug zouden zien in Aix-en-Savoie, waar hij met zijn vrouw en kinderen de baden wilde gebruiken. Ze knikte en zag hem gaan. Het was 24 juni 1814. Afgemat door verdriet en de ziekte die maar niet wilde genezen, maakte Hortense zich gereed voor de reis naar het kuuroord.

Vanuit Parijs bereikte haar echter een waarschuwing: in Aix-en-Savoie bevond zich keizerin Marie Louise. Ze had de woning gehuurd waarin Hortense tijdens haar badkuur gewoonlijk logeerde en werd vergezeld door de bijna veertigjarige generaal Adam Albert, graaf Neipperg, een geducht militair met een borst vol onderscheidingen. Hij was door Franz II aangesteld om diens keizerlijke dochter met raad en daad bij te staan en haar geen moment uit het oog te verliezen. Neipperg was getrouwd en had vier zonen. Tijdens zijn verblijf in Holland – in 1794 – verloor hij door een sabelhouw zijn rechteroog en droeg sindsdien een zwarte lap. Bij de strijd tegen Napoleon in Italië verbrijzelde een kogel zijn linkervoet, wat hem noodzaakte om zich met een stok voort te bewegen. Zijn sinistere uiterlijk boezemde Marie Louise aanvankelijk vrees in, maar geleidelijk begon ze er iets aantrekkelijks in te zien. Neipperg, van nature een rokkenjager, gedroeg zich bij de dochter van keizer Franz voorlopig correct. Hij hield de briefwisseling met de gehate Napoleon scherp in de gaten.

De keizer was op Elba door de bevolking met vreugde verwelkomd en had zijn intrek genomen in het eenvoudige maar prachtig gelegen Palazzino dei Mulini aan de baai. Daar voegden Mme Mère en zijn zuster Pauline zich spoedig bij hem. Zij legden tuinen aan met terrassen, fonteinen en beelden. Napoleon hield zich met de ontwikkeling van het eiland bezig en bracht het in korte tijd tot bloei door de aanleg van nieuwe wegen, de exploitatie van de mijnen en een beter handelsverkeer. Op het plein van Porteferraio liet hij zijn troepen defileren. Hij verwierf de kleine buitenplaats San Martino in de bergen. In beide villa's werden elegante vertrekken voor Marie Louise en haar zoon ingericht. Hij wachtte met stijgend ongeduld en drong aan op een antwoord: wanneer zouden ze komen?

Aan het Oostenrijkse hof was men niet zeker van de gevoelens van Marie Louise. De zoon van Napoleon werd zijn titel koning van Rome ontnomen, hij ging nu als prins van Parma door het leven. Het Adelaarsjong bevond zich tussen volslagen vreemden in Slot Schönbrunn en miste zijn vader en moeder. Ook de vertrouwde Mme Boubers was uit zijn leven verdwenen, ze had weer de verzorging van Hortenses kinderen op zich genomen.

Hortense aarzelde om naar Aix te gaan. Het zou door de politie verkeerd worden uitgelegd als ze zich naar dezelfde badplaats begaf waar haar schoonzuster zich bevond. Marie Louise zat bepaald niet op haar te wachten. Waarom zou ze zich in dit wespennest wagen? Gelaten wijzigde ze haar plannen en besloot dan maar naar het vertrouwde Plombières te reizen. Eugène beloofde haar daar te treffen.

In de rue Cerutti gekomen rustte ze wat uit en liet haar bagage inpakken. Ze had japonnen laten maken van dunne stof; zwarte voor de zware en grijze voor de lichte rouwmaanden. De bijpassende mutsjes met donkere linten pasten bij het doffe blauw van haar ogen.

Ze verliet haar huis niet. Parijs was een andere stad sinds er een vreemde koning in de Tuilerieën woonde en de naam Bonaparte niet meer werd genoemd. Kort voor haar vertrek ontving ze bezoek van twee beroemde vrouwen: Mme Germaine de Staël en Mme Julie Récamier, begeleid door August, prins van Pruisen, en de schrijver Benjamin Constant. De schrijfster was wegens haar politieke en literaire publicaties tot drie keer toe door Napoleon uit Parijs verbannen en had haar loyale vriendin Julie in haar val meegesleept. Ze reisde met haar kinderen en haar minnaar door Duitsland, Zwitserland en Italië zonder in de tien jaren van ballingschap de hoop op terugkeer naar de sprankelende Franse hoofdstad op te geven. Hortense was een vurig bewonderaarster van het werk van Mme de Staël, wier inzichten omtrent de rechten van de vrouw haar in de moeilijkste tijden sterkten. Ze deelde haar standpunten omtrent het maatschappelijk engagement van de literatuur en verfoeide de keizerlijke censuur, die meedogenloos de publicatie van haar boek *De l'Allemagne* verbood.

Hortense had zich ingezet om het manuscript toch in druk te doen verschijnen. De keizer was woedend toen ze het onder zijn aandacht probeerde te brengen en wierp het hele boek voor haar ogen in het haardvuur. Driftig riep hij dat het een regelrechte aanval was op de Franse literatuur, de enig waardevolle in Europa. Haar gedweep met de barbaarse dichters als Goethe en Schiller kon niet anders dan politiek worden uitgelegd. Het Franse volk diende beschermd te worden tegen de verderfelijke invloed van dit werk.

Mme de Staël wilde koningin Hortense nog bedanken voor de wijze waarop ze haar werk bij de keizer had verdedigd. De koningin wandelde met haar gasten de tuin in. In haar memoires beschreef ze hoe Mme de Staël allerlei vragen op haar afvuurde: wat had Napoleon precies over haar en haar werk gezegd? Ze was van plan om de keizer op Elba te bezoeken. Wat zou hij daarvan vinden? Ze accepteerde niet dat hij nooit meer iets met haar te maken wilde hebben. Ze praatten uitgebreid over de Italiaanse roman *Corinne*, die vlak voor de dood van Napoleon Charles was verschenen en die de koningin van Holland altijd op pijnlijke wijze herinnerde aan de vreselijke zomermaanden die daarop gevolgd waren. Er ontspon zich in de tuin een felle discussie over censuur en de beperkte persvrijheid onder Lodewijk XVIII. Hortense keek ongerust om zich heen. In de huurwoning naast haar, die door een lage muur van haar tuin was gescheiden, woonde sinds kort Joseph Fouché, de voormalige minister van Politie. Hij liet zich altijd informeren door een leger van spionnen. Fouché had op dat ogenblik geen functie, maar ze wantrouwde de listige opportunist. Ze was blij toen Mme de Staël met haar luidruchtige gezelschap was vertrokken en ze zich weer in zichzelf kon keren.

Er werd een vriendelijke brief van de tsaar uit Londen bezorgd. Hij gaf Hortense weer wat vertrouwen in de toekomst en ze schreef hem onmiddellijk terug, verlangend naar een weerzien.

De daaropvolgende reis naar Plombières verliep anders dan ze gewend was. Ze had geen gevolgrijtuigen meer, geen kamerheren en kamervrouwen om haar status te benadrukken. Slechts vergezeld door haar hofdame en haar knecht reed ze naar het kuuroord. Het dorp bood een desolate aanblik. Het balkon van het logement, waarop haar moeder in opvallende japonnen altijd met haar vriendinnen zat thee te drinken, was leeg, de luiken gesloten. De meeste logementen waren verlaten. Onder de weinige badgasten vond ze geen vrienden. Ze voelde hoe men haar meed, omdat ze als een Bonaparte werd beschouwd. In de kranten werd Hortense, hertogin van Saint-Leu op allerlei manieren verdacht gemaakt en ze kon zich er niet tegen verdedigen.

Hortense had geen enkel contact meer met Napoleon. Ze kon hem zelfs niet op de hoogte stellen van het overlijden van Joséphine, omdat de koerier al naar Elba vertrokken was. Men verbood Eugène en haar een tweede koerier naar het eiland te sturen.

Twee weken lang wachtte Hortense tevergeefs op de komst van haar broer met zijn gezin. Toen kwam er een boodschapper die haar namens Eugène uitnodigde om bij hem te komen in Baden-Baden, waar de hele familie van zijn vrouw zich verzameld had. Ze leefde enigszins op, pakte haar bagage opnieuw in en reisde verder naar het oosten. Ze was nieuwsgierig naar een ontmoeting met tsarina Elisabeth, de veelbesproken gemalin van Alexander.

Op 10 augustus kwam ze in de kleine badplaats aan en vernam dat de tsaar er enkele weken geleden op doorreis van Holland naar Sint-Petersburg had gelogeerd. Hij sprak in zulke lovende woorden over zijn ontmoetingen met Hortense de Beauharnais dat ze van alle kanten overvallen werd door vragen. De hofdames der vorstinnen keken met nauwelijks onderdrukte nieuwsgierigheid naar de stiefdochter van Napoleon. Haar muzikale composities waren wijd en zijd bekend. Ze wilden haar schetsboeken zien, haar horen spelen op de pianoforte, ze smeekten haar iets te zingen, '... en als ik niet in de rouw was geweest voor mijn moeder had ik ook nog voor hen moeten dansen,' schreef Hortense in haar memoires.

Ze omhelsde haar schoonzuster Auguste, haar neefje en vier nichtjes. Het oudste meisje heette naar haar grootmoeder Joséphine en de tweede was naar haar tante Hortense vernoemd. De jongste lag nog in de wieg. Alle Italiaanse bezittingen van het paar waren na de val van Napoleon in beslag genomen. Hun paleizen met de hele inboedel, de paarden en rijtuigen en hun schitterende tuinen zouden ze nooit terugzien. De voormalige vice-koning had geen functie meer en wist niet wie zijn vriend of vijand was. Zijn hoop was gevestigd op het Congres van Wenen waar besloten moest worden welk prinsdom hem, volgens het verdrag van Fontainebleau, werd toegewezen. Hij steunde volledig op zijn vriendschap met de tsaar, die beloofde zijn belangen te verdedigen.

Hortense ontmoette tot haar vreugde in Baden haar nicht, Stéphanie de Beauharnais, groothertogin van Baden, die met haar beide dochtertjes sinds de ineenstorting van het Franse keizerrijk in netelige omstandigheden verkeerde. Haar Duitse familieleden vonden dat haar huwelijk met Karel groothertog van Baden snel ontbonden moest worden. Men wilde geen aangenomen dochter van de gehate Napoleon in de familie. De bevolking van Baden hield echter van de beminnelijke Stéphanie, ze reisde vaak door het land en toonde zich betrokken bij het welzijn van de mensen.

Hortense begroette in Baden de schoonouders van Eugène: de vriendelijke koning Maximiliaan van Beieren en diens gemalin, de voormalige koningin van Zweden, hertogin van Hesse-Darmstadt en schoonmoeder van Stéphanie, moeder van de vijf prinsessen van Baden die stuk voor stuk vorstelijke huwelijken hadden gesloten. Haar dochter Louise van Baden spande onder de zusters de kroon; ze bracht het door haar huwelijk tot tsarina Elisabeth van Rusland. De koningin van Holland zag echter in een oogopslag dat deze vorstin zeer ongelukkig was. Alexander had openhartig over zijn huwelijk met haar gesproken. Elisabeth, die hij nooit zou liefhebben maar wel respecteerde, stond nu tegenover haar. Ze zag een grote, knappe vrouw. Haar gezicht werd lichtelijk ontsierd door eczeem, volgens artsen het gevolg van het Russische klimaat. 'De tsarina van Rusland nodigde me uit aan een diner, waarbij alle koninginnen en prinsessen die in Baden verbleven aanwezig waren,' schreef Hortense. 'Ze beschikte over veel waardigheid, die werd ondersteund door een zeer vorstelijke *savoir parler*. Je kon zien dat ze een schoonheid was geweest. Ze had een buitengewoon welluidende stem en een aantrekkelijke melancholie.'

Nu de koningin van Holland weer in vorstelijk gezelschap vertoefde en met haar familie over haar overleden moeder kon praten, voelde ze zich wat beter. Ze maakte wandelingen in de mooie omgeving en musiceerde in de namiddag. Haar verblijf in Baden kreeg de schijn van een rustige nazomervakantie.

Op een dag diende zich een bezoekster in haar kamer aan, in wie ze barones von Krudener herkende. Ze had haar in 1809 al eens in Baden ontmoet en wist dat de dame diep religieus van aard was en met haar achttienjarige dochter de armen en gebrekkigen bezocht. 'Ik vond haar toen erg overdreven in haar manier van doen,' schreef Hortense. 'En dat gevoel was nu nog sterker. Ze sprak in verheven termen over godsdienst en hogere liefde.' Mme von Krudener leidde in haar jonge jaren een onstuimig liefdesleven en reisde door Duitsland, Italië, Zwitserland en Frankrijk. Onder haar vrienden telde ze Chateaubriand, Mme de Staël, Louise de overleden koningin van Pruisen en Benjamin Constant. Maar na de dood van haar man en het verlies van haar fortuin kwam ze tot inkeer. Ze schonk haar laatste bezittingen weg aan de armen. Ze ontwikkelde helderziende gaven en werd overdreven religieus. Als profetes had ze inmiddels grote invloed in hogere kringen.

Hortense ervoer een vreemde huivering bij het zien van de broodmagere dame met haar puntneus en uitpuilende ogen. Ze droeg een blonde pruik en vouwde haar handen tijdens het spreken: 'Ze begon in bewogen woorden te vertellen over alle verliezen die ik had moeten lijden: van een toegewijde vriendin, van een geliefde moeder en van mijn hoge positie. Ze verzekerde mij dat er in een beter leven een grote beloning op me wachtte. Ze raakte een gevoelige snaar. Ik begon tijdens haar verhaal te huilen en ze mengde haar tranen met de mijne.'

De dood van Joséphine had een brandende leegte achtergelaten die haar dochter onzeker maakte. Haar moeder was de drijfveer van bijna al haar bewegingen geweest. Zelfs nu ze er niet meer was hield Hortense onbewust rekening met haar gevoelens en eisen. Mme von Krudener herkende haar labiele gemoedsgesteldheid. Ze liet haar stem dalen en vroeg of Hortense wilde weten hoe het haar geliefden in de andere, lichte wereld verging. De koningin staarde haar sprakeloos aan en bij het zien van die geschrokken reactie veranderde haar bezoekster snel van onderwerp. Hortense: 'Ze informeerde naar mijn verblijfplaats en toen ik vertelde dat ik in Frankrijk woonde riep ze uit: "Ga daar weg! Blijf niet in Frankrijk! Er staat u een groot onheil te wachten. Ga naar Rusland. Alleen zij die in Rusland verblijven zullen worden gered." – "Maar," zei ik tegen haar, "de keizer van Rusland heeft er persoonlijk voor gezorgd dat ik met mijn kinderen in Frankrijk kan blijven. Mijn broer zou een prinsdom krijgen, maar dat is nog niet geregeld. In Wenen wordt erover gesproken." – "Ah!" hernam ze, "dat congres zal niet worden beëindigd. Let op mijn woorden: Napoleon Bonaparte zal het eiland Elba verlaten. Hij zal machtiger zijn dan ooit, maar allen die zijn zijde kiezen zijn verloren; ze zullen worden vervolgd, opgejaagd, verdoemd tot het einde der wereld. Nergens zullen ze een plek vinden om het hoofd te rusten te leggen."'

Hortense begon te geloven dat de voorspelling juist was en ze vroeg overstuur: 'Maar wat wilt u? Ik ben zijn dochter en als hij terug mocht keren zal ik zijn lot delen.' Mme von Krudener luisterde niet meer. Ze stond als in trance op en herhaalde, zwaaiend met haar wijsvinger: 'Hoed u voor 1815! Hoed u voor 1815!' Ze trok de kap van haar wijde mantel over het hoofd, draaide zich om en was verdwenen. Hortense ging meteen naar de kamer van Louise Cochelet om haar alles te vertellen. 'Misschien heeft ze wel gelijk en kan ik beter niet terugkeren naar Frankrijk. Ik zie ook wel dat ik daar onder de huidige omstandigheden niet met rust zal worden gelaten. Maar hoe kan ze weten dat de keizer terugkeert uit Elba en al die andere dingen?'[6]

Europa bleef onrustig. In Baden hoorden ze dat er in Parijs opstootjes plaats vonden tegen het bewind van Lodewijk XVIII. Ze kregen onrustbarend nieuws over de opstand in Polen en vanuit Griekenland dat in een vrijheidsstrijd tegen de Turkse overheersers was gewikkeld. Nergens leek het meer veilig; was dit dan de vrede waar iedereen zo naar verlangd had?

Op 28 augustus nam ze verdrietig afscheid van Eugène, die haar enige steun was. Ze beloofden elkaar veel te schrijven. Hij vertrok naar Wenen en zij keerde terug naar Saint-Leu, ondanks alle intriges die haar leven daar vergalden. Saint-Leu was haar thuis en haar kinderen vonden er ruimte en vrijheid om te spelen.

De artsen waren echter van oordeel dat een zeebad na het mineralenbad onontbeerlijk was voor haar herstel. Daarom pakte ze na enkele rustdagen opnieuw haar bagage, kuste haar zonen en trok, slechts begeleid door Louise Cochelet en Vincent Rousseau, naar Le Havre. Er werd een klein appartement aan zee gehuurd, waarin ze anoniem hun intrek namen. De vriendelijke eigenaar zei vol trots dat het niet zomaar een appartement was. Hij wees op de bakken met bloeiende hortensia's op de parterre en in de salon en vertelde dat de bloemen genoemd waren naar Hortense, de koningin van Holland. Deze vermaarde vorstin had daar als vierjarig meisje met haar moeder Joséphine de Beauharnais gelogeerd voor ze aan boord gingen van het schip dat naar Martinique zeilde. Hortense slaagde er nog net in haar verbazing en ontroering te verbergen. Maar het duurde niet lang of ze werd door voorbijgangers herkend. Toen de huisbaas eenmaal wist wie onder zijn dak woonde, putte hij zich uit in verontschuldigingen. Hoe kon een zo hooggeplaatste dame in zo'n nederig huis wonen? Hortense sloeg alle bezwaren in de wind, ze gaf juist de voorkeur aan een onopvallend appartement en wilde geen voorkeursbehandeling. Op hun gemak gesteld kwamen de eigenaren van het logement nu met een verrassing: ze stelden haar voor aan de oude kapitein van het schip waarop ze als kleuter de lange overtocht naar de koloniale eilanden maakte. Hij herinnerde zich moeder en dochter nog goed. 'Het toeval bracht ons zesentwintig jaar later weer bij elkaar,' schreef Hortense. 'Wat was er in de tussentijd niet allemaal gebeurd. Frankrijk en wij hadden gelukkige en ongelukkige tijden doorgemaakt.'

Bij het afscheid liet ze vrienden in de badplaats achter. Terug in Saint-Leu omarmde ze Napoleon en Louis. Ze besloot zich van nu af aan helemaal aan hun opvoeding te wijden. Zonder haar veeleisende moeder en zonder haar stiefvader kon ze haar leven indelen zoals ze zelf wilde. 'Het was schitterend weer. Ik voelde me een stuk beter en geloofde dat ik na alle tegenslagen eindelijk van een rustig bestaan kon gaan genieten. Maar lang mocht het niet duren. Op een morgen diende de heer Briatt zich aan, een referendaris van de rekenkamer, een jongeman die volgens zijn professie in een stijf zwart pak was gekleed en die me streng aankeek. Hij had een brief bij zich van mijn man met de opdracht onmiddellijk mijn oudste zoon bij me weg te halen. De vader meende recht te hebben op beide kinderen maar stond me toe de jongste zoon te behouden.'

De brief van Lodewijk was dreigend van toon; er mocht geen schandaal van komen. Ze moest doen wat hij zei. Als ze niet gehoorzaamde zou hij justitie op haar af sturen en zijn zin krijgen. Het recht stond aan zijn zijde. Hortense reageerde meteen. In de brief die ze Briatt meegaf legde ze Lodewijk op kalmerende toon uit wat het beste was voor Napoleon Louis. Het zou niet goed voor hem zijn zich nu bij zijn vader te voegen, een zieke vader, die in ballingschap leefde en niet gewend was met kinderen om te gaan. Het lag zeker niet in haar bedoeling om hem voorgoed van zijn kinderen gescheiden te houden. Ze zou haar zonen voor regelmatige bezoeken naar hem toe sturen. Maar dat kon alleen als de politieke omstandigheden het toelieten en als Lodewijk een vaste, comfortabele woonplaats had gevonden.

Hortense besefte wel dat haar man het niet zou opgeven. Zodra ze erin geslaagd was diens vertegenwoordiger met sussende woorden het huis uit te werken, wendde ze zich in paniek schriftelijk tot tsaar Alexander en tot haar broer Eugène. Ze moesten zich tot de hoogste justitie wenden om de zaak van haar zonen te bepleiten. Alleen zij wist welk een ellendig bestaan haar kind te wachten stond als hij aan de opvoeding van zijn sombere, hypochondrische en wispelturige vader werd overgeleverd.

Tsaar Alexander schreef haar onmiddellijk terug. Hij was begaan met haar lot. Toch ontraadde hij Hortense met klem de zaak voor het gerecht te brengen. Eugène was dezelfde mening toegedaan. Maar de koningin was een in het nauw gedreven moeder. Ze voelde zich tot alles in staat om haar kind bij zich te kunnen houden. Zodra de grote rouwperiode voor haar moeder voorbij was, legde ze haar zwarte kleding af en ging gekleed in lichte rouw naar Parijs. Ze vroeg een audiëntie aan bij zijne koninklijke hoogheid Lodewijk XVIII van Bourbon en werd direct uitgenodigd om op zondagmorgen 3 oktober naar de Tuilerieën te komen.

Slechts begeleid door haar hofdame, Louise, begaf de hertogin van Saint-Leu zich naar het hol van de leeuw. Ze vroeg Lavalette, die in dienst van de Bourbonkoning was overgegaan, haar hand vast te houden toen ze de haar zo vertrouwde troonzaal binnenging. Niets was er veranderd. Net als vroeger glansden overal de gouden N en de vergulde adelaars. 'Bij het zien van al die herinneringen was ik minder aangedaan dan je zou verwachten,' schreef Hortense. 'Immers, ik heb altijd geweten dat men niet gelukkiger wordt van het wonen in paleizen.'

Enkele ogenblikken later werd ze toegelaten tot het kabinet des konings, de voormalige werkkamer van Napoleon. Hoewel ook hier alles er precies zo uitzag als tijdens het bewind van haar stiefvader, leek het of ze er voor het eerst kwam. Het was er bedompt en er heerste een grote roerloosheid. Lodewijk XVIII zat met een aangeboren waardigheid achter het grote bureau, de handen op de armleuningen van zijn zetel en keek haar zwijgend aan.

De koning was op 17 november 1755 in Versailles geboren als zoon van de dauphin Lodewijk Ferdinand. Bij het uitbreken van de Franse Revolutie vluchtte hij naar het buitenland. Toen zijn broer koning Lodewijk XVI in 1793 werd onthoofd, verklaarde hij zichzelf tot regent van Frankrijk voor zijn neefje Lodewijk XVII. In 1795 kwam de tienjarige koning in de gevangenis van de Temple op ellendige wijze aan zijn einde. Sindsdien beschouwde zijn oom zich als koning Lodewijk XVIII en regeerde in theorie al bijna twintig jaar over zijn koninkrijk. Dankzij de hulp van Talleyrand kon hij na de abdicatie van keizer Napoleon in 1814 daadwerkelijk het bewind in Parijs gaan voeren. Maar de jichtige koning zag eruit alsof hij tot geen enkele actie in staat was. Ze hoopte dat hij zich herinnerde dat haar vader als royalist onder de guillotine het leven had gelaten.

Hortense groette de gezette, oude man met de sneeuwwitte haren. Traag als een reptiel kwam hij overeind en wees op de stoel dicht naast zich. Toen ze daar had plaatsgenomen ging hij weer zitten en zei geen woord. Ze zag zijn onbewogen profiel met de grote neus en dikke, weke lippen en vroeg zich af wanneer hij de stilte zou verbreken. Ten slotte werd ze ongeduldig: 'Ik, met de zelfverzekerdheid van een persoon die nooit zal vergeten wie ze is en waar ze recht op heeft, richtte het woord tot hem. Ik zei dat ik was gekomen om hem te bedanken.' De koning reageerde vriendelijk en zei zelfs een paar galante woorden. Hij leek haar geleerd noch sluw, zoals men haar had verteld. Ze vond hem daarentegen goedig en nogal simpel van geest.

'Het spijt me zeer dat ik uw moeder niet heb gekend,' zei Lodewijk
 XVIII. Hortense antwoordde onmiddellijk dat haar moeder heel veel goeds had gedaan in Frankrijk, met name voor de trouwe aanhangers van zijn familie. 'Ik weet het, ik weet het,' zei hij knikkebollend, 'op Martinique was ze een goede royaliste.'

Een nogal vreemde opmerking over de gemalin van keizer Napoleon! dacht Hortense gepikeerd. Ze zei hem hoe blij ze was dat ze met haar beide kinderen rustig in Frankrijk kon wonen. Na een poosje diep nadenken stelde hij haar een onverwachte vraag: 'Is het waar wat men vertelt; dat Bonaparte zich eens heel fraai had gekleed en aan u vroeg hoe hij eruitzag? En dat u toen antwoordde dat het zwaard en de wapenrok van de Connétable hem beter zouden staan?'

Ze was op haar hoede en antwoordde met het hoofd koket opzij: 'Ach, men heeft me vroeger zoveel dingen in de mond gelegd zonder na te gaan of er waarheid in stak. Maar op het ogenblik is het de volle waarheid dat ik me geheel wil wijden aan de opvoeding van mijn kinderen. Ik hoop op een kalm leven.' De koning zei dat hij haar graag zou terugzien, privé of in het openbaar. Ze wees die invitatie af door er op een wat lijdzame toon aan toe te voegen dat ze zich als een oude dame beschouwde, die zich uit de grote wereld teruggetrokken heeft. Zijn fletse ogen gleden over het mooie figuur van de eenendertigjarige hertogin van Saint-Leu in haar bevallige rouwjapon. Ze had zeker acteertalent, zoals hij al gehoord had. Hij begon zachtjes te grinniken, zijn buik schudde. Hij verhief zich met de nodige inspanning van zijn zetel en Hortense deed hetzelfde. Hij vroeg haar toestemming om haar te mogen omhelzen en legde zijn warme, droge gezicht tegen haar wang. Met een lichte reverence verliet ze de werkkamer in de vaste overtuiging dat ze een goede indruk op hem had gemaakt en hem binnenkort om gunsten kon vragen.

Terug in haar huis in de rue Cerutti kwamen vrienden haar nieuwsgierig vragen hoe de koning haar had ontvangen. Haar vaste antwoord was: *'Si le roi est bon pour vous, il nous ramenera à lui.'*[7] Deze uitspraak kwam Lodewijk XVIII ter ore en hij vertelde het geamuseerd verder. Spoedig werd er veel over de hertogin van Saint-Leu gesproken. Aan het hof begonnen sommigen zich eraan te storen dat de koning zo gecharmeerd was van de stiefdochter van Napoleon. Op een avond tijdens het *coucher du roi* maakte de eerste kamerheer van de koning daar abrupt een einde aan. Toen Lodewijk XVIII het weer over de charmante hertogin van Saint-Leu had, merkte deze terechtwijzend op dat de hertogin zeker over charme beschikte. Maar hij moest niet vergeten dat ze omringd werd door verkeerde vrienden, verdachte jongelieden die kritiek hadden op het koninklijk bewind. Na deze gewaagde woorden viel er een stilte, de aanwezigen keken naar de koning. Hoe zou hij deze kritiek opvatten? De oude vorst antwoordde niet. Met een zucht gleed hij in het hemelbed en sloot moe zijn ogen.

Na enige tijd waagde Hortense het de koning opnieuw te benaderen met de vraag die op haar lippen brandde: wilde hij ervoor zorgen dat ze haar oudste zoon bij zich mocht houden? In tegenstelling tot wat ze hoopte en verwachtte ontving ze een antwoord van de eerste minister die haar koel mededeelde dat Zijne Majesteit zich niet met justitiële kwesties van zijn onderdanen bezighield. Daar was het gerechtshof voor. Hij waarschuwde haar wel dat haar zoon, als hij het land mocht verlaten, vanzelf zijn erfenis verloor.

Er zat niets anders voor haar op dan een advocaat in de arm te nemen. Om beter met hem te kunnen overleggen verlieten Hortense, Napoleon en Louis het landgoed Saint-Leu en vestigden zich in het drukke Parijs.

De rue Cerutti was omgedoopt in de rue d'Artois, de naam van de dauphin. Charles de Flahaut en diens neef La Bédoyère kwamen met gelijkgestemde vrienden minstens tweemaal per week op bezoek in haar salon. Ze waren in dienst van het leger gebleven zonder het regime van Lodewijk XVIII te steunen. Maar wat konden ze anders? Als alle voormalige aanhangers van keizer Napoleon ontslag namen, zou er geen leger meer over zijn.

Uit heel het land kwamen berichten van ontevreden burgers, die onder het bewind van Lodewijk XVIII te lijden hadden. De koning bleek blind voor alle vernieuwingen. Hij regeerde alsof er nooit een revolutie had plaatsgevonden. De telgen van de veertig adellijke families die zijn rijk telde, pakten hun oude gemakzuchtige leventjes weer op. Alle verworvenheden van Bonaparte werden tenietgedaan. Hortenses vrienden pleegden verholen verzet. Als er '*Vive le roi...*' moest worden geroepen voegden ze er mompelend aan toe: '*... de Rome*'.

De geheime dienst hield haar woning scherp in de gaten. In de bulletins van de veiligheidspolitie werd haar doen en laten zorgvuldig gerapporteerd. De politie las: 'In de ochtend heeft de hertogin van Saint-Leu met haar beide zonen een wandeling gemaakt. Bij thuiskomst schilderde ze en er kwamen schilders op bezoek. 's Middags werd er gemusiceerd. Er heeft geen aanstootgevend gedrag plaatsgevonden. Madame la Duchesse is zeer geliefd bij de mensen uit haar omgeving.'

Maar die onschuld werd nauwelijks geloofd. Natuurlijk bedreef ze haar *petite politique* achter de kanten gordijnen van haar salon. Het vermoeden groeide dat de hertogin van Saint-Leu deelnam aan een samenzwering. Al te vaak reden er koeriers naar haar broer Eugène de Beauharnais in Wenen. Hij zat daar onder moeilijke omstandigheden te wachten tot zijn zaak door de Europese mogendheden behandeld zou worden. Nu de vice-koning zijn macht over Italië kwijt was, had hij volgens het verdrag dat in Fontainebleau met Napoleon was gesloten recht op een prinsdom. Het congres was echter nog niet officieel geopend, eerst vierde men een reeks welkomstfeesten voor de vorsten en edelen die met een rijk gevolg uit alle hoeken van Europa toestroomden.

Op 16 en 17 oktober werd in de keizerstad Wenen de overwinning op Napoleon in de Slag bij Leipzig gevierd, die precies een jaar geleden plaatsvond. Voor Eugène was het onmogelijk zijn voormalige tegenstanders van het slagveld in de ogen te zien. De geadopteerde zoon van Napoleon verscheen niet op het feest. Op 2 november vond eindelijk de officiële opening van het congres plaats. Talleyrand en Metternich vormden de spil van alle besprekingen en intriges. Eugène putte hoop uit zijn vriendschap met de tsaar, die hem keer op keer steun beloofde, maar zelden op bezoek kwam. Alexander liet zich meeslepen in een stroom van feestelijke quadrilles, jachtpartijen, theateropvoeringen en bals. Hij ging op in de polonaises, omringde zich met de mooiste vrouwen en bracht volgens de rapporten van de spionagedienst vele nachten door bij de beruchte Russische prinses *La Bagration.*

De vrouw van Eugène zat in München met haar vijf kinderen op kosten van haar vader in een krappe huurwoning. In elke brief vroeg Auguste hem wanneer hun zaak aan de orde zou komen en wanneer hij eindelijk bij haar terugkeerde. Maar de besprekingen in Wenen sleepten zich voort, telkens onderbroken door festiviteiten. In alkoven en loges werden politieke geheimen ontfutseld. Men flirtte en lachte. Te lang hadden de Oostenrijkers, Engelsen en Pruisen in oorlog geleefd, ze vierden in een roes de vrede en de nederlaag van het beest Napoleon dat hen twintig jaar had beziggehouden. '*Le congres ne marche pas, mais il danse*,'[8] zei de drieëntachtigjarige graaf de Ligne alvorens na een laatste hofbal te sterven.

Alle vorsten trachtten aan de onderhandelingstafel voordeel te halen en vertraagden de besprekingen door hun eisen: de koning van Pruisen verlangde heel Saksen, maar kreeg ten slotte slechts de helft. De tsaar van Rusland wilde het bewind over heel Polen voeren, maar Oostenrijk, Frankrijk en Engeland verzetten zich ertegen. Hij moest zich tevreden stellen met een deel van dit land, vergelijkbaar met het hertogdom Warschau dat bestaan had onder Napoleon. De koning van Beieren zette zijn zinnen op Würzburg en andere Duitse gebieden. Er werd met de kaart van Europa op tafel gemeten, geschoven, geknipt. Om de expansiedrift van Frankrijk voorgoed te beteugelen wilde iedereen een reeks van bufferstaten creëren. Oostenrijk bleek daarom bereid de macht over België op te geven in ruil voor gebieden aan de Adriatische Zee. Het land werd samengevoegd met het koninkrijk Nederland onder koning Willem van Oranje-Nassau. Tussen twee bals door besloot men het hertogdom Luxemburg eraan toe te voegen. Joachim Murat mocht het koninkrijk Napels behouden. Hij had het onder meer te danken aan het pleidooi van Metternich, een van de minnaars van Caroline Bonaparte. De paus herkreeg de kerkelijke staat. De Bourbons werden in Frankrijk en Spanje in ere hersteld en het Huis van Braganza keerde terug op de troon van Portugal.

Aan het door Napoleon ingestelde wetboek was weinig te verbeteren. Het werd gehandhaafd, evenals de verbeterde administratie ten bate van de burgerlijke stand. Maar wat de verzamelde aristocraten verwierpen waren de idealen van de Franse Revolutie: vrijheid, gelijkheid en broederschap. Geen volksvertegenwoordiging, en gewone burgers werden uit de regering geweerd. Alles moest weer zijn als tijdens het *ancien régime*.

Er werden feestelijke recepties gehouden, maar Eugène de Beauharnais kreeg geen uitnodigingen. Hij was blij als hij in zijn logement brieven van Hortense of Auguste ontving. De tijd verstreek en van verre hoorde hij de muziek. Er werd een monsterconcert gegeven met louter werken van Beethoven, die de componist zelf dirigeerde. In het theater, dat schitterde van de diamanten, geurde naar parfums en zacht tinkelde van de medailles, weerklonk de A-dur symfonie en de cantate *Der glorreiche Augenblick* van de componist die ooit zijn *Eroica* aan Bonaparte opdroeg. Nu werd Wellington in klanken door hem gehuldigd, Wellington die vlak voor zijn vertrek in Parijs nog een langdurig bezoek aan Hortense had gebracht. Was het een beleefdheidsbezoek geweest, gebaseerd op de nieuwsgierigheid van de Engelse legeraanvoerder of stak er meer achter? De Oostenrijkse spionagedienst had het druk en elke vorst nam zijn eigen spionnen mee.

Men introduceerde de wals in de balzalen; losjes draaiden ze rond, de keizers en keizerinnen, de koningen en koninginnen. Groothertogen en groothertoginnen, tegen elkaar gedrukt in meeslepende maten waarover de ouderen jaloers schande spraken. Nooit waren er zoveel Europese vorsten en edelen bijeen gezien in een warme werveling van klanken en kleuren, vrolijke stemmen en wijn. Men danste. Men flirtte. Men vergat.

Het duurde niet lang voor Eugène merkte dat de brieven van zijn zuster door de politie werden onderschept en gelezen. Louise Cochelet, die verzot was op intriges, raadde de koningin aan een briefje te verstoppen in een flesje dat een geneesmiddel voor Eugène bevatte. Toen dit briefje – waarop slechts de naam van een betrouwbare vriend stond – toch werd ontdekt, was Hortense in gevaar. Het gerucht ging dat Eugène van plan was als opvolger van Napoleon de macht te grijpen en koning Lodewijk XVIII te verjagen. Een heel leger zou klaarstaan om zich op een teken achter hem te scharen.

Voor Hortense was de onvermijdelijke rechtszaak tegen haar man belangrijker dan het politieke spel, waarin ze niet excelleerde. Ze kreeg een advocaat die ze weldra wantrouwde. Er moesten particuliere documenten aan hem worden afgestaan, brieven van Lodewijk aan haar, brieven van Lodewijk aan Napoleon vol pijnlijke meningsverschillen, stukken over zijn abdicatie, het kwam allemaal in vreemde handen. Ze drukte haar advocaat op het hart vooral geen negatief beeld van haar man te schetsen. Daarmee zou hij haar zaak alleen maar schade berokkenen. Maar de pers was alert en de roddelzieke burgerij zag uit naar de confrontatie voor de rechter: Beauharnais versus Bonaparte.

Vanuit Wenen adviseerde Eugène haar opnieuw geen verweer aan te voeren. Het stoorde de tsaar dat Hortense niet naar zijn goede raad luisterde. Met de moed der wanhoop vocht Hortense door. Agenten posteerden zich voor haar woning. Welke vrienden kon ze vertrouwen en wie niet? Toen Charles de Flahaut tijdens een bijeenkomst in haar salon over politiek sprak en daarbij voor de grap de Marseillaise floot, stond ze plotseling op en verliet demonstratief het vertrek. Het werd december. Tijdens een *soirée* in de rue d'Artois bemerkte Mme Eglé Ney, een van Hortenses oudste vriendinnen, dat iemand zich naar de gastvrouw boog en haar iets in het oor fluisterde. Ze verbleekte en verliet even later met kalme pas het vertrek. Eglé volgde haar en vond Hortense in haar kabinet, waar ze bezig was haar diamanten en juwelen haastig in dozen te pakken. Ze vertelde Mme Ney dat ze een waarschuwing kreeg: de regering wilde beslag leggen op de bezittingen van de Bonapartes. Dat was tegen de afspraken van Fontainebleau. Er bestond echter geen twijfel: de volgende morgen zouden beambten komen om alles in haar huis te verzegelen. Ook het huis van kardinaal Fesch stond op de lijst. Hortense gaf Louise Cochelet instructies de twee dozen direct bij betrouwbare vrienden in bewaring te geven. Ze haalde diep adem en keerde terug naar haar salon, waar ze plaatsnam aan een speeltafeltje alsof er niets was gebeurd.

Toen de beambten de volgende morgen op de stoep stonden, begaf de hertogin van Saint-Leu zich goed voorbereid naar het bureau van de *maire*. Daar legde ze een schriftelijke verklaring af dat alle goederen in het huis aan de rue d'Artois aan haar toebehoorden. Louis Bonaparte had alleen wat papieren achtergelaten. De beambten brachten daarop slechts enkele zegels aan op zijn bureau en verlieten met tegenzin haar huis. Hortense vreesde dat de dreiging niet voorbij was. Maar het proces om haar kind leidde haar af.

In januari 1815 werd de rechtszaak geopend. Hortense besloot er niet bij tegenwoordig te zijn. Flahaut en diens neef volgden de zittingen en brachten elk woord aan haar over. In de overvolle zaal kreeg de zaak het karakter van een klassieke tragedie. Haar pleitbezorger ontroerde het publiek door met de hand op zijn boezem uit te roepen dat niemand zo wreed mocht zijn om een onschuldig kind bij zijn geliefde moeder, zijn vaderland en koning weg te halen. Zijn woorden leken doel te treffen maar de zaak was nog niet gewonnen. Eind februari zou het hof uitspraak doen.

De carnavalstijd brak aan. Gemaskerde feestvierders zwierven door de straten en waagden zich aan opruiende liedjes, die alleen de Bonapartisten begrepen. Ze stonden onder haar raam en wierpen kushandjes omhoog. Hortense luisterde, verborgen achter de gordijnen. Ze zongen over viooltjes. Het waren symbolische viooltjes die haar herinnerden aan het bruidsboeket van Joséphine, aan Napoleon die *Père Violet* werd genoemd. In de lente zouden de viooltjes weer gaan bloeien, zongen de carnavalsvierders en ze gingen er met scheve danssprongen luidruchtig vandoor.

Er stond een onbekende aan de overkant van de straat. Hij stak zijn handen in zijn zakken en sloeg de hoek om. Een ander nam zijn plaats in. Ze trok zich terug in haar salon en legde haar vingertoppen tegen haar slapen. De onrust werd ondragelijk voor Hortense. Op tafel lagen de nieuwe kranten waarin uitgebreid verslag werd gedaan van de rechtszitting. Het ging om haar kind, om haar leven. Het was gecompliceerder dan men verwachtte. Lodewijk had een sterke vertegenwoordiging naar Parijs gestuurd. Het hof deed nog geen uitspraak, maar vroeg een week uitstel. Als Hortense haar zonen tijdens hun dagelijkse wandeling hand in hand voor zich uit zag lopen, als ze samen speelden en hun gelach het trappenhuis vulde, kreeg ze een brok in haar keel. Welke vader zou twee broertjes meedogenloos van elkaar willen scheiden?

Twee dagen voor de uitspraak van het hof wandelde ze, zonder iets van haar omgeving te zien, door het Bois de Boulogne. Haar rijtuig wachtte op de afgesproken plaats en ze stapte in. Ze gaf haar koetsier opdracht naar het huis van een vriendin te rijden waar ze de rest van de morgen wilde doorbrengen. Het was maandag 6 maart. Ze reden over de Pont Royal. In het brede watervlak van de Seine spiegelde zich de hemel, waarin het lentelicht leek door te breken. Er kwam een ruiter naast haar rijden. Ze herkende een Engelse kennis en boog het hoofd naar voren om hem te groeten. Hij hield de teugels van zijn paard in: 'Madame, hebt u het nieuws al gehoord?' Ze opende het raampje en hoorde hem zeggen: 'Keizer Napoleon is in Cannes geland.'

24

Het was maandagavond. Het kleine concert werd gewoontegetrouw voor een uitgelezen gezelschap gehouden. Om elke schijn van samenzweringen te voorkomen nodigde de hertogin van Saint-Leu gasten uit van diverse politieke overtuigingen. Er was zelfs Engelse adel aanwezig. De kandelabers aan de wand beschenen diamanten en parelen halskettingen op de blanke huid boven laag uitgesneden japonnen in lila, roze en wit. Hortense liep als de gastvrouw heen en weer, ervoor zorgend dat haar sleep zich steeds achter haar drapeerde, dat haar tulen mitaines op hun plaats bleven en dat geen van de bezoekers haar glimlach miste. Met een sierlijke beweging van haar armen leidde ze de pratende groepjes van de hal naar de salon. Toen iedereen binnen was ontspon zich een levendig gesprek. Niemand sprak over wat iedereen bezielde. Bonaparte was geland. Met zeshonderd man stond hij plotseling op het strand van de Golf van Juan bij Fréjus en begon aan een mars naar Parijs. Wat zou de koning doen? Maar ze konden hun mening niet hardop geven, de gastvrouw wilde dat er op haar concertavond niet over kritieke onderwerpen werd gesproken. De kleine groep muzikanten die zich met hun strijkinstrumenten om de pianoforte had geschaard, zat er ongeïnspireerd bij. Wie had op dit ogenblik aandacht voor muziek?

Hortense maakte van de wederzijdse begroetingen gebruik om zich even uit het gezelschap terug te trekken. Ze haastte zich naar de achterkant van het huis. In het zwakke licht van de lenteavond stonden Louis en Napoleon, elk met een valies in de hand. Louise Cochelet had haar armen om hen heen geslagen en de jongens hielden elkaar bij de hand. Hortense boog zich voorover, kuste haar zonen op het voorhoofd en op het haar en duwde ze met zachte hand de tuin in. 'Ga nu. En laat niemand contact met me opnemen,' zei ze. En bij het zien van het bleke gezichtje van de jongste voegde ze er fluisterend aan toe: 'Tenzij er een van jullie ziek wordt.'

Louise liep met de jongens de tuin in. Aan de andere kant was een muur met een tuinpoort die toegang gaf tot de straat daarachter. Hortense kon zien dat de kinderen van het onverwachtse avontuur genoten en was blij dat het gevaar hun ontging. Ze werden bij vertrouwde vrienden ondergebracht zodat de politie de beide neefjes van Napoleon niet kon oppakken om ze als gijzelaars op te sluiten in de kerkers van de Tuilerieën. Het schrikwekkende voorbeeld van het onschuldige kind van Marie Antoinette dat in de gevangenis zo wreed aan zijn einde kwam stond haar voor de ogen.

Hortense vernam tot haar verbijstering dat Bourrienne, de jeugdvriend en voormalige secretaris van de keizer, door Lodewijk XVIII was aangesteld als de nieuwe prefect van politie. De koning deelde strenge orders uit om alle Bonaparte-sympathisanten op te pakken. Ze stelde zich Bourrienne voor, de stille secretaris die haar in opdracht van haar moeder en stiefvader kwam overhalen om met Lodewijk Bonaparte te trouwen. Hij had ervoor gezorgd dat ze – een meisje nog – bezweek onder de smeekbedes van Joséphine. Later was de secretaris bij Napoleon in onmin geraakt, wat hij nooit kon verkroppen. Hij koos nu de zijde van de Bourbons en leek haar gevaarlijker dan wie ook.

Ze wachtte, de nog kale bomen stonden als een houtskoolprent in de zwarte perken. Hier en daar kwamen wat lentebloemen boven de grond. Toen ze in de verte wielen over de keien hoorde ratelen glimlachte ze; het huurrijtuig dat haar kinderen in veiligheid bracht. Ze bukte zich, plukte een paar viooltjes en speldde ze op haar japon.

Binnen merkte ze dat enkele gasten haar veelbetekenend aankeken. Ze gaf met haar ogen te verstaan niet over de terugkeer van Napoleon te spreken. Men schaarde zich om de pianoforte. Maar de spanning hing in de salon; de een meende dat de keizer bij aankomst aan de eerste de beste boom was opgeknoopt, een ander verwachtte hem binnen twee weken triomfantelijk terug op de troon in Parijs. Waar was hij nu? Hortense hield haar opwinding in toom. Wellicht waren er spionnen van de royalisten onder haar gasten. Die avond had het concert een andere klank; een scherzando van Donizetti leek een provocatie, een rondo van Hummel opstandig en een mars van Mozart overmoedig. Aan het einde van het programma liet Hortense zich overhalen een eigen compositie te zingen uit haar bekende muziekalbum. Ze zette zich achter het klavier en begon te zingen: '*Peu connue point troublée.*'[1] Het was een variatie op haar lijfspreuk: '*Moins connue, moins troublée.*'

Ze zong zuiver, met een volmaakte ademhalingstechniek:

'La douce fille du printemps,
Parfumant l'air, sans être vue,
Vit au pieds des rosiers brillants,
Peu connue, peu connue.'[2]

De lente, de kracht van de nederige bloem, de viooltjes op haar borst, het waren hoopvolle symbolen die de hele salon schenen te elektriseren. Toen de klanken van het instrument wegstierven werd er langdurig geapplaudisseerd. Ze stond op en nam een kleine harp, die ze op haar knie zette. Schijnbaar gedachteloos plukte ze aan de snaren. Om de opstandige stemming te breken begon ze een lied te zingen dat ongemeen populair was geworden in Parijs en ver daarbuiten. Een onschuldig, romantisch marsliedje over de middeleeuwse ridder Dunois, die afscheid moet nemen van zijn geliefde om oorlog te voeren in Syrië. Hij strijdt met de kreet: 'Liefde voor de mooiste! Eer voor de dapperste!' En als beloning voor zijn vroomheid en moed leidt hij zijn geliefde Isabelle naar het Maria-altaar in de kapel.

Warm, opgewonden en voldaan stroomden de gasten aan het einde van de avond naar buiten. Hortense, die hen gehuld in een kasjmier sjaal uitliet, zag aan de overkant van de donkere rue Cerutti enkele roerloze schimmen. Haar zonen waren tenminste veilig. Vlak voor de laatste gast haar stoep afliep, drong uit het donker een gestalte naar de voordeur. Ze herkende Joseph Fouché, hertog van Otrante, die voor het eerst sinds ze buren waren contact met haar zocht. Met enige tegenzin liet ze toe dat hij haar salon betrad. 'Ik houd er rekening mee dat de koning me binnenkort laat arresteren,' zei hij, het harde en sluwe gezicht naar haar toegewend. Sinds de dood van zijn vrouw was hij sterk verouderd, maar niet milder geworden. Hortense zou hem nooit vergeven dat hij er bij haar stiefvader op had aangedrongen van haar moeder te scheiden. Tot haar verbazing vroeg hij haar een vriendendienst: 'Geef me de sleutel van uw tuinpoort, dan kan ik wellicht ontsnappen als ze me komen oppakken.'

Ze antwoordde dat men in deze tijden voorzichtig moet zijn met het verlenen van gunsten. Hij zag haar angst en gaf ongevraagd advies: 'Neem onmiddellijk contact op met de tsaar in Wenen. Hij is uw vriend. Hij moet uw broer naar Frankrijk sturen, Eugène de Beauharnais is de aangewezen persoon om op dit moeilijke ogenblik de beide partijen tot bedaren te brengen en een burgeroorlog in Frankrijk te voorkomen.'

Hortense begreep dat de berekenende Fouché zijn voordeel hoopte te doen met haar belangrijke relaties in Wenen. Ze zag ook het zinvolle van zijn woorden in. Uit menselijke overweging gaf ze hem een reservesleutel van het tuinpoortje. Zodra hij haar huis had verlaten zette ze zich aan haar schrijftafel en begon aan een brief voor de tsaar en een voor Eugène.

'De volgende morgen deed het gerucht de ronde dat men elkaar in mijn salon had geluk gewenst met de ontsnapping en dat er liederen waren gezongen ter ere van de keizer,' schreef Hortense in haar memoires. 'Nooit was ik aan zoveel verschillende sentimenten ten prooi geweest. Zou de keizer erin slagen Parijs te veroveren? Zou zijn optreden een burgeroorlog veroorzaken of misschien wel een oorlog met het buitenland?'

Charles de Flahaut kwam haar met Lavalette en Caulaincourt bezoeken. Ze waren aan dezelfde gemoedstoestand ten prooi. Verbaasd, verheugd maar ook ongerust. Wat zou het gevolg zijn van deze ongelooflijke onderneming? Hoe konden ze de keizer steunen zonder in handen van de geheime dienst van de koning te vallen? Had het wel zin Napoleon te steunen die met slechts zeshonderd man het hele leger van Lodewijk XVIII wilde trotseren? De graaf van Artois en de hertog van Orléans waren al aan het hoofd van hun troepen opgerukt naar het zuiden om hem tegen te houden.

Te midden van de consternatie ontving Hortense bericht van de rechtbank: ze had het proces om het behoud van haar zoon verloren. Binnen drie maanden moest hij naar zijn vader in Zwitserland worden gebracht. Ze was geschokt maar tegelijk hoopvol; door de plotselinge terugkeer van de keizer kon ze hem misschien toch bij zich houden. Napoleon Louis was de ernstigste van haar twee kinderen. Daarmee hield hij zijn uitbundige en opgewekte broertje in balans.

Eglé Ney kwam de koningin na het vertrek van haar drie vrienden opzoeken. Ze vertelde dat haar man van Lodewijk XVIII opdracht had gekregen zijn troepen te verzamelen om tegen de keizer op te rukken. Napoleon zou Parijs nooit bereiken. En dat was maar goed ook; hij zou het slachtoffer van zijn eigen dwaasheid worden. De ontsnapping betekende zijn definitieve einde. Ze vertelde er niet bij dat maarschalk Ney voor de koning neerknielde en hem bezwoer Napoleon, *le monstre*, te vangen en hem als een beest in een ijzeren kooi heel Frankrijk door te voeren. Hortense antwoordde haar oude vriendin dat haar man en zij zich misschien vergisten; wie wist hoe soldaten en burgers zouden reageren op de terugkeer van de keizer? Er waren genoeg mensen in hun hart trouw gebleven.

Wat Mme Ney nooit had verwacht gebeurde: bij nadering van het regiment van de maarschalk stapte Napoleon van zijn paard, liep ongewapend naar de voorste soldaten die het geweer op zijn borst richtten en riep: 'Herken je me? Waag je het op je generaal te schieten?' Ney staarde zijn oude vriend als verlamd aan, hij herinnerde zich alles wat

ze samen hadden doorstaan. Achter hem begonnen zijn soldaten te juichen: *Vive l'empereur!* In een oogwenk bezweek hij voor zijn blik, zijn houding, zijn stem. De hand met het zwaard ging omhoog en hij hoorde zichzelf roepen: *Vive l'empereur!* Ze werden met open armen door

Napoleons aanhangers verwelkomd en trokken samen verder noordwaarts.

Hoe positiever Hortense over Napoleons terugkeer sprak, des te meer burgers geloofden dat ze betrokken was geweest bij de ontsnapping van Elba. In de kranten las ze dat La Bédoyère zich met zijn troepen in het zuiden bij de keizer had gevoegd. Men wist dat hij tot een van de vaste bezoekers van haar salon behoorde. Napoleon bereikte ongehinderd Grenoble, waar hij met gejuich werd ontvangen. In een eenvoudig rijtuig zette hij koers naar Lyon. Het leger van Napoleon zwol aan en naderde langzaam maar zeker de hoofdstad.

De Franse soldaten die onder aanvoering van de graaf van Artois en de hertog van Orléans Napoleon tegemoet trokken, bleken bij het zien van hun oude idool niet in toom te houden: ze liepen als één man juichend over en lieten hun aanvoerders staan. Zodra de Bourbons begrepen dat ze geen steun meer hadden, keerden ze terug naar de hoofdstad om de koning het slechte nieuws te brengen. Daar werd een noodplan ontworpen voor het geval Napoleon Parijs mocht bereiken: de leden van het koningshuis zouden zich over Frankrijk verspreiden. Maar wat moest de koning doen? Vechten of vluchten was de vraag.

In de Tuilerieën wreef de oude vorst besluiteloos over zijn pijnlijke benen. Hij was niet in staat om te vechten. Wat zouden ze met hem doen als hij bleef? Had hij nog niet genoeg ellende meegemaakt? Om een daad te stellen schreef hij vierentwintig arrestatiebevelen uit en overhandigde ze aan Bourrienne. Dezelfde middag drong de politie gewapend het buurhuis van Hortense binnen. Fouché was op hun komst voorbereid en ontving hen schijnbaar gelaten. Hij las het arrestatiebevel dat men hem voorhield en knikte. Onderdanig vroeg hij de heren van politie toestemming om zich even te mogen terugtrekken. Men stond het hem toe, lichtelijk in verlegenheid gebracht bij de gedachte aan Fouchés vroegere gezag. Ze namen plaats op stoelen en wachtten. Het wachten duurde vrij lang en toen een van hen ten slotte ging kijken waar de arrestant bleef ontdekten ze dat hij zich niet meer in het huis bevond. Ze renden de tuin in en zagen een ladder tegen de muur staan die uitkwam op de tuin van de hertogin van Saint-Leu. Fouché had zich toen al in een huurrijtuig via de achterstraat uit de voeten gemaakt. 'In de verwarring was hij de sleutel van mijn tuinpoortje vergeten,' schreef Hortense. 'Hij brak het slot met een steen en liet de deur achter zich open.'

Heel Parijs wist inmiddels te vertellen dat Hortense haar diamanten had verkocht om de troepen van haar stiefvader te bekostigen. Ze was nu zo verdacht dat ze wel moest vluchten. Ze durfde niet bij haar zonen onder te duiken en dacht opeens aan Mimi, de oude zwarte verzorgster die met Joséphine uit Martinique was meegekomen. Ze was getrouwd met ene heer Lefebvre en had van Joséphine niet alleen een bruidsschat maar ook een pensioen ontvangen. Er was geen tijd meer om zich te bedenken, de politie kon elk ogenblik aankloppen. Ze moest vertrouwen op de goedheid van Mimi.

Op 11 maart 's morgens om tien uur verliet Hortense in de stromende regen haar huis. Ze droeg de oude *redingote*[3] en het hoedje van Louise en liep aan de arm van Adrien Cochelet, de broer van haar hofdame. Hij hield een paraplu voor haar gezicht. De hele straat stond onder bewaking. Zo kalm mogelijk passeerde het paar de spionnen. 'Ze bekeken ons nieuwsgierig maar volgden ons niet. Mijn ongerustheid was extreem,' schreef Hortense. Onder de kritieke omstandigheden vergat ze haar status niet: '*Eh bien!* Wat was het gênant om me voor het eerst van mijn leven alleen op straat te bevinden. Nog wel met een jongeman en zonder dame om maar niet te spreken van het gevaar om ontmaskerd te worden! Mijn begeleider was niet minder zenuwachtig dan ik. In de haast had ik me niet omgekleed. De kanten stroken van mijn mooie japon kwamen bij elke stap onder de jas tevoorschijn en dreigden me te verraden. De tocht leek eindeloos. Ten slotte bereikten we de rue Duphot op de hoek van de boulevard. Ongezien ging ik naar binnen en beklom de trappen die naar de vierde etage leidden.'

Mimi Lefebvre keek achterdochtig naar de onbekende vrouw, maar toen Hortense het natte hoedje afzette en 'Mimi!' riep, slaakte ze een kreet van verrukking. 'Ik werd overstelpt met kussen en vreugdebetoon. Mimi was dolblij dat ze zich nuttig kon maken.' De mulattin bleek direct bereid haar te laten onderduiken. Monsieur Lefebvre beloofde dat hij in het zijkamertje ging slapen. Hortense stapte de kleine woning in en keek verrast om zich heen: 'Plotseling was ik omringd door allerlei portretten van mijn familieleden en ontelbare voorwerpen uit de kindertijd van Eugène en mij.' Mimi had alles bewaard, alsof het relikwieën betrof. Negen dagen lang bracht Hortense in de burgerwoning door zonder een voet buiten de deur te zetten. Voorzichtig gluurde ze door een spleet in de gordijnen naar de boulevard waar soldaten gerekruteerd werden om in het leger van de koning te dienen. *Vive le roi!* riepen jonge jongens en grijsaards. Pal aan de overkant woonde een royalistische familie en ook de buren waren trouwe aanhangers van Lodewijk XVIII. De onderduikster moest zich dus stilhouden. In de kranten las ze dat Napoleon Soissons had bereikt. Vierduizend mensen juichten hem daar toe. Plotseling kwamen er tal van samenzweringen van ontevreden militairen aan het licht. Ook als de keizer Elba niet was ontvlucht zouden er toch wel opstanden zijn uitgebroken tegen het bewind. Als ze een regiment soldaten voorbij zag marcheren was het volstrekt onduidelijk of de soldaten Napoleon zouden bestrijden of steunen. Bezorgd over het lot van haar vrienden stelde Hortense allerlei vragen aan Louise, die soms langskwam. Mlle Cochelet vertelde dat Charles de Flahaut veilig bij generaal Alexander de Girardin was ondergedoken. Caulaincourt zat bij zijn oude keukenmeid en Lavalette was zo vindingrijk om, bepruikt en vermomd als kamerknecht, zijn intrek te nemen in het huis van Hortense. De geheime politie wist dat ze was ontsnapt en zou hem daar nooit komen zoeken.

Elk bericht uit de buitenwereld deed de spanning in Mimi's kleine woning toenemen. De schoonvader van Vincent Rousseau, Hortenses *frère de lait*, die als koerier van de brievenpost werkte, vertelde dat hij de intocht van Napoleon in Lyon had gezien: heel de stad was uitgelopen om hem gek van vreugde toe te juichen. Bij terugkeer in Parijs was hij in de Tuilerieën ontboden want de koning wilde uit zijn eigen mond horen wat er was voorgevallen. De man vertelde in geuren en kleuren over de geestdrift van het volk en voegde er onbevangen aan toe: 'Op mijn eer, Sire, die adel van u is wel erg laf! Ik zag uw broer alleen met twee gendarmes terugkomen. Alle anderen hadden hem in de steek gelaten.' Daarop beduidden de geschrokken hovelingen hem te zwijgen en ze trokken hem weg bij de koning, die jammerend beide handen voor zijn gezicht legde.

De dagen leken lang in de kleine bovenkamer. Ondanks alle waarschuwingen van Mimi opende Hortense het raam af en toe op een kier om wat frisse lucht in te ademen. Op de ochtend van de twintigste maart was er verandering in de lucht; ze zag dat haar overbuurman het witte Bourbonlint had afgelegd dat hij altijd op zijn borst droeg. Zijn vrouw, die voortdurend tegen hem tekeerging, haalde de plumeau over een portret van een minister van Bonaparte en hing het aan de wand. Ongeduldig wachtten ze op berichten totdat een bezoeker de trappen op rende met groot nieuws: de koning had even voor middernacht de Tuilerieën verlaten. Toen Lodewijk XVIII vernam dat zelfs maarschalk Ney zich achter Napoleon schaarde, voelde hij zich niet langer veilig en besloot in overleg met Bourrienne naar het buitenland te vluchten. De hertog van Orléans zou bij het afscheid van zijn maîtresse, een zwangere *danseuse*, hebben gezegd: 'We zullen elkaar nooit terugzien. Alles is afgelopen voor ons, we zijn verloren.'

Hortense wilde direct terug naar haar huis in de rue Cerutti, maar ze werd tegengehouden door haar hofmeester Devaux. Er zou anarchie kunnen uitbreken in de straten. Er was geen koning en geen keizer om de orde onder het gepeupel te handhaven. Niemand wist wat Parijs te wachten stond.

Ten prooi aan tegenstrijdige emoties verplaatste Hortense zich in de oude koning, die alweer moest vluchten. Uit medelijden richtte ze een brief aan Lodewijk XVIII. Hij had haar immers vriendelijk ontvangen. In haar memoires schreef ze ook hoeveel achting ze behield voor de familie d'Orléans. Hoewel ze geen van hen persoonlijk kende, hield ze van hun leefstijl en de waardigheid die Mme Campan haar pupillen aanleerde. Denkend aan de onthoofde markies de Beauharnais hadden de Orléans Eugène respect betoond. Via een oude dienstbode van Mlle d'Orléans liet Hortense zelfs dit gezin weten dat men in tijd van nood beroep op haar kon doen. Net als Joséphine werd ze niet geleid door politieke, maar door menselijke gevoelens. Ze wenste vriend en vijand het goede toe en kwam door haar onhandigheid bij beiden in een kwaad daglicht te staan. In de brief aan de koning benadrukte ze dat ze niet had meegewerkt aan de terugkeer van Napoleon. Louise Cochelet droeg er zorg voor dat de koning haar bericht in zijn ballingsoord ontving.

'Om drie uur kwam de heer Devaux terug om te zeggen dat de keizer waarschijnlijk al dezelfde dag zijn intocht in Parijs zou houden,' schreef Hortense. Hij gaf haar een brief van Fouché die belangrijke informatie bevatte en voor Napoleon bestemd was. Het was duidelijk dat Fouché al bezig was naar herstel van zijn positie onder de keizer te solliciteren. Ze gaf de brief aan Vincent Rousseau die zich meteen uit de voeten maakte om hem te bezorgen.

Op de terugweg naar de rue Cerutti zag ze dat winkeliers hun uithangborden met de Franse lelie der Bourbons verwisselden voor die met adelaars of de gouden bij van Napoleon. Het was rustig op straat. Niets kon haar meer verbazen. Thuisgekomen trok ze haar middagjapon uit en koos na enige aarzeling een rouwjapon van grijze crêpe met rouwsieraden. Ze wachtte af.

'Om zeven uur 's avonds meldde zich een officier van de *Garde Nationale* die me namens de vroegere ministers uitnodigde om mijn opwachting bij de keizer in de Tuilerieën te komen maken. Het volk dromde samen om het paleis. Bij het zien van mijn rijtuig barstte er gejuich los. De wachtposten presenteerden het geweer en slaakten zulke luide vreugdekreten dat ik even geloofde dat de keizer van de andere kant kwam. Maar beseffend dat het voor mij bestemd was glimlachte ik. De vorige avond reed ik volkomen onopgemerkt langs dezelfde wachters. Wat een verschil van de ene dag op de andere!'

In het paleis was een grote menigte samengestroomd. De vroegere ministers stonden in de ontvangstzaal klaar om de keizer te verwelkomen. Vele militairen en hofdames wachtten gespannen op de eerste tekenen van zijn aankomst. Natuurlijk zou hij vandaag, op twintig maart komen. Het was immers de vierde verjaardag van zijn zoon, de kleine koning van Rome. De keizer kwam nooit bij daglicht terug, hij zou ook nu wel tot de avond wachten. Hortense ontdekte verbaasd in de opeengepakte menigte haar schoonzuster Julie, koningin van Spanje, die door haar man vanuit Zwitserland naar Mortefontaine was gestuurd om hun zaken te regelen. Tegen negen uur kwam plotseling iedereen in beweging, stemmen druisten op, de menigte drong naar voren, trad terug. Buiten klonk een aanhoudend gejuich dat ritmisch werd en in vervoering opsteeg: *Vive l'empereur!* Na enige tijd week de menigte uiteen om een pad vrij te maken. De keizer trad haastig binnen, de blik vooruit gericht.

Bij het weerzien van haar stiefvader beefde Hortense onder de oude vrees die hij haar altijd had ingeboezemd. Ze besefte nu ten volle hoe haar positie in de afgelopen tien maanden was veranderd. In zijn laatste brief noemde hij haar afstandelijk 'mijn zuster'. Hij deed na twintig jaar moedwillig afstand van het vaderschap. En wat had zij gedaan? Na zijn verbanning waren alle contacten met de familie Bonaparte verbroken. Ze liep arm in arm met zijn vijand de tsaar van Rusland door de tuinen van Malmaison. Ze dineerde met de koning en de prinsen van Pruisen. Ze begroette de keizer van Oostenrijk. De drievoudige vijand van Leipzig. De hertog van Wellington had aan haar tafel gezeten. En wat Napoleon wellicht het meest zou kwetsen was dat ze zich door de koning tot hertogin van Saint-Leu liet verheffen. Lodewijk XVIII had haar omhelsd. Napoleon schudde snel handen, stompte schouders, knikte en beende verder met zijn handen op de rug. Mannen als Lavalette raakten buiten zinnen en konden niets anders meer stamelen dan: 'U bent het, Sire. U bent het, Sire.' Voortgestuwd door de massa kwam de keizer in zijn salon aan. Men moest een pad voor Julie en Hortense banen om hen bij Napoleon te brengen. Zijn ijskoude blik gleed over haar rouwjapon. 'Waar zijn je kinderen?'

Ze legde hem uit dat ze haar zonen in veiligheid had moeten brengen. Hij zei kort: 'Ik las in de krant dat je het proces hebt verloren. Dat was te verwachten. Het vaderlijk gezag is alles.'

Meteen wendde hij zich tot Julie: 'En welk toeval brengt u hier?' De koningin van Spanje raakte in de war, mompelde iets toen de keizer zich al van haar afkeerde. Hij was uitzonderlijk vriendelijk tegen een aantal dames, kuste hen en omhelsde zijn oude officieren. Maar Hortense en Julie liet hij verloren staan.

Toen men kwam zeggen dat het souper was opgediend begaf hij zich naar de eetzaal en daarna trok hij zich met de ministers terug in zijn werkkamer om te beraadslagen. Hortense zag hem niet meer terug. Ze keek hulpzoekend naar Caulaincourt, die bij de keizer in het rijtuig had gezeten en uitvoerig met hem had gepraat. Hij nam haar apart en legde uit dat Napoleon op Elba overstelpt was met kwade berichten over haar. De keizer was daarom zo verbitterd dat hij uitriep zijn stiefdochter nooit meer te willen zien. De koningin stelde zich Madame Mère voor en Pauline, die zijn ballingschap op het eiland deelden. Ze grepen natuurlijk de kans de dochter van Joséphine zoveel mogelijk zwart te maken. Hun haat kende geen einde. Caulaincourt raadde haar aan de volgende dag met haar zonen terug te keren.

'S Ochtends haalde de koningin Napoleon en Louis op en begaf zich heel vroeg met hen naar de Tuilerieën.[4] Er bevond zich toen al een menigte mensen in de tuin. Militairen van allerlei rangen in verschillende uniformen hingen rond op de trappen, op de cour. En overal klonken vreugdekreten. 'Het volk applaudisseert nu eenmaal makkelijk voor wie hun verbazing opwekt, maar deze gebeurtenis had iets bovenmenselijks dat de verbeelding tartte en zelfs de meest onverschillige burgers meesleepte,' schreef Hortense.

Hortense liep met haar beide zonen naar de keizerlijke appartementen waarin nu al niets meer herinnerde aan het verblijf van de oude Bourbonkoning. Met bonzend hart keek ze naar de korte, krachtige gestalte, die alleen bij het geopende venster stond, waar onophoudelijke kreten van blijdschap opstegen. Hij groette haar koel, en omhelsde zijn neven die door hun spontane gedrag de harde trekken op het witte gelaat wisten te breken. Zwijgend liep ze vervolgens naast de keizer door het vertrek. Telkens als ze langs de vensters kwamen zwol het gejuich in de tuinen aan. Napoleon en Louis stonden met hun handen tegen het glas verrukt naar de verheugde massa te kijken. Eindelijk verbrak Napoleon zijn ijzig stilzwijgen: 'Ik had nooit gedacht dat jíj mijn zaak zou verloochenen.' – 'Uw zaak verloochenen, Sire?!' riep ik uit, 'had ik dat willen of kunnen doen?' – 'Je had het recht niet om over het lot van mijn neven te beschikken zonder mijn toestemming. Je man had gelijk om zich daar gekrenkt over te voelen.' – 'Maar Sire, u kent de omstandigheden niet die me verplichtten om in Frankrijk te blijven. Mijn moeder wilde het. Ze had alleen mij nog. U weet dat mijn man me geen enkele steun gaf. In zijn mening kon ik geen vertrouwen hebben. Waar kon ik heen?' – 'Met je broer mee!' – 'Maar die wist nog helemaal niet waar hij aan toe is. Hij ging naar Wenen om zijn zaak te bepleiten.' – 'Dan had je ook naar Wenen moeten gaan om voor jezelf op te komen.'[5] Ze verdedigde zich met steeds hogere stem: 'Maar denkt u dan dat ze me het hadden toegestaan? De tsaar van Rusland was een edelmoedige vijand. Hij wilde de toekomst van mijn kinderen verzekeren en bood allerlei voordelen aan. Kon ik hem dat weigeren?' En toen hij bleef zwijgen vuurde ze de volgende pijnlijke tegenvraag op hem af: 'Heeft men voor uw zoon het hertogdom Parma geweigerd?'

'Dat is een andere kwestie; dat staat hier los van,' riep Napoleon van zijn stuk gebracht. Hortense vervolgde: 'Uw zoon, Sire, heeft nog meer verlies geleden dan de mijne. Hij verloor de kroon van Frankrijk. Men vond de kroon van Parma, een heel geringe compensatie, goed genoeg voor hem. Had ik dan voor mijn kinderen, die slechts prinsen van Frankrijk zijn, een nog geringere compensatie moeten afslaan?'

Toen sprak Napoleon de harde, heldere taal die haar deed inzien hoe fout ze tijdens zijn ballingschap handelde: 'Je had niet in Frankrijk mogen blijven. Een stuk zwart brood eten was beter geweest dan dit. Dacht je trouwens dat je kinderen iets hadden gehad aan die zogenaamde voordelen? Men had zich er mooi vanaf gemaakt. Wanneer je gedeeld hebt in de grootheid van een familie, moet je ook delen in hun ongeluk.' Bij die woorden kon Hortense haar tranen niet meer inhouden en ze stond in haar rouwjurk hartbrekend te snikken. Dezelfde tranen als van Joséphine die, toen hij verliefd op haar werd, net zo oud was als Hortense nu. Ook zij stond er toen met twee kinderen alleen voor. Hij ontfermde zich over hen, hij had zijn stiefkinderen in de afgelopen twintig jaar overstelpt met weldaden en gunsten. Dat uitgerekend zijn geliefde stiefdochter hem had verraden trof hem diep. Hortense zag haar misstap in, maar ze stamelde tussen haar snikken door dat ze alles goed bedoeld had door ervoor te zorgen dat haar kinderen in hun vaderland konden blijven.

Hij spotte: 'Ach kom, je kunt geen enkele goede reden bedenken om zoiets te doen.' Week gemaakt door de tranen, die nooit hun uitwerking op zijn gemoed misten, zei hij grootmoedig: 'Maar je weet wel dat ik een goede vader voor je ben; ik wil je wel vergeven. Laten we er niet meer over praten.'

Hij had het woord vader uitgesproken. En ze kende hem goed genoeg om te weten dat hij er werkelijk niet meer op zou terugkomen. Op die manier beëindigde hij ook altijd de ruzies over schulden met Joséphine. Hij vroeg Hortense bijzonderheden over de dood van haar moeder en stond enige tijd stil naar de grond te staren. Hij besloot dat haar stoffelijk overschot naar de kathedraal van Saint-Denis zou worden overgebracht, opdat ze een eervolle laatste rustplaats zou vinden tussen alle koningen en koninginnen van Frankrijk. Maar later, in alle stilte. Op dit tere ogenblik werden ze afgeleid; er stonden allerlei mensen op de keizer te wachten. Hij zei nog te hopen dat Eugène gauw uit Wenen zou terugkeren en liet zich ontvallen dat hij graaf Molé, die zijn opwachting maakte, tot minister van Buitenlandse Zaken wilde benoemen. Hortense, plotseling alert, riep uit: 'Maar ik had gedacht dat u Caulaincourt voor die functie zou vragen. Hij heeft zich altijd ingezet voor de vrede, zijn benoeming zou voor de wereld het bewijs vormen dat Frankrijk vreedzame bedoelingen heeft.' Napoleon deed een stap naar voren en trok haar plotseling op zijn oude wijze aan het oor zonder rekening te houden met haar oorhanger: 'Zo zo, je doet tegenwoordig dus ook aan politiek?' Ze wist dat dit pijnlijke gebaar een teken van verzoening was. Maar het gesprek had haar zo aangegrepen dat ze op haar benen stond te trillen. Hij nam afscheid. Zei dat ze elke avond na het diner welkom was. Toen wendde hij zich tot zijn eerste gast.

Hortense herkende de Hollandse admiraal Carel Hendrik VerHuell, die zich tot Fransman had laten naturaliseren. Napoleon omhelsde hem stevig, klopte hem op de schouder, riep uit: '*Voilà le brave des braves*.'[6] VerHuell was duidelijk ontroerd, vooral toen de keizer eraan toevoegde: 'We zouden er niet zo aan toe zijn als nu, wanneer iedereen zijn plicht had vervuld als u.' De admiraal had echter niet meer die blik van aanbidding in zijn ogen van weleer. En toen Napoleon hem naar Holland vroeg antwoordde hij in alle oprechtheid: 'De Hollanders verlangen niets anders dan hun onafhankelijkheid onder hun eigen gouvernement, Sire. Ze eren en beminnen de koning.' De keizer leek die woorden niet te horen. Hij richtte zijn blik al op de volgende gast: Molé. Deze kwam buigend naar voren, anderen drongen op. Hortense was vermoeid en wilde naar huis gaan, maar Louis greep haar bij haar rokken en smeekte nog wat te mogen blijven. Er zou een grote parade worden gehouden! Die moesten ze zien. Ze gaf toe.

Na afloop van de audiëntie liep de keizer door de openslaande deuren naar buiten waar hij de trappen afdaalde die naar de Place du Carroussel leidden. Een donderende ovatie vulde de lentehemel. Haar jongste zoon bleef met schitterende ogen toekijken, alle indrukken diep in zich opnemend, de borst onwillekeurig trots vooruit. Als een Romeinse god stond Napoleon daar en liet het gejuich over zich heen komen, het gelaat hard als een marmeren beeld met een kracht die zich in geen enkel mens op deze wijze manifesteerde. Louis was betoverd door 's keizers belangstelling voor hem. Het korte, emotionele gesprek met zijn moeder had hem bang gemaakt. Maar nu haar tranen waren gedroogd glimlachte ze alweer. Haar jongste zoon bewaarde alle impressies in de diepste lagen van zijn bewustzijn waar ze een eigen leven bleven leiden, een basis vormden voor het beeld dat hij van zijn eigen toekomst en die van Frankrijk opbouwde. Hij trachtte zo dicht mogelijk bij zijn oom te komen, dan zou er iets van Napoleons kracht en majesteit op hem overgaan. Hij voelde zijn Bonapartebloed gloeien. Deze man betekende zoveel meer voor hem dan zijn verre vader, aan wie hij geen herinnering bewaarde. In tegenstelling tot zijn broer, die met genegenheid over hem sprak.

'Nooit tevoren, zelfs niet in de glanstijd van het keizerrijk, was er iets dergelijks te zien geweest,' schreef Hortense. 'Op het reusachtige plein en in de omliggende straten was een enorme mensenmassa samengestroomd; voor alle ramen en op alle daken, overal waar maar een klein plekje te vinden was om te staan, dromden de toeschouwers samen. Met luid gejuich beantwoordden ze de kreet *Vive l'empereur!* die onophoudelijk over het plein daverde uit duizenden kelen der soldaten en officieren. Ze staken hun sjako's en mutsen op de punt van hun geweer of sabel en zwaaiden ermee in de lucht.'

Het bataljon uit Elba, dat uit zeshonderd grenadiers met bruin verbrande gezichten bestond, had zo'n lange mars achter de rug dat de uniformen met stof bedekt waren. Ze lieten het gejuich trots over zich heen komen; de hulde was ook voor hen bestemd.

Vermoeid en geëmotioneerd keerde Hortense terug in de rue Cerutti. Haar zoon Napoleon verwerkte stil en ingetogen de indrukken van de afgelopen, historische dag. Louis hield niet op met praten, rende van vertrek tot vertrek om speelgoedzwaarden, -degens en petten te zoeken waarmee hij de parade kon imiteren. Dan weer marcheerde hij met zijn pink op de denkbeeldige naad van zijn uniformbroek door de hal, dan weer stond hij recht en trots als zijn oom, de keizer, Napoleon Bonaparte op de onderste traptrede.

Toen ze de kinderen naar bed had gebracht kwam haar trouwe vriend La Bédoyère dineren en sprak nadenkend, de nadruk leggend op het woord 'als': 'Als Frankrijk weer onafhankelijk kan worden, als de keizer het een liberale grondwet schenkt en als de vrijheid van de burgers door de wetten wordt gewaarborgd dan zal ik me gelukkig voelen omdat ik iets heb mogen bijdragen aan de redding van mijn vaderland.' Ze vond hem niet zo uitbundig als de rest van haar vrienden. En dat was begrijpelijk; zijn vrouw was een overtuigd royalist en had zich uit protest met haar moeder op het platteland teruggetrokken. Doodmoe ging de koningin die avond naar bed en wierp gewoontegetrouw een blik op de donkere rue Cerutti. Er stonden geen spionnen tegen de muur. In het buurhuis brandden lichten; Fouché was door de keizer benoemd tot minister van Politie. Ze hoefden geen invallen meer te vrezen.

De volgende morgen, op 22 maart 1815, diende Caulaincourt zich bij Hortense aan. Hij liet zich niet meeslepen door de hysterische vreugde van de massa over de terugkeer van de keizer. Welk heil kon men van Napoleons nieuwe bewind verwachten? Hij vroeg zich hardop af of de keizer niet in zijn oude fouten zou vervallen. Natuurlijk wilde hij op den duur België heroveren. De haven van Antwerpen was hem veel waard. Maar om het vertrouwen van zijn onderdanen te winnen, moest hij vooral een duurzame vrede beloven. Hij kon de tsaar alleen aan zijn kant krijgen als hij bezwoer dat het bloedvergieten voorgoed tot het verleden behoorde. Hortense geloofde nog altijd te veel in het goede om aan het herstel van de harmonie tussen Napoleon en Alexander te twijfelen. Ze had spijt van haar dwaling en koos onvoorwaardelijk voor haar stiefvader. Ze zou hem onder alle omstandigheden blijven steunen.

Caulaincourt bracht haar een delicaat verzoek van de keizer over. Hij vroeg haar een brief aan keizerin Marie Louise te schrijven. Ze moest de keizerin vertellen dat ze zich verheugde op het weerzien en vragen wanneer ze haar met hun zoon in Parijs kon verwachten. Napoleon wachtte vol ongeduld op zijn vrouw en kind. Hoewel hij op Elba een huis voor hen liet inrichten, kwamen ze niet bij hem, in tegenstelling tot Marie Walewska, die hem onverwachts met haar zoon was komen bezoeken. Misschien waren de brieven van zijn vrouw door zijn bewakers onderschept? Het verlangen naar Marie Louise en de kleine koning van Rome was een van de drijfveren geweest om van het eiland te ontsnappen. Vanuit Lyon stuurde hij haar nog een brief: 'Geroepen door het Franse volk heb ik mij geschikt naar zijn wens. Ik ben alom met gejuich ontvangen. Ik zal over enige dagen in Parijs zijn. Ik verwacht je daar met mijn zoon aan het einde van de maand.' Ook toen kreeg hij geen antwoord. De keizer had het Franse volk al voorbereid op de terugkeer van de keizerin en hun zoon. Werden zijn brieven op last van zijn schoonvader achtergehouden of vernietigd? Hij verwachtte dat men een brief van Hortense wel aan zijn vrouw zou bezorgen.

Gehoorzaam voldeed Hortense aan het verzoek van haar stiefvader en richtte zich in vriendelijke woorden tot Marie Louise. Een dag tevoren had ze een brief aan Eugène geschreven die ze argeloos met dezelfde koerier meegaf. Aan haar broer vertelde ze daarin uitgebreid over de enthousiaste ontvangst van Napoleon in de Tuilerieën en vroeg hem wanneer hij, in gezelschap van de keizerin en de koning van Rome, in Parijs zou terugkeren.

De brieven zouden hun bestemming niet bereiken. In Stuttgart hield de politie de koerier aan en beroofde hem van zijn post. Toen de inhoud daarvan op 2 april in het Congres van Wenen werd voorgelezen, ontstond er een schandaal; dit was het bewijs dat Hortense de Beauharnais en haar broer beschouwd moesten worden als samenzweerders. Hortense had ervoor gezorgd dat de keizer was ontsnapt, zij had de troepen gefinancierd en nu trachtte ze de dochter van keizer Franz II naar Frankrijk te lokken.

Eugène werd op staande voet gearresteerd. De Oostenrijkse keizer wilde hem laten opsluiten in een Hongaarse citadel. Door tussenkomst van tsaar Alexander kon dit nog worden voorkomen. Maar Hortenses broer moest zweren dat hij neutraal zou blijven alvorens op vrije voeten te worden gesteld. Hij kon niet naar Parijs komen. Schipperend tussen halve leugens en hele waarheden begaf Hortense zich nu steeds verder op het pad van de diplomatie; haar vriendschap met tsaar Alexander en haar achting voor haar stiefvader lieten haar geen keuze. Er kwamen onthutsende dingen aan het licht. Tussen de documenten die Lodewijk XVIII op zijn vlucht had achtergelaten vond men een geheim verdrag tussen Frankrijk, Oostenrijk en Engeland tegen Rusland en Pruisen. Opnieuw rees de gestalte van Talleyrand als een toonbeeld van opportunisme voor haar op; de minister die de tsaar met open armen had ontvangen en hem onderdak verleende in zijn huis had hem nu al verraden.

De Russische gezant Boetjagin kwam zijn toevlucht zoeken bij Hortense; hij kon het land niet uit door het plotselinge vertrek van de Bourbons. De gezant vreesde dat men hem in Parijs gevangen zou zetten. De koningin beloofde er met de keizer over te spreken, waarop Napoleon de gezant onmiddellijk een paspoort liet bezorgen. En Boetjagin kreeg meer: ook het geheime verdrag waaruit het verraad van de bondgenoten tegen de tsaar bleek, nam hij mee naar Wenen.

Hortense zag in dat hierdoor een ernstig conflict tussen de bondgenoten zou uitbreken en ze greep deze kans om Alexander aan de zijde van Frankrijk en Napoleon te krijgen. De koningin schreef haar Russische vriend: 'De hele natie is voor de keizer. Maar het volk wil vrede. Napoleon zal zo wijs zijn om te buigen voor de wil van het volk. Want hij heeft het bewijs gehad – de Bourbons zijn er een voorbeeld van – dat niemand aan de macht kan blijven die tegen de wil van de natie in gaat. (...) Hij heeft een liberale grondwet en vrijheid van drukpers beloofd; hij wil alle partijen tevredenstellen.'

Voldaan over haar correspondentie en toenemende invloed zat ze, zoals elke avond, bij haar stiefvader in de Tuilerieën. Hij was milder dan ooit. 'Ik herken de vrouwen niet meer sinds ik weg ben geweest. Ze praten allemaal over politiek. In mijn tijd bemoeiden ze zich alleen met hun opschik,' zei hij hoofdschuddend. 'Weet je dat jij momenteel ook al een persoon van belang bent? Er wordt in Parijs met veel achting over je gesproken. Men zegt zelfs dat je de leiding over een politieke partij hebt.'

In deze stemming verwelkomde de keizer zelfs Mme de Staël in zijn paleis. Hij had op Elba haar boek over Duitsland gelezen en sprak er nu vol waardering over. Hij liet haar woordenstroom over zich heen komen zonder haar in de rede te vallen. Ze werd begeleid door Benjamin Constant, die een jaar eerder zijn *Réflexions sur les Constitutions* publiceerde. Deze vroegere, wisselvallige vijand werd aangesteld tot lid van een comité dat de nieuwe grondwet naar Brits model moest opstellen.

De koningin was bij alle officiële gelegenheden aan Napoleons zijde te vinden. Toen hij inzag dat Marie Louise en zijn zoon niet naar de Tuilerieën zouden terugkeren, verhuisde hij met het hof naar paleis Elysée, waarin ook Hortense met haar beide zonen haar intrek nam. Om een laatste poging te doen zijn vrouw over te halen, riep hij de getrouwe Charles de Flahaut bij zich. Hij gaf hem opdracht naar Wenen te gaan en haar te benaderen.

Hortense zag hem ongerust na. Als hij erin slaagde Schőnbrunn te bereiken, dan was hij in gevaar. Wachtte hem daar een kille kerker? Maar het duurde niet lang of haar geliefde keerde terug. Hij was bij Stuttgart aangehouden en onverrichter zake teruggestuurd naar Frankrijk.

De leden van de Bonaparte-clan begonnen nu terug te keren bij hun broer. Joseph, de oudste, was de eerste die erin slaagde uit Zwitserland naar Frankrijk te ontsnappen. Hij voegde zich bij zijn vrouw en beide dochtertjes en bood Napoleon steun. De aankomst van Lucien ontroerde de keizer diep; ze waren tien jaar geleden met hevige ruzie uit elkaar gegaan. Nu stelde deze broer zich met zijn durf en intelligentie weer achter Napoleon. Hij werd vereerd met titels en onderscheidingen. Op een dag zag Hortense de bekende koets van Mme Mère voor het bordes van het paleis stilhouden. Ze had niets van haar broze waardigheid verloren en vertoefde in gezelschap van haar onafscheidelijke halfbroer kardinaal Fesch. De eerste ontmoeting met haar schoonmoeder leek Hortense zwaar: ze had gehoord hoe Mme Mère haar verfoeide om de misstap tijdens Napoleons verblijf op Elba. Maar toen ze in haar japon van lichte rouw tegenover haar stond, vermande de oude dame zich, stak haar hand uit en knikte minzaam. De gehate Joséphine was dood. Eugène de Beauharnais kon niet terugkeren naar Frankrijk en Hortense de Beauharnais leek zich te plooien naar de wens der Bonapartes. Met samengeknepen oogjes dacht ze terug aan dat moment op Elba. Haar nietsvermoedende zoon had een buitenlandse krant opgepakt en gelezen dat Joséphine was gestorven. De schok, de tranen, het stilzwijgen. Dagenlang. Ze had Hortense en Eugène beticht van nalatigheid. En Pauline stookte haar broer op door te zeggen dat die Beauharnais hem blijkbaar al waren vergeten. Ze stuurden hem zelfs geen overlijdensbericht van hun moeder en kozen openlijk de zijde van zijn aartsvijand, de tsaar. Nu vormde zich een vaag lachje om de rimpelige mond van Mme Mère; ze had de wereld al zo vaak zien veranderen. Armoede verkeerde in weelde en andersom. Vrienden werden vijanden en toch weer vrienden. Het had haar geleerd reserves op te bouwen. Financieel en emotioneel. Ze hield onder alle omstandigheden het hoofd hoog en haar spaargeld achter de hand. Met oprechte achting bekeek Hortense de dame en het speet haar dat ze haar lievelingszoon geen geluk kon schenken.

Met grote vrees wachtte ze op de komst van Lodewijk. Haar man maakte echter van de gespannen situatie gebruik om er zijn voordeel mee te doen. Hij liet vanuit Rome weten dat hij pas naar Parijs zou komen als de keizer hem toestemming gaf om van Hortense te scheiden. Geërgerd weigerde Napoleon hem zijn zin te geven en blafte Hortense toe dat ze het weer goed moest maken met haar man. Dan waren ze van de twist om de toewijzing van hun zonen af. Lodewijk was nu ouder en wellicht wijzer geworden. Toen de koningin pertinent weigerde ook maar over een verzoening te piekeren, noemde hij haar lastig en kinderachtig. De kwestie bleef als een donderwolk tussen hen hangen.

Wachtend op het belangrijke antwoord van tsaar Alexander uit Wenen begeleidde Hortense haar stiefvader op zijn verzoek naar Malmaison. Sinds de dood van haar moeder was ze er niet meer geweest. Het kasteel lag als een eiland van rust te midden van zijn groene tuinen in de lentezon. Samen liepen ze over de slingerpaden, ze gaf hem een arm en hoorde hem in gedachten verzonken mompelen: 'Wat doet alles me aan haar denken! Ik kan me niet voorstellen dat ze er niet meer is.'

Ook voor Hortense was het niet voorstelbaar dat de bloemen zouden ontluiken zonder de verzorgende hand van haar moeder. Dat ze zich niet bukte om de gieter te vullen in haar kassen. Dat de kuipplanten de oranjerie verlieten en zonder haar aanwijzingen een plek vonden op de terrassen en langs de wandelpaden. De zeldzame tropische vogels zongen in hun volière; ze herinnerden zich de zoete stem van Joséphine die tegen hen praatte en zong, waarna de hemel zich vulde met gekwetter, getsjilp, gefluit. Hun veertjes dwarrelden rond om de korte, gezette man die stilstond en aankondigde: 'Ik ga naar haar kamer. Blijf jij hier, het zou je te veel verdriet doen.' De keizer liep terug naar het huis, stormde door de hal naar de smalle houten trap en begaf zich naar de grote slaapkamer. Bij het rood getinte licht dat door de gesloten gordijnen viel verhief zich het pronkbed als een schip, getrokken door de twee vergulde zwanen. Hij vertoefde er lange tijd en toen Hortense hem daarna beneden tegenkwam, zag ze dat hij had gehuild.

Gehuld in een intiem stilzwijgen reden ze per koets terug naar de hoofdstad. Daar vernamen ze dat keizerin Marie Louise het congres had beloofd geen enkele brief van Napoleon meer te openen. Er was ook een antwoord gekomen van tsaar Alexander. Maar niet zoals ze hoopte en verwachtte: de tsaar liet weten dat hij op geen enkele wijze meer contact wilde met de keizer, wiens naam hij weigerde te spellen. In harde taal gaf hij te kennen dat hij geen vrede en geen wapenstilstand, geen verzoening meer wenste met 'die man'. Heel Europa koesterde hierover dezelfde gevoelens. En zodra 'die man' van het toneel verdwenen was, zou er geen oorlog komen.

De brief was in drievoud geschreven; een exemplaar voor Hortense dat ze via Louise Cochelet van Boetjagin ontving, een voor Caulaincourt en een voor Louise zelf. Daarmee was alle hoop op vrede verloren. Weer strijd, weer doden, weer gewonden. Alle landen tegen dat ene Frankrijk.

De Bonaparte-clan zat op zondagmiddag als vanouds bijeen. Mme Mère had het moeilijk nu er slechte berichten kwamen over het lot van haar dochter Caroline. Joachim Murat deed een wilde poging om het hele Italiaanse schiereiland te veroveren. Hij loog dat het een bevel was geweest van zijn zwager en joeg daarmee Oostenrijk nog meer tegen Napoleon in het harnas. Na een zware nederlaag bij Tolentino wist Murat te ontsnappen en vluchtte naar het zuiden van Frankrijk. Caroline viel met haar kinderen in handen van generaal Neipperg en werd als gevangene naar Triëst gevoerd.

De situatie was onoverzichtelijk: Parijs juichte onverminderd voort bij het zien van de keizer. Uit de Vendée en Bretagne, traditiegetrouw royalistische streken, kwamen tegelijk berichten van ernstige onlusten tegen het regime van de keizer. Hortense nam – als een tweede keizerin Joséphine – alle officiële honneurs waar. Ze schitterde met haar diamanten diadeem aan de zijde van Napoleon en herinnerde velen door haar beminnelijkheid en gratie aan haar overleden moeder. 'De kiescolleges uit alle provincies en de afgevaardigden van alle regimenten waren een week lang in Parijs bijeen om de inwijding van het nieuwe regime te vieren. Ze werden door de ministers ontvangen,' schreef Hortense. Op een soiree gegeven door de minister van Binnenlandse Zaken kwamen haar talenten als componiste naar voren. Het volledige koor van het Parijse conservatorium zong een van haar patriottistische romances[7] en bezorgde de koningin bij het horen daarvan kippenvel. 'Het refrein luidde *Il faut défendre sa patrie* en dat was wel toepasselijk. Ik werd bijna verlegen door het effect dat dit lied op de menigte had.'

Om zijn macht te benadrukken beproefde de keizer zijn oude propagandamethode en gaf op 1 juni een groots feest dat door de Parijse burgers werd gadegeslagen: 'De Champs de Mars bood een schitterend en imposant schouwspel. In het midden waren de troepen en de Nationale Garde opgesteld, de afgezette ruimte bij de École Militaire door de staatslichamen en de afgevaardigden van het leger.'

De keizer had zich in zijn roodfluwelen, met hermelijn gevoerde kroningsmantel gehuld en droeg de krans van vergulde laurierbladen op het hoofd. In het harde lentelicht op het Marsveld zag hij er totaal anders uit dan tijdens de door kaarsen beschenen plechtigheid in de Notre Dame ruim tien jaar geleden, toen Joséphine hem begeleidde. Nu schreed hij alleen naar het versierde altaar. Zijn tred en gebaren waren echter toneelmatig en al te nadrukkelijk. Napoleon legde de eed af op de vernieuwde grondwet en draaide zich daarna om. Er steeg een golf van ovaties op. Te midden van trotse adelaars en zwermen vergulde bijen stonden Hortense en haar kinderen vlak achter hem. De prinsen droegen hun nieuwe uniformpjes en keken ernstig toe hoe hun keizerlijke oom met eerbetoon werd overladen. De toespraken galmden over het veld. Maar voor Hortense bleef de grondtoon neerslachtig. Fouché hertog van Otrante zag de treurige blik in haar ogen en vroeg wat haar scheelde: 'Ach! Na al dit vertoon volgt de oorlog. En dat is een afgrijselijk gevoel.'

Fouché liet zijn blik over de menigte gaan. Marsmuziek schalde over het veld met zijn kleurige vaandels. 'De keizer heeft een mooie kans voorbij laten gaan,' zei hij. 'Ik heb hem aangeraden vandaag troonsafstand te doen; als hij dat had gedaan, was zijn zoon hem opgevolgd en dan kwam er geen oorlog meer.'

Hortense stelde zich de vierjarige koning van Rome voor op de Franse troon. Ze vond die gedachte vreemd en onuitvoerbaar. Wie moest dan als regent over Frankrijk heersen? Marie Louise was een marionet van haar vader. Ze had diep medelijden met de onschuldige zoon van de keizer, *l'Aiglon* zoals men hem noemde, die Frans en Oostenrijks bloed in zijn aderen verenigde en die verscheurd werd tussen beide naties. 'Ik kan de komende strijd alleen met afgrijzen tegemoet zien,' zuchtte ze, de menigte strijdlustige soldaten met haar ogen volgend. Fouché haalde licht zijn schouders op. Als ze had geweten dat hij op dat moment al in het geheim contact onderhield met de Oostenrijkse kanselier Metternich, zou het haar niet verbaasd hebben.

Tussen alle regimenten met hun kleurige vaandels miste ze haar broer Eugène zeer. Wat moest het hem kwellen dat hij niet deel kon nemen aan de verdediging van zijn vaderland, juist nu Napoleon hem zo nodig had.

'"Waarom komt je broer niet?" vroeg de keizer me plotseling. "Hij kan zich toch vermommen? Als je het echt wilt, kun je altijd terugkeren." – "Sire," zei ik tegen hem, "u weet dat men hem heeft gedwongen op straffe van gevangenneming om neutraal te blijven en dat hij altijd zijn woord houdt."'

Het werd oorlog. De gedachte was verschrikkelijk en onontkoombaar. Na een laatste, feestelijke ceremonie waarbij het *Corps Législatif* werd geopend, sloot de keizer zich met zijn maarschalken en generaals op in zijn kabinet voor langdurig krijgsberaad.

'De dagen waren vervuld van het afscheidnemen dat onder de gegeven omstandigheden wreder was dan weleer. Nooit had men meer rechten gehad om te verdedigen en nooit eerder waren er meer problemen om overwonnen te worden,' schreef Hortense.

Op zondagavond zat de familie Bonaparte als gewoonlijk aan de dis in het Elysée. Jérôme ontbrak, hij was met zijn troepen vooruitgegaan. De keizer leek opgewekt, hij sprak over literatuur en maakte de gebruikelijke grapjes. Na beëindiging van de maaltijd bleven ze nog wat bij elkaar zitten in de salon. De ministers kwamen hem stuk voor stuk groeten. 'Ik bracht mijn kinderen bij hem om hem vaarwel te zeggen,' schreef Hortense.

De oudste, de stille Napoleon Louis boog en de keizer legde even zijn hand op diens bruine haar. De jongste, de gevoelige Louis Napoleon groette hem eveneens, maar rende toen ze de kamer wilden verlaten plotseling terug naar zijn oom. Hij viel voor hem neer, kruiste zijn armen op diens knieën en snikte met het hoofd op zijn handen: 'U mag niet weggaan!' – 'En waarom niet? Het is toch niet de eerste keer dat ik de oorlog in ga,' antwoordde de keizer. 'De booswichten willen u doden. Laat me met u meegaan!'

Napoleon nam het kind in zijn armen, kuste hem en droeg hem in zijn armen terug naar zijn moeder. 'Alsjeblieft. Hij zal een dapper en gevoelig hart hebben. Hij is misschien mijn veelbelovende nazaat.'

De aanwezigen kregen pas laat verlof om zich terug te trekken. De keizer vertrok dezelfde nacht.

25

Willem van Oranje-Nassau woonde aan het Lange Voorhout in Den Haag, omdat de verbouwing van het Oude Hof op het Noordeinde nog steeds niet was begonnen. Daar was hij op 11 maart gealarmeerd door het bericht dat Napoleon van Elba was ontsnapt. In Wenen, waar dit nieuws al sinds 7 maart bekend was, heerste woede en ontsteltenis. Men had Napoleon terstond buiten de wet gesteld en men vormde opnieuw een coalitie om de dictator in een massale oorlog de genadeslag toe te brengen.

Onder de aanwezige vorsten en diplomaten was de Oostenrijkse kanselier Metternich, de enige die cynisch en kalm bleef. Hij had er meermalen voor gewaarschuwd dat de gevangene zou ontsnappen en stelde toen al voor Napoleon naar een afgelegen eiland in de oceaan over te brengen. Nu was het te laat. 'De adelaar vliegt met de tricolor van toren tot toren tot hij neerstrijkt op de Notre Dame van Parijs!' verkondigde de *Moniteur*. De laatste besprekingen werden haastig afgerond en alle congresgangers vertrokken halsoverkop in karossen en koetsen om hun troepen te mobiliseren. Weer beleefden de wapenhandelaren gouden tijden.

De soevereinen van Pruisen, Rusland, Oostenrijk en Engeland besloten het bevel over de Engels-Nederlandse krijgsmacht op te dragen aan de Britse hertog van Wellington. Erfprins Willem van Oranje had onder diens leiding in Spanje zijn eerste militaire manoeuvres uitgevoerd. Tot ergernis van zijn vader en tot verdriet van zijn ongeruste moeder zag de overmoedige tweeëntwintigjarige prins uit naar de komende veldtocht, waarin hij zijn krijgskunsten wilde tonen. De koning van Pruisen koos Blücher tot bevelhebber, die nauw met Wellington moest samenwerken. De onderlinge conflicten tussen de naties waren op slag vergeten. Europa was in gevaar. De tsaar van Rusland en de keizer van Oostenrijk namen de tijd om hun reusachtige legers te formeren en in beweging te zetten. Ze meenden dat het nog maanden zou duren voor Napoleon zijn macht zo ver had hersteld dat hij een leger van enige omvang op de been kon brengen.

De soevereine vorst van de Nederlanden, die de koninklijke waardigheid nog niet had aangenomen, vond het onder deze omstandigheden beter de benodigde stukken uit Wenen niet af te wachten. Op 16 maart aanvaardde hij in een buitengewone vergadering der Staten-Generaal zijn nieuwe status. Hij was nu officieel koning Willem I van Oranje-Nassau. De erfprins bevond zich bij zijn troepen in het zuiden van het koninkrijk en mocht met de Franse dreiging in zicht zijn post niet verlaten. Maar diens broer, de achttienjarige prins Frederik die nog in Leiden studeerde, kwam op verzoek van zijn vader naar Den Haag. Hij was aanwezig bij de plechtige inhuldiging die plaatsvond in de Trèveszaal op het Binnenhof.

Het eerste besluit dat koning Willem I moest nemen was de mobilisatie van het leger. Hij wist een troepenmacht van circa 30.000 man te formeren. De koning bleek niet van plan om de soldaten zelf aan te voeren. Hij had het veel te druk met staatszaken en was daar met zijn drieënveertig jaar bovendien minder geschikt voor dan zijn zonen. Prins Frederik, die in Berlijn was geboren en militair geschoold, had onder Pruisisch bevel tegen Napoleon gevochten in de Slag bij Leipzig. Hij nam op 4 april het bevel over een legeronderdeel op zich. Een maand lang drilde hij de Nederlandse soldaten. Hij liet ze exerceren, droeg zorg voor de bewapening en de inrichting van veldhospitalen. Diens oudere broer voerde het opperbevel over de totale Nederlandse troepen. De onervaren erfprins was om politieke redenen benoemd en zeker niet op grond van vermeende kwaliteiten.

Beide prinsen voelden zich nog steeds vreemden in eigen land. Ze kenden de bewoners niet en ze spraken geen woord Nederlands. Ze wisten alleen dat elke Hollander en elke Belg nog maar kortgeleden voor Napoleon had staan juichen, dat diens stiefdochter Hortense vier jaar lang hun koningin was geweest en dat de broer van de keizer zich in die tijd als koning Lodewijk Napoleon van Holland geliefd had gemaakt. Wellington waarschuwde de prinsen alle Nederlandse soldaten te wantrouwen; het waren stuk voor stuk potentiële overlopers en ze moesten tijdens de strijd streng in de gaten worden gehouden.

Op 23 mei benoemde koning Willem I de hertog van Wellington tot veldmaarschalk. Wellington inspecteerde de troepen en schreef daarna aan de Britse minister van Oorlog laatdunkend: 'Ik ben van oordeel dat, met uitzondering van mijn vroegere Spaanse infanterie, ik niet alleen over de slechtste troepen maar ook over het slechtst uitgeruste leger met de slechtste staf beschik, die ooit werden samengebracht.'

Blücher, die de bijnaam *Alter Vorwärts* droeg, kreeg opdracht zijn Pruisische troepen zo te legeren dat ze zich indien nodig met het Brits-Nederlandse leger konden verenigen. Hij vestigde zijn hoofdkwartier in Namen en wachtte af. Wellington trok een troepenmacht samen om de hoofdstad Brussel. Ook de stad Gent, waarin koning Lodewijk XVIII zich bevond, werd versterkt. De veldmaarschalk meende dat dit de Franse keizer ervan zou weerhouden een aanval op België te wagen. En als Napoleon toch doorzette, zou hij zeker trachten vanuit het westen bij Mons het land binnen te dringen.

Begin juni deden er geruchten de ronde; er zouden Franse soldaten gesignaleerd zijn bij de grens. De Pruisen waarschuwden Wellington, maar deze wuifde de verhalen weg; hij meende dat het een schijnbeweging betrof en ondernam niets om de Brits-Nederlandse en Pruisische legers te verenigen. In de warme nacht van 14 op 15 juni zag Blücher echter onder de sterrenhemel in de verte een lange rij bivakvuren opvlammen. Hij zond onmiddellijk een koerier naar Wellington om dit teken van naderend gevaar te melden. De veldmaarschalk bevond zich in Brussel, waar hij die dag onverwachts bezoek kreeg van de jeugdige erfprins van Oranje. Deze liet zijn regimenten bij Quatre-Bras in de steek om de veldmaarschalk te waarschuwen dat een voorhoede van de Pruisen door Franse soldaten was aangevallen. Hij had in de verte kanongebulder gehoord. Wellington maakte zich echter nog steeds niet druk over de berichten en herhaalde dat Napoleon ver weg in Parijs zat. Hij nodigde de erfprins uit om deel te nemen aan het middagmaal dat omstreeks drie uur in hotel Bellevue op de Place Royale voor hooggeplaatste Britse officieren werd opgediend. Tijdens de ontspannen maaltijd kwam een Pruisisch generaal-majoor Wellington storen om te zeggen dat de voorpost van het Pruisische leger bij Charleroi die ochtend om vier uur was aangevallen. Veldmaarschalk Wellington vond het hoogst onwaarschijnlijk dat zijn strategische voorspelling niet deugde. Hij zou pas actie ondernemen als er vanuit het westen een inval werd gemeld. Alle andere schermutselingen beschouwde hij als afleidingsmanoeuvres. Voor de zekerheid gaf hij opdracht om te controleren of er misschien Franse troepenbewegingen bij Mons waren gesignaleerd. Daarna ging hij naar zijn kamer en kleedde zich in alle rust voor een bal dat die avond van de vijftiende juni ten huize van de hertogin van Richmond werd gegeven. Ook zijn nieuwe minnares zou er verschijnen.

Het was een snikhete dag en prins Willem verlangde niet erg naar de terugrit over de stoffige wegen naar zijn kampement bij Quatre-Bras. Wellington stelde hem voor om 's avonds aan het bal deel te nemen, waar de erfprins verheugd mee instemde. Hij zond zijn adjudant naar zijn troepen met het bericht dat hij nog wat in de hoofdstad zou blijven. Hij kleedde zich zorgvuldig in zijn blauwe, Britse huzarenuniform dat werd opgesmukt met gouden franjes op de schouders. Hij schoof zijn mooie degen aan zijn zijde en pommeerde zijn haren die hij, net als de tsaar, naar voren over zijn slapen kamde. De rode sjako completeerde zijn knappe verschijning. Met het geklap van zijn glanzende laarzen zou hij de aandacht van mooie meisjes en vrouwen op zich vestigen. *Slender Billy*, de charmante, veelbelovende troonopvolger van het koninkrijk der Nederlanden, was populair in de Brusselse *beau monde*. Er werd gesproken over zijn mislukte verloving met de dochter van de Britse prins-regent, die tot schande van de Oranjes door prinses Charlotte was verbroken. De erfprins was een begeerde partij op de vorstelijke huwelijksmarkt.

De gasten die zich die avond in de balzaal verenigden maakten zich geen zorgen meer over de geruchten van een op handen zijnde aanval. Wekenlang had men over niets anders gesproken. Ze waren er zo aan gewend geraakt dat er grapjes over de rondvliegende adelaar circuleerden. Vrolijk gleed de erfprins weg op de maten van de wals, de prinsessen en hertoginnen draaiden weg en wervelden terug in zijn armen. De uren verstreken met wijn en vioolmuziek.

Op het hoogtepunt van het feest meldde zich een bezwete boodschapper met een brief die Wellington deed verbleken. Er was nu geen twijfel mogelijk: Napoleon was met zijn troepen de Sambre overgetrokken en rukte verbluffend snel op naar Brussel. Overal waren boeren en burgers gesignaleerd die met volgeladen karren en vee een veilig heenkomen zochten. In de verwarring gaf Wellington de legerleiding opdracht Quatre-Bras te ontruimen. De bezetting van deze viersprong, die Charleroi met Brussel verbond, leek hem overbodig.

Toen de dienstdoende chef van het Nederlandse leger dit fatale bevel ontving, weigerde hij zijn veldmaarschalk te gehoorzamen. Er stond een zware straf op het negeren van bevelen. Maar wat kon hij anders doen in het zicht van de vijand? Overleg met de prins van Oranje was niet mogelijk, hij durfde zijn troepen niet eens te vertellen dat hun aanvoerder hen op dit kritieke ogenblik had verlaten en in Brussel feest zat te vieren. De chef handelde naar eigen inzicht en geweten: hij trok alle beschikbare soldaten bij de viersprong samen om Napoleons leger de doortocht te verhinderen.

In Brussel verstomde rond middernacht het dansorkest in de balzaal. De gasten begaven zich naar de eetzaal voor het souper. De prins van Oranje had nauwelijks de stoel van zijn tafeldame aangeschoven of er werd hem op een zilveren dienblad een brief aangereikt. Hij boog en zei voor de grap: 'Geeft u mij toestemming deze minnebrief, die naar kruitdamp riekt, te lezen?' Met een glimlach verwijderde hij zich, maar die lach gleed van zijn gezicht toen hij las dat zijn Nederlandse troepen bij Frasnes door de Franse legermacht waren aangevallen. Onmiddellijk ging hij naar de veldmaarschalk en fluisterde hem het slechte nieuws in het oor. Wellington legde zijn mes en vork neer en keek strak voor zich uit. Al zijn krijgstheorieën wankelden. Hij had nooit eerder tegen Napoleon gevochten en maakte nu kennis met diens mobiliteit en geniale strategie. De Franse keizer wilde voorkomen dat de Pruisische en Brits-Nederlandse troepen zich tegen hem zouden verenigen. Hij dreef een wig tussen beide legers en wilde zich brutaal meester maken van de hoofdstad.

Om de orde niet te verstoren wijdde de veldmaarschalk zich aan het hoofdgerecht en pas toen de gasten terugkeerden naar de balzaal wenkte hij de prins van Oranje en beval hem om naar Quatre-Bras terug te keren. De oorlog was begonnen.

In de haast om bij zijn regimenten te komen vergat de jonge opperbevelhebber zijn degen. Hij sprong in zijn galakledij met zijden kousen in het zadel en reed in de richting van het nachtelijke Zoniënwoud. Wellington stelde de gastheer in diens studeerkamer onder vier ogen op de hoogte van de inval van het Franse leger en vloekte. De hertog van Richmond bracht hem op verzoek een landkaart van Zuid-Nederland en spreidde hem uit op zijn bureau. De veldmaarschalk bestudeerde de omgeving van Brussel, bepaalde waar het leger van Napoleon zich ongeveer moest bevinden en dwaalde met zijn vinger naar Quatre-Bras. Daar moesten de troepen trachten de Fransen zo lang mogelijk tegen te houden. Hij tikte op de kaart bij de vlakte van Waterloo. Dat was het terrein voor de beslissende veldslag. Na dit gesprek keerde Wellington ongemerkt terug naar zijn hotel om nog wat te slapen. De volgende morgen wilde hij in alle vroegte naar zijn troepen rijden.

De muziek in het huis van Lady Richmond speelde verder, maar na enige tijd keken enkele dansparen ongerust op. De hertog van Wellington was verdwenen, evenals Slender Billy. Als een naderend onweer klonk in de straten tromgeroffel, spoedig gevolgd door trompetsignalen en het aanzwellend gestamp van marcherende laarzen. Ze zagen door de vensters de troepen in volle bewapening onder fakkels en vaandels weg marcheren. De alarmsignalen veroorzaakten hevige paniek. Onder tranen namen de militairen haastig afscheid van hun geliefden. Het was een heftig moment dat de jonge Britse dichter Lord Byron in zijn 'Childe Harold's Pilgrimage' tot een literair wonder herschiep dat herhaaldelijk voor Hortense de Beauharnais zou worden gelezen:

'Ah! then and there was hurrying to and fro,
And gathering tears, and tremblings of distress,
And cheeks all pale, which but an hour ago

Blush'd at the praise of their own loveliness;
And there were sudden partings, such as press
The life from out young hearts, and choking sighs
Which ne'er might be repeated: who could guess
If ever more should meet those mutual eyes,
Since upon night so sweet such awful morn could rise!

And there was mounting in hot haste: the steed,
The mustering squadron, and the clattering car
Went pouring forward with impetuous speed,
And swiftly forming in the ranks of war...'[1]

In de ochtend van de vijftiende juni was Napoleon met een leger van nog geen 130.000 man en 350 zware kanonnen de Sambre overgetrokken. Zijn tegenstanders beschikten over 200.000 man, maar de keizer vreesde de overmacht niet. Hij had al vaker een leger verslagen dat vele malen groter was dan het zijne en vertrouwde op zijn bekwame maarschalken. Wat hem wel zorgen baarde was zijn gezondheidstoestand; hij leed aan een blaasontsteking en raakte vermoeid van de scherpe pijn. Tijdens een legerschouw moest hij om een stoel vragen. Tot verbazing van zijn voorbijmarcherende soldaten dommelde hij telkens in.

De keizer verwachtte niet veel tegenstand meer op weg naar Brussel maar bij Quatre-Bras stootte hij onverwachts op een kleine, maar taaie Nederlandse legereenheid die zijn manschappen onder vuur nam. Er brak een hevig gevecht uit dat Napoleons plannen aanzienlijk vertraagde. De kartetsen van het vijandig regiment richtten grote verliezen aan.

Napoleon zou tijdens zijn verblijf op Sint-Helena tegen generaal Montholon zeggen: 'Zonder het heldhaftig besluit van de prins van Oranje, die het waagde met een handjevol manschappen stelling te nemen bij Quatre-Bras, zou ik het Britse leger overrompeld hebben en overwinnaar geweest zijn, zoals bij Friedland. De prins van Oranje heeft die dag getoond de juiste krijgsmansblik te bezitten en door de ware krijgsmansgeest bezield te zijn. Alle eer van deze veldtocht komt hem toe. Zonder hem zou het Britse leger vernietigd zijn voor het slag had kunnen leveren en zou Blücher eerst een toevluchtsoord gevonden hebben aan gene zijde van de Rijn.'[2]

De Franse keizer heeft echter nooit geweten dat de door hem vereerde erfprins van Oranje tijdens zijn eerste charge op Quatre-Bras nog op het bal in Brussel walste. Pas in de tweede fase van het gevecht arriveerde hij halsoverkop met zijn Nassause troepen om, tot ergernis van

Wellington, niets dan verwarring te zaaien. Diens tegenstander maarschalk Ney was evenmin in vorm; hij leed aan oorlogsmoeheid. Het was of alle spanningen van voorafgaande veldtochten op zijn schouders drukten. Hij reageerde te laat op de bevelen van de keizer, of vergat ze eenvoudig. Zijn officieren wilden hem niet gehoorzamen of vonden hun ontbijt belangrijker dan een aanvalssein. Zo verspeelde hij tot ontzetting van de keizer vele kostbare uren die bij Waterloo fataal zouden worden.

De Brits-Nederlandse troepen konden Napoleon niet verhinderen door te stoten. Bij het dorp Ligny kwam het tot een hevig treffen met de sterke Pruisische troepen onder aanvoering van generaal Blücher. De *Alter Vorwärts* viel de Fransen vol zelfvertrouwen aan, omdat hij snel versterking verwachtte van het omvangrijke cavalerieregiment van graaf Bülow. Door een misverstand was Bülow echter niet naar hem op weg en streed Blücher vijf uur lang tegen een Franse overmacht. In de laatste fase stormde hij aan het hoofd van zijn eskadron in volle galop op de Fransen af, waarbij zijn paard onder hem werd neergeschoten en de generaal op het drassige, met bloed doordrenkte veld stortte. Hij voelde dat hij onder het gewicht van zijn stervende rijdier niet meer op kon staan. *Vorwärts* sloot zijn ogen en hoorde nog het geweld van de oorlog: het scherpe schieten, het doffe daveren van kanonnen en de dravende paardenhoeven van de Franse cavalerie die over hem heen gingen. Boven al het geweld uit de hoge stemmen van gewonde soldaten, die met afgrijzen bemerkten dat er een arm of been was afgeschoten. Sommigen waren nog jongens, in doodsangst om hun moeder schreeuwend. Misselijk drukte Blücher zijn gezicht in het natte gras en verloor het bewustzijn.

Het restant van het Pruisische leger vluchtte voor de soldaten van Napoleon, duizenden doden, gewonden en veldgeschut achterlatend. De keizer nam te snel aan dat de Pruisen nu geheel van het strijdtoneel waren verdwenen. Tegen zijn gewoonte in verzuimde hij de wegtrekkende vijand na te zitten en te controleren of deze werkelijk naar het oosten vertrok. Terwijl hij een koerier met de vaandels van de overwonnen Pruisen naar Parijs stuurde, vond een vluchtende Pruis zijn aanvoerder in de modder en trok hem onder het dode paard uit. Blücher kwam snel bij bewustzijn toen hij de ondersteunende handen van zijn kameraad voelde en blaakte bij terugkeer in zijn kampement van strijdlust. Eindelijk arriveerde ook Bülow met een compleet vers korps van 31.000 Pruisische soldaten. Er werd contact gezocht met Wellington en krijgsraad gehouden om de grote, beslissende slag voor te bereiden.

In Parijs klonken er kanonsalvo's van de Invalides en alle kerkklokken luidden om Napoleons eerste grote zege op de coalitie te verkondigen. De overwinning bij Ligny stemde Hortense hoopvol; Flahaut had moedig gestreden en was ongedeerd.

Op 20 juni ontving de koningin Benjamin Constant. De auteur las zijn nog ongepubliceerde roman *Adolphe* aan een klein gezelschap voor en deed dit met zoveel gevoel dat sommigen hun tranen niet konden inhouden. Alle aanwezigen herkenden in zijn erudiete romanfiguur Eléonore het karakter van Mme de Staël, die een langdurige en onstuimige relatie met Constant had. De auteur las uren voor en zijn stem dreigde te verstikken in de tragiek van de laatste hoofdstukken. Het leven van zijn Adolphe was zo nauw verweven met zijn eigen levensverhaal dat niemand schijn en fictie meer uit elkaar kon houden, zelfs Constant niet. Hij moest met een zakdoek over zijn ogen wrijven om de letters te onderscheiden.

Een kamerheer kwam Hortense melden dat de hertog van Rovigo haar wilde spreken. Ze stond op en ging naar hem toe. 'Alles is verloren,' was het eerste dat hij zei, 'we hebben geen leger meer. De keizer zal vannacht terugkeren, hoewel hij gehoopt had op het slagveld te sterven.' Hortense dacht direct aan haar geliefde en riep: '*Hélas!* Zijn er veel Franse slachtoffers te betreuren?' – 'Geen van onze nabije vrienden,' stelde hij haar gerust. De koningin kon nog niet in een totale nederlaag geloven. Ze verwachtte dat de keizer het gevecht elders zou voortzetten. Ze vermande zich en keerde terug naar de salon. Benjamin Constant nam zijn manuscript op en hervatte zijn *lecture.* Na enkele regels welden de tranen opnieuw in ieders ogen op. Ook Hortense huilde, maar niet om de ongelukkige liefde van de romanfiguur.

'De volgende morgen hoorde ik dat de keizer was teruggekeerd en ik haastte me naar het Elysée,' schreef ze. Ze kreeg haar uitgeputte stiefvader echter niet te zien. Hij had zich met zijn broers Joseph en Lucien in zijn kabinet opgesloten en begaf zich vandaar naar de ministerraad. Hortense trof de echtgenote van generaal Bertrand. Samen waren ze met Napoleon op Elba geweest. Ze vertelde dat haar man erover dacht om de resten van het ooit zo glorieuze leger te verzamelen en opnieuw aan te vallen. Maar dat leek noch de koningin, noch Mme Betrand een mogelijkheid. 'Waarom heeft hij Elba ook verlaten? Wat moet er nu van onze keizer worden?' jammerde ze.

Hortense hoorde dat Jérôme Bonaparte bij Waterloo gewond was geraakt. Het slagveld lag nog bezaaid met lijken en kadavers van paarden die in de broeierige zomerhitte snel tot ontbinding overgingen. Er kwamen berichten binnen van een afgrijselijke stank die tot ver in de omtrek werd waargenomen.

Charles de Flahaut keerde terug met een doffe blik in zijn ogen. Hij droeg zorg voor de overlevende adjudanten, de gewonden en het vervoer van de gesneuvelden. Te midden van het gekerm in de paleiszalen drongen stemmen naar binnen van de menigte buiten het paleis: 'Abdicatie! Laat de keizer abdiceren.' Anderen juichten voor de keizer en smeekten hem het Franse volk niet te verlaten.

Om haar gedachten te ordenen besloot de koningin te voet van het Elysée naar de Place de la Concorde te lopen; ze vroeg haar koetsier daar op haar te wachten. Zwijgend stapte ze naast Louise Cochelet voort. Het begon zacht te regenen. Aan de andere kant van de Champs-Elysées verhief zich Napoleons duistere triomfboog in het tegenlicht. Ze verlangde er vurig naar hem te zien en te spreken. Hoe was hij eraan toe? Wat ging hij doen? Haar eigen toekomst en die van haar kinderen leek niet aan de orde. In de rue Cerutti gekomen liet ze het middagmaal opdienen. Ze at heel weinig en probeerde op haar pianoforte te spelen. Ongedurig gaf ze de koetsier opdracht haar paarden weer in te spannen. Om zes uur 's avonds arriveerde ze in het Elysée waar ze hoorde dat de keizer zich alleen in de tuin bevond. Geëmotioneerd kwam ze op hem toe en greep zijn handen. 'Wat hebben ze je eigenlijk verteld?' vroeg hij. – 'Alleen dat u ongelukkig bent geweest, Sire.'

Haar gestalte in de witte jurk, de blonde krulletjes langs haar slapen en de grote, bleekblauwe ogen behoorden tot een andere wereld die de beelden van geweld en dood niet konden uitwissen. Telkens weer herleefde de herinnering aan de strijd; zijn bevelen die niet werden opgevolgd, de verschrikkelijke mistflarden die hem verhinderden vriend of vijand op het veld te onderscheiden en de ongehoorzaamheid van Ney. Hij had zijn maarschalk uitgescholden in bijzijn van zijn soldaten. Hem de volle verantwoordelijkheid voor de fatale nederlaag voor de voeten gegooid. Napoleon was groot in het vieren van triomfen, maar elke nederlaag schreef hij aan zijn ondergeschikten toe. Zwijgend vervolgde hij zijn weg over het tuinpad, richtte zijn passen naar het paleis. Hij wenkte haar mee te komen naar zijn werkkamer. Ze keek toe hoe hij zich oververmoeid in een stoel achter het bureau liet zakken. De afgelopen drie dagen hadden hem lichamelijk en mentaal gesloopt. Met een wazige blik in zijn ogen nam hij een stapel brieven voor zich, opende er enkele zonder ze te lezen. De stilte werd slechts verbroken door het ritselen van papier en het tikken van de vergulde pendule voor de spiegel op de schouw. Niets van de oude bravoure beheerste de man die haar wat afwezig vroeg: 'Jij hebt zeker al gegeten?' Ze knikte. Hij wilde dat ze hem gezelschap hield.

Haar stiefvader at zoals hij gewend was: met zijn tanden scheurde hij gebraden kip van het bot, kauwde, rukte aan een homp brood en stopte een stuk in zijn mond. Hij spoelde de maaltijd weg met een glas aangelengde wijn. Hij plaatste oppervlakkige opmerkingen. Tien minuten later dienden zijn broers zich aan.

Tijdens hun gesprek dwaalde Hortense door het paleis in de hoop iets op te vangen over de gebeurtenissen. Nu Napoleon niet de verwachte zegen bracht, was er direct een sterke oppositiepartij gevormd onder leiding van generaal La Fayette. Men eiste Napoleons abdicatie. Hortense begreep van haar informant dat de eis geformuleerd was door Joseph Fouché. De minister had alle touwtjes weer in handen genomen en wilde zich van de verslagen keizer ontdoen. Napoleon kon Frankrijk niets anders meer dan onheil brengen.

Toen de keizer het redelijke van die eis inzag en opnieuw zijn troonsafstand voorbereidde, kwam Lucien voor hem op. In een fel pleidooi verdedigde hij zijn broer, somde de weldaden op die hij Frankrijk had bewezen. Maar met welke argumenten kon hij pleiten voor de handhaving van een keizer die inmiddels de dood van wel drie miljoen Europese soldaten op zijn geweten had? In alle landen werd er gerouwd om gesneuvelde vaders en zonen. Zinloze verliezen ten gevolge van de politiek van één man die twintig jaar lang vrede beloofde en zijn volk van de ene in de andere oorlog had meegesleurd. Lucien wilde dat Napoleon tenminste zijn troon zou vrijmaken voor Napoleon II. Hij werd bijgestaan door vele getrouwen als Charles de Flahaut en La Bédoyère, die in de Chambre des Pairs pleitten voor het regentschap van Napoleons zoon. Maar de machtige partij der royalisten bereidde zich al voor op de terugkeer van de Bourbonkoning. Om enige orde te scheppen in de chaos werd er een tijdelijk bewindschap gevormd dat een president benoemde: Joseph Fouché.

Hortense zag het hopeloze van Napoleons situatie in en wilde hem overhalen zo snel mogelijk te vertrekken. Want de geallieerden zouden naar Parijs komen, niet zo gedisciplineerd als de vorige keer. Ze wist niet dat Blücher gezworen had Napoleon af te maken en daarvan alleen nog weerhouden werd door Wellington. De Engelse veldmaarschalk raadde hem in welgekozen bewoordingen af zich net zo te misdragen als de man die de weerloze hertog van Enghien liet neerschieten in een greppel.

De koningin keek ongerust naar haar stiefvader, die in een onheilspellende apathie verviel. 'Zijn besluiteloosheid dreef me tot wanhoop,' schreef Hortense in haar memoires. 'De ogenschijnlijke kalmte

en de roerloosheid noodzaakten me om iets te ondernemen. Want niemand scheen meer in staat tot nadenken. Eerst klampte ik Mme Mère aan die ik deelgenote maakte van mijn plan. Ze moedigde me aan om met de keizer te praten en ik ging zijn werkkamer binnen.'

De korte gestalte zat als een rots achter het bureau. Hij leek haar voor het eerst intens eenzaam. Nog nooit had ze het gewaagd de man die haar zoveel ontzag en vrees inboezemde en die nog nooit van iemand een advies had opgevolgd, raad te geven. Maar door het naderend gevaar gedwongen kon ze niet anders en ze riep met bonzend hart: 'Sire, nu de Fransen u in de steek laten zijn ze het niet langer waard dat u zich om hen bekommert. Denk nu aan uzelf. U mag geen moment verliezen om u in veiligheid te brengen. Wilt u naar Amerika vluchten? Ga dan gauw naar de dichtstbijzijnde haven voordat de Engelsen u kunnen achterhalen.'[3] Hoewel geen beweging verried dat de keizer naar haar luisterde ging ze heftig verder: 'Als u naar Oostenrijk wilt gaan neem dan direct maatregelen. Misschien zal zijn soeverein zich herinneren dat u tot zijn familie behoort.' Er kwam een gekwelde uitdrukking in zijn ogen maar hij bewoog nog altijd niet.

'Wat Engeland betreft,' ze haperde en schudde haar hoofd. 'Ik gun ze de eer niet u in de Tower in Londen op te sluiten. De tsaar van Rusland is de enige aan wie u zich kunt toevertrouwen. Hij was ooit uw vriend. Hij is loyaal en genereus. Schrijf hem; hij zal zijn gevoel tonen.' Eindelijk hief hij het hoofd, keek haar aan en vroeg: 'En jij? Wat denk je zelf te gaan doen? Ga je naar je landgoed bij Genève?' Hortense schreef: 'Ik moet bekennen dat ik op dat ogenblik mijn geduld verloor omdat hij me nog steeds als een kind behandelde. "Ik denk op dit ogenblik niet aan mezelf, Sire," riep ik uit, "het gaat nu alleen om u. Het slechtste plan dat ik u kan aanraden is beter dan hier maar te zitten en helemaal niets te doen."'

Op dat moment werden ze gestoord door een lid van de Chambre des députés die hem kwam mededelen dat Napoleon II was uitgeroepen tot troonopvolger. 'Maar wat doen de kamerleden?' vroeg Napoleon. 'Ze zijn in debat over artikelen in de grondwet.' Geagiteerd stond hij op: 'Dat zit te debatteren terwijl de vijand voor de poorten van Parijs staat!' Hortense vond het beter zich terug te trekken.

Er verstreek een angstige nacht. De volgende morgen op 24 juni was de koningin alweer vroeg in het Elysée waar ze Caulaincourt ontmoette. Hij had de vorige avond met Napoleon over haar plannen gesproken en voelde er zelf ook het meest voor om de tsaar om bescherming te vragen. De keizer had echter tegen hem gezegd dat hij niets voor Rusland voelde, omdat hij dan slechts op één man zou steunen. Oostenrijk sloot hij eveneens uit, omdat hij diep gekwetst was door Franz II, die zijn vrouw en zoon ervan weerhield naar hem toe te komen. Als hij voor Engeland koos, zou hij zich tenminste aan een hele natie overgeven.

Pas tegen de avond vroeg Napoleon Hortense bij hem te komen. Hij zei: 'Malmaison is nu jouw eigendom. Ik wil er heel graag naartoe gaan. En je zou me een groot plezier doen wanneer je bij mij kwam. Ik vertrek morgenochtend, maar ik wil geen gebruik maken van de vertrekken van de keizerin.'

Hortense antwoordde dat ze heel blij was iets voor hem te kunnen doen. Ze ging meteen naar huis om alles voor het vertrek te regelen. Zodra haar vrienden vernamen wat ze van plan was, kwamen ze ongerust naar de rue Cerutti en probeerden haar op andere gedachten te brengen. Wat zouden haar vijanden allemaal voor kwaads over haar vertellen als ze zich met de keizer in Malmaison afzonderde? Lodewijk XVIII vond het vast uiterst verdacht. Ze moest voorzichtig zijn. Ze antwoordde dat ze de man die ze haar vader noemde, in zijn diepste ellende wilde troosten en steunen. Ze had besloten tot het einde toe bij hem te blijven. Dat gaf haar gevoel haar in en het kon haar niet schelen of men daar iets kwaads achter zocht. Het enige dat ze nog van haar vijanden verlangde was een paspoort om voorgoed naar het buitenland te vertrekken.[4]

Hortense dacht niet aan zichzelf, maar aan Napoleon. Ze bracht haar kinderen naar de eigenares van een kousenwinkel op boulevard Montmartre. Louis, die met zijn overgevoelige karakter 's nachts niet zonder een lichtje wilde inslapen, voelde zich bij deze vriendelijke vrouw beschermd. Veel meer dan in het Elysée waar een angstige spanning heerste, die elk moment veranderde van beleefdheid in agressie, van gemaakte vreugde in wanhoop.

Toen Hortense in haar rijtuig Malmaison naderde, baadden de moestuinen en boomgaarden in de zomerzon. De tuinen stonden in volle bloei. Ze liet alle vensters openen om de vertrekken te luchten. Ze schikte bloemen in vazen en zorgde dat de kleine kamers in de zuidelijke vleugel voor haar stiefvader in gereedheid werden gebracht.

Tegen de middag van de vijfentwintigste juni arriveerde hij. Alsof het een plezierreisje betrof stapte Napoleon uit en bekeek met welbehagen de bloemen in de borders en liep naar de entree van gestreept tentdoek. Via de zonnige vestibule, waarin elk meubelstuk en kunstvoorwerp aan de elegantie en fijnzinnige smaak van Joséphine herinnerde, liep hij naar zijn bibliotheek tegenover zijn particuliere vertrekken. Hij draaide aan zijn globe, nam een boek uit de kast en zette het verstrooid terug. Op de ruggen van alle in leder gebonden boeken glansden gouden B's en P's. Het plafond was gesierd met de stille profielen van Voltaire en Homerus. Hij ging achter zijn grote bureau zitten en keek naar de vier lege stoelen die voor hem stonden. Gedachteloos opende hij een lade en schoof hem weer dicht. Hortense voelde dat ze overbodig was en besloot de keizer alleen te laten.

's Avonds arriveerden Mme Mère met Joseph en Lucien. Ze voerden de kreupele Jérôme mee die zijn wonden in Parijs had laten verbinden en krijtwit zag van de pijn. In de grote muziekzaal zaten ze bijeen op de rode stoelen die tegen de wanden waren opgesteld. Hortenses harp stond onaangeroerd bij het venster. Het parket kraakte nadrukkelijk als er een bediende binnenkwam. Iedereen wist dat er mogelijk Pruisische soldaten in aantocht waren. Er moest permanent wacht worden gehouden.

De volgende morgen wandelde Napoleon in de tuinen achter het kasteel. Hij liet Hortense bij zich komen. Het maakte haar blij dat hij haar weer *fille* noemde en dat hij haar die snelle, intense glimlach schonk waarmee hij mensen wist te betoveren.

'Het was prachtig weer,' schreef Hortense. 'Hij vroeg hoe ik me voelde, wat ik de vorige avond had gedaan, wachtte niet op mijn antwoord en zei met een ontroerde uitdrukking op zijn gezicht: "Die arme Joséphine, ik kan er maar niet aan wennen hier zonder haar te zijn. Telkens is het of ik haar zal zien aankomen over het pad, de bloemen plukkend waarvan ze zoveel hield. Arme Joséphine!"' Zijn woorden maakten Hortense nog verdrietiger; ze miste haar moeder elke dag. 'Overigens zou ze op dit ogenblik wel heel ongelukkig zijn,' voegde de keizer er met een bitter lachje aan toe. 'Er was eigenlijk maar één ding waarover we wel eens ruzie hadden en dat waren haar schulden. Ik heb er flink over gemopperd. Zij was de bekoorlijkste vrouw die ik ooit heb gezien. Zij was een vrouw in de ware zin van het woord. Levendig en vrolijk en allerliefst van hart. Je moet nog een portret van haar laten schilderen. Ik zou het graag in een medaillon hebben.' Hortense beloofde het hem.

's Middags arriveerde Charles de Flahaut met de getrouwe officieren La Bédoyère en Lavalette. Ze zag aan het gezicht van haar minnaar dat hij gespannen was en iets voor haar trachtte te verbergen. Iedereen maakte zich zorgen over Napoleon, die nog steeds geen aanstalten maakte om te vluchten en als een slaapwandelaar door de biljartkamer liep, met de hand een ivoren bal wegrolde en ernaar keek tot hij tot stilstand kwam. Hortense nam haar zwager Joseph apart en fluisterde dat de keizer snel een besluit moest nemen. Hij antwoordde dof: 'Je hebt gelijk.'

'De keizer dacht aan niets anders dan de redding van Frankrijk en ik dacht aan niets anders dan de redding van de keizer,' schreef Hortense. Zijn lethargie duurde voort, ongeacht de alarmerende berichten die Charles de Flahaut uit Parijs bracht. Hij kon haar niet lang onkundig houden van het feit dat er een complot was ontdekt. Vijfhonderd man onder aanvoering van een felle royalist wilden Napoleon de komende nacht vermoorden. Alle bonapartisten werden met een afschuwelijke dood bedreigd. Napoleon luisterde volkomen onverschillig naar de berichten van naderend onheil. Maar Hortense was doodsbang voor bloedvergieten. Als ze buiten een ruiter hoorde vloog ze met een kreet naar het raam. Ze stelde zich voor hoe de kozakken met hun lange messen het huis zouden binnendringen en werd met moeite door Flahaut gekalmeerd.[5]

De officieren maakten een verdedigingsplan. Ze zouden 's nachts om beurten de wacht houden. Er arriveerde een man die de keizer smeekte het bevel over het restant van de troepen op zich te nemen om Frankrijk te redden. Anderen drongen aan op zijn vertrek; de keizer mocht niet in handen van zijn tegenstanders vallen. De voorlopige regering stuurde een boodschapper naar Malmaison met het bericht dat er twee fregatten voor hem klaarlagen in de haven van La Rochelle. De details waren echter onduidelijk, zodat Charles de Flahaut besloot om naar Parijs te gaan en er met de minister van Oorlog over te praten. Deze minister bleek een voormalige maarschalk van Napoleon die ooit voor hem in het stof knielde en nu op hoge toon dreigde hem te komen arresteren, als hij niet terstond het land verliet. Flahaut verloor zijn zelfbeheersing en was zijn oude kameraad bijna aangevlogen.

De nacht verstreek en de aanval van de royalisten bleef uit. Ook de volgende nacht ontdekten de gewapende soldaten van Napoleons garde geen moordlustige royalisten in de omgeving van het kasteel. De keizer had in zijn leven zelden langer dan drie uur achter elkaar geslapen en ook die nacht zat hij 's nachts te lezen en brieven te schrijven. 's Morgens vroeg wandelde hij met zijn handen op de rug het park in.

'Die middag liet de keizer me om twaalf uur bij zich roepen,' schreef Hortense. 'Hij bevond zich in de kleine tuin in gezelschap van een onbekende man die een jongetje van negen of tien jaar oud bij zich had. De keizer nam me apart en vroeg: "Hortense, kijk eens goed naar dat kind. Op wie lijkt hij?" – "Dat is uw zoon, Sire, hij lijkt sprekend op de koning van Rome!" – "Vind je dat? Dan is het zeker zo. Ik dacht niet dat ik zo weekhartig was maar bij het zien van dit kind schoot ik vol. Jij schijnt van zijn bestaan op de hoogte te zijn. Wie heeft je erover verteld?"'

In gedachten ging Hortense elf zomers terug. Ze liepen over het strand van Boulogne en Napoleon had een tinteling in zijn ogen die verraadde dat hij verliefd was. Joséphine zat ver weg en de keizer reed bijna elke avond naar een nabijgelegen huis. Het was een liefdesnestje dat Caroline Murat voor haar protegee Eléonore Dénuelle had gehuurd. Napoleons zuster hoopte dat hij bij deze dame zou bewijzen dat hij wel degelijk in staat was kinderen te verwekken. Dat zou de scheiding van Joséphine dichterbij brengen. Hortense antwoordde de keizer: 'Sire, men heeft er veel over gepraat en de gelijkenis vormt het bewijs dat men zich niet vergiste.' – 'Ik moet bekennen dat ik er een hele tijd aan heb getwijfeld of het wel mijn zoon was. Ik heb hem echter voor zijn opvoeding naar een internaat in Parijs gestuurd. De man aan wiens zorgen hij was toevertrouwd heeft mij geschreven om te vernemen wat ik met hem van plan was. Ik wilde de jongen zien en ik werd, net als jij, meteen getroffen door de gelijkenis met de koning van Rome.' – 'Wat gaat u met hem doen? Sire, ik zou zelf graag de zorg voor hem op mij nemen, maar dat zou weer aanleiding geven tot allerlei kwaadsprekerij.'

Napoleon mompelde: 'Ja, ja, je hebt gelijk. Ik zou het prettig vinden te weten dat hij bij jou opgroeide. Maar dan zouden ze natuurlijk weer zeggen dat het een zoon van jou en mij was. Als ik in Amerika ben, laat ik hem overkomen.'

Hij liep naar de man die wat verderop stond te wachten. Hortense glimlachte tegen het jongetje dat door zijn moeder Léon was genoemd en blonde krullen had. 'Hij was van een engelachtige schoonheid,' schreef Hortense in haar memoires. Ze hurkte naast hem en vroeg of hij het leuk vond op het internaat. Hij knikte en vertelde dat hij met zijn vriendjes de laatste tijd oorlogje speelde en dat ze twee partijen hadden: de ene heette de bonapartisten en de andere de bourbonisten. De koningin vroeg hem bij welke partij hij zat en hij zei: 'Bij die van de koning.' En toen ze hem vroeg waarom dan wel antwoordde hij: 'Omdat ik van de koning houd en niet van de keizer.'

Ze ging rechtop staan en realiseerde zich dat het kind helemaal niets van zijn afkomst wist en ook niet begreep wie de man in de tuin was, bij wie hij op bezoek moest gaan. Hortense vond de situatie zo bizar dat ze Léon vroeg: 'En waarom houd je dan niet van de keizer?' Hij haalde zijn schouders op: 'O gewoon, zomaar. Omdat ik bij de partij van de koning hoor.'

Tijdens de maaltijd raakte Napoleon niet uitgesproken over de jongen, die zo sterk op de kleine koning van Rome leek. De ontmoeting had hem aangegrepen en hij herhaalde: 'Jij vond toch ook dat hij precies op mijn zoon leek, Hortense?'

's Avonds arriveerden er dames uit Parijs om hem vaarwel te zeggen. Hij ontving ze in zijn eigen kamer. De volgende morgen – 28 juni – toen Hortense beneden kwam vertelde men haar dat de keizer al vroeg bezoek had van Marie Walewska en haar kind. De Poolse gravin wilde nog graag even met haar spreken. De jonge vrouw wachtte met een behuild gezicht in een antichambre, haar zoon Alexandre stond hulpeloos tegen haar aan geleund. Hortense wist dat Mme Walewska werkelijk van Napoleon hield. Ze was als enige naar Elba gereisd en leek bereid hem tot het einde van de wereld te volgen. Hortense nodigde de gravin met haar kind uit voor het déjeuner op haar kamer. Ze aten en spraken weemoedig en met liefde over de keizer. Hortense vergaf het Marie Walewska dat ze haar moeder zoveel verdriet had bezorgd. Ze wist immers dat Joséphine haar ook zou hebben vergeven.

'In de salon komend hoorde ik dat de minister van Marine 's nachts was aangekomen. Men had uiteindelijk beloofd Napoleon de gevraagde fregatten ter beschikking te stellen, die in de haven van La Rochelle gereed lagen. Nu stond hem niets meer in de weg om te vertrekken.'

In de daaropvolgende uren was de keizer druk bezig met het uitdelen van bevelen. Hij liep de stallen in en vond de reiswagens die de bewindhebbers hem hadden gestuurd niet goed genoeg. Hortense bood hem haar eigen rijtuig aan, maar dat sloeg hij af. Men ging op zoek naar een lichte calèche voor de reis naar de haven. 'Hij vroeg me wat ik zou gaan doen en of ik over een kapitaal beschikte. Ik zei hem dat ik alleen maar mijn diamanten had en die van mijn moeder, omdat ik na haar dood haar schulden had moeten afbetalen. Ik zei dat ik me in Zwitserland wilde terugtrekken en dat ik daarvoor wel genoeg had.'

Bezorgd informeerde ze of hij wel geld had voor de reis. Misschien was het nodig wat diamanten mee te nemen. Ze wilde hem haar eigen diamanten ketting geven, ze had hem immers van hem ten geschenke gekregen? Hij wees het eerst af, stemde er dan toch mee in op voorwaarde dat ze een wissel accepteerde van tweehonderdduizend francs. 'Ik weigerde tevergeefs. Het maakte me verdrietig dat ik zo weinig meer kon doen voor de man aan wie ik alles te danken had.'

Buiten de stallen gekomen hoorden ze op de grote weg naar Saint-Germain geschreeuw. Een paar honderd soldaten marcheerden voorbij: '*Vive l'empereur!*' klonk het door de gelederen. Ze gooiden hun mutsen en petten in de lucht toen ze Malmaison passeerden. Bang om herkend te worden trok de keizer zich terug in het huis. 'Wat heb ik aan al die juichkreten? Daden heb ik nodig,' zei hij bars tegen Hortense. De hele dag kwamen er mensen om hem vaarwel te zeggen. Tegen Mme Bertrand zei Napoleon: 'Ik ga naar Amerika. Daar zal ik een particulier bestaan leiden. Koningin Hortense moet met haar twee kinderen bij me komen wonen. Ze zal mijn leven veraangenamen.' Na het gesprek ging Mme Bertrand de tuin in waar ze Hortense vond, die de zwarte zwanen stond te voeren aan de rand van de vijver. Het licht van de lage zon schommelde in het water, dat steeds grotere kringen vormde, tot de andere oever. De koningin keek hoe er nieuwe kringen ontstonden, altijd dezelfde weg beschrijvend naar de oever. Naar het einde. Mme Bertrand vertelde haar wat de keizer had gezegd en ook dat zij en haar man hem op zijn lange reis wilden begeleiden. Beiden dachten aan de Engelse oorlogsschepen die met hun zware kanonnen de oceanen doorkruisten, aan alle andere gevaren voor de vluchtende keizer. Ze liepen samen over de slingerpaden, overschaduwd door geurige exotische bomen. Bij de duiventil op een heuveltje fladderden duivenparen en vulden de zuivere lucht met hun vredig gekoer. 'Het was een prachtige zomeravond. De ons omringende rust vormde een sterk contrast met het gevaar dat onherroepelijk naderbij kwam,' schreef Hortense. Ze genoten ondanks alles van de schoonheid van de tuinen. 'We zaten al een tijd op een bank te mijmeren toen we de keizer alleen zagen naderen. Hij onderging blijkbaar dezelfde vredige invloed van de natuur, want toen hij naast ons op de bank ging zitten riep hij uit: "Wat is Malmaison toch mooi! Zou het niet heerlijk zijn, Hortense, als we hier konden blijven?" Ik kon hem niet antwoorden. Mijn stem zou mijn heftige emoties verraden. Het was de eerste keer dat hij zich aan een bepaalde plek gehecht scheen te voelen. En dat verbaasde me, vooral omdat ik niet had gedacht dat hij voor zoiets ontvankelijk was. Als onze medemensen ons in de steek laten, klampen we ons vaak vast aan onze omgeving die ons niet kan verloochenen. En wie zou trouwens onder dwang voor altijd de plek kunnen verlaten waar hij gelukkig is geweest, zonder gekweld te worden door gevoelens van spijt? Een plek als Malmaison, die voor hem verbonden was met de herinnering aan geluk en roem, een plek waar zo velen zich achter hem schaarden, een plek vanwaar hij vertrok om de wereld te verbazen en waar hij de laatste dagen doorbracht die hem in zijn vaderland gegund waren. Daarna wachtte hem alleen de verbanning en een onzekere toekomst.'[6]

De avond verliep als de voorafgaande avonden. Ze verbleven in de salon en spraken over de reis van de keizer.

Op dinsdag 29 juni werd alles in gereedheid gebracht voor het vertrek. De keizer zat met zijn broer op zijn kamer toen Vincent Rousseau binnenrende om Hortense een spoedbrief te bezorgen van Louise Cochelet uit Parijs. Het hele huishouden in de rue Cerutti stond op zijn kop: iedereen dacht dat de vijanden Malmaison al hadden omsingeld en iedereen was bang dat ze er niet meer in zou slagen Parijs te bereiken. De brug over de Seine bij Neuilly was door Pruisische soldaten gebarricadeerd. Ze moest direct komen, ze had geen moment te verliezen.

Hortense haastte zich naar de bibliotheek van de keizer, die nog met Joseph praatte. Ze las hem de brief voor, maar hij bleef koelbloedig zitten. Hij raadde haar wel aan alvast met haar kinderen en haar dames naar Parijs te gaan. Ze riep uit: 'Ik ben nu alleen bezorgd om u, Sire. Dit bericht komt van een betrouwbaar officier.'

'*Ma fille*,' zei hij tegen haar, 'ik weet heus wel wat oorlog is. Ga meteen naar huis!'

Hortense weigerde hardnekkig Malmaison te verlaten zolang hij er nog was. Ze drong erop aan dat hij zich moest kleden voor de reis, afscheidnemen, de paarden laten inspannen om op weg te gaan voor hij in handen van de Pruisen zou vallen. 'Wat zouden de Pruisen mij nou kunnen doen?' vroeg hij schamper. Met een beweging van zijn wijsvinger stuurde de keizer een soldaat naar buiten om te kijken of de vijand in aantocht was. Maar dat bleek al niet meer nodig want Flahaut en Lavalette stormden naar binnen om het bericht te bevestigen. De Pruisische soldaten hadden in een naburig dorp de brug in brand gestoken. Je kon het vanuit Malmaison zien. Iedereen ging naar buiten en tuurde naar de horizon waar een donkere wolk de blauwe zomerhemel bezoedelde. Napoleon kneep de smalle lippen opeen. Even flakkerde de oude strijdlust op in zijn ogen en werd de uitgebluste man weer keizer van Frankrijk. Hij wendde zich tot Flahaut en Lavalette: 'Ga naar de voorlopige regering en zeg hun dat ik nog in staat ben het leger te verzamelen. Ik kan de opmars van de vijand stuiten en de regering de tijd geven om voor de Franse belangen op te komen en met de geallieerde vorsten te onderhandelen over het recht op vrijheid dat men dreigt te verliezen. Ik beloof op mijn woord van generaal, van burger en van soldaat dat zodra ik erin geslaagd ben de hoofdstad te bevrijden, ik nog dezelfde dag zal vertrekken.'

Flahaut en Lavalette slingerden zich in het zadel en galoppeerden weg. Hortense keek hen na. Ze was nauwelijks bezorgd om het lot van de man op het grijze paard die naar het bezette Parijs ging. Al haar gevoelens waren nu gericht op slechts één man: haar stiefvader. In zijn razernij herinnerde hij haar weer aan de energieke en dominante man die haar altijd beangstigde, maar ook aantrekkingskracht op haar uitoefende. Ze hoorde de soldaten onder elkaar overleggen. De Pruisen waren nabij. Als ze aanvielen, konden ze zich niet genoeg verweren. Een van hen riep met de hand aan zijn dolk woest dat hij zijn keizer liever eigenhandig zou doden dan hem uit te leveren aan de vijand.

Met flauwe hoop zag Hortense hoe de paarden die besteld waren voor Napoleons laatste reis aan hun teugels werden voorgeleid. Maar de keizer schudde zijn hoofd. Hij wilde nog wachten op de terugkeer van Flahaut en Lavalette. Stapvoets gingen de paarden naar de stal en deden zich kalm te goed aan de met hooi gevulde ruif. Opnieuw verstreken er angstige uren. Hortense wachtte buiten met over elkaar geslagen armen, de kasjmier sjaal strak om haar schouders. Toen een stofwolk de terugkomst van Flahaut en Lavalette aankondigde, ging de keizer hun met grote stappen tegemoet. Maar ze hadden geen positief bericht van de regering: men wilde zijn hulp niet accepteren.

'Waarom niet?' vroeg Napoleon. 'Ze zijn nog altijd bang voor me, niet? Ze weigeren. Goed. Laten we gaan. Ik wilde nog een laatste poging doen voor het heil van Frankrijk. Maar ze willen het land aan de vijand prijsgeven.'

Hij ging met Joseph naar zijn kamer en toen hij terugkeerde droeg hij geen uniform meer, maar een eenvoudige, openhangende grijze overjas. Hortense haalde bij het afscheidnemen een riem tevoorschijn, waarin ze de vorige avond zorgvuldig alle diamanten had genaaid. Ze deed hem om zijn middel en gespte hem dicht. Hij glimlachte en kuste de behuilde wangen van zijn stiefdochter voor het laatst. Hij zei: 'Ga nu gauw terug naar Parijs.'

Ze zag hoe hij naar Mme Mère toe ging. Ze stond strak rechtop en zei met spartaanse kalmte: '*Adieu, mon fils.*' Hij kuste haar en antwoordde op dezelfde toon: '*Ma mère, adieu.*'

Ook voor zijn broers had hij slechts drie woorden. Dan sprong hij in de calèche, sloeg het portier dicht en gaf met een ruk van zijn hoofd te kennen dat de koetsier kon vertrekken. De wielen ratelden over de keien en voerden Napoleon Bonaparte keizer van Frankrijk voorgoed weg uit het leven van Hortense de Beauarnais.

Er ging een vreemde trilling door haar armen en benen toen ze vlak voor het vertrek nog snel door het huis liep waarin de kunstvoorwerpen met hun voorname schoonheid over de verlaten kamers regeerden. Onaantastbaar voor menselijke wanhoop. Naast schilderijen van grootheden zag ze de doeken van minder bekende meesters, die de poëzie van de middeleeuwen uitdrukten. Joséphine was met elke aankoop zo gelukkig geweest en dan keken ze er samen lang naar, noemden elk detail. Troubadours en kruisridders, jonkvrouwen in kasteelzalen door Richard, Mlle Lorimier, Turpin de Crissé, Bergeret. Bij de wanden met bloemenstillevens stond ze stil, haar hart bloeide open voor de fijnzinnige doeken waarop geurige, met dauw besprenkelde rozen uit de knop leken te springen en ze realiseerde zich hoeveel ze van deze kunstcollectie hield en dat ze helemaal niets had ondernomen om alles in kisten te pakken en naar een veilige plaats in Parijs te laten overbrengen. Nu was het te laat. En deze verzameling vormde een groot deel van haar bezit en het vermogen voor haar kinderen. Ze moest het allemaal achterlaten, van de witmarmeren borstbeelden op hun piëdestallen in de vestibule tot de goudomrande dessertborden van beschilderd porselein. Bij het zien van de vergulde harp die door Cousineau voor haar moeder was gebouwd voelde ze spijt. In de lichte eetzaal liep ze langs de danseuses van Louis Lafitte die met onverminderde levensvreugde over de wanden dartelden. Ze sloot die wereld van kostbare elegantie af en liet de sleutel in haar beurs glijden.

Haar schoonmoeder en de andere Bonapartes groetten haar afwezig, te vervuld van het grote afscheid van Napoleon. De paarden voor de rijtuigen van Hortenses kleine stoet stonden al een tijd te wachten. Ze schraapten met hun hoeven over de stenen, kauwden op hun bit. De koetsier op de bok wendde zich naar haar toe en ze knikte. Met een schok kwam het voertuig in beweging en de paarden zetten in draf koers naar Parijs.

Via een omweg bereikten ze de rue Cerutti waar de leden van haar huishouding ongerust op haar af kwamen. Was ze onderweg aangehouden? Hadden de Pruisen Malmaison bestormd, was er geplunderd? Hortense gaf korte antwoorden. Het werd heel stil in haar. Ze had haar grote taak vervuld: Napoleon was op weg naar de haven. Haar kinderen zaten veilig ondergedoken. In de afgelopen dagen had ze geen honger of slaap gekend. Maar nu ging ze met loodzware voeten naar haar kamer, liet daar wat eten brengen en viel in een diepe, droomloze slaap.

De volgende dag leek normaal te verlopen, maar er school een intense dreiging achter elk onverwachts geluid, elke vreemde bezoeker die haar stoep opliep. Haar deur stond open voor alle vrienden die hulp zochten. Ze dacht dat haar eigen toekomst al bepaald was. In Prégny aan het meer van Genève lag haar kleine kasteel dat ze van haar moeder had geërfd. Daar zou ze een veilig onderkomen vinden. Ze wachtte alleen nog op paspoorten van het voorlopig bewind, zodat ze met Napoleon en Louis voorgoed naar Zwitserland kon vertrekken. Het waren de anderen die in onzekerheid leefden en goede raad nodig hadden.

Hoe zag de toekomst van Frankrijk eruit zonder de keizer? Er waren weinig mensen die geloofden dat Napoleon II op weg was van Wenen naar Parijs om in plaats van zijn vader de keizerstroon te bestijgen. Hortense wist wel dat de vierjarige kleuter daarvoor nooit toestemming van de Oostenrijkse regering zou krijgen. Napoleons koeriers, die met zijn brieven probeerden Marie Louise te bereiken, vonden de grens van Oostenrijk steeds gesloten. Een laatste brief die toch in Wenen was aangekomen, lag ongeopend op de ambassade. 'Ik heb gezworen alles over te laten aan mijn vader,' zei de keizerin tegen de Franse ambassadeur Méneval, die met haar over Napoleon trachtte te praten. En tijdens een laatste diner zei ze tegen hem dat ze het onherroepelijke besluit had genomen zich nooit meer met haar man te herenigen. Er deden geruchten de ronde dat generaal Neipperg, die sinds hun verblijf in Aix elke dag in haar nabijheid werd gezien, haar minnaar was geworden. Deze berichten verbaasden Hortense niet. Maar hoe treurig was het lot van Napoleons enige wettige zoon.

Toen de coalitie Frankrijk in mei 1815 de oorlog verklaarde, had Charles François de Méneval de Weense ambassade moeten verlaten. Hij was voor het laatst naar de appartementen van de kleine koning van Rome in Schönbrunn gegaan en boog voor het kind dat zijn keizer had kunnen worden. 'Ik keer nu terug naar uw vader,' zei hij ernstig. Het jongetje keek op van zijn speelgoed en antwoordde op waardige en trieste toon: 'Mijnheer, zeg hem dat ik nog altijd van hem houd.'[7]

Er werd voortdurend over de toekomst van Frankrijk gespeculeerd. Iemand riep dat Eugène de Beauharnais hun staatshoofd moest worden. Anderen noemden groothertog Constantijn, broer van de tsaar, als pretendent en weer anderen vonden de prins van Oranje geschikt voor de Franse troon. Maar op 8 juli keerde Lodewijk XVIII terug. In zijn staatsierijtuig getrokken door zes paarden bereikte hij Saint-Denis. Hij was nauwelijks verbaasd over de restauratie van de Bourbon-monarchie waarop hij volgens *le droit divin* recht had. Alle inspanningen die Talleyrand zich voor hem had getroost om zijn bewind tot tweemaal toe te restaureren, vond hij vanzelfsprekend. In een lange brief somde de verwaande minister alle fouten op die de koning tijdens zijn korte bewind had begaan. Doordat hij niet wilde luisteren naar het volk, had hij Napoleon in de kaart gespeeld. De koning moest zich aanpassen, een grondwet accepteren. Lodewijk XVIII reageerde nauwelijks op alle verwijten en adviezen en wist zijn ergernis jegens Talleyrand op vorstelijke wijze te verbergen...

Hortense waagde zich onder deze omstandigheden niet op de boulevards. Het wemelde er van de rode Engelse uniformen en de teruggekeerde emigranten gedroegen zich uitdagend en vijandig. Om wat lichaamsbeweging te krijgen wandelde ze 's middags in haar tuin. Plotseling naderde er een stoet huurrijtuigen vol opgewonden royalisten. Ze gingen de koning verwelkomen, die al dicht bij Parijs moest zijn. Ze zwaaiden met witte banieren en vulden de nauwe straat achter haar tuinmuur met hun gejuich: *Vive le roi!* Bij het passeren van Hortenses huis zag een van hen haar tussen de bomen wandelen. Het geschreeuw zwol aan, ze schudden hun vuisten en uitten dreigementen. Ze was zo bang dat de heethoofden over haar tuinmuur zouden klimmen dat ze snel naar binnen ging en alle deuren achter zich sloot.

Die avond nam Lodewijk XVIII zijn intrek in de Tuilerieën en liet zich met een zucht op zijn zetel zakken tussen de vergulde adelaars en bijen. Alsof de Honderd Dagen van Napoleon er nooit waren geweest, zette hij zijn reactionair bewind voort.

In Parijs begon men te geloven dat de koningin van Holland zich aan het hoofd van het Franse leger had gesteld. Ze kreeg in het geheim bezoek van een kolonel die haar smeekte Napoleon terug te roepen;

zijn soldaten stonden klaar om onder diens bevel de vijand van de hoofdstad te verjagen. Hoe ze ook benadrukte dat ze zelf niet wist waar de keizer zich inmiddels bevond, men wilde haar niet geloven.

Haar buurman Joseph Fouché waarschuwde Hortense dat ze niet langer veilig was in haar eigen huis. Hij raadde haar aan onder te duiken. De beschuldigingen tegen haar stapelden zich op. Ze was zich echter van geen kwaad bewust. Wat kon men haar verwijten? De terugkerende emigrés dachten er anders over. Ze gaven haar van alles de schuld; als leidster der bonapartisten spande ze in het geheim samen tegen de geallieerden. Ze wisten te vertellen dat *la reine de Hollande* vermomd in de arme volkswijken was gezien, waar ze het gepeupel opstookte tot verzet tegen de koning. Op aanraden van Fouché huurde ze een huis dat aan de achterkant aan haar eigen woning grensde. Daar voegden zich de kinderen bij haar. Louise Cochelet was de enige die van tijd tot tijd bij haar langskwam om berichten over te brengen. Vanuit haar vensters kon ze zien hoe de Oostenrijkse generaal Schwarzenberg zich opnieuw met zijn staf in haar woning vestigde. Dit stelde haar enigszins gerust; ze kende Schwarzenberg als een hoffelijk man en achtte het nu veilig genoeg om naar huis terug te keren. Hij stond haar toe op de bovenverdieping te wonen, waar ze zich bezighield met het inpakken van kleren en kostbaarheden. Haar meubelen en huisraad kon ze later naar Prégny laten verzenden. Ze borg haar diamanten in een lederen koffertje. Maar ze had weinig contant geld tot haar beschikking. Door de verkoop van haar paarden en wat schilderijen vulde ze haar beurs voor de reis. Tot haar opluchting kreeg ze paspoorten voor haarzelf, de beide kinderen, de trouwe kamerheer Marmol, wat hofdames en een paar personeelsleden. De rest van haar huishouding moest ze ontslaan.

Joseph Fouché kwam haar vaarwel zeggen. Zoals viel te verwachten boog de oude jakobijn, die ooit voor de dood van koning Lodewijk XVI stemde, zich nu weer diep in het stof voor de Bourbons. Om minister van Politie te worden, was hij bereid concessies te doen. Hortense keek met afkeer naar het doorgroefde, sluwe gelaat en vroeg zich af hoe lang hij het tussen de roofdieren aan het hof zou volhouden. Talleyrand ontving een dag na de terugkeer van de koning de officiële benoeming tot president van de ministerraad en minister van Buitenlandse Zaken. Sinds zijn benoeming zocht hij naar een mogelijkheid om zijn oude vijand Fouché uit het zadel te wippen.

Hortense was afgestompt door al het verraad ten koste van eigenbelang. De spreuk 'Wie goed doet, goed ontmoet' die Mme Campan de leerlingen van het meisjespensionaat inprentte, bleek allang niet meer te werken. Maar de schrijver Chateaubriand schreef met vlammende verontwaardiging in zijn memoires hoe de drie gezworen vijanden zich na het vertrek van Napoleon principeloos verenigden: 'De loyale koningsmoordenaar legde knielend de handen, die het hoofd van Lodewijk XVI hadden doen vallen, in de handen van de broeder van de koninklijke martelaar. De afvallige bisschop stond borg voor de eed.'

Met het air van een man die de dienst uitmaakt vertelde Fouché haar dat Lodewijk XVIII vriendelijk naar het welzijn van de hertogin van Saint-Leu had geïnformeerd. De koning geloofde niets van de wilde geruchten die over haar werden verspreid. Maar kon ze van hem nog enige bescherming verwachten? De oude, trage vorst had weinig macht onder zijn bondgenoten en was ook te moe om actie voor haar te ondernemen. De enige van wie Hortense nog iets verwachtte was haar vriend tsaar Alexander.

Op een avond hoorde ze hoe een rijtuig begeleid door een stoet ruiters stilhield in de rue Cerutti. Er klonken Russische stemmen. Met bonzend hart liep ze naar het venster. Tsaar Alexander zette zijn voet op het uitgeklapte trapje en liep met grote passen naar de stoep van haar huis.

Het was een andere man dan de glorieuze held die in de lente van 1814 de Franse hoofdstad binnentrok. Zonder vertoon had hij zich op de avond van de tiende juli 1815 met een handvol kozakken over de Champs-Elysées naar het Elysée begeven, waar hij zijn intrek nam. Want de gastvrijheid van de verraderlijke Talleyrand zou hij niet meer accepteren. Het zat hem dwars dat hij geen rol had kunnen spelen in de Slag bij Waterloo, waaruit Wellington, de prins van Oranje en Blücher als helden tevoorschijn waren gekomen. De volgende dag kreeg hij bezoek van Lodewijk XVIII, die nu veel vriendelijker was dan een jaar eerder. Hij vereerde hem met het blauwe lint van de orde van Saint Esprit en dankte hem voor zijn verzet tegen Napoleon.

De tsaar walgde van de politieke slangenkuil. Hij was sinds enige tijd vervuld van een veel hogere rol, die hem boven al het diplomatieke en aardse gebeuzel verhief. Zijn gewijde plan was ontstaan na lange gesprekken met barones Julie von Krudener. De helderziende dame slaagde erin met haar bovennatuurlijke berichten tot hem door te dringen. Toen hij op weg naar Frankrijk in Heilbronn verbleef, bracht ze hem een bezoek en onthulde haar verbluffende kennis over zijn verleden en toekomst. Tsaar Alexander biechtte haar vol berouw op hoe hij zich in Wenen had verlaagd tot de omgang met velerlei vrouwen. God strafte hem met een venerische kwaal en hij was bereid om boete te doen en daarvan verlost te worden. Krudener ontpopte zich als een door God gezonden gids. In Parijs kwam ze elke avond via een achterdeur het Elysée in; ze bad met hem en vertelde wat God van hem verlangde.

De man die Hortense beneden in de gang met Schwarzenberg hoorde praten, was ervan overtuigd dat hij voorbestemd was om de Europese vijanden in de Heilige Alliantie te verenigen, zodat er altijd vrede zou heersen. Julie von Krudener had hem duidelijk gemaakt dat hij de Witte Engel was uit haar visioenen, door God geroepen om Napoleon, de Zwarte Engel, ten val te brengen. Ze had een licht in hem ontstoken dat alles overstraalde. Net als zijn vader, de waanzinnige tsaar Paul I, droeg hij het zware hoofd sindsdien iets achterover en was zijn blik op de verte gericht, de lippen gekruld in een verdwaasde glimlach.

Hortense wachtte gespannen tot Alexander de trap op zou komen of een kamerheer naar boven zou sturen. Maar het gesprek duurde voort en werd gevolgd door geroezemoes in de hal en het sluiten van de voordeur. Hun vriendschap bleek voorbij, ze zou hem nooit meer terugzien.

Bedroefd pakte ze zijn brieven uit haar bureau, bond ze bijeen met een lint en zond ze met een roerende afscheidsbrief naar het Elysée. Het antwoord waar ze zo naar verlangde kwam niet. De tsaar zond slechts zijn zaakgelastigde Boetjagin naar de rue Cerutti. Hij vertelde haar hoezeer de tsaar verstoord was, omdat ze zich tijdens de Honderd Dagen weer met Bonaparte had ingelaten, al zijn raadgevingen in de wind sloeg en een beweging steunde die rampen bracht over heel Europa.

Op 17 juli kreeg Hortense van Elie Descazes, die na het ontslag van Fouché was aangesteld tot prefect van politie, het bevel binnen vierentwintig uur het land te verlaten. Descazes, die ooit in Holland als raadgever van Lodewijk Napoleon gedwee achter hem aan liep, vormde nu een gevaar. Ze zou bewaking krijgen tot aan de poorten van Parijs. Generaal Schwarzenberg zond haar zijn adjudant, de jonge graaf Woyna, om haar tot op de plaats van bestemming te begeleiden. Wat zou één man kunnen uitrichten tegen losgeslagen Oostenrijkse of Pruisische regimenten? Om van de Engelse soldaten maar te zwijgen. Bitter dacht ze aan Talleyrand, die met zijden kousen en gepoederd haar weer in de Tuilerieën zat. Hij liet niets van zich horen. Hij stak geen hand uit om haar en haar kinderen te beschermen. Zou het anders zijn als de arrogante diplomaat had geweten dat Flahaut haar liefhad en dat ze de moeder was van zijn geheime kleinzoon? Ze voelde zo'n afkeer van de hogere kringen dat ze er oprecht naar verlangde Frankrijk voorgoed te verlaten. De koningin had de reis tijdig voorbereid en kon meteen vertrekken. Haar diamanten, die een garantie vormden voor haar toekomst, waren in een cassette gesloten. Maar op het laatste moment kreeg ze een waarschuwing dat ze geen kostbaarheden mee moest nemen. Men had het op haar diamanten gemunt; ze zou onderweg beroofd worden. Hortense besloot alles achter te laten bij Louise Cochelet, die de diamanten bij een betrouwbare advocaat in bewaring moest geven.

De drie rijtuigen verlieten de rue Cerutti op 17 juli 1815 om negen uur in de avond. Hortense zat in het eerste met haar beide kinderen. In het tweede zat haar kamerheer Marmol met graaf Woyna, de Oostenrijkse officier. In het derde de kinderverzorgster en een kamermeisje. Vincent Rousseau diende als koerier. Louise stond hen als enige na te wuiven. De hofdame bleef nog even in Parijs om Hortenses zaken af te wikkelen. Zij zou haar daarna in gezelschap van abbé Bertrand in ballingschap volgen.

Hortense hield de handen van haar kinderen vast en zag de vertrouwde huizen en pleinen voorbijglijden. In de stad wemelde het van de rode Engelse uniformen. Oostenrijkers slenterden langs de Seine. Ultraroyalisten schreeuwden uitdagend *Vive le roi!* Ze bemerkte dat er van afstand tot afstand gewapende mannen langs de weg stonden, die haar rijtuig volgens afspraak beschermden. Toen ze onder de stadspoort door reed en Parijs achter haar lag, onderging ze een zwaar gevoel van vrees en verlies. Tussen de torens van kerken en de hoge, leien daken der paleizen lag haar leven. Daar was ze het kind van haar moeder, door haar liefde beschermd. Nu was ze overgeleverd aan de gunsten van vreemdelingen en moest ze Joséphine achterlaten in haar kleine, koude crypte.

In de dorpen die ze passeerde, heerste soms een dreigende stemming. Ze hoopte telkens niet herkend te worden. Maar men keek haar na, siste soms. Als ze bij een wisselplaats voor de paarden uitstapte om haar benen te strekken, was het *Vive le roi!* niet van de lucht. De derde dag bereikte ze Dijon waar Oostenrijkse regimenten gelegerd waren. Toen ze de trap naar haar groezelige logement op liep hoorde ze een vrouw beneden zeggen: 'Daar heb je haar!'

Graaf Woyna ontdekte een oude kameraad die hij aan haar voorstelde. De Oostenrijkse officier had een opvallend edelmoedig gezicht, en ogen vol barmhartigheid. Ze stond juist wat men hem te praten, toen er drie officieren in het uniform van de koninklijke garde de gelagkamer binnen marcheerden. De grootste, die door zijn zware snor een ondoorgrondelijke uitdrukking had, zei streng: 'Madame, we hebben het bevel u niet van hier te laten vertrekken.'

'Uitstekend heren, dan zal ik hier blijven,' zei ze rustig. Dit onverwachtse antwoord bracht de drie even van hun stuk. De Oostenrijkse bevelhebber, die onder de indruk was van de voormalige koningin van

Holland, draaide zich om en viel tegen hen uit: 'Wie heeft hier bevelen uit te delen? Ik heb het hier voor het zeggen en Madame is vrij om te vertrekken wanneer ze maar wil!' Geschrokken lieten de militairen hun wapens zakken. Hortense was verbaasd over de verandering die zich op het gezicht van haar helper had voltrokken. Hij zag er zo gevaarlijk uit dat de militairen zich als één man omkeerden en de gelagkamer verlieten. Dankbaar voor de interventie prentte ze het gezicht van de Oostenrijkse officier in haar geheugen en begreep dat een beschermengel soms het uniform van de vijand draagt. Ze ging naar haar kamer, maar onder het venster had zich een groepje burgers verzameld dat opgestookt door de soldaten *Vive le roi!* begon te roepen. Vuisten zwaaiden heen en weer. Ze trok haar kinderen weg bij het raam.

Toen graaf Woyna terugkeerde van een wandeling door Dijon haalde hij meteen versterking. Enkele soldaten bewaakten haar rijtuig, anderen stonden de hele nacht voor de herberg op wacht. Hortense begreep nu dat ze oog in oog had gestaan met de overvallers, die het op haar diamanten hadden voorzien. Bij haar vertrek werden juist de troepen geïnspecteerd, wat de Franse soldaten verhinderde haar te achtervolgen. Ze begreep dat dit opnieuw het werk was van de Oostenrijkse officier. Een jonge aanvoerder schreeuwde Woyna woedend achterna dat het een schande was om de vrouw die Frankrijk zoveel kwaad had aangedaan te laten ontsnappen. Hortense sloeg haar armen om de schouders van haar kinderen. Ze keek recht voor zich uit. Enkele dorpelingen waagden het haar met sympathie in hun ogen te groeten. In een ander dorp klonk een stem: 'De goeie mensen moeten het land uit en de slechte blijven achter.'

Ze had te veel meegemaakt; blinde verering afgewisseld met felle haat. In beide gevallen was het onverdiend. Ze wilde weg, ze verlangde naar rust en veiligheid. Een eenvoudig bestaan, omringd door haar boeken, haar muziek, haar tuinen. Ze probeerde zich mensen voor te stellen die ze liefhad, die haar zouden missen in Parijs. Het waren er weinig. Met een treurig gevoel dacht ze aan Charles de Flahaut. Ze kon de hartstocht van vroeger niet oproepen, ze kon hem ook niet missen. Toen ze de Franse grens naderde hield ze haar adem in. Het gevaar lag bijna achter haar. Het was of haar verleden in een reeks snelle prenten aan haar voorbij trok. De kroning van de keizer. Haar verblijf in het koninkrijk Holland. De Honderd Dagen van Napoleon. Ze onttrok zich nu aan het absurde verhaal, waarin ze tegen haar zin een hoofdrol had

moeten vertolken. In Holland was koning Willem van Oranje machtiger geworden dan zij ooit was geweest. Men had hem ook op de troon van België gezet en hij was tot groothertog van Luxemburg bevorderd. Aan wat of aan wie had hij die eer te danken? Niets leek logisch in de wereld. Ze hoopte maar dat het vriendelijke volk in het noorden eindelijk rust en welvaart zou vinden. Niets bond haar meer aan hen dan wat vluchtige herinneringen van bescheiden paleizen en lage boerderijen in eindeloos laagland. Niemand kon haar meer dwingen onder die loodzware hemel te leven en het volk was haar al vergeten. Het enige dat ze wilde behouden was haar titel. Daar hechtte ze na vier jaren koningschap nog steeds aan. *La reine de Hollande*, zo wilde ze zich in ballingschap blijven noemen. Tot haar dood toe, waar ze zich ook bevond. Het rijtuig hield in om een soldaat bij de grens de paspoorten te tonen. Hij knikte, gaf de papieren terug en zwaaide met zijn arm om de slagboom te openen. Even was ze doortrokken van een intens gevoel van vrijheid dat aan geluk grensde.

DEEL 5

In ballingschap

26

Later stonden de beelden van haar vlucht in zwarte en witte vlakken in haar herinnering geëtst. De winter viel vroeg in het hooggebergte en ontrukte alle kleuren aan de kalende bomen en struiken. De paarden trokken in het late najaar van 1815 moeizaam het rijtuig van koningin Hortense de steile hellingen op.

In een krant moest ze lezen dat de keizer zich op de vlucht naar Amerika aan de Engelsen had overgegeven. Ze voerden hem naar Sint-Helena, een rotsachtig eiland in de Atlantische Oceaan. Amerika was maar een droom geweest. Hortense durfde het bittere bericht nog niet aan haar kind te vertellen. De zevenjarige prins Louis was herstellende van geelzucht en zat stil uit het raampje te kijken, zijn hoofd bewoog mee met het schokken van de wielen en soms slaakte hij een zucht uit het diepst van zijn kinderhart. Sinds twee vreemde heren zijn broertje hadden meegenomen naar Rome, was hij alleen. Hij miste zijn speelkameraadje elk uur van de dag, maar hij durfde zijn verdriet niet te uiten, wetend dat zijn moeder er 's nachts om huilde. Ze beloofde hem dat Napoleon Louis van tijd tot tijd bij hen terug zou komen. Ze beloofde dat ze naar Rome zouden gaan om hem bij zijn vader op te zoeken. Maar de gevoelige Louis wist intuïtief dat ze geen enkele zekerheid meer had in haar leven, dat elke dag een vlucht was om te ontkomen aan het kwaad. Het kwaad dat hem zijn oom Napoleon had ontnomen, zijn veilige kinderkamers in de rue Cerutti met zijn speelgoed en honden.

Bij elke herberg werden ze met wantrouwen bekeken. Hortense stuurde in wanhoop een boodschapper naar het Zwitserse Coppet, in de verwachting dat Mme de Staël haar zou opvangen. Tot haar ontsteltenis keerde hij terug met een brief waarin de schrijfster omstandig uitlegde dat dit tot haar grote spijt niet mogelijk was. Ze wenste Hortense verder alle goeds. Als Hortense had geweten dat Mme de Staël zich vervolgens tot het bewind van het kanton wendde om het te informeren over de staatsgevaarlijke aanwezigheid van de hertogin van Saint-Leu, zou ze nog dieper gegriefd zijn geweest.

Overal om hen heen was politie. Prins Louis begreep wel dat Bonapartes nergens gewenst waren. Ze vroegen om papieren. Hun paspoorten gingen van hand tot hand. De handtekening van de tsaar van Rusland maakte enige indruk en de slagboom ging meestal omhoog. Maar ze mochten nooit ergens langer dan een dag verblijven. Als zijn moeder in de gelagkamer van een bedompt logement wat oude, gescheurde kranten vond, werd ze altijd geschokt door de lasterverhalen en de grove spotprenten die er over de verbannen Bonapartes waren gedrukt.

Koningin Hortense wist niet wat de eindbestemming van hun tocht zou zijn. Soms leek het of ze altijd voortgejaagd zouden worden, zonder ooit nog een vaste woonplaats te vinden.

Op weg naar hun huis aan het meer van Genève hadden ze gehoord dat de autoriteiten haar geen toestemming gaven om in Prégny te gaan wonen. De koningin was toen maar naar de badplaats Aix-en-Savoie gegaan. Met moeite had ze er een klein huis kunnen huren. Op een dag in augustus hoorde ze hoe een ruiter voor haar deur halt hield en even later stond Charles de Flahaut op haar drempel. Ze viel in zijn armen, als een drenkelinge die meent de kust te bereiken. Hij had de gevaarlijke tocht ondernomen om te zeggen dat ze elkaar nooit meer mochten verlaten. Dat hij met haar wilde trouwen om samen, ver van hun vaderland, een nieuw bestaan op te bouwen. Hij was alle jaren lang haar enige liefde geweest, ze waren een in hun gedachten en verlangens. Hun samenzijn was heftig en na al het verdriet voelde ze een rauw geluk.

Charles durfde hoogstens een dag in Aix te blijven. Als voormalig adjudant van Napoleon en vriend van de verdachte Hortense voelde hij zich bedreigd. Zijn kameraden werden voor de krijgsraad gebracht. Allen die zich in de Honderd Dagen aan de zijde van Napoleon schaarden, hoorden het doodvonnis over zich uitspreken wegens hoogverraad. Hij moest het haar vertellen: Charles la Bédoyère stierf voor het vuurpeloton. De grote maarschalk Ney werd doodgeschoten. Haar zwager Joachim Murat kon niet aan de Oostenrijkers ontsnappen. Men veroordeelde hem tot de kogel. Met zijn oude bravoure verscheen hij zonder blinddoek voor het peloton en gaf zelf het bevel om te vuren.

Charles stem klonk vlak van onderdrukte emoties toen hij namen noemde, namen van gedode vrienden, de helden uit het Grande Armée van weleer. Hijzelf was ontkomen dankzij de bescherming van Talleyrand, die de dood van zijn bastaardzoon niet op zijn geweten wilde hebben.

'En Mme la Bédoyère?' vroeg Hortense. Ze noemde met haperende stem de namen van haar vriendinnen: en Mme Ney, de arme Eglé? Flahaut schudde telkens zijn hoofd: allen waren in rouw. Alleen haar nicht Emilie de Beauharnais had haar man kunnen redden. Ze drong zijn cel binnen en wisselde met hem van kleren. Vermomd als zijn vrouw ontsnapte Lavalette aan de dood voor het vuurpeloton. Ze hadden Mme Lavalette, die haar leven voor hem waagde, moeten vrijlaten.

Hortense klampte zich aan Charles vast. Er was nog een toekomst voor hen. Misschien zou de keizer ooit bevrijd worden. Of de volgende Bourbonkoning stond hun na verloop van jaren toe om terug te keren naar Frankrijk. Ze zouden tevreden zijn met een eenvoudig huis ver van Parijs. Haar echtscheiding vormde op zich geen probleem, Lodewijk Napoleon Bonaparte wilde het liefst van zijn vrouw af. Maar dan zou hij haar beide zonen opeisen, en haar kinderen waren haar leven. Terwijl ze samen over het oude dilemma spraken, klonk het geroffel van speelgoedtrommels: rataplan rataplan! Napoleon en Louis marcheerden met een paar kinderen uit de buurt over de binnenplaats van het logement. Rataplan! Hun hoge stemmen weerkaatsten tussen de muren met de balkons. De broertjes liepen ernstig in het gelid, een houten speelgoedgeweer over de schouder.

Vertwijfeld namen Charles en Hortense afscheid van elkaar. Hij besloot naar Lyon te trekken. Ze kuste hem met overgave. Als alle verliefden dichtte ze hem de mooiste eigenschappen toe, meende dat hij vervuld was van dezelfde gevoelens als zij. Hij gaf haar snel een adres in Lyon en besteeg het grijze paard. In het licht van al haar illusies zag ze hem verdwijnen.

Op dit afscheid volgde de ergste slag, die alle vorige overtrof. Omdat Flahaut langer in Aix had willen blijven, werd zijn post naar haar verblijfplaats gestuurd. Ze vond het riskant om de brieven door te zenden naar Lyon. Maar misschien stonden er belangrijke dingen in? Onbevangen opende ze een brief uit Parijs en na het lezen van de eerste regel was het of het aardoppervlak onder haar voeten verschoof. Wat ze las waren de hartstochtelijke woorden van een verliefde Mlle Mars. Hortense zocht en vond nergens meer houvast. Door die ene brief werd het pijnlijk helder: ze was nooit de enige liefde van Charles de Flahaut geweest. En waarom uitgerekend Mlle Mars, die pochte dat ze met keizer Napoleon naar bed was geweest.

Naast die tamelijk vulgaire en befaamde actrice waren er natuurlijk anderen. De herinnering aan de Poolse gravin Potocka werd nu een foltering. En zijn verhouding met Caroline Murat was meer dan vriendschap geweest. Ze had blind willen zijn voor zijn flirt met haar schoonzuster, zelfs toen ze hen betrapte tijdens de tuinwandeling. Ze had het beeld van overspel en verraad altijd opzij geschoven om te kunnen overleven. Om een rotsvast vertrouwen in een zuivere liefde te bewaren. Als er geen zuivere liefde tussen haar en Charles was geweest, bestond het niet. Nergens. Met de brief van Mlle Mars in handen brak het laatste zelfbedrog. Ze voelde zich tien jaar ouder.

Daarna, in oktober 1815, was de Parijse advocaat Briatte in zijn donkere pak weer voor haar verschenen. Hij nam zijn hoge hoed af en spreidde zijn justitiële paperassen op tafel uit. Hij eiste dat ze afstand deed van haar oudste zoon Napoleon Louis. Naast hem stond de heer Van Zuylen, de Hollandse kamerheer van Lodewijk Napoleon Bonaparte, die opdracht had de jongen naar Rome te begeleiden.

Prins Louis begon meteen te huilen toen hij zag dat zijn broertje zijn reiskist inpakte. Als de elfjarige prins Napoleon wanhopig was, wist hij het te verbergen. Het leek of zijn treurige omstandigheden in zijn karakter besloten lagen. Hij snikte even maar niet lang. Zijn ernstige bruine ogen vormden een spiegel van de ogen van zijn vader die ook nooit enig geluk van het leven scheen te verwachten. Hortense moest haar kind meegeven aan een vreemde man, die hem over de Alpen naar het verre Italië bracht. Naar een vader die hem zou kwellen met zijn regels, zijn achterdocht, zijn jaloezie.

Toen zijn rijtuig was vertrokken wierp Louis zich op bed. Hij verviel in lusteloosheid en zat moe en bleek naast zijn moeder op een bank aan het bergmeer. De zorg voor haar enig overgebleven kind leerde Hortense sterk te zijn, verder te willen leven. Uit het geneeskrachtige water van de bronnen putte ze wat kracht. Zijn ziekte was nog niet genezen toen de autoriteiten haar dwongen opnieuw te vluchten. In Aix hadden de spionnen de overheid gemeld dat de koningin op de binnenplaats van haar logement een leger drilde. Er was tromgeroffel waargenomen. Er werden commando's geschreeuwd. Ze trokken daar de conclusie uit dat ze Franse officieren om zich heen verzamelde om een opstand tegen de Bourbons te leiden. Bijna gedwee stapte ze op 28 november in haar rijtuig. Terwijl de wielen voortrolden over de voor haar verboden Zwitserse wegen herinnerde ze zich de dreigende, profetische woorden van barones von Krudener. De nachtmerrie was werkelijkheid geworden. Ze vond nergens een plek om haar hoofd te ruste te leggen. Met de winter in zicht liet ze alle mogelijkheden aan zich voorbij gaan. Moest ze het aanbod van een der grootmachten accepteren? Oostenrijk bood haar asiel aan, maar ze had alle reden om Metternich te wantrouwen. Natuurlijk was het een val; bij aankomst zou hij haar met prins Louis in hechtenis nemen. De zoon van de keizer, de kleine Napoleon II, had geen enkele bewegingsvrijheid in Oostenrijk. Haar kinderen waren eveneens Napoleons wettige troonopvolgers en vormden dus een bedreiging voor het huidige reactionaire bewind.

Ze dacht ook aan Nederland. Maar waarom zouden de Oranjes de voormalige koningin van Holland gastvrijheid verlenen? Misschien beschouwde koning Willem haar als rivale. En zijn vrouw, koningin Wilhelmina, kon ze niet benaderen, ze kende haar niet eens. De vorst en vorstin hadden hun oudste zoon uitgehuwelijkt aan Anna Pavlovna, de jongste zuster van tsaar Alexander. De erfprins, die de Held van Waterloo werd genoemd, ging na genezing van zijn schotwond op weg naar Sint-Petersburg voor de huwelijksvoltrekking in het Winterpaleis.

In het rijk van de tsaar was voor Hortense evenmin plaats. Daar moest ze zich onderwerpen aan de grillige Alexander, die hun vriendschap zo wreed had verbroken. In Italië, waar haar broer onderkoning was geweest, zou men haar niet dulden. En als ze zich in Beieren wilde vestigen, kwam Eugène in de problemen. Ze had zich het liefst in Prégny aan het meer van Genève gevestigd, waar men haar taal sprak. Maar ook dit was verboden en ze begon aan een ander meer te denken; de Bodensee in het groothertogdom Baden. Omdat Stephanie gehuwd was met de groothertog van Baden, wendde ze zich in wanhoop tot haar nicht. Al na enkele dagen kwam er antwoord van de bezorgde Stephanie; hoewel haar schoonfamilie haar dreigde te verstoten had ze nog enige invloed op haar man. Hortense kreeg van hem toestemming om voorlopig in Baden te verblijven. Zwitserland stond de koningin slechts toe door het land naar de plaats van bestemming te reizen. Maar ze mocht nergens langer dan een dag vertoeven.

Terwijl de paarden door de eerste sneeuw ploeterden en hun ademwolken langs haar raampje gleden, nam Hortense de kranten op. Ze vormden haar enige nieuwsbron, al stonden ze vaak vol onzin. Ze las onder meer dat Hortense, hertogin van Saint-Leu, in Parijs was gesignaleerd waar ze in vermomming politieke activiteiten bedreef. In een andere krant werd gemeld dat ze onderdak verleende aan haar zwager, de gevaarlijke Joseph Bonaparte, ex-koning van Spanje. Ze was zo verdoofd door alle tegenspoed dat ze er zelfs niet meer om kon glimlachen. Prins Louis was in een ongemakkelijke houding in slaap gevallen. Ze besloot die dag niet verder te trekken en in Prégny te overnachten. Dat bespaarde haar met haar gevolg de kosten van een verblijf in een herberg.

Tegen het vallen van de avond hielden de drie rijtuigen stil voor het kleine kasteel aan het water. Het was zo donker dat ze de nabijheid van het meer van Genève alleen kon horen aan het aanzwellende en afnemende geklots van water tegen een steiger. Haar kamerheer Marmol ging hun voor met een lantaarn. Ze vonden hun weg naar de ingang en kwamen in de ijskoude kamers, die naar schimmel en stof roken. De kristallen luchters waren dof, de spiegels grijs. Louise Cochelet, die zich met abbé Bertrand al in Aix bij haar had gevoegd, ging op zoek naar de beste slaapplaatsen. Prins Louis werd in een bed gelegd dat bij de haard was geschoven. Hortense betrad de slaapkamer van Joséphine de Beauharnais. Bij het zien van de rozenhouten, met bronzen palmetten beslagen meubels, de vazen met pauwenveren, de piëdestallen met bustes van godinnen en de schilderijen tegen de gestreepte wandbespanning was het of haar moeder haar verwelkomde. Zelfs haar melodieuze stem hing in de gang, op het trappenhuis. Hortense klapte de spiegels van haar psyché open en trok de laden naar zich toe; wolken parfums, poeders en zoete rouge versterkten het spookbeeld. Niets leek de ijzige kou te kunnen verdrijven. Toen Hortense in bed lag onder een dikke laag dekbedden, zette Louise zorgzaam een kamerscherm om haar heen.[1]

Hortense schreef in haar memoires: 'Om vier uur in de morgen werden mijn knechten gearresteerd en mijn huis bleek omsingeld door wel vijftig gewapende soldaten. Men dacht dat ik vermomde generaals verborgen hield. De gendarmes deden grondig huiszoeking, behalve in mijn kamer. Daar durfden ze niet binnen te komen, hoewel ze strikte orders hadden ontvangen. Ik dwong ze ertoe door te zeggen: "Komt u maar binnen, heren. Wees niet bang me te beledigen. Ik verlaat Frankrijk voor altijd; ik ben al blij nog wat Franse uniformen te zien." Op hun gezichten stond te lezen hoe opgelaten ze zich voelden en ze trokken zich dadelijk terug.'

Louise Cochelet voegde er in haar memoires nog aan toe dat een wat grove kamenierster door de soldaten was vastgegrepen; ze meenden dat het Joseph Bonaparte was, die zich als vrouw had vermomd. En dat terwijl de oudste broer van de keizer op dat ogenblik waarschijnlijk al veilig in Amerika zat. Na het afwikkelen van de formaliteiten dropen de soldaten af en kon Hortense met haar gevolg de reis voortzetten.

Onderweg cirkelden haar gedachten voortdurend om Charles de Flahaut. Ze had hem in Aix een woedende brief geschreven, waarin ze ongeremd haar verwijten en verdriet over hem uitstortte. Hij antwoordde haar vol ontzetting. Die brief van Mlle Mars had betrekking op een oude, oppervlakkige affaire. Hoe kon Hortense eraan twijfelen dat zij de enige ware liefde in zijn leven was? Hij wachtte al zo lang op haar, wilde haar gelukkig maken. In plotselinge wanhoop wenste Charles dat hij maar op het slagveld van Waterloo tussen zijn kameraden de dood had gevonden. Dan was hun dit immense verdriet bespaard gebleven. Hortense schrok zo van deze heftige reactie dat haar woede plaatsmaakte voor ongerustheid en medelijden. Haar liefde flakkerde op. Ze was te lang van Flahaut bezeten geweest om hem zomaar uit haar hart en verstand te verbannen. Geen mens kon haar verdoolde gevoel sturen. Louise Cochelet zag hoe de koningin huiverend haar voeten op de bank trok en haar gekruiste armen tegen zich aandrukte. In het rijtuig koelden de stoven snel af. Ze schoof naar haar toe en trok de dikke paardendeken over hen heen. In elke wisselplaats voor de paarden maakte ze plaats bij het haardvuur en gaf de knecht Vincent Rousseau opdracht in een emmer gloeiende kooltjes voor onderweg te verzamelen.

Eindelijk kwam Konstanz in zicht, aan de bevroren oever van de Bodensee. Hortense nam met haar gevolg haar intrek in Gasthaus Zum Goldenen Adler. De vredige bisschopsstad leek op haar te wachten; de Dom gewijd aan Unserer Lieben Frau, het dominikanessenklooster, de oude besneeuwde huizen en pleinen hadden de rijpheid van eeuwenlange historie. De bewoners toonden respect en waren haar behulpzaam zonder veel vragen te stellen. 's Morgens was de hemel helder en ze maakte een lange wandeling langs het meer waarin kleine eilanden lagen, getooid met boomgroepen van zilverfiligraan. De besneeuwde heuvels rondom waren laag, alsof het land even ademde en terugviel in dalen van diepblauwe schaduwen. Hortense liep snel, om daarmee het onheil dat haar vervolgde achter zich te laten. Tijdens die wandelingen dacht ze aan de omhelzingen van Flahaut, aan hun samenzang bij de pianoforte, aan hun gedeelde passie voor literatuur, hun lange gesprekken. Hun geheime kind. Ze leken vervuld van elkaar, één in hun liefde. Maar 's nachts – of was het 's morgens of 's middags – bezocht hij buiten haar medeweten Mlle Mars. Om zichzelf te kwellen stelde Hortense hen samen voor in het boudoir van de actrice. Ze had haar vaak in Théatre Feydeau zien optreden. Ze was veel mooier dan zij. Aan het slot van haar spel trippelde ze als Céline in *Le Misanthrope* of Elmire in *Tartuffe* naar het voetlicht en boog net iets te diep om de ovaties in ontvangst te nemen, waarbij haar volle boezem het licht van de rij kaarsen ving. En geestig was ze ook! Hortense las in een roddelblad dat men haar onlangs wilde dwingen *Vive le Roi!* te roepen. Ze antwoordde: '*Vous me demandez de crier Vive le Roi? Eh bien, je l'ai dit.*'[2]

Ze werd door iedereen gefêteerd. Ze had tientallen rijke, voorname minnaars. Waarom dan ook Flahaut, haar enige grote liefde?

Er werden wanhopige brieven van hem in de Goldenen Adler bezorgd. Hij wilde naar haar toe komen. Maar dat zou onder deze politieke omstandigheden zelfmoord betekenen. Moest hij het lot van La Bédoyère en Ney delen? Talleyrand kon zijn natuurlijke zoon niet blijven beschermen nu zijn eigen macht tanende was. En wat moest er zonder Flahaut van Auguste de Morny worden, die ergens opgroeide zonder te weten wie zijn ware moeder was? Altijd verdrong ze de gedachte aan dit kind naar de donkerste uithoeken van haar bestaan. Maar hij bond hen samen en maakte haar verdriet ondragelijk. Flahaut was in Duitsland aangekomen en reisde vandaar naar Rotterdam. In de haven van de Hollandse stad, waarvan de bevolking koningin Hortense ooit zo uitbundig had toegejuicht, vond hij een schip dat naar Engeland voer. In Londen wachtte hij op een paspoort dat hem in staat zou stellen om zich zonder gevaar bij haar te voegen. Sinds hun conflict over Mlle Mars schreef hij haar de meest openhartige brieven. Ze hadden afgesproken dat niets tussen hen onvermeld mocht blijven. Ze las dat hij een jonge, knappe vrouw had ontmoet, die zeer van hem gecharmeerd bleek. Ze heette Miss Margaret Elphinstone en was de dochter van Lord Keith, bevelhebber van de Engelse vloot in het Kanaal ten tijde van Napoleons overgave. Miss Margaret was zeer rijk en verkeerde in de hoogste kringen. Ze was zelfs bevriend met prinses Charlotte, troonopvolgster van Engeland. Maar Flahaut hield zichzelf voor dat hij te zeer vervuld was van zijn liefde voor Hortense om op haar toenaderingspogingen in te gaan. De zomer verstreek en hun scheiding duurde voort. De gekwelde koningin bewoonde nu een huurhuis aan de Bodensee. De situatie werd steeds uitzichtlozer. Het leek onwaarschijnlijk dat Flahaut ooit toestemming zou krijgen om naar haar toe te komen. Er deden de vreemdste verhalen over haar de ronde: ze zou eropuit zijn om koningin van Helvetia te worden en daarom zocht ze de steun van verbannen bonapartisten.

Langzaam groeide er een gedachte bij haar. Als ze Flahaut van zijn trouwbelofte ontsloeg was hij vrij om in Engeland een nieuw, gelukkiger bestaan op te bouwen. Hij kon daar trouwen en kinderen krijgen. Mocht ze hem die kans onthouden? Soms nam ze zich voor hem los te laten. Dan dwongen liefde en verlangen haar weer tot uitstel.

'Tijdens mijn wandelingen over de grote weg, was ik vaak bedevaartgangers tegengekomen, die helemaal uit Frankrijk en andere verre landen kwamen om zich naar Einsiedeln te begeven,' schreef Hortense in haar memoires. 'De befaamde abdij ligt in een van de meest onherbergzame streken van Zwitserland.[3] Ik had bewondering voor hun troostrijke geloof waarmee ze alle vermoeidheid, hindernissen en ontberingen te boven komen om de innerlijke gemoedsrust te verkrijgen, die door aardse kwellingen niet meer verstoord kan worden.'

Met haar ogen volgde ze de gestalten. Sommige pelgrims moesten zich te paard of in een wagen laten vervoeren. Maar de meesten gingen te voet, steunend op een staf onder het zingen van Marialiederen. 'Ik geloofde niet dat gebeden een grotere kracht bezitten als ze vanuit een bepaalde plaats opstijgen,' schreef Hortense, 'maar misschien zou ik in Einsiedeln troost en gemoedsrust kunnen vinden die ik zo nodig had.'

Eind oktober 1816 vertrok ze bij prachtig najaarsweer. In gezelschap van Louise Cochelet reed ze in een calèche langs de oevers van het Meer van Zürich. De schoonheid van het woeste hooggebergte trok haar aan en maakte haar tegelijk somber. Toen ze hoger kwamen verdween het groen uit het landschap en ze zag niets dan kale rotsen. Hortense vroeg zich angstig af welk besluit haar wachtte. Moest ze haar grote liefde opgeven? De laatste dierbare vriend die haar restte? Dan zou ze voorgoed alleen zijn. Kon ze dit offer omwille van hem brengen? Zou hij begrijpen wat het haar kostte om zich van hem los te maken? Het was al donker toen ze totaal overstuur Einsiedeln bereikte. Het duistere massief van de gebouwen en de klokkentoren, de monnik die haar met een lantaarn zwijgend tegemoet trad, alles paste in haar romantische voorstelling van de middeleeuwse abdij: 'Voordat hij me naar mijn onderkomen bracht, wilde hij me de kerk met de Wonderdadige Madonna laten zien, die al zoveel ongelukkigen van heinde en verre naar deze plaats had getrokken.' Hoewel ze vermoeid was van de bergtocht volgde ze hem naar het portaal waarin de tekst was gebeiteld *Hic est plena remissio omnium peccatorum a culpa et poena.*[4]

In de kapel ontwaarde ze voor het eerst de miraculeuze madonna. Ze hield haar adem in: het gelaat van het houten beeld was diepzwart als van een slavin op de suikerplantage. Maria bevond zich in een woud van bevende kaarsvlammetjes met het Christuskind op haar arm, een gouden kroon op het hoofd. Was dit het wonder van de Zwarte Madonna? Of was het vernis van het hout in de loop der eeuwen door de gloed van kaarsen verkleurd? De monnik dwong haar met zijn blik om op de bidstoel te knielen. Hij zeeg achter haar neer op de koude plavuizen. Er ging een vanzelfsprekende autoriteit van hem uit. Ze vouwde haar handen en vond in de stilte een gebed. Er stroomde een merkwaardige rust door haar heen. Toen ze na enige tijd opstond, ademde ze diep; angst en vermoeidheid leken haar te verlaten.

Ze sliep die nacht vast. De volgende morgen zocht ze dezelfde monnik op. Hij was de enige in de abdij die Frans sprak. Bij hem legde ze een volledige biecht af. Hij onderbrak haar niet, luisterde in alle rust. Ze hoefde bij hem geen verraad te vrezen. Het biechtgeheim was hem heilig. Ze vertelde over haar moeder en stiefvader, over haar ongelukkige huwelijk, de geboorte van haar zonen en uit het diepst van het verborgene over haar hartstochtelijke verhouding met Flahaut en het kind dat ze van hem in haar schoot had gedragen. En dat ze moest afstaan. Voor het eerst in haar leven sprak ze hardop over de kleine Auguste de Morny, die zich niet bewust was van haar moederliefde en het gebed dat ze elke dag aan hem wijdde. De biechtvader zat roerloos als een massa gestold kaarsvet, het gezicht overschaduwd door de kap van zijn ruime pij. Toen ze eindelijk zweeg stroomden de tranen over haar wangen. Hij kwam in beweging en sprak weloverwogen woorden. Zijn ogen lichtten op, medelijdend en vriendelijk. 'Ik hoorde dat het gevoel dat mijn hart was binnengedrongen schuldig was aan mijn verdriet. Het had me verwijderd van de enige geoorloofde liefde, die van de Schepper. Het diende te worden uitgerukt. (...) De tranen verstikten me en ik voelde me slecht. De goede biechtvader verwijderde zich diep bewogen, om af te wachten of ik het offer uit eigen wil zou brengen. Hij had gelijk. Nadat ik veel had gehuild, keerde mijn moed terug en ik beloofde God om alleen Hem te beminnen en om alleen in Hem vertroosting te zoeken.'

Vervuld van innerlijke rust bezocht Hortense nog eenmaal de kapel om bij het met bloemen getooide Mariabeeld een dankgebed te fluisteren voor het besluit. Het beroofde haar van een geliefde, maar bevrijdde haar ook van wantrouwen. Ze hoefde nooit meer bang te zijn dat hij haar bedroog met een ander. Ze gaf hem aan zichzelf terug, ze redde haar trots, hoeveel pijn het ook deed. Bij het afscheid van de monnik nam hij haar hand en zei: 'Ach mevrouw! Wat is er veel kwaad over u gesproken. Hoewel wij hier in grote afzondering leven ontvangen we soms wel eens een Engelse krant. Er worden daarin dingen over u geschreven die pertinent onjuist zijn, zoals ik nu weet. Staat u me toe dat ik de lasterlijkheden tegenspreek als ik daartoe in de gelegenheid ben. Er komen vaak vreemdelingen van verre naar onze abdij. Ik zou graag het onrecht herstellen dat ik onwillekeurig ook heb begaan. Ik kon me gewoonweg niet voorstellen dat de kranten zoiets zouden verzinnen.'

Gelaten antwoordde Hortense: 'Eerwaarde vader, ik laat u vrij over mij te zeggen wat u wilt. Ik weet toch dat men u niet zal geloven. In de veelbewogen tijden waarin we leven geeft niemand iets om de waarheid.'

Bij terugkeer in het huis aan de Bodensee schreef ze haar afscheidsbrief, de brief die voor altijd een einde maakte aan haar liefdesverhouding met Charles de Flahaut, de enige grote liefde in haar leven. De brief gleed in de tas van een koerier, werd meegenomen over land naar de Franse kust, voer het Kanaal over naar Engeland. En terwijl haar woorden Flahaut naderden, de woorden die hun geluk beëindigden, kwamen haar twijfels boven. Op een nacht schrok ze wakker en hoopte vurig dat Flahaut de inhoud van de brief zou afwijzen, naar haar toe zou snellen, om nooit meer weg te gaan. In de daaropvolgende dagen beefde ze als er in de verte een ruiter naderde. Ze begon in zijn richting te lopen, verscheurd tussen hoop en vrees. Maar het antwoord dat haar na enkele weken uit Engeland werd gezonden, maakte aan deze verwachting een einde. Er klonk warmte, liefde en verdriet in zijn woorden door. Maar ze bespeurde ook een vaag gevoel van opluchting.

Omdat de beslissing was genomen. Door haar. Dat er na jarenlang hopen en wanhopen een einde kwam aan hun geheime verhouding.

Op 19 juni 1817 zou Charles de Flahaut in Edinburgh met Margaret Mercer Elphinstone trouwen. Hij meldde het heugelijke nieuws als eerste aan zijn verre vriendin. Hortense had er vrede mee. Een melancholieke vrede, die haar nooit meer zou verlaten.

In november ontving het klooster in Einsiedeln een uit diamanten vervaardigd boeketje hortensia's voor de beeltenis van de Heilige Maagd en een ring voor de abt. De koningin dankte hem in een brief voor het beslissende verblijf in de abdij en stelde haarzelf en haar beide zonen onder de bescherming van de Zwarte Madonna. In de lente van het volgend jaar keerde ze met haar zoon Louis terug in Einsiedeln, waar hij uit handen van de monnik zijn eerste heilige communie ontving. Hortense had voor de rest van haar leven een plek gevonden die enige zekerheid en bescherming leek te bieden tegen het aardse kwaad dat haar bleef achtervolgen.

Omdat het hof van Baden koningin Hortense verbood een huis in Konstanz te kopen, ging ze aan de Zwitserse kant van de Bodensee op zoek naar een woning. De termijn van het verblijfsverbod van 1815 was officieel verstreken, maar de Zwitserse regering bleef tegen de aanwezigheid van Hortense ageren. In het kanton Thurgau maakte men echter geen bezwaar tegen de aanwezigheid van de koningin, die geliefd was omdat ze in stilte geld gaf aan de armen. Tijdens haar wandelingen zag ze op een rotsachtige heuvel een klein, vervallen kasteel liggen met vier hoektorentjes. Ze klom omhoog en dwaalde door de verwilderde tuinen, keek vanaf het terras over het meer met het eiland Reichenau dat zich als een aquarel in het winterlicht uitstrekte. De aanwezigheid van water en ruimte gaf haar als altijd rust. Ze verlangde zo naar een eigen plek, ook al kon geen huis ter wereld haar heimwee naar Parijs stillen. Ze wilde een zomerwoning om haar eigen meubels neer te zetten en de portretten van haar dierbaren aan de wanden te hangen. Hortense liep de trap op naar de bovenverdieping en vond er een aantal kleinere kamers en hokjes, als in de ark van Noach uit een prentenboek. In gedachten was ze al met de indeling en verbouwing bezig. Men vertelde haar dat het kasteel in de zestiende eeuw was gebouwd voor een burgemeester van Konstanz en dat het vroeger Narrenberg heette, dat in de loop der eeuwen verbasterd was tot Arenenberg. Ze lachte even, op deze 'berg der narren' zou ze haar nieuwe thuis vinden.
Het bewind van het kanton Thurgau gaf haar toestemming het huis te kopen, al trachtten de landen van de Heilige Alliantie het nog te verbieden. 'Kasteel Arenenberg, heel klein, heel vervallen maar gelegen op

een prachtige plek beviel me,' schreef Hortense en in januari 1817 tekende ze het koopcontract. Vincent Rousseau en zijn vrouw namen hun intrek in een van de bijgebouwtjes in de tuin en zagen erop toe dat de verbouwing en het begin van de tuinaanleg volgens aanwijzingen van de koningin werden uitgevoerd.

Hortense verbleef nog in haar huurwoning bij Konstanz toen ze onverwachts bezoek kreeg. Uit een rijtuig dat begeleid werd door lakeien in uniform, stapte een voorname dame. Ze herkende tot haar grote vreugde Amalia Zéphyrine van Salm-Kyrbourg, gemalin van de vorst van Hohenzollern-Sigmaringen, die op een dagreis van de stad woonde. Ze was ontroerd toen ze de vriendin van haar moeder uit Parijs terugzag. De vorstin herinnerde zich Hortense als een klein, bang meisje dat aan de hand van haar broer Eugène elke zondagmiddag naar het paleis van Salm aan de Seine liep om op het terras te spelen. Hortense bracht haar een tegenbezoek op het eeuwenoude slot Sigmaringen dat hoog op de rotsen gelegen een sprookjesachtige aanblik bood. Ze schreef in haar memoires: 'Ik vond bij haar alle moederlijke tederheid terug die ik in mijn kindertijd mocht ontvangen.'

Ook haar geliefde nicht Stéphanie de Beauharnais, groothertogin van Baden, kwam nu – tegen de zin van de regering in – bij haar op bezoek. Maar de grootste vreugde betekende de komst van Eugène de Beauharnais. Van alle familieleden van de keizer, verkeerde hij in de meest gunstige omstandigheden. Hij had zich tijdens de Honderd Dagen van Napoleon niet in Frankrijk laten zien en slaagde er uiteindelijk in een groot deel van zijn bezittingen uit de Italiaanse paleizen naar Beieren over te brengen. Hortenses broer werd door zijn schoonvader verheven tot hertog van Leuchtenberg en prins van Reichstätt. Koning Maximiliaan van Beieren bleef hem onveranderlijk genegen.

Er leek Hortense geen gelukkiger paar te bestaan dan Eugène en Auguste Amalia, die juist hun zesde kind hadden gekregen. Eugène liet in het hart van München een neoklassiek paleis bouwen waarin hij zijn omvangrijke bibliotheek en zijn schilderijencollectie onderbracht. Hoewel hij werken bezat van grote meesters als Appiani, Bassano, Canaletto, Murillo, Holbein, Memling, Rembrandt, Ruysdael en Van Dyck, had zijn collectie nog groter kunnen zijn. De kunstverzameling van hun moeder uit Malmaison die hij en Hortense erfden, moest grotendeels te gelde worden gemaakt. Tsaar Alexander toonde zich een gewillig koper. Hij had de witmarmeren *danseuse* door Canova meegenomen, het lievelingsbeeld van Joséphine. En ook de schone *Ebe* uit Malmaison met haar sierlijke kan werd naar Sint-Petersburg vervoerd. De tsaar betaalde 940.000 francs voor de collectie, een hoge prijs waarmee hij via een omweg te kennen gaf dat hij over Hortense en Eugène waakte. Ze zat voortdurend in financiële nood. Maar Eugène nam haar zaken over en bezorgde haar de diamanten uit Parijs, die ze in Duitsland bij een bankiershuis te gelde maakte. Hij adviseerde haar van de opbrengst een huis in Beieren te kopen om in de winter te bewonen. Prins Louis kon daar een gymnasium bezoeken. De jongen kreeg in de afgelopen jaren lessen van de oude abbé Bertrand en van zijn moeder. Maar hij had regelmatig, professioneel onderwijs nodig om de hiaten in zijn kennis aan te vullen. Hortense koos voor de stad Augsburg, waar ze in mei 1817 Haus Babenhausen, een ruime woning in de Heilige Kreuzstrasze verwierf. Louis leerde op school spoedig vlekkeloos Duits spreken, hetgeen zijn Franse moedertaal op den duur met een accent kleurde.

Terwijl de verbouwing van haar zomerverblijf aan de Bodensee voortging, probeerde Hortense aan haar nieuwe omgeving te wennen. Er werden meubels gebracht uit haar huis in de Parijse rue Cerutti, dat door Lodewijk was verkocht. Er kwamen ook bedden en commodes uit het eveneens verkochte Saint-Leu, nog vol warme herinneringen aan het zomerse landgoed. Als ze een spiegel aan de wand hing, staarde ze zichzelf bevreemd aan. Nog zo kort geleden droeg het glas de reflectie van haar moeders gezicht en dat van de tsaar. Al het liefdevolle en vertrouwde was uit haar leven verdwenen.

Met het verstrijken van de tijd doofden de herinneringen langzaam uit. Prins Louis kreeg vrienden in de stad. Zijn moeder ontving in haar salon Duitse schilders, schrijvers en musici.

Hortense en Louis misten Napoleon Louis, die ruim twee jaar geleden naar Italië was vertrokken. Op last van zijn gouverneur schreef Napoleon hun elke donderdag een beleefde brief; zijn vader censureerde de woorden. De spanningen tussen Lodewijk Bonaparte en zijn vrouw liepen opnieuw hoog op. De graaf van Saint-Leu was verliefd geworden op een zestienjarig adellijk meisje en wilde met haar trouwen. Daarom moest hij zo snel mogelijk van Hortense scheiden. Ze hield echter in het belang van haar zonen voet bij stuk en ook de familie Bonaparte in Rome was tegen de echtscheiding.

Hortsense leed nog altijd onder zijn wispelturig gedrag. Ondanks de beloften ontving ze geen geld van hem. En haar oudste zoon, die ze volgens afspraak elke zomer zou mogen zien, was niet bij haar teruggekeerd. Eugène stuurde een kolonel naar Florence, waar zijn zwager zich in een fraai *palazzo* had gevestigd. Het kostte hem twee maanden van onderhandelingen voor de kolonel terugkeerde met een bedrag van een miljoen en – wat voor zijn moeder meer waarde had – met haar zoon Napoleon Louis. 'Dat was een ware troost voor me na alle wrede emoties die ik had moeten doorstaan,' schreef Hortense. Ze herkende haar oudste zoon echter nauwelijks. Hij was in de afgelopen jaren gedrild door de opvoedkundige methodes zijn vader. Ze vond hem stil en in zichzelf gekeerd. Zodra hij echter zijn broer Louis terugzag, vielen de verloren jaren tussen hen weg. Ze waren weer één in spel en gedachten en Napoleon lachte als vroeger. Hun moeder vernam telkens iets over het leven van haar kind in Rome en Florence en kreeg de reglementen in handen die de vader had opgesteld. Onder het hoofdstuk 'lichaamsverzorging' las ze dat hij een keer per week zijn voeten mocht wassen, maar beslist niet vaker. Het gezicht diende hij met een droge spons te reinigen, de nagels met citroen, de rest van de handen met zemelen maar nooit met water en zeep. Het gebruik van eau de cologne en andere parfums was ten strengste verboden. Onder 'kledingvoorschriften' stond dat zijn kamerheer de bretellen van de broek heel lang moest houden, zodat de jongen gedwongen was altijd rechtop te lopen. De schoenen moesten zo ruim zijn dat hij ze aan beide voeten kon dragen. Hortense kwam te weten dat Napoleon zijn vader heel zelden zag en dat de voorschriften nogal eens wijzigden. Hortense, Louis en Napoleon beleefden samen mooie zomerweken, die de band tussen hen versterkte. In het najaar vertrok Napoleon naar het zuiden en moesten ze verdrietig afscheid van elkaar nemen.

Hortense vulde haar dagen nu met schrijven. Op aandrang van haar vrienden was ze in Konstanz aan haar memoires begonnen. In Augsburg zette ze het werk voort. Het betekende veel voor haar om in herinnering terug te gaan naar de voorbije jaren in het vaderland. Ze ordende haar gevoelens en vijlde de scherpste kanten van het verleden af. De vreugde en het verdriet, de kleine verliefdheden en successen gingen weer door haar heen. Ze wijdde geen woord aan de minder goede eigenschappen van haar moeder, accentueerde daarentegen de negatieve zijde van haar man. Ze beleefde opnieuw de verschrikkelijke nacht in Den Haag toen haar oudste zoon Napoleon Charles stierf. Diens stoffelijk overschot was tot haar geruststelling op last van de prins van Condé van de Notre Dame overgebracht naar de kapel van Saint-Leu, waar hij rustte aan de zijde van zijn Corsicaanse grootvader Carlo Bonaparte.[5]

In haar memoires wijdde Hortense de meeste woorden aan haar stiefvader, wiens dominante gestalte in gedachten nog steeds boven iedereen uittorende. Ze herinnerde zich zijn machtsvertoon, zijn weldaden, zijn geniale betogen, zijn grofheden en geschenken. 'Met zijn kracht, zijn wil en de tovermacht van zijn roem riep hij alle mensen op om te delen in de wereldse geneugten. Hij schonk elk zijn rechtmatig deel aan menselijk geluk. Zoals Christus hen verloste uit de zedelijke slavernij, zo bevrijdde hij hen van de belemmeringen die maakten dat maar enkele bevoorrechte lieden de hoogste eer genoten. (...) Alleen de keizer, die wetten voorschreef aan heel Europa, kon een dergelijke maatschappelijke verandering bewerkstelligen.'

Toen haar zomerverblijf aan de Bodensee bewoonbaar werd, hing ze portretten van Napoleon en Joséphine op in haar salon. De pianoforte van Erard die hij haar schonk, werd in de muziekkamer gezet bij haar vergulde harp. Ze bekleedde de wanden met gestreept tentdoek en plooide de gordijnen. In een aangebouwde serre kweekte ze tropische planten en bloemen.

Eugène de Beauharnais kocht in de nabijheid van Arenenberg het landgoed Sandegg, waar het moderne en elegante Slot Eugensberg verrees. Tijdens de zomermaanden genoten ze van wandelingen langs de Bodensee en zijn kinderen speelden met Hortenses zonen. In de nabijheid van haar familie leek het leven van de koningin langzaam weer contouren te krijgen. Het schrijven van haar memoires nam haar zo in beslag dat ze ook tijdens het reizen haar werk niet onderbrak.

In de zomer van 1818 had ze met Louis een lange tocht naar Livorno ondernomen om daar een zeewaterkuur te doen en haar oudste zoon te ontmoeten. De ontdekking van Italië was een weldaad; zodra ze de tocht over de Sint-Bernardpas achter de rug had, werd ze omsloten door de zoete atmosfeer van het zuiden. 'Ik onderging voldoening door een land te reizen dat nog vol was van de herinnering aan mijn broer,' schreef ze. 'Bij elke nieuwe weg, bij elk pas opgericht of gerestaureerd monument bleek het tijdens zijn bewind te zijn gerealiseerd. "Dat is uit de Franse tijd," vertelde men mij keer op keer.'

In Livorno aangekomen vond ze er haar zoon Napoleon terug, die er direct met zijn broer vandoor ging om langs de kust te spelen. Toen Lodewijk Napoleon hoorde dat zijn gemalin was gearriveerd, nam hij zijn intrek in een nabijgelegen logement en bracht haar onverwachts een bezoek. Het was acht jaar geleden sinds ze elkaar in Amsterdam als koning en koningin van Holland voor het laatst hadden gezien. En hoewel haar Italiaanse huurvilla een heel ander decor vormde dan de marmeren zalen van het Koninklijk Paleis op de Dam, was het weer of haar hart omsloten werd door een koude hand. Er ging een stille dreiging van Lodewijk uit en ze schrok toen hij plotseling belangstelling toonde voor hun jongste zoon. Hij was ontevreden over diens gebrek aan opvoeding en vond dat hij nauwelijks onderricht had genoten. Hoewel haar man steeds het vaderschap had ontkend, leek hij Louis nu als zijn eigen kind te aanvaarden.

's Avonds wandelde ze alleen over het kiezelstrand. In de verte kon ze het eiland Elba zien liggen. Haar gedachten werden vanzelf over de oceaan naar Napoleon op Sint-Helena geleid. Zijn beeld begon in de loop der jaren te vervagen. Soms haalde ze zijn portretten tevoorschijn, tekende ze na om de lijnen van zijn gezicht in haar herinnering vast te leggen. Het eerste dat ze vergat was zijn stem. Een stem die op geen andere leek, die ze gevreesd had maar waar ze zich ook aan hechtte. Daarna was het de scherpe zeepgeur, die hem na veelvuldige wasbeurten in de hete badkuip achtervolgde. En zijn lengte. Haar gedachten waren zo vaak bij hem dat hij van alle personen uit Frankrijk het meest door haar herinneringen ging. Hij en Joséphine, die haar leven bepaalden. Als bij oudere mensen begonnen de beelden van het verleden het heden te verdringen.

Een enkeling die Napoleon op Sint-Helena had gezien, vertelde bij terugkeer in Europa over diens ongelukkig bestaan. Hoe hij onder bewaking van Sir Hudson Lowe, een sinistere Engelse gouverneur, zijn dagen sleet in Longwood House. Het was niets dan een houten woning, die eerst als schuur diende. De gouverneur stond zijn gevangene geen enkele vrijheid toe. Hij opende en las alle brieven die Napoleon ontving. Veel post werd achtergehouden. Op Sint-Helena heerste 's zomers een verstikkende hitte, zo vernam Hortense. Het lag ruim tweeduizend kilometer van de Afrikaanse kust verwijderd en was bijna altijd overdekt met nevel. Geen mens hield het er lang uit. Ze kon weinig doen om zijn lot te verzachten. De koningin schreef een brief om clementie naar de vorsten van de Heilige Alliantie, die te Aken in een congres bijeen waren. Ze liet de brief door alle familieleden van de keizer in Rome ondertekenen. Maar er kwam geen verbetering voor de gevangene. Zelfs paus Pius VII had de Britse koning gevraagd hem een mildere behandeling te geven. Hij ontving geen antwoord. Hortense schreef haar stiefvader, zonder te weten of haar brieven hem bereikten.

Sinds het einde van het jaar 1818 kreeg men aanwijzingen dat Napoleon ernstig ziek was. Men dacht aan een leverkwaal, want hij verdroeg geen vlees of groente meer. Zelfs het eten van brood bezorgde hem pijn en hij leefde ten slotte sterk vermagerd op vruchtengelei en soep. Zijn bejaarde moeder wilde naar Sint-Helena gaan om hem met goede medicijnen te verplegen. Ze schreef zelfs een brief aan haar schoondochter Marie Louise, die inmiddels een kind verwachtte van Neipperg.

Zesduizend kilometer van Hortense verwijderd werkte ook Napoleon aan zijn memoires. Hij dicteerde zijn leven vanuit een krachtige, ongebroken geest aan enkele getrouwen, die hem in ballingschap dienden.

De koningin had een oude belofte aan haar stiefvader vervuld: ze liet een goed gelijkend portretje van haar moeder schilderen. Het werd in het deksel van een kristallen doosje gezet en met een brief naar de gevangene op het verre eiland gezonden. 'Als ze nog leefde, zou het haar grootste verdriet zijn, alleen de gelukkige dagen met u te hebben gedeeld,' schreef Hortense hem. De kans leek klein dat het geschenk haar stiefvader ooit zou bereiken

In de stilte en eenzaamheid van de Duitse stad sterkte Hortense aan. Haar hoestbuien en benauwheden verdwenen. Ze was blij als haar broer uit München bij haar op bezoek kwam. Charles de Flahaut stuurde haar regelmatig brieven '*toujours remplies de la plus tendre amitié*'.[6] Na enige tijd leerde Hortense hem op vriendschappelijke toon te antwoorden.

Haar bibliotheek werd steeds omvangrijker en ze noteerde in haar memoires de namen van schrijvers die haar lieten lachen, huilen of tot nadenken stemden: Cervantes, Rousseau, Plato en Thomas à Kempis. Haar memoires waren bijna voltooid: een stapel papier die haar leven bevatte. Ze zou er delen uit voorlezen als ze met haar vrienden 's avonds om de ronde tafel zat.[7] Toen ze in haar geschrift het verleden liet aansluiten bij het heden, noteerde ze geforceerd nuchter: 'Ik eindig hier, want ik heb niets meer te vertellen.'

Het was te weinig om haar gevoelens samen te vatten. Na enige dagen pakte ze de pen weer op en voegde aan het manuscript toe: 'Mijn leven is eigenlijk voorbij; ik ben niet meer bang voor hartstochten, die heb ik kunnen overwinnen. Ik ben niet meer bang voor onheil, dat heb ik kunnen dragen. En als ik rust heb kunnen vinden en wat het leven beter maakt, wat blijft er dan nog te wensen over? Nog wat te blijven voortleven in de herinnering van mijn dierbare landgenoten, in het hart van mijn vrienden, en te mogen sterven in de armen van mijn kinderen; dat is mijn laatste wens.'

Ze kraste het jaartal: 1820, en haar woonplaats: Augsburg. Ze strooide wat zand over de inkt en leunde leeg tegen de rugleuning van haar bureaustoel. Achter haar stonden zevenendertig levensjaren, als uitgedoofde kaarsen op een rij. Voor haar brandde een onbekend aantal jaren. Ze dacht dat haar memoires waren afgerond. Tien jaar later zouden aangrijpende gebeurtenissen haar echter dwingen ze voort te zetten.

Op het eiland Sint-Helena kwijnde Napoleon Bonaparte aan een fatale maagkwaal langzaam weg. In april 1821 begon hij zijn testament te dicteren. De namen van al zijn familieleden kwamen over de droge lippen. 'Ik dank mijn goede en voorbeeldige moeder, de kardinaal, mijn broers en zusters Joseph, Lucien, Jérôme, Pauline, Caroline, Julie, Hortense, Catherine, Eugène.'

Daarna verdeelde hij zijn bezittingen onder hen. De naam van de jongere broer Lodewijk die hem ooit het liefst was geweest, noemde hij niet. Toen hij klaar was lag hij stil uitgestrekt op zijn veldbed, in de hete kamer van Longwood House.

In de nacht van 4 op 5 mei 1821 leed hij de laatste, afschuwelijke pijnen. Bij het aanbreken van de morgen zei de keizer met tussenpozen nog enkele woorden: 'Frankrijk... Mijn zoon... Hoofd van het leger... Joséphine.'

Om vijf uur daverde een enkel kanonschot over de oceaan ten teken dat de gevangene van Sint-Helena was gestorven.

Hortense de Beauharnais ontving het overlijdensbericht ruim twee maanden later, op 14 juli in Baden. Er was een groot gat in haar bestaan geslagen. De keizer was dood, begraven op het verre eiland. En tegelijk nu zo dichtbij dat ze bijna met hem kon praten.

Ze stuurde direct een ijlbode naar Philip Le Blas, de nieuwe leermeester van haar zoon, die met zijn pupil in Augsburg vertoefde. Hij onderbrak de studiedag om zijn leerling van de dood van keizer Napoleon op de hoogte te stellen. De dertienjarige jongen schrok en de tranen welden naar zijn ogen. Later schreef hij aan zijn moeder: 'Wat ik het ergste vind is dat ik hem nooit heb teruggezien. In Parijs was ik nog zo jong dat ik hem mij nauwelijks kan herinneren. Altijd wanneer ik iets slechts doe, denk ik aan die grote man en lijkt het wel of ik zijn geest tegen me hoor zeggen dat ik mij de naam Napoleon waardig moet maken.'

Het brandend gevoel van verering leefde voort; diep in zijn onderbewustzijn trokken de parades voorbij, hoorde hij het gejuich *Vive l'empereur!* Napoleon verscheen voor de mensenmassa, wekte hun vervoering op.

Louis wendde zich tot zijn gouverneur Philip Le Blas, die de oude abbé Bertrand was opgevolgd, om hem te zeggen dat hij de rest van de dag vrij nam om na te denken over het verlies van zijn oom. Op een bijna waardige wijze verliet hij de kamer.

Le Blas keek hem met enige verwondering na en dacht aan de brief die abbé Bertrand hem uit Frankrijk over zijn pupil had geschreven: 'U zult misschien nog eens heel verwonderd opkijken, wanneer de historie uw naam noemt in verband met de zijne, zoals eenmaal de naam van Socrates verbonden werd met die van Alcibiades.'

Tijdens de rouwperiode ontving Hortense op slot Arenenberg bezoek van de bejaarde en zieke Mme Campan. De voormalige directrice van het meisjespensionaat was na de val van de keizer volkomen geruïneerd. Ze woonde met haar werkloze zoon in afzondering en trachtte van een klein pensioen rond te komen. Hortense toonde haar het kasteel. Haar dierbare vriendin keek rond in de hal en de salon waarvan de wanden – net als in Malmaison – waren bekleed met gestreept tentdoek. Ze zag vertrouwde schilderijen, beeldhouwwerken, boeken en meubels. Haar voormalige pupil had in Thurgau een stukje Frankrijk gecreëerd, dat haar sterk ontroerde. Maar wat leefde Hortense hier eenzaam en onbegrepen zonder de vorstelijke entourage van haar familie.

Mme Campan liet zich overhalen om tot oktober 1821 bij de koningin te blijven. Bij het afscheid voelden ze dat ze elkaar niet zouden terugzien. Mme Campan overleed een jaar later op zeventigjarige leeftijd.

27

Aan de Piazza Venezia op de hoek van de via Corso verhief zich het Palazzo Rinuccini dat in 1818 gekocht was door de bekendste weduwe van Rome: Letizia Bonaparte, *la madre di Napoleone.* Mme Mère installeerde zich op de bel-etage. Haar kinderen, kleinkinderen en gasten logeerden op de tweede verdieping en het personeel sliep op de derde verdieping onder het dak. Toen koningin Hortense met haar beide zonen het palazzo in december 1823 voor de eerste keer binnenging huiverde ze; de mozaïekvloer in de hal leek de winterse kou van eeuwen in zich te hebben opgenomen. Elk vertrek ademde een ijzige schoonheid, elke decoratie verwees naar de glorie van het verdwenen keizerrijk. Op de wanden en plafonds waren fresco's geschilderd met de trotse initialen LB onder een vergulde keizerskroon. Een lakei in keizerlijk groen en goud ging hun voor. Ze stelde zich weinig voor van de ontmoeting met haar schoonmoeder, die altijd een lastige dame was geweest en haar met misprijzende trekken opnam. Ze betrad een ruime, halfdonkere zaal waarin een gebeeldhouwde schouw met een flakkerend vuur domineerde. Naast een portretbuste van keizer Napoleon op een marmeren piëdestal stond een chaise longue. Mme Mère kwam half overeind en strekte haar hand uit. Voorzichtig liep Hortense naar haar toe, maakte een reverence en kuste de ivoorwitte, koude vingers. De achttienjarige Napoleon en de veertienjarige Louis bogen en groetten haar in het Frans. Ze knikte hen toe.

Sinds haar oudste dochter Elisa in 1820 op drieënveertigjarige leeftijd in Triëst was overleden, gevolgd door de dood van haar zoon op Sint-Helena, ging Letizia voorgoed in de rouw. Het sneeuwwitte haar was glad naar achteren gekamd onder een zwartkanten mustje. Haar huid, dun en wit als papier, rimpelde om de ingevallen mond. Maar haar gitzwarte ogen glinsterden levendig en opmerkzaam bij het zien van haar schoondochter en kleinzonen. Ze maakte een gebaar naar de leunstoel naast zich, waarop haar halfbroer kardinaal Fesch zat te dommelen. De oude prelaat was heel dik geworden. Hij schrok even op, mompelde een begroeting in het Italiaans en viel weer in slaap.

Mme Mère bekeek Hortense met onverholen nieuwsgierigheid; de koningin zag er gezond en bijna opgewekt uit. In de lente had de koningin de verpleging van haar broer Eugène de Beauharnais hertog van Leuchtenberg op zich genomen, die in München door een lichte beroerte was getroffen. Dankzij de intensieve verzorging van zijn zuster en zijn vrouw herstelde hij. In mei werd de bruiloft van zijn oudste dochter Joséphine met de Zweedse kroonprins Oscar Bernadotte gevierd, waarbij Hortense en haar zoon Louis tegenwoordig waren. Het was een schitterend huwelijk dat haar nichtje en al haar nazaten tot vorsten en vorstinnen verhief. In Hortenses verbeelding bevond haar moeder zich onder de bruiloftsgasten en bij het zien van haar kleindochter in bruidstooi druppelden er imaginaire tranen neer, verdampend als haar wezen.

De koningin had in oktober aan de Bodensee afscheid van haar broer genomen en maakte – uit dankbaarheid voor diens genezing – met haar beide zonen een pelgrimstocht naar de Zwarte Madonna in Einsiedeln. Vandaar trokken ze de Brennerpas over en bereikten via Verona en Bologna aan het eind van het jaar de Eeuwige Stad. Prins Napoleon zou na het bezoek aan zijn grootmoeder terugkeren naar het sombere paleis van Lodewijk Bonaparte in Florence. Hij moest daar weer aan de eenzaamheid wennen, want zijn vader zat altijd te schrijven aan gedichten, romans en toneelstukken.

Sinds Hortense het milde klimaat aan de andere kant van de Alpen had leren kennen, kon ze de winterse kou van Beieren moeilijk verdragen. Ze nam zich voor om in het late najaar vaker naar Rome te trekken. De Bonapartes toonden nu meer sympathie dan toen Napoleon nog het middelpunt van de clan vormde. Hortense kon hun als onafhankelijke vrouw tegemoet treden. Ze had aan de Bodensee naar eigen inzicht een thuis gevormd, waar de hele familie Bonaparte en tal van vrienden welkom waren. Slot Arenenberg was een trekpleister geworden voor cultuurminnende notabelen uit Thurgau en ver daarbuiten. De eerbiedwaardige *Generalvikar* Ignaz Heinrich von Wessenberg van het bisdom Konstanz die in een paleis schuin tegenover de Dom resideerde, vond de weg naar Arenenberg en sindsdien was de prelaat een vaste gast van Hortense. Hij introduceerde bevriende acteurs, musici, schilders, schrijvers en wetenschappers van de lokale universiteit. Hun aandacht en bewondering inspireerden Hortense. In augustus waren zesendertig nieuwe romances van haar hand uitgegeven.

Veel bezoekers arriveerden onverwachts. De koningin maakte voor iedere gast plaats aan haar ronde, uitklapbare eettafel waar ze een porseleinen bord met de gekroonde H bij liet zetten. In het kleine kasteel was 's zomers elk bed bezet. Maar het nabije slot Wolfsberg bood uitkomst; daar woonde Louise Cochelet, die in 1822 getrouwd was met kolonel Denis Charles Parquin. Ze begon met deze voormalige militair uit het Grande Armée een logement, waarin veel gasten van de koningin een passend onderkomen vonden. Omdat het echtpaar in buitenlandse kranten met hun luxe logement adverteerde, trokken er steeds meer Fransen en Engelsen naar de Bodensee. Ze hoopten daar een glimp op te vangen van de verbannen ex-koningin van Holland. Hun gangen werden door de spionnen rond de hertogin van Saint-Leu argwanend nagegaan. De bannelinge had weer een hof om zich heen verzameld met een sterk bonapartistisch karakter.

Op Arenenberg vonden bijna wekelijks uitvoeringen van toneelstukken plaats. Hortense liet een theater bouwen in haar tuin.[1] Het was wel niet zo groot als dat van Malmaison, waarin plaats was geweest voor tweehonderd bezoekers, maar het had een intiem karakter en een ruim podium waarop ze haar acteertalenten ten toon kon spreiden. Ze ontpopte zich zowel als *tragédienne* als *comédienne* en genoot van haar vermogen om het publiek te ontroeren of te laten lachen. Ook de prinsen traden in blijspelen op en zelfs haar oude kamerheer Theodore de Marmol liet zich verkleden en schminken. Spoedig stond het publiek tegen elkaar geperst achter in de zaal, want niemand wilde het schouwspel missen en de koningin was te gastvrij om iemand buiten te sluiten. Ze voelde zich een stuk gelukkiger nu ze weer applaus oogstte als vroeger bij Mme Campan. Het programma eindigde meestal met een blijspel, waarna men in een vrolijke stemming het theater verliet en terugkeerde naar het kasteel. Daar werd gedanst; de Engelse gasten keken met afkeuring en verbazing naar de *walz*, een nieuwe dans, die hun gastvrouw met jeugdige gratie uitvoerde. Het leek, zoals een van hen schreef, of bij bepaalde bijsprongen het ene been korter was dan het andere.[2]

Daarna drongen de gasten er meestal op aan dat Hortense aan haar pianoforte plaatsnam. Ze zong haar romances, waarvan ze het fameuze *Partir pour la Syrie* tot het laatste bewaarde. Een verliefde Zwitserse heer had om haar hand gevraagd en hij was niet de enige die met de nog jeugdige Hortense wilde trouwen. Ze wees iedereen af, maar ontving graag heren om hun complimenten te ontvangen en rij- en boottochtjes in de omgeving te maken.

De al bijna legendarische stiefdochter van Napoleon in haar witgepleisterde kasteel op de door tuinen omringde heuvel aan het meer prikkelde de verbeelding van veel romantische kunstenaars. Waarschijnlijk heeft de beroemde Engelse dichter Lord Byron, wiens poëzie door Hortense werd bewonderd, haar vanuit Genua een bezoek gebracht in gezelschap van zijn Italiaanse vriendin *contessa* Guiccioli.[3] Byron en de *contessa* waren lid van de Carbonari, het geheime genootschap dat in de pauselijke staat werd geleid door veteranen uit de napoleontische oorlogen. Hoewel Hortense altijd de schijn ophield dat ze zich niet met politiek bemoeide, moeten er op haar slot felle politieke discussies zijn gevoerd. De jonge prins Louis luisterde mee en raakte in vervoering bij de gedachte aan een Italiaanse vrijheidsoorlog. Zijn moeder heeft hem menigmaal nadrukkelijk gezegd dat een opstand van het Italiaanse volk geen enkele kans had zonder militaire steun van de Franse bondgenoten. En zolang Louis XVIII van Bourbon op de troon zat, was die steun uitgesloten.

De napoleontische oorlogen vormden een onuitputtelijk gespreksonderwerp. Volgens Mme Mère en de hele Bonaparte-clan waren het stuk voor stuk verdedigingsoorlogen geweest waartoe Napoleon zich door de coalitie had laten dwingen. Tot de laatste desastreuze veldslag bij Waterloo toe. In Hortenses bibliotheek bevond zich het beroemde gedicht van Lord Byron, 'Childe Harold's Pilgrimage', waarin hij zijn bezoek aan de vlakte van Waterloo na de strijd bezong:

And Harold stands upon this place of skulls,
The grave of France, the deadly Waterloo! [4]

De betekenis van die woorden ontroerde Hortense: Frankrijk had zijn graf bij Waterloo gevonden. Was het een graf of een doodsslaap waaruit een held als Napoleon II, de zoon van de keizer, hen ooit zou doen ontwaken? Dan konden ze terugkeren naar het vaderland en bloemen leggen op het graf van Joséphine, wat tot haar liefste wensen behoorde.

De gedachten en gebeden van Mme Mère gingen elke dag naar haar ongelukkige kleinzoon in Wenen, die nu dertien jaar moest zijn. Ze had nooit meer iets van hem, noch van zijn moeder vernomen. In 1814 had ze het blonde, actieve kind voor het laatst tegen haar hart gedrukt. Zou hij zich nog iets herinneren van zijn verleden, van zijn beroemde vader? Zou hij beseffen dat hij de hoop van de clan was en dat duizenden klaarstonden om hem als keizer Napoleon II in Frankrijk binnen te halen? Letizia liet haar oogleden dalen, droog en transparant. Dertien kinderen had ze ter wereld gebracht, van wie er acht de volwassen leeftijd bereikten. Dankzij *Nabulio* kon ze zich moeder noemen van een keizer, drie koningen, een koningin, een prins, een prinses en een groothertogin. Welke vrouw was zoveel eer ten deel gevallen? Het noodlot had alles vernietigd. Maar de Bonapartes zouden hun wetmatige troon heroveren en *Nabulio's* naam in ere herstellen. Daar brandde ze in de Romeinse kapellen kaarsen voor, daar twijfelde ze niet aan.

Op Hortenses vragen naar het welzijn van haar zonen en dochters antwoordde Letizia met een diepe zucht: de gezondheid van haar geliefde dochter Pauline baarde haar veel zorgen. En ze kon het haar jongste dochter Caroline maar niet vergeven dat ze Napoleon had verraden toen Murat de zijde van de Oostenrijkers koos. Nu woonde Caroline als weduwe met haar vier kinderen in Oostenrijk. De oudste zoon van Mme Mère Joseph Bonaparte, bevond zich nog steeds in Amerika. Jérôme en Lucien deden niets dan klagen over het verlies van hun tronen en bezittingen. Ze noemde de namen van al haar kleinkinderen en ten slotte sprak ze ook over *Luigi*. De oude dame keek opzij. Hoe kon ze iets kwaads zeggen over haar zoon, die ze ondanks zijn moeilijke karakter liefhad? Tot haar grote verdriet maakte hij in Rome ruzie met de eerbiedwaardige kardinaal Fesch. Zijn oom was zo verontwaardigd dat hij Lodewijk nooit meer wenste te zien. Daarop was de koning met zijn zoon Napoleon naar Florence vertrokken. Mme Mère begreep wel dat hij niet in het testament van de keizer was genoemd. De publicatie van zijn *Documents historiques et réflexions sur le gouvernement de la Hollande* waarin hij zijn eigen visie gaf op zijn regering over het koninkrijk Holland, had de hele familie gegriefd. Pauline probeerde het lasterlijke geschrift, dat in het Frans en in het Engels was uitgegeven, voor haar moeder verborgen te houden. Maar de oude dame kende de inhoud; wat een schande dat een geboren Corsicaan zijn broeder en daarmee de hele Bonaparte-clan verried. Misschien had men de doodzieke Napoleon op Sint-Helena nog met de verfoeilijke *reflexions* van zijn broer geconfronteerd. Dat geschrift waarin de keizer zo werd belasterd. Lodewijk kon zijn koninkrijk blijkbaar nooit vergeten. Ze hoorde dat er nog steeds bezoekers uit Holland kwamen om hun koning Lodewijk te groeten.

Letizia nam Hortense en haar kinderen scherp op. De arme vrouw had zeker veel te lijden gehad onder haar huwelijk met de moeilijke *Luigi*. Maar er restten haar tenminste twee sterke jongens. Hun grootmoeder huwelijkte hen in gedachten al uit aan de dochters van Joseph, Jérôme of Lucien Bonaparte. De clan moest bijeen blijven, het Corsicaanse bloed versterkt. Zo had Napoleon het gewild.

Mme Mère was altijd een harde, zuinige vrouw geweest die haar omgeving meer vrees dan genegenheid inboezemde. Maar nu had Hortense medelijden met haar. Letizia greep met een snel gebaar haar pols en vroeg hoe ze in vrede kon sterven zonder het stoffelijk overschot van *Nabulio* een waardige, laatste rustplaats te hebben gegeven. Hij was ergens op Sint-Helena begraven. Ze keek van Hortense naar Napoleon en Louis en mummelde klagerig, met een wiegend hoofd in het duister.

De lakeien kwamen zacht binnen en ontstaken de kaarsen, die door bronzen sfinxen werden gedragen. Het licht reflecteerde in de spiegel boven de schouw. De portretten van al haar kinderen en kleinkinderen keken vanaf de wanden haar kamer in, maar de gebeeldhouwde kop van de keizer staarde met marmeren pupillen in het niets.

Hortense probeerde haar schoonmoeder moed in te spreken, beloofde dat ze spoedig zou terugkeren en verliet met haar zonen het palazzo. Op de binnenplaats stond haar rijtuig gereed dat haar over het drukke plein naar de slingerende weg van de Pincioheuvel even buiten de stad voerde. Daar strekten zich de weelderige tuinen van Villa Borghese uit. Hortenses schoonzuster Pauline Bonaparte, die gescheiden was van Camillo Borghese, had de villa die winter aan Hortense en Louis ter beschikking gesteld. Pijnbomen hieven hun donkergroene armen op de heuvelrug naar de bewolkte hemel. In de fontein sprongen zeepaarden omhoog met glinsterende manen en driftige hoeven. Tussen de blanke tuinbeelden door bereikten ze het bordes. In de enorme, gedecoreerde hal van het Palazzo Borghese stond Hortense stil en vroeg zich af of ze dit allemaal kon bekostigen. De verwarming van de zalen, de verlichting, het personeel, de ontvangsten en het onderhoud gingen haar financiën te boven. Ze zou het volgend jaar naar een wat kleiner onderkomen moeten uitzien.

In de komende maanden genoot ze van de rijke kunstschatten van Camillo Borghese, de ex-echtgenoot van Pauline. De prins ijverde er in Frankrijk voor dat de collectie schilderijen en beeldhouwwerken die Napoleon naar het Parijse Louvre had laten overbrengen, terugkeerde naar Italië. Zo waren ook de schilderijen van de Oranjes teruggebracht naar Den Haag en het door Napoleon veroverde zwaard van Frederik de Grote van Pruisen werd teruggezonden naar Berlijn. Het stormachtige huwelijk van Camillo Borghese met Napoleons zuster bereikte een hoogtepunt toen hij haar als naakte Venus op haar rustbed door Canova liet beeldhouwen. De adembenemende, erotische schoonheid veroorzaakte zelfs in marmer een schandaal. Toen de sculptuur uit kuisheidsoverwegingen achter een gordijn verdween, was de hartstocht van de echtelieden al bekoeld. Na de scheiding werd *Paolina* goed bedeeld met paleizen, geld en juwelen. De toekomst van 'het kleintje' leek veiliger dan die van haar broers en zusters in het buitenland.

Koningin Hortense vertoefde met haar kleine hofhouding de rest van de winter in Rome, waar in februari het carnaval begon. Ze begaf zich met haar hofdames gemaskerd in de overvolle straten, genoot van de muziek, de dans en het gezang, de kleurige kostuums. Ze zocht vergetelheid in de fantasievolle optochten en zwaaide naar de feestgangers in wolken van confetti op de praalwagens.

Ze bleef nog lang onkundig van het droevige bericht dat haar broer Eugène in februari 1824 op tweeënveertigjarige leeftijd te München was getroffen door een tweede, fatale beroerte. Ze hoorde het pas toen in Rome de resten van lampionnen en slingers bijeen waren geveegd en in de Eeuwige Stad de vastentijd begon. De dood van Eugène veranderde haar wankele bestaan opnieuw: hij was haar enige steun geweest. Ze deelden herinneringen aan hun moeder, aan de dood van hun vader, aan de glorietijd van hun stiefvader. Hij kende haar diepste geheim. Op weg naar Beieren moest ze vernemen dat ook haar vertrouwde kamerheer, de graaf van Marmol, was gestorven.

In Augsburg aangekomen voelde ze dat niets haar nog aan de vreemde Duitse stad bond. Koning Maximiliaan van Beieren beschermde de zuster en de beide neven van zijn overleden schoonzoon nog. Maar toen de koning in 1825 overleed, was ze niet langer welkom in Beieren. Ze wachtte niet tot ze opnieuw werd verbannen, maar verkocht het huis aan de Heilige Kreuzstrasze, liet alle meubels en schilderijen naar Slot Arenenberg brengen en besloot zich voorgoed op haar zomerverblijf in het Zwitserse Thurgau te vestigen.

Lord Byron, die op Arenenberg de revolutie verkondigde, meldde zich als vrijwilliger bij het genootschap der filhellenen en rukte op naar Griekenland. Daar stierf hij drie maanden later bij Messolonghi aan malaria, terwijl om hem heen de strijd tegen de Turkse onderdrukkers voortwoedde. De dichter werd de held van alle strijdlustige samenzweerders.

Toen de koningin 's winters in Rome terugkeerde, merkte ze dat de jongere telgen uit de familie Bonaparte steeds opstandiger werden. In de Europese steden gistte het van de complotten. Na het bewind van keizer Napoleon konden de maatschappelijke veranderingen niet door de reactionaire monarchen worden teruggedraaid. De burgers zouden zich altijd de verworven rechten en vrijheden van de Revolutie en Bonaparte blijven herinneren.

In Frankrijk overleed op 16 september 1824 koning Lodewijk XVIII. Hij had de lichamen van zijn onthoofde broer Lodewijk XVI en diens gemalin Marie Antoinette laten opgraven. Ze kregen een herbegrafenis in de Saint-Denis, waar ook hij een laatste rustplaats vond. Na zijn gematigd bewind was het land in 1818 opgenomen in de Heilige Alliantie der grote mogendheden. Lodewijks jongste broer, de hertog van Artois, liet zich in Reims tijdens een indrukwekkende plechtigheid volgens middeleeuwse tradities zalven tot koning Karel X. De nieuwe koning en diens koningin Marie Thérèse hadden twee zonen: de hertog van Angoulême en de hertog van Berry. Toen de jongste in 1820 in de Parijse opera werd doodgestoken schreef Chateaubriand: '*Le poignard qui a tué le duc de Berry est une idée républicaine.*'[5]

Karel x negeerde de wensen van het Franse volk volkomen en regeerde alsof er nooit een revolutie had plaatsgevonden. Hij vaardige tot woede van de kamer antiliberale wetten uit, waarmee hij het ancien régime trachtte te herstellen.

Uit Nederland en België, de landen die door koning Willem I van Oranje-Nassau werden geregeerd, bereikten Hortense eveneens berichten over samenzweringen en de roep om hervormingen. Koning Lodewijk Bonaparte volgde de gang van zaken in zijn voormalig koninkrijk gespannen en gaf nooit de hoop op dat men hem en zijn zoon – Lodewijk Napoleon II – zou terugroepen naar Amsterdam.

In Frankrijk begon men Napoleon te verheerlijken; in de winkels op de boulevards werden porseleinen kopjes en tabaksdozen met het profiel van de keizer verkocht. Dichters droegen poëzie op aan de keizerlijke held, wiens lichaam tot schande van de ondankbare natie op Sint-Helena rustte.

De publicatie van het *Mémorial de Sainte-Hélène* van Emanuel de Las Cases veroorzaakte in heel Europa een sensatie. Las Cases had de ballingschap van zijn keizer op het eiland tot diens dood gedeeld en alle opmerkingen van Napoleon als een grote schat opgetekend. Maar koningin Hortense was verontwaardigd over de inhoud, omdat er van haar geliefde moeder in dit boek een onjuist beeld werd geschetst. Niemand mocht vergeten hoezeer Napoleon en Joséphine elkaar hadden liefgehad. Ze besloot daarom een selectie van hun liefdesbrieven die ze op Arenenberg bewaarde, in boekvorm uit te geven. Het werd in grote oplage verspreid en vertaald.[6] In alle salons konden de lezers en toehoorders zwelgen in de verliefde taal van haar stiefvader en het zoete wederwoord van haar moeder.

In 1826 ging een wens van Mme Mère in vervulling: haar kleinzoon Napoleon Louis trouwde met zijn nicht Charlotte Bonaparte, dochter van Joseph en Julie Bonaparte. Hortense hoopte dat uit deze verbintenis spoedig haar eerste kleinkind geboren zou worden. Napoleon Louis bleef met zijn jonge vrouw bij zijn vader in Italië wonen. Hij bleek wetenschappelijk aangelegd en wijdde zich aan natuurwetenschappen en techniek, die een explosieve groei doormaakten. Op zijn kamer lagen tekeningen voor een bestuurbare luchtballon, hij legde de grondslag voor een fabriek waarin hij experimenteerde met de fabricage van papier. Zijn speciale aandacht had het onderzoek naar zeepbereiding; het zou de komende generaties verlossen van het geknoei met zemelen waaraan hij door zijn vader onderworpen was.

Hortense ontving vaak bezoek van haar nicht Stéphanie, inmiddels weduwe van de groothertog van Baden. Ze verzachtte de wond die door de dood van Eugène was ontstaan. In gezelschap van Hortenses jongste zoon Louis maakten ze in de zomer lange bergtochten en citeerden op de toppen poëzie. Alsof een vaag besef van hun toekomst haar schaduw over de gevoelige Hortense wierp, schreef ze op een verlaten plek in de natuur een citaat van de dichter Lamartine in een gastenboek:

Je ne veux point d'un monde où tout change, où tout passe,
Où, jusqu'au souvenir tout s'use et tout s'efface,
Où tout est fugitif, périssable, incertain,
Où le jour de bonheur n'a pas de lendemain[7]

In 1827 moest de koningin gouverneur Philippe Le Bas, die haar jongste zoon zeven jaren had onderwezen, om financiële redenen ontslaan. *Oui Oui* vierde dat jaar zijn negentiende verjaardag en beweerde dat hij zichzelf verder wel alleen kon opvoeden. Zijn moeder hoopte ook voor hem een geschikte bruid te vinden. Als hij zich met haar in de nabijheid van de Bodensee vestigde, kon ze zich op een gelukkige en rustige oude dag voorbereiden.

's Winters ondernam ze met hem de tocht over de Brennerpas en ze zagen Napoleon en Charlotte terug. De broers zonderden zich af voor lange wandel- en rijtochten in de omgeving van de stad. Ze betrokken hun moeder niet in de heftige, politieke debatten die ze samen voerden en zwegen als ze plotseling in hun nabijheid kwam.

Hortense huurde een gedeelte van het Palazzo Ruspoli op de hoek van de via Corso dat minder kostbaar was dan de grote Villa Borghese of de Villa Paolina, die prins Napoleon na de vroege dood van zijn tante Pauline in 1825 erfde.

La Reina Ortensia – zoals ze in Rome genoemd werd – ontving een keur aan gasten in haar palazzo. De plafonds van de galerij op de beletage waren in de zestiende eeuw door Jacopo Zucchi beschilderd. Ondanks de vele beschadigingen die de verarmde Ruspoli's niet konden laten herstellen, ontdekte ze boven haar hoofd de Romeinse oorlogsgod Mars in een door wolven getrokken zegewagen, Jupiter, die bliksemschichten bundelde in zijn machtige vuist en Neptunus, die met zijn drietand triomfeerde over zeemonsters. Onder de tekenen van de Dierenriem zocht ze naar haar sterrenbeeld Pisces en vond dartele vissen spelend tegen frescoblauw en goud.

Het werd februari 1829 en carnavalsstoeten trokken weer voorbij. 'Hier neemt,' schreef Goethe die tijdens zijn reis door Italië het traditionele carnaval op de via Corso meemaakte, 'de bovenklas zijn plaats in en alle zetels zijn of bezet of gereserveerd. Alle mooie dames staan toe met een begerige blik door voorbijgangers te worden aangestaard. Iedere passant stopt om naar dat verleidelijke toneel te kijken; iedereen is nieuwsgierig om tussen de talrijke mannelijke figuren die daar schijnen te zitten, de vrouwelijke eruit te pikken en het onderwerp van zijn verlangens, misschien gekleed in het uniform van een elegante officier, te ontdekken.'

In de zomer van 1829 was het overvol op haar kleine kasteel aan de Bodensee. Een van de gasten was Margaret Elphinstone, Mme de Flahaut, die op aandringen van haar man kennis kwam maken. Aan het begin van dat jaar had Hortense in Aken voor het eerst na tien jaar de enige grote liefde van haar leven teruggezien. Hun vriendschap bleek niet onder de lange scheiding geleden te hebben; Charles de Flahaut was dezelfde charmante hartenbreker gebleven. Zijn vrouw, die zijn deugden en capaciteiten graag opsomde, had hem vijf dochtertjes geschonken. Flahaut werd begeleid door een achttienjarige, blonde jongen met blauwe ogen die hij de koningin voorstelde als Auguste de Morny. Prins Louis, die zijn moeder goed genoeg kende om te merken hoe de kennismaking haar aangreep, zag daarin een stille aanwijzing. Kon het toeval zijn dat Morny sprekend op Hortense leek? Was dit het verdrietige geheim dat ze zelfs op vertrouwelijke momenten niet met hem wilde delen? Om haar geen pijn te doen besloot hij te zwijgen, maar de blik die hij met Morny wisselde, was voor beiden genoeg.

In augustus kreeg Hortense bezoek van de dichter Casimir Delavigne, die met zijn broer Germain zijn intrek nam op slot Wolfsberg. Germain was aan een *repos* toe; hij had in het afgelopen jaar intensief gewerkt aan *La Muette de Portici* [8] een opera in vijf bedrijven, gecomponeerd door de Franse componist Auber. Delavigne leverde de tekst waarop Scribe het libretto baseerde. Hortense, die alle noviteiten op het gebied van concerten en opera's op de voet volgde, was nieuwsgierig naar het spektakel dat binnenkort in première zou gaan. De originele verhaallijn fascineerde haar; de hoofdrol was weggelegd voor het doofstomme Napolitaanse vissersmeisje Fenella dat in gebarentaal en dans haar gevoelens op het podium moest uitbeelden. Delavigne nam een historische gebeurtenis uit 1647 als basisverhaal; de opstand in het dorp Portici tegen de Spaanse overheersing. Delavigne vertelde enthousiast hoe het koor van de vissers tegen het koor der hovelingen argumenteerde, hoe een uitbundige tarantella en een strenge bolero elkaar afwisselden en zelfs de koningin werd meegesleept met de revolutionaire tendens van de opera. Hortense verwachtte een groot succes voor de politiek getinte *Muette de Portici*, zonder te beseffen dat deze opera als een lont in het kruitvat zou werken.

In Nederland werd de Slag bij Waterloo jaarlijks plechtig herdacht, waarvan verslagen in de kranten verschenen: 'Heden is, ter viering van de veldslag van Waterloo, een *Te Deum* gezongen in de kerken van S. Michiel en S. Gudule, bij welke de civiele en militaire overheden tegenwoordig zijn geweest,' berichtte de *Oprechte Haarlemsche Courant*, 'H.H. M.M. de Koning en Koningin en H.H. K.K.H. de Prins en Prinses van Oranje en Prins Frederik hebben de godsdienstoefeningen in de protestantse kerk bijgewoond.'

Willem van Oranje-Nassau had in 1823 ten zuiden van Brussel een monumentale heuvel laten opwerpen. Een trap met tweehonderdvijfentwintig treden leidde naar de top, waar een reusachtige bronzen leeuw lag, gegoten uit de kanonnen die op het slagveld van Waterloo waren achtergelaten. Het was precies op die plek dat erfprins Willem een schotwond in de linkerschouder had opgelopen.

Het volk der Nederlanden eerde de Held van Waterloo met een obelisk bij Soestdijk, waarop zijn dapper militair optreden bij Quatre-Bras in vier talen stond te lezen. Op kosten van de dankbare onderdanen werd het oude paleis tot een riant zomerverblijf verbouwd in de modieuze neo-Griekse stijl.[9] Prinses Anna Pavlovna was trots op het witgepleisterde paleis, waarvan de grote zaal werd opgeluisterd door een wandvullend schilderij dat J.W. Pieneman van de Slag bij Quatre-Bras had geschilderd. Menig familielid uit het Huis van Romanov legde de lange weg van Sint-Petersburg naar Soestdijk af om dit eerbetoon aan de Held van Waterloo te bewonderen. Maar tot haar intense verdriet zou ze haar geliefde broer tsaar Alexander I, de Engel, daar nooit ontvangen. Hij was tijdens een zomervakantie aan de Zee van Azov in het zuiden van Rusland in 1825 onverwachts overleden.

Anna had haar man drie zonen geschonken: Willem, Alexander en Hendrik. Haar dochtertje Sophie kwam als laatste ter wereld. De prinses ging ervan uit dat haar oudste zoon in de toekomst als koning over Nederland, België en het hertogdom Luxemburg zou heersen. Net als haar schoonouders woonde ze met haar gezin afwisselend in Noord- en Zuid-Nederland. Bij Brussel, in Tervueren, was een tweede riant zomerverblijf voor hen gebouwd.

Sinds de officiële inhuldiging had koning Willem I hard gewerkt om het ernstig verzwakte Holland weer economisch gezond te maken. De Koopmankoning, zoals men hem noemde, slaagde er binnen enkele jaren in om dankzij de vrije handel met Engeland en de koloniën het land er economisch weer bovenop te brengen. In het noorden van zijn rijk werd hij daarom hoog geacht. In het katholieke zuiden slaagde hij er maar niet in zich populair te maken. Willem was zuinig, koel, koppig en niet bereid naar de adviezen van zijn ministers te luisteren. Er vonden opstootjes plaats die tegen 1830 ernstige vormen hadden aangenomen. Na een strenge winter, gevolgd door een regenrijke zomer, was er in het zuiden een graancrisis uitgebroken die gepaard ging met hongersnood en sociale onlusten. De Franstalige elite van België protesteerde heftig tegen het besluit van Willem I om de Nederlandse taal op Belgische scholen in te voeren. Ook de godsdienstpolitiek van de protestantse vorst stuitte op weerstand van zijn katholieke onderdanen. Toen hij als antwoord op alle kritiek de persvrijheid beknotte, braken er overal onlusten uit.

Ondanks alle maatregelen van het Congres van Wenen was het ook in Frankrijk nog geen vrede. In juli 1830 werden door een ontevreden volksmassa in Parijs barricades opgeworpen. De revolutie tegen het reactionaire bewind van koning Karel X leidde ertoe dat hij binnen drie dagen naar Engeland moest vluchten. De Franse troon was leeg; wie ging het land besturen? Een groep avonturiers stelde in Brussel voor de joviale erfprins van Oranje tot koning van Frankrijk te verheffen. Maar in Parijs dacht men er anders over: daar werd Louis Philippe hertog van Orléans, zoon van *Philippe Egalité*, tot koning der Fransen gekozen.[10] De nieuwe vorst, *le Roi Citoyen*, was eenvoudig van aard. Hij wilde niet gezalfd noch gekroond worden. De Burgerkoning legde slechts een eed op de constitutie af.

In België volgden de ontevreden liberalen en katholieken de politieke ontwikkelingen bij hun zuiderburen op de voet. Ook voor hen was er dus nog hoop zich van hun ongewenste Oranjekoning te ontdoen en een volksmonarchie in te stellen. Op een dag ontdekte de geplaagde koning Willem I tot zijn verontwaardiging dat zijn eigen zoon bij de onlusten tegen zijn bewind betrokken was. De erfprins had zich zelfs als troonopvolger van België aangeboden voor het geval men Willem I tot abdicatie zou dwingen. Alle spanningen leidden tot zo'n grote onenigheid binnen het gezin van Oranje-Nassau dat koningin Wilhelmina ten einde raad was. Hoe kon ze vergoelijken dat haar zoon samenzwoer tegen zijn eigen vader? Ze wist dat ze in de grond van elkaar hielden, maar de een was roekeloos en de ander halsstarrig; de karakters zouden altijd blijven botsen.

Op 23 augustus 1830, aan de vooravond van 's konings achtenvijftigste verjaardag, begeleidde ze hem naar de Muntschouwburg te Brussel. Daar werd de nieuwe opera *La Muette de Portici* van Auber opgevoerd. Ze zat in de ereloge stil en zorgelijk te kijken hoe het doek opging. Toen de eerste klanken uit de orkestbak opstegen, was het al rumoerig in de zaal. De teksten van Germain Delavigne zweepten het publiek op; het koor van de rebelse vissers kreeg een luid applaus. Bij het horen van een gevoelige aria op de melodie van de Marseillaise verhieven de toeschouwers zich als één man en zongen uit volle borst mee:

Amour sacré de la patrie,
Rends-nous l'audace et la fierté;
A mon pays je dois la vie
Il me devra sa liberté![11]

Tot schrik van het vorstenpaar wilde het gezang niet meer verstommen en na de vierde acte verliet de opstandige massa de zaal en droeg het lied naar buiten, de straten op, de pleinen over. Overal klonk het opruiende *Amour sacré de la patrie.* De ruiten van notabelen sneuvelden, Brussel werd geplunderd en dezelfde week was de Belgische opstand een feit. In december 1830 werd het koninkrijk der Nederlanden na een bestaan van slechts vijftien jaar ontbonden.

Het Voorlopig Bewind nam de regering over de zelfstandige staat België waar. Maar terwijl de Belgen zich beraadden over de nieuwe regeringsvorm van hun kleine land, maakten erfprins Willem en diens broer Frederik plannen om het afvallig deel van het koninkrijk in de zomer met gewapende hand te heroveren.

Op 16 oktober 1830 reisde koningin Hortense gewoontegetrouw van slot Arenenberg naar Rome. In haar gevolg bevond zich voor het eerst de jonge Valérie Masuyer, een van de talloze pleegkinderen van Joséphine de Beauharnais, die erehofdame en lectrice van Hortense was geworden en uitvoerige notities van alle komende gebeurtenissen heeft nagelaten.[12]

Hortenses zoon Louis Bonaparte had na voltooiing van zijn gymnasiumopleiding een studie gevolgd aan de Zwitserse militaire academie voor artillerie en genie in Thun. Hij moest lange marsen met zware bepakking maken en sliep net als zijn kameraden onder de blote hemel. Dit strenge en sobere soldatenleven beviel hem. Het nieuws over de revolutie in hun vaderland wekte strijdlust en patriottische gevoelens in hem op, die zijn moeder verontrustten. De koningin was teleurgesteld over de resultaten van de revolutie: 'Waren de oude vrienden van de keizer dan helemaal vergeten dat er nog een zoon van hun beschermer leefde en dat ze hadden gezworen zich aan hem te onderwerpen?'[13] schreef ze toen ze hoorde dat Louis Philippe van Orléans tot koning der Fransen was uitgeroepen. Hoewel *le Roi Citoyen* zich naar de wil van de burgers plooide en de tricolor liet wapperen, verbood hij de familieleden van Bonaparte op straffe des doods te repatriëren. Het kwetste haar dat de Parijse vrienden van weleer zo onverschillig bleken. Wat had haar moeder niet allemaal gedaan om gratie voor adellijke bannelingen te verkrijgen, onvermoeibaar had ze gepleit, vaak met gevaar voor eigen leven, voor hun terugkeer naar Frankrijk. Nu de rollen omgekeerd waren, lieten de vrienden van vroeger haar in de steek. Hortense schreef: 'Een enkele spijtbetuiging was al genoeg geweest; maar de politiek verstikt al het gevoel van het hart.'

Ze maakte zich zorgen over de toestand in Italië. De Franse revolutie zou vroeg of laat overslaan naar andere onderdrukte volkeren. Ze moest voorkomen dat haar zonen, die de gevaarlijke naam Bonaparte droegen, bij mogelijke opstanden tegen het Oostenrijkse regime betrokken zouden raken. Om het onrustige Milaan te vermijden reisde ze dit keer met Louis via Tirol naar Venetië. In Bologna aangekomen nam ze een dag pauze en ontmoette haar zwager, prins Baciocchi, weduwnaar van Elisa Bonaparte. Hij had vroeger als officier gediend onder Eugène, die toen vice-koning van Italië was, en zei tegen haar: 'Dat is me daar in Parijs een mooie revolutie, *Madame*. Ik hoop dat u niet zult vertrekken voordat u iets over de onze hebt gehoord.'

Ze protesteerde heftig, wees op de gevaren van een revolutie in Italië. Maar wat ze ook zei, het was duidelijk dat haar woorden geen indruk op hem maakten. Daarop vertrok ze haastig met haar zoon naar Florence. Napoleon kwam hun buiten de stadspoorten te paard tegemoet. Hij zag er gezond en energiek uit en omhelsde hen hartelijk. Ze nam zijn trekken in zich op en zou later altijd aan dit moment terugdenken. Hij vertelde haar openhartig dat hij brieven uit Parijs en Corsica had ontvangen waarin men hem aanmoedigde om naar Frankrijk te komen en een opstand te ontketenen tegen Louis Philippe teneinde de troon vrij te maken voor de wettige troonopvolger: zijn neef Napoleon II. Aanvankelijk aarzelde Napoleon, maar na rijp beraad schreef hij terug dat het Franse volk de baas over zichzelf is. Men had Louis Philippe gekozen en dat besluit moest hij respecteren. Nooit zou hij het wagen zijn vaderland in een bloedige burgeroorlog te storten. Koningin Hortense was gerustgesteld, dit verstandige antwoord lag in haar lijn. Wat zou haar zoon trouwens in Frankrijk bereiken? De naam Bonaparte was niet voldoende om aanhangers te krijgen.

Lodewijk Napoleon vertrok voor hun aankomst naar Rome om zijn zieke, bejaarde moeder te bezoeken. Daardoor bracht Hortense met haar zonen veertien ongestoorde dagen in Florence door. Ze onderhield zich met haar schoondochter Charlotte, die tekeningen maakte bij de geschriften van de veelzijdige Napoleon. Haar oudste zoon toonde haar de archeologische vondsten die hij in zijn studeerkamer had opgesteld. In het midden stond een Etruskische sarcofaag, beladen met paperassen en boeken. In een kast met glazen deuren bewaarde hij herinneringen aan zijn oom en naamgenoot; een brief, een zilveren adelaar, en wat gebarsten porseleinen kopjes die de keizer op Sint-Helena had gebruikt. Hij streelde de voorwerpen alsof het relikwieën waren.

Ondanks de ontspannen sfeer in de Florentijnse woning bleef de koningin een vaag gevoel van argwaan koesteren. Waarover gingen de heftige gesprekken van haar zonen? Welk nieuws brachten de boodschappers die 's avonds in het donker aan de achterdeur klopten en verdwenen voor ze hen in de ogen kon kijken? Hortense wist dat er iets gaande was, al had niemand haar verteld dat Napoleon al sinds zijn achttiende jaar lid was van de verboden *carbonari* en dat diens broer zich enthousiast bij hem had aangesloten.

Bij haar vertrek naar Rome hield ze Napoleon langer vast dan ze gewend was en stapte met tegenzin in het rijtuig. De prins wuifde haar na, in afwachting van zijn vader. Het beeld van haar oudste zoon, zijn schaduw op de stenen en zijn laatste roep achtervolgden haar door de jaren als een levende echo. Bij een poststation gekomen ontwaarde Hortense het rijtuig van haar man, die in tegenovergestelde richting reisde. Geen van de twee stapte uit; wiel aan wiel stonden de rijtuigen stil en Lodewijk Bonaparte toonde zijn bleke, misprijzende gelaat voor het raampje om haar te groeten. Hortenses hofdame Valérie Masuyer was na alles wat ze over de ex-koning van Holland gehoord had te nieuwsgierig om hem niet goed in zich op te nemen. In haar memoires schreef ze dat hij een knap gezicht had, maar erg zwaarlijvig was. De koningin wisselde enkele woorden met hem en gaf de koetsier een teken dat hij de weg moest vervolgen.

Na aankomst in het Palazzo Ruspoli te Rome, waarin ze die winter opnieuw appartementen had gehuurd, ging Hortense met haar zoon Louis te voet over de via Corso naar het paleis van Mme Mère. De tachtigjarige stammoeder van de uitgebreide Bonaparte-clan had haar gezichtsvermogen verloren. Tijdens een wandeling door het park van de Villa Borghese was ze gestruikeld en had daarbij haar heup gebroken, waardoor ze niet meer in staat was haar rustbed te verlaten. Ondanks het verval van haar broze lichaam was ze geestelijk helder en vuurde haar vragen op Hortense en Louis af. Wat wisten ze van de stemming in Parijs? Ter geruststelling had de koningin de teksten meegenomen van bonapartistische geschriften, die in de Franse hoofdstad in het geheim circuleerden. De heroïsche levensbeschrijving van Napoleon door de Britse auteur Sir Walter Scott, die Hortense haar langzaam voorlas, greep hen beiden aan. Mme Mère vertelde haar dat Lodewijk een fel commentaar op het werk van Scott had geschreven, waarin hij zijn keizerlijke broer – de grootste man die ooit als militair, als veroveraar en als vorst had geleefd – verheerlijkte. Het verzachtte haar pijn over de eerder gepubliceerde *Reflexions* van de verbitterde ex-koning van Holland.

Eind november luidden de zware klokken van het Vaticaan onder de bewolkte hemel. Hortense vernam in haar palazzo dat paus Pius VIII na een pontificaat van slechts een jaar was gestorven. Toen de gemijterde kardinalen in een lange stoet het Sint-Pietersplein over trokken om in de Sixtijnse Kapel een nieuwe paus te kiezen, kon kardinaal Fesch er niet bij zijn. De bejaarde halfbroer van Mme Mère was ziek en lag knorrig in bed, waar hij op de uitslag van het conclaaf moest wachten zonder zijn stem uit te brengen.

Op een dag werd monseigneur Capelletti aangediend. Hij keek hem verwachtingsvol aan. Maar de prelaat bracht geen nieuws over de pausverkiezing. Het ging over een neef van Fesch: Louis Bonaparte. Hij werd gesommeerd de pauselijke staat wegens opruiend gedrag te verlaten. De kardinaal kwam op een elleboog overeind en vroeg verontwaardigd hoe men een lid van zijn eerbiedwaardige familie zo durfde te behandelen. Wat kon de bescheiden zoon van koningin Hortense hebben misdaan? Capelletti hield voet bij stuk: Louis Bonaparte reed dag na dag op een met de tricolor getooid paard door de straten van Rome! Dit opruiende gedrag tolereerde men niet in het Vaticaan. Fesch viel terug in zijn kussen en lachte smalend; de baldadigheid van de jongen kon toch moeilijk als een serieus politiek vergrijp worden gezien. Hij stuurde zijn bezoeker naar huis, maar de volgende dag vertelde hij het voorval aan Jérôme Bonaparte, die er de ernst van inzag. Hij begaf zich naar Palazzo Ruspoli om zijn schoonzuster te waarschuwen. Hortense begreep dat de tricolor in de pauselijke staat als een rode lap op een stier werkte. Ze zou zich geruster voelen als haar zoon naar zijn vader in Florence vertrok. Het was al te laat; dezelfde dag omsingelden vijftig soldaten van de pauselijke garde Palazzo Ruspoli en roffelden de laarzen van de kolonel over de brede trappen. Hij bonsde op haar deur en toonde haar het bevel dat hij had gekregen om Louis Bonaparte, zoon van de graaf van Saint-Leu, op verdenking van deelname aan een complot tegen de staat onmiddellijk de grens over te zetten.

Hortense was in haar hart blij dat haar zoon Rome verliet, in Florence zou hij veiliger zijn. Ze nam de tijd om wat spullen in te pakken. Toen Louis zich met zijn moeder alleen in een kamer bevond vertelde hij haar met gedempte stem dat er een vluchteling in zijn kamer verborgen was. De man mocht niet onder ogen van de politie komen. Daarna stapte hij snel in de gereedstaande wagen en verdween onder bewaking uit het zicht. Ze wist nu dat er onder de jonge Bonapartes veel meer aan de hand was dan ze vermoedde. Ook de zestienjarige zoon van Jérôme was gearresteerd, maar dankzij bemiddeling van de Russische gezant op vrije voeten gesteld.

Toen het avond werd ging ze zacht naar de kamer van haar zoon. Ze sloot de deur achter zich en wachtte in de schemerige ruimte. Er maakte zich een schaduw los uit de hoek en een bleke jongeman kwam op haar toe. Het was een Italiaanse officier die wegens politieke activiteiten lange tijd in de gevangenis had doorgebracht. Het door honger en ongedierte geteisterde leven in een ijskoude cel die 's zomers in een oven veranderde, was ondragelijk. Een tweede gevangenschap zou hij niet overleven. De politie zat hem weer op de hielen, daarom was hij bij zijn kameraad ondergedoken. Hij smeekte de koningin bij haar te mogen blijven tot ze hun zoekacties staakten. Hortense had in de krant gelezen dat dezelfde week vierhonderd opstandelingen opgepakt waren en ze vond het niet verantwoord de onderduiker op straat te zetten.

Vanaf dat moment liep ze met al haar huisgenoten de kans om verraden te worden. Maar haar grootste angst ging uit naar haar zonen. Wat was er in Florence gaande? Ze ging naar haar schrijftafel en werkte tot in de morgen aan een lange brief. Ze zette de politieke situatie uiteen, gaf heldere adviezen en waarschuwde Napoleon en Louis zich niet te laten meeslepen door heethoofden. De koningin was nu achtenveertig jaar en het leven zelf had haar politiek geschoold. In 1796 waren de Italianen door het Franse leger onder aanvoering van Napoleon uit de macht van Oostenrijk bevrijd. Maar nu was er geen Frans leger om de Italiaanse opstandelingen te steunen. En niet alle Italianen stonden achter hen. Als antwoord op haar lange brief schreven de zonen hun moeder dat ze op alle punten gelijk had. Maar Hortense voelde dat het slechts een middel was om haar te sussen en bleef ongerust.

De pausverkiezing viel samen met het Romeinse carnaval. Op 2 februari 1831 daverde er een kanonschot over de Heilige Stad ten teken dat er een nieuwe paus was gekozen, die als Gregorius XVI het pontificaat aanvaardde. Er heerste een sinistere vreugde in de straten, waar tribunes werden getimmerd en versieringen opgehangen. Als elk jaar stond ze aan haar vrienden een plaats af aan haar vensters, om de carnavalsstoet die van de Piazza del Popolo over de via Corso naar de Piazza Venezia voorbijtrok, goed te kunnen zien. Tientallen praalwagens vol mythologische figuren reden in een bonte mengeling van muziek en kleurige kostuums voorbij. De wagen met *Turqueries*, waarop mannen met tulbanden en zwarte snorren het kromzwaard hieven en gesluierde dames hun heupen wiegden, oogstte donderend applaus en gehoon bij de jonge republikeinen langs de straat; in februari 1830 had Griekenland het juk van de Turkse overheersing afgeworpen en was een onafhankelijke staat geworden. Het gepraat van haar gemaskerde gasten vulde de salons van het Palazzo Ruspoli. Hortense was voortdurend bezorgd dat iemand de onderduiker ontdekte. Haar personeel, dat hem eten en drinken bracht, noemde de stille gast Fido, naar de hond van Louis die hij in Arenenberg had achtergelaten. Kon ze op hun discretie rekenen?

Uit de noordelijke Romagna kwamen alarmerende berichten van een opstand tegen het pauselijke gezag. Het begon in Bologna, breidde zich snel uit over Modena, Forli, Ravenna, Ancona. De een fronste zijn wenkbrauwen, de ander juichte en iedereen verborg het gezicht 's middags achter een masker. Want niets mocht het carnaval van Rome verstoren; de muziek overstemde het geschreeuw van een groep rebellen, die zich onder de gekostumeerde menigte mengde. Pas bij de eerste pistoolschoten op de Piazza Colonna stoven de carnavalsvierders uiteen. De pauselijke regimenten waren direct ter plaatse om de opstand de kop in te drukken, ze richtten hun pistolen. Er vielen doden en gewonden; confetti dwarrelde neer in het bloed. Aan het eind van de dag kreeg Hortense bezoek van een wanhopige Corsicaan, wiens zoon bij de opstand betrokken was geweest. Hij werd zwaargewond naar huis gebracht. De onbekende man vertelde haar met tranen in zijn ogen dat de jongen zou sterven als de politie hem opsloot in de gevangenis, waar hem een onmenselijke behandeling wachtte. 'Hij was overal al geweest en iedereen had geweigerd hem te helpen,' schreef Hortense, 'nu was ik als enige overgebleven. Hij viel aan mijn voeten en riep: "Red mijn zoon!"'

De koningin stuurde 's nachts een wagen naar het genoemde adres om de jongen op te halen. Hij werd het Palazzo Ruspoli binnengesmokkeld en een bevriende arts onderzocht zijn ernstige verwondingen. Hij legde verbanden aan om het bloeden te stelpen en droeg de andere onderduiker op zijn kameraad te verzorgen. Fido verpleegde hem zo goed hij kon en ze deelden het voedsel dat de kamenier hun bracht. Hortense hervatte het gewone leven in Rome alsof er niets gebeurd was; ze bezocht Mme Mère, las haar voor en reed met haar nieuwe hofdame langs de bezienswaardigheden van de stad. 'Toen we bij het Pantheon kwamen liet ik de paarden halt houden,' schreef ze. 'Mlle Masuyer kende de tempel niet en ik wilde hem graag aan haar tonen. Ik vond het trouwens heerlijk om dat prachtige monument te zien dat door alle eeuwen heen hetzelfde was gebleven, hoewel men er een kerk van had gemaakt.'

Ze betraden de ruimte en keken geïmponeerd omhoog naar de *oculus*, het hemeloog dat met zijn stralen de cassetten in de reusachtige koepel streelde. Nooit werden stenen en beton zo licht gedragen, nooit voelde ze zich kleiner onder het vernuft en de schoonheid die de Romeinse bouwheren uit de tijd van Hadrianus hier hadden geschapen.

Zoals de naam benadrukt, was het een tempel om alle goden te eren. Hortense schreef: 'Nadat we het Pantheon in stilte hadden bezichtigd stond ik stil voor een beeld van de Heilige Maagd. Alle *ex-voto's* die haar omringden zijn in mijn ogen altijd een teken van ontroering. Ze verbeelden het verdriet, de vrees of de dankbaarheid van de gevers. Ik viel op mijn knieën voor de beeltenis met die uitingen van hoop en dankbaarheid. Ik heb altijd maar één gebed, ik heb zo'n behoefte om verhoord te worden: Geef dat het mijn kinderen goed zal gaan, *ô mon Dieu*, en dat ik vóór hen zal sterven!'

Op 18 februari 1831 werd er in het Palazzo Ruspoli een brief bezorgd van Napoleon en Louis Bonaparte waarin ze hun moeder waarschuwden dat er in Rome gevaar voor haar dreigde. Ze moest onmiddellijk naar Florence komen, ze zouden haar samen tegemoet rijden.

Hortense begreep intuïtief dat dit bericht een groot onheil meebracht. Het kostte haar moeite de mooie, gastvrije stad achter te laten. En wat moest ze met haar onderduikers doen? Ze besloot Fido vermomd als knecht op de bok van haar rijtuig mee te nemen en voor zonsopgang te vertrekken, zodat men hem bij de stadspoort niet zou herkennen. De gewonde moest ze wel achterlaten onder de hoede van haar kamenier, die haar beloofde hem goed te verzorgen tot hij op eigen benen verder kon gaan.

Op 19 februari verliet ze de stadspoort van Rome en reisde met Valérie Masuyer onder bescherming van een Franse officier de grens van Toscane over. Haar vermomde onderduiker op de bok slaakte een vreugdekreet toen hij het grondgebied van de paus had verlaten. Ze overnachtten in een herberg en zetten de tocht de volgende dag voort. De koningin tuurde met bonzend hart de weg over, in de hoop Napoleon en Louis te zien. Toen ze hun vertrouwde gestalten niet gewaarwerd, groeide de ongerustheid. In een poststation bij de poort van Florence trof ze haar schoondochter Charlotte alleen aan. Deze vertelde dat haar man met zijn broer dezelfde dag op weg was gegaan. Ze veronderstelde dat ze zich misschien in de route hadden vergist. Maar Hortense keek haar versteend van angst aan. Het stond nu vast: Napoleon en Louis hadden zich bij de opstandelingen aangesloten. Hun verzoek om Rome te verlaten was een valstrik; ze wilden voorkomen dat hun moeder door de Vaticaanse politie in gijzeling werd genomen.

Na een angstige nacht, waarin ze opnieuw brieven schreef aan haar zonen, strompelde Lodewijk Bonaparte totaal overstuur haar huis binnen. Hij was zo gewend aan het brave en onderdanige gedrag van zijn twee kinderen. Hij kon zich niet voorstellen dat ze het ooit zouden wagen ook maar iets zonder zijn vaderlijke goedkeuring te ondernemen. Lodewijks koeriers moesten de ene na de andere brief bezorgen, waarin hij zijn zonen gelastte direct thuis te komen. Hoe konden zijn zonen de paus beledigen? De Heilige Vader, die bereid was geweest de verbannen Bonapartes na hun vlucht asiel te verlenen! De hele clan werd door hen in gevaar gebracht en geblameerd.

Hortense was inmiddels te weten gekomen dat Napoleon en Louis de leiding hadden over een groep jonge opstandelingen uit de dorpen in de omgeving. Ze bereidden zich voor op de inname van Civita Castellana, waar ze de politieke gevangenen wilden bevrijden die al acht jaar in het cachot zaten.

'Deze berichten bevestigden mijn bange vermoedens en ik gaf de hoop op dat ik mijn kinderen nog ooit terug zou zien,' schreef Hortense. De wanhopige Lodewijk liet zijn vrouw vanaf dat ogenblik niet meer met rust. Hij spoorde haar aan om de jongens direct te gaan halen. Net als vroeger herhaalde hij zijn eis als een litanie van vrees, die haar onrust aanwakkerde. Keer op keer antwoordde ze dat ze hun volwassen zonen niet kon dwingen om terug te keren en de strijd op te geven. Dat moesten ze uit vrije wil en eigen inzicht doen. Als ze zich in het opstandige gebied waagde, zouden de Oostenrijkers daaruit de conclusie kunnen trekken dat ze de rebellen aanmoedigde. Dat ze hun geld kwam brengen om wapens en munitie te kopen. Er deden de wildste geruchten over haar de ronde; dat ze over miljoenen beschikte, die ze gul uitdeelde. Door haar reis zou ze het Oostenrijkse leger alleen maar een alibi geven om aan te vallen en nog meer ellende over haar zonen afroepen.

Maar Lodewijk wilde niet naar haar luisteren, hij hinkte jammerend van de ene kamer naar de andere en kreeg haar uiteindelijk zover dat ze in haar rijtuig stapte. Terwijl ze op weg was naar de grens van Toscane ondernamen kardinaal Fesch en Jérôme Bonaparte op hun beurt pogingen om hun opstandige neven terug te roepen. Ze waren door de aimabele paus in audiëntie ontvangen, en hij bleek de eisen van de opstandelingen niet eens te kennen. Maar hij was voldoende gealarmeerd om een verbond met Oostenrijk te sluiten. De vijandelijke troepen trokken daarna massaal de grens van de pauselijke staat over en joegen de kleine rebellenlegers uiteen. Algauw zagen deze in dat de strijd verloren was en sloegen op de vlucht, achtervolgd door de vijand. Louis en Napoleon Bonaparte waren de meest gezochte opstandelingen.

'Als ze in handen van de Oostenrijkers vallen is het met hen gedaan,' schreven Jérôme en kardinaal Fesch uit Rome. In de gevaarlijkste situaties handelde Hortense altijd snel en doelgericht: haar zonen moesten het Italiaanse grondgebied snel verlaten. Ze konden niet terug naar

Zwitserland waar de Oostenrijkse regering hun uitlevering zou eisen. Ze wendde zich tot Lord Seymour, de voormalige Engelse ambassadeur in Den Haag, die deze functie nu in Florence uitoefende. Hij liet zich vermurwen haar drie Engelse paspoorten te bezorgen op naam van Mrs Hamilton en haar beide zonen Charles en William. Daarmee reisde de koningin begeleid door Valérie Masuyer in de richting van de havenstad Ancona, waar ze haar kinderen zou treffen. Ze bedacht dat ze naar Korfoe konden vluchten of naar Turkije.

Onderweg trok ze door gebieden waar de revolutie nog niet was gedoofd. Ze hoorde enthousiaste verhalen over het dappere optreden van haar zonen en werd als 'de moeder van Napoleon' begroet. In de streek heerste een gevaarlijke besmettelijke ziekte, die al veel jonge soldaten het leven had gekost. Nog altijd had ze geen antwoord gekregen van Louis en Napoleon en toen ze dodelijk ongerust Foligno bereikte, stopte er een calèche naast haar rijtuig. 'Een man die ik niet kende stapte uit,' schreef Hortense. 'Ik begon te trillen. Hij kwam van mijn kinderen. "Prins Napoleon is ziek," zei hij tegen me. – "Hij heeft mazelen," riep ik uit. – "Ja, hij vraagt naar u." Bij die woorden: hij vraagt naar u, riep ik geschrokken uit: "Dus hij is heel ernstig ziek!"'

Hortense liet haar rijtuig keren om naar Forli te reizen, waar haar oudste zoon zich bevond. Bij een poststation dromde een sombere menigte om haar heen en ze hoorde er fluisteren: 'Napoleon is dood. Napoleon is dood.'

Zonder het onheilsbericht nog te willen geloven, reed ze verder en bereikte op 20 maart Pesaro, aan de Adriatische Zee. Men legde de koningin op een bed. 'En daar was het dat mijn ongelukkige Louis zich in mijn armen stortte en huilend riep dat hij voorgoed alleen op de wereld stond, dat hij zijn broer had verloren, zijn beste vriend en dat hij op het dode lichaam had willen sterven van verdriet als ik er niet was geweest om verder voor te leven.'

In het grauwe morgenlicht bereikte het rijtuig waarin Hortense en Louis zaten de havenstad Ancona. Ze had nog maar één gedachte: ze moesten Korfoe zien te bereiken. Maar Louis bleek koorts te hebben en was niet in staat om aan boord van het schip te gaan. Van Lodewijk Napoleon, die de dood van Napoleon had vernomen, kwam er een brief waarin hij haar smeekte: 'Red de zoon die ons is overgebleven, breng hem overzee!'

De koningin begreep dat Louis eveneens met mazelen was besmet. Ze liet hem naar een huis aan de kust brengen en gaf haar knechten opdracht zijn bagage zo opvallend mogelijk aan boord van het zeilschip te brengen dat dezelfde dag naar Korfoe voer. Ze begaf zich naar de dienstdoende ambtenaar van Ancona om een paspoort en reispapieren voor hem aan te vragen.

De Oostenrijkse troepen marcheerden triomfantelijk de havenstad binnen. Hun aanvoerder vestigde zijn hoofdkwartier in hetzelfde huis als waarin Louis in het geheim doodziek op bed lag. De generaal eiste alle vertrekken op voor zijn soldaten, maar de huisbewaarster zei hem zenuwachtig dat het onmogelijk was. Dat er een vrouw verbleef die ze niet uit de kamers kon zetten en uiteindelijk vertelde ze hem wie de dame was. Bij toeval of door een wonder bleek de Oostenrijkse generaal dezelfde man te zijn die de hertogin van Saint-Leu in 1815 in het logement in Dijon had beschermd, toen drie Franse militairen haar en haar kinderen bedreigden. Hij heette Geppert en ze had zijn gezicht en het begrip in zijn ogen nooit vergeten. Toen hij begreep dat het koningin Hortense was die zich achter de gesloten deur schuilhield, bond hij in en vroeg haar via de huisbewaarster om een gesprek. Hortense liet hem weten dat ze na de dood van haar oudste zoon afscheid moest nemen van de jongste die nu op weg was naar Korfoe. Ze zei dat ze door hem zelf ook ziek was geworden en op bed lag. De generaal stond de ongelukkige koningin toe ongestoord op haar kamer te genezen.

Er verstreken acht angstige dagen, waarin Louis soms op de rand van de dood leek te zweven. Als hij hoestte, moest ze haar hand op zijn mond leggen om te voorkomen dat de Oostenrijkers in de aangrenzende vertrekken het zouden horen.

Om haar man gerust te stellen, schreef ze hem in het handschrift van Louis een brief. Daarin meldde ze zijn veilige aankomst op Korfoe. Hij zou Engeland proberen te bereiken en zijn vader vandaar weer schrijven.

Zonder toe te kunnen geven aan haar extreme verdriet, bedacht Hortense een vluchtplan. Het was zo onvoorspelbaar en vermetel dat geen mens erin zou geloven. Alleen daarom had het een kans van slagen. Hortense bereidde zich voor op haar grootste, levensreddende optreden waarbij ze al haar acteertalenten nodig had. Ze vertelde de Oostenrijkse generaal dat ze zich wat beter voelde en de volgende dag – paaszondag – in alle vroegte naar Loreto zou reizen om de heilige mis bij te wonen. Vandaar ging ze naar de haven van Livorno om naar Malta te varen, waar ze haar zoon hoopte terug te zien.

In het holst van de nacht sloop ze met haar hofdame en twee bedienden de kamer uit, langs de slapende Oostenrijkers naar het gereedstaande rijtuig dat snel in het donker verdween. De ene bediende was de vermomde prins Louis en de andere een jonge markies die Daniel Zappi heette en eveneens gezocht werd door de Oostenrijkers. Er volgde een bange tocht dwars door Italië. Ze passeerden Loreto, Foligno,

Siena, Lucca, Pietrasanta, Poggibonsi zonder herkend te worden. In Pisa gekomen waren ze ver genoeg van Ancona verwijderd om een gedaanteverwisseling te ondergaan. Hortense kleedde zich in een Engelse reisjapon van opvallende, geel-wit gestreepte zijde en kwam als een volmaakt actrice in de rol van Mrs Hamilton met haar dame tevoorschijn. Ze klapten hun parasols in en stapten in het rijtuig. De zwakke Louis en Zappi droegen de kleren van Engelse jongemannen van goeden huize en noemden haar beiden *mother*. Samen vervolgden ze de tocht en toonden waar nodig de Engelse paspoorten.

Overal dreigde het gevaar want Louis was de enige die Engels sprak en dan nog met een zwaar Frans accent. Hortense dacht dat ze allemaal ontmaskerd werden toen er een Engelse reiskoets bij hen stopte. Er stapte een man uit die zich naar de tweede koets begaf en aan Louis vroeg of hij wist waar minister Taylor zich bevond voor wie hij depêches had. Er viel een stilte. Louis boog zich uit het raampje en gaf hem in zijn beste Engels antwoord. Na afloop van het gesprek boog de man beleefd en zei met een fijn lachje: 'Ik vraag u excuus omdat ik me heb vergist. Ik zag u voor Engelsen aan.'[14]

La Spezia, Genua en Nice lagen achter hen. De rechte wegen die onder het bewind van keizer Napoleon waren aangelegd, strekten zich tot de horizon voor hen uit. Ze passeerden de grens van Frankrijk, het land dat hen op straffe des doods had verbannen en zetten koers naar het einddoel van de reis: Parijs.

28

'Bij Fontainebleau gekomen, wilde ik mijn zoon beslist het paleis tonen dat getuige was geweest van de grootste glorie die men zich kan voorstellen, dat paleis waar we woonden na de vrede van Tilsit, te midden van elkaar opvolgende feestelijkheden en de hommages van vele vreemde prinsen die toestroomden om hun steun te betuigen aan de overwinnaar,' schreef Hortense.[1]

De koningin liep door het vergulde hek de *basse cour* op en ging met prins Louis en haar hofdame Valérie Masuyer stoutmoedig tussen de toeristen bij de ingang staan. De beheerder heette hen welkom en vertelde omstandig over de geschiedenis van het machtige kasteel en zijn vorstelijke bewoners. Ze schuifelden door de Galerie de Diane, kwamen in Napoleons troonzaal en zagen het bureau waar de keizer zijn abdicatie tekende. Ze volgden de bewegingen van de gids naar links en rechts en keken naar de rijk gedecoreerde plafonds. 'Enkele knechten van het kasteel waren nog dezelfde als vroeger; hoewel ik in de afgelopen jaren erg veranderd was, verborg ik mijn gezicht uit voorzorg steeds achter een zware voile. Mijn zoon stelde allerlei vragen die ons konden interesseren.'

Ze kwamen bij de fameuze hoefijzertrap, waarop de keizer afscheid had genomen van zijn trouwe soldaten voor hij naar Elba vertrok. Het plein werd sindsdien de 'Cour des Adieux' genoemd. Hortense las de opwinding op het bleke gezicht van haar zoon en ze trok hem mee naar de hofkapel, de plaats waar hij op 4 november 1810 in tegenwoordigheid van de keizer door kardinaal Fesch ten doop was gehouden.

'Tijdens de rondleiding door onze appartementen, werd mijn naam regelmatig genoemd,' schreef ze met een gevoel van vervreemding. 'Alles was precies zoals ik het had achtergelaten. Alleen de Engelse tuinen die wij hadden laten aanleggen waren tot volle wasdom gekomen.' Ze bewonderde het geboomte en de heesters die de grasvelden omzoomden. De bomen vormden een maatstaf voor de verstreken jaren die ze in ballingschap had doorgebracht. En hoewel ze nooit terugverlangde naar haar hoge positie en het weelderige hofleven, brandde het heimwee naar Frankrijk voort.

Op zaterdag 23 april 1831 passeerden ze de grens van Parijs. Het panorama van de stad werd gefilterd door de beelden van het verleden, die zich overal opdrongen. Het silhouet van de steile daken, koepels en torens tekende zich af; vertrouwd en volstrekt onverschillig voor het lot van haar bewoners. De koningin gaf de koetsier opdracht een omweg naar het centrum te maken, zodat Louis en Valérie alles goed konden zien. Ze reden over de Boulevard d'Hôpital naar de Jardin des Plantes. Het was zes uur in de namiddag en de lentezon scheen over de exotische bomen, de kassen en de dierenverblijven. Ze wees naar de brede Pont d'Austerlitz die naar Napoleons grote overwinning was vernoemd en bij de Place de la Bastille herdacht ze de gruwelen van de Revolutie. Ze noemde de plek waar haar vader was onthoofd en waar zoveel kindertranen van haar waren gevallen.

De koningin glimlachte flauw toen ze de naam van het hotel las waarin kamers voor hen waren gereserveerd: Grand Hôtel de Hollande. Het lag aan de rue de la Paix en ze kon vanuit haar venster de Place Vendôme zien met de machtige bronzen zuil, met een leeg platform waarop het beeld van keizer Napoleon had gestaan.

De nacht was lang en treurig; ze vreesde ziek te worden van lichamelijke en geestelijke uitputting. Maar 's morgens ontwaakte ze met nieuwe energie; de toekomst van haar zoon stond op het spel. Ze dicteerde een brief aan haar hofdame die ze bij graaf Frantz d'Houdetot, adjudant van de koning liet bezorgen. D'Houdetot kende Valérie Masuyer uit Zwitserland. In haar brief deelde Mlle Masuyer hem mede dat ze voor familiebezoek in Parijs was. Ze vroeg hem naar het Hotel de Hollande te komen omdat ze een opdracht had van koningin Hortense.

De graaf ging nietsvermoedend naar de rue de la Paix. In de hotelkamer gekomen stond hij plotseling tegenover de verbannen koningin en kon zijn ogen niet geloven. 'Alle kranten meldden dat ik per schip naar Malta was vertrokken, alle brieven van mijn vrienden werden aan dat eiland geadresseerd,' schreef Hortense die haar gast rustig vroeg te gaan zitten. 'Ik vertelde hem over het ongeluk dat me was overkomen en de wens om met de koning te spreken.' Zodra d'Houdetot tot zichzelf was gekomen schudde hij het hoofd, maar beloofde toch het bericht naar het hof te brengen. De volgende morgen kwam hij opnieuw naar het Hôtel de Hollande. Hij vertelde Hortense dat de koning haar roekeloosheid om naar Frankrijk te komen afkeurde en dat hij haar onmogelijk te woord kon staan.

Kort daarna verscheen echter de president van de Raad en minister van Binnenlandse Zaken Casimir Périer in haar hotelkamer. Hij ondervroeg de koningin streng en ze antwoordde hem naar waarheid dat ze op weg was naar Engeland, teneinde het leven van haar zoon te redden. Ze wilde het de koning liever zelf mededelen, voordat een ander hem waarschuwde. Haar financiële positie was deplorabel; ze had nog vorderingen in Frankrijk. Na lang praten begon Périer, een voormalig bankier, begrip en zelfs sympathie voor haar te tonen. Er verstreek een dag, lange uren die ze bijna wezenloos op een stoel voor het venster doorbracht. Ze had geen tranen meer om Napoleon te bewenen. Ze keek naar de voorbijgangers en meende in elke dame of heer vrienden van vroeger te herkennen.

Op 30 april diende d'Houdetot zich aan en nodigde haar uit bij de koning te komen. Het was avond. Ze zette snel haar hoed op met de zwarte voile en reed met hem naar het Palais Royal. De graaf bracht haar niet naar de ontvangstzaal, maar naar zijn eigen kleine kamer. Er stond slechts een bed, twee stoelen en een tafel.[2]

De koningin ging op het bed zitten en wachtte. Ze had begrepen dat de burgerkoning Louis Philippe onder de republikeinen niet langer populair was; hij had niets ondernomen om de Italiaanse opstandelingen tegen de Oostenrijkers te steunen. Het verhaal ging dat Hortenses zoon Napoleon op de vlucht door de vijand was gedood.[3] Ook de aanhangers van de verbannen, absolutistische Karel X uitten kritiek en verlangden diens zoon op de troon van Frankrijk. De bonapartisten dweepten met Napoleon II, de wetmatige troonopvolger die in Wenen woonde. Te midden van de chaos voerde de burgerkoning een voorzichtig beleid en leefde zo eenvoudig mogelijk. Hij en koningin Marie Amélie hadden tien kinderen. Ze waagden het nog niet van het Palais Royal naar de Tuilerieën te verhuizen.

De man die de kleine kamer betrad, maakte een beleefde maar behoedzame indruk op koningin Hortense. Ze had met haar achtenveertig jaren de allure bewaard van een vorstin, die standbesef en bescheidenheid in haar gedrag wist te combineren. De koning was zeker tien jaar ouder dan zij. Hij nam plaats op de enige leunstoel. Zonder dat ze hem iets vroeg uitte hij zijn begrip voor haar omstandigheden; hij had immers zelf jarenlang in ballingschap geleefd en eronder geleden. Het vernieuwde verbanningsdecreet der Bonapartes was niet zijn werk geweest. Na verloop van tijd zou de wet worden opgeheven en konden alle bannelingen terugkeren naar het vaderland.

Toen ze hem vertelde dat haar zoon ook in Parijs was, schrok de koning. Hij vroeg haar hun verblijf vooral geheim te houden. Zijn ministers mochten het niet te weten komen. Hij wierp een snelle blik op d'Houdetot, die met zijn rug tegen de deur geleund stond om te voorkomen dat er onverwachts iemand binnenkwam. De koning bedacht nu zelf dat de staat zijn bezoekster nog geld schuldig was, het ging om het bedrag dat haar moeder haar had nagelaten en dat in 1814 door de hertog van Angoulême in beslag was genomen. Met de rente over de afgelopen zeventien jaar was het opgelopen tot wel een miljoen francs. Ze knikte zwijgend en hij vroeg haar nerveus een specificatie van de kosten te sturen, dan zou hij ervoor zorgen dat ze het geld kreeg.

Hortense vertelde hem dat ze op weg waren naar Londen en na een kort verblijf via Frankrijk naar Zwitserland hoopten te reizen. Daarna legde ze hem haar belangrijkste vraag voor; wilde hij zorgen dat ze onder protectie van het Franse gouvernement rustig in Zwitserland konden wonen? Het was al erg genoeg dat ze uit het Franse vaderland waren verbannen. Moesten ze nu ook nog in ballingschap onder mogelijke vervolging lijden?

Louis Philippe beloofde dat hij alles voor haar zou regelen. Toen stond hij op. Niets aan zijn kleding verried dat hij de koning der Fransen was: 'Wilt u misschien kennismaken met de koningin en met mijn zuster?'[4]

Hij waarschuwde d'Houdetot, die niet lang daarna met de twee vrouwen in het kleine vertrek verscheen. Koningin Marie Amélie ging naast Hortense op het bed zitten en Madame Adelaïde nam de enig overgebleven stoel. Ze keken haar met nauwelijks verholen nieuwsgierigheid aan; dit was de legendarische dochter van Joséphine de Beauharnais. Wie haar niet kende als de met diamanten getooide koningin die met de beide prinsen aan de hand naast keizer Napoleon verscheen, had zeker haar composities gehoord die overal werden gespeeld. De achtergebleven pianoforte waarop ze zoveel romances componeerde, stond nog als een reliek in haar appartement te Fontainebleau. Ze onderhielden zich geruime tijd met elkaar; koningin Marie Amélie toonde veel compassie maar ook een zekere vrees. Toen ze hoorde dat koningin Hortense en prins Louis sinds drie dagen in Parijs logeerden schrok ze en riep uit: 'Drie dagen! Al zo lang?'

Na een beleefd en vriendelijk afscheid werd ze op dezelfde heimelijke wijze teruggebracht naar het Hôtel de Hollande. Ze had het gevoel dat de ontmoeting gunstige resultaten zou hebben en wachtte op berichten van het hof. Die nacht kreeg haar zoon opnieuw hoge koorts en moest in bed blijven. Ze zag dat de mazelen waren teruggekomen en ging op zoek naar een arts die hun verblijf geheim zou houden. Van tijd tot tijd ontving ze bezoek van Périer, die niet ver woonde en haar zijn diensten aanbood. Prins Louis schreef de koning op eigen initiatief een brief, waarin hij hem liet weten dat het zijn liefste wens was om in het Franse leger te mogen dienen. Het antwoord kwam via Périer. Hij legde Hortense uit dat de koning genegen was haar na opheffing van hun verbanning het hertogdom Saint-Leu terug te geven.

Zijne majesteit Louis Philippe leek bereid al hun wensen te vervullen op voorwaarde dat haar zoon zijn achternaam wijzigde in die van hertog van Saint-Leu.

Bij het horen van deze eis vloog de zieke Louis woedend op. Hij droeg de naam Bonaparte met trots. Zijn naam herinnerde Frankrijk aan het grootse verleden, aan de daden van een man die macht en welvaart had gebracht. Zijn naam was zijn kostbaarste bezit. 'Ik zou nog liever naast mijn broer in het graf rusten! Laten we er niet meer aan denken. Laten we teruggaan naar ons ballingsoord!'

De koningin was het met hem eens. Maar eerst moesten ze volgens plan naar Engeland vertrekken. Louis bleek echter nog niet sterk genoeg om op reis te gaan. Périer kwam sindsdien niet meer op bezoek en ze kreeg geen berichten meer van de koning. Hortense verpleegde haar zoon en waagde zich 's avonds gesluierd op de boulevards. Op 5 mei, de sterfdag van Napoleon, zag ze hoe het volk van Parijs naar de Place Vendôme kwam om bloemen te leggen aan de voet van de zuil waarop binnenkort weer het beeld van Napoleon geplaatst zou worden.[5] Aanvankelijk verliep alles ordelijk, maar toen twee mensen een politiek twistgesprek kregen, joeg de politie de menigte met brandspuiten uiteen. De koningin besefte dat het gevaar niet geweken was en dat de burgerkoning weinig te zeggen had in het chaotische land.

Ze verlangde ernaar de Italiaanse opera te bezoeken waar *La Straniera* van Bellini en *Anne Boleyn* van Donizetti triomfen vierden. Maar het zou te gevaarlijk zijn om zich onder het publiek te begeven. Op een zondag bezocht ze gesluierd de heilige mis in de Saint-Roche en kwam vlak naast een man te zitten die ze vereerde: de dichter Lamartine. Ze bekeek zijn profiel, zonder zich kenbaar te kunnen maken. Als een schaduw verliet ze het kerkgebouw en dwaalde met Valérie in haar rijtuig door de straten. Ze passeerde haar huis in de rue Cerutti, dat beladen was met veel trieste herinneringen. Maar het was ook de plaats waar haar beide kinderen opgroeiden en het was of ze hen in de tuin kon zien spelen, hun stemmen hoorde.

De koetsier kreeg opdracht langs verschillende adressen van haar vroegere vrienden te rijden. Het eerste was het huis van Charles de Flahaut, die nu als generaal van het Franse leger sinds 1830 onder Louis Philippe diende. Hij woonde er met zijn vrouw, zijn dochters en Auguste de Morny. Hortense keek gekweld door haar sluier naar buiten. Ze had de koning gezworen incognito te blijven en kon zelfs haar beste vriend niet begroeten. Valérie Masuyer begreep wat ze voelde; ze had zich binnen een paar jaar zozeer bemind gemaakt dat Hortense over haar buitenechtelijke zoon Auguste had verteld. Het was deze hofdame die in Zwitserland van het kleine inkomen jaarlijks een bedrag moest overboeken voor zijn opvoeding en verzorging. Nu boog ze zich voorover in de hoop een glimp op te vangen van de man die de enige grote liefde van haar koningin was geweest. Als om zichzelf te kwellen liet Hortense haar blik langs de gesloten deuren en vensters glijden. Ze kreeg het gevoel dat ze zelf al dood was en vanuit een andere wereld even naar het warme, werkelijke leven op aarde mocht kijken.

Na de rit was er een hoofdstuk in haar bestaan afgerond. In het hotel wachtte Périer, die minder vriendelijk keek dan voorheen en haar namens de koning beval Parijs met spoed te verlaten. De aanwezigheid van Louis betekende een gevaar voor de Burgerkoning. Ze bracht hem in de kamer van haar zoon, zodat hij zelf kon zien dat hij nog niet in staat was om het bed te verlaten. Périer bleef bij zijn eis en vertrok.

Nu het afscheid onherroepelijk naderde, waagde Hortense zich nog één keer overdag op straat. In een winkel op de boulevard ontdekte ze tot haar ontroering versierde portretten van de keizer, de hele familie Bonaparte en ook van zichzelf. 'Men denkt dus nog aan ons, zei ik tegen mezelf. Gekroonde hoofden zijn niet te benijden, maar de genegenheid van het volk is een zoet geschenk. En die genegenheid is dus nog niet geheel verdwenen.'[6]

Haar hofdame haalde haar over om een bezoek te brengen aan de duistere zaal van het vermaarde Diorama waarmee Louis Daguerre het publiek verraste. Op het programma stond *Le tombeau de Sainte Hélène.* Zelfs de koning en koningin hadden het met hun bezoek vereerd. Onopvallend betraden Hortense en Valérie de drukke zaal, waarin Daguerre dankzij een speciale belichting een levensecht beeld schiep van Napoleons graf op het eiland. Er werden kreten geslaakt van bewondering en afgrijzen; een enkeling droogde de ogen bij het zien van de afgelegen plek waar de grote man zijn einde had gevonden. Iedereen noemde de naam Napoleon. Er liepen in Parijs minstens vier toneelstukken over zijn leven, waarvan vooral het aangrijpende *Napoleon Bonaparte of Dertig Jaren uit de Franse Geschiedenis* door de jonge schrijver Alexandre Dumas volle zalen trok. In het publiek werd bewogen gemompeld dat zijn lichaam naar Frankrijk moest worden overgebracht, om aan de voet van de zuil op de Place Vendôme te worden herbegraven.

Opeens merkte Hortense dat er iemand oplettend naar haar keek. Ze droeg het asblonde haar verstopt onder een modern luifelhoedje dat haar gezicht deels verborg. Haar sluier had ze even naar achteren geslagen om beter te kunnen zien. Toen ze de man herkende als een bevriende officier van weleer, greep ze Valérie bij haar pols en zei: 'Kom direct mee naar buiten.' Ze haastten zich naar de uitgang en sprongen in het rijtuig. De man rende achter hen aan en verscheen in de deuropening met wijd opengesperde ogen. Hij stak tevergeefs zijn handen naar haar uit en legde nadrukkelijk een vinger op zijn lippen, ten teken dat hij haar vriend was gebleven en zou zwijgen. Niettemin merkte Valérie na een poos dat ze gevolgd werden door een kind dat hij achter hen aan had gezonden om erachter te komen waar ze verbleef. Met enige moeite raakten ze hem door het wisselen van rijtuigen en een snelle tocht door de drukte bij het Palais Royal eindelijk kwijt. Doodmoe bereikten ze het Hôtel de Hollande. Voor de koningin was dit een signaal dat ze snel moesten vertrekken. Louis leek nu zover aangesterkt dat de arts hem toestemming gaf om op reis te gaan. Op 6 mei verlieten ze Parijs en reden naar Calais, waar een schip lag dat naar Engeland voer.

'Tijdens de overtocht werd ik door de woelige golven zeeziek. Het leek of ik met mijn zwakke hoofd geen kracht meer overhield. Maar ik moest me geestelijk en lichamelijk overeind zien te houden,' schreef Hortense. Ze maakte zich zorgen over Louis, die alle ontberingen van de reis niet kon verdragen. In Londen gekomen keek ze geschrokken naar zijn gezicht: zijn ogen waren geel omrand. Geelzucht! Ze waarschuwde Mr Fox, de zoon van Lord Holland die ze in Rome leerde kennen. Hij stuurde onmiddellijk een arts naar de prins, die hem medicijnen voorschreef, een dieet en veel rust.

De koningin nam nu weer haar eigen identiteit aan; in het hotel verklaarde ze dat ze met haar kleine gevolg uit Malta kwam en in Portsmouth aan wal was gegaan. Na enkele dagen huurde ze een gemeubileerd appartement in George Street, waar ze gasten kon ontvangen.

In de afgelopen weken hadden ze veel geld uitgegeven. Valérie Masuyer beheerde de beurs van de koningin zo zuinig mogelijk; hun rijtuig was na de lange reis aan vervanging toe en ze ging op pad om een betaalbaar voertuig te vinden. Prins Louis sleet zijn dagen in bed, treurend over het verlies van zijn broer. Toen hij wat sterker werd, ging hij aan de arm van zijn moeder door Londen wandelen. Hortense verbaasde zich over de mooie trottoirs, de verzorgde tuinen en de monumenten van de stad. Er heerste een voelbare vrijheid onder het bewind van de nieuwe koning William IV. Soms rustten ze wat uit in een winkel en als de winkelier hen herkende, was men buitengewoon vriendelijk en hoefden ze niets te betalen voor de artikelen die ze hadden gekozen. Het leek of de Engelsen zich schaamden voor de wijze waarop de grote gevangene op Sint-Helena behandeld was en iets goed wilden maken.

Kort na hun aankomst kreeg Hortense bezoek van een medewerker van de Franse ambassade in Londen. De ambassadeurspost werd sinds 1830 bekleed door de inmiddels zesenzeventigjarige Talleyrand, die tijdens een lang leven in de kunst van de diplomatie tot grote hoogte was gestegen. *Old Tally* zoals hij in Londen werd genoemd, liet Hortense beleefd vragen op welke wijze hij haar van dienst kon zijn. Maar er kwam geen uitnodiging voor een bezoek. Het werd de koningin duidelijk dat zelfs de sluwe Talleyrand niets wist van haar bezoek aan Louis Philippe in Parijs. Toen de ambassadeur haar paspoorten aanbood om via België naar Zwitserland te reizen, voelde ze zich in verlegenheid gebracht. Er was al een koerier onderweg naar Frankrijk, die Périer om Franse paspoorten moest vragen.

Uit Engelse kranten werd het haar duidelijk dat Talleyrand zijn handen vol had aan het regelen van de Belgische kwestie. Sinds de Belgen Willem I van Oranje-Nassau hadden verjaagd, bezonnen de omringende landen zich over de toekomst van het land. Er moest een staatshoofd worden gevonden met wie België tevreden was en met wie Frankrijk en Engeland zich konden verzoenen.

In afwachting van de reispapieren kreeg koningin Hortense veel uitnodigingen van de Britse adel en ze nam ze allemaal aan. Ze was te gast bij Lord en Lady Holland, die beiden getracht hadden het verblijf van Napoleon op Sint-Helena te verlichten. Ze ontmoette Lady Frey, generaal Wilson en gravin Glengall. Ook Lady Bedford verscheen vlak na hun aankomst in George Street en bood haar diensten aan. 'Als ik gewild had, zou ik elke dag naar een feest kunnen gaan,' schreef Hortense met voldoening.

Nu Louis zich wat beter voelde trok hij alleen Londen in en vond snel gelijkgestemde, politieke vrienden. Zijn afwezigheid baarde de koningin soms zorgen. Was hij weer aan het conspireren? Valérie opperde dat hij misschien een Engelse vriendin had. 'Louis is niet zo verleidelijk dat alle vrouwen achter hem aan lopen,' antwoordde Hortense, die de charmes van haar zoon daarmee onderschatte.

In Engeland had zich een tweede kring van Bonapartes gevormd. De volwassen kinderen van Lucien Bonaparte kwamen haar bezoeken. Ook Achille Murat, de oudste zoon van Caroline Bonaparte, die met een Amerikaanse getrouwd was, bleek in Engeland te wonen. Twee natuurlijke zonen van keizer Napoleon, die ze in Malmaison als jongetjes voor het laatst had gezien, maakten bij haar hun opwachting; Léon Dénuelle en de Poolse graaf Walewski. De eerste leek sprekend op de koning van Rome, de laatste was het evenbeeld van zijn moeder Marie Walewska. Hij had in Warschau deelgenomen aan de opstand tegen de Russische overheersing en zat evenals zijn halfbroer vol republikeins vuur. Op een dag kon ze haar nicht Amélie Augustine in haar armen sluiten, de derde dochter van Eugène de Beauharnais. Het meisje was getrouwd met Pedro I, keizer van Brazilië, die door een recente revolutie van de troon was gejaagd.

Tevergeefs wachtte koningin Hortense in het drukke gezelschap van familie en Engelse kennissen op het geld dat Louis Philippe haar beloofde te sturen. De maand juni verstreek en er kwam ook geen bericht over hun paspoorten. Hortense, die de helft van het juwelenbezit van haar moeder erfde, had in Parijs al een schitterende parure met saffieren aan de hertogin van Orléans moeten verkopen.[7] Nu hield ze een magnifiek diadeem in haar handen, bezet met antieke cameeën en parels, en aarzelde bij het zien van met robijnen en smaragden gesierde oorhangers. Met een zucht besloot ze ten slotte in Londen het kostbaarste en meest dierbare juweel te verkopen dat ze bezat; het was het diamanten collier met de peervormige parels dat keizerin Joséphine bij haar kroning had gedragen. Maar hoewel de schatrijke hertogin St. Albans interesse toonde, ging de aankoop niet door.

Een Franse jeugdvriendin nam voor een week de zorgen van haar weg; ze stelde de koningin voor om haar de bezienswaardigheden in en om Londen te tonen. Hortense, Valérie en Louis bezochten als echte toeristen de stad. Ze bewonderden de Tower, gingen naar de opera en bezochten Mayfair. Ze maakten tochtjes naar Woolwich en Richmond en wandelden door de paleistuinen van Hampton Court. In Tunbridge Wells nam de koningin geneeskrachtige baden, die haar spoedig van haar zwakte genazen. Bij terugkeer in George Street lag er eindelijk een brief van de Franse koning waarin hij meedeelde dat hij Talleyrand opdracht had gegeven de paspoorten voor hen in orde te brengen. Ze hadden toestemming om door het noorden van Frankrijk te reizen, maar moesten Parijs mijden.

Hortense maakte zich met haar gevolg gereed voor het vertrek. En het werd tijd; de Engelse kranten stonden vol roddelverhalen over de ex-koningin van Holland. Ze las tot haar verbazing dat ze in Londen plannen smeedde om de troon van het koninkrijk België voor haar zoon Louis op te eisen. Zou *Old Tally* ook maar iets van al die onzin geloven?

'Prins Leopold van Saksen-Coburg, een van mijn oude kennissen, kwam bij me op visite,' noteerde de koningin. De prins vertelde Hortense hoe tot zijn verdriet zijn jonge vrouw Charlotte, kroonprinses van Engeland – die eerst verloofd was geweest met *Slender Billy* – was gestorven. Men had Leopold een jaar eerder de kroon van Griekenland aangeboden, maar een toekomst in Athene leek hem te onzeker. Toen men hem echter voorstelde koning van België te worden, reageerde de prins positief. In Brussel, Laeken en Tervueren lagen prachtige paleizen waar hij comfortabel kon leven. Londen, Parijs en het vorstendom van Saksen-Coburg waren nabij.

Het enige probleem was dat de Oranjekoning zijn zonen Willem en Frederik aan het hoofd van zijn troepen naar het zuiden had gestuurd om de troon te heroveren. Op 2 augustus waren ze België binnengevallen en het zag ernaar uit dat ze snel terrein wonnen. Hun tegenstanders gooiden de wapens neer en sloegen op de vlucht. Toch maakte Leopold zich geen grote zorgen over de afloop van de strijd; in overleg met zijn ambassadeur in Londen beloofde Louis Philippe militaire steun aan de Belgische opstandelingen. En dat niet alleen: hij bood prins Leopold zelfs de hand van zijn oudste dochter prinses Louise aan, opdat ze koningin van België zou worden.

Hortense wenste de prins welgemeend geluk met zijn verheffing. Toch kon hij het niet nalaten een grapje te maken. Hij stak zijn hoofd lachend om de hoek van de deur en vroeg: 'U gaat en passant toch niet mijn nieuwe koninkrijk afpikken, nietwaar?'[8]

Een moderne stoomboot voer de koningin met haar gevolg op 7 augustus 1831 naar Frankrijk. In België woedde de strijd van de Hollanders tegen hun opstandige zuiderburen in volle hevigheid. Ze schenen te triomferen; op 12 augustus werd Leuven aan de reeks veroverde steden toegevoegd. Maar die dag gaf Louis Philippe het aanvalssein en een machtig Frans leger trok de grens over om de Belgen te steunen in hun bevrijdingsoorlog.

Erfprins Willem van Oranje zag dat hij kansloos was tegen de overmacht, en om onnodig bloedvergieten te voorkomen kondigde hij een wapenstilstand af. Nederland en België waren daarmee voorgoed gescheiden.

De erfprins was realistisch en legde zich bij het verlies neer. Met zijn broer prins Frederik keerde hij terug naar Holland. Anna Pavlovna had in Paleis Soestdijk met haar vier kinderen in doodsangst op hem gewacht. Het stelde de trotse tsarendochter diep teleur dat het toch al bescheiden koninkrijk der Nederlanden nu was gehalveerd. Maar het leven van haar man – de Held van Waterloo – was tenminste gespaard. Hij had dapper gevochten en de opstandige Belgen verslagen. De Fransen waren uiteindelijk schuldig aan het echec van de oorlog die in tien dagen een einde had gemaakt aan alle illusies.

Haar schoonvader koning Willem I bleef echter onverzoenlijk; hij weigerde koppig de afscheiding van het zuiden te erkennen. Hij verzon nieuwe acties tegen zijn opstandige onderdanen. Het zou nog acht jaren duren voor hij de onafhankelijkheid van België accepteerde.

Koning Leopold I van Saksen-Coburg legde in Brussel de eed af en trouwde, geheel volgens de plannen van Talleyrand, een jaar later in Compiègne met Louise van Orléans, de Franse koningsdochter.[9]

Koningin Hortense interesseerde zich nauwelijks meer voor de politieke ontwikkelingen in haar voormalig koninkrijk. Ze kon alleen aan het rijke, napoleontische verleden denken. Bij Boulogne gekomen nam ze prins Louis en Valérie mee naar het strand om hun de plek te tonen waar Napoleon zijn grote aanval op Engeland voorbereidde. Ze beklommen de uitkijktoren die was blijven staan en ze wees: daar hadden de barakken gestaan, daar exerceerden de troepen, daar stond het verblijf van de keizer en de maarschalken. Ze herinnerde zich hoe Napoleon vanaf zijn uitkijktoren door een veldkijker uitdagend de Britse oorlogsbodems volgde, die dreigend langs de horizon zeilden. Louis nam elk woord van zijn moeder in zich op en met zijn bars gesloten mond leek hij meer op zijn oom dan hij vermoedde.

Op doorreis passeerden ze Malmaison, dat lang geleden aan een Zweedse bankier was verkocht. Hortense waagde een poging om het kasteel van Joséphine te bezoeken, maar werd niet toegelaten. Ze reden naar de kerk van Rueil. De koningin voelde de nabijheid van het doel van haar omzwervingen; ze liep de kapel in en stond moe en verdrietig stil voor het graf van haar moeder. Voor het eerst zag ze het monument dat Eugène en zij voor haar hadden laten maken. Het was pas elf jaar na haar dood gerealiseerd.[10] Er lagen verse bloemen op de tombe, dus er waren nog mensen die aan de keizerin dachten. Hortense vouwde haar handen, legde ze voor haar ogen, maar er kwam bijna geen gebed. Wat was Joséphine alleen. Dit volgde op alle schittering, alle roem, alle toejuichingen. Prins Louis keek strak omlaag op het witte marmer. Een naam en twee jaartallen. Hortense voelde dat hij aan zijn broer Napoleon dacht, wiens lichaam nog in Italië rustte. Maar hij zou ooit worden overgebracht naar de kapel van Saint-Leu om bijgezet te worden bij zijn grootvader Carlo Bonaparte en bij zijn broertje Napoleon Charles.

Hortense nam een besluit dat een gebed was, ze vroeg om ooit op deze plaats begraven te mogen worden. Bij haar aanbeden moeder, die ook aan de andere kant van het leven haar aandacht en aanwezigheid verlangde en haar dochter langs het spoor van herinneringen geleid had tot dit punt.

In stilte stapten ze weer in de rijtuigen en reden verder. Het heerlijke landgoed van Saint-Leu was door Lodewijk Bonaparte verkocht. Hij had zijn vrouw geen franc van de opbrengst gegeven. Ze passeerden het zonder er iets van te zien. Bij het naderen van de grens trof het Hortense opnieuw dat de Franse steden en dorpen in verval waren geraakt. Nergens zag ze meer scholen en ziekenhuizen, zoals tijdens het bewind van de keizer. Aan het begin van de herfst passeerde ze de Zwitserse grens en was opnieuw een bannelinge.

Terugziende op de reis door haar vaderland schreef ze: 'Ah! Ik heb in Frankrijk niets dan tombes gevonden.'

Haar pelgrimstocht was volbracht. Op het kasteel aan de Bodensee beëindigde Hortense in het najaar het vervolg van haar memoires. Valérie Masuyer, hofdame en beste vriendin, hield een dagboek bij en verzamelde alle brieven om het beeld van Hortenses leven tot het einde te bewaren.

De laatste jaren van Hortense stonden aanvankelijk in het teken van berusting. Ze rouwde over de dood van haar zoon Napoleon en leefde nog slechts voor Louis. De prins werd Zwitsers staatsburger en ingezetene van de gemeente Salenstein. Zijn moedertaal kreeg een scherp Duits accent. Als kapitein bij de artillerie schreef hij zijn *Manuel d'artillerie à l'usage des officiers d'artillerie de l'armée Helvétique*[11] dat in vakkringen geprezen werd.

De lange, koude winters gingen traag voorbij. Het deed Hortense verdriet dat ze nu nooit meer naar Rome kon gaan. Daar had ze zoveel vrienden en familieleden, daar kon ze de opera bezoeken en carnaval vieren. Maar het was politiek gezien te gevaarlijk en bovendien had ze geen geld voor de kostbare reis naar het zuiden. Het dramatische verhaal van de dood van Napoleon Louis Bonaparte en haar vlucht uit Italië was in heel Europa bekend geworden. Vooral in kunstenaarskringen trok men zich het lot van Hortense aan.

Componist Hector Berlioz schreef in zijn memoires bewogen: 'Het was kort na de uitbarsting in Modena en Bologna; de beide zonen van Lodewijk Bonaparte hadden er aan deelgenomen; hun moeder, koningin Hortense, was met een van hen op de vlucht; de ander was zojuist ontslapen in de armen van zijn vader. Er werd een rouwdienst voor hem gehouden; de hele kerk die met zwarte doeken gedrapeerd was, gigantische rouwtoebereidselen met priesters, katafalken en fakkels, noodden tot treurige en grootse gedachten dan de herinnering in de ziel gewekt door de naam van degeen voor wie men bad... Bonaparte!... Zo heette hij!... Het was *zijn* neef!... Bijna *zijn* kleinzoon!... gestorven op twintigjarige leeftijd... en zijn moeder, de laatste van haar zonen aan de bijl van de reactie ontworstelend, vluchtte naar Engeland... De toegang tot Frankrijk is haar ontzegd... Frankrijk waar zij zoveel schitterende, roemruchte dagen kende... In gedachten teruggaand in de tijd stelde ik me haar voor, een vrolijk creools kind, dansend op het dek van het schip dat haar naar de oude wereld bracht, de eenvoudige dochter van Mme de Beauharnais die later de stiefdochter werd van de meester over Europa, koningin van Holland, en die ten slotte verbannen, vergeten werd, een wees, een radeloze moeder, een koningin op de vlucht en zonder rijk...'[12]

De vergeten koningin van Holland, die 's winters aan de Bodensee een eenzaam bestaan leidde, kreeg in de zomer van 1832 een toevloed van gasten. Kasteel Wolfsberg, het logement van Mme Parquin en haar man, was alle maanden volgeboekt. Een van hun gasten was de negenentwintigjarige Alexandre Dumas. De schrijver had Parijs, waar cholera was uitgebroken, verlaten om zijn tragische heldin op haar kasteel aan het meer te bezoeken. Hij verlangde ernaar 'zich aan de voeten van de afgezette majesteit te werpen om te zien wat er in een vrouw van een koningin overbleef'.[13]

Op Wolfsberg aangekomen gaf Parquin hem een brief van Hortense, die de schrijver voor het avondeten uitnodigde. Dodelijk nerveus ging hij te voet naar Arenenberg. Zou hij zijn illusies verliezen? Halverwege gekomen ontwaarde hij tussen de wijngaarden drie vrouwen en een jongeman, die zijn kant opkwamen. De koningin herkende Dumas – een mulat met dikke, donkere krullen – onmiddellijk en kwam vriendelijk op hem toe. 'Nooit heeft een sterveling, die de ontvangstzaal van het koninklijk slot te Den Haag betrad en de troon naderde, waarop zij in al haar macht en verhevenheid in de glans van haar schoonheid gezeten was, een soortgelijke opwinding ervaren,' schreef Dumas amechtig. 'Toen ze mij naderde was ik het liefst voor haar op mijn knieën gevallen en ik had dat ook gedaan als ze alleen was geweest.'

De koningin, die zag wat er in hem omging, leidde hem aan zijn arm het kleine kasteel binnen en Alexandre Dumas snakte naar adem toen hij aan de wand een groot schilderij van zijn held Napoleon op de brug van Arcole herkende. Elk feit dat de dochter van de keizerin en de stiefdochter van de keizer hem vertelde, was belangrijk voor hem. Naarmate zijn geestdrift toenam, toonde ze meer dierbare aandenkens: een map met een vergulde J en N erop vol liefdesbrieven van Napoleon en Joséphine. En de talisman van keizer Karel de Grote, die keizer Napoleon tijdens zijn bezoek aan de stad Aken van de burgers ten geschenke had gekregen. Dumas staarde als bedwelmd naar de grote, groene smaragd waarin een splinter van het Heilig Kruis was gevat, omringd door goud en edelstenen. Hij betastte de gordel die Napoleon tijdens de veldslag bij de piramides om zijn middel had gedragen. Toen Hortense hem ten slotte de kleine, gouden trouwring liet zien die Napoleon om de vinger van Joséphine had geschoven, kregen ze beiden tranen in hun ogen.

Na het avondeten raakte Dumas opnieuw in vervoering; Julie Récamier, een van de sterren van Napoleons hof, wandelde in een zwarte avondjapon de salon binnen. Met haar vierenvijftig jaren was ze nog altijd zo mooi dat Dumas haar hooguit vijfentwintig schatte. Ze had Hortense in Rome na vele jaren teruggezien. Nu Chateaubriand, die al vijftien jaar haar minnaar was, naar slot Arenenberg reisde om de koningin te bezoeken, had ze besloten hem te volgen. Ze sliepen de eerste nacht in Gasthaus Goldener Adler op de Markt in Konstanz, waarna ze op Wolfsberg logeerden. Vier dagen later zou ze met Chateaubriand terugkeren naar Arenenberg. De schrijver noteerde in zijn memoires met compassie, hoe de koningin van Holland '...haar troon in een paleis te Den Haag moest inruilen voor een rots aan de oever van een saai, Zwitsers meer'. Hij was het nooit eens geweest met de politiek die Napoleon ten opzichte van Holland voerde. 'Het idee om dit land bij Frankrijk te trekken (...) werd slechts ingegeven door een redeloze en ongebreidelde hebzucht: hier werd de voorkeur gegeven aan een klein kaasprovincietje boven de voordelen die een alliantie met een groot bevriend koninkrijk[14] zou opleveren.'

Alle aanwezigen drongen er bij Hortense op aan dat ze iets op haar pianoforte zou spelen. Dumas herinnerde zich een lied van *la reine Hortense* dat zijn oudere zus voor hem zong toen hij pas vijfenhalf jaar oud was. Hij citeerde de beginregels op de verrukkelijke melodie: *Vous me quittez pour marcher à la gloire!*

De koningin zei in verwarring dat ze die oude romance helemaal was vergeten. Daarop nam haar gast plaats achter het klavier en speelde het van het begin tot het einde. De laatste regel zong hij met romantische passie: *Soyez heureux, mais ne m'oubliez pas.* Na het applaus vertelde Hortense dat ze het lied in 1809 op verzoek van haar stiefvader op tekst van M. de Ségur componeerde, toen het gerucht al ging dat Napoleon zich van Joséphine moest laten scheiden. Op de avond voor zijn vertrek naar Wagram zong ze de romance. Bij het wegsterven van de laatste klanken stond Napoleon met een zucht op, liep naar Joséphine toe en kuste haar op het voorhoofd. 'Je bent de beste vrouw die ik ken,' zei hij en ging naar zijn werkkamer. Hortense vertelde: 'Mijn moeder barstte daarop in tranen uit, want vanaf dat ogenblik besefte ze dat ze verdoemd was.'

Verheven aandoeningen en het vergieten van tranen behoorden tot het verfijnde genot van het romantisch gezelschap op Arenenberg. Toen de jonge Franz Liszt Hortense bezocht, zette hij zich aan haar pianoforte en gaf een concert dat alles overtrof wat er op muzikaal gebied op Arenenberg had geklonken.[15] De componist liet zich portretteren door de Hollandse schilder Ary Scheffer, die na de dood van zijn vader een studiebeurs van koning Lodewijk Napoleon had gekregen om in Parijs een opleiding te volgen. Hij bracht een zomer op Arenenberg door.[16] Hij schilderde zijn voormalige koningin Hortense op haar terras aan het meer met een strooien hoed, die met een lint onder haar kin was gestrikt. Een van haar hofdames speelde harp, een jongeman droeg een romance voor, terwijl prins Louis en de schilder Felix Cottreau en haar dokter Conneau geboeid luisterden.

De lome en gelukzalige sfeer van de groep kunstenaars op kasteel Arenenberg werd die zomer verstoord door een overlijdensbericht: op 22 juli 1832 was in Slot Schönbrunn in Wenen de pas eenentwintig jaar oude Napoleon II Bonaparte, hertog van Reichstadt, aan tuberculose bezweken. Het Adelaarsjong werd in Wenen begraven, gekleed in het witte Oostenrijkse uniform te midden van zijn Habsburgse voorouders.[17]

Een diep medelijden vervulde de harten van Hortense en haar kleine hofhouding. Medelijden met een vorst die als kleuter enkele weken keizer van Frankrijk was geweest, vanaf zijn geboorte een politieke speelbal, gedoemd om ongelukkig te worden. Hij was de hoop geweest van zijn vader en alle bonapartisten. Zijn moeder Marie Louise had hij maar zelden gezien; als hertogin van Parma verbleef ze met graaf Neipperg en hun drie kinderen meestal in Italië.[18]

De blikken gingen naar prins Louis, die na de dood van zijn neef de wettige opvolger van keizer Napoleon was geworden. De prins leek ervan vervuld, een natuurlijke autoriteit maakte zich van hem meester. Als de gasten zich naar de eetkamer begaven, liet men prins Louis voorgaan. Steeds vaker noemde hij zich Louis Napoleon en op den duur koos hij zelfs geheel voor zijn tweede naam: Napoleon.

De koningin begreep wel dat het eenvoudige bestaan in Zwitserland haar zoon geen voldoening schonk. De winters brachten niets dan verveling. Hij was vurig verliefd geworden op een jonge Zwitserse weduwe en zijn moeder wilde snel een einde maken aan de ongewenste romance. Toen Joseph Bonaparte naar aanleiding van de dood van Napoleon II uit Amerika terugkeerde, riep hij in Londen de familie bijeen. Lodewijk Napoleon ontraadde zijn zoon om Joseph te gaan begroeten. Maar Hortense was het daar niet mee eens; ze zond Louis Napoleon naar zijn oom in Engeland, waar hij zes maanden zou blijven.

Ondertussen maakte ze plannen voor zijn huwelijk. Ze schreef hem dat ze op zoek was naar '*une bonne petite femme, jeune, bien élevée*'.[19] Een vrouwtje dat hij naar zijn karakter kon vormen en dat zijn kindertjes goed opvoedde. Ze stelde allerlei hertoginnetjes en prinsessen voor en zelfs de jonge koningin van Portugal, weduwe van de zoon van Eugène. Als hij eenmaal getrouwd was en een gezin had om voor te zorgen, zou hij wellicht innerlijke rust vinden en minder opstandig in het leven staan. Maar Louis dacht er niet over om de echtgenoot van een buitenlandse vorstin te worden. 'Ik heb al in het Zwitserse en in het Italiaanse leger gediend. Toch ben ik voor alles Fransman. Zo wil ik leven en sterven,' schreef hij zijn moeder terug.

Bij terugkeer in Zwitserland was hij stil en gesloten. Hoewel hij zelden over zijn ambities met haar sprak, zag Hortense wel dat het Franse keizerrijk geen moment uit zijn gedachten was en dat hij zich vereenzelvigde met Napoleon. Hun tocht door Parijs had strijdlust bij hem opgewekt. Hij zond Chateaubriand na diens bezoek aan Arenenberg zijn *Rêveries politiques*. De schrijver gaf scherpzinnig commentaar op dit werk en correspondeerde met de jonge prins over de voor- en nadelen van monarchie en keizerdom. Hij schreef de prins: 'Wat u met uw jeugd wilt, wil ik op mijn oude dag: de eer van Frankrijk. Ach! Mijnheer, waar is uw oom?'

De winter van 1834 op 1835 was streng. De oevers van de Bodensee bevroren en Louis maakte schaatstochten. Hortense liet zich in een slee door hem voorttrekken. Hortense schreef: 'Ik verlang slechts naar de lente, het groene blad, de zon en de mogelijkheid om de mooie natuur in te trekken...'

In 1834 had de koningin het verslag van haar reis door Italië, Frankrijk en Engeland gepubliceerd, wat een te gering bedrag opleverde om haar uit de geldzorgen te helpen. Ze verkocht ook haar buitenhuisje in het bos en een kostbaar gobelin. Verder probeerde zij via een agent in Parijs opnieuw een koper voor de diamanten halsketting van Joséphine te vinden. Het was echter haar grootste zorg om haar zoon een lieve vrouw te bezorgen – als het kon met een rijke bruidsschat.

In 1835 leek een huwelijk nabij; na de dood van zijn vrouw Catharina van Westfalen besloot Jérôme Bonaparte om met zijn knappe vijftienjarige dochter Mathilde vanuit Florence een bezoek aan Arenenberg te gaan brengen. Wat Jérôme en Hortense hoopten gebeurde: neef en nicht werden stapelverliefd op elkaar. Bij het afscheid huilden ze allebei en ze schonk hem een haarlok als teken dat ze hem toebehoorde. Niets scheen hun verbintenis in de weg te staan; Jérôme beloofde een gulle bruidsschat. Hortense maakte al plannen om haar kasteel met een bijgebouw uit te breiden, zodat het paar met hun toekomstige kinderen bij haar kon wonen.

Lodewijk Napoleon, die nooit op goede voet met zijn broer Jérôme had gestaan, volgde de gebeurtenissen vanuit de verte met weerzin. Op 2 februari 1836 stierf in haar Romeinse palazzo de bijna vijfentachtigjarige Mme Mère. Bij opening van haar testament bleek dat Jérôme zoals altijd blufte over zijn vermogen. Hij had al grote voorschotten op

de erfenis van zijn moeder genomen en was nu volkomen failliet. Mathilde zou geen bruidsschat krijgen. Lodewijk Bonaparte was woedend en weigerde zijn vaderlijke toestemming voor het huwelijk. Het verliefde paar correspondeerde wanhopig en voor Hortense was het een diepe teleurstelling. Haar zoon verviel in nog grotere zwijgzaamheid.

De koningin voelde zich al enige tijd niet goed maar ze had nooit een sterke gezondheid gehad en besteedde er geen speciale aandacht aan. Haar goede vriendin en voormalige hofdame Louise Cochelet was in 1834 overleden en liet haar man alleen op Wolfsberg achter. Denis Parquin, die in hart en nieren een soldaat was gebleven, verkocht het logement en ging kleiner wonen. Hij kon goed overweg met prins Louis. Ze maakten samen lange wandelingen door de bergen. Hoewel Hortense er niet bij betrokken werd, wist ze dat hun gesprekken altijd over het leger en de politieke situatie in Frankrijk gingen. De kritiek op het bewind van Louis Philippe verhevigde onder alle lagen van de bevolking. De opstandige stemming woei over de grens en veroorzaakte een storm in het hart van haar zoon. Hij was geen man om machteloos toe te zien hoe het Franse volk leed. Zijn verdriet over de verbroken verloving met Mathilde verhevigde zijn woede over de gang van zaken in het vaderland. Uiterlijk leek hij rustig, maar het bliksemde in zijn pupillen als hij met de armen op zijn rug vanaf het terras over het meer staarde; het kalme water dat enkele kilometers verderop bij Schaffhausen in de woeste Rijnwaterval neerstortte, alles meesleurend in een vernietigende stroom.

Op een avond in oktober 1836 kondigde Louis tijdens het avondeten aan dat hij de volgende morgen zou gaan jagen op het landgoed van de prinses van Hohenzollern-Hechingen, dochter van zijn oom Eugène. De mededeling kreeg voor Hortense de kleur van een onheilsboodschap. Louis had iets te verbergen. Ze voelde het maar kon het niet benoemen. Met een loodzwaar gevoel in haar onderbuik dat haar al maanden kwelde stond ze op. Ze liep moeizaam de wenteltrap op die van de hal naar haar slaapkamer leidde en nam haar juwelenbezit op schoot. Sinds ze haar met turkooizen bezette diadeem in Parijs te gelde had laten maken, was de juwelenkist opnieuw lichter geworden. Van de opbrengst had ze haar kasteel willen laten vergroten, om ruimte te scheppen voor haar zoon, voor Mathilde en haar toekomstige kleinkinderen. Dat was nu niet meer nodig. Ze nam er de eenvoudige, gouden trouwring van haar moeder uit, die Napoleon lang geleden aan haar vinger had geschoven.

De volgende morgen legde ze hem bij het vertrek van Louis in de hand van de kleinzoon van Joséphine en zei: ‘Neem deze ring, je gaat het gevaar tegemoet, de ring zal je talisman zijn.’ Hij keek haar aan en zag het vertrouwde gezicht dat onrustbarend vermagerd was; haar blauwe ogen leken groter en de neus kwam sterker naar voren. Tijdens zijn verblijf in Londen had ze hem geschreven: ‘Ik heb niets anders meer nodig dan jou en wat zonneschijn.' Nu boog hij zich voorover en kuste haar voorhoofd. Zijn moeder wist altijd meer van hem dan ze kon zeggen.

Hij sprong op zijn paard en reed de heuvel af, waar de tuinen overgingen in de wijngaarden. De laatste druivenoogst was geplukt. Louis Napoleon snelde zonder om te kijken naar het westen. Naar Frankrijk. Alleen Parquin wist wat hij van plan was. Enkele weken daarvoor had hij tegen hem gezegd: 'Ik ga de adelaar naar onze vaandels terugbrengen, of ik zal bij die poging sterven. Parquin, gaat u met mij mee?' De oude militair uit het leger van Napoleon sprong als vanzelf in de houding en antwoordde bezield: 'U kunt op mij rekenen!'

Op 31 oktober 1836, 's nachts om twee uur, kwam er een koerier bij Arenenberg aan. Hij luidde de bel en wekte het personeel. Koningin Hortense hoefde niet gewekt te worden. Ze nam de brief van haar zoon in ontvangst. Hij schreef haar dat hij zich met zijn troepen meester had gemaakt van de stad Straatsburg. Ze voelde geen vreugde. Een paar uur later kwam er een tweede koerier om te melden dat de coup door verraad op een grote mislukking was uitgelopen. Prins Louis was met de andere samenzweerders gearresteerd en wachtte op het vonnis van de krijgsraad.

Meteen ging Hortense naar haar bureau om een brief aan Louis Philippe, koning der Fransen, te schrijven: 'Ik heb zojuist vernomen dat mijn zoon in Straatsburg was en in hechtenis is genomen. Hij is zonder twijfel schuldig aan een staatsgreep tegen uw bewind en ik wend me dan ook tot u, Sire, om u te vragen hem de vrijheid te geven Europa te verlaten. Dan zal hij niet meer in de verleiding worden gebracht om deel te nemen aan ondernemingen waardoor jongemannen van zijn leeftijd zich makkelijk laten meeslepen.'

Ondanks de protesten van haar arts Conneau liet de koningin haar bagage inpakken en vertrok dezelfde dag naar Frankrijk. Als een leeuwin zou ze vechten voor het leven van haar zoon. Ze had Valérie Masuyer naar Straatsburg gezonden. Nu reed Hortense begeleid door haar nieuwe hofdame, Mme Salvage de Faverolles, richting Parijs. De hofdame kon de koningin er niet van weerhouden dag en nacht door te reizen. Op 5 november stonden ze stil voor het hek van kasteel Viry. Ze konden niet verder. De koningin had geen paspoort en mocht Parijs niet in. Mme Salvage zette de tocht alleen voort met twee brieven; de eerste was gericht aan de minister van Buitenlandse Zaken Molé. Hortense kende hem nog van vroeger, toen hij een vaste bezoeker was van haar salon in de rue Cerutti. De tweede brief was voor de minister van Politie.

Terwijl haar hofdame in de hoofdstad de burelen bezocht, werd Hortense gekweld door beelden van de terechtstellingen van Murat, La Bédoyère en maarschalk Ney. Richtte het vuurpeloton de kogels nu op het hart en hoofd van haar zoon? Lag hij bloedend op de stenen van Straatsburg of wachtte hij in zijn dodencel op de terechtstelling?

Toen Mme de Salvage terugkeerde vertelde ze dat Louis met clementie behandeld zou worden. Hij was niet ter dood veroordeeld. Hij was gevankelijk naar de kust gevoerd, waar hij op het Franse oorlogsschip l'Andromède naar Amerika werd gedeporteerd. En ze had zelfs geen afscheid van hem kunnen nemen. Hortense werd door een intense vermoeidheid overvallen die haar pijn verergerde. Ze moest een week in Viry blijven en begon toen aan de terugreis naar Zwitserland. In een brief aan haar nicht klonk voor het eerst een volstrekte somberheid door: 'Ik ben van alles moe, zelfs van het leven; het is al te bitter.'

Op 15 november reed haar rijtuig het pad naar haar kasteel op. Thuis vond ze een brief waarin Molé trachtte haar gerust te stellen; het leven van haar zoon was immers gespaard. Er volgde een brief van Louis die hij op 9 november uit de haven voor zijn vertrek naar Amerika aan zijn moeder had geschreven. Ze mocht niet om hem huilen. Hij had geen berouw over zijn daad. Hij protesteerde heftig tegen de speciale behandeling die hij als neef van de keizer kreeg; hij wilde met zijn kameraden door de krijgsraad worden veroordeeld en dezelfde straf ondergaan. Ze mocht niet trachten hem naar Amerika te volgen. Na deze brief viel er een stilte, die vier maanden duurde.

In die tijd ging de koningin opnieuw door de hel. De mislukte staatsgreep van haar zoon werd in de kranten smalend beschreven. Zijn ooms Joseph en Jérôme Bonaparte distantieerden zich nadrukkelijk van hun neef, die ze *un avonturier* noemden. Lodewijk Napoleon staakte zijn toelage en schreef zijn zoon een bittere brief vol verwijten. Prinses Mathilde vergat haar liefdesverdriet snel en wendde zich tot andere aanbidders. Haar vader had haar verteld dat Louis toch maar een bastaardzoon van Hortense was. Ze mocht zich gelukkig prijzen dat het huwelijk niet doorging.

In het Franse leger, dat voor het grootste deel uit bonapartisten bestond, heerste een tegenovergestelde stemming. Prins Louis Napoleon had het zwaard opgenomen, ze bewonderden zijn moed. Valérie schreef op 21 januari 1837 dat iedereen op Arenenberg blij was: 'We weten sinds twee uur door een brief van M. Parquin dat hij is vrijgesproken. De hele bevolking van Straatsburg is door het dolle heen en 's avonds werden er vreugdevuren ontstoken.' Geen van de opstandelingen werd gestraft; men eerde ze als helden. Niemand verhinderde dat de mensen onder het zingen van patriottistische liederen de straat op gingen en *Vive la France! Vive le jury de l'Alsace!* schreeuwden.[20]

Koningin Hortense hoorde het met een vage glimlach aan. De pijn nam toe en haar arts vreesde dat ze een kwaadaardig gezwel had. Maar zijn patiënt wilde niet geloven in een ernstige aandoening. Haar gedachten lieten Louis geen moment los; ze volgde hem over de Atlantische Oceaan. Ze was bij hem toen hij op zijn schip een maand lang in de tropische hitte voor de kust van Rio de Janeiro lag. L'Andromède zette vervolgens koers naar New York, waar hij aan wal ging en op vrije voeten werd gesteld. Zijn eerste, lange brief veroorzaakte uitbundige vreugde op de rots aan de Bodensee. Prins Louis mocht echter nooit meer een voet op Europese bodem zetten, daarover waren de landen het onderling eens.

Op verzoek van dokter Conneau kwamen er twee specialisten uit Konstanz en uit Zürich naar Arenenberg om de koningin aan een gynaecologisch onderzoek te onderwerpen. Hortense schreef Louis in april: 'Mijn lieve zoon, ik zal misschien geopereerd moeten worden. Als de operatie mislukt, brengt deze brief je mijn zegen. We zullen elkaar in een betere wereld opnieuw ontmoeten, waarheen je me pas zo laat mogelijk zult volgen. En je zult weten dat ik, nu ik deze wereld verlaat, slechts leed voel om jou, jou wiens tedere liefde hier mijn enige vreugde vormde. (...) Tracht te geloven dat alziende, liefhebbende ogen neerzien op hen die achtergelaten worden. Dit te geloven is zo noodzakelijk voor onze innerlijke vrede dat het wel waar moet zijn. (...) Ik druk je aan mijn hart, lieveling. Ik ben heel kalm, heel gelaten, en ik hoop nog dat wij elkaar misschien zullen weerzien, maar Gods wil geschiedde, je liefhebbende moeder.'

Op Arenenberg wachtte men bezorgd op de uitslag van het onderzoek. 'We zaten in de salon bijeen, als een stel veroordeelden dat op het vonnis wacht,' schreef Valérie. De artsen constateerden eensgezind dat de ziekte van de koningin vergevorderd was. Een operatie kon haar leven niet meer redden: 'Mijn hart stond stil toen ik het wrede bericht hoorde. Maar ik ben met een glimlach naar de kamer van de koningin gegaan. Ze zei dat ze blij was omdat ze niet geopereerd hoefde te worden. En ze schreef meteen een brief aan haar zoon om hem gerust te stellen. Ze gaf me de brief om te verzenden. Ik schreef onder het zegel: *Kom! Kom gauw terug!* Daarna heb ik gewaakt bij de koningin. Ze had veel pijn geleden, maar sliep beter dan de voorgaande nachten.'

Hortense vierde haar vierenvijftigste verjaardag. Ze telde de jaren niet meer sinds ze haar eenenvijftigste was gepasseerd. Haar moeder Joséphine was op haar eenenvijftigste gestorven. De leden van haar huishouding zagen verdrietig toe hoe bleek en uitgeteerd de koningin in het lentelicht trad om over de Bodensee uit te kijken. Toen ze nauwelijks meer kon staan, timmerde Vincent Rousseau een draagstoel voor haar, zodat ze ondanks haar zwakte naar de tuinen kon gaan. Treurig sloeg ze haar ogen op naar het bijgebouw, waar Louis had gewoond, en ze vroeg zich met een zwakke stem af wanneer ze hem terug zou zien.

Zodra Louis de brief met de noodkreet van Valérie Masuyer in New York had ontvangen, bemachtigde hij een Amerikaans paspoort en vond een plek op de George Washington die aan de lange zeereis naar Europa begon. In juli ging het schip in Londen voor anker en zette hij voet op Engelse bodem. Zijn oom, Joseph Bonaparte, die van zijn komst op de hoogte werd gesteld, weigerde zijn neef te ontvangen. 'Hij is opgegroeid tot een Beauharnais,' verklaarde hij later, 'hij heeft geen druppel napoleontisch bloed in zijn aderen.'

Enkele neven en nichten schreven hem. Maar van Mathilde hoorde hij tot zijn verdriet nooit meer iets. In de Engelse kranten las hij dat de bronzen beeltenis van keizer Napoleon onder toeziend oog van een ontroerde menigte weer op de zuil op de Place Vendôme in Parijs was geplaatst. In een brief maande Valérie Masuyer hem haast te maken; de situatie van zijn moeder verslechterde snel.

Hortense zei zelf dat het een stuk beter met haar ging. Ze lag elke dag bij het venster van haar slaapkamer over het pad te kijken, in de hoop haar zoon te zien naderen. Elke avond gleed ze met een zucht van teleurstelling in bed. Hij reisde met een vals Engels paspoort als Mr Dudley naar haar toe. Soms zat de koningin onder haar kastanjeboom op het terras aan het meer, het hoofd naar de weg gewend. Ze wachtte.

Op de avond van de vierde augustus, toen Hortense al sliep, hoorde de hofdame de wielen van een rijtuig. 'Ik durfde de deur niet te openen,' schreef Valérie, 'ik was buiten mezelf van opwinding. Ten slotte kon ik, ondanks de gesloten luiken, de lantaarns van een rijtuig zien dat voor de deur van Vincent stond.'

Ze zag hoe een vermagerde prins Louis uit het rijtuig sprong. Ze besloten de koningin niet te wekken. De volgende morgen bereidde men de zieke voorzichtig voor. 'De prins begreep wat hem te wachten stond. Hij was zo wit als een doek toen hij de kamer van zijn moeder binnenging. Hij bleef er geruime tijd.'

De terugkeer van haar zoon gaf Hortense nieuwe kracht. Als door een wonder kwam ze langs de wenteltrap naar beneden, gaf haar zoon een arm en wandelde met hem een stukje door de tuin. Ze bezwoer hem dat het van nu af aan elke dag een beetje beter zou gaan.

Er waren hun echter nog maar drie maanden gegund, drie maanden waarin Hortense in een schim leek te veranderen. Maar de glimlach verliet bijna nooit haar uitgemergelde gezicht. Ze sprak tegen Louis over de mensen, over liefde, over Frankrijk. Wel wetend dat haar zoon de strijd voor het vaderland ondanks alle doorstane ontberingen niet zou opgeven, fluisterde ze hem toe voorzichtig te zijn: 'Ze zijn zo klein van geest. Ze zijn erg bang voor ons; ze zouden je kwaad doen als ze konden.'[21]

Heel langzaam doofde het levenslicht, heel traag verliet de koningin de wereld. Om het ondragelijk lijden te verzachten diende dokter Conneau haar opium toe. Begin oktober schreef Valérie dat de arts op een canapé in de salon sliep en zijzelf zat de hele nacht op een stoel naast het bed van de stervende. 'De prins kwam heel vroeg binnen en drong aan wat te rusten. Maar ik wilde bij de koningin zijn als ze wakker werd en haar helpen. Mijn God, wat een ontwaken! Haar gelaat was lijkbleek, de ogen wit weggedraaid, we dachten dat ze dood was. Wat een vreselijke marteling om de aftakeling te zien van iemand die je zozeer lief hebt.'

De nacht van de derde oktober verstreek. Valérie gunde zichzelf geen slaap. De nacht van de vierde oktober bracht ze op haar knieën naast het bed door. Even kwam de koningin bij kennis en zei bezorgd dat ze zich geen pijn moest doen door op de grond te zitten.

Wat later opende ze haar ogen: *'Adieu! Adieu mes chers amis. Ne m'abandomez pas. Priez pour moi!'* Ze nam het hoofd van haar zoon tussen haar handen en zuchtte: *'Adieu pour toujours.'*

Op 5 oktober in de morgen was haar adem zo zwak dat leven en dood geen grens meer vormden. De dokter bracht een spiegeltje voor haar lippen.

Het glas bleef helder, het eerste licht van de dag lichtte er stralend in op.

Requiem voor een koningin

Het was maar een klein bericht dat de *Haarlemsche Courant* op donderdag 12 oktober 1837 bracht: 'Een telegrafisch depeche gisteren avond, vermeldt het overlijden van de hertogin van St. Leu, gewezen Koningin van Holland.'

Twee dagen later waren alle kranten in Nederland voorzien van een rouwrand. Grote, zwarte letters beheersten de voorpagina: DOOD VAN NEÊRLANDS KONINGIN.

Koningin Wilhelmina van Pruisen, gemalin van koning Willem I, was een week na koningin Hortense op 12 oktober in Den Haag overleden: 'Het heeft de Goddelijke voorzienigheid behaagd, Neêrlands Koningin tot zich te nemen. Berustend in Hare beschikkingen, geven wij echter lucht aan onze billijke smart over een verlies, hetwelk geheel het Vaderland geleden heeft; betuigen wij onze hartgrondige deelneming dat den Koning ene zo waardige gezellin, den overige leden van het Vorstelijk Huis ene voortreffelijke moeder is ontrukt (...). Nederlanders, stort vrij tranen van weemoed bij het stoffelijk overschot van haar, die zo veel lief en zo veel leed met uwen Koning heeft gedeeld.'

De Franse Schouwburg staakte de voorstellingen. Het klokkenspel zweeg. Openbare gebouwen bleven gesloten. De opperkamerheer van het hof in Den Haag verkondigde dat er vierendertig weken rouw gedragen zou worden, te weten: vijfentwintig weken de grote of gehele rouw, zes weken middelbare of halve rouw en drie weken de kleine of lichte rouw. Er volgde een lange reeks voorschriften voor heren- en dameskleding. In de hofstad sprak men over niets anders dan zwarte floers of krip, zwart bombazijn en zwarte handschoenen, gespen en waaiers.

Terwijl de voorbereidingen voor de grote begrafenis in de Nieuwe Kerk te Delft in volle gang waren, werd in Zwitserland het gebalsemde lichaam van *la reine de Hollande* van Slot Arenenberg naar de kerk van Ermatingen gebracht. Het verslag van de plechtigheid haalde de Nederlandse kranten: '...het lijk, door zestien jonge lieden gedragen, werd naar de Ermatinger Domkerk gebracht en aldaar gelegd op een hoge stellaadje, die met ene kroon en het familiewapen versierd was.'

Volgens de wens van Hortense klonk het requiem van Mozart onder de gewelven en droeg een priester de heilige mis op voor haar zielenrust. Een hoogleraar uit Konstanz hield in de overvolle kerk een redevoering, waarin hij probeerde een beeld te schetsen van Hortenses mooie karakter en de vele wisselvalligheden in haar leven.

Bij het verlaten van de kerk keek men met mededogen naar prins Louis. Wie keizer Napoleon nog had gekend, zag dat hij qua postuur op hem leek. Hij boog het blonde hoofd en zag niets dan de smalle kist die onder klokgelui stapvoets langs de oever van de Bodensee werd teruggebracht naar Slot Arenenberg. Met haar verdween de laatste die hem had liefgehad uit zijn leven. Haar laatste brief droeg hij op zijn borst; zo zou het altijd blijven. Zwarte voiles woeien op in de najaarswind. Valérie Masuyer huilde wanhopig, steun zoekend bij Vincent Rousseau, die zijn leven lang Hortense had gediend en niet wist wat zijn bestaan betekende zonder haar. Op de rots gekomen zette men de kist van de koningin behoedzaam in de neogotische kapel in haar tuin, het donkere dekkleed toegedekt met witte bloemen.

De *Amsterdamsche Courant* meldde: 'Hier zal het lijk blijven, tot dat koning Lodewijk-Philips de vergunning zal hebben gegeven het stoffelijk hulsel der overledene te Rueil bij Malmaison, volgens hare wens, bij de overblijfselen harer moeder, de keizerin Josephine, te plaatsen.'

Op 26 oktober verdrong het verslag van de uitvaartdienst van koningin Wilhelmina elke gedachte aan de eerste koningin van Holland. Volgens de hofetiquette bleven de dochter en schoondochters van de overledene gesluierd achter in Paleis Noordeinde, terwijl de bejaarde koning met zijn zonen Willem en Frederik de baar volgde op de tocht naar de grafkelder der Oranje-Nassaus in Delft.

Bijna een maand later vervolgden de *Amsterdamsche Courant* en *Algemeen Handelsblad* hun berichtgeving over de andere overledene: 'Het lijk der koningin Hortense is over den Elzas sedert enige dagen in Frankrijk aangekomen. De rouwstoet is daarbij zeer eenvoudig. Men gelooft dat in het laatst der aanstaande week het stoffelijk overschot der Hertogin van Saint-Leu te Rueil zal kunnen aankomen.'

Toen de kist op 8 januari 1838 de kapel werd ingedragen, keerde Hortense voorgoed terug bij haar moeder. In het gouden najaarslicht was de kerk van Ermatingen volgestouwd met burgers en boeren die vanuit alle steden en dorpen aan het meer kwamen toegestroomd, om afscheid te nemen van de beminnelijke Hortense. In Rueil was het ijzig koud. Daar verscheen de bloem der hovelingen van het voormalig keizerlijk hof: Oudinot, Excelmans en andere grijze generaals uit het leger van Napoleon schaarden zich om de baar. Zelfs Hortenses oom, de stokoude François, markies de Beauharnais, was naar Rueil gekomen om de dochter van zijn onthoofde broer de laatste eer te bewijzen. Er stonden verouderde hofdames van keizerin Joséphine, prelaten, kunstenaars en familieleden, het gezicht vertrokken van een dubbele smart. Was het een keizerrijk van weleer dat ze beweenden, of de stiefdochter van Napoleon? De een herinnerde zich Hortense als een vederlichte Peruaanse prinses, die haar zonneschijf boven de dansers tilde. De ander hoorde in gedachten een van haar populaire romances, en allemaal dachten ze aan haar glimlach en gratie, die het barse wezen van de keizer verzachtten.

Ook Caroline Murat had de lange reis van Florence naar Frankrijk gemaakt om haar schoonzuster naar het graf te begeleiden. Dicht bij haar kist ontwaarde ze plotseling de gestalte van Charles de Flahaut. En hoewel haar minnaar van weleer ouder was geworden, had hij nog de verleidelijke beweging van zijn mondhoeken, de flits in zijn ogen waarmee hij haar van hoofd tot voeten opnam. Ze huilde van schaamte en pijn, haar lichaam was opgezwollen en schonk haar geen vreugde meer. [22]

Ze maakte haar blik van hem los en keek nu naar de jonge man die naast Flahaut stond. Ze schrok en verbleekte. Hij had de grijsblauwe ogen van Hortense, de lijn van haar gezicht, het asblonde haar en haar mond.

Valérie Masuyer kreeg een paar dagen later bezoek van Flahaut en diens zoon. Ook zij was getroffen door de gelijkenis van Auguste de Morny met zijn moeder. Flahaut beantwoordde echter in niets aan het beeld dat Hortense van hem had geschetst. Schijnbaar arrogant stelde hij haar vragen over de ziekte van de koningin. Ze dacht dit type diplomaat te kennen en schreef later aan een vriendin: 'En dat is de man aan wie de koningin zich heeft gegeven, zij die zo'n bijzondere vrouw was! Waarom heeft hij in hemelsnaam de moeite genomen mijn nederige persoon te bezoeken?' Ze dacht aan een versregel van Lord Byron:

Love is a woman's whole existence.
It is only an episode in the lives of men.

De voormalige hofdame besloot zich terug te trekken in *Abbaye aux bois*, niet ver van Rueil. Vanuit deze abdij kon ze elke dag het graf van Hortense bezoeken. Ze verfraaide de crypte met gebrandschilderde ramen, waarin haar versie van Hortenses devies werd aangebracht: *Mieux connue, mieux aimée.* Het zonlicht scheen op het witte marmer, getint door de boeketten hortensia's en het wapen van Holland met de gekroonde H ter herinnering aan een koninkrijk dat zijn eerste koningin al was vergeten

LODEWIJK NAPOLEON

Lodewijk Napoleon bleef volstrekt onbewogen onder de dood van zijn vrouw. De negenenvijftigjarige graaf van Saint-Leu hertrouwde een halfjaar na het overlijden van Hortense in Florence met de zestienjarige Julia Livia Strozzi. In 1840 – aan het begin van de regering van koning Willem II – besloot Lodewijk Napoleon nog eenmaal een reis naar zijn geliefde koninkrijk Holland te maken. Hij nam zijn intrek in een hotel in Den Haag, waar hij door wat oudere onderdanen werd herkend en toegejuicht. In de zomer van 1846 stond in de *Amsterdamsche Courant*: 'Een op 25 juli 1846 in Livorno gedagtekende brief deelt mede: Prins Lodewijk Napoleon, de graaf van Saint-Leu, gewezen koning van Holland, is gisteren in onze stad overleden. In de ochtend van gisteren plotseling door een aanval van beroerte getroffen, is hij in een soort van slaapzucht vervallen en heden morgen zonder doodsstuip heengegaan. Hij was acht en zestig jaren oud. De prins, sedert vele jaren door verlamming aangedaan, leefde in diepe afzondering; hij hield zich volstrekt van alle soort van staatkundige intriges verwijderd en droeg met ongemene waardigheid de wisselvalligheden van het fortuin.'

KEIZER NAPOLEON III EN NAPOLEON IV

Louis Napoleon weigerde na de begrafenis van zijn moeder terug te keren naar Amerika. Hij waagde in 1840 te Boulogne een derde mislukte staatsgreep en werd tot levenslange gevangenschap veroordeeld. In de gevangenis verzoende hij zich schriftelijk met zijn vader. Louis wist te ontsnappen en hield zich in Engeland schuil. Tijdens de februarirevolutie van 1848 verscheen hij weer op het politiek toneel en werd – om zijn magische naam Bonaparte – in Parijs met grote meerderheid tot president van de Tweede Franse Republiek (1848-1852) gekozen. Maar hij voelde niets voor een rol in een democratisch bestel. In 1852 greep hij de macht en liet zich op 2 december – precies achtenveertig jaar na de kroning van Napoleon I – met veel vertoon kronen tot keizer Napoleon III. In 1853 huwde hij de Spaanse gravin Eugénie de Montijo. Het keizerlijk paar kreeg een zoon: Napoleon Eugène Louis.

Het stoffelijk overschot van keizer Napoleon I was in 1840 onder het bewind van Louis Philippe van Sint-Helena naar Parijs overgebracht. In 1861 vond het in de tegenwoordigheid van keizer Napoleon III en keizerin Eugénie een laatste rustplaats in de reusachtige tombe in de Dôme des Invalides. Onder Napoleon III werden onder meer door Georges Hausmann de brede Parijse boulevards aangelegd. Ten gevolge van het debacle van de Frans-Pruisische oorlog kwam er een einde aan het Second Empire (1852-1870). Napoleon III en keizerin Eugénie vluchtten naar Engeland, waar de keizer drie jaar later overleed.

Zijn zoon volgde hem op als keizer Napoleon IV (1856-1879) maar hij heeft nooit geregeerd. Ondanks de protesten van zijn moeder Eugénie vertrok hij als drieëntwintigjarige in het Engelse regiment van de Royal Horse Artillery naar Afrika. De kleinzoon van Hortense de Beauharnais is daar door een troep Zoeloes op wrede wijze afgemaakt.

AUGUSTE DE MORNY

Auguste de Morny heeft eens gezegd: 'Ik ben de achterkleinzoon van de koning, kleinzoon van de bisschop, de zoon van een koningin en de halfbroer van een keizer.'

Hortense heeft de omstandigheden van zijn geboorte zo goed geheimgehouden dat er van zijn eerste levensjaren bijna niets bekend is.[23]

Zijn grootvader, Maurice Talleyrand, voormalig bisschop van Autun, overleed in 1838 op vierentachtigjarige leeftijd. Auguste groeide op bij zijn grootmoeder Mme de Souza en werd later in het gezin van zijn vader Charles de Flahaut opgenomen.

Toen keizer Napoleon III zijn intocht in Parijs hield, werd hij geflankeerd door Jérôme Bonaparte (de laatste overlevende van Napoleons broers en zusters) en zijn halfbroer Auguste de Morny. De Morny was eerste minister tijdens het Second Empire en ontving van zijn halfbroer de hertogtitel. Hij stierf in 1865.

Zijn dochter Mathilde de Morny, kleindochter van koningin Hortense, was de beruchte *Reine de Lesbos*, geliefde van onder andere Colette.

ARTISTIEKE NALATENSCHAP VAN KONINGIN HORTENSE

Muziek, tekeningen, schilderijen en memoires behoren tot de artistieke nalatenschap van Hortense de Beauharnais. Als actrice, danseres en regisseuse zullen we haar nooit kunnen beoordelen; deze talenten zijn vergankelijk als het leven zelf.

Meer dan 150 composities van haar hand verschenen in druk, sommige met illustraties van de koningin zelf. Het bekendst is haar *Album Artistique*, waarvan een exemplaar in het Koninklijk Huisarchief te Den Haag wordt bewaard.[24] Enkele componisten schreven variaties op haar werk, zoals J.N. Hummel op *Partir pour la Syrie* en op *La sentinelle.* Franz Schubert droeg zijn variaties op *Le bon chevalier* van Hortense op aan Ludwig van Beethoven.[25] Napoleon III koos haar bekendste romance *Partir pour la Syrie* als nationale hymne tijdens het Second Empire.

De meeste aquarellen en tekeningen van Hortenses hand, waaronder enkele zelfportretten en portretten van haar familieleden, bevinden zich in Slot Arenenberg en op kasteel Malmaison.

Haar omvangrijke memoires en haar verslag van de reis naar Italië, Frankrijk en Engeland (1831) vormen haar literaire nalatenschap.

Noten

1

1 De term creool komt uit het Spaanse *criolles*, de aanduiding van in Latijns-Amerika geboren blanke nakomelingen uit Europese ouders.

2 Sommigen menen dat niet Marie Joseph Rose, 'Rose', de moeder van Hortense en keizerin van Frankrijk zou worden, maar haar jongste zusje Marie-Françoise. Zij baseren zich op een uit 1791 daterende overlijdensakte van de parochie waarop de naam Marie Joseph Rose staat in plaats van die van haar pas overleden jongste zusje Marie Françoise. Hortense de Beauharnais liet zich ook in verwarring brengen. Ze schrijft in haar memoires dat haar moeder de jongste dochter was van het gezin Tascher maar ze voegt eraan toe dat ze vijftien jaar was toen ze met Alexandre de Beauharnais trouwde. Twee feiten die elkaar tegenspreken want de jongste dochter was pas elf jaar toen het huwelijk van Alexandre in Parijs plaatsvond.

3 Ze schonk hem een buitenechtelijke zoon. Hortense en Eugène hadden dus nog een halfbroer.

4 Op die plek liet Napoleon Bonaparte later een tempel naar Grieks- Romeins model bouwen: de Madeleine.

5 Hortense en haar zoogbroeder Vincent Rousseau werden onafscheidelijk. Hij fungeerde later als haar vertrouwensman, ging met haar in ballingschap en bleef tot het einde van haar leven bij haar.

6 Deze zwarte voedster heette Marion. Joséphine zou haar nooit vergeten. In 1807 schonk Napoleon de oude vrouw een pensioen van 1200 francs.

7 De rol die Frederik III Rijngraaf van Salm-Kyrbourg in ons land speelde is o.m. uitvoerig beschreven door een tijdgenoot uitgegeven in: *Uit de gedenkschriften van een voornaam Nederlandsch beambte, over de tweede helft der achttiende en het begin der negentiende eeuw' meegedeeld door Mr. H. van A*, 1882.

8 De Engelsen zetten de zwarte bevolking tegen de Fransen op. Ze beloofden elke slaaf die naar het Engelse kamp overliep de vrijheid. Men heeft zich niet aan die belofte gehouden.

2

1 Joséphine aan Georgette Ducrest.

2 François René de Chateaubriand, *Memoires van over het graf*, vertaald door Frans van Woerden, Amsterdam 2000.

3 Het paleis, met zicht op Musée Quai d'Orsay aan de Seine, is thans Musée National de la Légion d'Honneur.

4 Stanislaus Xaverius van Bourbon comte de Provence werd na de val van Napoleon koning Lodewijk XVIII.

5 Hortense, memoires.

3

1 De keeshond was een patriottensymbool, dat in de vorm van een zilveren hangertje of speld door de patriotten werd gedragen.

2 De schilderijengalerij van Willem V is thans in oude glorie hersteld en voor bezoekers opengesteld. Zie: *De schilderijenzaal van Prins Willem V te 's-Gravenhage*, 1977.

3 Zie: *Een vorstelijke dierentuin, de menagerie van Willem* v / *Le zoo du prince, la ménagerie du stathouder Guillaume* v, onder redactie van B.C. Sliggers en A.A. Wertheim, 1994.

4

1 Hortense heeft de correspondentie van haar stiefvader aan haar moeder altijd zorgvuldig bewaard. Toen ze in ballingschap was, verzorgde ze een uitgave van de liefdesbrieven van Napoleon aan Joséphine, waaruit in dit boek geciteerd wordt.
2 Jean-Baptiste Isabey (1767-1855) was een leerling van Jacques Louis David (1748-1825). Isabey gaf o.a. les aan Ingres, Gros, Gerard en aan zijn bekende zoon Eugène Isabey.
3 Noord-Italiaanse vazalstaat van Frankrijk. De nieuwe republiek was samengesteld uit de door Napoleon Bonaparte veroverde gebieden.
4 Hortense reed met haar rijtuig over de Place de la Révolution (de voormalige Place Louis xv thans Place de la Concorde) waar de guillotine had gestaan die o.a. Lodewijk xvi had onthoofd.
5 Het was 15 Frimaire van het jaar vi (5 december 1797) om vijf uur 's middags.
6 Hortense, memoires.
7 Germaine de Staël (1766-1817) adoreerde Napoleon aanvankelijk. Toen ze kritiek op hem uitte viel ze in ongenade.
8 De correspondentie tussen Joséphine en Hippolyte Charles werd door hen verbrand. Deze brief ontsnapte toevallig aan de vlammen.
9 Er bestaat slechts een ogenblik voor de onschuld, de rest van het leven is voor de liefde.
10 Later vonden de bronzen paarden een plaats op de Arc du Triomphe du Carrousel voor het Louvre. Na de val van keizer Napoleon zijn ze teruggebracht naar Venetië.
11 Hortense, memoires.
12 De Griekse mode waarin Thérèse Tallien en Joséphine Bonaparte zich vertoonden werd beschreven in de anonieme *Mémoires d'une femme de qualité sur le Consuilat de l'Empire*, uitgegeven bij Mercure de France, 1966.

5

1 Uit: François René de Chateubriand, *Memoires van over het graf*, vertaling Frans van Woerden, 2000.
2 Idem.
3 Idem.

6

1 Dit gebouw dat grensde aan het Louvre is in de negentiende eeuw in vlammen opgegaan.
2 Deze Louis xvi-wandtafeltjes bevinden zich nog steeds op Het Nijenhuis.
3 Fijn linnen weefsel.
4 Charles-Henri Plantade (1764-1839) hofcomponist.
5 Jean-François Coulon (1764-1836) balletmeester en choreograaf.
6 Hortense heeft de studie later hervat; ze las veel Engelse romans en poëzie maar sprak de taal nauwelijks.
7 François-André Vincent (1746-1856).
8 Louis-François Lejeune (1775-1848).
9 Pierre Paul Prud'hon (1758-1823).
10 *Ossian* is een cyclus gedichten die de Schotse dichter James Macpherson in 1760 publiceerde. Hij verklaarde dat hij de verhalen over Ossian, zoon van de held Finn uit de Ierse mythologie, in oude manuscripten had ontdekt en vertaald. *Ossian* oogstte grote bewondering maar bleek uiteindelijk een literair verzinsel van Macpherson zelf.
11 Hortense heeft de spookspelletjes in haar memoires beschreven.
12 Anne-Louis Girodet (1767-1824) veroorzaakte met dit schilderij in de salon de Paris van 1802 opschudding. David vond dat zijn leerling te ver ging en riep: 'Dat zijn personages van kritsal!'
13 Hortense heeft de moordaanslag uitvoerig in haar memoires beschreven.

7

1 De vertaling van het fragment is overgenomen uit *Twee verhalen Atala en René* door F.R. de Chateaubriand, 1987.
2 Hortense, memoires.
3 Antoine Jean Gros (1771-1835) leerling van David werd beroemd door zijn portret van de jonge Napoleon bij de brug van Arcole. Hij schilderde por-

tretten van de hele familie inclusief Hortense, die hem bewonderde.

4 Louis Bonaparte noemde zich sinds hij koning van Holland werd (1806) Lodewijk Bonaparte.

5 De vertaling van dit fragment is overgenomen uit *Lodewijk Napoleon koning van Holland. Gedenkschriften*, gekozen en vertaald door Wim Zaal, 1983.

6 Bourrienne heeft zijn memoires nagelaten (1835 uitgegeven), die een belangrijke bron vormen voor het leven van Napoleon Bonaparte.

7 Madame Bonaparte, de moeder, heeft de eer u kennis te geven van het huwelijk van haar zoon, *le chef de bataillon* Louis Bonaparte, met Mademoiselle Hortense de Beauharnais, te Parijs op de dertiende van de sneeuwmaand in het jaar x.

8

1 Vertaling: 'Ik zal mijn zozeer geliefde land terugzien.' En: 'Ik zal gaan wenen op de tombe van mijn voorvaderen.'

2 Het optreden van de prins van Oranje-Nassau is beschreven in de memoires van C. d'Arjuzon, uitgegeven in Parijs, 1901.

3 Vertaling: 'Maar dat alles bent u niet.'

4 Hortense, memoires.

5 Jean Baptise Greuze (1725-1805).

6 Hortense, memoires.

9

1 Mme Rémusat, memoires.

2 Hortense, memoires.

3 13 maart 1803.

4 Zie over de staatsbezoeken van Napoleon aan België: Gustave Maison, Anne & Paul van Ypersele de Strihou, *Napoléon en Belgique*, 2002.

5 Hortense, memoires.

6 Hortense, memoires.

7 *Mémoires d'une femme de qualité sur le Consulat et l'Empire*, 1987.

8 7 april 1804.

9 Frédéric Masson heeft in zijn *Napoléon intime* het gedrag en de bewegingen van Bonaparte uitvoerig beschreven.

10 Nu rue Laffitte. Het pand werd eind negentiende eeuw gesloopt.

11 Hortense, memoires.

12 Hortense, memoires.

13 Eigenhandig geschreven brief van Napoleon aan Hortense.

14 Napoleon bedoelt zijn broer Louis, die tot maarschalk was verheven. 'Meneer Napoleon' is de kleine Napoleon Charles.

10

1 Archief Schimmelpenninck, Het Nijenhuis.

2 Mme Rémusat, memoires.

3 Mme Rémusat, memoires.

4 Archief Schimmelpenninck, Het Nijenhuis.

5 Stéphanie de Beauharnais (1789-1860), die later met de erfprins van Baden trouwde. Ze was een dochter van Claude de Beauharnais comte des Roches-Bartaud, neef van Alexandre de Beauharnais.

6 Stephanie Tascher (1788-1832) dochter van Robert Marguerite Tascher de la Pagerie, oom van Joséphine. Joséphine en Hortense stonden aan haar doopvont toen ze in de kerk van Fort-Royal op Martinique werd gedoopt.

7 'Souvenirs de Stéphanie de Beauharnais'. Fragment uit *Revue des deux Mondes*, band 8, 1932.

8 Mme Rémusat, memoires.

9 Een van de ruzies die Hortense in haar memoires woordelijk weergaf.

10 *Mlle d'Avrillon première femme de chambre de l'Impératrice Joséphine*, memoires.

11 Baron François Gérard (1770-1837), leerling van David. Hij schilderde o.m. portretten van Hortense en haar kinderen.

12 De naam van VerHuell werd in de Arc de Triomphe gebeiteld.

13 'Want het Kanaal oversteken, is niet zo moeilijk als de zee leegdrinken' (= Franse uitdrukking voor iets onmogelijks presteren).

14 Hortense, memoires.

11

1 Mme Rémusat, memoires.

2 Mme Rémusat, memoires.

3 Mme Rémusat, memoires.

4 Hortense, memoires.

5 Mme Rémusat, memoires.

6 Hortense, memoires.

12

1 Vertaling: 'Voor haar onvergelijkbaar gemaal Frederik Hendrik Prins van Oranje heeft zijn ontroostbare weduwe Amalia van Solms als uiting van haar rouw en onvergankelijke liefde een gedenkteken opgericht, dat op zichzelf zonder weerga is en daarom juist hem waardig.'
2 Louis Garnier, chef du garde meuble du Roi, *Mémoires sur la cour de Louis-Napoléon et sur la Hollande*, 1828.
3 Hortense, memoires.
4 Een deel van de brieven is uitgegeven in: *Impératrice Joséphine, correspondance 1782-1814*, Parijs 1996.
5 De *romances* die Hortense componeerde waren toen al enorm populair in Parijs.
6 Athanase Garnier, *La cour de Hollande sous le règne de Louis Bonaparte*,1823.
7 De *Haagsche Courant* schreef in juli 1806 over een meneer Diete. Het ging hier echter om J.C. Dietz uit Emmerich in Duitsland die in 1806 een instrument met een toetsenbord had uitgevonden dat hij melodion noemde.
8 *Haagsche Courant*, 23 juli 1806.
9 Charles Nicolas Othon prins van Nassau-Siegen 1745-1808.
10 *Mémoires d'une femme de qualité sur le Consulat et l'Empire*.
11 Hortense, memoires.
12 Uit: Willem Bilderdijk, *Beginsels der woordvorming*.
13 Brief van Joséphine uit Saint-Cloud, september-oktober 1806.

13

1 Louise, prinses van Nassau-Usingen geboren Waldeck (1751-1816).
2 Mme Rémusat, memoires.
3 Huisarchief Twickel.
4 Joséphine was op dat moment bijna vierenveertig.
5 Hortense was in april vierentwintig jaar geworden.
6 Napoleon Charles (10-11-1802 tot 5-5-1807) kroonprins van Holland vond uiteindelijk een laatste rustplaats in de Église Saint-Geraud te Saint-Leu-la-Fôret. Ook de lichamen van zijn vader Lodewijk Napoleon en van zijn broer Napoleon Lodewijk zijn erbij.gezet.
7 Vertaling: 'Zeg tegen papa dat ik wil dat hij gauw terugkomt.'
8 *Journaal eener reize naar het zuyden van Vrankrijk in den zomer van 1807 gedaan door Mr. W.F. Roëll Minister-Secretaris van staat van het Koningrijk Holland*, ARA Collectie Roëll.
9 Anne-Claude Thiénon werd in 1772 in Parijs geboren. Hij was leerling van de landschapsschilder Lodewijk Gabriël Moreau. Thiénon werd vooral bekend om zijn Italiaanse landschappen.
10 Hortense, memoires.

14

1 Uit: De dichtwerken van Bilderdijk 'Aan den koning' en 'Karel Napoleon', Haarlem 9de druk 1858
2 *De Drift*, Universiteit Utrecht, 1996, G.A. Evers, *Utrecht als Koninklijke residentie*, Utrecht 1941.
3 Hortenses baby Charles- Louis-Napoleon Bonaparte – de latere keizer Napoleon III – was bij zijn geboorte zo zwak dat men de doopplechtigheid uitstelde. Pas op 4 november 1810 vond in de kapel van Fontainebleau de doop plaats.
4 Hortense, memoires.
5 Jan Carel graaf van Bylandt (1776-1841), kamerheer en eerste kamerheer van Hortense van 1806 tot 1810.
6 Prof. dr. L. Turksma heeft in zijn boek: *Admiraal van Napoleon, het leven van Carel Hendrik graaf VerHuell 1764-1845*, Arnhem 1991, alle feiten genoemd die bewijzen dat VerHuell onmogelijk de vader kan zijn geweest van Hortenses derde zoon. Hortense werd o.a. belasterd door de jaloerse Caroline Murat en andere Bonapartes en door de schrijver Victor Hugo, door fantasievolle dichters, de Engelse roddelpers en politieke tegenstanders van keizer Napoleon III. De encyclopedieën namen deze troebele bronnen over en hielden de leugen tot op heden in stand.

15

1 De latere hertog van Wellington.
2 Hortense, memoires.
3 Cornelis-Felix Van Maanen, Den Haag ca. 1770-1843. Hij bracht het onder het bewind van Lodewijk Napoleon tot minister van Justitie en Politie maar viel in april 1809 in ongenade. Hij werd opnieuw minister onder koning Willem I.
4 Hortense, memoires.
5 Het kind aan de hand van Hortense is in de Nederlandse literatuur vaak ten onrechte kroonprins Napoleon Charles genoemd. In *Napoleon à Fontainebleau*, een uitgave van Musée National de Fontainebleau, 2003, heeft Danièle Véron-Denise – de conservator van het kasteel waarin zich het dubbelportret bevindt – overtuigend aangetoond dat het hier om zijn driejarige broertje Napoleon Louis gaat. Het dubbelportret werd door Gérard na de dood van Hortenses oudste zoon in de tweede helft van 1807 geschilderd.
6 Hortense, memoires.
7 Mme Rémusat, memoires.
8 *Mémoires intimes de Napoléon 1er par Constant son valet de chambre*, édition présentée et annotée par Maurice Dernelle de l'Académie d'histoire, 1967.
9 Hortense, memoires.
10 Hortense schreef per abuis *quinze années* (vijftien jaar) maar haar ouders zijn dertien jaar getrouwd geweest; van 15 december 1796 tot 9 maart 1809.
11 Hortense heeft dit gesprek woordelijk weergegeven in haar memoires.
12 Hortense, memoires.
13 Frédéric Masson, memoires.
14 Hortense, memoires.

16

1 Hortense, memoires.
2 Idem.
3 Idem.
4 Idem.
5 Idem.
6 Een kiereboe is een lichte, vierwielige speelwagen met kap.
7 De huidige Koninklijke Nederlandse Academie van Wetenschappen (KNAW) viert in 2008 zijn 200-jarig bestaan.
8 Inscriptie *Donnée par S. M. le Roi de Hollande, / en son Palais à Utrecht, / à M. S. Drouet première flute de la Musique de sa Majesté.* Deze kristallen fluit gebouwd door Claude Laurent bevindt zich thans in het Rijksmsueum te Amsterdam. George Overmeier wijdde in 1989 zijn doctoraalscriptie aan Louis Drouet (Universiteit Utrecht).

17

1 Hortense, memoires.
2 Zie voor het verblijf van Hortense in Amsterdam o.m. *Het Paleis op de Dam*, de geschiedenis van het gebouw en zijn gebruikers door M.G. Emeis, 1981 en: *Stadhuis van Oranje*, onder redactie van Eymert-Jan Goossens, 2005.
3 Uit de herinneringen van Garnier, de paleisintendant.
4 Citaten uit collectie kranten van de Koninklijke Bibliotheek, Den Haag.
5 Ann Radcliffes (1764-1823) *The Mysteries of the Castle of Udolpho* was een van de eerste gotische romans, een meesterwerk in zijn soort. Radcliffes werk had grote invloed op o.a. Edgar Allan Poe, Le Marquis de Sade en Sir Walter Scott.
6 Vertaling: 'Emily, die met zoveel zorg, met zoveel liefde was grootgebracht, en die eigenlijk alleen maar goedheid en geluk had gekend – Emily leken de recente gebeurtenissen en de huidige situatie – in een onbekend land, in een afgelegen burcht, omgeven door grofheid en geweld – meer een visioen van een overspannen verbeelding dan de weerslag van waarachtigheid.'
7 Hortense, memoires.
8 Vertaling: 'Holland is ingelijfd bij het keizerrijk.'

18

1 Mlle d'Avrillon, memoires.
2 'Journaal eener reize naar het zuyden van Vrankrijk in den zomer van 1807 gedaan door Mr. W.F. Rőell, ministersecretaris van het koninkrijk Holland' bewerkt door A.M. Elias, 1987. Joa-

chim en Caroline Murat – de latere koning en koningin van Napels – waren in 1807 nog groothertog en groothertogin van Berg.

3 Hortense schreef in haar memoires dat ze de eerste in Frankrijk was die in haar salon een ronde tafel plaatste, zoals men dat op het platteland deed. Haar voorbeeld vond in de hogere kringen algauw veel navolging.

4 Gilbert Martineau, *Madame Mère*, 1980.

5 In Château d'Ecouen – 19 km boven Parijs – bevindt zich thans Musée National de la Renaissance. Van Hortenses buitenverblijf in Saint- Leu is niets bewaard gebleven.

6 De toekomstige prinses van Bologna en koningin van Zweden.

7 Hortense heeft het verloop van de bevalling van uur tot uur in haar memoires beschreven

8 Zie o.m. Jean Philippe Chaumont, *Archives du général Charles de Flahaut et de sa famille*, 2005 De brieven die de Flahaut met Hortense wisselden hebben ze echter beiden vernietigd.

9 De naam van het dorp staat wel in het manuscript maar werd in de gedrukte uitgave weggelaten.

10 Charles-Maurice Talleyrand was de grootvader van Hortenses buitenechtelijke kind.

19

1 Archief Schimnmelpenninck, Het Nijenhuis.

2 In 1813 herhaalde Napoleon hetzelfde dreigement. Schimmelpenninck gaf toen het waardige antwoord: 'Ik mag wel hopen, Sire, dat gebeurtenissen als deze niet tot de geschiedenis van uw regering zullen behoren.' Napoleon: 'Hè, wat? Hoe zit dat dan?' Schimmelpenninck: 'Het heeft, Sire, zoveel moeite en arbeid gekost het land uit het water op te halen dat het zonde en spijtig zou zijn het nu weer te laten verdrinken.'

3 Hendrik Keetell: 'Dagverhaal der voornaamster gebeurtenissen binnen Utrecht, te rekenen van den aanvang der Franschen oorlogs tot aan de verheffing van Willem den Zesden, Prins van Oranje der Nederlanden', *De Navorscher* (1905).

4 Vertaling: 'Zo is het genoeg. Laat me er langs, maak plaats, maak plaats!'

5 De Antwerpse schilder Matheus Ignatius van Bree (1773-1839) schilderde de intocht van keizer Napoleon in Amsterdam.

6 De keizer schreef snel en vrijwel onleesbaar. Hij maakte tal van spelfouten.

7 Met het eiland Tesselle bedoelt hij Texel, met Bruche het dorp Broek in Waterland. De kleine koning is hun zoon, de koning van Rome. Zie: Charles de la Roncière, *Napoleon en Marie-Louise brieven van een keizerlijk echtgenoot*, 1935.

8 H. Brugmans, *Geschiedenis van Amsterdam*, 1973.

9 Napoleons veldkijker wordt nog bewaard in Museum Flehite te Amersfoort.

10 Het verslag van Carolines quadrille en de reactie van de keizer werd door Hortense in haar memoires beschreven.

11 Prins Alexander Koerakin was tot 1812 Russisch ambassadeur van tsaar Alexander aan het Franse hof.

20

1 De citaten zijn overgenomen van Goethes brieven aan zijn vriend Johann Falk

2 W. van den Berg, *Een royale kijk op Holland, Hollander met de Hollanders*, 1996.

3 Lodewijk Napoleon heeft zijn roman herhaaldelijk bewerkt. In 1814 en 1815 verschenen er Franse herdrukken. In 1814 kwam de integrale versie uit in het Nederlands, gevolgd door de Engelse uitgave (1815) en twee Italiaanse vertalingen.

4 Auguste-Eugénie, de latere keizerin van Brazilië.

5 Louise Cochelet, memoires.

6 Vertaling: 'Er valt niet veel van hem te verwachten.'

21

1 Vertaling:
Vertrouwelingen van een eenzaam hart
Jonge bomen, mijn enige vrienden
Moge uw gastvrije schaduw
Meer beschutting geven aan anderen

2 Louise Cochelet, memoires.

3 Maarschalk Bernadotte was getrouwd met Désirée Clary, een zuster van Julie Clary echtgenote van Joseph Bonaparte. Bernadotte werd in 1810 gekozen tot kroonprins van Zweden en door de zieke koning Karel XIII als zoon geadopteerd. Na de dood van Karel XIII op 5 februari 1818 werd Bernadotte koning Karel XIV Johan van Zweden. Zijn zoon – gehuwd met Joséphine van Leuchtenberg (1807-1876), dochter van Eugène de Beauharnais en nichtje van Hortense – volgde hem in 1844 op als koning Oscar I. Het Huis Bernadotte zit nog altijd op de Zweedse troon.

4 Napoleon spelde vrijwel elke naam verkeerd.

22

1 Georgette Ducrest, *Mémoires sur l'impératrice Joséphine*.

2 Hortense heeft het laatste onderhoud met haar schoonzuster woordelijk weergegeven in haar memoires.

3 Marie Cornélie gravin van Wassenaer Obdam heeft het merkwaardige, vrouwelijke karakter van tsaar Alexander uitvoerig beschreven in haar *Dagboek van de reis naar het hof te Sint-Petersburg 1824-1825*, Thera Coppens, 2003.

4 De Gonzaga-camee bevindt zich nog steeds in de Hermitage te Sint-Petersburg.

5 Ducrest, memoires.

6 Hortense noteerde alle bedragen in haar memoires. Joseph kreeg 500.000 francs, Louis 200.000 francs, Hortense met haar beide kinderen 400.000 francs. Vertaling: 'Prins Eugène, onderkoning van Italië, zal een geschikt prinsdom buiten Frankrijk ontvangen.'

7 De kinderen van Alexander en zijn minnares overleden jong, hetgeen hij als een straf van God beschouwde.

8 Napoleon Charles vond in augustus 1819 zijn laatste rustplaats in de kapel van Saint-Leu waarin later ook zijn oudste broer (1831) en zijn vader Lodewijk Bonaparte (1846) werden bijgezet.

9 Staande spiegel die kan kantelen en draaien.

10 Hortense heeft de laatste woorden van haar moeder in haar memoires opgetekend: 'Bonaparte... eiland Elba... koning van Rome.'

23

1 De prinses-douairière in een brief aan erfprins Willem VI.

2 Het waren de architecten Zeger Reijers en Jan de Greef die het nieuwe uiterlijk van paleis Noordeinde bepaalden.

3 Het Dagverhaal van apotheker Hendrik Keetell is te lezen in het Rijksarchief te Utrecht (RAU).

4 P.G. van Os (1776-1839) maakte van de intocht der Russen in Utrecht een schilderij dat hij ten geschenke gaf aan tsaar Alexander I. De schilder ontving als dank een ring met een diamant.

5 Zie het omslag van dit boek. Er bestaan verschillende replica's van het portret, o.m. in het Rijksmsueum te Amsterdam. In de catalogus van de Girodet-tentoonstelling in het Louvre (2005) werd het uitvoerig beschreven.

6 Louise Cochelet, memoires.

7 Vertaling: 'Als de koning goed voor u is, zal hij ons weer tot hem brengen.'

8 Vertaling: 'Het congres loopt niet maar het danst.'

24

1 'Weinig gekend, niet in verwarring gebracht.'

2 Vertaling: 'De zoete dochter van de lente, die de lucht een aangename geur geeft, zonder gezien te worden, groeit aan de voet van schitterende rozenstruiken, weinig gekend, weinig gekend.'

3 Het woord *redingote* komt van het Engelse *riding coat*.

4 Hortense vertelde in 1824 in Rome aan Julie Récamier wat zich bij terugkeer van Napoleon afspeelde. Mme Récamier deed hiervan uitvoerig verslag in haar memoires.
5 Hortense deed in haar memoires letterlijk verslag van de ruzie.
6 Vertaling: 'Ziedaar de dapperste der dapperen!'
7 De betekenis van een *romance* is: een lied vol gevoel.

25

1 *Ach, toen stond menigeen van angst te beven;*
Verwarde mensen renden heen en weer;
Doodsbleek werden de wangen die zo even
Nog bloosden om de lofzang van een heer.
Men zei, misschien wel voor de laatste keer,
Haast ademloos, alsof men zou bezwijken
Aan smart, elkaar vaarwel: wie wist wanneer
Men weer in dat lief ogenpaar mocht kijken,
Nu voor zo'n wrede dag de zoete nacht moest wijken?
Men repte zich naar het appèl: de paarden,
Het zich ten strijde rustend bataljon,
De rammelende legertrossen schaarden
Zich in 't gelid zo haastig als men kon.
Fragment uit 'De pelgrimstocht van jonker Harold' door Lord Byron, vertaald door Ike Cialona. Canto III, strofen XXIV en XXV.
2 Montholon, *Récits de la captivité de Napoléon à St. Hélène*, Parijs, 1847.
3 Hortense heeft dit gesprek letterlijk in haar memoires opgeschreven.
4 Louise Cochelet, memoires.
5 Fleury de Chaboulon, memoires.
6 Hortense heeft de woorden van Napoleon en de anderen in Malmaison letterlijk in haar memoires weergegeven.
7 *Napoleon en Marie Louise*, brieven van een keizerlijk echtgenoot met commentaar van Charles de la Roncière, 1935.

26

1 Louise Cochelet, memoires.
2 Vertaling: 'U wilt dat ik "Leve de Koning" roep? Welnu, dat heb ik hierbij gedaan.'
3 De benedictijnerabdij van Einsiedeln in het kanton Schwiz genoot sinds de middeleeuwen bekendheid.
4 Vertaling: 'Hier worden schuld en straf aan alle zondaars kwijtgescholden.'
5 Het lichaam van Carlo is later overgebracht naar Ajaccio, waar hij aan de zijde van zijn vrouw Letizia werd herbegraven.
6 Vertaling: 'Altijd vol tedere vriendschap.'
7 Na de dood van Hortense zou haar zoon Louis Napoleon de uitgave van haar memoires verzorgen.

27

1 Dominik Gügel, conservator van het Napoleonmuseum Arenenberg, heeft veel gepubliceerd over Hortenses verblijf op Arenenberg. Zie over haar theater en haar gasten van hem o.m. 'Zu gast am Hof von Königin Hortense' in *Was für ein Theater! Krönungen und Spektakel in napoleontischer Zeit*, 2004.
2 Zie noot 3.
3 Zie 'Ein Engländer bei Königin Hortense' in het Thurgauer Jahrbuch 1972, Frauenfeld 1971. Het is een dagboek van *a Writer of Eminence* die zijn verblijf bij koningin Hortense op briljante wijze uitvoerig beschrijft. De overeenkomst met de stijl van de Engelse dichter en het tijdstip waarop het geschreven werd, maken het volgens Dominik Gügel hoogstwaarschijnlijk dat het van de hand van Lord Byron is. Een tweede sterke aanwijzing van Byrons bezoek aan Hortense vormt een karikatuurtekening van de Engelse dichter in gezelschap van zijn Italiaanse contessa Teresa uit de 'Pochades d'Arenenberg' die in de Bibliothèque Thiers in Parijs wordt bewaard. Bovendien staat in het poëziealbum, dat de Straatsburgse schrijfster Coulmann voor Hortense liet samenstel-

len, een gedicht dat Lord Byron voor koningin Hortense schreef. D. Gügel, die deze informatie verstrekte, is van mening dat de publicatie van de complete correspondentie van Hortense (het onderzoek is in volle gang en zal jaren in beslag nemen) wellicht opheldering zal geven.

4 Vertaling: 'En Harold staat op deze schedelplaats,/ Frankrijks graf, het dodelijk Waterloo!'

5 Vertaling: 'De dolk die de hertog van Berry heeft neergestoken is een republikeins idee.'

6 *Lettres de Napoléon à Joséphine et lettres de Joséphine à Napoléon et à sa fille, receuilies par la reine Hortense*, Parijs, 1833.

7 Ze schreven dit citaat in september 1824 in een gastenboek van een kapel op een steile helling bij Wildkirche en zetten er alle drie hun handtekening onder. Vertaling: 'Ik wil geen wereld, waar alles verandert, waar alles vergaat, waar tot op de herinnering alles vervaagt en alles oplost, waar alles vluchtig is, vergankelijk, onzeker, waar de dag van geluk geen morgen kent.'

8 Vertaling: 'De Stomme van Portici.'

9 De architecten waren Jan de Greef en Zeger Reijers. Ze hadden dankzij een studiebeurs die hun door koning Lodewijk was toegekend aan de Ecole Polytechnique van J.N.L. Durand in Parijs hun opleiding genoten. In de nieuwe vormentaal ontwierpen ze aan het oude *corps de logis* van Soestdijk twee halfcirkelvormige Griekse zuilengalerijen, eindigend in hoekpaviljoens. De verwilderde baroktuinen werden door Zocher en diens zoon herschapen in Engelse landschapstuinen. Uiteindelijk bedroegen de kosten van de modernisering driemaal zoveel als de bedoeling was geweest.

10 Louis Philippe (1773-1850) van Orléans stamde af van een broer van Lodewijk XIV de Zonnekoning.

11 Vertaling: 'Heilige liefde voor het vaderland / geef ons de moed en de trots terug/ voor mijn land geef ik mijn leven/ het zal mij de vrijheid geven.'

12 *Mémoires, lettres et papiers de Valérie Masuyer, dame d'honneur de la reine Hortense.* Het werk verscheen in boekvorm met een introductie van Jean Bourguignon, Parijs, 1937.

13 Hortense vervolgde haar memoires in *La Reine Hortense en Italie en France et en Angleterre pendant l'année 1831.*

14 Zie noot 12.

28

1 Hortense: *La Reine Hortense en Italie en France et en Angleterre pendant l'année 1831.*

2 M. Guizot, *Mémoires pour servir à l'histoire de mon temps*, Parijs, 1859.

3 De dood van prins Napoleon is nooit helemaal opgehelderd. Volgens Daniel Zappi had het hoofd van de carbonari bevel gegeven hem te elimineren omdat hij weigerde op te rukken naar Rome. Zie hierover o.m. Pierre Milza, *Napoleon III*, Parijs, 2004.

4 Hortense heeft het bezoek aan Louis Philippe beschreven in het aanhangsel van haar memoires, zie noot 1.

5 Tot grote vreugde van Mme Mère werd de beeltenis eind 1831 in Parijs weer op de zuil geplaatst.

6 Hortense, zie noot 1.

7 Claudette Joannis catalogus bij de tentoonstelling 'Bijoux des deux Empires, mode et sentiments 1804-1870' in Château de Malmaison, 2004.

8 Zie noot 1.

9 Leopold I en Louise Marie werden de stamouders van het Belgische Huis van Saksen-Coburg dat tot op heden het bewind voert.

10 Beeldhouwer Pierre Cartellier kreeg na de dood van Joséphine op 29 mei 1814 opdracht om het grafmonument in de kerk van Rueil te maken. Door politieke omstandigheden konden de stoffelijke resten van de keizerin er pas op 28 september 1825 een laatste rustplaats vinden.

11 Handboek van de artillerie voor de officieren van de artillerie van het Zwitserse leger.

12 De vertaling is overgenomen uit: Hector Berlioz, *Mijn leven 1803-1834*, Amsterdam, z.j. Berlioz had in 1831 te Rome juist de ouverture *Le Corsaire* geschreven.

13 Het gaat om Alexandre Dumas père, die in zijn memoires uitvoerig over

zijn bezoek aan Hortense uitwijdt. Zie ook: Henri Clouard, *Alexandre Dumas*, 1955.

14 Groot-Brittannië.

15 Het bezoek van Franz Liszt is opgetekend in het dagboek van Marie d'Agoult. Ze schrijft daarin over zijn verblijf in Konstanz en op Slot Wolfsberg.

16 Leo Ewals: 'Ary Scheffer 1795-1858 gevierd romanticus' catalogus gelijknamige tentoonstelling in het Dordrechts Museum, 1995.

17 Pas in de twintigste eeuw is zijn lichaam overgebracht naar de Dôme des Invalides, waar hij bij zijn vader keizer Napoleon rust.

18 Marie Louise sloot in 1821 in Florence een morganatisch huwelijk met graaf Neipperg. Datzelfde jaar baarde ze hem een derde kind. In 1829 overleed de graaf. In 1834 trouwde Marie Louise met de opperkamerheer Charles René de Bombelles. Ze stierf in 1847.

19 Vertaling: 'een lief, jong, welopgevoed vrouwtje'.

20 Félix Wouters, *Histoire de la famille Bonaparte après l'Empire*, z.j.

21 Valérie Masuyer, memoires.

22 Caroline Murat overleed een jaar later in 1839 aan dezelfde ziekte als Hortense.

23 Michel Moison beweert in *Le duc de Morny. Le parisien et l'Auvergnat*, Parijs, 2001, dat Joséphine het echtpaar de Morney kende van Martinique. Door haar toedoen zouden ze bereid zijn geweest om – tegen betaling – de baby van Hortense als hun eigen kind bij de burgerlijke stand aan te geven.

24 Dvd-album *Artistique de la reine Hortense Musick's Monument*. Zang en pianoforte: Paula Bär-Giese.

25 Zie over de artistieke nalatenschap van Hortense de catalogus van de tentoonstelling *La Reine Hortense une femme artiste* Napoleonmuseum Arenenberg, 1993.

Personenregister

Adelaarsjong ('l'Aiglon') *zie* Napoleon II
Alexander de Grote 75, 110, 117
Alexander I, tsaar 117, 193, 194, 251, 267, 268, 368-370, 378, 388, 396-398, 402, 404, 409-420, 422, 423, 426, 427, 431, 432, 435, 439, 456, 457, 459, 460, 485, 486, 497, 504, 522
Appiani, Andrea 504
Arjuzon, graaf d' 264, 332, 379, 392, 395
Auber, Daniele François Esprit 521, 523
Auguié, Adèle 53, 63, 72, 133, 138, 165, 215, 224, 240, 245-248, 256, 257, 259, 260, 270, 288, 295, 310, 317, 332, 336, 342-344, 355, 371, 376, 378-380, 414, 415, 428
Auguié, Eglé 53, 63, 72, 74, 143, 185, 245, 441, 446, 494
Auguié, Antoinette 63
August, prins van Pruisen 429

Bacciochi, Felice 65, 175
Bacciochi, Elisa *zie* Elisa Bonaparte
Bacler-d'Albe schilder, Louis Albert 418
Barras, Paul Nicolas 50, 51, 53, 54, 56-58, 75, 83, 88, 130, 149
Bassano (Jacopo da Ponte) 504
Baudelocque, Jean Louis 139
Beauharnais, Alexandre de 10-18, 30, 32, 33, 36, 37, 41, 42, 50, 65, 97, 129, 413
Beauharnais, prinses van Leuchtenberg, geb prinses van Beieren, Auguste Amalia de 195, 196, 216, 226, 239, 278, 288, 337, 338, 344, 355, 371, 412, 413, 431, 439, 440, 504
Beauharnais, keizerin van Brazilië, Auguste Eugènie de 371
Beauharnais, Emilie de 65, 74-76, 80, 81, 106, 118, 122, 295, 495
Beauharnais, prins van Leuchtenberg, Eugène de 14, 15, 17, 18, 24, 27, 29, 31, 33-39, 41, 52-59, 61, 62, 66, 76, 78, 81, 83-86, 105, 106, 110, 119, 121, 125, 126, 128, 163, 168, 176, 181, 195, 196, 200, 201, 206, 208, 216, 223, 226, 239, 245, 253, 278-281, 288, 291, 294, 310, 315, 330, 335, 337-339, 343, 344, 355, 371, 374-377, 379, 396, 407, 408, 411-413, 416-420, 422, 423, 427-429, 431, 432, 434, 435, 438-441, 445, 448, 450, 453, 456, 458, 461, 483, 497, 504, 505, 507, 509, 513, 517-519, 525, 542, 545, 549, 551
Beauharnais sr., François markies de 10-17, 34, 53, 65, 66, 74, 106, 450
Beauharnais jr., François de 11, 12
Beauharnais, Jósephine de *passim*
Beauharnais, prinses van Baden, Stéphanie de 11, 128, 178, 196, 233, 287, 290, 432, 497, 504, 519
Bedford, Lady 542
Bédoyère, Charles Angélique de la 236, 237, 392, 438, 447, 455, 472, 475, 494, 499, 552
Beethoven, Ludwig van 562
Bentinck, familie Van 214
Berlioz, Hector 546
Bergeret, Denis Pierre 481
Bernadotte, Jean Baptiste 397
Bernadotte, Oscar 513
Berthier, Louis Alexandre 82, 83, 175, 185, 270, 386
Bertrand, abbé 215, 216, 299, 308, 314, 332, 353, 419, 487, 498, 505, 510
Bertrand, Fanny 478
Bertrand generaal, Henri 470
Bessières, Jean Baptiste 410
Beugmans, arts 243
Bilderdijk, Willem 23, 227, 228, 238, 252, 298, 322, 365, 425
Blois van Treslong, vice-admiraal 280, 364
Blücher von Walstadt, Gebhard Leberrecht 463-465, 468, 469, 472, 485
Bonaparte, Caroline 69-71, 74, 87, 89, 91, 98, 100, 101, 104, 105, 108, 112, 118, 126, 129, 133, 134, 144, 150, 162, 163, 169, 175,

176, 178-180, 185, 196, 201, 202, 226, 244, 253, 260, 262, 263, 272, 281, 285, 290, 304, 333, 341, 356-358, 360, 371, 374, 384, 397, 412, 440, 460, 476, 495, 509, 516, 542, 558
Bonaparte, Elisa 65, 71, 86, 98, 163, 164, 175, 176, 178, 201, 281, 290, 333, 505, 518
Bonaparte, koning van Westfalen, Jérôme 71, 72, 118, 150, 174, 200, 201, 281, 290, 293, 318, 319, 338, 368, 378, 383, 390, 392-394, 396, 397, 406, 462, 470, 475, 509, 516, 527, 531, 550, 553, 561
Bonaparte, Joseph, koning van Napels, later van Spanje, 71, 81, 83, 85, 87, 99, 118, 131, 150, 163, 164, 174, 176, 188, 197, 262, 271, 272, 280, 290, 338, 368, 383, 387, 390, 392-394, 395, 406, 458, 470, 475, 479, 481, 498, 497, 509, 516, 519, 543, 553, 555
Bonaparte-Ramolino, Letizia 70, 72, 78, 86, 126, 169, 174, 175, 266, 335, 505, 508, 509
Bonaparte, Lodewijk, koning van Holland *passim*
Bonaparte, Louis Napoleon (*Oui Oui*) 126, 191, 212, 266, 280, 286, 293, 295, 321-323, 330, 347, 364, 367, 393, 462, 496, 520, 549, 553, 560
Bonaparte, Lucien 71, 81, 85, 86, 89, 90, 106, 118, 126, 150, 174, 280, 458, 470, 472, 475, 509, 516, 542
Bonaparte, Napoleon Charles (*No No*) 148, 150-152, 156-158, 162, 166, 172, 176, 177, 180, 181, 186, 189, 191, 203, 204, 206, 207, 210, 216, 220, 223, 240, 241, 243, 245, 246, 252, 254, 257, 259, 261, 271, 341, 417, 430, 506, 545
Bonaparte, Napoleon Louis 546
Bonaparte, Pauline 65, 71, 86, 98, 99, 126, 163, 164, 175, 176, 178, 201, 277, 281, 287, 290, 331, 333, 339, 341, 357, 358, 365, 371, 429, 452, 458, 509, 516, 517, 520
Borghese, Camillo Fillippo Ludovico, prins van 175, 201, 517
Boubers-Bernatre, François-Jérôme graaf van 151
Boubers-de Folard, Agnès-Cunégonde 151, 156, 166, 184, 207, 210, 295-297, 301, 315, 321, 322, 331, 353, 429

Boucheporn, Monsieur de 247
Bourrienne, Louis Antoine de 82, 89, 102, 124-126, 143, 168, 444, 447, 449
Boyer, Christine 72
Briatt, advocaat 435, 496
Broc, Adèle de *zie* Adèle Auguié
Broc, generaal Armand Louis de 240, 246, 256, 259, 260, 264, 270, 288
Brosse, Salomon de 97
Bruijn, Maria Johanna de 228
Brunswijk-Wolfenbüttel, Karel Willem hertog van 23, 30, 47, 425
Bűlow, Friedrich Wilhelm graaf van 469
Bure, Mme 262
Bylandt, Carel Adam graaf van 245, 261, 264
Byron, Lord George Gordon 333, 467, 514, 515, 518, 559

Caesar 110, 160, 164
Cambacérès, grootkanselier Jean Jaques Regis de 261
Camoës, Louis 183
Campan, Jeanne-Louise Henriette Genèt 52, 53, 56, 58, 59, 61, 63-65, 69, 71, 74, 76, 89, 97, 100, 103, 104, 109, 125, 127, 131, 133, 134, 139-141, 143, 148, 166, 178, 189, 214, 219, 233, 251, 332, 336, 380, 389, 412, 450, 484, 510, 511, 514
Campen, Jacob van 265, 305
Canaletto (Giovanni Antonio Canal) 504
Canova, Antonio 504, 517
Capellen, familie Van den 352
Capellen, Godert Alexander Gerard Philip van den 364
Capelletti, monseigneur 527
Caprara, kardinaal Giovanni Battista 129
Castlereagh, Lord 423
Catharina II, tsarina 117, 411, 415
Caulaincourt, Armand de 374, 388, 396-399, 404, 407, 408, 416, 446, 448, 451-453, 455, 456, 460, 473
Caulaincourt hofdame, gravin van 332
Cervantes 509
Charlemagne *zie* keizer Karel de Grote
Charles, Hippolyte 60, 63, 66, 70, 81, 82, 88, 130, 149
Charlotte Augusta van Hannover, kroonprinses van Engeland 543
Chateaubriand, François René vicomte de 28, 92, 119, 333, 432, 484, 518, 547, 548, 550
Chatelain, predikant 299
Clifford-van der Hoop, hofdame 308
Cochelet, Adrien 448
Cochelet, Louise 317, 332, 355, 392, 393, 401-405, 433, 434, 440, 441, 443, 448-450, 460, 471, 479, 484, 488, 497-497, 501, 513, 551
Conneau dokter, Henri 549, 552, 554, 556

Constant, Benjamin 275, 429, 458, 470
Constantijn van Rusland, groothertog 402, 416, 483
Coralie, Emilie 345
Corneille, Pierre 111, 267
Corver Hooft, kamerheer 280
Corvisart, arts 244, 262
Cottreau, Felix 549
Coulon, Jean-François 104
Cousineau 481
Couthon, Georges 44

Daendels, Herman Willem 44-46, 351
Daguerre, Louis 540
Dangeville, Mlle 310
David, Louis 109, 173, 178, 365, 404
Davout, maarschalk Louis 187
Defrance, generaal 185
Descazas, Elie hertog 307, 335, 487
Delavigne, Casimir 521
Delavigne, Germain 521, 523
Dénuelle, Eléonore 476
Dénuelle, Léon 542
Desaix, Louis 105, 107, 109
Devaux, hofmeester 449, 450
Dietz, graaf van *zie* Willem Frederik van Oranje-Nassau
Dyck, Antoon van 504
Donizetti, Gaetano 444, 539
Drouet, Louis 300
Dubois, Antoine baron 340
Ducos, citoyen 143
Dumas père, Alexandre 540, 547, 548
Dupré, secretaris 227
Duroc, Gérard Christophe Michel 84, 119, 120, 127, 140, 163, 178, 240, 337, 341, 379, 378, 410

Elisabeth de Bourbon, prinses 39
Elisabeth Alexievna, tsarina 415, 426, 427, 431, 432
Elphinstone (Mme de Flahaut), Margaret 500, 503, 521
Enghien, Louis Antoine hertog van 159, 273, 472
Erasmus, Desiderius 365
Erard, Sébastien 305, 507

Fesch, kardinaal Joseph 175, 406, 441, 458, 512, 516, 527, 531, 535
Fido (hondje van Louis Napoleon) 529, 530
Flahaut de la Billarderie jr., Auguste Charles Joseph de 68, 99, 166-169, 180, 182-185, 193, 207, 226, 235, 236, 257, 263, 270, 273, 295, 296, 313, 329, 330, 333-337, 343, 344, 353, 356, 357, 360, 371, 375, 379, 381, 389, 390, 392, 396, 398, 399, 407, 408, 411, 412, 419, 438, 441, 446, 449, 458, 470, 472, 475, 476, 480, 486, 488, 494, 495, 496-503, 509, 521, 549, 558, 559, 554
Flahaut de la Billarderie sr., Charles de 166, 182
Fontaine, Pierre 101, 108
Fortuné (hondje van Joséphine) 35, 38, 55, 63, 67, 82
Fouché, hertog van Otrante, Joachim 91, 117, 118, 159, 272, 360, 430, 445, 447, 450, 455, 461, 472, 484-486
Fourès, Pauline 83, 84
Fox, Charles Richard 541
Franz II, keizer van Oostenrijk 123, 189, 193, 268, 273, 284, 289, 365, 405, 428, 456, 473
Frederik de Grote, koning van Pruisen 234, 517
Frederik Hendrik van Oranje-Nassau, stadhouder 211
Frederik Willem III, koning van Pruisen 22, 229, 234, 402
Frey, Lady 542

Gardel, Pierre-Gabriel 359
George III, koning van Engeland 34, 136, 154, 423
George IV, koning van Engeland (prinsregent) 423, 466
Geppert, generaal baron 533
Gérard, François 184, 271, 301, 373
Glengall, gravin 542
Girardin, Alexander de 449
Giraud, dr. I. 246, 259, 260, 309
Girodet, Anne Louis 109, 119, 428
Goethe, Johann Wolfgang von 333, 363-365, 430, 520
Gohier, Louis 85
Grand, Cathérine Noël Mme 204
Gregorius XVI, paus 528, 530, 531
Greuze, Jan Baptiste 148
Gros, Antoine Jean 301
Guiccioli, *contessa* Teresa 514
'Guillot' *zie* Willem II van Oranje-Nassau

Hanriot, François 44
Haydn, Joseph 110-113
Heeckeren van de Cloese-du Tour hofdame, mevrouw Van 217, 308
Heeckeren van de Cloese, baron Van 264
Helst, Bartholomeus van der 312

Henri IV, koning van Frankrijk 290
Hervas, Marie 140
Hesse-Darmstadt, hertogin van 432
Hoche, Lazare 53, 88
Hogendorp, Gijsbert Karel van 351, 424
Hohenzollern-Sigmaringen (geb. van Salm-Kyrbourg), prinses Amalia van 29, 32, 63, 504
Hohenzollern-Sigmaringen, Antoine Aloys Meinrad François, prins van 504
Holbein, Hans 46, 504
Holland, Lady 542
Holland, Lord 541
Honthorst, Gerard van 211
Horeau, dokter 417
Houdetot, Frantz graaf d' 536-538
Hummel, Johan Nepomuk 444, 562
Huygens-Lowendal, mevrouw 217, 237

Isabey, Jean-Baptiste 65, 76, 104, 139, 164, 172, 301

Jacob, gebroeders 108
Jouberthon, Alexandrine 174
Julien, Joseph 82, 83
Junot, generaal Andoch 83

Karel de Grote, keizer 21, 160, 168, 267, 547
Karel IV, koning van Spanje 262
Karel V, keizer 155, 160
Karel, groothertog van Baden 432
Keetell, Hendrik 297, 298, 426
Keith, Lord 500
Kempis, Thomas à 509
Kléber, Jean Baptiste 85, 107, 109
Kooi, Willem Bartle van der 301
Krayenhof, heer 351
Krudener, barones Julie von 432, 433, 485, 486, 496

La Fayette, Marie Joseph Yves Gilbert du Motier, markies de 21, 27, 29, 472
La Fontaine, Jean de 142
Lafitte, Louis 481
Lamballe, Marie Louise, prinses van 31
Lannes, maarschalk Jean 410
Lannoye, Marie de 36, 37, 39, 40, 51
Larochefoucauld, ambassadeur 315, 320
Las Cases, Emanuel de 519
Lavalette de Chamans, graaf Antoine Marie 63, 74, 80, 81, 118, 435, 445, 446, 449, 451, 475, 480, 492, 495
Lavalette, Emilie de *zie* Emilie de Beauharnais
Le Bas, Philippe 520
Leclerc, Victor Emmanuel 65, 99, 175
Lefebvre, Euphemie ('Mimi') 12, 14, 15, 18, 76, 447-449
Lejeune, Louis François 107
Lennep, David Jacob van 365
Léon, comte 477
Leopold van Saksen-Coburg, koning van België 404, 405, 543, 544
Lesné Harel van Kessel, Charlotte-Wilhelmina 332
Ligne, graaf de 439
Lodewijk II, koning van Holland *zie* Louis Napoleon Bonaparte
Lodewijk XVI, koning van Frankrijk 23, 27-32, 38, 46, 55, 56, 58, 100, 110, 292, 412, 420, 436, 484, 485, 518
Lodewijk XVII, koning van Frankrijk 39, 436
Lodewijk XVIII, koning van Frankrijk 118, 374, 401, 412, 413, 421, 430, 434-438, 440, 446, 448-451, 457, 465, 474, 483, 485, 518
Loebomirska, prinses Rosalie 32, 33, 39
Lorraine, Claude 365
Lorimier, Henriëtte 481
Louis Philippe, hertog van Orléans 414, 523-525, 537-549, 542-544, 551, 552, 561
Louise, koningin van Pruisen 251, 432
Louise, prinses van Baden *zie* Elisabeth, tsarina
Lowe, Sir Hudson 508

MacDonald, Etienne Jacques Joseph Alexandre 397
Maria Theresia, keizerin van Oostenrijk 291
Maria Fjodorovna, tsarina 284, 424, 427
Marie Antoinette, koningin van Frankrijk 14, 27-29, 31, 33, 35, 52, 53, 56, 58, 63, 65, 100, 110, 193, 219, 374, 393, 414, 444, 518
Marie Louise, keizerin van Frankrijk 285, 286, 289, 290, 296, 311, 318, 319, 331, 333, 335-337, 339-341, 343, 348, 349, 351, 352, 354, 357, 360, 361, 365, 368, 371-374, 379, 386-388, 390, 394, 396, 397, 399, 405-408, 428, 429, 456-459, 461, 482, 508, 549
Marmol, Theodore baron de 294, 296, 301, 315, 317, 322, 332, 392, 405, 484, 487, 497, 514, 518
Marmont, Auguste Frédérique Viesse de 63, 198, 387, 398, 405

Marot, Daniël 210
Mars, Anne-Françoise-Hippolyte Boutet 494, 495, 496, 499
Mary Stuart, koningin van Engeland, prinses van Oranje-Nassau 22, 211, 316
Masuyer, Valérie 524, 526, 529, 530, 532, 535, 536, 539-543, 545, 546, 552-559
Maurits van Oranje-Nassau, stadhouder 212
Maximiliaan I, koning van Beieren 407, 432, 504, 518
Memling, Hans 504
Méneval, Claude François de 482, 483
Metternich, Klemens von 360, 383, 384, 388, 408, 439, 440, 461, 463, 496
Metternich, Eleonora von 284, 333
Michaud, generaal 197, 220-222
Mimi *zie* Euphemie Lefebre
Molé, Mathieu 389, 453, 454, 552, 553
Molitor, generaal 426
Montebello, Marie Louise hertogin van 333, 337, 339, 371, 385, 390
Montholon, generaal 468
Moreau, Jean Victor 159
Morny, Auguste Jean Hyacinthe de 345, 499, 501, 521, 549, 559, 561
Morny, Charles Auguste Joseph Louis de 345
Murat, Caroline *zie* Caroline Bonaparte
Murat, Joachim, koning van Napels 89, 98, 100, 129, 169, 196, 226, 234, 265, 293, 332, 338, 355, 412, 460, 494, 552
Murat, Napoleon Achille 118, 542
Murillo, Bartolomeo Esteban 504

Napoleon Bonaparte *passim*
Napoleon II, koning van Rome 181, 341, 343, 353, 354, 371, 373, 374, 379, 386, 387, 390, 391, 394, 397, 398, 405, 406, 429, 451, 456, 461, 472, 473, 476, 483, 496, 515, 537, 542, 549
Narisjkina, prinses Maria 415
Neipperg, Adam Albert graaf 428, 429, 460, 482, 508
Nelson, Lord Horatio 82, 192
Ney, Eglé *zie* Eglé Auguié
Ney, Michel 143, 185, 245, 387, 397, 446, 449, 469, 471, 494, 499, 552
Noguès, generaal 264

Oosthuyse, Jodocus 199
Oranje, Louise, hertogin van Brunswijk-Wolfenbüttel, geb. prinses van 47
Oranje-Nassau, Frederik van 138, 235, 424, 543, 558
Oranje-Nassau, prinses Marianne van 22, 425
Oranje-Nassau, Pauline van ('Polly') 136, 235, 425
Oranje-Nassau, Willem erfprins van (koning Willem II, 'Guillot') 45, 47, 138, 235, 338, 378, 423, 466, 467, 543, 560
Oranje-Nassau, Willem Frederik, erfprins van *zie* koning Willem I
Oranje-Nassau, Willem George Frederik van 47
Os, P.G. van 307
Oudinot, Nicolas Charles 319, 558

Paisiello, Giovanni 177, 178
Pallandt, graaf van 246
Parquin, Denis Charles 514, 547, 551-553
Paterson, Elisabeth 174
Paul I, tsaar 117, 415, 486
Percier, Charles 108
Périer, Casimir 536-549, 540, 542
Peter de Grote, tsaar 199, 350, 422
Pichegru, generaal Charles de 45, 46, 49, 159
Pius VII, paus 164, 172, 173, 175-177, 180, 270, 271, 404, 440, 508, 527
Plantade, Charles Henri 104, 300
Plato 509
Poll, familie Van der 214, 217
Post, Pieter 210
Potocka, gravin Hélène 184, 495
Potter, Paulus 46
Pourtalès, monsieur de 379
Prud'hon, Pierre Paul 108
Pruisen, koningin van Nederland, Frederika Louise Wilhelmina van, 234, 235, 425, 497, 523, 556, 558
Pruisen, prinses van Oranje-Nassau, Frederika Sophia Wilhelmina van 22-24, 45, 47, 168, 227, 424

Qu Yuan 296
Quellinus, Arthur 311

Racine, Jean 111, 133, 134, 365,
Radcliffe, Ann 314
Randwijk-Zuylen van Nijevelt, hofdame 308
Rapp, Jean 112, 113
Récamier, Julie 51, 429, 444
Redouté, Pierre Joseph, 372
Rembrandt van Rijn 46, 135, 311, 365, 504
Rémusat, Claire de Vergennes 119, 141, 152, 153, 173, 177, 192, 203, 273, 418

Renaudin, Alexis Michel Auguste 10
Renaudin, Marie 11-13, 15, 17, 19, 28, 65, 403
Renesse, hofdame 316
Richmond, hertog van 467
Richmond, hertogin van 465, 467
Richard, schilder 481
Robespierre, Maximilien de 39-44, 50, 74, 89
Rochefoucauld, Alexandre-François de la, 11, 315, 320
Roëll, Willem Frederik 216, 246, 249, 280, 293, 332
Roest van Alkemade, baron 265, 280
Rolandeau, Mlle 142
Roman, Jacob 316
Romanov, Anna Pavlovna 269, 284, 497, 522, 544
Romanov, Catharina Pavlovna, hertogin van Oldenburg 422, 423
Romanov, groothertog Michael Pavlovitsj 416
Rousseau, Jean Jacques 14, 20, 509
Rousseau, Pierre 29
Rousseau, Vincent 128, 434, 449, 450, 479, 487, 499, 504, 554, 557
Roustan, Raza 93, 97, 278, 398
Rovigo, hertog van 470
Ruysdael, Salomon van 504

Salm, Frederik Ernst van 38
Salm-Kyrbourg, Frederik III, Rijngraaf van 21-23, 29, 33
Salvage de Faverolles, Mme 543, 552, 553
Scheffer, Ary 548
Scheffer, Johan Bernhard 301, 548
Schelfhout, Andreas 301
Schiller, Johann Christoph Friedrich von 333, 430
Schimmelpenninck, Cato 101, 155, 179, 188, 200, 347
Schimmelpenninck, Rutger Jan graaf 48, 92-95, 101, 102, 135, 138, 154, 155, 171, 177, 179, 180, 187, 188, 197, 199, 201, 205, 210, 211, 217, 228, 347
Schubert, Franz 562
Schuijt van Castricum-Geelvink, mevrouw 308
Schuylenburg-van Bommenede, mevrouw 308
Schwarzenberg, Carl Philippe 111, 373, 389, 394, 402, 484, 486
Scott, Sir Walter 526
Scribe, August Eugène 521
Ségur le Jeune 112
Ségur, Louis Philip graaf de 111, 172
Seymour, Lord George 532
Slender Billy *zie* Willem erfprins van Oranje-Nassau
Smeth, de heer De 298
Snouckaert-Corver, hofdame 308
Souza-Filleul, Adelaïde de 182, 183, 236, 270, 295, 334, 343, 353, 371, 381, 399, 561
Souza, Don Luis-Maria de Botelho Mourao et Vasconcellos de 183
Spontini, Caspare 313
Staël-Holstein, Germaine de 68, 69, 236, 291, 333, 429, 430, 432, 457, 470, 493
Strozzi, Julia Livia 560
Sueur, Jean-François de 176, 177
Swieten, baron Van 111

Taets van Amerongen, familie 53
Talleyrand-Périgord, Charles-Maurice graaf de 67-69, 85, 91, 92, 98, 99, 102, 121, 129, 153, 167, 175, 182, 194, 204, 236, 237, 262, 268, 269, 271-274, 286, 334, 360, 389, 396, 398, 399, 402, 410, 436, 439, 457, 483-486, 494, 499, 541-544, 561
Tallien, Jean Lambert 35-37, 41, 50, 51, 56
Tallien, Thérèse Cabarrus, markiezin de Fontenay 41, 42, 50, 51, 56, 63, 286
Talma, acteur 54, 267
Tascher de la Pagerie, Joseph Gaspard 9, 11, 12
Tascher de la Pagerie, Marie Euphémie Désirée *zie* Marie Renaudin
Tascher de la Pagerie, Robert Marguerite 11
Tascher de la Pagerie, Stéphanie 178
Thibault, Jean Thomas 223, 224, 243
Thiénon, Anne-Claude 351, 352
Tiel (hond van Lodewijk Napoleon) 293
Tour, barones du 308
Travers, officier 364
Trip, stalmeester 280, 351
Troostwijk, Wouter Johannes van 301
Turpin de Crissé, Lancelot Théodore 481
Tuyll, familie Van 214

Valckenaer, Johan 303
Vergers de Sannois, Rose Claire des 9, 12, 15, 19, 28, 403
VerHuell, Carel Hendrik 187, 188, 197, 198, 200, 203, 205, 206, 210, 214, 215, 228, 270, 319, 320, 351, 454
VerHuell, Franco Johan 228

Victor, maarschalk (Claude Victor Perrin) 387
Villeneuve, admiraal Pierre de 184
Vill-Stellone, heer de 261
Vincent, François André 107
Voltaire 14, 365, 474
Vondel, Joost van den 365

Walewska, Alexandre 237, 276
Walewska, gravin Marie 237, 275, 477, 542
Wassenaer, familie Van 214, 240, 351
Wellington, Arthur hertog van ('Wellesley') 268, 318, 338, 378, 383, 385, 423, 440, 451, 463-469, 472, 485
Welmeer, Christiaan 304
Wessenberg, Ignaz Heinrich von 513
Whitworth, Lord 153
Willem I, koning 45, 93, 135, 137, 138, 168, 229, 234, 338, 378, 439, 463, 464, 488, 489, 497, 519, 522, 523, 542-544, 556, 558
Willem II, koning *zie* Willem erfprins van Oranje-Nassau
Willem III van Oranje-Nassau, stadhouder 22, 211, 316
Willem V, stadhouder 21-24, 43, 45-49, 93, 135-137, 159, 211, 212, 214, 223, 424
Wilson, generaal 542
Winter, heer De 351
Woyna, graaf Eduard de 486, 487
Württemberg, Catherina van 201, 251
Würzburg, groothertog van 339

Zappi, Daniel 533, 534
Zocher, J.D. 224, 254
Zucchi, Jacopo 520
Zuylen van Nijevelt, de heer 131, 308, 496

François markies de la Ferté Beauharnais x a) Marie Anne de Pyvart Chastullé
1714-1799 b) Marie Tascher de la Pagerie
gouverneur van Martinique *(Mme Renaudin)*

uit het eerste huwelijk twee zonen:

1) François de Beauharnais x Françoise Marie de Beauharnais
1756-1846

één dochter:

Emilie de Beauharnais x Antoine generaal Lavalette
1781-1855 1769-1830

2) Alexandre de Beauharnais x Joséphine (Rose) Tascher de la Pagerie
1760-1794 1763 - 1814
later keizerin van Frankrijk

uit dit huwelijk een zoon en een dochter:

1) Eugène de Beauharnais x Auguste Amalia van Beieren
1781-1824 1788-1851
onderkoning van Italië *dochter van koning*
Hertog van Leuchtenberg *Maximiliaan van Beieren*

hun zeven kinderen:

Joséphine	Eugenie Hortense	August
1807-1876	1808-1847	1810-1835
x	x	x
Oskar	Friedrich Wilhelm	Maria de Gloria
kroonprins van Zweden	van Hohenzollern Hechingen	*koningin van Portugal*

Amalia	Theodolinde	Caroline	Maximiliaan
1812-1873	1814-1857	1816/1816	1817-1852
x	x		x
Dom Pedro	Willem		Maria Nikolajevna
keizer van Brazilië	*graaf van Württemberg*		*dochter van tsaar Nicolaas I*

2) Hortense de Beauharnais x Lodewijk Napoleon

1783-1837 | 1778-1846

koningin van Holland 1806-1810 | *koning van Holland*

hertogin van Saint-Leu | *graaf van Saint-Leu*

rie zonen:

Napoleon Charles	Napoleon Louis	Louis Napoleon
1802-1807	1804-1831	1808-1873
onprins van Holland	*koning Napoleon II van Holland*	*keizer Napoleon III van Frankrijk*
	x	x
	Charlotte Bonaparte	Eugénie van Montijo
	dochter van Joseph Bonaparte	1826-1920
	1802-1839	

nige zoon:

Napoleon Eugène Louis

1856-1879

'Napoleon IV'

nechtelijke tak:

Charles Maurice Talleyrand x Adelaïde de Flahaut

bisschop van Autun | *(later: Mme de Souza)*

1754-1838 | 1761-1836

Charles de Flahaut x Hortense de Beauharnais

1785-1870 | 1783-1837

Charles Auguste de Morny

1811-1865

HUIS BONAPARTE

Carlo Buonaparte x Letizia Ramolino
1746-1785 1750-1836

ze kregen acht kinderen:

1) Joseph x Julie Clary
koning van Napels 1777-1845
koning van Spanje
1768-1844

twee dochters:

Zenaïde

Charlotte x Napoleon Louis Bonaparte
(zie stamboom Beauharnais)

2) Napoleon x a) Joséphine de Beauharnais
keizer van (zie stamboom Beauharnais)
Frankrijk b) Marie Louise *aartshertogin van Oostenrijk*
1769-1821 *keizerin van Frankrijk*
1791-1847

uit tweede huwelijk één zoon:

Napoleon Franz
koning van Rome, hertog van Reichstadt, keizer Napoleon II
1811-1832

3) Lucien x a) Christine Boyer
vorst van Canino b) Alexandrine de Bleschamps
1775-1840 *Mme Jouberthon*

uit eerste huwelijk vier kinderen, uit tweede huwelijk tien kinderen

4) Elisa x Felice Bacciochi
groothertogin 1762-1841
van Toscane
1777-1820

drie kinderen

5) Lodewijk Napoleon x a) Hortense de Beauharnais
koning van Holland (zie stamboom Beauharnais)
1778-1846 *koningin van Holland*
1783-1837
b) Julia Livia Strozzi

uit het eerste huwelijk drie zonen (zie stamboom Beauharnais)

6) Pauline x a) Charles Leclerc
hertogin van b) Camillo Borghese
Parma en Guastalla
1780-1825

uit eerste huwelijk één zoon

7) Caroline x Joachim Murat
koningin van *koning van Napels*
Napels 1767/8-1815
1782-1839

vier kinderen

8) Jérôme x a) Elisabeth Paterson
koning van b) Catharina van Württemberg
Westfalen 1783-1835
1784-1860

uit eerste huwelijk één zoon
uit het tweede huwelijk drie kinderen (nakomelingen tot heden)

o.a. Mathilde
verloofde van Louis Napoleon
(zie stamboom Beauharnais)
1840-1861

Verantwoording

Voor dit levensverhaal zijn onder andere geraadpleegd de *Memoires de la reine Hortense, Parijs 1927 3 vol.* en haar correspondentie met familie, vrienden en politici. Van de citaten uit de memoires en (reis-) journalen van adellijke hovelingen, kamerknechten, diplomaten etc. worden de vindplaatsen genoemd in het notenapparaat. Dat geldt ook voor boeken over specifieke onderwerpen. De *Couranten* waaruit geciteerd wordt, zijn te vinden in de Koninklijke Bibliotheek in Den Haag tenzij in de noot anders staat aangegeven.

Over keizer Napoleon zijn meer dan 50.000 boeken en andere publicaties verschenen, nog afgezien van de overvloed aan informatie op websites in binnen- en buitenland. Voor mijn onderzoek vormde *La Fondation Napoléon* in Parijs een goede leidraad.

Mijn dank gaat uit naar de gastvrijheid in tal van kastelen, musea en archieven in Nederland, België, Frankrijk, Zwitserland en Italië. In het bijzonder: Archief Schimmelpenninck op Het Nijenhuis. Staatsarchiv Turgau in Frauenfeld. Napoleonmuseum Schlosz Arenenberg in Salenstein, Château Fontainebleau in Fontainebleau, Château de Malmaison in Rueil, Paleis Het Loo in Apeldoorn, Paleis op de Dam in Amsterdam en het Napoleonmuseum in Rome.